제6판
(전면개정판)

CHINA MARKETING

중국마케팅

노은영
김용준

박영사

제6판
(전면개정판)

CHINA MAR K ETING

중국마케팅

김용준
노은영

PREFACE 제6판(전면개정판) 머리말

"다시 한체중서용(韓体中西用)"

차이나마케팅 6판을 노은영 교수와 함께 전면개정할 수 있어서 감사하다. 노은영 교수는 최근 10년 동안 중국의 정치, 경제, 법률 분야에서 중국 현지의 발전과 논지를 명철히 분석하는 젊은 학자이다. 특히 그는 중국 디지털시장과 디지털금융 분야에 선두적인 연구 업적을 내고 있다. 차이나마케팅 6판을 전면개정하면서 노은영 교수를 공동저자로 모실 수 있게 되어 매우 기쁘다.

지난 19년 동안 5차례의 개정이 진행되었는데, 돌이켜보면 차이나마케팅 개정시기는 중국의 도약이나 전환과 깊은 연관이 있었다. 초판 발행 이후 2006년의 2차 개정판이 나왔던 시기는 중국의 GDP 성장률이 10%를 상회하던 고속성장 시기이자 '소강사회 실현'을 본격적인 정책목표로 설정한 11.5규획이 시작되던 해이기도 하다. 제3판이 발행되었던 2011년은 중국이 본격적으로 세계 경제에 영향력을 과시했던 때이다. 중국은 2010년에 일본의 GDP를 추월하여 글로벌 경제에서 2인자로 부상하였다. 당시 1인자인 미국의 경제 규모와 비교하여 40.4%에 지나지 않았던 중국의 경제규모는 현재 70%까지 확대되었다.

4차 개정판이 나왔던 2016년 즈음에는 중국의 대형 인터넷기업들이 글로벌 시장에서 모방을 넘어 혁신의 단계로 진입했던 시기이며 제조분야에서도 화웨이, 샤오미 등의 기술혁신 기업들이 중국의 경제발전을 이끌었다. 2019년의 5차 개정판이 나왔던 시기에는 미중 무역전쟁이 시작되었고 중국기업들의 기술 추월이 본격화되었다. 이번 6차 개정을 준비하던 시기에도 중국에는 큰 변화들이 있었다. 시진핑 주석이 모두의 예상대로 3연임에 성공하였으며, 미중 패권경쟁은 무역분야뿐만 아니라 기술 및 금융분야까지 확대되고 있다. 중국정부의 지원하에 빠르게 성장했던 대형 인터넷기업들은 시장지배력이 강화되며 강력한 규제를 받고 있으며, 기술자립과 공급망 개선에 관한 중국정부의 정책변화는 중국시장을 타깃으로 하는 우리나라 기업의 경영환경에 다양한 변화를 불러오고 있다. 이러한 중국의 변화와 성장에 우리는 어떻게 대응하여야 하는가?

경영환경의 변화는 중국시장에 대한 다양한 차원에서의 이해를 필요로 한다. 경영환경이 복잡해질수록 우리가 숙지해야 하는 정보의 범위도 늘어나고 시장진출 난이도도 높아진다. 중국은 우리나라와 많이 다르다. 중국을 이해하기 위해서는 국가 전체적인 특성도 알아야 하지만 지역별로 상이한 문화적 특성도 알아야 한다. 이러한 특성에 기반하여 중국소비자의 가치관, 라이프스타일, 소비트렌드 등 우리기업에게 중요한 요소들이 결정되기 때문이다.

저자는 우리기업이 중국시장 진출 시 갖추어야 할 역량과 전략으로 '한체중서용'을 주장하여 왔다. 한체중서용이란 한국이 미국의 기술을 활용하여 중국시장을 성공적으로 공략하기 위해서는 한국의 정체성이 기반이 되어야 한다는 것이다. 특히 미중 갈등이 심화되면서 한국기업이 중국에서 선택할 수 있는 전략의 선택지가 줄어드는 듯하다. 그러나 중국소비자와 중국시장의 경쟁자들을 심층분석 해보면 새로운 기회가 한국기업에 표출되고 있다. 구미 국가들이 중국을 외면하고 압박할 때 우리는 중국시장을 적극적으로 공략하는 스마트한 마케팅전략의 수립과 민첩한 행동실천이 필요한 때이다. 이 책은 그동안 중국시장에서 실패하였던 수많은 한국기업의 실패사례를 분석하여 이후 중국시장에서의 실패확률을 줄이고 성공할 수 있는 차이나마케팅 전략의 수립을 학습하는 것이 주 목적이다.

"전면개정(제6판) 차이나마케팅!"

제6판은 전면개정판으로 주요 개정내용은 다음과 같다. 우선 중국마케팅전략 틀을 도입부에 배치하여 기존의 11개 Chapter가 12개 Chapter로 변경되었으며 주요 데이터와 그림 등을 최신자료로 업데이트 하였다. 2장에서는 중국을 이해하기 위한 사회적, 정치적, 경제적, 법제적 분석과 함께 최근의 국제 정세와 탄소중립, 14.5 등에 관한 중국의 관련정책을 반영하였다. 또한 시진핑 3연임과 함께 등장한 중국의 새로운 꿈인 공동부유 등에 관한 내용도 반영하였다. 3장에서는 코로나 19 이후 중국소비자의 가치관 변화와 소비트렌드를 반영하였다. 4장에서는 중국기업들의 최근 현황과 함께 인공지능 기술기업인 센스타임과 아이플라이텍을 새롭게 추가하였다. 5

장에서는 TOWS분석 사례를 업데이트 하였으며, 6장에서는 중국에서 부상하고 있는 신1선도시와 하침시장 등에 대해 다루었다. 7장에서 9장까지는 최신사례 위주로 반영하였으며 10장은 중국 유통에 대해 좀 더 심도 있게 다루었다. 11장과 12장에서는 디지털전환이 빠르게 진행되고 있는 중국에서 마케팅 커뮤니케이션과 디지털마케팅 사례의 최신현황을 반영하였다.

"페이창 깐시에"

제6판 개정을 위해 많은 분들의 가르침과 도움이 있었다. 성균관대 중국대학원의 오지희, 구선민, 김형석 학생과 성균관대 경영대학원의 허재강, 이재혁, 송효석 조교에게 깐시에! 미국 워싱턴 D.C.의 아틀란틱 카운슬(Atlantic Council)에서 미중 경쟁전략을 연구할 수 있도록 도와주신 오미연 교수와 남궁성 교수께 깐시에! 미국에서의 연구년 생활동안 항상 즐거움과 새로운 가르침을 준 황세린과 황아린에게 페이창 깐시에!

2023년 2월 미국 워싱턴 D.C.에서 김용준

차이나마케팅에 공동저자로 이름을 올릴 수 있게 된 것은 개인적으로 큰 영광이다. 중국시장에 대한 다양한 경험과 이론을 축적하고 계신 김용준 교수님은 자칫 한쪽으로 치우칠 수 있는 중국연구에 대해 항상 다양한 가이드를 주시며 사고의 폭을 넓힐 수 있도록 지도해 주셨다. 이번 차이나마케팅 전면개정에 공동저자로 합류할 수 있도록 믿고 지원해 주신 김용준 교수님께 진심으로 감사하다는 말씀을 전한다. 그리고 항상 뒤에서 묵묵하게 지원해주는 나의 가족에게 페이창 깐시에!

2023년 2월 성균관대 명륜당에서 노은영

PREFACE 초판 머리말

"세계화(世界化)"

1993년 시드니에서 김영삼 대통령은 대한민국의 국가비전을 "세계화"로 선포하였다. 우선 중국·러시아와 국교를 맺고 북방외교의 적극적 출발점을 외쳤다. 하지만 문제는 한국 국내를 세계화하는 일이었다. 국내시장을 개방하고 global standard에 맞는 금융제도의 세계화를 실시하려하였다. 이는 매우 비저너리(visionary)한 시도였으나 그 당시 한국의 세계화 수준은 다음의 두 일화가 잘 말해 주고 있다.

김영삼 대통령의 "세계화" 비전 선포 후 국내 신문사 편집국장을 초청하여 청와대 오찬이 있었다. 오찬 중 한 편집국장이 대통령께 질문을 하였다. "김 대통령님, 국제화와 세계화는 무엇이 다릅니까?" 그 당시 국제화란 용어는 일반적으로 사용되고 있었으나 세계화는 매우 생소한 용어였다. 세계화라는 비전에 대한 대통령의 정의를 묻는 질문이었다. 김 대통령은 특유의 웃음으로 직접적 대답은 회피하였다. 오찬 후 김 대통령은 바로 정책비서관에게 질문하였다. "국제화와 세계화가 무어가 다르노?" 비서관은 기다렸다는 듯이 지체없이 확실히 대답하였다. 국제화를 세계하는 것이 세계화입니다…"

또 다른 일화는 국내거주 외국기자들이 본국에 한국의 국가비전을 알리려고 세계화의 영문표기를 고심하던 중, 청와대 대변인에게 물었다. "How do you write '세계화'?" "Globalization or Glocalization?" 이 대변인은 화이트보드에 바로 영어로 써 보였다. "Segyewha!" 이는 그 당시 우리나라의 세계화 수준을 나타내는 정확한 표기이다.

일부 학자들은 그 당시 "세계화"란 슬로건하에 금융시장의 개방이 1998년도 IMF 위기를 맞게 한 하나의 원인이었다고 평가한다. 이 문제는 아마도 후세 역사학자들의 평가로 미루어야 할 것 같다.

"동북아 중심국가(東北亞 中心國家)"

2003년 여의도에서 노무현 대통령은 국가비전을 동북아 중심국가로 선포하였다. 내용인 즉, 중국·일본·한국의 관계 속에서 동북아 중심국가로서 3만 달러를 달성해 보자는 가슴 뭉클한 국가비전이었다. 하지만 이에 대해 일본과 중국의 반응은 냉소적이었다. 일본의 노무라 연구소는 비공식적 논평을 하였다. 일본은 메이지유신 이후 탈아시아하여 세계적 국가로 지향하고 있으며, 동북아 경제권에만 국한된 이슈에는 큰 관심이 없다는 것이다. 중국의 국무원 발전중심의 한 연구원은 다음과 같이 평하였다. "중국에서 '동북아'하면, 길림성·헤룽장성·요녕성을 일컫는 말로 한국이 동북 3성과 경제발전을 더욱 도모한다면 반대하지 않는다. 다만 북경에 와서 동북아 중심국가를 논하는 것은 바람직하지 않다. 중국은 이미 세계 중심국가로서의 비전과 위상을 갖고 있다."

동북아의 중심국가인 양 국가의 반응에서 한국 정부의 비전을 낙동강 오리알로 격하시키는 것이었다. 동북아 중심국가 비전 발표 후 1년 반이 지났지만, 이 비전에 따른 구체적 전략·미션·실천은 한 국민으로서 별로 아는 바가 없다. 동북아 중심국가로서 1인당 3만 달러의 선진국으로의 도약은 우리가 원하고, 꼭 달성하여야만 하는 비전일 수 있다. 다만 실천 전략이 무엇이냐가 문제이다.

"동북아 간사국가(東北亞 幹事國家)"

저자는 동북아 중심국가로 가기 위해서는 우리나라가 먼저 동북아 간사국가(東北亞 幹事國家)가 되어야 한다고 믿는다. 세계경제를 대상으로 중국의 원가우위 생산요소와 일본의 하이테크기술을 잘 활용하여 두 국가의 시간적 경제차이를 레버리지할 수 있는 경쟁력을 갖추려면, 우선 중국과 일본의 연계를 하는 간사국가가 되어야 할 것이다.

현재 한국은 중국과 일본 사이에 호두까기 현상으로 빠져들고 있다. 그나마 반도체, LCD, 자동차, 조선산업이 딱딱한 호두껍질 역할을 하고 있지만 언제 호두까기에 더욱 힘이 주어질런지 불안한 형국이다. 우리가 해야 할 일은 호두껍질이 지탱해 주는 동안 호두알을 황금알로 만드는 일이다. 그래야 두 국가가 호두까기에 힘을 주어서 호두를 깨트릴 수도 없고(황금알이니까), 만약 이 호두를 깨트리면 황금알이 황새가 되어 날아가 버릴까 두려움도 생길 것이다. 더욱 좋은 전략은 한국이 호두까기의 지렛대 핀이 되는 것이다. 이 지렛대의 핀이 되어 중국과 일본의 힘을 레버리지하는 동북아 간사국가가 우리의 중단기적 미션이 되어야 한다. 그래야만 우리 후손들에게 동북아 중심국가로 날 수 있는 두 날개를 달아 줄 수 있을 것이다.

동북아 간사(奸邪)국가가 되기 위해서 우리는 동북아 간사국가여야 한다. 중국과 일본의 사람과 기술을 교묘히 활용할 수 있는 지혜로운 교활함 말이다. 중국에게는 중국식으로, 일본에는 일본식으로 그들의 국가가치를 창출해 줄 수 있는 그러한 smart한 간사함이 우리에게 필요하다. 그런데 현재 우리의 모습은 어떠한가?

차이나 마케팅!

우리나라 기업과 기업인이 중국에 대해서 smart하기 위해서는 중국을 잘 알아야 한다. 중국은 올림픽 시장이다. 중국 시장에서 세계적 기업들이 중국소비자의 금메달을 따기 위한 피나는 경쟁을 하고 있다. 중국소비자의 사랑을 받는 한중 기업이 되기 위해서는 smart한 "차이나 마케팅" 전략의 수립과 실행이 어느 때보다 시급한 시점이다. 이 책은 이런 고민 속에서 쓰여졌다.

이 책은 차이나 마케터를 위하여 쓰여졌다. 중국소비자를 섬기고, 경쟁기업보다 더욱 잘 섬기기 위한 마케팅 전략과 실천방법을 제시하려고 하였다. 책의 구성은 차이나 마케팅 전략의 틀

인 5C+STP+5P에 근간을 두었다. 책의 구성은 2권 4부 13장으로 구성되어 있다. 우선 1권에서는 중국 시장의 이해(제1부)와 표적시장과 포지셔닝 전략(제2부)으로 출판한다. 이후 2권에서 4P 전술(제3부), 중국 특수마케팅(제4부)을 엮으려고 한다. 제1부에서는 중국 시장의 현황과 전망(제1장), 중국소비자(제2장), 중국 내수시장의 경쟁자(제3장), 중국 진출 한국 기업의 5C 분석(제4장)을 10개의 실제 사례로 다루었다. 제2부에서는 시장세분화와 표적시장(제5장), 포지셔닝 전략(제6장)을 다루었다.

이 책의 특징은 현재 중국에 진출하여 중국 현지 생산, 판매를 하고 있는 성공적 기업의 마케팅 사례를 직접 분석하여 마케팅 전략을 제시하고 있다는 점이다. 물론 중국 시장은 6개월마다 시장 상황이 변하고 있기 때문에 독자들이 이 사례를 학습할 때는 벌써 옛날 이야기일 수 있다. 그래서 책 제목도 "중국 마케팅" 대신 "차이나 마케팅"으로 정했다. 많은 자료와 소비자 분석, 경쟁자 분석도 현재 시장 상황과 다를 수 있다. 그럼에도 불구하고 저자는 시간차 오류를 범하더라도, 차이나 마케터들이 현재와 미래 중국 시장에서 차이나 마케팅 전략을 수립·실천할 수 있는 이론적 프레임을 제시하려고 노력하였다. 앞으로 저자보다 전문적 지식과 경험을 가지신 차이나 마케터들의 가르침을 기대한다.

"깐시에(感謝)"

이 책의 잉태는 1996년도 중국 북경 칭화대 MBA 학생들에게 "마케팅 관리"를 가르치면서 중국 학생들에게 10년 후에는 "차이나 마케팅" 책을 쓰겠다고 약속하면서부터이다. 우선 우리나라 글로 출판되지만 여전히 8달 반의 미숙아임을 고백한다. 중국어로 출판될 때는 10달을 채운 성숙아가 되도록 정진하겠다. 1996년 칭화대 MBA 학생 중에 올해 칭화대 경제관리학원 마케팅 교수가 탄생하였다니 그 분에게 더욱 배워야겠다. 칭화대 학생들에게 "깐시에."

이 책의 많은 아이디어와 사례는 2000년 삼성 오픈타이드 차이나를 설립하면서 창립 대표이사 사장으로서의 경험이 많은 영양분이 되었다. 이 회사의 존경하는 차이나 마케터인 남용식 박사, 변재순 과장, 구자경 과장에게 "깐시에," 중국 마케팅을 가르칠 수 있도록 해 주신 성균관대학교, 특히 여러 교수님들과 차이나 마케팅 수업에 참가한 학부생들과 MBA 학생들에게 깐시에, 이 책의 기획·구성·자료수집·편집에 참여한 한민희, 권택현, 권지은, 박승배 박사, 박세환 박사, 이준환 연구원과 책 디자인을 해 주신 이은실 실장님에게 "깐시에."

특별히 문·사·철 위주의 연구소인 "현대중국연구소"를 경제·경영 연구소로 변신할 수 있도록 허락하신 정범진 전 총장님께 감사드린다. 이 연구소에서 중국소비자 연구, 중국 유통 연구, 중국 IT 산업 연구를 같이한 박사님들과 연구원들에게 감사드린다.

마지막으로 1990년 이후 중국에서 세 차례나 살면서 이방인 생활을 같이 해 준 유니, 소정, 동영에게 깊은 애정을 전한다.

2004년 7월
명륜동 연구실에서
김 용 준

CONTENTS 차 례

PART Ⅲ

중국마케팅 5P

Chapter 08 중국 제품과 브랜드

Chapter 09 중국 가격

Chapter 10 중국 유통

**CHINA
MARKETING**

차이나마케팅

CHINA MARKETING

PART
I

중국시장의 이해

Chapter

01

중국시장의
마케팅전략

제1절 중국마케팅전략 틀

2022년은 한중 수교 30주년이 되는 해이다. 그동안 중국에 진출한 한국기업은 약 7만 개이며, 투자규모는 118조 원에 달한다. 1978년 개혁개방 이래 중국에 설립된 약 100만 개의 외국기업 중 홍콩과 대만 등 화교기업을 제외하면 미국 다음으로 가장 많은 기업이 한국기업이었다. 하지만 중국시장에서의 성공사례는 많지 않다. 같은 아시아 문화권인 중국시장은 왜 이렇게 어려운가? 여기에는 여러 이유가 있겠지만 우리는 중국시장이 어려운 이유를 마케팅의 관점에서 풀어보고자 한다.

1992년 한·중 수교로부터 30년, 한·중 기업은 중국이 거대한 시장임을 깨달았다. 1990년대 초반 한국기업 및 한국과 중국의 합작기업(이하 본고에서는 '한·중 기업'이라 칭한다)은 중국을 생산기지로 여기고 많은 중소 제조기업이 동북 3성과 발해 연안을 중심으로 진출하였다. 중국의 값싼 노동력을 바탕으로 원가경쟁력을 확보한 후 한국과 일본, 미국시장을 목표로 하여 수출할 수 있다는 전략이었다. 한·중 기업의 수출형 중국 제조전략은 많은 현지화의 시련을 거쳐서 중국의 교두보를 만들었다. 그러나 몇 년 후 중국 내수기업들의 생산관리능력과 수출 능력이 확보됨에 따라 한·중 기업의 매출과 이익 성과는 빠른 속도로 악화되었다.

중국은 1978년 개혁개방 이후 1980~2000년대 걸쳐 매년 10% 이상의 경제성장을 달성하였다. 이 과정에서 중국기업과 중국 유통업체는 중국소비자의 소득이 향상됨에 따라 형성된 중국 중산층을 집중 공략하여 거대 중국 소비시장을 형성하였다. 시장의 기회를 파악한 한국기업들은 베이

그림 1-1 | 중국마케팅전략 틀

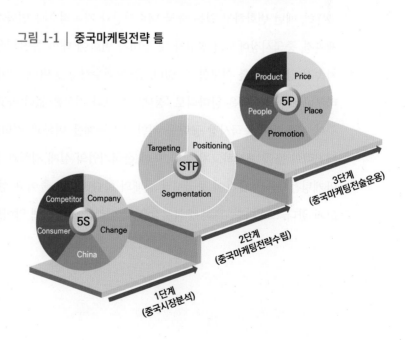

징·상하이·광저우 등 대도시를 중심으로 중국 내수시장의 기회를 공략하기 위한 새로운 도전에 나섰다. 그러나 1997년도에 시작된 외환위기로 인하여 한국기업의 중국투자와 중국시장 개척은 일보전진을 위한 일보후퇴의 시련을 맞이하게 되었다.

2000년대에 들어서 한국기업은 중국시장의 폭발적 수요가 일어나면서 중국소비자들을 만족시킬 수 있는 제품과 서비스로 중국시장에 재도전하게 된다. 당시 대표적 한국기업과 제품은 삼성전자 애니콜, LG전자 에어컨, 오리온의 초코파이, 농심의 신라면, 아모레의 라네즈, 한국타이어, 이랜드, 신세계의 이마트, 경동보일러, 한우리 식당 등이 있었다.

2010년대 들어서는 중국 내수시장 중 가장 큰 성장세를 보이는 IT시장에서 삼성전자의 갤럭시, 온라인 게임에서 넥슨의 던전파이터와 카트라이더, 자동차시장에서 현대자동차의 아반떼, 기아자동차의 소울, CJ의 CGV 영화관, LG생활건강의 후, 락앤락의 용기제품, 쿠쿠전자의 전기밥솥, 전자믹서기 휴롬과 같은 생활용품이 한류를 타고 중국소비자들이 좋아하는 회사와 제품이 된 바 있다. 중국소비자의 사랑을 받는 한국기업이 되기 위해서는 한·중 수교 이후 중국시장에서의 실패사례나 성공사례에서 교훈을 얻을 필요가 있다. 한·중 수교 이후 30여 년 동안의 한국기업의 실패와 성공을 살펴보면 중국시장에서의 생존전략을 구체적으로 파악하기 힘들었다. 왜냐하면 그동안 학습한 한국기업의 중국 내수시장의 성공비밀이 신화나 전설 수준의 개인 경험담이나 단편적 사례로만 전해지고 있기 때문이다.

특히, 매년 변화하고 있는 중국 내수시장과 지속적으로 변화가 예상되는 중국의 정치·경제환경, 중국시장에서의 경쟁자 및 소비자 변화에 대한 통찰력을 가지지 않으면 한국기업은 지속적 경쟁우위를 확보할 수 없다. 중국 내수시장 공략에 있어 한국기업의 경영자나 중국 비즈니스 전문가들은 한마디로 '정보는 있으나 지식은 없다'라고 말한다. 이 책은 이러한 요구에 부응하여 중국시장 공략을 위한 지식체계를 이론과 경험을 바탕으로 하여 중국마케팅전략의 틀을 제시하고자 한다. 또한 한국기업의 실제 경험과 문제점을 분석하고 효과적인 마케팅전략을 도출하여 중국시장 실패의 학습비용도 줄이고 성공확률을 높이는 데 기여하고자 한다. 그렇다면, 우선 중국시장은 왜 어려운지에 대해 알아보자.

제2절 중국시장 특성

1 중국시장이 어려운 이유는?

중국마케팅이 어려운 이유를 결론부터 말하자면 중국의 소비자를 이해하는 것이 쉽지 않기 때문이다. 일반적으로 경제학에서 시장은 특정 재화나 서비스를 사고파는 사람들의 모임으로, 구매자들은 상품의 수요를 결정하고 판매자들은 상품의 공급을 결정하는 곳이다. 하지만 마케팅에서는 시장을 '다양한 필요와 욕구를 가진 소비자 집단'으로 정의한다. 즉 중국의 인구수가 많다고 무작정 중국에서의 사업이 성공하는 것이 아니라, 개별적인 소비자들의 니즈를 충족해야 하는데, 변화하는 중국시장 속에서 이를 충족시키는 것은 매우 어려운 일이다. 여기에 더해 중국소비자들은 크게 넓은 면적과 다민족에 따른 다양한 문화권, 사회주의 시장경제라는 중국 특색 정치시스템의 특징을 가지는데, 이러한 특징들이 다른 나라의 소비자들의 특성과 구별되기 때문에 더 예측이 어려운 것이다.

마케팅에서의 시장에 대한 정의에 따라 중국시장에서 성공하기 위해서는 중국소비자를 이해해야 한다. 하지만 중국소비자를 이해하기 위해서는 다양한 측면에서 종합적인 학습이 필요하다. 왜냐하면 소비자는 문화적, 정치적, 자연적 환경의 영향을 받아 재화나 서비스를 소비하기 때문이다. 그리고 이 환경들은 다른 국가들에 비해 중국이 특히 복잡하고 다양하게 나뉘어진다.

첫 번째로, 넓은 영토이다. 중국은 세계에서 4번째로 국토가 넓은 나라이며, 이는 한 국가 내에서 지역별 기후 편차가 크다는 이야기로 볼 수 있다. 실제로 중국 북부의 경우에는 한랭 건조한 습성을 가지고 있고, 남부의 경우에는 고온 다습한 습성을 가지고 있어 소비자 라이프스타일의 차이를 발생시키는데, 이것은 마케팅적 측면에서 굉장히 중요하다. 기후 등은 인간의 생활 습관에 커다란 영향을 미치고 결국 소비자행동의 특성을 결정하는 요인이 되기 때문이다. 즉, 중국이라는 나라 자체를 놓고 보았을 때 기후별로 다양한 소비자 요구가 발생하게 되어 있고 이는 세분화를 더욱 다양하게 하여 목표시장을 알맞게 설정해야 함을 의미한다. 예를 들면, 삼성전자의 갤럭시 핸드폰은 고온 다습한 중국 남부 광저우에서도 잘 터지고, 영하 30도의 한랭한 중국 북부 하얼빈에서도 원활한 사용이 가능한 모바일 반도체 칩 개발이 필요하다. 이처럼 넓은 면적에 따른 소비자 다양성이 중국마케팅이 어려운 첫 번째 이유이다.

두 번째로, 여러 민족이다. 56개의 민족이 중국에 살고 있으며, 중국은 명실상부 다민족 국가이다. 이는 역사적으로 보아 상당한 다양성이 존재한다고 볼 수 있다. 중국은 오랜 기간에 걸쳐 민족간 갈등과 화합 속에 역사가 이뤄졌고, 민족 간에 이해관계는 여전히 존재하고 있다. 중국에는 서도(四都), 동도(東都)로 대표되는 중원문화와 장강삼각주(상하이 근방)와 주강삼각주(광동 지역)지역으로 대표되는 강남문화로 이뤄져 있다. 이러한 큰 틀 속에서 여러 소수민족 간의 문화적 차이가 존재할 뿐 아니라, 전체 인구의 절대 다수를 차지하는 한족 간에도 지역에 따른 문화가 상이하다. 그로 인해 이들을 하나로 묶어 마케팅 활동을 하는 것은 매우 힘든 일이다. 이는 중국을 14억으로 구성된 하나의 시장으로 파악하고 진출하였던 한국 화장품 회사들의 실패 사례에서도 밝혀진 내용이다. 약 170만 명 규모의 소수민족인 조선족에게 히트한 상품이 12.8억 명의 한족에게도 히트상품이 될 수 없는 것이다. 각 민족의 특성에 맞게 마케팅 믹스를 펼치는 것이 필수적이고 이것이 중국마케팅이 어려운 두 번째 이유이다.

세 번째로, 정치시스템이다. 중국은 알다시피 사회주의를 채택하고 있는 국가이다. 특히, 중국의 사회주의는 중국 특색의 사회주의라고 불릴 만큼 독특한 정치, 경제 시스템을 구축하고 있는데, 이는 자본주의 국가인 우리나라에서 중국시장에 진출할 때 소비자의 인식이 우리나라와 상이하므로 중국 정치, 경제 시스템에 맞는 마케팅을 펼쳐야 한다는 도전과제를 부여한다. 특히, 2020년 이후 중국정부의 강도 높은 시장 규제 정책은 중국시장의 제도적 불확실성을 증가시키는 배경이 되고 있다. 이것이 중국마케팅이 어려운 세 번째 이유이다.

그렇다면 이렇게 다양한 요인을 내포하고 있는 중국시장의 특성은 무엇인지 살펴보자.

2 중국시장의 특성은 무엇인가?

중국시장의 핵심적 특징은 '중국 특색적 사회주의 시장경제(中国特色社会主义市场经济)'

이다. 이는 현대 중국에 대한 덩샤오핑의 정의이다. 1978년 덩샤오핑의 개혁개방 이후, 이 '중국 특색적 사회주의 시장경제'는 동부 연안을 중심으로 발전하기 시작하였다. 특히 지역적 차별화 정책이었던 선부론(先富論)은 계획경제에서 시작하여 현재는 시장경제체제로 이행되었다. 중국시장은 한국과 같은 단일 시장이라고 하기보다는 EU시장처럼 복수시장으로 이해해야 한다. 이는 중국이 갖고 있는 세계 최대 14억 인구와 광대한 영토, 이로 인한 각종 사회·문화적인 다양성에서 기인한다. 특히 지역적인 차별성을 두고 경제발전을 도모한 중국을 하나의 시장으로 이해하는 것은 무리이다. 이후 6장 '중국시장 세분화' 부분에서 알아보겠지만, 중국시장은 각 세분화된 시장별로 이해해야 한다. 그렇다면, 중국 전체시장의 특성 이 있는가 그것은 무엇인가? 끊임없이 역동적으로 변하는 중국시장과 중국소비자의 특성에 대해 살펴보자.

(1) 중국시장은 올림픽시장이다

현재 중국에는 Fortune紙 선정 세계 5,000대 기업 중 거의 모든 기업이 중국에 투자하여 생산·판매·서비스를 제공하고 있다. 중국의 WTO 가입 5년 후인 2006년부터는 금융시장도 점진적 개방을 하게 되면서 거의 모든 다국적기업들이 14억의 중국소비자를 대상으로 치열한 경쟁을 하게 되었다. 이는 가히 올림픽시장이라 할 수 있다. 우리가 전국체전에서 우승을 하였다 하여도 올림픽 예선에 자동 통과되는 것은 아니다. 중국시장에 진출하는 한국기업 중 한국시장이나 다른 나라에서 시장점유율 1등을 하였다고 중국시장에서의 성공을 보장하지는 않는다. 이는 삼성전자의 갤럭시가 세계 시장점유율 1등을 오래 유지하고 있으나, 중국에서는 시장점유율 1%에도 미치지 못하고 있다는 사실을 통해 이해할 수 있다.

올림픽에서 우승을 하기 위해서는 어떻게 하여야 하는가? 특히 14억의 다양한 중국소비자의 사랑을 받기 위해서는 어떻게 하여야 하는가? 이에 대한 대답은 철저한 중국시장

그림 1-2 | 브랜드 올림픽시장 중국

의 이해와 통찰력을 가지고, 각 개별 기업의 핵심 역량을 중국시장에 맞춰 교정한 후에 중국소비자의 사랑을 받을 수 있는 제품과 서비스를 제공할 때만 가능하다. 실행가능한 중국 마케팅전략 수립과 끊임없는 핵심역량의 중국화 노력을 통한 집요한 실천만이 중국시장에서 올림픽 메달을 딸 수 있는 길이다.

(2) 하향식 지도와 상향식 참여의 균형을 추구하는 사회주의 시장경제이다

중국시장은 시장경제의 원리와 사회주의가 섞여있다. 중국은 자본주의나 공산주의 어느 하나만을 선택하는 극단적인 선택보다 덩샤오핑의 말처럼, 세계에서 유래를 찾아볼 수 없는 새로운 실험을 통해 새로운 모델을 창조해 가고 있다. 존 나이스비트의 <메가트렌드 차이나>에는 이러한 새로운 중국사회를 지탱해 주는 중요한 힘은 하향식과 상향식 세력의 균형으로부터 나온다고 말하고 있다. 중국공산당은 국가의 지배력과 통제력을 가지고 있지만, 지난 30년 동안 지배와 통제의 의미는 급격하게 변했다. 중국공산당은 하향식 독재정치에서 벗어나 능동적으로 기능하는 지도부로 변화하려고 하였다. 상향식 참여가 두드러지고, 결정 및 실행과정의 투명성이 증가하는 수직적 민주사회로 탈바꿈하고 있는 것이다. 이러한 배경하에 하향식 지도와 상향식 참여 간의 균형유지가 중국의 독특한 정치이념을 이해하는 통로이자, 중국의 지속성장 가능성을 결정하는 열쇠이다. 하지만 최근 시진핑 정부의 강도 높은 당정 일치 시스템과 정부 중심의 경제시스템은 외국기업에게 중국시장의 예측가능성을 더욱 힘들게 하는 원인이 되고 있다.

(3) 중국시장은 '공급자시장'에서 '구매자시장'으로 전환된 성장시장이다

중국시장은 급속히 '공급자시장'에서 '구매자시장'으로 전환되었다. 1992년 덩샤오핑의 남순강화(南巡讲话) 이후, 다국적기업들은 중국의 원가 경쟁력과 앞으로 성장할 중국시장을 겨냥하여 대규모 생산시설 투자를 시작하였다. 그 결과, 2000년 이후 중국은 세계의 공장이 되었다. 특히 일반 생활용품은 물론 내구소비재와 IT제품인 핸드폰과 PC, 가전제품은 전세계 공급량의 40~50%를 가진 생산국이 되었다. 2010년대에 들어서는 자동차, 태양열산업, 첨단원자재가공, 전자부품 등에서도 세계최대 공급자가 되었다. 풍부한 공급과 중국정부의 내수진작정책에 따라 중국 내수시장은 빠른 속도로 성장하고 있는 세계 최대의 소비자시장이 되고 있다.

(4) 중국시장은 지적재산권 보호가 미흡한 복제품시장이다

중국의 복제품은 그 종류와 수량이 매우 다양하다. 중국정부는 매년 광저우를 중심으로 중국의 복제품을 수집, 소각하여 이를 TV에 방송하고 있다. 특히, WTO 가입을 계기로 중국정부의 복제품 단속이 강화되고 있지만, 아직까지 특허권, 상표권 등 지적재산권에 대한 인식 부족으로 지적 재산권 침해사례는 빈번히 발생한다. 예를 들면, Microsoft는 중국에서 PC 운영시스템의 95%를 차지하고 있지만, 거의 모든 소프트웨어가 불법 복제품이다. Microsoft의 빌 게이츠 회장은 중국시장에서 소프트웨어 판매를 통한 수익모델을 포기하였다. 저자는 중국 내수시장에 진출한 한·중 기업들이 '짝퉁' 문제로 고민할 때 다음과 같이 자문한다. "중국에 신제품 출하 후 한 달 이내에 '짝퉁'이 나타나지 않으면 그 사업을 철수하세요. 왜냐하면 중국에서 수요나 시장성이 없다는 증거입니다!"

한국기업이 중국 내수시장에서 성공할 수 있는 로드맵의 큰 축은 중국마케팅전략의 틀을 구축하는 것이라고 저자는 믿는다. 그러한 중국마케팅전략의 틀이란 무엇인가?

3 중국마케팅전략의 틀은 무엇인가?

저자는 한국기업이 중국 내수시장을 공략하면서 실패한 주요 요인은 중국시장의 조사 부족과 마케팅 능력의 부족이라고 판단한다. 특히, 앞서 제시한 중국시장이 어려운 이유와 특성을 고려해 볼 때 중국마케팅전략 수립과 현지화 실행전술을 위한 지식경영이 필요한 시점이다. 중국마케팅전략의 틀은 시장환경 분석방법인 5C 분석, 전략적 시장접근방법인 STP전략(Segmentation, Targeting, Positioning), 성공적 마케팅전략 수행을 위한 5P 전술 등 크게 3단계의 전략적 틀을 갖는다.

그림 1-3 | 5C 분석

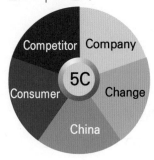

(1) 5C 분석

중국마케팅의 기본 틀은 먼저 5C에 대한 심도 있는 분석으로 시작된다. 5C란 중국시장 환경분석에 필요한 5가지 요소, 즉 중국 내수시장(China Market), 중국사회의 변화(Change), 중국소비자(Consumer), 중국 내수시장의 경쟁자(Competitor), 중국 내수시장에 진출해 있는 한·중 기업(Company)인 자사를 말한다. 5C 분석은 아래와 같이 요약된다.

1) 중국시장

시장에 대한 이해는 가장 기초적인 지식이 된다. 중국 내수시장의 규모와 성장률, 중국인의 소비구조, 소득구조와 지출구조에 대한 분석이 필요하다. 각 산업별, 제품별 시장현황과 전망은 중국의 문헌자료나 시장조사 자료를 구입하여 분석하여야 한다. 특히, 중국시장(China Market)은 고도의 성장에 따른 제품의 라이프사이클이 짧다. 유통시장의 변화도 Offline 유통에서 Online 유통으로 급속히 변화하였다. 따라서 각 제품별 및 유통 채널별 소비자조사는 중국시장 공략에 있어서 필수적이다. 최근 중국에서도 빅데이터 마케팅(Big Data Marketing)이 다양하게 활용되고 있기 때문에 중국소비자의 거시적 이해뿐 아니라 미시적 구매성향과 구매행동의 데이터 분석이 필수적이다.

2) 중국사회의 변화

중국을 후진국이라 판단하고 있다면 이는 큰 오산이다. 많은 분야에 있어서 중국은 G2로서 미국과 견주는 정치·경제적 힘을 가진 국가가 되었다. 중국의 GDP는 미국의 80%에 이르렀으며 2030년도에는 미국을 추월하리라 예측되는데, 그렇게 된다면 한국 GDP의 10배 이상인 경제규모 1위의 강대국이 될 것이다. 아마도 한국 2천년 역사 속에서 한국인이 중국에 대해 우월적 지위와 느낌을 가졌던 것은 1992년 수교 이후 지금까지 30년 정도였다. 이제 다시 정신차릴 때이다! 현재 중국사회는 그 어느 나라보다 빠르게 변화하고 있다. 이를 이해하고 예측하여 사업의 기회를 획득하려면 중국의 정치·경제·사회·가치관 등의 변화요인과 그 방향에 대한 분석이 필요하다.

3) 중국소비자

한국에서 유행한 것이 그대로 중국에서 유행하리라는 식의 단순한 사고 방식은 중국시장에서의 실패로 귀결된다. 중국 내수시장의 공략은 결국 중국소비자에 대한 정확한 이해 없이는 결코 달성할 수 없다. 중국소비자의 구매욕구 및 소비현상과 더불어, 최근 소비패턴의 변화를 정확히 꿰뚫고 있어야 한다. 중국소비자에 대한 분석은 3장에서 집중적으로 살펴볼 것이다.

4) 중국시장의 경쟁자

중국은 올림픽시장이다. 중국은 이미 세계 유수 기업의 경쟁무대가 되어버렸다. 또한 향후 지속적으로 글로벌기업들의 진출이 예상되므로 명확한 경쟁구도의 분석은 중국 내수시장 공략의 중요한 틀이 된다. 따라서 내수시장의 기본적인 경쟁상태 및 향후 잠재적인 경쟁자에 대해 분석해야 한다. 이는 4장에서 그동안 세계적 경쟁력을 구축한 중국 내수기업과 중국에 진출한 다국적기업들에 대한 사례분석을 통하여 그들의 핵심역량, 기업문화, 리더십을 파악해 본다.

5) 중국 내수시장에 진출해 있는 한·중 기업

1992년 중국과의 수교 이후 국내 기업의 대중국 교역 동향 및 투자 동향을 파악하고, 그간 7만여 개의 한·중 기업들이 거둔 성과와 문제점을 분석한다. 이를 통해 중국 내수시장 공략을 위한 지침을 배워보기로 한다. 본 책자의 5장에서는 중국시장에 진출한 한·중 기업들을 선정하여 구체적 사례들을 5C 분석틀에 의해 파악하여 본다. 특별히 개별기업이 처한 중국시장의 기회와 위협을 분석하고, 각 기업의 핵심역량의 강·약점에 따른 TOWS 분석을 통하여 사업전략을 강구해본다. 이들 기업의 STP 전략과 5P 전술에 대한 분석과 평가는 이 책의 후반부에서 좀 더 집중적인 사례연구 분석이 있을 것이다.

(2) VMS

VMS는 Vision, Mission, Strategy를 일컫는다. 중국시장의 5C 분석 다음으로 중국마케팅전략을 수립하기 위해서는 우리 회사의 Vision과 Mission, 회사의 경영전략 방향을 이해하여야 한다. 한 기업의 Vision은 단지 슬로건이 아니라, 그 기업의 영혼과 열정의 결정체이다. 흔히 컨설팅회사의 자문을 받아서 만든 '초일류 종합국제기업'이란 슬로건은 비전이 없는 기업의 화장발이다. 한 기업이 중국시장에 진출하는 데 있어 비전이 매우 중요한데, 그 이유는 비전은 실패와 절망 속에서 생존할 수 있는 희망을 제시하기 때문이다. Mission이란 기업의 존재이유를 밝히는 철학적 정당성이다. 현대기업은 주로 고객의 가치창조와 기업 이해관계자의 Well-being뿐만 아니라 사회의 적극적 공헌활동을 Mission으로 선택하고 있다. 특히 최근의 경영 화두인 ESG경영은 기업의 Mission을 좀 더 사회친화적으로 전환시키는 경영 환경 변화로 볼 수 있다.

Strategy는 기업의 전반적 경영전략을 일컫는다. 한국의 많은 기업들이 1970~1980년대에는 다각화 전략을 선택하여 고성장을 이루었다. 1990년대 후반부터는 주로 전문분야 집중화 전략을 선택하였으나 성공과 실패의 명암이 엇갈렸다. 2010년대 이후에는 한·중 기업들은 어떤 전략을 선택하여 성장할 것인가?의 대안은 시장 다각화 전략, 곧 국제화 전략을 선택하여 성장과 발전을 도모하여야 한다. 국제화 전략 중 중국시장 진출전략은 현재 우리나라 기업들의 재성장 발판을 만들 수 있는 기업전략이다.

(3) TOWS 분석

앞선 5C 분석을 사업전략과 연계시키기 위해서는 통합적 분석틀이 필요하다. 5C 분석이 환경 분석이면, 이를 각 기업의 내재적 핵심역량에 준거하여 환경의 기회와 위협을 평가하고, 각 회사의 역량을 강점과 약점으로 분류한 후 우리 회사의 중국시장에서의 현재 위치와 이에 따른 사업전략을 도출하는 방법이 바로 TOWS 분석이다. TOWS 분석은 기본적으로 SWOT 분석에 기반한 분석방법이지만 한 가지 큰 차이가 있다. SWOT 분석은 기업이 자체적으로 보유한 강점과 약점에 입각하여 경영전략을 수립하고 외부환경의 위치를 파악하는 것이라면, TOWS 분석은 외부환경을 우선적으로 분석한 후 해당 환경하에서 기업의 강점과 약점을 분류하여 시장에서 자사의 위치를 확인하고 향후 방향성을 도출하는 분석 방법이라고 할 수 있다. 이 책의 5장에서는 TOWS Matrix상의 위치에 따라 도출할 수 있는 사업전략을 사례와 함께 살펴볼 것이다.

(4) STP 전략

중국마케팅전략의 틀에서 2단계인 STP 전략이란 시장세분화 (Segmentation), 표적시장 선정(Targeting), 포지셔닝(Positioning)전략의 수립을 말한다. 1단계의 5C 분석은 2단계인 STP와 3단계인 5P를 위한 사전 중국시장 분석이라고 할 수 있다. STP 전략은 마케팅전략의 핵심이다. 중국 내수시장에 진출한 한·중 기업의 실패요인의 50% 이상은 STP 전략의 부재나 실천 능력의 부족이었다.

그림 1-4 | STP 분석

1) 시장세분화

중국마케팅 STP는 시장세분화(Segmentation) 작업으로 시작된다. 중국시장은 단일시장이 아니다. 한·중 기업이 공략해야 할 각 세분시장에 대한 정확한 이해가 요구된다. 중국이라는 거대한 국가는 각 지역별로 문화적 다양성과 경제발전상의 차별성을 보인다. 때문에 각 지역마다 시장진출전략이 다를 수밖에 없다. 거대한 면적만큼이나 그 수가 많은 인구에 주목해야 한다. 막연히 인구 한 명당, 제품 하나만 팔면 얼마를 번다는 식의 단순한 계산으로는 절대 중국시장 공략에 성공할 수 없다. 수많은 인구 중에 어떠한 계층을 공략할 것인가에 대한 세분화 작업이 무엇보다 중요하다. 따라서 공략대상과 진출지역에 대한 구체적 세분화 작업은 중국마케팅전략 수립의 첫 걸음이라 할 수 있다. 이에 대해서는 이 책의 6장에서 지역적, 인구통계적, 라이프스타일과 편익추구에 따른 시장세분화 전략수립을 연구해 볼 예정이다.

2) 타기팅

STP 전략의 두 번째는 표적시장의 선정, 즉 타기팅(Targeting)이다. 시장세분화 작업을 거쳐, 자사의 핵심역량을 어느 곳에 집중해야 될지에 대한 세밀한 분석과 선택이 요구된다. 중국이라는 거대한 시장을 전부 공략하겠다는 것은 처음 듣기에는 멋있는 전략인 듯하나, 한국기업에 있어 효과적인 전략은 아니다. 각 세분시장에서 자사에 가장 적합하고 매력적인 세분시장과 세분고객을 선택하고, 이를 집중 공략하는 것이 효과적이다. 타기팅을 하는 방법론과 중국소비자의 정확한 표적 선정 후 이를 활용하는 방법을 구체적 사례 등을 통하여 6장에서 학습하여 보자.

3) 포지셔닝

중국마케팅 STP 전략의 마지막 의사결정은 중국시장에서의 위치 정립인 포지셔닝 (Positioning)전략이다. 이제는 단순히 한국에서 성공한 제품을 중국시장에 옮겨 팔기보다, 제품개발 초기부터 중국시장과 중국소비자에 가치를 창출할 수 있는 제품과 서비스를 개발해야 한다. 중국소비자는 갈수록 고급화되고 다양화되고 있다. 이러한 시점에서, 우리 기업은 중국소비자에게 어떠한 가치를 창출하고, 경쟁사 대비 어떻게 차별적인 가치를 인식시켜 그들의 마음 속에 확실히 자리매김할 것인가에 대한 전략적 접근을 해야 한다. 저자의 경험과 분석으로는 한국기업의 중국시장 전략 중 가장 미흡한 부문이 포지셔닝 전략의 수립과 실행에 있다고 판단된다. 특히 중소기업형 한국기업은 포지셔닝의 개념과 수립절차, 이를 5P 전술과 연계시키는 부문에 있어서 면밀한 분석, 선택, 그리고 과감한 실행투자가 따라야 한다. 따라서 7장에서는 포지셔닝 전략을 수립하는 방법을 학습하고, 한국기업에 유효한 포지셔닝 전략 도출을 베이징현대자동차의 종합사례로 연구해 볼 것이다.

(5) 5P 전술

중국마케팅 5C와 STP 전략수립이 성공적으로 완수되었다면, 이제 보다 구체적인 중국시장 공략을 위한 전술을 수립하고 실천해야 한다. 그것이 곧 중국마케팅 5P 전술이다. 기존의 마케팅믹스인 4P, 즉 제품(Product), 가격(Price), 유통(Place), 촉진(Promotion)에 더하여, 중국마케팅에서는 중국마케터(People)의 육성과 활용이 고려되어야 한다. 중국마케팅 5P에 대해 간략히 살펴보자.

그림 1-5 | 5P

1) 제품

중국소비자가 원하는 품질과 기능의 개발은 물론, 장기적인 차원에서의 전략적 브랜드 육성이 요구된다. 특히, '중국향(向)' 제품개발을 통해 점차 고급화된 중국소비자의 욕구에 부합하여 갈수록 치열해지는 중국 내수시장을 공략해야 한다. 어떠한 제품과 서비스로 중국 고객에 다가가야 하는지는 개별 한국기업의 중국 타기팅과 포지셔닝 전략에 달려 있다. 특히 중국에서의 브랜드 전략 이슈는 중국 내수시장에 진출한 한국기업이 나무를 심어 숲을 이루려는 전략적 이슈이다. 중국시장에서의 제품과 브랜드 관련 전략 사례는 8장에서 알아보자.

2) 가격

기존 한국기업은 단순히 원가 대비, 혹은 경쟁사 대비로 가격을 책정하였다. 현재 중국 내수시장은 이미 공급과잉현상을 보이며 가격경쟁이 점점 치열해지고 있다. 이러한 상황에서 한·중 기업은 생산원가와 경쟁사 가격은 물론 변화하는 시장상황과 소비자의 수준에 따라 중국소비자의 가치를 증진시킬 수 있어야 한다. 9장에서는 자사의 포지셔닝 전략에 부합되는 가격 전술을 어떻게 구사할 것인가?를 학습하고자 한다.

3) 유통

유통은 현재 한국기업이 중국시장에서 가장 고전하는 부분이다. 제품이 아무리 좋아도 유통관리에 실패하면 성공할 수 없다. 중국 유통구조는 아주 복잡하기 때문에 많은 시행착오를 겪게 된다. 자사에 적합한 유통경로 설계 및 갈등 관리에 주의해야 한다. 중국 유통전략은 자사제품의 중국 목표고객이 어디 있느냐? 목표 고객에게 경쟁사 대비 어떠한 차별적 가치를 '어떤 유통경로'를 통하여 전달할 것인가?를 결정하는 것이다. 즉, 중국 유통환경을 고려하여 어떻게 대리점과 직영점, 판매사원을 관리할 것인가?가 주요 이슈이다. 특히 최근 중국 유통의 가장 큰 변화는 전자상거래 시장의 성장이다. 중국의 온라인 유통에서 어떠한 전략과 전술을 구사할 것인가?는 중국 내수시장 공략의 핵심으로 부상하였다. 이 부분에 대해서는 12장 디지털마케팅에서 한 번 더 연구해보기로 한다.

4) 촉진

중국소비자에게 과연 어떤 방식으로 자사의 제품을 알릴 것이며, 또 그들을 설득할 것인지에 대한 전략이다. 중국마케팅 5P에서 촉진의 현대적 용어는 '마케팅 커뮤니케이션'이다. 마케팅 커뮤니케이션에는 광고, 판매촉진, 영업사원 관리, 홍보, 이벤트, 인터넷 마케팅, 다이렉트 마케팅 등의 다양한 방법이 있다. 11장에서는 주로 광고와 판매촉진을 중심으로 중국소비자에게 자사의 제품이나 서비스를 제공하는 방법을 한국기업의 실제 사례를 통해 학습해 보도록 하자.

5) 차이나 마케터

차이나 마케터는 상술한 모든 전략을 기획하고 실행하는 주체가 된다. 차이나 마케터는 기본적으로 중국어에 능통함은 물론이고 현지 문화의 이해와 적응능력, 최소 2개 제품군 이상의 중국시장용 제품, 브랜드의 마케팅전략 수립과 실행의 경험이 필요하다. 차이나 마케터의 무엇보다 중요한 자질은 중국 고객에 대한 이해와 그들에게 가치를 제공하려는, 그래서 중국 고객을 만족시키려는 뜨거운 열정이다. 중국 고객에 대한 사랑이 없는 차이나 마케터를 고용한 기업은 단기적 성과는 가능할지 모르지만 지속적 경쟁 우위를 달성하지 못할 것이다. 특히, 외국기업으로서 중국에 진출한 한·중 기업의 마케터는 리더십을 가져야 한다.

중국 내 마케터와 경쟁에서 이기려면, 그들보다 중국시장의 지식도 많아야 할 뿐만 아니라 중국 직원을 감동시킬 수 있는 혁신적 리더십을 가져야 한다. 이러한 자질을 가진 핵심 차이나 마케터의 양성은 현재 매우 시급하다. 이 책이 이러한 차이나 마케터로 성장하는 데 있어 필요한 마케팅 리더십을 제공할 수 있기를 바란다.

연구과제

01 기존의 마케팅전략과 달리 중국마케팅전략은 어떤 특성을 가지는 지 비교해보자.

02 중국시장이 어려운 이유와 특성은 무엇인지 토론해보자.

03 차이나 마케터가 갖추어야 할 역량에 대해 생각해보자.

Chapter

02

중국시장의
현황과 전망

제1절 중국 내수시장의 변화

중국마케팅 프레임의 5C 중 2개의 C는 China와 Change로 중국시장과 그 환경변화에 대한 이해와 통찰력이다. 중국소비자를 이해하기 위한 첫 단계인 중국에 대한 종합적인 통찰력을 얻기 위해서는 최근 중국의 사회(Social)·정치(Political)·경제(Economic)·법제(Legal)환경, 즉 SPEL분석을 통해 살펴볼 수 있다. 자사의 제품이나 브랜드의 Change에 대한 내용을 분석할 때도 SPEL분석을 진행하면 된다. 예를 들어 화장품의 경우 중국 화장품 시장의 사회적, 정치적, 경제적, 법제적 변화를 조사하면 되는 것이다.

중국도 공급망 분리, 원자재 가격 상승, 보호무역주의 등의 글로벌 경영환경 변화에 따라 경제구조가 수출중심에서 내수중심으로 전환할 수밖에 없는 상황이다. 결국 한국기업의 중국 공략 방식은 무역이 아니라 최종소비자가 원하는 가치를 제공해야 한다. 2020년 기준, 중국의 GDP 대비 민간소비지출 비중은 38.5%로 한국(46.4%), 미국(약 68%), 일본(약 57%)보다 크게 낮은 수준이다. 이러한 이유로 중국정부는 내수시장 확대를 위해 다양한 정책을 추진하고 있다. 결국 한국기업의 중국 공략 방식은 무역이 아니라 최종소비자인 중국소비자가 원하는 가치를 제공하는 것이다.

중국소비자가 원하는 가치는 무엇인가? 중국소비자를 이해하기 위해서는 중국에 대한 전반적인 이해가 필요하다. 이하에서는 1978년 개혁개방 이후 중국의 사회·정치·경제·법제 변화를 살펴봄으로써 한·중 기업이 중국 진출 시 고려하여야 하는 중국의 경영환경에 대해 학습해보자.

1 중국 사회환경의 변화

중국은 세계에서 4번째로 면적이 큰 국가이자 가장 인구가 많은 나라이다. 약 91.1%를 차지하는 한족을 포함하여 56개의 민족이 있으며 표준어인 보통화(普通话)를 사용하지만 80여 종의 언어가 존재한다. 수도 베이징은 정치 중심지이자 중국의 대표 검색엔진 바이두(Baidu), 대형 O2O 플랫폼 메이퇀(Meituan), 그리고 틱톡(Tik Tok)의 본사가 있는 디지털기술 중심지이기도 하다. 이러한 중국의 사회환경 변화를 알아보기 위해서 인구통계적 변화와 사회계층의 변화를 알아보자. 중국소비자의 미시적 변화와 라이프스타일 변화에 대해서는 3장 중국소비자에서 자세하게 살펴보도록 한다.

(1) 인구통계로 본 중국사회 환경의 변화

그림 2-1 | **중국의 7차 인구 총조사 홍보 포스터**

인구통계로 본 중국사회 환경 변화의 특징은 지역적 차이가 크다는 점을 바탕으로 도시화의 가속, 핵가족화, 고령화 사회 진입 등의 특징이 있다. 중국은 '고출산, 저사망' 패턴에서 '저출산, 저사망' 패턴으로 전환되며 본격적인 인구문제에 직면하게 되었다. 1960년 약 6.6억 명이던 중국 인구는 마오쩌둥의 인구증가정책으로 인하여 1970년의 자연증가율이 25.8%로 확대되었다. 하지만 과도한 인구 증가로 인해 1978년 이후 덩샤오핑은 출산제한정책을 실시하게 되었다. 중국의 산아제한정책으로 인구증가율이 1982년 14.6%, 1990년 14.4%, 1999년 8.8%로 감소하는 데 성공하여 인구를 13억 이내로 억제하는 제9차 5개년 계획의 목표는 달성되었다. 10년간의 증가수는 1억 3,215만 명이며, 이는 연평균 1,300만 명씩 증가한 것이다.

중국은 1979년부터 1가구당 1자녀의 '산아제한(计划生育)'정책을 추진하기 시작하였고, 1982년 헌법에 정식 삽입되며 중국의 '소황제' 세대가 탄생하였다. 하지만 최근 중국정부는 약 40년간 추진해온 산아제한정책을 사실상 폐지하였다. 2021년 8월, 가구 당 출산가능 자녀를 3명까지 허용하는 정책을 발표하였기 때문이다. 산아제한정책 폐지는 중국의 출산율이 급격하게 하락하고 있고 고령화 사회로 빠르게 전환되며 생산가능 인구가 급감하는 등의 인구문제가 제7차 인구 총조사(센서스)를 통해 드러난 것과 관련 있다. 제7차 인구 총조사 내용을 좀 더 살펴보자.

중국은 1953년 처음 인구조사를 실시한 이후 1990년 4차 조사 이후부터 10년마다 인구 총조사를 실시해왔으며 2020년이 제7차에 해당된다. 7차 조사의 결과에 따르면, 2020년 말을 기준으로 중국의 인구는 총 14억 1,178만 명으로 6차 조사(2010) 때보다 7,206만 명

그림 2-2 | 중국 인구 및 증가율

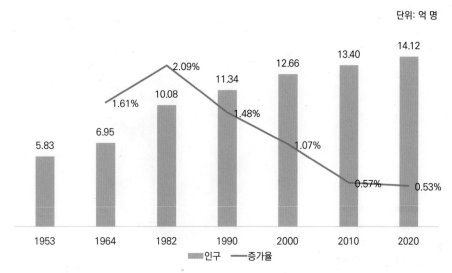

단위: 억 명

출처: 중국국가통계국

이 늘어나 연평균 0.53%의 증가율을 보였다.

　중국에서 가장 인구가 많은 지역은 광둥성(1.26억 명)과 산둥성(1.02억 명)으로 각 지역이 모두 인구 1억 명 이상을 보유하고 있으며 중국 전체 인구의 16.1%에 달한다. 이 외에 인구 5천만 명 이상인 곳도 9곳이나 되는데 허난, 장쑤, 쓰촨, 허베이, 후난, 저장, 안후이, 후베이, 광시이다. 정치 중심지인 베이징과 경제 중심지인 상하이의 인구는 각각 2,188.6만 명, 2,489.4만 명이다. 인구가 가정 적은 곳은 시장(西藏)으로 366만 명이 거주하고 있다. 특히 주요 지역 중 65세 이상 인구의 비중이 가장 높은 곳은 35.2%의 상하이이며, 가장 낮은 곳은 6.8%의 선전(深圳)과 14%의 샤먼(厦门)이었다. 새로운 인구 유입에 따라 고령화 비중이 가장 많이 낮아진 곳은 시안(西安)으로 16.5%이며, 이는 시안이 인구 유입을 위한 다양한 정책을 실시하고 있기 때문이다.

　중국의 인구는 2030년까지는 지속적으로 증가하다가, 2030년대 초반 이후에는 인구감소 시대로 진입하게 될 것으로 보인다. 2020년 출생인구는 1,200만 명으로 개혁개방 이후 처음으로 1,500만 명 이하로 하락하였다. 여성의 출산율 하락의 원인에는 자녀 양육 부담, 경제적 어려움, 난임 등이 있다. 1990년대에 형성된 모멘텀 효과(Momentum Effect)가 후퇴하

그림 2-3 | 중국의 지역별 인구분포

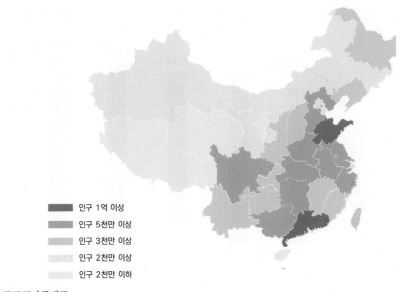

인구 1억 이상
인구 5천만 이상
인구 3천만 이상
인구 2천만 이상
인구 2천만 이하

출처: 중국국가통계국

면서, 대체수준 이하의 합계출산율이 본격적으로 위력을 발휘하게 되는 것은 2030년대 초반 이후가 될 것이다. 2033년은 중국 인구가 순증시대에서 순감시대로 전환하는 시점이 될

그림 2-4 | 중국의 출생인구 및 출생률 변화

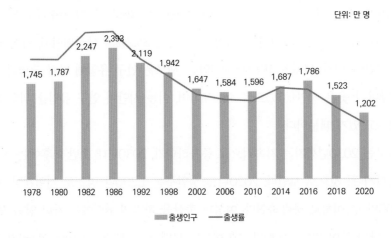

단위: 만 명

출처: 중국국가통계국

것으로 보인다. 중국의 인구는 일본의 2008년, 한국의 2017년보다 15~25년이 늦은 시기에 마이너스 성장(negative growth) 시대로 진입하는 것이다. 중국의 인구통계 변화에 따른 주요 특징은 다음과 같은 3가지로 요약해 볼 수 있다.

1) 도시화

1978년 덩샤오핑이 개혁·개방정책을 도입한 후, 중국은 급격한 경제성장을 경험하였고 1978~2000년의 22년 동안 중국의 도시화는 급물살을 타고 추진되었다. 도시가 매년 신설된 것이 평균 22개였으며, 도시인구는 매년 1,000만 명 이상 성장해 왔다. 1982년과 2020년을 비교해보면, 도시 인구는 20.91%에서 63.89%로 급격히 증가하여 개혁개방 이후 급속한 도시화의 진행이 이뤄졌음을 보여준다. 농촌지역인 향촌(乡村)에서 농촌 속의 도시인 진(镇), 대중소도시를 의미하는 성시(城市) 그리고 동부 연안의 각종 경제 개발특구 도시들로 많은 인구가 유입되어 왔다.

2020년 현재, 중국의 도시 인구는 9.2억 명으로 농촌 인구에 비해 2배 가까이 많은 수치이다. 중국은 도시와 농촌인구 외에 호적분리(人户分离)인구라는 유형이 있다. 이는 상주하는 거주지와 호적에 등록된 거주지가 6개월 이상 다른 인구를 의미한다. 현재 호적분리인구는 총 4.9억 명으로 중국 전체 인구의 34.7%를 차지하고 있다. 호적분리인구를 별도로 집계하는 이유는 중국에는 엄격한 '호구제도(户口制度)'가 존재하는데 이로 인해 농촌 인구의 도

그림 2-5 | 중국의 도농인구와 도시화율

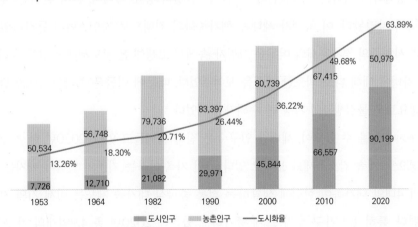

출처: 중국국가통계국

시유입에 제약이 있어 도시 호적에 등록하지 못한 인구가 상당수 존재하기 때문이다. 2021년 기준 중국의 농민공(농촌 출신 노동자)은 약 2.9억 명으로 전년대비 691만 명이 증가한 규모이다. 이 외에도 도시 호적에 등록하지 못한 이유는 학업 등의 개인사정, 호구제도 개혁에 따른 도시유입 증가 등이 있다.

중국 도시화의 최대 걸림돌은 바로 이러한 '호구제도'이다. 이러한 이유로 중국정부는 2014년 호구개혁 방안을 발표하였다. 주요 개혁내용을 살펴보면, 거주증 제도를 전면 개혁하여 도시와 농촌을 통합한 신형 호구제도로 전환, 농업호구와 비농업 호구는 주민 호구로 통합, 인구 500만 명 미만의 도시 거주 농민공이 일정 자격 요건을 갖추면 도시호구로 등록 가능, 농민공이 도시호구 취득 전 도시호구 소지자와 동등한 혜택을 부여받을 수 있도록 당해 도시에서 6개월 이상 거주하면 거주증 신청 가능 등의 내용을 포함하고 있다. 한국산업연구원은 중국의 농촌 인구가 도시로 유입돼 도시화율이 1% 상승하면 도시주민의 1인당 연간 소비지출은 2% 상승할 것으로 전망된다고 밝힌 바 있다.

2) 핵가족화

덩샤오핑의 인구정책은 바로 '1가구 1자녀 정책'이었다. '산아제한'정책으로도 불리는 이 정책이 시행되었던 1979년도 이후 태어난 세대가 바로 독생자 세대이다. 불법 출산이나 소수민족 가정, 기타 특수한 상황을 제외하고는 1가구 1자녀 정책이 강력히 실행되었다. 이 세대의 특징은 특별한 혁명적인 경험이 없으며, 국가의 대외개방 및 경제개혁으로 급성장하는 중국사회를 경험하며 이러한 경제발전이 가져다준 물질적 풍요 속에서, 흔히 말하는 '소황제(小皇帝)'로서 자라왔다. 이 독생자 세대는 핵가족화의 진행으로 자연스럽게 등장하였다. 특히 혁명과 사회주의 경제체제의 어두운 그림자 속에서 고생해 온 부모세대는 그들의 하나밖에 없는 자녀에 대해 다소 과도한 관심을 보여주었다. 때문에 이들은 중국의 경제발달이 가져다준 풍요로운 물질생활의 가장 큰 수혜자가 되었다.

<그림 2-6>에서 볼 수 있듯이, 세대당 인구수는 점차 줄어들고 있다. 2020년 한 가구당 평균 2.62명으로 계속 감소추세를 보이고 있다. '3인 가족'이라는 기존의 인식이 깨지는 것뿐만 아니라 4대의 대가족이 한집에 생활하는 전통 중국식 대가족 제도는 이제 거의 자취를 감춰버렸다. 특히 1인 가구 수가 크게 증가하고 있는데 2020년 총 4.9억개의 가구 중

그림 2-6 | 중국의 가구당 구성원 규모

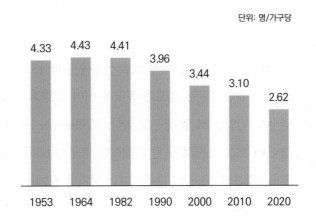

단위: 명/가구당

	1953	1964	1982	1990	2000	2010	2020
명/가구당	4.33	4.43	4.41	3.96	3.44	3.10	2.62

출처: 중국국가통계국

중국의 1인 가구는 약 25.4%인 1.25억 가구에 달한다. 이는 5년 전에 비해 5천만 가구가 증가한 규모이다. 이러한 핵가족화의 진행은 출생인구의 감소로 기존의 대가족 형태를 유지하기 어려워졌고, 독거노인과 젊은층의 결혼과 출산 연령이 늦춰지고 있다는 점, 전국적으로 유동인구가 증가했기 때문으로 볼 수 있다. 중국 여성의 초혼 연령은 2010년 23.8세에서 2020에는 26.5세로 높아진 상황이다. 유동인구도 3.8억 명 정도에 달하는데, 2010년 대비 약 1.5억 명 증가한 것이다. 중국은 도시와 농촌을 막론하고 이미 대부분 핵가족의 방향으로 나아가고 있다.

핵가족화의 진행에 따른 소비행태의 변화요인에 주목할 필요가 있다. 중국의 독생자 집단은 중국사회의 생활방식, 도덕관념과 가치관을 변화시키며 사회의 주류집단으로 떠올랐다. 유아기의 '소황제', 청년기의 '컨라오주(啃老族, 자의적·타의적으로 취업을 않고 부모에 의존하여 생활하며, 소비수준이 높은 젊은층), 웨광주(月光族, 매월 급여를 한푼도 남기지 않고 모두 소비하는 사람)'에서 현재의 '팡누(房奴, 은행대출로 주택을 구입하고 대출상환 때문에 궁핍한 생활을 하는 사람), 처누(车奴, 자가용 구입 대가로 어렵게 생활하는 사람), 하이누(孩奴, 평생 자식을 부양하며 사는 사람)'로 새로운 사회현상을 야기하고 있다. 지속적인 인구 감소로 여러 사회 문제가 발생함에 따라 중국정부는 2016년 1월 1일부터 1가구 2자녀 정책을 전국적으로 추진한 바 있으며, 2021년에는 세 자녀까지 허용하는 정책을 발표하며 사실상 산아제한 정책을 폐지하였다.

3) 고령화 사회

2020년 중국의 65세 이상 고령자는 1.9억 명으로 전체 인구의 13.5%를 차지하고 있다. 전체 인구의 7% 이상이라는 유엔 기준에 따르면 중국은 이미 '고령화 사회'이며 14% 이상인 경우 해당하는 '고령사회' 진입을 코 앞에 두고 있다. 2035년에는 3억 명을 초과하여 전체 인구의 약 23%로 늘어나 '초고령 사회'가 될 전망이다. 중국의 65세 이상 노인인구의 구성비는 2035년에 한국이나 일본의 30~33% 수준보다는 낮지만, 문제는 노인인구의 절대 규모가 3억을 넘어선다는 사실이다.

출생인구 감소와 중국 인구의 고령화는 생산연령인구의 감소를 의미한다. 생산연령인구 감소는 전반적인 생산성에 영향을 미치므로 경제성장에 제한을 가할 수 있다. 이처럼 중국 정부는 인구통계 변화로 인한 사회문제에 직면하면서 일자리 창출, 사회보장, 소득분배, 생산성 향상 등을 해결하기 위한 정책적 노력을 지속하고 있다. 2020년 중국의 15~59세 사이의 인구는 9.66억 명으로 전체 인구의 68.5%를 차지하고 있지만 2010년의 74.5%와 대비하여 약 6% 감소한 수치이다. 생산연령인구 100명에 대한 고령(65세 이상)인구의 비를 의미

그림 2-7 | 중국의 생산가능인구 규모

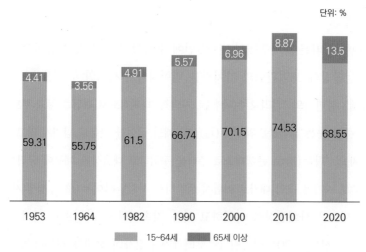

단위: %

출처: 중국국가통계국

하는 노년부양비는 2010년의 11.9%에서 19.74%로 증가하였다.

　중국의 급속한 고령화는 실버경제의 부상을 의미하기도 한다. 실버경제란 인구 고령화가 진행되면서 새롭게 확대되고 있는 시장으로 고령자 맞춤형 제품과 서비스를 제공하고 새로운 일자리 창출 등이 발생하는 경제 트렌드를 의미한다. 최근에는 중국 내 '은발경제(银发经济, 실버경제)', '은발산업(银发产业, 실버산업)', '은발족(银发族)'이라는 신조어가 등장하고 있다. 중국의 실버층은 소비력이 상당하다. 노인들의 연간 가처분소득이 최고 4,000억 위안으로 추산되며 이들의 구매력이 2025년 1조 4,000억 위안으로, 2050년엔 5조 위안까지 커질 것으로 예상된다.

　기존 중국 고령층은 소비보다 저축을 중시했고 자신보다 자녀를 중시하는 경향이 많았다. 그러나 최근 들어 구매력이 높아지면서 이러한 기존의 전통가치관보다 자신을 위해 돈을 쓰는 새로운 소비현상이 나타나기 시작했다. 특히 건국 후 태어난 베이비 세대(1950~1960년대생)가 점차 노년시기로 진입하면서 실버산업의 새로운 동력 역할을 하고 있다. 2020년 현재 중국의 고령인구 중 60~69세 사이의 '젊은 노인' 인구는 55.8%를 차지하고 있다. 이 세대들은 사회의 중진층으로 돈도 있고 발언권도 있어, 소비 개념이 기존 아버지 세대보다 훨씬 적극적인 편이다.

　최근에는 노년층의 인터넷 사용도 크게 증가하고 있다. 중국의 60세 이상 인구의 인터넷 보급률은 약 42% 정도이며 중국의 전체 인터넷 인구 중 11%를 차지하고 있다. 이는 중국 내 실버경제 급성장의 배경이 되고 있다. 중국의 시장조사기관인 Mob연구원 자료에 따르면, 60세 이상 인구가 가장 자주 사용하는 디지털 서비스는 촬영, 동영상, 여행 순으로 나타났다. 다른 특징으로는 최근에 부상하기 시작한 실버세대들은 젊은이보다 소비에 과감하고 브랜드 충성도가 높은 편이며, 자신의 건강 및 질병 예방을 위한 투자에 과감한 편이다. 중국의 대표 이커머스 플랫폼인 징동(京东)의 자료에 따르면, 2022년 60세 이상 실버세대의 이커머스 거래량은 2018년 대비 3배 이상 증가하였으며 이용자 수도 2배 가까이 증가한 것으로 나타났다. 가장 많은 증가세를 보이고 있는 품목은 가구, 시계 및 안경, 위생용품, 건강관련 제품 순으로 온라인 구매 품목이 점차 다양해지고 있다. <표 2-1>은 2022년 1월에서 8월 동안 징동 플랫폼에서 60세 이상 이용자의 거래증가율이 가장 높은 제품을 소개한 것이다.

표 2-1 | 실버세대의 품목별 Top5 제품(JD.com기준)

품목	Top5제품
스포츠 용품	배드민턴 용품, 골프 용품, 탁구 용품
가전 제품	초소형 세탁기, 진공청소기, 음식보온기
식음료 제품	사탕류, 자스민차, 저지방우유
악기류	전자피아노, 트럼펫, 호로사(hulusi)
여가 용품	심리테스트 관련제품, 별자리 프로그램, 엽서

출처: 京东消费及产业发展研究院

(2) 사회계층의 분류와 특성

중국정부는 2021년 9월 <중국의 전면소강(全面小康)> 백서를 발표하며 중국이 16가지 기준을 모두 충족하여 전면적인 '소강사회(중산층 사회)'를 실현했다고 발표하였다. 중국정부는 1991년 소강사회 실현을 위한 기본 요건으로 1인당 GDP, 1인당 가처분소득, 엥겔지수, 문맹률, 영아사망률 등 16가지를 설정한 바 있다. 그 중 가처분소득은 당초 목표는 28,800위안이었으나, 2020년 전국 평균 32,189위안을 달성하였다. 중국정부의 소강사회 기준이 처음

그림 2-8 | 중국의 가처분소득

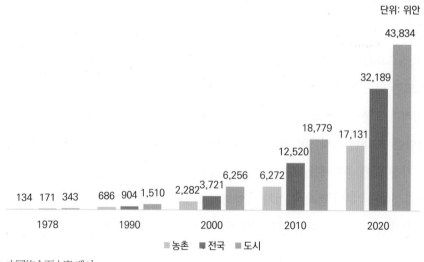

단위: 위안

농촌 / 전국 / 도시

1978: 134, 171, 343
1990: 686, 904, 1,510
2000: 2,282, 3,721, 6,256
2010: 6,272, 12,520, 18,779
2020: 17,131, 32,189, 43,834

출처: 中国的全面小康 백서

부터 너무 낮았다는 비판도 있으나, 중국정부는 소강사회 실현이후 현재 평균에서 크게 뒤쳐져 있는 농촌사회 개혁을 위해 새로운 정책방향을 설정하고 추진하고 있다.

1) 중국의 新 중산층

중산층에 대한 명확한 기준은 없으며 중국 내에서도 의견이 분분하다. 다른 국가와 마찬가지로 중국의 중산층도 경제발전의 주요 원동력이자 소비주체이기 때문에 최근 여러 연구기관에서 중국의 중산층에 관련한 다양한 기준과 보고서를 발표하고 있다. McKinsey의 <2023 China Consumer Report>에 따르면, 중국의 도시가구 중 연간가처분소득이 160,000위안 이상인 가구는 1.38억개로 전체 도시가구의 약 39%를 차지하였다. 가구당 구성원을 2020년 한 가구당 평균치인 2.62명으로 계산하면 2021년 현재 중국에서 중산층이라고 할 수 있는 인구는 약 3.6억 명 가량으로 추정된다. McKinsey는 2025년까지 중국의 중산층이 2.09억 가구로 확대되어 전체 도시가구의 54%에 달할 것으로 전망하였다.

중국의 자산운용사인 푸이그룹(普益集团)의 자료에서는, 중산층의 정의를 투자가능자산 규모가 10~600만 위안의 가구로 정의하고 있다. 연간소득은 대부분 50만 위안 이하였다. 해당 보고서에서는 36~55세의 중산층 가정이 전체의 60%를 차지하고 있으며 대학졸업자

그림 2-9 | 중국 도시가구의 연간 가처분소득

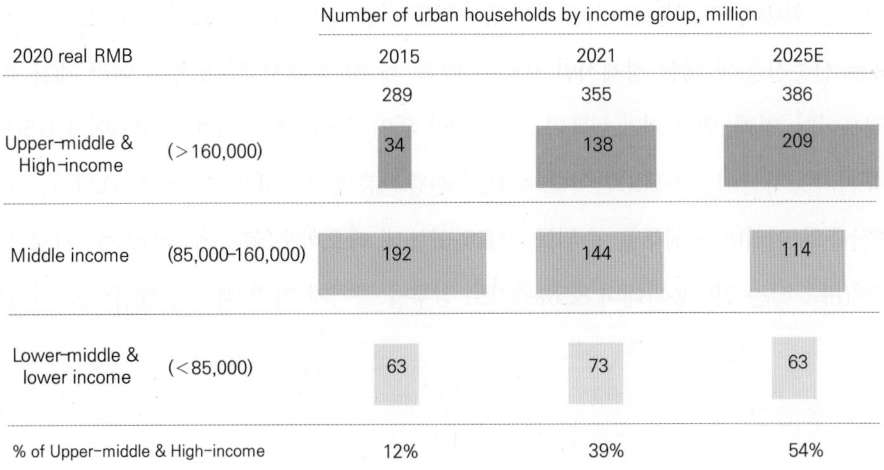

2020 real RMB		Number of urban households by income group, million		
		2015	2021	2025E
		289	355	386
Upper-middle & High-income	(>160,000)	34	138	209
Middle income	(85,000-160,000)	192	144	114
Lower-middle & lower income	(<85,000)	63	73	63
% of Upper-middle & High-income		12%	39%	54%

출처: McKinsey(2022)

그림 2-10 | 중국 중산층 가구의 결혼 및 출산 현황

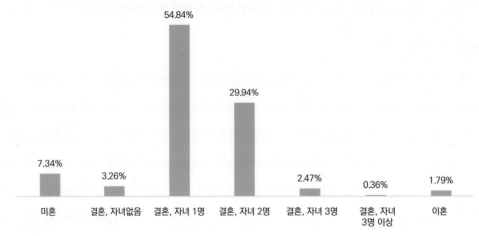

출처: 普益集团

가 67.8%로 높은 교육수준을 받았음을 알 수 있다. 직업 분포는 인터넷과 제조업 관련 분야가 약 37%로 가장 많았으며 독생자 자녀를 가진 가정이 54.8%로 과반을 차지하였다. 중산층의 55%가량은 모두 1선, 신1선, 2선도시에 거주하고 있는 것으로 나타났다.

중국 내에서 중산층에 대한 또 다른 연구로는 시사평론가 우샤오보(吳晓波)가 운영하는 매체에서 2019년부터 발표해오고 있는 <신중산층보고서(新中产报告)>이다. 신중산층이란 양호한 교육을 받아 안정적인 직업을 가지고 의식주 등 기본적인 생활을 여유롭게 영위하면서 건강한 취미가 있고 높은 소비력과 투자력을 갖춘 집단이라고 표현할 수 있다. 백서에서 말하는 신중산층에 대한 경제적인 요건은 다음 세 개 중에서 하나 혹은 여러 개를 충족하는 경우이다. 첫째, 연간 가계소득이 20~100만 위안, 둘째, 연간 가계 순수익이 10~50만, 셋째, 투자가능자산이 20~500만이다. <2022 신중산층백서(소비편)>에서는 2022년 7월 중국 신중산층의 이커머스 침투율 순위를 발표하였는데 타오바오(淘宝)가 88.6%로 가장 높았고 핀둬둬(拼多多)는 전년동기대비 8.5%증가로 침투율 증가가 가장 빠른 플랫폼으로 나타났다.

표 2-2 | 중국 중산층의 이커머스 플랫폼 침투율(2022.07 기준)

APP		침투율	전년동기대비
타오바오(淘宝)	淘宝网 Taobao.com	88.6%	-0.4%
핀둬둬(拼多多)	拼多多 拼着买·才便宜	58.4%	8.5%
징동(京东)	JD.COM	47.4%	1.5%
시엔위(闲鱼)	闲鱼 让你的闲置游起来 阿里巴巴集团旗下品牌	19.4%	-0.9%
타오터(淘特)	淘特 淘宝特价	10.3%	-6.6%

출처: 吳晓波频道

2) 중국의 고소득 가구

중국판 포브스인 후룬바이푸(胡润百富)가 발표한 <Wealth Report 2021>에 따르면, 중국 대륙에서 자산규모 600만 위안(약 11억 원) 이상인 부유층 가구는 총 407만 개이며 전년대비 2.08% 증가하였다. 자산규모 1천만 위안(약 18억 원) 이상인 고액자산가구는 166만 개이며, 자산규모 1억 위안(약 180억 원) 이상인 초고액자산가구는 11.2만 개로 중국에서 자산규모 600만 위안 이상인 부유층 가구는 총 584.2만가구로 나타났다.

그림 2-11 | 중국 고소득 가구 현황

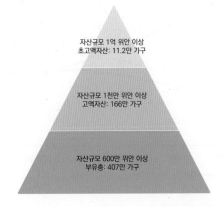

출처: 胡润百富

부유층과 초고액자산가구가 가장 많은 지역은 베이징으로 광동과 상하이가 그 뒤를 이었으며, 고액자산가는 광동 지역이 가장 많아 이들 세 지역이 중국에서 가장 부유한 지역임을 알 수 있다. 고액자산가의 50% 이상은 모두 기업의 대표였으며 금융업, 부동산업 등에 종사하는 것으로 나타났다. 하지만 초고액자산가의 75%는 모두 기업대표였다.

<그림 2-12>에서 보는 바와 같이 중국은 1차 산업인구가 경제성장에 따라 점진적으로 줄어들고 있음이 명확하게 나타난다. 그러나 아직까지 전체 인구의 약 36%를 차지하는 농민층은 도시주민과의 많은 경제적 차이를 보이고 있다. 비단 농민층뿐만이 아니라 중국사회의 계층 간 빈부격차는 날로 커지고 있다. 앞서 살펴본 바와 같이, 중국의 고소득층과 중산층, 저소득층의 소득차이는 매우 크다. 향후 중국사회의 안정적인 발전을 저해하는 가장 큰 요소가 바로 이러한 계층 간의 빈부격차이다.

중국사회가 안으로부터 무너지지 않고 문자 그대로 '현대화 사회'로 이행하기 위해서는 경제적 불평등을 해결하며, 절대다수의 빈곤층을 중간층으로 끌어 올리는 것이 필수적이다. 중국사회의 계층 간 빈부격차는 이미 그 심각한 수위를 넘어서고 있다. 설상가상으로 부실 국유기업의 정리는 대량 실업자의 양산을 예고하고 있으며, 이는 다시 계층 간의 갈등 양상에 큰 영향을 미치는 걸림돌이 될 것이다.

그림 2-12 | 중국 산업별 노동력 비중

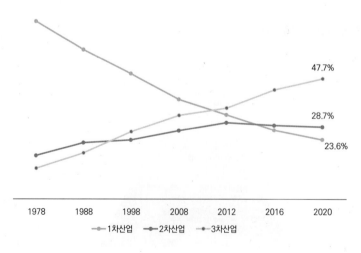

출처: 중국국가통계국

개혁개방정책 이후 중국은 안정된 중국 공산당의 정치하에 평균 매년 10% 이상의 경제성장을 이룩하였다. 그러나 중국사회의 질적·내면적 성장에서는 사회계층의 갈등구조가 심화되고 있다. 시진핑 정권하의 중국내수시장은 어떻게 전개될 것인가?

② 중국 정치환경의 변화

중국은 공산당에 의해 중화인민공화국이라는 이름으로 1949년 설립되었다. 중국의 현대 정치사는 5명의 대표적인 지도자인 마오쩌둥, 덩샤오핑, 장쩌민, 후진타오와 새로운 시대를 열어가고 있는 시진핑을 통해 그 특성을 이해해 볼 수 있다.

(1) 마오쩌둥 시대(1949~1976)

그림 2-13 | 마오쩌둥

마오쩌둥(毛澤东)은 공산당 혁명을 성공적으로 이끌며 대장정(大长征: 1934~1936)을 지도한 혁명세대로 1893년 중국 후난(湖南)에서 태어났다. 건국 후 문화혁명(1949~1976)까지 활약하였고, 혁명 1세대 동지로서 류샤오치(刘少奇), 쩌우언라이(周恩来) 등이 있다.

마오쩌둥은 중국의 독립과 주권을 회복하였는데, 공산당을 중심으로 중화인민공화국을 건국한 인물이다. 중국을 통일하여 외세에 의해 국토를 유린당한 중국인들의 굴욕감을 씻어 주었으며, 관료제도를 견제하고 대중의 정치참여를 유지하여, 중국의 자립을 강조하였다. 이러한 그의 업적은 칭송할 만한 것이었으나, 2가지 개혁정책인 대약진운동(1959)과 문화혁명(1966~1976)은 실패한 정책이었다. 그러나 마오쩌둥을 중심으로 한 혁명 1세대의 자녀들이 여전히 중국 정치와 관료의 중요한 파워집단으로 영향을 끼치고 있다.

(2) 덩샤오핑 시대(1977~1992)

그림 2-14 | 덩샤오핑

중국의 개혁개방을 이끈 덩샤오핑은 제2세대 정치인으로 1904년 쓰촨에서 태어났다. 항일투쟁과 국공내전에 참가한 세대이며 혁명 2세대로 덩샤오핑과 함께 천윈(陳云), 후야오방(胡耀邦), 자오쯔양(赵紫阳), 시중쉰(习仲勋) 등이 있다.

덩샤오핑은 3번의 실각 후 다시 복귀한 오뚝이로 불릴 만큼 중국 현대정치의 표상이다. 1978년 개혁·개방을 선포하며 실용주의노선에 입각하여 과감한 개혁조치들을 단행하였다. 그의 집권 후 기업가와 농민의 이윤보장, 지방분권적 경제운영, 엘리트 양성, 외국인투자 허용 등의 일련의 정책은 중국이 지금의 G2로 성장하는 데 큰 배경이 되었다. 1989년 4월 톈안먼(天安门)사건으로 그의 정치적 거취가 불안해 보였으나 위기를 수습하고, 중국 정계의 최고 실권자로서 개혁과 개방정책을 추진하였다. 1992년 남순강화를 통하여 '중국 특색적 사회주의 시장경제'를 중국의 국가 시스템으로 확립하였다. 마오쩌둥이 중국 공산당의 정치적 혁명가였다면, 덩샤오핑은 중국 공산당의 경제적 혁명가라고 할 수 있다.

(3) 장쩌민 시대(1993~2002)

그림 2-15 | 장쩌민

1930년대를 전후로 출생한 제3세대 지도층은 주로 해외유학(구소련 및 동구권)자 출신의 고학력자가 주를 이루고 있다. 이들은 1980년대에 중앙에 진출하였고, 대표적인 인물로 장쩌민(江泽民), 리펑(李鹏), 주룽지(朱镕基) 등이 있다. 장쩌민은 1926년 장쑤성(江苏省)에서 태어났으며 중국의 명문대학인 상하이교통대를 졸업한 인물이다.

장쩌민은 1985년 상하이시 시장과 상하이시 당서기를 겸임하였으며 1987년 중국공산당 중앙정치국 위원으로 선출되면서 중국의 핵심인물로 떠올랐다. 1989년 6월 당 총서기 자오쯔양이 톈안먼 광장시위에 동조하였다는 이유로 실각하자, 같은 달에 개최된 중국공산당 제13기 4차 중앙위원회 전체회의에서 당 총서기에 선출되었다. 이어 1990년 3월 중국의 최고실권자 덩샤오핑의 마지막 공직이었던 국가 중앙군사위원회 주석에 선출됨으로써 당과 정부의 전권을 완전히 획득하였다. 장쩌민은 덩샤오핑의 개혁·개방정책을 확장 및 발전시켰다. 2000년도 상하이 APEC을 개최하였고 2001년 중국의 WTO 가입을 추진하여 중국의 경제성장에 큰 기여를 하였다. 막대한 해외투자 유치와 국유기업 구조조정을 실행하였으며, 그의 3개대표 이론은 공산당이 △ 선진사회 생산력, △ 선진문화 발전, △ 광대한 인민(노동자와 농민, 자본가)의 근본이익을 대표한다는 이론을 중국공산당 정책 이념으로 확고히 하였다.

(4) 후진타오 시대(2003~2012)

2002년 후진타오(胡錦濤)의 등장으로 중국은 제3세대 지도층이 대거 퇴진하고 제4세대 지도층으로 세대교체가 완성되었다. 이들은 1940년 전후 출생자로 1990년대에 중앙으로 진출하였다. 이들은 중국의 국내대학을 졸업했으며, 문화혁명 이후 활동을 시작하였다. 주요 인물로는 후진타오, 원자바오(溫家宝), 쩡칭홍(曾庆红) 등이 있다.

그림 2-16 | 후진타오

후진타오는 1992년 중앙정치국 상무위원에 선출되며 중앙정치무대에 본격적으로 진출하였다. 2003년 10월, 중국공산당 제16기 3중전회의에서 후진타오 체제는 경제발전과 관련하여 '전면적이며, 조화로우며, 지속가능한 발전관'을 제기하여 장쩌민의 성장중심 정책으로 인한 사회부작용을 해결하려 하였다. 후진타오는 '과학발전관' 이론을 통해 지역격차, 빈부격차, 환경오염 등을 해결하고자 노력하였다. 1979년 1월 덩샤오핑은 중국 최고지도자로서 처음 워싱턴을 방문하여 30년 적대관계를 청산하고 국교를 수립한 바 있다. 이후 14년 만에 후진타오 주석의 미국 국빈방문은 덩샤오핑 방미 이후 양국관계에서 가장 역사적인 사건으로 전세계의 주목을 받기도 했다.

(5) 시진핑 시대(2013~현재)

중국공산당 제17기 제5차 중앙위원회 전체회의에서 2012년 후진타오가 당총서기직에서 물러나며 시진핑(习近平)은 마오쩌둥으로부터 시작해 덩샤오핑, 장쩌민, 후진타오에 이어 중국의 5세대 지도자가 되었다.

1953년 중국 샨시성(陝西省)에서 태어난 시진핑은 덩샤오핑의 친구이자, 중국 개국 원로인

그림 2-17 | 시진핑

시중쉰 전 국무원 부총리의 아들이다. 시진핑은 어린 시절 아버지가 개혁개방주의자인 전쟁 영웅 펑더화이(彭德怀) 실각의 영향으로 샨시성으로 좌천당하여 문화혁명 시기에, 탄압을 받고 숙청된 아버지를 따라 농촌 지방을 돌아다니며 자랐다. 1975년 시중쉰이 복권되어 다시 베이징으로 돌아온 후 1979년 칭화대 공정화학과를 졸업했다. 1985년 샤먼(厦门)시 부시장, 1990년 푸저우(福州)시 당위원회 서기 등을 거쳐, 2000년에 푸젠성(福建省) 성장(省长), 2002년부터 2007년까지 저장성(浙江省) 당위원회 서기, 2007년 상하이(上海)시 당위회 서기를 지내며 중국 경제성장의 핵심지역에서 실무경험을 쌓아왔다. 특히 푸젠성 당위원회 성장, 저장성 당위원회 서기 재직 시 경제발전에 공을 많이 세우면서 자신의 정치적 입지를 강화하였다.

1) 시진핑 1.0 시기

시진핑 시대는 시진핑 1.0과 시진핑 2.0으로 구분해서 살펴볼 수 있다. 시진핑은 2012년 중국공산당 총서기, 2013년 중국 국가주석에 선출된 이후 기존 중국의 정치 리더와 마찬가지로 10년 임기를 끝으로 퇴진할 것으로 예상되었다. 하지만 시진핑은 2018년 중국의 헌법을 수정하여 국가주석의 임기제한을 폐지하였으며 지난 2022년 중국공산당 제20기 1중전회에서 당총서기에 선출되며 두번째 임기를 시작하게 되었다.

시진핑 1.0시기 국가통치 이념은 중국몽(中国梦)이었다. 즉 중화민족의 위대한 부흥이라는 중국인의 애국심을 자극하여 분열되고 양립하는 중국사회를 대동단결 하려는 통치이념을 제시한 것이다.

시진핑은 중국몽을 구체화하기 위하여 '4개의 전면(四个全面)'을 내세웠다. 바로 부패척결, 의법치국(법치국가 건설), 소강사회 실현, 그리고 개혁심화이다. 또한 중화민족의 위대한 부흥을 실현하기 위하여 2개의 100년이라는 계획하에 공산당이 영도하는 국가 건설을 구체화하기 위하여 여러 정책을 추진하고 있다. 2개의 100년이란, 공산당 설립 100주년인 2021년까지 소강사회의 실현, 중화인민공화국 건국 100주년인 2049년까지 현대화한 대국굴기의 완성을 의미한다. 2021년 중국정부는 첫번째 100년의 목표인 소강사회가 실현되었다고 발표하였다.

2) 시진핑 2.0 시기

시진핑 2.0 시기의 국정이념은 '공동부유(共同富裕)'이다. 공동부유란 양극화와 빈곤을 근절하여 국민이 보편적으로 풍요로운 생활 수준을 영위하자는 것으로 소강사회 실현 이후 등장한 새로운 정책 목표이기도 하다. 공동부유는 마오쩌둥이 처음 제시하였고 중국의 각 지도자들이 모두 달성하고자 했던 지향점이기도 하다. 중국정부는 공동부유가 평등주의와는 다른 개념으로 중국사회의 큰 문제로 부상한 소득 격차와 여러 불균형을 해소하기 위한 것이라고 설명한다. 공동부유 실현을 위해 강조되고 있는 것이 기업의 사회적 책임이며 이로 인해 중국기업들의 기부행렬이 이어지고 있기도 하다.

시진핑 정권은 후진타오의 공산당 내 구조조정의 한계를 극복하고자 전면적으로 공산당 및 국가 공무원의 부정부패 인사들을 숙청하였다. 시진핑 1.0 시기에 이어 2.0 시기에도 중국 공산당 최고권력기관인 상무위원을 9명에서 7명으로 조정하였으며, 중국 공산당의 수직적 민주주의를 강화하고 있다.

존 나이스비트의 <메가트렌드 차이나> 책에서 미국의 대등한 경쟁자로 부상한 중국이 '수십년 내에 글로벌 경제를 바꾸는 데 그치지 않고 독자적인 모델로 서구 민주주의에 도전할 것'이라고 전망했다. 여기서 독자모델이란 서구의 '수평적 민주주의'에 대비되는 중국의

그림 2-18 | 시진핑 주석의 '공동부유' 언급횟수

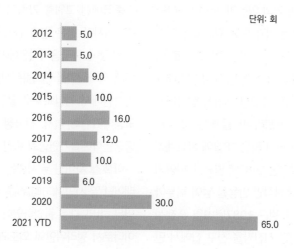

단위: 회

연도	횟수
2012	5.0
2013	5.0
2014	9.0
2015	10.0
2016	16.0
2017	12.0
2018	10.0
2019	6.0
2020	30.0
2021 YTD	65.0

출처: Bloomberg

'수직적 민주주의'이다. 중국 특유의 사회주의하에서 이뤄지는 정치개혁 자체에 회의적인 시각도 적지 않다. 서구 자유민주주의와는 개념이 전혀 다르기 때문이다. 공산당 일당의 영도체제를 전제로 당내 민주화 등은 있을 수 있지만 일반 국민에게까지 광범위하게 허용되는 민주화 등 정치개혁엔 한계가 있을 수밖에 없다는 것이다.

CASE 중국의 퍼스트 레이디: 펑리위안

시진핑이 5세대 중국지도자가 되면서 그의 아내이자 중국 '국민가수'인 펑리위안(彭麗媛)은 차기 '퍼스트레이디'라는 새로운 무대를 준비하게 됐다.

2008년 5월 '쓰촨(四川) 대지진' 때 피해 주민 및 피해 복구에 나선 군인들과 스스럼없이 어울렸고, 에이즈 예방 캠페인 TV 광고에도 출연한 적이 있다.

한국인이라면 이미자와 하춘화를 모르는 사람이 거의 없듯이, 중국인이라면 펑리위안을 모르는 이가 드물 정도로 유명한 음악인이다. 그는 민요 창법을 현대적으로 되살린 중국 특유 음악 장르인 민족 성악을 대표하는 가수다. 중국의 주요한 국가적 행사에서 그는 항상 가장 스포트라이트를 받는 스타다.

산둥성 농부의 딸인 펑은 18살에 가요계에 데뷔했고, 스무살이던 1982년 발표한 '희망의 들판에 서서'가 폭발적인 반응을 얻어 하루아침에 스타가 됐다. 펑은 1987년 9월 푸젠성 샤먼시 부시장이던 시진핑을 친구 집에서 만났다. 이 무렵까지만 해도 시진핑은 무명 정치인이었다.

첫 만남에 대해 그는 시진핑이 시골사람 같고 나이도 들어 보였지만 첫마디를 듣고 마음을 바꿨다고 회고한다. 시진핑은 '성악에는 노래하는 방법이 몇 가지 있나요?'라고 진지하게 물었고, 두 사람은 마음이 통했다. 펑은 훗날 인기가수가 아니라 여자로 나를 대해 준 그의 진솔함에 반했기 때문에 사귀게 됐다고 고백했다.

중국에선 고위층 가족의 동정은 비공개가 원칙이지만, 펑은 결혼 뒤에도 계속 음악활동을 해왔다. 중국음악학원에서 민족 성악을 전공해 석사학위를 딴 펑은 상하이사범대학 음악학원에서 겸임교수로 활동하기도 했다. 중국음악가협회 이사, 전국청년연합 상무위원, 중국문학예술가연합회 위원 등 직함도 많다.

아홉 살 차이인 두 사람은 슬하에 1993년에 태어난 딸 시밍쩌(习明泽)를 두고 있는데, 미국 명문 하버드대를 졸업하였다. 중국의 퍼스트레이디로서 펑리위안의 외모와 패션은 모든 사람의 관심이 되었다.

3 중국 경제환경의 변화

(1) 개혁개방 이후 중국경제의 발전

중국 경제는 크게 다음의 4가지 시기 구분을 통해 그 발전 현황을 살펴볼 수 있다.

1) 1978~1992: 개혁개방 초기

1978년 개혁개방 이전의 중국의 경제체제는 사회주의 계획경제 시기였다. 1978년 시작된 개혁개방정책의 첫 번째 변화는 기업을 국가 주도하의 계획경제 체제에서 벗어나게 하는 경제개혁이었다. 국가에서 기업에 일정한 경영 자율권을 부여하고 국가는 기업의 생산계획 일부분만 결정하며, 나머지 부분은 시장에서 공급과 수요에 따라서 자체적으로 결정하고 운영하도록 하였다. 이는 중국 경제에서 기업의 경영에 경쟁의식이 도입되는 계기가 되었다.

두 번째 변화는 경제특구의 설립이다. 초기 선전(深圳)과 주하이(珠海)의 경제특구 설립은 중국경제에 많은 변화를 불러왔다. 이 지역에서는 기존 사회주의 이론과는 완전히 다른 경제제도를 실시함으로써 자유경제체제의 성공 여부를 실험하였다. 덩샤오핑은 1992년도 '남순강화'를 통하여 중국이 계속적으로 시장경제적 방향으로 발전해 나갈 것을 확실히 하였다. 이후 경제개발구는 전국 각지로 퍼지면서 중국에는 '개발구' 붐이 일어났으며, 선전을 중

그림 2-19 | 개혁개방 초기 중국의 5대 경제특구

심으로 주하이, 샨터우(汕头), 샤먼(厦门) 등 남부 4개 지역의 경제특구가 설립되었다. 이후 하이난(海南)과 신장(新疆) 2곳이 포함되며 현재 중국의 경제특구는 총 7개로 확대되었다. 이 시기에 중국에 현대적 의미의 주식시장이 등장하였으며, 국유기업의 개혁도 실시되기 시작했다. 또한 외국의 기술, 경영관리 등을 도입하기 위한 흡수 정책이 시작되기도 하였다.

세 번째 변화는 주식시장의 등장과 국유기업의 개혁이다. 1990년 12월 상하이증권거래소가 설립되었으며, 1991년 4월에는 선전에 두 번째 증권거래소가 설립되었다. 중국은 1997년 제9차 전국인민대표대회를 통해 이미 국영기업에 주식제도를 도입하는 개혁을 실시하였다.

마지막으로는 외국기업의 진출과 외국투자의 유입이다. 개방 초기 외국의 기술, 경영관리, 경험을 도입하기 위해 흡수정책을 실시하였지만, 점차 외국의 자본, 외국인 직접투자와 경영, 합작 등을 허락하였다. 이 시기에 중국은 사회주의 계획경제에서 시장경제로 전환되는 제도적 변화를 성공적으로 실시하여 급속한 경제성장을 도모하게 된다.

2) 1993~2002: 시장경제의 확대

이 시기에는 국가 주도하의 시장경제체제가 점차 자리를 잡아가기 시작하였다. 덩샤오핑의 남순강화를 통해 경제특구의 성공을 확인한 이후 동부연안으로 확대해 나갔다. 상하이와 선전에 증권거래소를 설립하여 증권거래 활성화를 도모하였다. 또한 외국 자본의 투자 유치를 위해 각종 유인 정책을 제공하기 시작한 시기이다. 중국의 내수시장과 외국 자본기술을 맞바꾼다는 이 정책(시장환기술, 市場換技術)은 중국의 각 산업별 생산성의 증대를 기록하였다. 특히 이 기간을 통하여 중국은 '세계의 공장'으로 부상하였는데, '메이드 인 차이나'

그림 2-20 | 메이드 인 차이나

제품의 글로벌 저변 확대가 시작된 시기인 것이다. 또한 사회·경제 인프라의 구축과 동부 연안을 중심으로 한 중국 내수시장의 활성화를 달성하였다.

중국은 경제 부국 실현이라는 중국인민의 시대적 요구에 부응하기 위해 결국 정치체계의 체질적 개선작업에 이르게 되었다. 2002년 11월 폐막된 제16차 중국 공산당대회에서는 장쩌민의 3개 대표론이 당장(党章)에 삽입되었다. '3개 대표론'이란 중국공산당의 세 가지 대표성을 말하는데, '선진문화와 선진생산력, 그리고 가장 광범위한 인민의 이익'을 뜻한다. 공산당이 무산계급이라는 특정 계급의 이익을 대표해 왔던 기존의 성격에서 탈피하여, 자본가를 포함한 광범위한 계급과 계층의 이익을 대표하겠다는 3개 대표론의 내용은 중국사회에 자본주의 시장원리가 확실히 정착되었음을 알림과 동시에, 중국이 WTO 가입과 같이 글로벌 스탠다드를 도입하는데 필요한 기본적인 체질개선을 과감히 단행하였다는 데에서 그 의의를 찾을 수 있다.

3) 2003~2012: 조화사회 건설

2003년 등장한 후진타오 체제는 선부론(先富論)에 입각하여 경제성장을 추진해 온 덩샤오핑 및 장쩌민 세대와 달리 조화사회(和解社會) 건설을 중심으로 안정 속에서 균형발전을 추구하는 정책으로의 전환을 강조했다. 후진타오 체제의 대내외 통치 철학을 잘 나타내 주는 말 중 대표적인 것은 '화평굴기(和平崛起)', '유소작위(有所作為)'라고 축약할 수 있다. '화평굴기', '유소작위'가 대외적인 정책의 방향을 시사하는 것이라면 '조

그림 2-21 | 2011년 후진타오 주석과 오바마 대통령

출처: 이투데이

화사회'는 대내적인 정책의 핵심이 되는 것이라고 봐야 할 것이다. 후진타오 시기 중국은 덩샤오핑 이후 처음으로 미국을 방문하여 당시의 오바마 대통령과 회담하기도 했다.

2006년 중국공산당 제16기 6중전회에서 후진타오 정부는 조화로운 사회 건설을 공식적으로 제기하였다. 이는 과학적 신(新)발전관 및 이민위본(以民爲本)을 토대로 개혁개방으로 파생된 불균형의 문제를 적극 해소하여, 모든 계층·계급의 이익이 조화를 이루는 균형발전을 이루겠다는 국정이념을 반영하고 있다. 특히 후진타오 체제는 도시와 농촌의 격차를 가장 심각한 문제로 인식했다. 농업세 폐지, 농업 보조금정책을 통한 농민에 대한 각종 보조금 제공, 농촌에 대한 의무교육 및 의료시설 지원, 농촌 인프라 확대 등 삼농문제 해결을 위한 조치, 체불임금 문제 해결 및 호구제도 개혁 등 농민공 문제 해결을 위한 조치를 단행하였다. 또한 재취업 프로그램 확대, 사회보장제도 개혁 등 도시 실업자를 위한 조치도 추진하여 전반적인 사회 불균형 해소를 위한 다양한 정책을 집행하였다.

4) 2013~현재: 신창타이와 미중경쟁

시진핑 정부의 집권 초기 경제정책 화두는 신창타이(新常态)였다. 신창타이란 뉴노멀(New Normal)을 의미하는 것으로 과거와 같은 고속성장 시기가 아닌 선진국도 이미 경험한 바 있는 중·고속 성장 시기를 의미한다. 중국이 다른 나라와 다른 점은 신창타이 시기 진입에 앞서 후발주자로써 해당 시기를 미리 인지하였다는 점이다. 2014년 12월 개최되었던 중앙경제공작회의에서 시진핑은 신창타이 시대를 추진해야 하는 중점 전략을 발표했다. 바로 경제 전반에 걸친 구조조정이다. 구조조정을 위해서는 경제의 공급측면 개혁이 필요했다. 이러한 이유로 2016년 3월 개최된 양회에서는 '공급측개혁'이 최대의 화두였으며, 중국 경제가 직면하고 있는 산업 전반의 공급과잉 문제를 해소하기 위해 산업 및 기업구조조정 추진을 결정하였다. 공급측개혁은 과거와 같은 양적 중심의 성장이 아닌 질적 중심의 성장을 의미한다.

특히 신창타이 시대 중국은 미중경쟁, 코로나19, 우크라이나-러시아 전쟁 등 글로벌 환경 변화에 직면하면서 시진핑 정부는 수출 중심의 경제에서 벗어나 내수 중심의 소비 및 서비스 시장 확대에 적극 나서고 있다. 특히 중국정부는 '6대 개선 및 4대 촉진'과 '쌍순환(双循环)' 등의 소비진작 정책을 발표하였다. 이는 물류환경 개선, 농촌 소비환경 개선, 주택 구매 환경 개선, 여행업 시장 개선, 양로건강 서비스 개선, 신용환경 개선, 그리고 자동차 구매 촉진, 교육문화 소비 촉진, 녹색 소비 촉진, 스포츠 소비 촉진을 의미한다. 쌍순환에 대해서는 2절에서 구체적으로 살펴보도록 한다. 또한 미중기술경쟁이 격화되면서 반도체, 배터리, 바이오, 인공지능 등의 핵심기술에 대한 기술자립을 위해 정책적 지원을 이어가고 있다. 이처럼 중국의 경제는 수출주도형 경제성장에서 내수활성화를 위한 소비중심 경제성장으로, 생산요소 투입 중심에서 과학기술 혁신 중심으로, 제조업 중심에서 서비스업 중심으로 변화하고 있다.

그림 2-22 | **공급측개혁**

경제의 수요측	경제의 공급측
- 1978~2014	- 2015~현재
- 경제 총량 확대	- 생산 효율 개선
- 양적 성장	- 질적 성장

(2) 중국 경제환경의 주요 변화

1) 2008년 베이징 올림픽과 2022년 베이징 동계올림픽

2008년 8월 8일 전세계인의 관심 가운데 베이징 올림픽이 개최되었다. 베이징 올림픽은 대외적으로는 중국의 경제발전을 전 세계 국가에 알리는 계기가 되었고, 대내적으로는 중국 국민의 자긍심 고취, 사회의식 수준 제고 등의 의미가 있었다. 올림픽을 통해 중국기업들도 공식스폰서로 참여하여 인지도가 제고되어 인민들의 자긍심 고취와 맞물려 자국 브랜드에 대한 선

그림 2-23 │ **중국의 올림픽 개최**

호도가 높아져 올림픽을 계기로 인민들의 소비가 점차 고급화되는 가운데 중국기업이 글로벌기업들과 더불어 새로운 경쟁기업으로 추가되었다.

베이징 올림픽 이후 14년 만인 2022년 2월, 중국은 베이징 동계올림픽을 개최하였다. 2008년 베이징 올림픽이 제조업 분야에서 중국의 부상을 대외적으로 알린 것이라면 2022년 베이징 동계올림픽에서는 중국의 디지털 기술 역량을 홍보하는 장이 되었다. 중국정부는 코로나19 상황에서 개최된 동계올림픽 기간 동안 선수와 관계자의 건강 상태를 체크할 수 있는 로봇을 곳곳에 배치하였으며 선수 식당에서 로봇이 서빙을 담당하기도 하였다. 또한 올림픽 관람객 수송을 위한 무인 자동차 서비스를 제공하며 중국의 디지털 기술 혁신 현황을 대내외에 보여주었다.

2) 미중 경쟁

중국은 소련과 일본에 이어 미국을 위협하는 세 번째 국가로 부상하였다. 중국과 미국의 경제력 격차는 2030년경 비슷해질 것으로 예상되고 있다. 미중 경쟁의 시작은 2017년 트럼프 정부 시기 시작되었다. 트럼프 대통령은 중국과의 무역수지 불균형이 심각하고 중국이 글로벌 표준을 지키지 않는 등의 불공정 무역 행위를 자행한다는 이유로 중국을 견제하기 시작하였다. 초기 무역분쟁으로 시작된 미중 경쟁은 현재 4차 산업혁명의 핵심기술인 인공지능, 5G 등으로 확대되었으며, 디지털 화폐와 같은 금융 분야로 까지 확대될 전망이다.

그림 2-24 | 중국과 미국의 대상국가별 수입 비중

〈대상국가별 미국의 수입 비중 변화〉

단위: %

21.9 17.3 중국
16.2 16.3 EU
3.1 3.5 한국
2.1 2.8 인도
7.3 10.6 아세안
2 4 베트남

■2017 ■2022 上

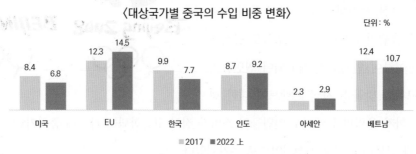

〈대상국가별 중국의 수입 비중 변화〉

단위: %

8.4 6.8 미국
12.3 14.5 EU
9.9 7.7 한국
8.7 9.2 인도
2.3 2.9 아세안
12.4 10.7 베트남

■2017 ■2022 上

출처: KITA통상리포트

　미중 경쟁은 다양한 측면에서 심화되고 있는데 경제적·정치적·기술적 측면에서 살펴볼수 있다. 우선 경제적인 측면에서 보면, 2018년 시작된 미국과 중국의 무역전쟁은 2020년 1월 1단계 무역합의로 일단락되는 듯하였으나, 코로나19의 장기화와 양국 간 갈등 심화로 인해 무역의 상호의존도가 감소하였다. 미국의 대중무역 비중은 무역전쟁 이전인 2017년의 16.6%에서 2022년 상반기 13.5%로 하락했으며, 수입에서 중국이 차지하는 비중도 4.5%p 감소하였다. 반면 인도, 아세안, 베트남 국가들이 미국 수입시장에서 차지하는 비중은 증가하게 되었다. 중국의 대미무역 비중 역시 2017년 14.3%에서 2022년 상반기 12.5%로 다소 감소하였다. 미중 경쟁 상황에서 글로벌 국가들의 대중국 무역정책은 미국과 같이 중국을 배제하는 것이 현실적으로 어렵기 때문에 중국에 대한 의존도를 낮추는 데 초점을 맞추고 진행되고 있다.

표 2-3 | 미국의 다자 협력기구

	오커스(AUKUS)	쿼드(Quad)	파이브아이즈(Five Eyes)
참여국	호주, 영국, 미국	미국, 일본, 호주, 인도	미국, 영국, 캐나다
출범연도	2021년	07년(2017년 재출범)	1946년
협력분야	군사기술	안보회의체	호주, 뉴질랜드
활동	- 중국 견제 - 핵추진 잠수함 기술 지원 - 인공지능, 사이버 보안 등	- 중국견제, 코로나19방역 - 사이버 안보 활동 - 합동 군사훈련 실시 등	- 소련 견제(현재는 중국) - 기밀정보 동맹체 - 전 세계 주요 정보 공유

출처: 뉴스1 "쿼드, 오커스, 파이브아이즈까지… 중국이 이들에 분노하는 이유"

정치적인 측면에서 살펴보면, 트럼프 정부 시기의 중국 견제 전략인 인도-태평양 전략 (Indo-Pacific Strategy)은 바이든 정부 시기에도 이어졌다. 바이든 정부는 인도-태평양 지역의 대표적인 동맹 국가인 오스트레일리아, 인도, 일본과 함께 진행해왔던 4자 협의체인 '쿼드 (Quadrilateral Security Dialogue, Quad)'를 격상시켜 중국 견제를 강화하였다. 또한 미국 정부는 2021년 9월, 오스트레일리아, 영국, 미국의 군사동맹인 오커스(AUKUS)를 결성하여 핵 잠수함 기술을 공유하고 영국의 인도-태평양 지역에 대한 접근성 강화를 지원하며 중국을 견제하고 있다.

기술적인 측면에서 보면, 미국 정부는 2022년 8월 약 360조 원에 달하는 투자를 통해 미국의 반도체 굴기를 주요 내용으로 하는 <반도체법(Chips and Science Act)>을 제정하였다. 특히 반도체 공급망에서 중국을 견제하고 세계 기술 주도권을 확보하기 위해 중국을 중심으로 하는 비동맹국에 반도체 관련 수출 및 투자를 제한하고 있다. 미국은 한국에게 반도체 공급망 동맹인 칩4(Chip4)에 가입할 것을 권유하고 있는 상황이다. 또한 같은 달에 제정된 <인플레이션 억제법(Inflation Reduction Act)>에서는 세계 최대 배터리 공급국인 중국을 견제하는 내용이 담겨있다.

시진핑 정부는 과거 중국의 지도자와 달리 글로벌 사회에 적극적으로 목소리를 내고 있다. 이는 시진핑 주석의 대외정책 중 하나인 '신형대국관계'와 관련이 있다. 신형대국관계란 미국 중심의 글로벌 국가 관계에서 벗어나 여러 강대국들이 상호 존중을 바탕으로 협력하여 함께 상생을 도모하자는 관계 형성을 의미한다. 이는 중국이 미국과 동등한 입장에서 글로벌 영향력을 확대하고자 한다는 의미로 해석될 수 있다. 이러한 대외정책 기조의 일환으로 중국은 2013년 '일대일로' 이니셔티브를 발표하고 미국을 견제하는 전략을 추진해오고 있다.

3) 일대일로

2013년 9월 시진핑 국가주석은 중앙아시아 및 동남아국가 순방 기간 중 '新실크로드 경제벨트' 및 '21세기 해상실크로드 건설'을 처음 언급한 바 있다. 여기서 '실크로드 경제벨트'는 'One Belt'를 의미하며, '21세기 해상실크로드 건설'이 'One Road'에 해당하는 것이다.

일대일로는 과거에 서역과의 무역로로 존재했던 실크로드를 재현한 것으로, 중국의 내수 시장 확대 전략이다. 일대일로는 중국의 경제뿐만 아니라 정책적인 영향력을 확대하는 의도도 내포되어 있다. 하지만 일대일로가 대외적인 의미만 있는 것은 아니다. 대내적으로는 과거 한족이 흉노족을 제압하고 강력한 권력을 획득했던 역사적 시기를 떠올리게 하여 중화민족의 위대한 부흥이라는 중국몽 실현을 위한 전략이기도 하다.

일대일로는 5가지 전략적 구상을 내포하고 있다. 교통 인프라를 구축하여 주변 60여 개 국가를 연결, 무역거래를 확대하고 대외무역 불균형 해소, 미국과의 주도권 경쟁으로 인한 정치적 소통 강화, 경제 공동체 결성, 그리고 일대일로의 장기적 목표라 할 수 있는 위안화

그림 2-25 │ 중국의 일대일로와 인도-태평양 4개국 협의체 쿼드

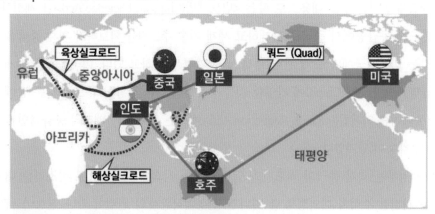

쿼드: 미국, 일본, 호주, 인도가 꾸린 4개국 협의체
일대일로: 중국-중앙아시아-유럽을 연결하는 육상·해상 실크로드

출처: 경향신문, "쿼드 첫 대면 정상회의 열고 우주·사이버 안보 논의한다"

표 2-4 | 일대일로 5대 중점 추진원칙 및 전략

추진원칙 및 전략방안	세부내용
정책연계	양국의 상호이익 보장을 위하여 일대일로 사업의 해당 국가 사회경제발전계획 부합여부를 우선 검토하며 국가간 발전전략을 충분히 협의하면서 이견을 조정
인프라연결	주요 거점별 교통인프라구축, 자원확보를 위한 인프라구축, 인적 및 정보교류 강화 등 추진
무역확대	투자 및 무역장벽 해소 및 편의증진을 위한 자유무역구 건설, 무역분야 확대, 통관간소화 추진
자금조달	AIIB와 실크로드기금, 브릭스개발은행, 상하이협력 기구(SCO)개발은행 설립 등을 추진하고 중국-아세안 은행연합, 상하이 협력기구 은행연합의 협력 장려
민간교류	인적교류 확대, 관광분야 협력, 방역방제분야 정보 및 기술 공유, 산업분야 공동연구센터 설립 등 과학기술 분야 협력을 강화하며, 교육의료 및 빈곤구제 부문 개선을 통한 민간단체 교류 진흥 추진

출처: 수출입은행(2015)

국제화 등을 실현시킨다는 것이다.

미중 관계 악화에 따라 중국의 일대일로와 미국을 중심으로 한 동맹국 간의 충돌도 표면화되고 있다. 2021년 호주 빅토리아 주정부는 일대일로 관련 MOU를 모두 취소하였으며 유럽과 인도도 일대일로 사업을 견제하고 있다. 2021년 기준 일대일로 참여국은 개발도상국을 중심으로 130여 국가에 달한다. 최근에는 디지털경제 분야에서 중국과 일대일로 국가 간의 협력이 강화되고 있어 '디지털 일대일로(DBAR, Digital Belt and Road)'라는 말도 나오고 있다.

4) 탄소중립

중국은 세계 온실가스 배출량의 29%를 차지하고 있는데, 이는 2위인 미국의 2배, 8위인 한국의 15배에 가까운 규모이다. 중국은 세계 최대 탄소 배출국으로 개혁개방과 함께 '세계의 공장'으로 부상하며 전국적으로 화력발전소 건설을 확대해 왔다. 또한 도시화가 빠르게 진행되며 건설, 교통 등으로 인한 이산화탄소 배출량도 큰 폭으로 증가하였다. 급격한 성장이 가져온 심각한 환경오염 문제에 대응하기 위해 중국정부는 후진타오 시기 '과학발전관'의 국정이념을 통해 환경문제에 관심을 갖기 시작했다. 그리고 12.5 규획(2011-2015)에서 탄소 배출 저감지표를 의무화하는 등의 탄소배출 규제를 본격적으로 시작한 바 있다.

그림 2-26 | 2020년 주요국의 탄소배출량

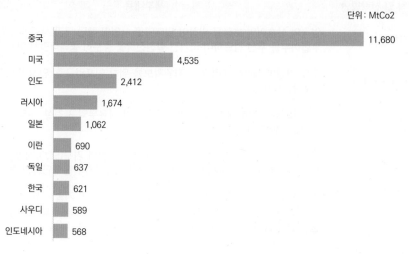

단위 : MtCo2

중국	11,680
미국	4,535
인도	2,412
러시아	1,674
일본	1,062
이란	690
독일	637
한국	621
사우디	589
인도네시아	568

출처: JRC(EDGAR), KIEP에서 재인용

　중국의 탄소중립은 불가능할 것이라는 글로벌 전망과 다르게 시진핑 주석은 2020년 9월 제75차 UN회의에서 중국이 2030년까지 탄소배출 정점(탄소피크)을 기록한 후 점차 감축하여, 2060년까지 탄소중립을 달성할 것이라고 선포하였다. 그리고 2030년까지 1차 에너지 소비에서 비화석에너지 비중을 약 25%까지 확대할 예정이라고 밝히며 탄소중립 달성을 위해 연이어 관련 정책 계획을 발표하였다. 중앙정부의 정책방향성이 결정되자 전국의 지방정부에서는 탄소배출량을 감축하기 위한 다양한 노력을 기울이고 있다. 특히 탄소중립을 위한 투자에 있어서 2022년 상반기 2,660억 달러로 글로벌 재생에너지부문 43%의 비중으로 전 세계 국가 중 가장 많은 투자를 하고 있다. 현재 중국경제에서 가장 중요한 화두는 재생에너지, 녹색인프라, 탄소배출 감소 등이다.

　2022년 심각한 에너지난을 겪었던 중국정부는 지역별 탄소배출의 소모강도 및 소비총량의 이중 목표를 설정하고 그 결과를 공개하여 목표에 미달한 지역에는 전기사용 제한 혹은 전기료 인상 등의 조치를 취하고 있다. 2021년 기준 이중 목표에 가장 미달한 지역은 칭하이성(青海省), 신장(新疆), 광동성(广东省) 등이었으며 양호한 지역은 베이징, 상하이, 산동성 등으로 나타났다. 목표를 달성하지 못한 지역의 경우 에너지를 많이 사용하는 해당지역 기업에 대한 전기사용을 제한하였으며 일부 지역에서는 해당지역 소재의 전체 기업의 전기사

표 2-5 | 2021년 상반기 각 지역별 에너지소비 이중 통제 목표 달성 현황

지역	소모강도a	소비총량b	지역	소모강도a	소비총량b
칭하이	심각	심각	샨시성	비교적 심각	양호
닝샤회이주자치구	심각	심각	헤이룽장성	비교적 심각	양호
광시성	심각	심각	랴오닝성	비교적 심각	양호
광동성	심각	심각	장시성	비교적 심각	양호
푸젠성	심각	심각	상하이시	양호	양호
신장위구르자치구	심각	비교적 심각	충칭시	양호	양호
윈난성	심각	심각	베이징시	양호	양호
샨(陝)시성	심각	비교적 심각	톈진시	양호	양호
쟝쑤성	심각	심각	후난성	양호	양호
저장성	비교적 심각	비교적 심각	산동성	양호	양호
허난성	비교적 심각	양호	지린성	양호	양호
간쑤성	비교적 심각	양호	하이난성	양호	양호
쓰촨성	비교적 심각	비교적 심각	후베이성	양호	심각
안후이성	비교적 심각	비교적 심각	허베이성	양호	양호
구이저우성	비교적 심각	양호	네이멍구	양호	양호

주: (a) 에너지 소모 강도 감소 진도 목표 미달 경고 수준, (b) 에너지 소비 총량 통제 목표 미달 경고 수준

출처: 国家发展改革委办公厅, 한국무역협회에서 재인용

용을 제한하기도 하였다.

중국에서 비즈니스를 하는 우리나라 기업은 중국의 탄소중립 정책 방향성을 주의 깊게 살펴보고 관련 정책 시행 시 유연하게 대처할 수 있어야 한다. 특히 탄소배출이 많은 제품을 생산하는 경우 여러 환경규제에 직면할 수 있다. 또한 친환경 소비지원 정책에 따라 제품포장, 상품개발, 홍보방안 등에 대한 연구가 필요할 것이다.

4 중국 법제환경의 변화

중국의 국무원 법제판공실에서 발표한 『중국 특색적 사회주의 법률체계백서(中国特色社会主义法制白皮书)』에서는 중국 특색적 법률체계를 중국 공산당의 영도하에, 중국 특색적 사회주의 건설을 위해 중국 국가 상황에 맞게 법률의 제개정을 아우르는 개념이라 정의하고 있다. 중국 특색적 사회주의 법률체계는 헌법을 중심으로 헌법관련법, 민상법, 행정법, 경제법, 사회법, 형법, 소송 및 비소송절차법 등을 포함하며 법률과 행정법규, 지방성법규로 구성되어 있다. 중화인민공화국의 헌법은 국가 운영의 근본이 되는 법으로서 1954년 처음 제정되었으나, 현행 중국의 헌법은 1982년 개정된 헌법을 근거로 하고 있다. 중국의 헌법에는 마르크스 사상, 덩샤오핑 이론 및 장쩌민의 3개 대표론 등 역대 지도자의 국가통치 이념이 반영되어 있으며, 공유제를 기본으로 한 혼합 소유제를 인정한다고 명시하고 있다.

한중기업이 관심있게 봐야 하는 것은 중국의 경제법이다. 경제법은 국가가 경제활동에 개입하는 모든 이해관계에 적용되는 법으로 우리나라가 공정거래법만을 경제법으로 인정하는 것과 달리 중국의 경제법은 금융법, 반독점법, 토지관리법, 데이터안전법, 네트워크 안전법 등 최근 이슈가 되고 있는 중요한 법이 모두 경제법에 포함된다. 2002년도 WTO 가입 후 중국경제의 국제화는 중국 내부의 법제 시스템의 선진화를 요구하고 있다. 중국진출 한중기업에게 중국 법제의 선진화는 중국사회의 불확실성을 감소시켜 주어 국가적 위험도를 낮출 수 있다.

시진핑 주석은 집권 초기 '의법치국(依法治国)'을 강조하였다. 의법치국이란 법에 의한 국가 운영을 강조하는 것이다. 법치를 강조하는 이유는 전 세계 많은 국가들이 중국이 법이 아닌 공산당의 의지에 따라 운영되는 나라라고 인지하는 것에 대한 자체적인 내부개혁이라 할 수 있다. 우리나라 기업이 중국에서 비즈니스를 할 때 대부분 법이 아닌 꽌시에 기대어 문제를 해결하려는 경향이 있는데 이는 중국정부의 국가운영 원칙에 어긋하는 행위이다. 시진핑 정권에서 공산당과 공무원의 부패는 엄격하게 처벌되고 있고 내

그림 2-27 | 2017년 중국 CCTV가 방영한 '법치중국' 다큐멘터리

부 기강 확립도 강화되고 있어 꽌시에 의존한 업무 진행은 성사되기 힘들다. 중국에서 꽌시란 '법의 테두리 안에서'라는 전제하에 일의 효율성을 높이는 데 사용하는 것이다.

CASE 중국정부의 빅테크 규제

빅테크(Big Tech)란 기존 사업의 이용자 데이터를 기반으로 네트워크 효과를 활용하여 급속한 성장을 한 대형 기술기업을 의미한다. 빅테크 기업들은 전자상거래와 소셜미디어 등의 기존 플랫폼 비즈니스에서 축적한 데이터와 디지털 기술을 통해서 다양한 산업에 빠르게 확장하는 유연성을 지니며 산업 간 경계를 허무는 빅블러(Big Blur) 현상을 가속화하고 있다.

주요사업	기업명	규제내용	제재조치
E-commerce	Alibaba	반독점 규제	- 2021년 4월 시장지배적 지위 남용 182억 2,800만 위안 과징금 - 2021년 5월 불공정거래행위로 산하 플랫폼에 150만 위안 과징금
Delivery	MeiTuan		- 2021년 3월 불공정거래행위로 산하 플랫폼에 150만 위안 과징금 - 2021년 10월 시장지배적 지위 남용 34.42억 위안 과징금
Social media	Tencent		- 2022년 1월 기업결합 관련법 위반 9건 총 450만 위안 과징금 - 2021년 11월 외환관리 업무 위반으로 278만 위안 과징금
Social Commerce	Pinduoduo		- 2021년 3월 불공정거래행위로 산하 플랫폼에 150만 위안 과징금
Search Engine	Baidu		- 2021년 1월 기업결합 관련법 위반 50만 위안 과징금
Fintech	Ant Group	금융규제	- 상하이 커창반(科创板, The Science and Technology Innovation Board; STAR Market) 상장유예 - 중국 <금융지주회사법>에 따라 금융지주회사 전환 예정
Social media	Weibo	데이터 및 콘텐츠 규제	- 2021년 콘텐츠 관리 위법 총 1,430만 위안 과징금
Ride hailing	DiDi		- 2021년 7월 개인정보법위반으로 앱스토어에서 삭제 - 2021년 12월 뉴욕거래소자진 상장폐지 결정

출처: 노은영(2022)

2021년은 중국에서 빅테크 규제의 해였다. 중국의 빅테크 규제는 크게 세 가지 측면에서 살펴볼 수 있다. 첫째, 다른 국가와 같이 빅테크의 시장지배력 남용과 반경쟁적 행위에 대한 반독점 규제이다. 2021년 4월 중국정부는 알리바바가 시장지배적 지위를 남용하여 e커머스 시장의 경쟁을 제한하고 심각한 소비자 피해를 초래했다는 이유로 역대 최대 규모인 182억 2,800만 위안(약 3조 원)에 달하는 과징금을 부과하였다. 월간 활성이용자 수 12.6억 명에 달하는 중국 최대의 소셜미디어 기업인 텐센트(Tencent)와 중국 최대 검색엔진인 바이두(Baidu)는 기업결합 신고 위반으로 건당 50만 위안의 과징금을 납부해야 했다.

둘째, 금융서비스를 제공하는 인터넷 기업에 대한 규제이다. 앞서 언급한 바와 같이 중국의 빅테크 규제는 340억 달러라는 역대 최대 규모의 IPO가 예상되었던 알리바바 산하의 핀테크 기업인 앤트그룹의 상장유예 조치에서부터 시작되었다. 중국정부는 금융서비스를 제공하는 인터넷 기업을 금융기관과 동일하게 규제하겠다는 점을 분명히 하였다. 중국의 엄격한 금융규제에서 자유로웠던 앤트그룹이 기존의 신용평가, 자산관리, 소액대출 등의 금융서비스를 제공하기 위해서는 금융지주회사를 설립하여 금융기관으로 전환해야 한다. 이는 텐센트, 바이두 등 금융서비스를 제공하는 다른 인터넷기업도 마찬가지이다.

셋째, 데이터와 콘텐츠 관리에 관한 규제이다. 월간 활성이용자 수 5.7억 명에 달하는 중국 최대 마이크로 블로그 서비스 업체인 웨이보(Weibo)는 부적절한 콘텐츠 노출과 계정관리 미흡으로 규제 대상이 되었다. 중국의 대표적인 승차공유 업체 디디추싱(DiDi)은 개인정보 수집 및 이용에 관한 법률 위반에 대한 제재조치로 중국 감독당국에 의해 앱스토어에서 삭제되기도 하였다. 한때 90%에 달하던 디디추싱의 시장점유율은 2022년 5월 현재 70%까지 하락한 상황이다.

하지만 2022년 4월, 중국은 플랫폼 기업에 대한 '규제 정상화' 방침을 발표하였다. 정상화란 표현은 시진핑 정권 출범 이후 자주 사용되는 단어 중 하나로 과거에 별다른 규제 시스템이 없었던 것을 체계화하여 일상적인 감독관리가 가능하도록 하는 것을 의미한다. 따라서 플랫폼 기업에 대한 '규제 정상화'란 과거와 같이 별다른 규제를 가하지 않거나 앤트그룹 상장유예처럼 갑작스러운 제재조치를 취하는 것이 아니라 정부에서 정한 감독방침에 따라 일상적인 감독을 시행하겠다는 것이다.

중국의 빅테크 규제에 대한 정책 변경은 중국의 경제침체가 심각한 지경에 이르렀기 때문에 어쩔 수 없이 방침을 바꾼 것이 아니라, 처음 앤트그룹에 대한 상장유예 조치를 단행했을 때의 주된 목적이었던 정치적인 이유가 해소되었기 때문이다. 중국정부는 빅테크 기업에 대한 일상적인 감독을 위해 지난해부터 올해 초까지 e커머스, 소셜미디어, 데이터보안, 신용평가, 지급결제 등 빅테크 기업들이 시장지배력을 가진 다양한 분야에 대한 법안을 마련해 왔다. 중앙화된 정치시스템과 규제환경 하에서 중국의 빅테크 기업들이 과거와 같이 급성장을 하고 사업영역을 확대해 나갈 수 있을지는 지켜봐야 할 것 같다. 그러나 빅테크의 미래 행로는 중국경제의 혁신성장과 연관해서 큰 시사점을 가질 것이다.

참고자료: 노은영(2022), "중국정부가 갑자기 빅테크 규제를 완화한 이유는?", J Commentary 2022년 제11호

1 거시지표로 본 중국시장

중국은 1978년 개혁개방 이래 연평균 9.5%의 구준한 성장세를 보여왔으며, 11차 5개년 규획(11·5규획)이 진행된 지난 2006년부터 2010년까지 5년 동안 중국 국내총생산이 연평균 11.4%씩 성장하기도 하였다. 하지만 신창타이의 중고속 경제발전으로 성장 패러다임을 전환하며 12차 5개년 규획 기간(2011-2015)에는 연평균 7.9%, 13차 5개년 규획 기간(2016-2020)에는 코로나19 발생 전까지 연평균 6.6%의 성장률을 보이고 있다. 최근에는 미중 경쟁 심화, 러시아-우쿠라이나 전쟁, 코로나19 등 거시환경의 불확실성이 제고되면서 성장률을 5%대로 조정하였다. 중국의 국책연구기관인 사회과학원은 2023년 중국의 GDP 성장률을 5.5% 정도로 예측하였다.

그림 2-28 | **2021년 GDP 현황**

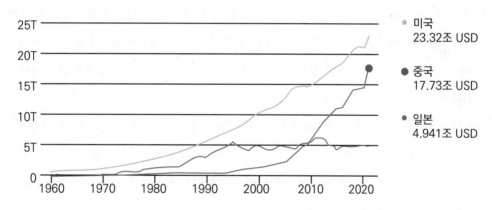

출처: 세계은행

중국경제는 향후 미국을 추월할 것으로 전망되고 있다. OECD는 2023년 미국 경제 성장률을 0.5%으로 예상하고 있으며, 중국경제는 4.6% 성장할 것으로 내다봤다. JP모건은 중국이 5.4% 성장률을 보일 것이라 예측하고 있다. 2021년 중국의 GDP는 17.73조 달러로 미국의 76% 수준이다. 현재의 성장률을 이어간다면 2030년 전에 중국경제가 미국경제를 추월할 것으로 보인다.

표 2-6 | 중국의 주요 경제지표

평가항목	2016	2017	2018	2019	2020	2021
GDP성장률(%)	6.8	6.9	6.7	6.0	2.2	8.1
1인당 GDP(달러)	8,094	8,817	9,905	10,144	10,409	12,556
소비/GDP(%)	38.7	38.7	38.7	39.1	37.8	38.5
투자/GDP(%)	42.7	43.2	44.1	43.1	42.9	43.1
소비자물가지수 (2018.4-2019.3=100)	95.00	96.16	99.05	101.78	102.60	–

출처: 중국국가통계국, CEIC DATA, 세계은행 데이터 종합

Kotra의 분석자료를 바탕으로 2021년 중국의 경기지표를 살펴보면, 1인당 GDP는 2019년 1만 달러를 돌파한 이후 2021년 1만 2천 달러를 기록하였다. 산업별로는 2021년 1차 산업이 전년대비 7.1% 증가했으며 2, 3차 산업은 각각 8.2%씩 증가했다. 3차 산업에서는 정보통신기술 관련 서비스업, 숙박 및 요식업, 교통운수, 물류 및 우편업이 전체 3차 산업의 빠른 성장세를 견인했다. 연간 고정자산 투자는 전년대비 4.9% 성장하였으나 코로나19 이전의 6% 수준을 회복하지는 못한 상황이다. 민간기업과 국유기업의 투자 증가율을 살펴보면, 2020년 민간기업의 고정자산 투자 증가율은 1%에서 7%로 늘어난 반면, 국유기업의 고정자산 투자 증가율은 2020년 5.3%에서 2021년 2.9% 증가하는 데 그쳤다. 여러 규제에도 불구하고 민간기업이 여전히 중국경제 성장의 견인차 역할을 하고 있는 것으로 볼 수 있다. 소비 측면에서는 상품 소비와 외식이 전년대비 증가하였으나 코로나 이전 수준과는 여전히 차이가 있다.

미국의 중국 견제에도 불구하고 중국의 무역수지는 역대 최고치를 달성하였다. 2021년 중국의 교역 총액은 39조 위안으로 전년대비 21.5% 증가했다. 이 중 수출은 21.7조 위안으로 29.9% 증가했으며 수입은 17.4조 위안으로 30.1% 증가하여 무역수지는 4.4조 위안 흑자를 기록하였다. 특히 중국의 대미 수출비중은 미중 경쟁 상황에서도 꾸준히 증가하여 2022

그림 2-29 | 중국과 미국의 대미, 대중 수출비중

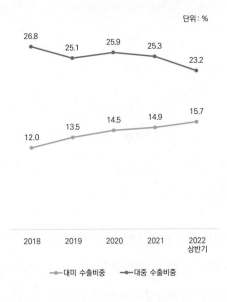

단위 : %

26.8 25.1 25.9 25.3 23.2

12.0 13.5 14.5 14.9 15.7

2018 2019 2020 2021 2022 상반기

─●─ 대미 수출비중 ─●─ 대중 수출비중

출처: 한국무역협회

년 상반기는 15.7%에 달하였다. 하지만 글로벌 원자재 가격 상승, 석탄부족으로 인한 전력난, 중국 GDP의 30%에 달하는 부동산 시장 침체 등은 향후 중국경제 성장에 영향을 줄 것으로 예상된다.

② 시진핑 정권하의 중국경제 전망

중국은 5년마다 국가의 중요한 경제발전 프로젝트를 계획하고 목표 및 방향성 등을 설정하는 장기계획을 마련하는 5개년 규획을 실행해오고 있다. 1953년부터 시작된 5개년 규획은 10차까지는 계획이라는 명칭으로 불렸으나, 11차부터 규획으로 명칭을 변경하여 현재에 이르고 있다. 5개년 규획은 매번 중국의 경제성장률 목표를 설정해왔는데 2020년 코로나19로 인한 경기침체를 제외하고 대부분 목표를 상회하여 발전해왔다.

표 2-7 | 5개년 규획의 경제성장률 목표와 달성 상황

규획	경제성장률 목표(%)	실제경제성장률(%)
9.5 (1996-2000)	8.0	8.3
10.5 (2001-2005)	7.0	9.5
11.5 (2006-2010)	7.5	11.2
12.5 (2011-2015)	7.0	7.8
13.5 (2016-2020)	6.5 이상	5.7

출처: 중국국가통계국, 글로벌 이코노믹

중국공산당 19차 중앙위원회 5차 전체회의(19기 5중전회)는 앞으로 5년간 중국 경제가 나아갈 방향인 14차 5개년 규획의 근간을 마련했다. 그리고 2021년 3월 양회에서 <중공중앙 국민경제사회발전 제14차 5개년 규획(2021~2025)과 2035년 장기목표 요강>을 통과시켰다. 2016년에서 2025년까지 경제사회민생 발전계획을 담은 14차 5개년 규획(14.5)은 불확실성이 커진 글로벌 환경하에서 중국의 대내시장 확대와 대외협력 강화 등을 목표로 하고 있다는 점에서 주목할 만하다. 14.5는 크게 쌍순환(双循环) 전략과 기술혁신 지원 측면을 살펴볼 필요가 있다.

(1) 쌍순환 전략과 경제발전

쌍순환이란 2020년 5월 14일 중공중앙 정치국상무위원회에서 처음 등장한 용어이다. 당시 "공급측 개혁을 심화시키고, 중국의 세계 최대규모 시장과 내수 잠재력이란 장점을 발휘하여, 국내국제 간 쌍순환(国内国际双循环)이 서로 상호작용하는 새로운 발전환경을 조성해야 한다"는 논의가 진행되었다. 14.5의 핵심내용이라고 할 수 있는 쌍순환 전략은 '국내 대순환'과 '국제 대순환'의 상호 연결을 강조하는 전략이다. 미중 경쟁 하에서 중국의 내수시장 확대와 기술자립도 제고를 통해 자체적인 선순환 시스템을 구축하고 이를 바탕으로 국제 협력을 진행한다는 전략이다.

쌍순환의 근본적인 의미는 과거 중국정부의 정책방향과 크게 다르지 않다. '내수시장 확

그림 2-30 | 쌍순환 경제구도

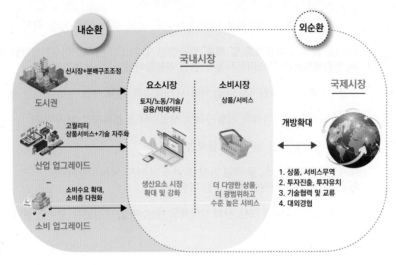

출처: 中信证券, 아주경제에서 재인용

대'와 '글로벌 환경에 민첩하게 대응'이라는 두 가지 대내외 정책을 하나로 묶은 것이기 때문이다. 대내 및 대외 간 상호작용을 강조한 것은 11.5(2006~2010)부터 등장하였지만 14.5에 본격화된 쌍순환 정책은 과거에 다소 추상적이던 내용을 주요 액션플랜(Action Plan)과 함께 구체화하였다.

그렇다면 쌍순환 전략의 핵심인 내수시장 확대와 주요 경제 관련 전략은 어떻게 추진될 것인가? 중국정부는 내수시장 활성화를 위해 산업고도화, 소득분배 개선, 사회보장체재 개선 등을 통해 가계의 가처분소득 증가와 중산층 확대를 목표로 하고 있다. 또한 생산측면에서 중국정부는 로컬기업의 브랜드 파워를 강화하고, 제품 품질 경쟁력을 향상하는 등 공급측 개선을 통한 질적 성장을 지원하고 있다. 한편, 대외개방 측면에서는 무역 및 투자 자유화 및 간소화 등의 정책적 지원도 지속 추진 예정이며, 국제적으로 통용되는 시스템 및 관리 방식을 구축하여 '국제 대순환'의 연결성을 강화할 전망이다.

표 2-8 | 14.5 규획 기간 경제 관련 핵심분야

구분	핵심분야
과학기술	인공지능, 양자통신, 집적회로, 뇌과학, 바이오, 의학, 우주·심해·지층·극지
제조산업	신소재, 장비, 스마트제조 및 로봇, 항공엔진 및 가스터빈, 베이더우위성항법시스템 응용, 친환경자동차 및 스마트자동차, 첨단 의료장비 및 신약, 농업기계
내수시장	공급시스템 개선, 자원이동 원활, 유통 시스템 강화, 정책 개선
디지털화	클라우드컴퓨팅, 빅데이터, 사물인터넷, 산업인터넷, 블록체인, AI, VR/AR
대외개방	제도적 개방 및 혁신, 일대일로, 글로벌 거버넌스
환경보호	대기오염물 배출 감소, 물 오염 방지, 토양 오염 방지, 도시 오수처리, 의료폐기물 처리, 자원절약 및 순환 이용
민생개선	취업 활성화, 소득구조개선, 사회 보장제도 개선, 여성·미성년자·장애인 권익 수호

출처: 한국무역협회

환경측면에서는, 중국의 탄소중립 정책에 따라 친환경 경제사회 발전을 도모하고 지방도시 및 그 이상 규모 도시들의 초미세먼지(PM2.5) 농도를 평균 10% 낮추어 대외적으로 비판받아온 중국의 심각한 대기오염 문제를 개선하는 목표도 담겨 있다. 또한 전기 소비량에서 재생에너지를 통한 발전량을 50% 이상 늘리고 이를 위해 태양에너지, 풍력에너지 등의 청정에너지 발전량을 2배로 확대한다는 계획이다. 민생개선 측면에서 보면, 도농 간 소득격차를 해소하고 공동부유 실현을 위한 지역별 특수성에 맞춘 정책을 추진하고 있다.

(2) 기술혁신 지원

14.5는 내수시장 활성화와 함께 중국의 '기술자립'을 핵심내용으로 하고 있다. 특히 인공지능, 양자통신, 집적회로, 바이오, 우주 및 심해 개발 등 과학기술 분야의 국가 프로젝트를 통해 자체기술을 확보하고 글로벌 경쟁력을 강화할 전망이다. 미국의 대대적인 중국 견제로 인해 미국기술에 대한 의존도를 낮추고 기술자립을 실현하기 위해 디지털기술 전 분야에 걸쳐 생태계 구축을 지원하려는 계획이다. 중국은 디지털경제에서 가장 중요한 생산요소인 데이터를 천연자원과 같은 주권의 범위에 포함시키며 데이터의 해외 유출을 엄격하게 규제하고 있다.

표 2-9 | 13.5/14.5 규획 기간 과학기술 키워드 및 주요정책 변화

	13.5 (2016-2020)	14.5 (2021-2025)
핵심방향	혁신, 창업, 일대일로	기술자립, 쌍순환
전략기술	- 빅데이터 등 9대 대형 프로젝트 - 과기중점 중국제조2025	- (7대 과학기술) AI, 양자통신, 집적회로, 뇌과학, 바이오, 의학, 우주심해극지 - (8대 산업) 신소재, 장비, 스마트제조 및 로봇, 항공엔진 및 가스터빈, 베이더우위성항법시스템 응용, 친환경자동차 및 스마트자동차, 첨단 의료장비 및 신약, 농업기계
R&D 인프라 구축	- 국가실험실, 종합국가과학센터, 기업기술센터 설립 등 - 북경, 상해 국제과학기술혁신센터 구축	- 국가실험실건설 추진, 국가기술혁신센터 최적화 - 기초연구 투자 확대(21년 10.6% 증액) - 국제 과기혁신센터, 국가자주혁신시범구 강화
기업지원	- 대중창업, 크라우드소싱 확대 - 연구자 성과이전수익 배분 메커니즘 - 기업연구비 공제	- 산한연계를 위한 선도기업의 컨소시엄 추진 - 기업의 연구개발 우대 및 장려 - 창업투자 감독관리체제 및 발전정책 보완
인재양성	- 인재구조조정 및 중대인재공정 실시 - 인재유통메커니즘 구축 및 정비	- 연구인력 인센티브 - 심사평가 제도 개선
제도개선	-과기관리체제개혁 심화	- 출산, 자질 불문 능력 위주 등용 추진 - 과학기술 글로벌 개방협력촉진 - 지식재산권 보호 강화

출처: KISTEP

2015년 시작한 '인터넷+' 정책은 이후 '인공지능+', '블록체인+' 등으로 점차 확대되어 왔으며 전 산업에 걸쳐 디지털 전환을 강조하고 실물경제와의 융합을 강화하고 있다. 이를 위해 데이터 저장 기술인 클라우드 보안 수준을 향상하고, 블록체인 기술의 핵심인 스마트 컨트랙트(Smart Contract), 인공지능 기술의 핵심인 알고리즘 관리 등 각 기술이 갖는 장점만을 취합하여 전반적인 생산효율성을 제고한다는 목표이다.

14.5 규획이 갖는 의미는 매우 크다. 미중 갈등 심화와 중국의 기술혁신 견제 등으로 인해 14.5에서 계획하는 목표달성의 불확실성이 높기 때문이다. 우리나라 기업의 경우 중국의 기술추격이 가속화되는 상황에서 기술격차를 유지하기 위한 기초연구 투자와 원천기술 개발

등이 필요할 것이다. 또한 중국의 내수시장 확대 전략에 따라 중국소비자를 공략할 수 있는 과감한 현지화 전략이 매우 필요한 시점일 것이다.

③ 한중 수교 30주년과 전망

그림 2-31 | 1992년 한·중 수교 체결

한국과 중국은 1992년 8월 24일 체결된 '우호협력관계'를 시작으로 현재의 '전략적 협력 동반자 관계'까지 빠르게 발전하였다. 2022년은 한·중 수교 30주년이 되는 해였다. 양 국가의 경제협력 범위와 규모도 확대되어 중국은 한국의 최대 무역 상대국(약 25%)이며 한국은 중국에게 단일국가로는 미국에 이어 약 8.5%의 비중으로 두 번째를 차지하고 있다. 2021년 한국의 대중 교역 규모는 3,015억 달러로 1992년에 비해 약 47배 증가하였으며, 인적교류에 있어서도 수교 초기에 13만 명에 불과하던 것이 코로나19 이전인 2019년에는 1,000만 명 시대에 돌입하기도 하였다.

한·중 수교 이후 양국의 상품무역은 중국에 대한 우리나라의 부품 수출이 급증하면서 빠르게 확대되었다. 한국의 자본 및 기술이 중국의 노동 및 토지와 결합하여 한·중 양국은 글로벌 시장 진출에 있어 협력체제를 구축하였다. 최근에는 중국 기술의 발전으로 양국이 경쟁관계로 전환됨에 따라 새로운 관계 정립이 필요한 상황이다. 한·중 관계는 수교 이후 현재까지 총 4단계로 발전해 왔다(<표 2-10> 참조)

중국과 미국의 패권경쟁으로 인해 정치적으로 우방국인 미국과 경제적 협력관계인 중국 사이에서 쿼드(Quad) 가입, 칩(chip)4 동맹 등 여러 선택을 해야 하는 한국은 정부와 기업 모두 새로운 도전에 직면해 있다. 2016년 사드 사태로 인해 중국은 전국적인 한류 금지령(한한령, 限韓令)을 선포하고 비공식적으로 한국 제품과 서비스에 대한 불매운동 등을 진행하기도 하였다. 당시의 한류 금지령은 여전히 유효하여 중국 내 공식적인 한국 콘텐츠 방영이 힘든

표 2-10 | 한·중 관계 발전사

	1.0시대	2.0 시대	3.0 시대	4.0시대
시기	1992-2002	2003-2013	2014-2016	2017-현재
외교관계	우호협력관계 협력 동반자 관계	전면적 협력 동반자 관계 전략적 협력 동반자 관계	전략적 협력 동반자 관계	전략적 협력 동반자 관계
환경변화	한·중수교 북방정책, 경제협력	북핵문제, 경제협력 중국 WTO가입	한중 FTA, 문화교류 북핵문제, 일대일로	사드문제, 북핵문제 미·중경쟁
협력모델	한국자본과 기술 중국 노동과 토지	한국기술과 중국시장	한국기술과 중국시장	한국기술과 중국자본 경쟁관계
양국정부	노태우, 노무현 양상쿤, 장쩌민	노무현, 이명박 후진타오	박근혜, 시진핑	문재인, 시진핑

출처: 이희옥(2022) 참조하여 재정리

상황이다. 이로 인해 중국시장에 진출한 여러 한국기업이 큰 타격을 받고 있다.

한·중 관계는 변화가 필요하다. 한국기업은 과거처럼 원자재 수출 중심인 수출구조를 깨고 중국소비자를 최종소비자로 설정하여 중국 내수시장을 제2의 내수시장으로 설정할 필요가 있다. 중국소비자의 소비 품목도 다양해지면서 각 기업차원에서 중국마케팅전략의 틀을 기반으로 중국시장을 공략해야 한다. 중국 내수시장 공략을 위해서는 '한체중서용(韓体中西用)'이 필요하다. 한체중서용이란 한국의 정신을 바탕으로 서양의 기술을 통해 중국의 소비 및 서비스 시장 진출을 위하여 우리가 새롭게 제시하는 모델이다. 여기서 한국의 정신은 한국적인 스타일과 한국적인 문화와는 다른 개념으로 이해되어야 한다. 중국시장에서 한국기업의 활로는 중국소비자의 가치창출임을 기억하자.

그림 2-32 | 한체중서용

韓體中西用

④ 소비자 중심으로 본 중국시장

중국은 더 이상 세계의 공장이 아니다. 중국의 내수시장은 규모면에서나 내용면에서 하루가 다르게 변화하고 있기 때문에 우리는 소비자 관점에서 중국 내수시장의 특징을 알아야만 한다. 최근 중국의 내수시장은 소비의 지역적·계층간 양극화가 심화되고 있으며, 빠링허우와 쥬링허우, 그리고 링링허우가 새로운 소비주체로 부상하고 있다는 특징이 있다. 또한 신1선 및 하침시장의 성장과 전자상거래 시장이 급속하게 성장하고 있으며, 중국인들의 주요 관심사가 기본 의식주 해결에서 여행과 레저 등 문화생활로 변화하고 있다.

중국판 포브스인 후룬바이푸에서는 2022년 자산규모 600만 위안(약 10억) 이상의 부유층을 대상으로 가치관 및 생활방식에 대한 조사를 실시한 바 있다. 해당조사 결과에 따르면, 중국 부유층은 신상품 구매(81%), 가성비보다는 고성능 및 고품질 구매(74%), 대중적인 상품보다는 다른 사람이 갖고 있지 않은 상품(72%)에 대한 수요가 높았으며 브랜드 인지도를 중시하는 것으로 나타났다(61.2%). 또한 신용카드 발급이 상대적으로 용이한 부유층도 상품구매 시 신용카드보다는 알리페이나 위챗페이 등의 모바일결제를 선호(58.8%)하는 것으로 보아 중국의 모바일결제 대중화를 짐작할 수 있다.

또한 중국 부유층의 한국, 일본, 독일 브랜드에 대한 인식조사도 눈여겨볼 만하다. 응답자의 52.8%는 중국브랜드가 가성비가 좋으며, 가격이 합리적(45.6%)이라고 생각했다. 41.4%의 응답자는 고품질이라고 답하기도 했다. 우리나라 브랜드에 대한 인식은 개성적이고 독특하다는 인식이 40.8%로 다른 국가에 비해 가장 높았다. 하지만 안전하거나, 고품질의 이미지에서는 가장 낮은 비중을 차지하여 우리나라 브랜드에 대한 인식 개선이 필요한 것으로 나타났다. 일본과 독일 브랜드에 대해서는 기술력이 있고(약 41%) 전통이 있다(약 33%)고 응답하였다.

2장에서는 중국 내수시장의 변화와 거시환경 변화 전망을 알아보기 위해 중국시장(China Market), 중국시장환경의 변화(Change)를 사회적, 정치적, 경제적, 법률적 내용을 중심으로 살펴보았다. 2018년 시작된 미중 무역분쟁은 기술경쟁을 넘어 패권경쟁으로 이어지고 있고 미국 정부의 대중국 견제는 심화되고 있지만 중국의 무역수지는 지속적으로 증가하고 있다.

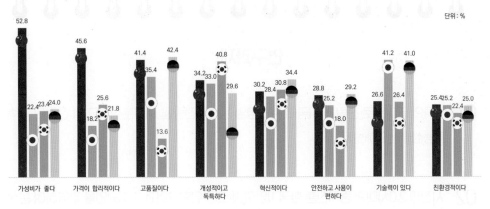

그림 2-33 | 중국 부유층의 국가별 브랜드 이미지(2022)

단위 : %

	가성비가 좋다	가격이 합리적이다	고품질이다	개성적이고 독특하다	혁신적이다	안전하고 사용이 편하다	기술력이 있다	친환경적이다
	52.8	45.6	41.4	34.2	30.2	28.8	26.6	25.4
	22.4	18.2	35.4	33.0	28.4	25.2	41.2	25.2
	23.4	25.6	13.6	40.8	30.8	18.0	26.4	22.4
	24.0	21.8	42.4	29.6	34.4	29.2	41.0	25.0

출처: 博报堂生活综研, 胡润研究院

2022년의 베이징 동계올림픽은 대외적으로 중국의 기술혁신을 알리는 장이 되었으며 중국 소프트파워의 글로벌 영향력을 보여주는 상징으로 중국의 모습을 세계에 알렸다. 중국은 제조업을 기반으로 한 수출 중심의 경제구조에서 이제 서비스업 중심으로 경제 발전 패러다임을 전환하고 있다. 시진핑 2.0 시기에 들어서며 중국몽 실현과 함께 추가적으로 달성해야 하는 공동부유 실현을 위해 쌍순환 전략과 기술혁신을 주요 내용으로 하는 14.5규획이 진행되고 있다. 3장에서는 5C 중 중국소비자의 전반적인 특성과 라이프스타일, 그들의 소비패턴을 좀 더 구체적으로 살펴보자.

연구과제

01 중국의 일대일로 전략과 미국의 환태평양 동반자전략을 비교분석하고 각 전략의 지속 가능성을 논의해보자.

02 시진핑 2.0시대의 중국진출 한국기업의 새로운 위험요인과 기회요인을 파악하여 분석 해보자

03 중국인구의 고령화에 따른 중국진출이 가능한 한국제품과 서비스를 조사하여 발표해보자.

참고문헌

강일용(2022), "[中 14.5 규획 대해부] AI·데이터센터 경쟁력 미국 넘으려는 중국… 목표는 2030년", 아주경제.

강효백·노은영(2016), 『중국금융법』, 한국학술정보.

김용준 외(2013), 『중국 일등기업의 4가지 비밀』, 삼성경제연구소.

김용준 외 2인(2010), 『중국시장문화와 중국 내수시장 공략』, 성균관대학교출판부.

김정률(2021), "쿼드, 오커스, 파이브아이즈까지… 중국이 이들에 분노하는 이유", 뉴스1.

노은영(2022), "중국정부가 갑자기 빅테크 규제를 완화한 이유는?", J Commentary 2022년 제11호.

박소영(2021), 『중국의 탄소중립 정책 방향과 시사점』, 한국무역협회.

박은하(2021), "쿼드 첫 대면 정상회의 열고 우주·사이버 안보 논의한다", 경향신문.

배준호(2011), "오바마·후진타오, 협력강화 '한마음'… 경제 '딴마음'", 이투데이.

수출입은행(2015), 『중국 일대일로 추진동향 및 시사점』

이유진(2022), 『미−중 무역전쟁 4년 경과 및 전망: 양국 무역비중 및 탈동조화 검토』, KITA통상리포트 vol.8

이희옥(2022), "한중 '전략적 협력동반자 관계'의 딜레마", 중국학연구, no.100.

존 나이스비트 외 1인(2010), 『메가트렌드 차이나』, 비즈니스북스.

博報堂生活综研, 胡润研究院(2022), 『高净值人群价值观及生活方式研究报告2022』

JRC(2021), "Emissions Database for Global Atmospheric Research(EDGAR)."

KIEP(2022), 『중국의 탄소중립 정책 주요내용 및 전망』

KISTEP(2021), "중국 <14.5 규획> 과학기술 정책방향과 시사점."

Kotra(2022), "2021년 중국 경제성장률 8.1%… 경기 둔화 추세 뚜렷."

McKinsey(2022), 『2023China Consumer Report』

Mob研究院(2021), 『2021中国银发经济洞察报告』

国家发展改革委办公厅(2021), 《2021年上半年各地区能耗双控目标完成情况晴雨表》的通知.

国务院新闻办公室(2021), 『中国的全面小康』

京东消费及产业发展研究院(2022), 『2022"银发族"消费趋势报告』

普益集团(2021), 『中国中产家庭资产配置白皮书』

吴晓波频道(2022), 『新中产白皮书: 消费篇』

Chapter

03

중국소비자

중국마케팅의 성공열쇠는 중국소비자에 대한 이해이다. 중국소비자를 이해하지 않고 그들을 만족시킬 수 있겠는가? 중국마케팅의 5C 분석 중 가장 중요한 'C'가 바로 중국소비자(China Customer)이다. 중국마케팅은 '중국소비자'에서 시작하여 '중국소비자'로 끝난다. 그러나 중국 14억 명의 소비자를 모두 파악한다는 것은 사실 불가능에 가깝다. 1978년 개혁개방 이후 중국경제는 고도의 성장을 하였고, 이에 따라 중국소비자의 생활도 크게 변화되었다. 이러한 변화는 중국소비자들의 의(衣), 식(食), 주(住), 락(樂), 용(用) 등에서 찾아볼 수 있다. 특히 중국소비자들의 라이프스타일 변화에 따라 소비패턴도 변화하고 있다.

이에 따라 본 장에서는 중국소비자들을 이해하기 위하여, 중국의 대표적인 대도시(베이징, 상하이, 광저우) 소비자를 중심으로 중국소비자들의 라이프스타일을 연구함으로써 중국소비자의 소비패턴 변화를 파악하려고 한다. 이러한 목적으로 본 장의 1절에서는 중국소비자 특성을 소개하고, 2절에서는 중국소비자의 라이프스타일을 분석하였으며, 3절에서는 최근 소비트렌드의 변화와 전망을 살펴봄으로써 중국소비자들을 이해할 수 있는 틀을 제시하고자 한다.

제1절 중국소비자의 특성

중국소비자를 이해하기에 앞서 중국인의 일반적인 특성을 알아보자. 우선 중국 동·서지역 간에 차이 및 도·농 간에 차이를 분석함으로써 중국의 도시화에 따른 특징들을 살펴보고, 이를 바탕으로 중국소비자들의 특성을 파악해 보자. 그리고 1978년 개혁개방 이후 변화된 중국사회 환경으로 인한 중국소비자들의 가치관과 라이프스타일의 변화를 살펴보고자 한다. 중국소비자는 누구인가?

① 중국소비자는 누구인가?

(1) 14억의 중국인

2021년 중국국가통계국 자료에 따르면 중국 인구는 약 14.1억 명으로 세계에서 가장 많은 인구를 가진 인구대국임을 증명하였다. 1953년에 약 6.9억 명이던 인구가 2000년에는 약 12.7억 명으로 증가했고 최근에는 인구 증가율이 다소 감소하고 있다. 연령 비중은 0~14세의 비중의 지속적인 감소에 따라 15~65세의 비율과 65세 이상의 노년층의 비율이 증가하고 있는 것으로 나타났다. 중국공산당은 1980년부터 공식적으로 한 자녀 정책을 채택하여 인구 증가를 억제해왔다. 하지만 출산제한 정책으로 인해 출산율이 감소하며 중국도 고령화와 노동인구 감소 문제에 직면하게 되었다. 이에 따라 2016년 중국이 35년간 유지해 온 산아제한 정책인 한 자녀 정책을 폐지하고 인구의 균형발전과 인구문제 해결을 위해 2자녀 정책을 전면 시행하게 되었다. 이후 2021년에 진행되었던 제7차 인구센서스 조사를 통해 드러난 급격한 인구감소를 막기 위해 최근에는 3자녀 정책을 시행하고 있다. 인구의 성비는 남성이 조금 더 높은 것으로 나타났으나 여성의 비율이 점진적으로 증가하여 과거의 성비 불균

그림 3-1 | **중국 인구통계조사**

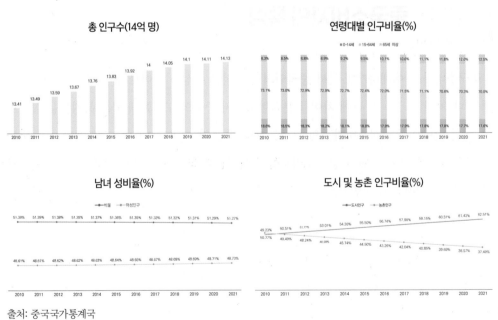

출처: 중국국가통계국

형이 다소 개선되었다. 도시 및 농촌 인구의 비율에서는 2010년을 기점으로 도시인구가 농촌인구를 추월하며, 도시인구의 비율이 지속적으로 증가하는 것으로 나타났다.

(2) 56개의 다민족

중국은 56개의 민족으로 구성된 다민족 국가로 다양한 문화와 전통을 보유하고 있다. 한족은 전체 인구의 91%를 차지하고 있으며, 1952년에 실시된 <민족구역자치실시요강>에 의하여 중국의 소수민족은 자기의 말과 글을 사용하고, 자신의 풍속과 민족문화를 자유롭게 계승 및 발전시킬 수 있게 되었다. 중국 소수민족의 인구는 전체 인구의 약 8.9%를 차지하고 있으며 이들은 대부분 고원, 사막, 내륙지역에 거주하고 있다. 소수민족의 언어는 다양하여 각 민족마다 독자적인 언어를 가지고 있다. 같은 민족 중에서도 지역에 따라 베이징어, 상하이어, 푸젠어, 광둥어 등의 방언이 존재하여 서로 의사소통이 힘들 정도로 차이가 크다. 현재 베이징어를 기본으로 한 '보통어(普通话)'를 학교에서 가르치고 대부분의 사람들은 표준어를 말한다.

55개 소수민족이 집단 거주하는 지역은 인구수에 따라 자치구, 자치주, 자치현 등으로 세분화되는데, 중국의 성(省)과 동등한 행정지위를 갖는 자치구는 총 5개가 있다. 바로 네이멍구자치구, 광시좡족자치구, 시장자치구, 닝샤후이족자치구, 신장위구르자치구 등이다.

우선 네이멍구자치구를 살펴보자. 네이멍구는 중국의 북쪽에 위치해 있으며 중국 내에서 3번째로 면적이 큰 행정구역이다. 중국 내에 있는 몽골이라는 의미에서 '내몽골'이라고 한다. 유목민족인 몽골족은 약 629만 명으로 전 세계 몽고족의 63%가 네이멍구에 있는 셈이다. 몽골족은 초원에 살며 목축업을 주로 생업으로 하고 있다.

광둥성 바로 옆에 위치한 광시좡족자치구는 좡족(壮族)의 자치지역이다. 우리나라 사람들이 자주 여행을 가는 계림이 있는 곳으로, 이곳에 거주하고 있는 좡족은 중국에서 가장 인구수가 많은 소수민족으로 약 1,956만 명이 있다. 좡족은 중국 남방지역의 토착민족으로 쌀을 주식으로 하여 쌀로 만든 다양한 음식이 있다.

달라이 라마와 티베트로 익숙한 시장자치구는 중국의 서쪽 끝에 위치해 있으며 장족(藏族)의 자치지역이다. '세계의 지붕'으로 불리는 티베트 고원이 있으며 히말라야 산맥이 고원

남부에 이어져 있다. 2021년 기준 장족의 인구는 706만 명 정도 되며, 지리적 환경으로 인하여 인구밀도가 매우 낮고 대부분 농업에 종사하고 있다.

닝샤후이족자치구는 중국의 내륙에 위치한 곳으로 5개 자치구 중에서 가장 면적이 작은 곳이다. 하지만 후이족(回族)의 인구는 1,137만 명으로 소수민족 중에서 3번째로 인구가 많다. 후이족의 기원은 과거 페르시아인, 아랍인 등으로 이슬람교를 믿고 있다. 이슬람교의 교리에 따라 돼지고기를 먹지 않고 한족과 달리 흰색을 가장 좋아한다.

마지막으로 신장위구르자치구는 중국에서 가장 면적이 큰 지역이지만 타클라마칸 사막이 자리하고 있어 인구밀도는 매우 낮은 편이다. 위구르족(维吾尔族)은 약 1,177만 명으로 '위구르'란 '단결'을 의미하는 단어이다. 대부분이 이슬람교를 믿고 있으며 양, 염소, 낙타 등의 목축업이 발달되어 있다.

그 외에 우리 동포인 중국 조선족은 약 170만 명으로 중국 지린성 연변 자치주에 약 40%가 거주하고 있다. 중국 조선족은 한·중 수교 이후 한·중 기업이 빠른 시간 내에 중국사업을 실행할 수 있었던 큰 자원이었다. 그러나 한국 정부나 기업, 대학은 이들을 체계적으로 육성 및 활용하지 못하고 있는 점이 저자는 다소 아쉽다. 중국의 56개 민족 중 하나인 조선족은 한·중 기업의 큰 자산이며 앞으로 더욱 차이나 마케팅(China Marketing)에서 중요한 역할을 하게 될 것이다.

② 중국소비자는 다양하다

중국 소비시장은 넓은 국토와 다양한 문화적 배경, 양극화 등으로 인하여 지역별·소득별·연령별 소비패턴이 분화된 시장이다. 따라서 이를 고려한 시장세분화와 표적시장 설정이 무엇보다 중요하다.

(1) 지역별로 다르다

중국의 지역별 소비자 구분은 기업들의 중국시장 진출 전략 수립을 위해 널리 사용되고 있으며 매우 중요한 요소이다. 중국에 진출하는 외국기업이 저지르는 흔한 실수는 중국을 단일 통합 시장으로 접근하는 것이다. 실제로 중국시장은 다양한 소비자를 기반으로 수많은 시장이 모여 있는 것과 같다. 중국 대도시의 인구 및 경제규모는 하나의 국가와 맞먹는다. 예를 들어 상하이의 인구는 2,500만 명으로 호주 인구와 비슷하며, 상하이 GDP는 약 6천억 달러로 스웨덴과 유사하다.

중국의 소비자를 지역별로 구분하는 것은 외국기업에게 1차적으로 중국소비자를 파악할 수 있는 지역적 기준이 된다. 현재 중국에서 도시라고 부를 수 있는 지역은 663곳으로 전 세계에서 도시가 가장 많다. 중국에서 도시를 분류하는 정확한 기준은 없으며 발표하는 기관마다 상이하다. 가장 일반적인 분류는 인구, GDP, 행정구역 등을 기준으로 1선, 2선, 3선, 4선, 5선 도시라고 부르는 것이다. 중국소비자를 이처럼 지역별로 구분하여 살펴보는 것은 중국 진출을 위한 여러 의사결정에 많은 정보를 제공할 수 있다.

1) 1선 도시

중국의 초기 소비시장은 수도 베이징과 상하이, 광저우 등 연해 1선 도시가 견인하면서 외국투자와 정부 주도의 인프라 건설, 주민소득 증가에 따라 글로벌 소비시장으로 성장했다는 특징이 있다. 중국에서 1선 도시는 가장 큰 소비시장으로 베이징·상하이·광저우·선전 지역은 중국 전체 소비시장의 약 12%를 차지하며, 중국시장 진출의 거점 역할을 하고 있다. 이들 지역은 거대한 도시 인구를 보유하고 있으며, 모두 평균 90% 이상의 도시화가 진행되었다. 거주자 중 교포 및 외국기업 주재원의 비율이 높아 현대식의 서구화 소비패턴을 가지며, 소비력 역시 매우 높다는 특징을 보인다. 중국 대륙의 31개 성, 자치구, 직할시 중에서 2021년 1인당 GDP(국내총생산)가 1만 달러를 넘는 곳은 총 11곳이다. 중국에서는 상하이가 2008년 처음으로 1인당 GDP 1만 달러를 돌파한 뒤 2009년 베이징, 2010년 톈진 등이 GDP 1만 달러 도시로 성장하였다. 장쑤성, 저장성, 네이멍구자치구는 2012년에 '1만 달러 도시'에 진입했으며, 2014년에 광둥성, 푸젠성이, 2015년에는 산둥성, 2019년에는 후베이성과 충칭시가 1만 달러 도시 진입 성공에 성공하였다. 이 중 베이징, 상하이, 장쑤성은 2만 달러를 돌파하였는데 베이징시의 2021년 1인당 평균 GDP는 2만 7,169달러로 중국 내에서 가장 높다. 중국의 1인당 GDP는 1만 2,554달러로 전 세계 국가 중 60위이다. 중국 정부는 2035년까지 중국의 1인당 GDP가 2만 2천 달러를 달성할 것으로 전망하고 있다.

그림 3-2 | 중국 소득별 가처분소득

저소득층 20% 가처분소득

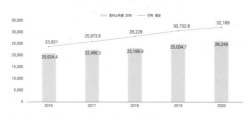

중·저소득층 20% 가처분소득

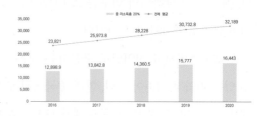

중위소득층 20% 가처분소득

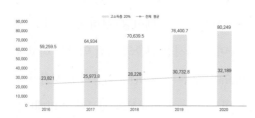

중·고소득층 20% 가처분소득

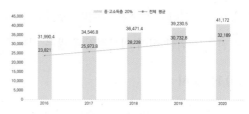

고소득층 20% 가처분소득

출처: 중국국가통계국

　대도시의 거주자들은 부동산 가격이 매우 높아 매월 고액의 대출금을 상환해야 하는 부담이 있기 때문에 가처분수입의 감소로 예전에 상대적으로 부유하던 사람들이 현재 도시 빈민이 되는 현상이 나타나기 시작했다. 중국도시발전연구회가 평가한 도시 종합경쟁력 순위에서 베이징, 상하이, 광저우 등 대도시가 선두를 차지했으나 '생활에 대한 행복지수'면에서는 모두 10위권 밖으로 밀렸다. 이에 반해 칭다오와 항저우, 청두, 다롄, 진화, 웨이하이, 우시, 창춘, 후이저우, 닝보 등 2선 도시가 '생활에 대한 행복지수'면에서 상위 10위권 내 도시로 선정되었다. 대도시의 GDP가 높기는 하나 물가면에서 중소도시보다 비싸고, 개인별 소득격차가 심해 전반적으로 중소도시에 비해 행복지수가 낮은 편이다.

표 3-1 | 2021년 중국 도시별 GDP 순위

No	도시명	GDP(억 위안)	인구(만 명)
1	상하이(上海, Shanghai)	38,700	2,489
2	베이징(北京, Beijing)	36,100	2,188
3	선전(深圳, Shenzhen)	27,680	2,015
4	광저우(广州, Guangzhou)	25,020	1,811
5	충칭(重庆, Chongqing)	25,000	3,212
6	쑤저우(苏州, Suzhou)	20,170	1,284
7	청두(成都, Chengdu)	17,710	2,119
8	항저우(杭州, Hangzhou)	16,100	1,220
9	우한(武汉, Wuhan)	15,620	1,364
10	난징(南京, Nanjing)	14,810	942

출처: 중국국가통계국

2) 2·3선 도시

지난 40년이 중국 연해지역의 대외개방시대였다면, 향후 40년은 내륙지역의 발전시대가 될 것이다. 중국정부의 적극적인 도시화는 중국의 많은 신흥도시의 현대화를 가속화시켰다. 1선 도시는 소비패턴이 선진국과 유사하나 치열한 경쟁으로 이미 시장 포화상태가 되어 판매증가율이 둔화되었지만, 2·3선 도시는 시장규모와 잠재력 및 전통부유층과 신흥부유층을 골고루 갖춘 신흥시장으로 떠올랐다. 1선 대도시와 2·3선 도시 간 고속철도가 생기면서 1선 대도시에서는 소비가 집중 양상을 보이고 있지만 2·3선 도시민이 대도시 소비시장에 대한 접근성이 높아지면서 소비력이 점차 향상되고 있다. 2선 도시는 경제사회 발전이 진행되면서 상대적으로 안정성이 높은 시장이며, 3선 도시는 정책지원에 힘입어 빠르게 성장하는 새로운 소비 거점이다. 2·3선 도시는 20개가 넘는 성도(중국 내 각 성의 수도)를 중심으로 한 중대형 도시들로 청두, 우한, 항저우, 샤먼, 지난, 하얼빈, 정저우, 창사, 난닝, 난징 등이 대표적이다. 이러한 신흥시장은 가전·자동차·의류·화장품 등 고가 소비재시장에서 두 자릿수 이상의 높은 판매증가율을 보이고 있다. 사천성의 성도인 청두만 해도 수입 폭스바겐 승용차 판매량이 중국 내에서 1위권을 차지하고 있다. 최근에는 이들 도시들이 1선 도시만큼

그림 3-3 | 2021년 GDP 순위 상위 10개 지역

출처: 중국국가통계국

은 아니지만 그와 비슷한 시장규모를 갖추면서 新1선도시라고 부르기도 한다. 이에 대한 자세한 내용은 6장에서 구체적으로 살펴볼 것이다.

　2·3선 도시의 구매력이 빠르게 확대됨에 따라 소비계층과 소비구조도 다양화되었다. 식문화면에서는 웰빙, 건강을 중시하는 분위기가 형성되면서 가정용 조리기구에 대한 수요가 증가하고 있고, 대도시에 비해 입맛이 덜 서구화됐다는 점을 겨냥한 퓨전 패스트푸드점이 인기를 끄는 등 중소도시만의 특색 있는 소비트렌드가 생겨났다. 명품소비, 해외여행과 수입품을 찾는 소비자가 증가하는 것도 최근 두드러지는 소비행태 중 하나이다. 유통채널 측면에서는 내수기반이 대도시에 비해 한정되어 있다는 점을 감안해 비용 절감 차원에서 오프라인 매장보다 온라인채널을 확대하는 방향으로 2·3선 도시에 진출하는 기업이 늘고 있다. 소득증가로 제품 수요가 다양하게 발생하나 운송 인프라가 미비하고 타 지역 제품에 대한 진입장벽이 높은 지역경계 특성상 2·3선 도시 판매 제품은 대도시에 비해 다양성이 다소

떨어진다는 한계가 있었다. 그러나 온라인 쇼핑의 확대와 정부가 주도적으로 2·3선 도시를 중심으로 소비 확대를 추진하고 판매촉진을 위해 가전기업들이 소비 쿠폰을 대대적으로 배포하는 등 2·3선 도시를 중심으로 소비확대 분위기가 고조되고 있다.

3) 4·5선 도시

인구 5만에서 10만 명 정도의 농촌과 도시의 중간 형태를 띠는 현급 4·5선 도시는 정부 지원책과 지방도시 경제성장으로 현재 도시화가 진행되는 과정에 있다. 최근에는 이들 지역을 하침시장이라 지칭하고 있는데, 중국 전체 소비의 절반이 넘는 규모를 차지하여 성장잠재력이 매우 큰 지역이다. 아직도 7일장이 열리는 등의 농촌에 더 가까운 모습을 보이지만 앞으로 소비도시로서의 전환가능성이 크며, 농수산물이나 물류 거점으로의 발전가능성이 보인다. 최근 들어 이 신흥도시들에서 고급 생필품 수요도 빠르게 증가하고 있다.

4) 농촌

2007년 중국정부는 농촌소비와 내수시장을 확대하기 위해 농민들의 가전제품 구입에 한해서 가격의 일부(13%)를 정부가 보조금으로 제공하는 가전하향정책을 산둥성, 허난성, 쓰촨성, 칭다오 지역에서 시범적으로 실시했으며, 2009년 정부는 '3농(농촌, 농업, 농민)'의 안정적 발전과 농민 수입증대를 위한 다양한 부양책을 마련했다. 14억 인구 가운데 절반 정도인 농촌 인구의 소득증가는 상당한 의미가 있다. 2015년 중국 농민의 1인당 평균소득이 1만 위안(약 180만 원)을 넘어서며, 소득의 증가폭은 6년 연속 GDP와 도시주민 소득 증가폭을 상회했다. 중국 농업부 데이터에 따르면 '12.5'기간(2011~2015년) 중국 농민 1인당 평균소득은 연평균 9.5% 증가해 도시와 농촌 주민의 소득비는 2.9 : 1 이하로 하락했다. 농민의 소득이 낮고 균형적이지 않은 문제는 여전히 존재하는 것으로 나타났다. 농산품 가격 하락과 농민의 임금성 소득 증가가 부진함에 따라 농민 소득의 빠른 성장세를 계속 유지하는데는 어려움이 더 커졌다. '13.5'기간(2016~2020년) 중국은 농민 소득 증가 정책지원시스템을 완비해 소득 증대의 새로운 루트를 확보하였다. 또한 농민의 이전성 소득과 가정 경영성 소득, 임금성 소득, 재산성 소득을 중심으로 농민의 소득 증대를 다양한 방면으로 추진하였다.

중국정부의 농촌인프라에 대한 투자가 지속적으로 확대됨에 사회보장 시스템이 개선되면서 농민들의 기본 생활수요가 충족되고 전반적인 농민 소비문화가 성숙해졌다. 최근 농민들

그림 3-4 | 중국 시골: 꾸이린 양삭(桂林 阳朔)

은 자녀교육과 주택마련에 매우 적극적이며 인터넷 보급률의 증가에 따라 정보화 수준이 향상되었다. 중국 상무부가 발표한 <2021농촌전자비즈니스 발전보고(2021农村电子商务发展报告)>에 따르면 농촌의 온라인 소매액은 2.05조 위안(약 380조 원)으로 중국 전체의 15.7%를 차지한다. 농촌지역의 인터넷 보급률 상승과 물류 인프라시설이 점차 개선됨에 따라 농촌의 온라인 구매액이 증가하고 있다.

농촌의 소비 수준은 끊임없이 향상되고 있으나, 농촌지역의 물류배송 인프라는 여전히 크게 낙후되어 있어 농촌의 온라인 구매 수요의 확대를 저해하고 있다. 이를 해결하기 위해 국무원은 2015년 11월 「농촌 전자상거래 육성에 관한 지도의견(关于促进农村电子商务加快发展的指导意见)」을 발표하고, 전자상거래, 물류, 상품무역, 금융, 택배업 등의 농촌 소비 네트워크 플랫폼 구축을 육성한다고 밝혔다. 발표에 따르면 2020년까지 향촌마다 택배 네트워크를 구축하여 연간 택배업무량을 500억 건으로 늘리고 택배업 매출 8,000억 위안 달성의 계획을 세운 바 있다. 2021년 기준 중국의 택배업무량은 1,085억 건에 달하며 이 중 농촌지역의 업무량은 370억 건에 이른다. 국무원의 정책적 지원에 따라 농촌 택배업의 발전은 농촌 소비자들의 보다 높은 소비 수요를 충족하고 도시와 농촌간 생활수준 격차를 해소하는데 기여하였다. 특히 기업의 사회적책임의 일환으로 알리바바는 농촌전략을 미래의 핵심 발전방향으로 삼고, 2009년부터 농촌 진출 계획을 타오바오촌(淘宝村)이라는 서비스를 시행하기 시작하였다. 타오바오촌은 활성 온라인 점포 수가 현지 가구 수의 10% 이상이고, 연간 전자상거래 거래액이 1,000만 위안 이상인 마을을 의미한다. 2009년 3개로 시작한 타오바오촌은 2022년 현재 전국 28개 성(직할시, 자치구 포함)과 180개 도시에 약 7,780개가 설립되어 있다.

(2) 연령별로 다르다

현재 중국의 소비시장에서는 주력 소비층이 변화하고, 소비행태도 품질을 중시하는 소비로 전환되어 가고 있다. 중국의 세대는 대체로 10년 간격으로 구분된다. '우링허우(50后)'는 문화혁명의 혼란 속에서 학창시절을 보낸 '잃어버린 세대', '상처받은 세대'이다. '류링허우(60后)', '치링허우(70后)'는 문화 혁명 이후의 혼란기 속에서 제대로 공부할 기회를 잃고, 점수 경쟁과 취업난에 시달렸던 세대다. '빠링허우(80后)'는 개혁개방의 혜택을 고스란히 받고 자란 세대이며, '쥬링허우(90后)'는 선진국 수준의 풍요를 누리고 자라나는 세대다. 중국에서는 치링허우가 소비의 주축이었지만, 빠링허우와 쥬링허우, 그리고 최근의 '링링허우(00后)'가 새로운 주력 소비자계층으로 자리잡고 있다.

1) 치링허우(70后): 1970~1979년대 출생자

치링허우는 40~50대 초반으로 자녀가 10~20대인 연령층을 가리킨다. 1976년 마오쩌둥의 죽음으로 문화혁명이 끝나고 대학입시제도가 부활하여 역사상 경쟁률이 가장 치열했던 시대에 입시를 치러 대학에 입학해 정규 고등교육을 받은 첫 세대이기도 하다. 대학 졸업 후 공무원이나 기업체에 취직할 때도 이른바 노동자·농민·해방군 등의 '출신성분'을 따지지 않고 채용된 첫 세대이다. 치

그림 3-5 | 와인과 맥주를 즐기는 중국 중산층 치링허우

출처: 美食梅依旧

열했던 대학입학 이후 20~30년의 세월이 흐른 지금 과감한 결단력과 지성으로 중국의 정치·경제·문화 각 부문에서 두각을 나타내며 중국을 이끌어가는 엘리트층으로 급부상하고 있다.

이들의 경제력 또한 대단하다. 경제발전과 더불어 성장한 세대로 이미 사회적으로 안정적 기반을 확보한 40대의 자영업자 또는 직장인이다. 그러나 보통의 40대 가장들은 소비보다는 의료·양로·교육 등을 위해 저축을 한다. 또한 이 세대는 태어났을 때부터 근검 절약의 생활습관을 가지고 있으며, 많은 일들에 있어 부모님의 말을 따라왔다.

2) 빠링허우(80后): 1980~1989년대 출생자

중국의 소비트렌드를 이끄는 것은 '빠링허우' 세대다. 빠링허우는 1980년 이후에 출생한 세대로서, 중국의 한 자녀 정책에 따라 가정 내에서 귀하게 자란 소황제(小皇帝)들이다. 이들

은 비교적 풍요로운 생활을 하면서 자라왔고, 높은 학력수준을 가지고 있으며, 강한 소비욕구를 가지고 있다. 신세대답게 노동보다는 여가를 선호하는 경향도 가지고 있다.

이들은 자녀를 위한 소비와 자신의 개발을 위한 소비에도 과감하게 투자하는 성향을 가지고 있다. 이로 인해 자동차, 고급가전 등에 대한 소비와 레저, 교육, 문화 등에 대한 소비가 늘어나고 있다. 중국에서 최근 몇 년간 부동산, 자동차시장이 활황세를 보인 것은 이들 세대들이 본격적으로 소비시장 주류로 부상한 것과 관련이 있다. 빠링허우는 형제자매가 없기 때문에 많은 사람들의 관심 속에서 성장했다. 이러한 배경으로 빠링허우는 자신에게 맞춘 상품과 서비스로 자신을 특별히 대우해 주는 것을 좋아한다. 한 예로, 초상은행(招商银行)은 '나는 내 삶을 디자인한다', '인터넷 메신저와 금융의 결합', '내일의 돈으로 즐기자'와 같은 슬로건을 내건 각종 상품의 카드에 다양한 캐릭터와 함께 개인의 닉네임을 새겨주는 디자인으로 큰 호응을 얻었다. 또한 빠링허우는 인터넷을 자유자재로 구사하는 세대로 습관적으로 중국 메신저 QQ에 접속해서 'QQ족'이라 불리기도 한다. 인터넷을 통한 정보검색에 익숙한 정보지향적인 세대로 구매를 위한 정보수집을 위해 post.baidu.com과 같은 인터넷 사이트에서 상품평을 읽거나 친구들의 블로그를 통해 의견을 알아보는 성향이 강하여 인터넷 구전효과가 강하다.

빠링허우는 월급과 가정의 경제적 지원으로 금전적 여유가 있기 때문에 자신의 집과 자동차를 소유하며 해외여행을 즐기고, 명품과 사치품을 즐기며, 명품 소비에 과시적 목적보다 쾌락적·가치적 목적을 부여한다. 또한, 빠링허우가 30대로 들어서며 결혼을 하고 자녀들을 낳기 시작하면서 신혼집을 위한 내구재 소비가 늘어났, 자녀를 위해서 열심히 돈을 벌고 소비하는 자녀의 노예라는 뜻의 하이누(孩奴)라 불리기 시작했다. 빠링허우는 자신이 대접받고 큰 만큼 아이에 대한 소비의 기준이 높고 자신의 아이는 특별하고 귀하게 키워야겠다는 의지가 강하다. 이들은 경제적 능력이 뒷받침되기 때문에 수입 분유와 기저귀, 고가의 육아용품의 판매가 급증하였고, 고가의 고급제품일수록 판매가 늘어나는 베블런의 과시소비적 양상을 보인다.

그림 3-6 | 중국의 빠링허우

3) 쥬링허우(90后): 1990~1999년대 출생자

쥬링허우는 1990년대 이후에 출생한 세대를 의미하며 제2대 소황제 세대다. 이들은 빠링허우보다 더욱 IT기술에 몰입하는 경향을 보이며 디지털 소비시장의 주력 부대로 떠올랐다. 이들은 수입이 없음에도 조부모와 부모의 재력이 자녀에게 몰리는 4-2-1 구조의 수혜자인 소황제세대인 만큼 가격에 개의치 않는 소비 행태를 보인다. 4-2-1 가정구조란 양가 부모(4)의 독생자로 태어난 빠링허우 부부(2)가 한 명의 자녀(1)를 갖는 3세대 중국 가정형태를 일컫는다. 빠링허우 세대가 생활의 필수품으로 휴대폰, mp3플레이어, 노트북을 3대 물품으로 꼽았다면, 쥬링허우는 스마트폰이 절대 없어서는 안 되는 필수 제품인 세대이다. 쥬

그림 3-7 | 소비를 자신의 가치표현으로 생각하는 쥬링허우

링허우는 합리적인 사고를 하고, 자신의 주장이 강해 직업을 선택할 때 이상과 자유로움을 추구하기 때문에 사회에 진출할 나이가 되어서도 모든 소비지출을 가족에게 의지하며 이상적이고 자유로운 직업을 찾는 일이 많다. 쥬링허우는 사회에 진출한 빠링허우를 신세대로서의 신선함을 상징했었다는 의미로 '딸기족'이라 불렀다. 딸기처럼 겉으론 탐스럽고 예쁘지만 얼마 안가 물러서 터진다는 것이다. 반대로 빠링허우는 쥬링허우를 뚜렷한 형체가 없어 종잡을 수 없다는 의미로 '젤리족'이라 표현한다. 쥬링허우에게 소비는 정체성을 표현하는 수단과 쾌락의 수단으로 자리잡았다. 상품 구입 시 타인에게 자신이 어떻게 보여질 지를 중요시하고, 유명인의 패션스타일을 따라 하면서 자신의 개성을 나타내고자 하는 모순된 심리를 가진다. 또한 집단적인 소비성향이 강하고 유행을 추종하는 성향이 강해 지속적인 교체 수요를 발생시키는 강력한 소비집단으로 첨단기술, 패션, 엔터테인먼트 분야에 집중적으로 소비하는 경향이 있다.

4) 링링허우(00后): 2000년~2009년대 출생자

링링허우는 2000년부터 2009년에 출생한 세대를 의미하며 중국정부의 '한 자녀 정책'이 폐지되기 전에 태어난 마지막 세대이다. 2020년대에 성인이 되기 시작한 이들은 소비트렌드를 주도하며 새로운 경제 주체로 주목을 받고 있다. 어릴 때부터 사회 전반에 걸쳐 진행되는

그림 3-8 | 모바일과 익숙한 링링허우

출처: 바이두

디지털 전환에 익숙하고 4차 산업혁명 관련 여러 기술들을 접해왔기 때문에 생활에서 인터넷이나 휴대폰을 사용하는 것뿐만 아니라 암호화폐, 메타버스 등 최근 새롭게 등장하는 신기술에도 상당히 익숙하다. 그만큼 인터넷 기반의 게임, 만화 등의 문화 산업뿐 아니라 온라인 구매에 있어서도 강력한 영향력을 지닌 핵심소비자로 꼽힌다.

비교적 풍요로운 환경에서 자란 링링허우는 이전 세대들과 비교하였을 때 물질보다도 본인의 성장과 정신건강을 중시하는 경향을 보이며 이러한 점들이 직업을 선택하고 소비하는 데에 있어서도 큰 영향을 미친다. 또한 링링허우는 유년 시절 2008년 베이징 올림픽을 경험하면서, 중국의 급성장을 함께 지켜봐왔고 당시 학교는 학생들에게 중국의 눈부신 경제발전과 국제사회의 영향력에 대한 내용들을 중심으로 교육했다. 이러한 이유로 링링허우는 젊은 세대임에도 애국심이 강하고 소비시장에도 링링허우들의 애국주의 성향들이 영향을 미치고 있다. 중국에서는 최근 국가에 대한 애국심을 기반으로 한 제품들과 마케팅, 이른바 '궈차오(国朝)' 열풍이 불고 있는데 그 인기의 중심에 링링허우들이 있다.

CASE 미래 소비의 중심: 중국의 1인 가구 증가와 HMR시장

2010년 중국시장에 진출한 CJ제일제당은 2012년부터는 중국의 광둥성 공장에서 '비비고만두'를 만들어 중국시장에 한국 만두를 선보였다. 현지화된 제품을 내보이면서 2015년부터 가파르게 매출이 증가하였고, 2020년 중국 온라인 쇼핑몰 징동닷컴에서 만두부문 판매 1위를 기록하여 중국시장에서의 매출액은 1,600억 원에 달하였다.

중국에서는 여성의 취업률 증가, 맞벌이 가구 및 1인 가구 확산과 함께 HMR(Home Meal Replacement) 가정 간편식 시장이 빠르게 성장하고 있다. 중국의 냉동식품시장은 약 2조 원 규모로 추산되고 있으며 코로나19의 영향으로 성장 가능성은 더욱 확대되었다. CJ제일제당은 중국 내 HMR시장에 주력하고 있다. 회사가 중국에 내놓는 제품은 떡갈비, 함박스테이크, 미트볼, 파스타 등이다. 중국 식품 소비 비중의 절반 이상을 차지하고 있는 빠링허우

(80后)와 쥬링허우(90后)의 해외 경험 확대로 글로벌 메뉴에 대한 선호도가 증가하여 시장에서 좋은 반응을 얻고 있다.

　최근 도시화와 소비자 라이프스타일 변화에 따라 간편식 제품을 소비하는 추세가 이어지고 있으며 냉동 조리 식품에 대한 소비자 니즈가 확대되고 있다.

　CJ제일제당은 현재 중국 내 요성 공장과 광저우 공장 두 곳에서 제품을 생산하고 있다.

고메 냉동식품들도 중국에 수출하기로 결정하면서 요성 공장에 100억 원 규모의 조리냉동 설비 투자를 진행했다. 중국 내 HMR 시장이 지속적으로 성장하고 있고 제일제당이 비비고 만두뿐만 아니라 다양한 간편 조리식품 개발에 주력하고 있는 만큼 향후 중국시장 내 CJ 제일제당의 행보를 기대해 볼 필요가 있을 것으로 보인다.

참고자료 : 시사저널, "비비고는 중국서 얼마나 컸나" MK증권, "CJ비비고 만두, 연매출 1조 원 돌파… 단일 품목으로 식품업계 최초 달성"

(3) 소득별로 다르다

중국의 대형 상업은행 중 하나인 초상은행과 베인앤컴퍼니의 <중국개인재산보고서(中国私人财富报告)>에 따르면, 2020년 중국의 개인이 보유한 금융자산은 총 241조 위안(약 4.5경 원)으로 최근 3년 간 평균 13%씩 증가했다. 특히 금융자산이 1천만 위안(약 18억 원) 이상인 인구는 296만 명에 달한다. 우리나라는 금융자산 10억 원 이상인 인구가 2019년 기준 32.3만 명 정도이다.

글로벌 시장조사기관 베인앤컴퍼니가 발표한 <2021년 중국사치품시장보고서(2021年中国奢侈品市场报告)>에 따르면 2021년 중국의 사치품 소비는 전년대비 36% 증가하여 약 4,710억 위안(약 88조 원)으로 2025년에는 미국을 제치고 글로벌 최대 럭셔리 시장이 될 것으로 전망하였다.

미국 보스턴컨설팅그룹의 <중국 차세대 소비능력(中国下一代消费能力)>에서는 부유층은 소비 과정에서 고가의 제품과 양질의 서비스를 구매하는 집단이라고 정의하고, 부유층은 중산층과 슈퍼리치의 중간에 위치하는 집단으로서 연간 가처분소득이 2만 달러 이상으로 나타났다. 부유층의 구매력 예측에 따라 유망 품목은 지불능력에 대한 요구가 높은 제품, 제품 혹은 서비스 측면에서 차별화된 품목으로서 차량, 해외여행 및 개인 사치품(시계, 보석, 의류, 피혁, 미용화장품 등)을 들 수 있다.

중국의 시사평론가 우샤오보가 운영하는 매체에서는 2019년부터 매년 <신중산층백서>를 발표해 오고 있다. 신중산층이란 양호한 교육을 받아 안정적인 직업을 가지고 의식주 등 기본적인 생활을 여유롭게 영위하면서 건강한 취미가 있고 높은 소비력과 투자력을 갖춘 집단을 의미한다. 2021년 중국의 약 15%의 가계가 연소득이 4.5만 위안에서 10만 위안이며 주로 자녀 양육과 자기개발 등에 소비를 하고 있는 것으로 나타났다. 연령대는 31~35세 사이이며, 이 중 23%가 미혼이다. 가계당 순자산은 496만 위안이며 대부분 IT기업이나 제조업, 금융업에 종사하는 것으로 나타났다.

상위 중산층의 소비는 온라인과 서비스 분야에 집중되고 있다. 온라인 전자상거래는 오프라인에서 구매하기 힘든 다양한 프리미엄 상품을 제공하며 중산층을 사로잡고 있다. 실제로 알리바바가 운영하는 쇼핑몰인 타오바오의 실적을 보면 유기농 제품이나 수입 식·음료에 대한 온라인 소비는 지난 3년간 8배나 급증했다. 특히 지역 상점에서 구매가 힘든 유기

표 3-2 | 중국 부유층 소비가 전체소비 중 차지하는 비중

구분	정의	가정소비 중 비중(%)			일인당소비 중 비중(%)		
		2011	2015(E)	2020(E)	2011	2015(E)	2020(E)
최대부유층 (슈퍼리치)	자산규모 100만 달러 이상	0.1	0.2	0.3	3	5	7
부유층	연간가처분소득 2만~100만 달러인 도시가정	9	15	20	23	29	35
중산층	연간가처분소득 8천~2만 달러인 도시가정	20	23	27	30	28	26
빈곤층	연간가처분소득 8천 달러 미만인 도시가정	22	17	12	18	12	6
농촌소비자	농촌주민	49	45	41	25	25	25

출처: 보스턴컨설팅그룹 보고서를 참고하여 정리

농 유아식이나 쌀, 차와 같은 품목들의 소비가 증가하였다. 실제로 중국인들은 소득이 늘어 날수록 교육이나 문화, 여가 등 서비스 분야 소비를 크게 늘리고 있다.

③ 중국소비자 가치관 변화

중국의 소비자를 만족시키기 위해서는 그들의 의·식·주와 함께 여가선용의 라이프스타일에 대한 분석과 해석이 필요하다. 이는 다음 장에서 제시될 중국 STP 전략의 근간이 된다. 특히 지역 간 인구통계적인 변수에 의한 효과적인 시장세분화를 위해 중국소비자들의 생활을 구체적으로 파악하는 것이 마케팅전략 및 전술의 시작이라 할 수 있다. 중국소비자의 라이프스타일은 계속 변화하고 있으며, 이 변화의 기본축은 그들의 가치관의 변화를 통해 예측할 수 있다. 따라서 이 절에서는 중국소비자의 가치관의 변화와 그 특성을 파악하여 보자.

(1) 중국소비자의 가치관과 라이프스타일

중국인의 가치관은 그들의 핵심가치관과 생활가치관으로 나눌 수 있다. 핵심가치관은 소비자들의 일반적인 삶에서 크고 작은 일들에 대해서 결정을 내릴 때 작용하는 판단의 표준

표 3-3 | 중국소비자 가치관 변화

환경의 변화		
경제적 환경	사회적 환경	인구통계적 환경
시장경제 도입 경제특구 설립 주식시장 등장	사회계층의 분화와 빈부차이 심화 '샤하이(下海)'와 '샤강(下岗)'현상 국유기업의 개혁	지역 간 소득의 차별 유동인구의 증가 농촌실업인구의 증가

가치관 변화	
핵심가치관	생활가치관
반전통적 배금주의 가정중시의 개인주의 경제적 차별화	현실적 소비생활 개인주의적 사회생활 전면적 '샤오캉'의 미래소득 기대

라이프스타일 변화
지역 차별: 남북 간, 동서 간 라이프스타일 차이가 심각 계층화·양극화: 피라미드형 계층구조와 심각한 소득 차별 세대 차별화: 세대 간의 전통과 현대적 라이프스타일 차별

출처: 김용준(2000), 『중국소비자와 중국시장』

이나 단정의 기준을 말하며, 생활가치관은 구체적으로 소비자들의 소비생활에 영향을 미치는 것이라고 할 수 있다. 여기에서는 기본적인 중국소비자들의 가치관과 라이프스타일을 살펴보도록 하자.

중국인의 라이프스타일 변화는 그들을 둘러싼 환경변화와 이에 따른 가치관의 변화에 기인한다. 환경의 변화를 살펴보면, 경제적으로는 1978년 이후 중국은 경제특구가 설립되고 주식시장이 등장하는 등 시장경제가 도입되었다. 사회적으로는 사회계층의 분화와 빈부 차이가 심해졌으며, 국유기업의 개혁이 진행되었다. 또한 '철밥통'으로 유명한 공무원들이 공직을 버리고 높은 보수와 안락한 근무환경을 택해 기업으로 전직하는 샤하이(下海)바람이 거세게 몰아치며, 중국공산당 제15차 전국대표대회(15대)를 계기로 국유기업의 정리해고에 해당하는 샤강(下岗)이 진행되기도 하였다.

인구통계적으로는 지역간 소득차이가 심해졌으며, 유동인구와 농촌 실업인구가 증가하였다. 이러한 중국인을 둘러싼 환경의 변화로 중국인들은 반전통적 배금주의, 가정중시의 개인주의, 경제적 차별화 등의 핵심적 가치관의 변화가 발생하였으며, 이에 따라 현실적 소비생활, 개인주의적 사회생활, 중국정부의 목표였던 '샤오캉(小康, 모두가 잘사는 복지사회)'으로 달려가기 위한 생활가치관으로 변모하였다. 이러한 환경, 가치관의 변화로 현대 중국인의 라이프스타일 또한 변화하였으며, 지역 간·세대 간 라이프스타일의 차이가 심하며, 피라미드형 계층구조와 심각한 소득차별의 특성을 보이고 있다.

사회심리학적인 이론에 근거하여 중국인을 둘러싼 정치·경제·사회환경의 변화는 중국인의 근본적 가치관의 변화를 불러 일으켰다. 이하에서는 중국소비자의 라이프스타일에 대해 구체적으로 살펴보자.

1) 지역 차별화

중국 특색적 사회주의 시장경제의 핵심이었던 선부론(특정 지역을 우선 개방하여 먼저 부유해지면 이를 다른 지역으로 확산한다는 정책)으로 인해 중국은 남북 간, 동서 간 도시주민의 생활과 소비 차이, 그리고 도시와 농촌 간의 생활방식 차이가 비교적 크게 나타난다. 남부지역은 북방지역보다 개방수준이 비교적 높으며 경제발전 수준 또한 높다. 동부의 연해지역은 중서부의 내륙지역보다 발달되었고 소비도 현대적이다. 인구 일백만 명 이상의 100개 도시민의 의식주, 여가, 정보활용은 약 4억 명의 농촌인구와는 완전히 상이한 라이프스타일을 보이고 있다.

2) 사회 계층화와 소득 양극화

현재 중국에서는 각 사회계층의 생활과 소비가 큰 차이를 보인다. 중국 초상은행과 베인앤컴퍼니의 <2021 중국개인재산보고서>에 따르면 2021년 말 중국의 개인소유 자산총액은 160조 위안으로, 개인이 자산소유의 주요 주체로 등장했음을 보여주고 있다. 자산총액 1,000만 위안 이상인 인구는 206만 명에 달한다. 1,000만 위안 이상 자산을 보유한 인구가 10만 명 이상인 지역은 순서대로 광둥, 상하이, 베이징, 장쑤, 저장, 산둥, 쓰촨, 후베이, 푸젠 등 9개 성(자치구, 직할시)이며, 상위 5개의 성·시에 전체 자산가의 44%가 밀집해 있다. 즉 소득구조의 불균형이 심화되고 있다. 중국은 아직까지 이러한 피라미드형 자산구조를 보이고 있다. 이는 중국소비자의 생활 수준이 전체적으로 빠르게 발전하고 있지만, 동시에 양극화 현상 또한 급속히 일어나고 있음을 의미한다. 사회계층별 라이프스타일의 연구와 조사가 앞으로 더욱 필요할 것이다. 사회계층별 시장규모와 성장률을 고려하여 볼 때, 계층별 라이프스타일을 타깃으로 한 신제품과 새로운 서비스도 앞으로 주시해야 할 시장기회이다.

3) 세대 차별화

중국소비자의 라이프스타일에 관한 문헌들을 종합하면 농촌인구를 제외한 대도시 중국의 소비자집단을 <표 3-4>와 같은 5개의 집단으로 구분할 수 있다. 첫 번째 집단은 현실적인 도시생활에 익숙하면서 유행을 따르지 않고, 사회활동보다는 가정에서 많은 여가생활을 중요시하는 소비자들로 원바오족이다. 두 번째 집단은 샤오캉족이라고 볼 수 있는 집단인데, 여기에 속하는 소비자들은 열심히 일을 하고 비교적 안정적인 생활을 유지하고 있으며 현재 중국 도시시민들의 소비성향을 가장 잘 대표하는 집단이라고 할 수 있다. 세 번째 집단으로는 지식인 집단인데, 이들은 보통 물질적 소비보다 문화적 소비를 중시하고 또한 사회경험을 중시하며 안정된 생활을 추구하는 소비자들이다. 네 번째 집단은 신세대집단이다. 이들은 서구문화를 선호하고 다양한 생활양식을 추구하며 운동과 오락, 주식투자에 관심이 많고

표 3-4 | 중국소비자 형태별 분류

형태	연가구소득(위안)	직업	라이프스타일
원바오족 (溫飽族)	10,000 이하	국영기업 노동자, 정년퇴직자	- 유행을 따르지 않고, 전통적 중국식 생활을 선호 - 가정중심적이며, 중간가격대 제품을 소비
샤오캉족 (小康族)	10,000~30,000	행정기관직원, 관리직, 공무원	- 열심히 일을 하고 안정적 생활 유지
지식인족	20,000~30,000	교수, 의료, 연구, 출판, 문예	- 사고방식이 개방적이고 물질보다 문화적 소비를 중시
신세대/ 독생자	30,000~100,000	삼자기업종사자, 개인기업가	- 서구문화와 다양한 생활을 추구하며 운동, 오락 및 주식에 관심 - 고품질 소비를 추구하고 광고에 관심
YUPI족 (小資族)	100,000 이상	개인사업가, 개별전문직	- 낭만적 생활과 고급의 오락을 추구 - 금전 지향적이며 선도 구매자 계층 - 인구수는 적지만 구매력은 큼

출처: 김용준(2000), 중국인의 가치관과 Lifestyle, 『국제경영연구』

고품질 소비를 추구하며 구매력은 매우 막강하다. 마지막 집단으로는 YUPI(Young, Urban, Professional, Independent)족들이다. 특히 신세대 집단과 YUPI 집단은 중국 대도시에 거주하는 빠링허우 세대들이 대부분이다. 이 집단은 낭만적 생활을 추구하며 고급스러운 오락을 즐기는 집단으로 소비자 집단 중 가장 금전지향적인 성향을 보인다. 그렇다면, 여기서 중국인들의 일상생활 중 어떤 삶의 변화가 있는지, 다음 절에서 몇 가지 단면을 통해 그들의 일상을 잠시 조명해 볼 것이다.

(2) 가치관의 변화 특성

중국소비자의 가치관 변화의 큰 틀은 크게 세 가지로 구분해 볼 수 있다. 첫째는 정치·경제사상에 있어서의 가치관 변화로 전통적인 반배금주의(反拜金主義) 가치관이 반전통적 배금주의(反传统的拜金主义)로 급격히 변화하고 있다는 점이다. 둘째는 사회생활상의 가치관 변화로 단위중심의 집단주의에서 가정중심적 개인주의로 변화하고 있다는 것이다. 셋째는 경제 생활에 있어 사회주의 이념인 평균주의에서 현실적인 경제적 차별화로 변화면서 성숙해 가고 있다.

덩샤오핑 시대의 개막은 중국의 과거 사회적 평균주의 이념의 붕괴를 예고하는 것이었다. 시장경제원리의 도입은 배금주의 인간관계를 급속히 초래하였다. 또한 핵가족화의 진행과 맞물려 강한 가정중심적 개인주의가 등장하게 되었다. 중국사회가 개혁·개방으로 인한 자본주의의 물결에 휩싸여갈 때, 또 다른 한편에서는 이러한 변화에 적응하지 못하는 '아노미(Anomy)'현상이 일어났다. 아노미 현상이란 한 사회가 중추적 가치관의 상실에 따른 사회 가치관적 혼돈상태를 말한다. 일반 중국시민들은 중국 공산당혁명 이후 '공산당'이라는 절대적 가치관이 '돈'이라는 최대 관심사로 전위되어 있는 느낌을 갖고 있는 듯하다. 이에 장쩌민은 '중국 정신문명건설' 이라는 구호로 중국사회 가치관을 재정립하려고 시도하였으나 별로 성공적인 결과를 도출하지는 못했다. 2000년도 약 1억 명 이상 '파룬궁(法轮功)'의 출현은 약 7천만 명 중국공산당원에 경종을 울렸다. 특히 초기 개혁개방의 허점을 이용하여 부를 축적한 일부 계층들과 부동산, 주식투자 등을 통해 등장한 신흥 벼락부자들은 중국사회에 만연한 각종 부정부패와 함께 많은 중국인들에게 가치관의 혼란을 증폭시켰다. 또한 디지털시대의 도래는 중국인들로 하여금 그들의 생활과 사회·국가에 대해 새로운 가치관을 요구하고 있다.

여기서 상술한 핵심가치관의 변화가 가져온 구체적인 생활상의 변화를 살펴보자. 결론적으로 중국사회에서 전통적 동양사상이 주도해 온 유교사상적 가치관과 신민주주의 운동 이후의 사회평등 및 집체주의적 가치관은, 문화혁명의 충격으로 인한 인간불신과 심리적 충격으로 이어져 아직까지 많은 사람들에게 영향을 주고 있다. 이때 개혁개방의 물결은 중국인들의 가치관을 매우 다양하게 하였으며, 이는 배금주의적, 개인주의적 및 경제적 차별주의 경향으로 이어졌다. 이러한 가치관의 영향으로 소비자들의 세대 간 의식구조의 차별이 생기고 소비패턴, 라이프스타일의 특성도 다양하게 발전되고 있는 것이다.

중국은 현재 어떤 자본주의 국가보다 더 자본주의적이다라는 말이 나올 만큼, 중국인들은 조금이라도 돈을 많이 벌기 위해 큰 노력을 기울이고 있다. 이런 배금주의 현상을 보면서 저자는 60년 전에 중국이 공산주의를 달성하려고 하였던 것은 세계 9대 불가사의라 생각된다. 특히 많은 노동자들이 약간의 봉급상의 차이가 있어도 회사를 쉽게 옮기는 것은 이러한 특징을 잘 말해 주는 일면이다. 특히 많은 성시의 간부들이 외자유치를 위해 체면을 가리지 않고 발벗고 뛰어다니는 것은 시장경제 자본주의를 하겠다는 한국인과 한국 공무원에게도 좋은 교훈이 된다.

'하나의 나라'가 아닌 중국소비자들을 파악하는 것은 쉽지 않다. 그러나 앞서 논의한 중국소비자의 가치관과 라이프스타일을 살펴봄으로써 중국소비자들의 특성을 파악할 수 있다. 특히, 중국을 대표하는 3대 도시인 베이징, 상하이, 광저우 소비자들의 라이프스타일과 21세기를 맞이하여 그들의 소비생활이 어떻게 변화하고 있는지를 살펴보면서 중국소비자들을 파악할 수 있다. 이러한 목적으로 다음 절에서는 먼저 베이징, 상하이, 광저우 등 주요 대도시 소비자들의 인구통계학적 특성을 살펴보고 다음으로 그들의 라이프스타일이 어떻게 변화하고 있는지 알아보자.

제2절 중국소비자의 라이프스타일

1 중국 대도시 소비자의 라이프스타일

중국 개혁개방에 따른 중국의 경제성장, 사회환경의 변화, 인구통계학적인 환경변화에 따라 중국소비자들의 라이프스타일도 많이 변화하고 있다. 이러한 변화과정에서 중국을 대표하는 대도시 소비자들의 라이프스타일이 어떻게 변화하고 있는지, 어떠한 시사점들이 있는지를 알아보기 위해서 대도시 소비자들의 의(衣), 식(食), 주(住), 락(樂), 용(用) 등을 구체적으로 살펴보면서 중국소비자들을 파악해 보자.

(1) 衣: 중국인의 의생활

1980년대부터 본격적으로 시작된 중국의 시장 개방에 따라 중국인의 의복생활도 많이 변화하고 있다. 특히 전통적인 의복 가치관과 문화에서 현대적인 특성으로 변화하고 있다. 이러한 변화과정을 살펴보면, 과거 중국인의 의복은 계급과 신분을 표현하는 하나의 지표로 인식되거나 단지 추위와 더위로부터 신체를 보호하는 것일 뿐이었고, 패션이나 개성과는 거

그림 3-9 | 패셔너블한 중국인들(장다이, 리자치)

출처: 바이두

리가 먼 아주 단조로운 것이 대부분이었다. 그러나 현재 중국인들은 의복에 신경을 많이 쓰고 있다. 특히 대도시에 거주하고 있는 주민들은 입어서 편하고, 아름답고, 자신의 개성에 맞는다면, 가격을 고려하지 않고 자신의 취향에 맞는 옷을 맞춰 입는 경향을 나타내고 있다.

이러한 변화과정에서 중국인의 의복생활의 특성은 다음과 같다. 첫째, 중국의 유교와 도교사상에 바탕을 둔 오랜 전통이 중국인에게 큰 영향을 주고 있다. 이러한 전통적인 문화의 영향으로 고대복식을 부분적으로 응용하거나 전부를 그대로 재현한 복장을 착용한다. 두건, 벨트, 모자 등 옛 모양 그대로 사용하기도 하고 치파오(旗袍)라는 전통복장을 그대로 입거나 현대 감각으로 개조하기도 한다. 둘째, 현대의 중국인에게 산업화와 경제 개방이 의류소비에 큰 영향을 주었다. 우선 경제발전으로 인하여 구매력을 가진 소비자계층이 형성되었을 뿐만 아니라 경제발전에 따른 사회 분위기가 형성되었다. 현재 중국인들의 수입의류 소비는 많은 부분에서 과시적 소비의 현상을 나타내고 있다. 급속한 사회변화, 현대화에 대한 열망 등으로 인하여 많은 사람들의 신분 이동이 가능해졌고, 의복은 상승된 신분의 상징으로 유용한 도구가 된 것이다. 셋째, 중국은 각 지역별로 각기 다른 경제환경과 소비구조를 가지고 있기 때문에 각기 독특한 의복특색을 가지고 있다. 예를 들면 광저우·선전 중심의 화남지역은 경제가 발달하고 소비 수준이 높으면서 의복은 홍콩의 스타일이고, 상하이·베이징 중심의 화동·화북지역은 경제가 발달하고 의복의 미관과 품위를 중시하고 브랜드를 따지고 전통성과 상하 조화를 중시하는 편이다. 다렌·선양 중심의 동북지역은 지역 내의 의복 소비관념이 단일화되어 있고 옷의 스타일이 한국이나 일본에 가깝고, 우한·충칭·청두 중심의 서남지역은 중저가 위주의 옷을 구입하고 의복의 스타일이 상하이의 영향을 많이 받고 있다. 이 외에도 중국 의류 소비자들의 다양한 계층별 특성, 중국인의 체형 특성들이 중국인의 의류소비, 의(衣)생활 변화에 큰 영향을 미치고 있다.

뿐만 아니라 최근 한푸(汉服)에 대한 중국인들의 관심도가 높아지고 있다. 중국은 56개의 민족으로 이루어진 다민족 국가인 만큼 각 민족들의 전통의상이 모두 상이하다. 흔히 우리가 중국의 전통의상이라고 알고 있는 치파오(旗袍)는 중국 만주족의 전통의상이다. 중국

그림 3-10 │ 한푸츄안(汉服穿) APP 내 한푸 관련 상품 판매

출처: 한푸츄안 APP

그림 3-11 | 중국 MZ 세대: 한푸의 일상화

출처: 바이두 커뮤니티

인구의 92%를 차지하는 한족의 전통의상은 바로 한푸(汉服)이다. 최근 중국 내에서 한푸가 젊은층 사이에서 큰 인기를 얻고 있다. <2022년 중국의 신한푸산업 발전백서(2022年中国新汉服行业发展白皮书)>에 따르면, 2021년 한푸의 소비자 규모는 1천만 명을 돌파하였고, 시장규모도 105억 위안을 넘어섰다. 2015년부터 2021년 사이 시장규모가 100배 가까이 증가한 것이다. 타오바오 내에서 한푸의 가격이 저렴하게는 100~300위안에 판매하고 있다. 이와 함께 한푸는 더 이상 특별한 날에만 입는 의상이 아니라 각종 모임이나 일상생활에서도 즐길 수 있는 의상이 되었고 민족성과 개성을 중요시 생각하는 MZ세대들 사이에서 더 많이 소비되고 있다.

이러한 한푸의 인기에 최근 한푸츄안(汉服穿)이라는 관련 APP까지 등장하였다. 어플 내에서 한푸를 입은 개인의 일상 사진을 공유하고 대화를 나누며, 한푸 의상이나 악세서리를 구매하는 것도 가능하다.

CASE 중국 젊은 세대들의 패션 트렌드: 한푸

중국 한족의 전통 복장인 한푸(汉服) 축제인 제7회 시탕 한푸 문화제가 개막했다. 갑옷부터 어린이 옷까지 다양한 한푸가 동장했다. 올해 행사에는 한푸 차림의 노래자랑, 패션쇼, 소개팅, 시사(诗词)대회까지 부대 행사도 풍성했다. 한푸 애호가 4만 9,000명을 포함해 15만 명이 행사장을 찾았다. 개막식에는 저장성·자싱시·시탕진의 정부 관계자가 대거 한푸 차림으로 참석했다. 한푸의 부활은 소셜네트워크서비스(SNS)에 익숙한 중국 밀레니얼 세대(1980년대 초반~2000년대 초반 출생한 세대)가 주도하고 있다. 최근 베이징의 자금성·이화원 등 관광지는 물론 일반 거리에도 전통 한푸를 입은 젊은이가 부쩍 늘었다. 한푸를 사거나 코스튬플레이 사진을 직을 수 있는 한푸 체험관이 베이징에 37곳, 청두에 60곳이 성업 중이다. 중국판 트위터인 웨이보(微博)의 검색어 '#한푸'는 클릭 수가 21억 6,000만 건을 기록했다. 지난 7월 17억 3,000만 건에서 석달 새 4억여건이 폭등했다. 짧은 동영상 플랫폼인 틱톡에 올라온 한푸 영상은 350만 건, 중국이 차단한 인스타그램에도 '#한푸' 해시태그를 단 게시물이 4만 5,000건에 이른다. 한푸 열풍이 전 세계 화교 사회로 번지고 있다는 방증이다. 한푸 산업도 활황이다. 중국 최대 온라인쇼핑몰 타오바오 관계자는 "송나라 배경의 드라마 '녹비홍수'가 인기를 끌면서 올 3월 한푸 판매량이 전년보다 146% 급증했다"고 말했다. 올 3월 타오바오가 발표한 '2019 중국 패션 트렌드 보고'에 따르면 여성복 인기 검색어 3위, 남성복 인기검색어 10위에 '한푸'가 올랐다. 중국 최초의 한푸 브랜드 '중회한당'은 올해 10월까지 13개 매장을 새로 오픈했다. 올해 1분기 매출액이 지난해 전체 매출에 육박할 정도로 인기가 급상승중이다. 인민일보 해외판은 지난달 "한푸 소비층이 200만 명, 산업 규모는 10억 9,000만 위안(약 1,804억 원)을 넘어섰다"고 집계했다.

참고자료: 중앙일보 치파오 벗고 한푸 입는 중국…
한족주의 부활하나

(2) 食: 중국인의 식생활

1978년 개혁 개방 이후 13억이 넘는 중국인의 '원바오(溫飽)' 문제가 해결됨에 따라 중국인의 식생활도 고급화, 다양화, 영양화로 변화하고 있다. 그러나 점차 '미(味)', '향(香)', '색(色)'을 중시하는 전통적인 음식문화는 '균형식', '건강식', '편의식', '간편식', '특별식' 등의 추세로 변하고 있다. 개혁개방이 외국의 유행과 음식문화를 좇고자 하는 중국의 젊은이들에게 외국문화를 접할 수 있는 기회와 방법을 제공하고 있는 것이며, 중국인들에게 이러한 서양의 패스트푸드점은 없어서는 안 될 친근하고 소중한 하나의 상징으로 자리 잡아가고 있다. 여기서는 이러한 변화방향 중에 패스트푸드에 대한 변화를 중점적으로 알아보자. 중요한 특성 중 하나는 집에서 하는 식사보다 점차 외식이 늘고 있다는 점이다. 패스트푸드와 인스턴트 식품은 주부들의 조리시간을 줄여 주었고, 몇몇 도시의 부유층은 식품쇼핑으로 퇴근 후나 주말의 시간을 보내고 있다.

1987년 KFC가 중국에 진출한 후 패스트푸드점들이 우후죽순처럼 생겨나면서, 중국의 패스트푸드 시장은 전통성과 현대성, 서양식과 중국식, 고급 음식과 대중음식의 경쟁과 공존구조를 가져왔다. 최근 건강에 대한 관심과 자국 음식에 대한 선호가 커지며 중국 토종 요식업체들이 인기를 끌면서 맥도날드와 KFC 등 굴지의 글로벌 패스트푸드 업체들의 강력한 경쟁자로 부상하였다. 중국 훠궈 프랜차이즈인 샤부샤부는 지난 1999년 1호점을 베이징 시단에 연 이후 15년간 빠른 속도로 성장하고 있고, 치킨 체인업체 더커스(德克士)도 급성장하고 있는 중국 패스트푸드 업체 중 하나다. 2011년 948개였던 매장 숫자는 2021년에 2,500개를 돌파했다.

중국 토종 패스트푸드 업체들은 KFC나 맥도날드 등 글로벌 외식업체들에 비하면 중국시장에서 후발주자에 속한다. 굵직굵직한 인지도 없이 산발적으로 경쟁하던 중국 패스트푸드 시장에서 맥도날드와 KFC는 지난 20년간 승승장구하며 점유율을 키워왔다. 그러나 본격적으로 대형화, 브랜드화에 나선 중국 업체들에 밀려 고전을 면치 못하고 있다. KFC와 피자헛, 이스트다우닝 등 대표적인 패스트푸드 브랜드를 보유한 얌브랜즈는 중국 내에서 8,200여 개 매장을 운영하고 있다. 얌브랜즈의 시장점유율이 하락세를 보이고 있지만 더커스와 같은 중국 로컬업체는 상승세를 보이고 있는 실정이다. 맥도날드는 중국에서 4,000여 개 이상의 매장이 있지만, 매출은 예전만 못하다. 서구 외식업 체들은 905억 달러 규모로 세계 최대 시장인 중국에서의 주도권을 되찾기 위해 안간힘을 쓰고 있다.

CASE 중국에서 요우티아오를 판매한 컨더지(肯德基, KFC)

KFC는 중국 내 200여 도시에 지점이 분포해 있고 중국 요식업계 중 가장 큰 규모를 가진 기업으로 성장하였으며 현지화 전략으로 중국소비자들의 구미와 아침식사를 집 밖에서 해결하는 중국인의 습관을 겨냥해 현지 조찬 시장에서 활약하고 있다.

2008년 KFC 베이징에서는 조찬시간대에 요우티아오 판매를 개시하면서 중국 현지화 전략에 박차를 하였다. 외래 문화를 가장 쉽게 받아들이는 청소년층을 주 타깃으로해 이에 맞는 상품과 서비스를 제공하고 있다. KFC는 아침 6시부터 식사를 제공하며 메뉴도 중국인의 전통적인 식사인 죽, 또우장(두유), 요우티아오 등 전통 메뉴와 햄버거 조찬세트 등을 파는데 가격은 6~15위안이다. 맥도날드도 6~10위안대 햄버거 조찬메뉴를 출시하고 중국인이 또우장을 즐겨 마시는 점을 감안해 세트 음료로 또우장을 선택할 수 있도록 하고 있다.

특히 KFC 중국이 안심(安心) 요우티아오의 제품명으로 중국 분식집과 길거리에 판매하는 요우티아오와 차별화를 두었으며, 조식에 판매하는 쉐차이순딩(雪菜笋丁) 닭고기죽을 비롯한 죽과 요우티아오의 조합으로 중국소비자들의 마음을 사로 잡았다. 또한 창의적이고 새로운 것을 즐기는 소비자들에게는 "요우티아오+우유/또우장(두유)", "요우티아오+나이차" 혹은 "요우티아오+커피"의 세트메뉴로 새로움을 선보였다. 매년 KFC는 중국소비자 욕구와 습관을 만족시키는 현지화식품을 개발하여 출시하고 있다.

다국적기업 대부분은 자신의 브랜드 가치를 바탕으로 한 정통 상품과 서비스를 공급했지만, KFC는 중국 현지화를 위한 많은 변화를 도모한 사례로 손꼽을 수 있다.

중국 KFC의 대표 메뉴

메뉴구분	이름	이미지	가격(CNY)
조식	쉐차이순딩(雪菜笋丁) 닭고기죽		7.5
	치즈 주류단(猪柳蛋) 버거		16.5

중식	매운맛 닭다리살 버거		20.0
	황진(黃金) 돈까스 카레밥		24.0
	헤이자오샤오(黑椒小) 소고기 스테이크 밥		24.0
중식	달짝지근한 춘(醇) 나이차(奶茶)		13.0
	우유		10.0

(3) 住: 중국인의 주거생활

주택은 원래 자연과 외부의 위협으로부터 보호한다는 단순한 기능에서 시작했으나 점차 휴식, 사생활의 공간, 근무지나 작업장과의 거리, 주변환경, 주거 위치, 화폐가치 등을 고려하는 복합적인 '삶의 터전'으로 변화하고 있다. 과거 중국인들의 거주공간, 즉 가옥에 대한 관념은 '대(大), 다(多), 고(高)'라는 세 가지 조건을 충족하면 그만이었다. 즉 집은 크면 클수록, 방은 많을수록, 그리고 집의 층은 높을수록 좋은 것이었다. 왜냐하면 집이란 한 번 살면 바

그림 3-13 │ 중국 상하이에 세워진 Passive House인 함부르크관

꾸기 힘들 뿐 아니라 한 번 살게 되면 오래오래 사는 것이며 필요한 구매품이라 생각하기 때문이다. 따라서 중국인들은 자연히 외관을 중시했다. 그러나 이러한 심리는 점차 바뀌고 있으며 편리하고 편안하고 아늑한 주거공간을 보유하려는 의식으로 변화하고 있다.

중국의 인테리어는 화려하고 강렬한 색채가 특징이다. 중국인들은 인테리어에 행운을 상징하는 빨간색과, 소재로는 대나무를 많이 사용하고, 큰 가구들을 배치하기 좋아한다. 이 외에도 물건의 배치가 건강과 재물, 행운 등에 영향을 준다는 풍수(风水)를 매우 중요시 생각하여 인테리어의 필수 고려요소이다.

중국인의 환경에 대한 인식이 증가하면서 새로운 양식의 건축방식 역시 큰 인기를 얻고 있다. 녹색건축물(绿色建筑)은 건축물이 환경에 무해하고, 자연환경자원을 충분히 이용할 수 있으며, 환경의 기본 생태평형에 해를 끼치지 않는다는 가정 아래 지어지는 건축물이다. 녹색건축물 발전속도는 남방이 북방보다 빠르며, 발전도가 비교적 높은 도시로는 광둥성, 장쑤성, 상하이 등이 있으며 현재 발전속도가 비교적 빠른 곳이 베이징과 톈진이다. 또한 Passive House(被功房)는 에너지 소비량이 아주 낮은 신개념 건축방식으로 사계절 내내 적정수준의 온도를 제공하는 특징이 있다. 80년대 독일이 에너지를 적게 소모하는 건축물을

지은 방식에 기초하며, 2010년 상하이 엑스포의 함부르크관이 중국 내 첫 Passive House 인증을 받은 건물이다. 에너지 절약에 대한 관심이 증가하면서 그 방법이 점차 다양해질 것이다.

중국 국민 평균 소득수준 제고와 함께 생활환경에 대한 눈높이가 높아지면서 자신만의 차별화된 주택 인테리어를 통해 생활의 질을 높이고자 하는 수요자들 또한 늘고 있다. 최근 몇 년 새 중국 주택 인테리어 산업은 과거 천편일률적이었던 것에서 탈피하여 까다로워진 고객들의 요구를 만족시키기 위해 개성화와 품질화를 앞세워 새롭게 변하고 있다. 중국에서는 아파트를 분양할 때 인테리어를 제공하지 않고 기본 골조만 제공하므로 집주인이 인테리어를 직접 한다. 같은 아파트 내에서도 최종 집값이 2배 이상 차이나는 경우도 있다. 이렇게 독특한 중국만의 주거문화로 인해 중국소비자들은 실내 인테리어에도 관심이 많은 편이다. 황사나 사스 등 환경오염에 대한 우려가 증가함에 따라 공기 청정효과가 있다고 알려진 천연 활성탄이 고가의 가격에도 불구하고 불티나게 팔리고 있다. 중국소비자들이 친환경 인테리어를 선호하는 이유는 다른 사람과는 구별되는 새로운 제품 형태의 가격 대비 가치가 높은 특징을 가졌기 때문이다. 중국소비자들은 실질소득이 증가하면서 양보다는 질을 추구하게 되었고 가격이 조금 비싸더라도 환경을 고려한 제품에 관심을 가지게 되었다.

(4) 樂: 중국인의 여가생활

1995년 5월 1일 중국정부가 주 5일 근무제도를 실시한 후 중국인들은 토요일과 일요일을 '周休日'로 보내고 있고, 국제노동절(5월 1일)에 7일, 국경절(10월 1일)에 7일, 그 외에 구정에도 7일 등 많은 휴가를 보내고 있는데, 과거와는 달리 휴일을 자신의 취미생활과 오락에 할애하고 있다. 이러한 휴일을 활용하려는 주민들이 늘어나는 것은 자연히 '휴일 소비붐'을 일으켰고, 그 외에 지방별로 다소 차이는 있으나 여가활동의 종류가 다양해졌으며, 특히 골프, 해외여행 등과 같은 고소비 여가활동들이 증가하면서 중국인의 여가소비도 증가하는 추세이다. 대도시에서 공통적으로 희망하는 여가활동으로는 해외여행이 1위를 차지했다. 그 외에 지방별로 다소 차이는 있으나, 국내여행(1일 이상), 등산, 드라이브, 음악회/연주회 등의 순으로 나타나고 있다. 다만 기타 여가활동은 지방별로 많은 차이를 나타낸다.

그림 3-13 | 중국인들의 여가생활: 캠핑, 스포츠

생활 수준의 향상과 주 5일 근무제의 실시로 여가시간이 늘어난 중국인들의 소비는 주로 토요일과 일요일에 집중되며 과거보다 소비액이 크게 증가한 바 있다. 최근에는 의복, 가전제품, 건강기구, 스포츠용품, 신발 등과 같은 제품의 구매가 주를 이루며 자가용을 이용하여 인근지역으로의 여행이나 레저, 관광 등이 이루어지고 있다.

중국의 해외 여행객들이 선호하는 해외여행은 여행상품 선택에 있어서도 세분화되고 있다. 물론 절반 이상이 일반 관광 목적의 여행객이지만, 휴양 여행도 급증하며 그 외에 비즈니스 회의, 유학, 문화, 과학기술 교류, 종교, 의료 등 다양한 여행목적을 보이고 있다. 이에 따라 여행 상품도 예전과 같이 단순히 유명 관광지만 방문하고 움직이는 관광보다는 홍콩이나 파리의 '쇼핑여행', 몰디브·그리스의 '신혼여행', 한국·스위스의 '스키여행', 영국·미국의 '여름캠프' 등 주제가 있는 여행이 늘고 해외여행이 고급화되는 추세를 보인다.

(5) 用: 중국인의 소비생활

중국인들의 소득 수준의 증가와 중국 경제의 성장은 주민들의 일상생활에서의 씀씀이도 과거에 비해 커지게 만들었다. 1960·70년대의 손목시계, 자전거, 재봉틀, 라디오에서 1980년대의 컬러TV, 냉장고, 세탁기, 선풍기, 녹음기, 카메라, 1990년대의 전화, 에어컨, 가정용 컴퓨터, 2000년대의 컴퓨터, 휴대폰, 인테리어, 2010년대의 IT제품, 주택, 승용차로 중국의 주민들이 가장 갖고 싶어하는 '중국몽'은 시대에 따라 변해왔다.

CASE 중국의 여행트렌드: 캠핑

출처: 바이두 캠핑 이미지

최근 중국에서 캠핑이 큰 인기를 끌고 있다. 코로나19로 해외 여행이 어려워지고, 사람이 없는 한적한 장소를 찾기 시작하면서 새로운 여행 트렌드가 되며 선호도가 급상승하였다. 중국 내 2021년 아웃도어 스포츠 참여자 관련 설문조사에서 캠핑은 걷기와 라이딩을 뒤이어 세 번째로 높은 선호도를 차지하였다. 중국 온라인 여행 플랫폼은 쥬링허우와 링링허우 그리고 부모가 된 빠링허우가 캠핑의 주 소비층이라고 밝혔다. 이들은 직간접적으로 외국의 여가 및 여행 문화에 대해서 잘 알고 있고 글로벌 시대에 빠르게 적응하는 세대이다. 이들은 SNS를 가장 활발하게 이용하는 세대로 캠핑 관련 정보 및 후기를 이곳에서 얻기도 한다. 이용자 후기를 기반으로 포스팅을 올리는 SNS인 중국의 샤오홍슈(小红书)에도 캠핑

을 주제로 하는 블로거 수가 빠르게 증가하고 있다. 어플 내에서 "캠핑" 키워드를 검색했을 때, 다양한 콘텐츠와 추천 후기를 볼 수 있는 동시에 관련 제품을 구입할 수도 있다. 캠핑용품을 가지고 직접 텐트를 설치하는 형식의 캠핑뿐만 아니라 중국 내에서는 젊은 세대를 중심으로 글램핑(Glamourous + Camping을 합친 신조어로 미리 갖춰진 시설에서 즐기는 캠핑)이 각광을 받고 있다. 글램핑은 중국어로 징즈루잉(精致露营), 세련된 캠핑이라는 의미다. 전보다 편하게 캠핑을 하면서 낭만을 즐길 수 있는 시설이 많아지자 캠핑에 대한 관심도는 더욱 증가하고 있다. 캠핑을 가지는 소비자 중에서는 분기 혹은 반기에 한 번씩 캠핑을 가는 인원이 가장 많았으며, 그 뒤를 1~2달에 한 번 빈도로 캠핑을 가는 소비자들이 많은 비중을 차지했

다. 여행사에서는 이와 같은 주기를 고려하여 특히 중국 연휴철에 다양한 여행, 글램핑 상품을 출시하기도 한다. 캠핑을 즐기는 중국인들 이 늘어나면서 관련 레저 산업과 밀키트 산업이 빠르게 성장하고 있으며 소비 금액 역시 크게 늘고 있다.

이 외의 중국소비시장의 특징으로는, 소득의 증가로 의식주가 고급화되고 있고, 중국 내수시장의 기업들의 경쟁이 치열하게 되자 소비자들은 신뢰할 만한 이름있는 브랜드를 선호하게 되었으며, 소득·나이·지역 등에 따라 소비경향이 다양화되었다. 또한 10대, 20대에 중국경제 고도성장기를 경험한 빠링허우(80后)가 신소비층으로 부상하며 결혼, 출산, 양육 등 관련 시장에서 소비를 주도하고 있다. 경제적으로 독립한 이들은 주택, 가전, 패션, 금융, 여가 등 다양한 분야에 걸쳐 높은 구매력을 과시하고 있으며 특히 자녀 양육분야에는 아낌없이 지출하는 성향을 보인다. 수입명품 등 고급 사치품시장이 부유층을 중심으로 빠른 성장세를 지속하는 가운데 최근 젊은 중산층 등에게로 대중화되는 경향을 보이고 있다. 중국의 명품 소비인구 대부분은 25~45세의 화이트칼라, 기업주, 사회 저명인사 등이며 중국의 초부유층인 슈퍼리치의 약 7천만 명 정도는 이미 명품 소비가 생활화되고 있는 것으로 나타났다.

중국 전자상거래 시장에서 모바일 시장이 크게 성장하고 있다. 중국 내 전자상거래뿐만 아니라 국경을 뛰어넘는 크로스보더 전자상거래 역시 크게 증가하고 있다. 중국은 절반이상의 인구가 모바일결제를 이용하고 있다. 소비생활의 디지털화가 가속화됨에 따라 중국에서는 점차 계좌번호, 종이쿠폰, 문자쿠폰 등이 자취를 감출 것으로 보이며, 핸드폰 하나로 멤버십 카드, 결제까지 모두 가능해지는 시대가 될 것으로 예측되고 있다. 모바일 기기를 이용한 소비의 편리를 도모하는 QR코드 결제방식이 새롭게 등장했으며 남녀노소 불문하고 빠르게 확산되고 있다. 인터넷 및 스마트폰을 이용해 오프라인 매장으로 고객을 유치하거나, 온라인으로 주문을 받고 '찾아가는 서비스' 등의 O2O서비스가 크게 인기를 끌고 있다. 온라인 환경뿐만 아니라 모바일 환경에 따라 기업에게는 새로운 판매의 채널이, 소비자에게는 새로운 소통의 채널이 다양화되고 있다.

❷ 중국 세대별 라이프스타일

앞서 살펴보았듯이 빠링허우(80后)와 쥬링허우(90后)가 중국시장의 새로운 주력 소비자 계층으로 자리잡고 있다. 그들의 라이프스타일에 대한 이해가 선행되어야만 그들에 대한 접근이 가능하다. 인터넷 세대인 빠링허우(80后)와 모바일 세대인 쥬링허우(90后) 그리고 링링허우(00后)의 라이프스타일에 대하여 살펴보자.

(1) 빠링허우(80后)

30대가 대부분인 빠링허우는 중국의 한 자녀 정책에 따라 외동으로 태어난 세대이다. 흔히 '소황제'라 불리기도 하며 급속한 경제 성장의 첫 수혜자라 할 수 있다. 중국 최대 온라인 여행 사이트인 씨트립(Ctrip, 携程)은 한국 방문 요우커 중 약 60%가 빠링허우라고 발표하기도 하였다. 빠링허우는 비교적 풍요로운 가정에서 자라나 학사 이상의 학력 수준을 가진다. 중국에서 실업률이 가장 낮은 세대로 최신 소비트렌드를 이끌고 있다. 특히 소득 수준이 높은 커리어우먼이며 엄마이기도 한 빠링허우 여성은 자신의 성공을 과시하고 싶어 하는 특징이 있다. 이러한 '자기과시형'의 특징은 그들의 일상생활을 통해 살펴볼 수 있다.

일반적으로 중국의 빠링허우는 '3가지 노예(싼누, 三奴)'라고 불린다. 이는 '집의 노예(방누, 房奴)', '차의 노예(처누, 车奴)', '카드의 노예(카누, 卡奴)'를 함께 지칭하는 용어이다. 빠링허우의 소득 수준은 향상되었으나 중국 부동산 가격의 상승으로 월급의 40~50%가 주택구매로 인한 대출 상환에 들어가면서 대다수의 빠링허우는 '집의 노예'가 되었다. 또한 먹고 마실 돈은 없어도 생활편리성을 제고시키는 차는 반드시 필요하다는 게 빠링허우의 생각이다. 이와 같은 특징은 빠링허우가 남들에게 보여주기 위한 '자기과시형' 삶을 추구한다는 것을 반증하는 것이기도 하다. 이러한 '자기과시형' 생활로 인해 지출이 많아지며 빠링허우는 자연스럽게 '카드의 노예'가 되었다. 최근 중국의 빠링허우 여성은 결혼과 출산으로 엄마가 되었다. 자녀에 대한 교육열이 높은 중국 빠링허우 여성들은 자녀를 위해서라면 돈을 아끼지 않기 때문에 '자녀의 노예(하이누, 孩奴)'라는 별명까지 얻게 되었다. 특히 자녀를 통해 자신의 성공을 과시하고 싶어 하는 경향도 강하다고 할 수 있다. 따라서 이들은 최근 한국을 방문하여 유아용품 구입과 프리미엄 생활용품 중심의 소비 패턴을 보이고 있다.

(2) 쥬링허우(90后)

20대가 대부분인 쥬링허우는 빠링허우와 함께 중국의 한 자녀 정책에 따른 '소황제'세대라 할 수 있다. 하지만 이들은 생활패턴이나 소비성향 등이 빠링허우와는 다른 특징을 가지고 있다. 빠링허우가 PC를 기반으로 한 인터넷 중심 세대라면, 스마트폰의 확산으로 쥬링허우는 모바일 중심 세대라 할 수 있다. 특히 이들은 외국 브랜드에 대한 선호도가 강하고 자기 개성을 표현할 수 있는 아이템 위주의 소비성향을 가지고 있다.

최근 중국정부의 소비진작정책 추진과 핀테크의 발전으로 인해 소비를 위한 대출이 편리해짐에 따라 대다수의 쥬링허우는 소비를 위해 대출을 하는 성향을 보이고 있다. 하지만 쥬링허우의 대출은 빠링허우와 같이 집을 사거나 차를 사기 위한 거액의 대출이 아니라 단순 쇼핑을 위한 소액 단위의 대출에 집중되어 있다.

한편, 쥬링허우는 스마트폰의 보급과 함께 App이나 SNS에서 체험공유를 기반으로 한 합리적인 소비를 선호한다. 이는 '자기과시'를 위한 쇼핑을 즐기는 빠링허우와 가장 다른 점이라 할 수 있다.

(3) 링링허우(00后)

최근 20대가 되기 시작한 링링허우는 21세기에 태어난 중국인들로 쥬링허우와 함께 Z세대에도 포함되는 세대이다. 2000년 이후에 태어난 이들은 인터넷 세상 시대에 태어났다고 할 수 있으며 스마트폰의 보급으로 초등학교 시절부터 스마트폰을 사용해 왔다. 주로 온라인을 통한 쇼핑과 문화 생활 등에 익숙하며 이 세대들의 64%는 매일 전자상거래 플랫폼을 이용한다. 중국의 '한 가구 한 자녀' 정책이 폐지되기 전 태어난 마지막 세대들로 쥬링허우보다 더 경제적으로 풍족하게 자라왔다. 쥬링허우가 외국 브랜드들에 대한 선호가 강했다면 링링허우는 어린시절부터 중국의 급성장을 함께 하고 시진핑 주석의 애국주의 교육에 힘 입어 국내 브랜드와 중국 문화에 대한 애착이 강하며 앞서 언급한 것과 같은 중국 내 궈차오 열풍을 이 링링허우 세대들이 이끌고 있다고 해도 과언이 아니다.

또한 중국의 링링허우들은 '가성비'가 아닌 심리적 만족감을 중시하는 '가심비'를 상품을 구매할 때 중요하게 생각한다. 특히, KOTRA가 발표한 <2021 포스트 코로나 중국 Z세대의

소비트렌드>의 내용에 따르면, 링링허우들의 소비는 단순히 가격을 고려하는 것이 아니라 제품을 구매하면서 얻게 되는 가치에 더 초점이 맞춰져 있다고 말한다. 이와 함께, 두 브랜드가 콜라보레이션 한 제품이나, 한정판 제품을 사고 파는 중고거래 플랫폼 더우(得物)의 이용자의 85%가 Z세대인 것으로 발표되었다.

인터넷 세상에서 어린시절을 보낸 링링허우는 그만큼 새로운 변화를 빠르게 받아들이며, 온라인상에서 대부분의 정보를 얻고 소비활동을 한다. 또한 자신의 개성을 보여줄 수 있는 곳에 소비를 하는 이 세대들은 향후 중국의 소비시장을 이끌어갈 새로운 소비집단이다. 따라서 기업들은 이 링링허우의 소비성향을 파악하는 것이 주요 과제가 될 것으로 보인다.

제3절 최근 소비트렌드의 변화

중국의 개혁개방에 따라 중국인들의 소득과 앞 절에서 본 것과 같이 중국인들의 라이프스타일도 많이 변화하였다. 중국소비자들의 라이프스타일 변화에 따라 소비패턴, 가치관, 사회생활 태도도 크게 변화하고 있다. 이러한 변화과정에서 중국소비자들은 새로운 소비유형과 소비문화를 만들어 냈다. 이 절에서는 중국소비자들의 최근 소비패턴과 중국소비자들의 최근 소비문화가 어떻게 변화되었는지를 살펴보자.

1 중국인의 소비패턴

(1) 중국소비자의 수입과 지출

중국인의 소비생활을 알기 위해서는 중국인의 수입과 지출을 알아보아야 한다. 통계자료에 의한 중국소비자의 수입 및 지출구조를 정확하게 파악하는 것은 매우 어렵다. 첫째, 14억 인구의 수입분포가 지역적으로 천차만별이기 때문에 중국 전체의 평균 수입구조의 의미는 퇴색된다. 둘째, 지역별 수입분포뿐만 아니라, 개인별 소득차 또한 그 차이가 매우 심하다.

셋째, 중국의 소비물가는 매우 낮다. 중국사회주의 경제정책과 물가 수준을 고려해보면 중국인 수입의 실제구매력은 달러 환산 시 명목수입의 5배에 해당된다. 따라서, 일반 도시 직장인의 수입구조를 통해 중국인의 실제 수입 현황과 특징을 중심으로 살펴보기로 한다.

1) 중국 일반 도시 직장인의 월급은 '종합적인 복지체계'의 일부분이다

중국인의 월급은 직장으로부터 받는 '종합적인 복지체계'의 일부분이다. '종합적인 복지체계'란 국가 대신 직장이 직원들의 의식주와 교육·의료문제 등을 책임지는 제도를 말한다. 중국의 도시 직장인은 회사에서 받는 월급 이외에 월급에 상응하는 '노동복리비'를 받는데, 난방보조비, 휴가비, 생일축하금, 명절비 등 다양한 명목으로 노동복리비를 수령하게 된다. 특히 국유기업에 근무하는 도시 직장인의 경우 의료보험료는 90%까지 회사에서 지원받으며, 집을 공짜로 얻거나 아니면 헐값에 살 수 있는 '복리후생'을 받는다. 이 밖에도 보너스가 있는데, 중국의 보너스는 회사 실적에 따라 주는 장려금으로 월, 계절, 연간, 명절 보너스 등이 있다. 이러한 이유로 중국인들은 급여 수준을 상회하는 소비생활을 영위할 수 있다.

2) 중국 도시 직장인에 있어서 '월급'보다 '월급 외 수입'이 더 많다

중국 도시지역의 월급쟁이 사회에 '월급 외의 수입'이 '정상적인 월급'을 초과하는 흥미로운 현상이 나타났다. '월급 외 수입'이란 부동산 임대수입이나 주식·채권 등 금융자산에 의한 수입, 개체경영을 통한 수입 등을 의미한다. 부정부패에 따른 음성수입, 아르바이트를 통한 과외수입 등도 여기에 포함된다. 이러한 소득은 중국 국내총생산(GDP)의 3분의 1에 해당하고, 중국 도시가구의 연간평균소득은 공식통계보다 90% 가량 많다고 한다. 상위 20%가 전체 회색수입의 약 81.3%를 차지하는 등 회색수입이 고소득층에 집중되어 있는 것으로 나타나 '가진 자의 부의 축적'이 더욱 빠른 속도로 진행되고 있음을 보여주었다.

3) 중국의 고소득층이 증가하고 있다

초상은행의 <2021년 중국개인재산보고서>에 따르면 언제든 자유롭게 투자하거나 소비할 수 있는 가처분소득을 한화 19억 원 이상 보유한 중국 내 부유층 인구수는 262만 명으로, 이들이 보유하고 있는 자산은 중국 전체 자산의 35%에 달했다. 부유층들의 가구당 연소비액은 175만 위안으로 한화 약 3억 3천만 원을 연간 소비한다.

중국 고소득층의 재력을 보여주는 일례로 중국인들이 런던의 호화주택과 기업, 최고가 예술품, 포도주 등을 미친 듯이 싹쓸이하고 있다. 런던의 <데일리 메일>은 비싼 물건을 마구 사는 중국인들을 '구찌(Gucci)세대', 이들이 쓰는 돈을 '베이징파운드(영국 돈 단위)'라고 지칭했다. 중국 부자들은 병당 13만 파운드(2억 3천만 원)짜리 1869년산 샤토라피트를 투자를 위해 사는 게 아니라 마시기 위해 산다. '건배!'를 외친 뒤 6,000파운드(1,060만 원)짜리 1982년산 포도주를 벌컥벌컥 마셔 단번에 바닥을 드러내든지, 심지어는 포도주 맛이 부드럽다며 코카콜라에 섞어 마시기도 한다. 런던 최고가 명품시장의 30%를 중국 부자들이 점령하였고, 런던의 최고급 백화점으로 소문난 해러즈(Harrods) 백화점의 경우 크리스마스시즌 고객의 50% 이상이 중국인이었다.

(2) 소비구조의 변화

중국소비자들은 개혁개방 이후 경제발전에 따른 생활 수준의 향상으로 소비구조도 확연한 변화를 나타내고 있다. 소비지출의 구조적 변화를 보면, 중국인의 소비형태가 여가와 자기계발 위주로 바뀌면서 교통·통신, 교육, 문화·오락 지출이 점차 느는 등 식료품 위주의 후진형을 탈피하는 것을 볼 수 있다. 이러한 변화는 앞으로 계속될 것으로 예측되고 있다.

1) 엥겔계수의 감소

엥겔계수는 소비지출에서 식비가 차지하는 비율로 30% 이하는 문화생활, 30~50%는 건강생활, 50% 이상은 빈곤생활로 분류하여 국가별 발전 정도를 가늠하고 있다. 중국 도시인구의 엥겔계수는 1978년 57.5%로 절대 빈곤 상태였으나 1996년과 2000년에 각각 40%대와 30%대로 진입하며 하락해 왔다. 중국 농촌인구의 엥겔계수는 1978년 67.7%에서 2000년도에 40%대로 진입하였다. 2021년 중국 도시의 엥겔계수는 28.6%, 중국 농촌은 32.7%로 조사된 바 있다.

2) 오락·교육·문화관련 비용의 증가

국가통계국에 따르면 중국 도시주민들의 오락·교육·문화의 가구당 1인당 지출비용이 2,599위안으로 전년대비 14.3% 증가하여 1인당 소비의 13.1%를 차지했다. 중국인들의 라이프스타일이 변화하여 문화 수준을 높이는 데 많은 투자를 하고 학력이 높아지고 있는 것으로 추정된다. 그리고 앞 절에서 본 것과 같이 여가활동의 증가에 따라 그들은 오락 등 여가활동에 많은 투자를 하고 있는 것으로 추정된다.

3) 교통·통신비의 증가

2021년 중국 도시주민의 1인당 교통비 지출(통신비 포함)비중은 3,156위안으로 전년보다 14.3% 증가하였고 이는 전체 소비 중 13.1%를 차지하는 수치이다. 이러한 변화는 도시주민의 승용차 보급률이 급증하여 교통비 지출이 증가하였기 때문이다. 그리고 전화, 휴대폰 보급률이 증가함으로서 통신비용의 지출도 증가하였다.

4) 주거 관리비의 증가와 의료보험비 지출의 증가

부동산시장의 활성화에 따라, 주거비용 또한 점진적으로 상승하고 있음을 알 수 있다. 중국 도시주민의 주택관련 지출은 주택공급의 시스템 개혁에 따라 증가하였다. 1인당 주택 관련 소비 지출은 5,641위안으로 전년 대비 8.2% 증가해 전체 소비 지출의 23.4%를 차지하고 있다. 그리고 중국 도시주민의 의료지출은 2,115위안으로 전년보다 14.3% 성장하였고 1인당 소비지출의 8.8%를 자치한다.

5) 도시주민과 농촌주민의 소비구조 차이 심화

중국소비자들의 소득 수준에 따라 그들의 소비구조에도 많은 차이가 있다. 농촌주민들의 한 달 수입은 약 15,916위안이며 도시주민들은 한 달 수입은 약 30,307위안으로 농촌주민들보다 수입이 약 2배 정도 더 높다. 농촌주민의 식품비 지출비중은 32%를 차지하고 도시주민의 식품비 지출비중은 28%를 차지하고 있다. 그리고 주거 관리비 대한 지출도 농촌주민들 21%이고 도시주민들은 24%이다. 오락·교육·문화비에 대한 지출의 비중도 농촌주민들은 9%이고 도시주민들은 11%이다. 이렇게 중국 도시주민과 농촌주민들은 소비구조에도 차이를 보이고 있다.

CASE 조정래의 장편소설, 정글만리

조정래의 장편소설 『정글만리』는 세계 경제를 집어삼키며 세계의 중심으로 급부상한 중국에서 벌어지는 한국, 중국, 일본 등 각국 비즈니스맨들의 생존 전쟁을 그리고 있다. 정글은 중국의 다른 말로, 중국 문화를 이해해야만 거대한 시장을 개척할 수 있음을 시사한다. 전방위적 자료 조사와 2년여에 걸친 현지답사로 다층적인 중국 경제의 실상과 수천 년 역사, 문화까지 생생하게 써내려갔다. 14억 인구에 14억 가지의 일이 일어나는 나라에서 벌어지는 숨 막힐 듯한 경제 전쟁이 흥미진진하게 펼쳐진다.

우연치 않은 기회에 중국인 '꽌시(关系)'를 얻음과 동시에 회사에 실적으로 인정받아 온 종합상사 부장 전대광. 거대 권력을 소유한 세관원인 샹신원의 의뢰로 전도유망했으나 의료 사고로 하루아침에 나락으로 떨어진 성형외과 의사 서하원을 데려온다. 중국 최고의 대학 중 하나인 베이징대에서 유학 중인 전대광의 조카 송재형은 수재들의 집합소로 일컬어지는 그곳에서 중국 지식인 계층이 갖고 있는 당에

대한 맹목적 믿음의 이면을 경험한다. 작가는 세계 경제의 중심이 되어 G2로 발돋움한 중국의 역동적 변화 속에서 한국, 중국, 일본, 미국, 프랑스 등 다섯 나라 비즈니스맨들이 벌이는 숨막힐 듯한 경제전쟁을 흥미진진하게 그려낸다. '꽌시(关系)' 없이는 옴짝달싹할 수 없다는 그곳에서 성공을 좇는 이들의 욕망과 암투가 다종다양한 중국식 자본주의를 배경으로 펼쳐진다.

이와 더불어 급속한 개발이 빚어낸 공해 문제, 중국 특유의 '런타이둬(人太多)' 이면에서 벌어지는 인명경시의 세태, 먹고살기 위해 고향을 뒤로하고 대도시의 빈민으로 전락한 저소득 농민공들의 모습 등으로 과속 성장의 폐해를 드러내며 인간 존재란 무엇인가를 곱씹게 한다. 또한 거대 비즈니스를 둘러싸고 경쟁하는 한국 대 일본, 일본 대 중국, 중국 대 한국의 비즈니스맨들이 맞닥뜨릴 수밖에 없는 과거사와 그 저변에 흐르는 미묘한 감정까지를 정확하게 포착하고 있다.

② 최근 소비트렌드와 유행

그림 3-14 | 트렌드 차이나

세계 최대의 시장을 이끄는 중국소비자를 이해하기 위하여 김난도 교수와 서울대 소비트렌드분석센터가 중국 소비시장의 변화와 중국소비자의 특성을 포착한 『트렌드 차이나』를 발간하였다. 이 책은 중국소비자들의 생생한 소비생활에 집중하여 수집한 데이터와 사례를 이론적 틀과 시각에 입각해 분석했다. 트렌드 차이나는 중국소비자를 여섯 가지(VIP형, 자기만족형, 트렌드형, 실속형, 열망형, 검약형)로 세분화한 후 각 유형별로 무엇에 열광하고 있는지를 살펴보고, 사회적 맥락과 가치관에 입각한 7대 소비DNA에 대해 논의한다. 그리고 지난 5년 정도의 기간 동안 중국시장에서 보이고 있는 특성들을 '삶의 질' 추구 소비의 증가, 새로운 니치시장의 대두, 중국식 신실용주의의 등장이라는 세 가지 키워드로 제시하였다. 2015년 3월, KBS <명견만리>를 통해 또다시 화제에 오른 '트렌드 차이나'는 비록 시간은 다소 지났으나 현재의 중국을 이해하는데 여전히 많은 정보를 주고 있다. 중국이라는 거대한 소비시장을 거시적으로 바라볼 뿐만 아니라 중국소비자를 세밀하게 관찰해야만 그들의 지갑을 열 수 있다.

(1) 유행어로 본 중국 소비트렌드

1) 웨이보시대: 정보화가 가져온 소통의 소비시대

관계(关系)를 중요시하는 중국에서 자연스럽게 소셜 네트워크 서비스(SNS)의 인기가 증가하고 있다. 포탈사이트 SINA(新浪)가 제공하는 중국판 트위터 '웨이보(微博)'가 큰 인기를 얻고 있다. 매달 평균 1천만 명이 새로 가입하고, 초당 40여 개의 단문이 생겨날 정도로 전파속도도 엄청나다. 이러한 정보화 인프라의 확산이 중국의 소비에도 많은 영향을 주고 있다. 정보의 전파와 획득속도가 갈수록 빨라지고 구매하고자 하는 제품의 상세한 정보는 물론 사용자들의 평가도 한눈에 볼 수 있게 된다.

2) 성뉘(剩女)경제와 타경제: 소비시장 뒤흔들 여성 파워

고학력·고소득·고직위, 이른바 '3고(高)' 특징을 지니고 있는 독신여성들은 대부분 자기

성취욕이 높으며 자신에 대한 아낌없이 투자를 하는 경향이 있다. 이들의 구매파워가 점차 커지면서 특정한 경제계층을 형성하는 움직임을 보이고 있다. 베이징 등 대도시에서 결혼적령기의 미혼여성이 1/3을 넘어서면서 이들을 겨냥하는 제품과 서비스도 속속 등장하고 있다. 주요 소비제품은 의류 및 화장품, 여행상품, 디지털제품 순으로 조사되었고, 중국의 '싱글의 날(光棍节)' 싱글족을 위한 제품들의 판촉이 활발하게 이루어진다. 성뉘뿐만 아니라 중국 여성들이 중국 경제성장의 주요 동력으로 떠오르면서 '여성경제'를 뜻하는 '타(她)경제'란 유행어도 중국 신문지면에 오르내리고 있다. 약 78%의 중국 여성은 '남편의 돈은 바로 내 돈이고, 내 돈도 내 돈이다'라는 관념을 가지고 가정의 재정통제권을 쥐고 있다. 32세 미만의 소비자들의 실질저축률은 거의 없는 것으로 밝혀졌고, 중국의 도시 여성들은 전체수입의 약 63%를 지출하며, 22~32세 사이의 중국 여성들 가운데 80%가 향후 6개월간 지출을 더 늘리겠다고 답했다.

3) 디탄주: 녹색생활에 눈을 뜬 중국소비자

생활수준이 향상되고 환경보호 의식이 높아지면서 재화와 서비스의 품질에 대한 요구가 커지고 있다. 친환경과 웰빙이 사람들의 생활과 소비의 가이드라인으로 자리잡았다. 친환경적 소비자들은 투명화장을 하고 천연 소재 의류를 착용하며 채식을 즐기며, 재활용제품을 선호하고, 일회용 제품 대신 반영구적 제품을 고집한다. 친환경 바람이 불면서 관련 산업도 서서히 태동하고 있다. 저탄소 제품은 생활용품에서부터 가전제품, 장난감, 심지어 애완용품까지 다양하다. 저탄소 대나무 섬유 수건, 저탄소 노트북, 저탄소 고양이용 모래 등 '저탄(低炭)'은 이제 상품가치를 높일 수 있는 웰빙과 친환경의 개념을 내포하고 있는 마케팅 키워드로 인식되고 있다. '디탄주(低炭族)'는 몇 년 전부터 대두된 러훠주(LOHAS)와 서로 중첩되는 부분이 많다. 건강추구와 웰빙은 양자가 모두 공유하는 키워드다. 다만 소득이 상대적 낮은 '디탄주'들은 절약의식이 강하고 저탄소와 저비용을 연결시키는 경향이 있는 반면, 고소득 '디탄주'들은 유기농식품, 천연비타민 등 고가제품을 선호한다.

4) 투안누: 공동구매, 새로운 유통구조로 부상

중국에서 소셜커머스 사이트를 통한 공동구매를 즐기는 '투안누(团奴)'가 크게 증가하고 있다. 최초의 공동구매 사이트 만줘왕(满座网)이 오픈한 이후 7개월 만에 사이트수가 1천 개를 돌파하며 중국 유통시장에 돌풍을 일으켰다. 중국소비자 중 상당수가 가격위주의 실용주의적 구매성향을 가지고 있어 70~90%에 이르는 파격적인 할인율은 그들의 충동구매로 쉽게 이어졌다. 결제와 배송 등 인터넷 쇼핑의 여건이 점차 성숙되고 있다는 점도 공동구매 사이트가 빠르게 성장할 수 있도록 도왔다. 중국의 온라인 공동구매 모델은 아직 동질화, 과다경쟁 등 수많은 문제를 안고 있지만 구조 조정을 거쳐 안정적인 성장의 길을 모색해 나갈 가능성이 높다. 온라인 구매를 점점 익숙해진 중국소비자가 한·중 기업에게도 중요한 의미를 가지고 있음은 분명하다.

5) 웨광주: 월급을 모두 써버리는 사람

월급 약 80만 원을 받는 20대 사원이 2,000~3,000만 원 대의 외제 승용차를 몰고 출근한다. 한 달에 50만 원 받는 신입사원은 200만 원짜리의 루이비통 가방을 착용하고 스타벅스 커피를 달고 산다. 특히 대도시의 젊은 화이트컬러 사이에 이런 현상은 흔히 볼 수 있다. 웨광주는 월급을 뜻하는 월(月)과 동사 뒤에 붙여져 '다 써버리다'라는 의미를 나타내는 광(光)을 합친 말이다. 원래는 돈을 펑펑 쓰는 부유층 자제들을 일컬을 때 많이 사용됐지만 최근 중국 내 현재를 즐기려는 성향을 보이는 젊은층의 씀씀이가 과감해지면서 '웨광주(月光族)'가 급증하고 있다. 특히 1980년대 이후에 태어난 세대들은 대부분 중국경제가 급성장한 시대에 외동아들·외동딸로 자라온 데다 갓 취직해 돈을 벌고 있기 때문에 '웨광주'의 대표주자로 떠오르고 있다. 소득수준 이상의 소비를 기꺼이 하는 이유는 자기가 번 돈은 물론이고 부모의 돈까지 신용카드로 써버리기 때문이다. 또한 중국경제에 대한 낙관적 전망과 미래 소득증가에 대한 자신감도 한 몫을 하고 있다. 고급승용차, 명품가방 자체가 기능적으로 필요하다기보다 자신이 더 나은 삶을 영위하고 있다는 우월감과 자신이 추구하는 라이프스타일을 실현하려는 강한 욕구가 구매행위로 이어지며, 강한 '체면의식'과 '과시의식'도 이러한 '무리한 소비'를 부추기는 원인이다.

(2) 중국의 신소비트렌드: 화유편강

중국의 소비시장의 새로운 소비트렌드는 화유편강(华游便康)으로 특징지을 수 있다. 첫째, 화(華)려함을 쫓는 사치형이 증가하고 있다. 라셔족(辣奢族, 럭셔리 추구 소비자)등 고소득을 바탕으로 럭셔리 소비를 즐기는 소비층이 중국 전체 가구의 30%로 증가하고 있을 뿐 아니라, 처누족(车奴族, 카푸어: CarPoor), 카누족(卡奴族, 카드 과다 사용자) 등 과소비에 맹종하는 중·저소득층도 늘고 있다. 처누족, 카누족과 같이 과소비에 따른 빚 상환 압력에 시달리는 소비계층들도 증가하고 있다. 최근에는 타징지(她经济, 여성 럭셔리 소비자)처럼 품위유지, 신분과시 등을 내세우는 여성 소비족들도 생겨나고 있다. 둘째, 여유(游)를 추구하는 문화 향유형이 있다. CC족(Culture Creative, 문화 향유 소비자), 라테족(LATTE族, 여유 추구 소비자) 등 여유로운 삶을 추구하고 다양한 문화향유를 추구하는 소비층이 증가하고 있다. 이들은 다양한 문화를 쉽게 받아들이며 여가에 대한 욕망이 강한 부류의 소비자들이다. 중국소비자들의 여행, 스포츠, 헬스 등에 대한 소비욕구가 점차 두드러지고 있어 국내외 여행객수 증가와 스포츠용품 아웃도어 시장이 점차 확대되고 있다. 중국의 문화소비는 지난 2000~2010년까지 10년간 연평균 14%씩 성장했을 뿐 아니라, 여가를 즐기려고 해외여행을 떠나는 관광객도 지난 2000년 1,000만 명에서 코로나19로 여행이 제한되기 전인 2018년 말에는 1억 4,972만 명을 돌파하였다. 셋째, IT기기를 활용하여 편(便)리성을 중시하는 스마트형 소비계층이 생겨 나고 있다. 인터넷 보급률이 증가하면서 QQ(중국 최대 SNS), 타오바오(淘宝, 중국 최대 인터넷 쇼핑몰) 등 인터넷 도구를 활용해 쇼핑을 즐기는 소비족이 증가하고 있다. 이에 따라 중국 인터넷 쇼핑 시장규모는 지난 2007년 76억 5,273만 달러에서 2021년 2조 7,793달

표 3-5 | 중국 소비시장의 신 소비족 유형

소비유형			특징
화 (半)	사 치 형	고소득	라셔족(辣奢族)등 고소득을 바탕으로 럭셔리 소비를 즐기는 소비족
		중·저소득	처누(车奴), 카누(卡奴) 등 소득 수준에 비해 과도한 소비로 자신을 과시하는 소비족
		여성	타징지(她经济) 등 럭셔리 제품에 대한 소비욕구가 높은 여성 소비족
유 (游)	문화 향유형		CC족(Culture Creative族), 라테족(LATTE族) 등 여행, 스포츠, 헬스 등 다양한 문화적 호기심을 충족하고 싶어 하는 소비족
편 (便)	스마트형		타오바오족(淘室族), QQ족(QQ族) 등 온라인 쇼핑몰을 통해 생활에 필요한 제품 정보를 검색 및 구입하는 소비족, 2000년대 초반부터 유행
강 (康)	웰빙형		러훠족(乐活族), 뤼커족(旅客族) 등 2008년 이후 웰빙에 대한 수요가 증가함에 따라 건강·친환경적 소비를 중시하는 소비족

출처: 현대경제연구원

러로 현재는 전세계 인터넷 쇼핑 매출의 절반 이상인 52.1%를 차지하고 있다. 넷째, 건강(健康)을 누리려는 웰빙형 소비자들도 증가하고 있다. 소득수준이 높아지면서 친환경·녹색제품을 선호하는 소비자들이 늘고 있다. 특히 2008년 중국의 멜라민 파동(중국산 유제품 멜라민 오염사건) 이후 친환경 중시 풍토가 심화되고 있다. 중국정부의 웰빙산업 관련 정책에 힘입어 건강·보건·기능성 등 친환경 제품에 대한 관심이 지속적으로 확대될 것으로 전망된다.

(3) 중국을 이해하는 키워드

1) ~얼다이

얼다이(二代)는 중국사회가 '부'와 '빈'의 세습이라는 문제점을 안고 있음을 시사하며 등장한 윗세대의 '부'와 사회 계층을 이어받는 중국사회의 각종 계층을 의미하는 신조어이다. 대표적으로 '푸얼다이(富二代)', '관얼다이(官二代)', '차이얼다이(拆二代)', '신얼다이(新二代)' 등이 있다. 재벌 2세인 '푸얼다이(富二代)'나 고위급 관료의 자제 '관얼다이(官二代)'에 대해서는 능력도 없이 선대의 부와 권력을 물려받았다는 인식이 강하다. '차이얼다이(拆二代)'는 임대료 받는 수입에 만족하며 사회적 부를 창조하지 않는 계층으로, 촹커(創客)(기술을 기반으로 한 혁신 제조업자를 지칭하는 신조어)와 대조적인 모습을 보인다. 반면 민영기업 2세를 지칭하는 '신얼다이(新二代)'는 부유하지만 교만하지 않고, 정확한 가치관과 사회책임감을 가지고 있으며, 적극적으로 창업활동에 종사해 사업적으로 일정한 성과를 거두어 인정을 받고 있는 분위기이다. 그 외 부모의 가난함을 물려받은 '춍얼다이(窮二代)', 농촌 호적을 가지고 있지만 도시에서 일하는 농민들의 2세 '농얼다이(農二代)', 스타 연예인 2세 '싱얼다이(星二代)', 폭등하는 부동산 가격에 부모들이 집을 사준 '팡얼다이(房二代)' 등 중국 계층 세습화를 반영하고 있다.

2) 라마

'매운 엄마'를 의미하는 라마(辣妈)는 유행에 민감한 패셔너블한 신세대 엄마를 가리키는 신조어이다. 1980년대에 태어난 빠링허우들이 결혼 및 출산함에 따라 육아용품시장을 좌우하는 주력소비군으로 부상하였고, 개성을 추구하고 유행에 민감하다는 소비특징이 육아용품시장에 반영되기 시작한 것이다. 중국 신세대 엄마들의 소득수준이 상승함에 따라 육아용품 구매에 있어 '가격'보다는 '안전', '개성', '디자인' 등의 요소를 중요시한다. 현재 중국 라마들은 모두 빠링허우 또는 쥬링허우로 온라인 쇼핑 선호도가 높은 세대로서 향후 중국 육아용품 시장의 전자상거래 규모가 더욱 확대될 것으로 예상되고 있다.

3) ~노예(~奴)

집, 차, 아이교육 등에 무리한 소비로 인해 경제고를 겪고 있는 사람들을 지칭하는 신조어이다. 고급 주택, 고급차, 조기교육 등 아이들의 교육비에 들어가는 비용을 감당하지 못해 은행 대출을 한 후 대출금 상환으로 경제적인 어려움을 겪는 젊은 부모세대가 출현한 것이다. 내릴 줄 모르는 집 값, 자녀양육에 대한 경제적 부담의 증가와 취업난으로 많은 중국 젊은 세대들 사이에 향후 자녀 출산 계획이 없거나 아예 결혼을 거부하는 사례가 지속적으로 늘어날 전망이다.

4) 탕핑(躺平)

'드러눕는다'라는 뜻을 지닌 탕핑은 경쟁을 무시하고 가만히 누워 있는 삶의 방식을 나타내는 인터넷 용어이다. 한국의 젊은 세대들 사이에서 자주 사용되는 N포와 상통하는 용어로 노력해도 사회적, 경제적으로 힘든 삶을 살아야 하니 차라리 가만히 누워 최소한의 노력만 하겠다는 삶의 태도를 보여주는 것이다. 중국의 온라인 채용 사이트에 따르면 2021년 중국의 도시 청년 실업률은 18.4%에 달했다. 이에 중국 내에서도 집값, 양육, 취업 등으로 어려움을 겪는 사회적 현상이 심각해지면서 미래

그림 3-15 | '탕핑'

출처: 바이두

를 부정적으로 바라보는 젊은 세대들이 증가하고 있다. 계속 증가하는 탕핑족들의 수는 중국정부가 해결해야 할 숙제가 될 것으로 보인다.

③ 코로나 이후 소비트렌드 변화

한국무역협회 KITA는 코로나19이후 중국 소비시장의 주요키워드 5F에 주목해 보아야 한다고 밝혔다. 5F는 재미(Fun), 건강(Fitness), 가족(Family), 신뢰(Faith), 경제적 안정(Economic Freedom)을 의미한다. 그 중 본 파트에서는 4F 재미, 건강, 가족, 신뢰의 키워드를 중심으로 사례와 함께 자세히 살펴보자.

(1) Fun: 재미를 위한 소비의 증가

자가격리 기간이 증가하고 지역간, 국가 간의 여행이 자유롭지 않게 되자 중국 내 가정용 게임기와 캠핑에 대한 관심이 급격하게 증가하였다. 특히 캠핑의 경우 타인과의 접촉이 적고 다양한 경험을 제공한다는 측면에서 더 큰 인기를 얻고 있다. 현재 중국에는 약 3만 2,000개의 캠핑 관련 산업들이 있는데 이 중 60%는 2020년과 2021년에 생겨났을 정도로 코로나 이후 캠핑에 대한 인기가 상당하다. 중국 내 캠핑의 인기를 주도하고 있는 주요 세대는 빠링허우, 쥬링허우, 링링허우 세대이며 그 중 쥬링허우와 링링허우세대(Z세대)의 관심이 가장 크다. 중국 캠핑 시장의 주 트렌드는 대도시 근교로의 캠핑이다. 대도시에 사는 중국인들이 주말을 이용해 가족과 근교로 나가 캠핑을 하는 것인데, 자녀에게 교육적으로도 다양한 것들을 체험시킬 수 있다는 이유에서 가족 단위로의 캠핑이 주를 이룬다. 서양 국가들은 아웃도어 스포츠로서 캠핑이 인기라면, 중국에서는 젊은 세대 내에서 이미 캠핑 물품들이 갖춰진 곳으로 가서 힐링을 하는 이른바 글램핑에 대한 인기가 급격히 증가하고 있다. 중국정부가 정책적으로도 캠핑 산업을 뒷받침해주고 있는 만큼 캠핑 산업이 앞으로 중국 내 여행 트렌드로 자리잡을 것으로 보인다. 캠핑뿐만 아니라 팬데믹 기간 동안 재미에 대한 갈증을 느낀 소비자들이 즐거움을 찾기 위한 다양한 소비를 할 것으로 전망된다. 라이브 커머스도 그 예시라고 볼 수 있다. 코로나로 인해 모바일을 사용하는 시간이 길어지면서 SNS를 통한 소통이 많아졌고 쇼트클립을 이용하는 이용자 수가 빠르게 증가했다. 소통과 제품 판매가 동시에 이뤄지므로 즉각적인 소통이 가능하다는 점에서 재미를 느끼는 소비자가 많다. 이는 향후 소비트렌드에도 상당한 영향을 끼칠 것으로 예상되며, 현재도 다양한 기업들이 시장의 변화에 대응하면서 라이브 커머스를 통한 마케팅 방식을 채택하고 있다.

(2) Family: 가족 중심의 소비 증가

코로나19기간 동안 집에서 보내는 시간이 길어지면서, 가족 단위로 많은 시간을 보냈다. 이에 앞으로도 가정 내 생활을 편하게 만들기 위한 가전제품과 가족과 함께하는 것들에 대한 소비가 증가할 것으로 보인다. 또한 원격수업과 재택근무가 일상이 되면서 집이라는 공간이 주는 중요성에 대한 관심이 증가했고 이와 함께 집 인테리어에 대한 관심도 함께 증가했다. 집에서 보내는 시간이 길어지면서, 집을 본인의 라이프스타일과 개성에 맞게 꾸미려는 소비자들이 많아진 것이다. 중국시장조사 전문기관 아이리서치에 따르면 인테리어 시장의 주요 소비층은 빠링허우와 쥬링허우세대로 26세부터 45세까지가 시장을 이끌고 있었고 비용보다 친환경, 고품질 자재에 대한 수요가 높아지고 있다고 밝혔다. 코로나의 장기화로 취미나 여가 활동들을 가정 내에서 가족과 함께 하려는 수요가 늘어난 만큼 가족을 위한 소비가 앞으로도 더욱 늘어날 것으로 보인다.

(3) Fitness: 건강을 위한 소비 증가

코로나19로 면역과 건강에 대한 관심이 크게 증가하면서 건강기능식품에 대한 소비가 큰 폭으로 늘었다. 가족의 건강에 대한 우려가 커지면서 건강보험에 대한 관심도와 수요 역시 크게 증가하였다. 특히 대면 진료가 힘들어짐에 따라 인터넷과 의료가 결합된 원격 의료 산업이 빠르게 성장했다. 코로나19라는 특수한 상황이 원격의료라는 개념을 중국소비자들에게 부각시킨 만큼 향후 중국은 의료소비트렌드에 있어 상당한 변화가 있을 것으로 예상된다. 또한 건강에 대한 중요도가 중국 전국민들에게 제고된 만큼 앞으로도 헬스케어 산업과 건강보조식품 시장에 대한 관심이 이어질 것으로 보인다.

(4) Faith: 신뢰도 높은 상품에 대한 소비 증가

코로나 기간 동안 마스크나 방역물품에 있어 가짜 제품이 판매되어 뉴스화 되는 경우가 많았다. 중국소비자들은 안정성이 검증된 제품을 구매하기 위해 신빙성이 있는 사이트에서 상품을 구매하고, 직접 정보를 검색하고 조사를 한 뒤 제품을 구매하는 움직임을 보이고 있다. 이 같은 현상은 앞으로의 제품 구매에 있어서도 국가인증 혹은 여론인증 등을 거친 검증된 사이트나 제품에 대한 선호로 계속 해서 이어질 것으로 보인다.

   3장에서는 중국소비자를 이해하기 위해서 먼저 중국소비자의 전반적인 특성을 파악해
보았다. 중국소비자의 라이프스타일의 변화를 조사함으로써 중국소비자의 소비패턴을 파
악할 수 있다. 이것은 중국소비자의 가치관과 라이프스타일 연구의 틀에서 연구되어야 한
다. 즉 정치·경제·인구통계적 등의 환경적인 변화는 중국인들의 가치관을 변화시킴으로
써 중국인의 라이프스타일도 변화시키고 있다. 이러한 점에서 중국은 '하나의 나라'가 아닌
'United States of China'이다. 중국인들의 생활환경이 변화하면서 그들의 가치관은 집단주
의에서 자아중심·가정중심으로 변화하였고, 평균주의에서 차별적인 계층화로 변화하였고,
이상주의에서 현실주의로 변화하였다. 특히 '빠링허우', '쥬링허우', '링링허우'등 주요 소비자
집단의 소비패턴과 중국의 최근 소비트렌드 및 코로나 이후의 변화에 대해 알아보았다. 이
러한 변화에 대한 이해가 선행되었을 때 중국시장 진출 시 중국소비자들을 보다 깊이 있게
이해하여 좋은 성과를 기대할 수 있는 것이다. 다음 장에서는 중국시장 공략을 위한 마케팅
틀인 5C 중 하나인 중국시장의 경쟁자(Competitor)가 누구이며, 그들의 성장과정과 경쟁전
략을 알아보자.

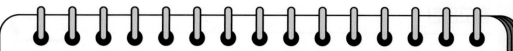

연구과제

01 중국의 쥬링허우와 링링허우의 가치관과 라이프스타일을 한국의 MZ세대와 비교하여 공통점과 차이점을 토론해보자.

02 중국의 소비트렌드를 주도하는 쥬링허우가 열광하는 5가지 제품이나 서비스를 찾아보고, 90后의 어떠한 특성이 반영되었는지 토론해보자.

03 중국판 트위터인 '시나 웨이보'에 가입해서 중국의 유명인들과 친구가 되어 보자.

04 중국의 링링허우가 주도하는 궈차오 문화(国朝)를 마케팅에 효과적으로 활용한 브랜드를 찾아 토론해보자.

참고문헌

김난도·전미영·김서영(2013), 『트렌드 차이나』, 오우아.

김영(2022), "중국 애국소비 '궈차오' 열풍", KOTRA.

김영석(2016), "중국을 이해하는 키워드 35選", KOTRA.

김용준 외 3인(2006), "중국소비자 라이프스타일에 관한 실증연구: 베이징, 상하이, 광저우 소비자 비교
　　를 중심으로", 마케팅연구.

김용준·김주원·문철주(2009), "중국 주요지역 소비자의 구매패턴 특성에 따른 브랜드 평가에 관한 실증
　　연구", 국제경영연구.

김용준·김화(2000), "중국소비자의 가치관과 라이프스타일에 관한 연구."

김화(2015), "중국, 온라인 소비가 경제성장을 이끈다", KOTRA.

김효혜(2020), "CJ비비고 만두, 연매출 1조 원 돌파… 단일 품목으로 식품업계 최초 달성", MK증권.

박진호(2019), '비비고는 중국서 얼마나 컸나', 시사저널.

박진우·양역달(2020), "코로나19 이후 중국 소비 관련 5가지 키워드 '5F'", KITA.

베인앤컴퍼니, <2021년 중국사치품시장보고서(2021年中国奢侈品市场报告)>

성균관대학교 중국대학원·김용준(2016), 『제2의 차이나드림, 중국시장에 도전하라』, 매경TV 연구영역.

신경진(2019), "치파오 벗고 한푸 입는 중국…한족주의 부활하나", 중앙일보.

왕레이(2021), "2021 포스트 코로나 중국 Z세대의 소비트렌드 변화", KOTRA.

우고은(2015), "중국, 35년만에 1자녀 정책 폐기 … 모든 부부에 2자녀 허용."

우샤오보(2021), 「중국신중산층백서(新中产白皮书)」

이충형(2022), "중국 이해 키워드 30, <링링허우(00後)> '90년대생과도 달라' 현실적이고 합리적인 애
　　국 청년들", 중앙일보.

조용성(2016), "중국 10개 지역 1인당 GDP 1만 달러 넘겨", 아주경제. 조정래(2013), 『정글만리 1, 2, 3』,
　　해냄출판사.

주은교(2021), "중국에서 뜨거워진 캠핑 열풍, 시장 급성장 중", KOTRA.

중국 상무부(2021), 「2021농촌전자비즈니스발전보고(2021农村电子商务发展报告)」

천용찬·한재진(2013), "중국의 신소비트렌드, '화유편강(華游便康)'", 현대경제연구원.

초상은행, 베인앤컴퍼니(2021), 「중국개인재산보고서(中国私人财富报告)」

한국무역신문(2022), "중국 MZ세대, '탕핑'을 외치다", KITA.

한국무역협회, "코로나19 이후 중국 소비 관련 5가지 키워드 '5F'"

홍선영·이동훈·최순화(2007), "중국 소비시장의 新조류", 삼성경제연구소.

홍창표(2008), "신조어로 알아보는 중국 소비시장 트렌드 변화", 지식경제부 해외진출기업지원단.

iiMedia Research(2022), 「2022−2023년 중국캠핑산업연구 및 기업분석(2022−2023年中国露营行业研究

及标杆企业分析报告)」

iResearch, 「2022중국신한푸산업발전백서(2022年中国新汉服行业发展白皮书)」

KIEP 북경사무소(2021), 「중국의 제7차 인구조사 결과의 주요내용 및 전망」

Chapter

04

중국시장의
경쟁자

제1절 중국 일등기업의 특성

중국은 2001년 WTO 가입 이후 중국의 내수시장 공략을 목표로 하는 다국적기업의 최대 격전지 중 하나가 되었다. 2001년 세계무역기구(WTO) 가입 이래 외국인직접투자(FDI) 유치에서 중국은 줄곧 미국과 함께 1,2위를 차지해왔다. 2020년 중국의 외국인 직접투자는 1,493억 달러로 4,053억 달러의 미국에 이어 2위를 기록하였다. 중국에 진출한 외자기업들은 초기 중국의 저렴한 노동력을 이용한 가공업 중심에서 점차 거대한 내수시장 공략을 목표로 방향을 전환하고 있다.

현재 세계 1,000대 기업 중 대부분의 기업이 중국에 진출했다. 2021년까지 중국에 설립된 외자기업은 약 100만 개이며 한국기업은 단일국가로는 미국에 이어 세계에서 두 번째로 많은 기업이 중국에 진출하였다. 개혁개방 이래 2020년까지 FDI 누적건수는 약 100만 건, 액수는 24,398억 달러에 이른다. 중국은 과거 수출 위주의 제조업 중심에서 소비 위주의 서비스업 중심으로 경제 발전 패러다임을 전환함에 따라 중국 내수시장에서 1위 하는 기업

그림 4-1 | 중국의 FDI추이

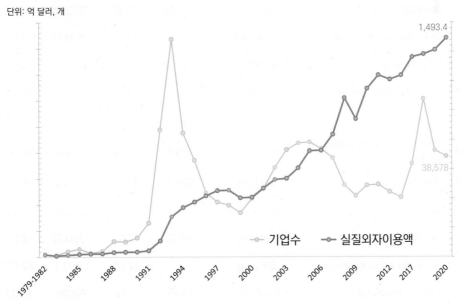

단위: 억 달러, 개

출처: 중국외자통계(2021)

이 글로벌 리더가 되고 있다. 따라서 중국 내수시장을 공략하려는 다국적기업들 간의 경쟁도 더욱 치열해지고 있다. 이번 4장에서는 한·중 기업이 주요 경쟁자인 중국 일등기업의 특성과 대표 사례에 대해 소개할 것이다.

미국의 저명한 경제전문지 포브스가 세계 각국 개별기업들의 매출, 순이익, 자산, 시장 가치 등을 근거로 "2022 포브스 글로벌 2000"을 선정하였다. 전체 선도기업 2,000위 안에 한국은 총 65개 기업을 진입시킨 반면, 중국은 351개 기업이 순위에 진입하면서 미국(595개)에 이어 2위를 차지하였다. 개혁 개방 이래 중국기업들은 다국적기업과의 치열한 경쟁 속에서도 중국정부의 자국기업 보호정책 아래 꾸준한 성장을 지속해 왔다. WTO 가입 이후 이러한 정책이 점차 그 영향력을 상실하였지만, 이미 많은 중국 기업들은 자국시장에서 상당한 경쟁력을 갖추고 있다.

표 4-1 | 2022 Forbes Global 2000 Top100 중국기업

순위	회사	산업	매출액 ($bil)	영업이익 ($bil)	자산 ($bil)	시장가치 ($bil)
2	ICBC	Banking	208.13	54.03	5,518.51	214.43
5	China Construction Bank	Banking	202.07	46.89	4,746.95	181.32
8	Agricultural Bank of China	Banking	181.42	37.38	4,561.05	133.38
13	Bank of China	Banking	152.43	33.57	4,192.84	117.83
17	Ping An Insurance Group	Insurance	181.37	15.74	1,587.11	121.692
21	Petro China	Oil and Gas	380.31	14.29	392.6	142.3
24	China Merchants Bank	Banking	71.07	18.58	1,451.2	167.32
28	Tencent Holdings	Internet	86.86	34.94	252.99	414.28
30	Postal Savings Bank of China(PSBC)	Banking	77.61	11.33	1,975.08	125.53
33	Alibaba Group	Internet	129.76	10.17	276.25	237.78
45	Sinopec	Oil and Gas	384.82	11.04	292.05	80.81
55	Industrial Bank	Banking	60.53	12.82	1,350,32	68.59
62	Bank of Communications	Banking	76	12.98	1,830.4	52.82
71	China Life Insurance	Insurance	130.5	7.87	769.88	43.02

중국 일등기업의 특성은 크게 CEO의 리더십, 기업문화, 핵심역량 등 3가지 측면에서 살펴볼 수 있다.[1] 우선 CEO의 리더십을 보면, 중국 대표기업 CEO의 특징은 '천시지리인화(天時地利人和)'로 요약할 수 있다. 이는 맹자가 한 말로서 '하늘의 때는 땅의 이득만 못하고, 땅의 이득은 사람의 인화만 못하다'는 뜻이다. 비즈니스에 있어서 '하늘이 내린 시기, 지리적 이점, 사람 간 조화'의 3요소의 중요성과 연계성을 의미한다.

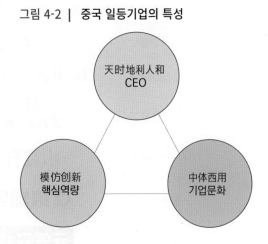

그림 4-2 | 중국 일등기업의 특성

두 번째 측면은 기업문화이다. 중국의 기업들이 글로벌 경쟁력을 구축하기 위한 전략적 수단으로서 기업문화가 필요하다는 것을 인식한 것은 1990년대 초반이다. 중국기업문화의 특징은 '중체서용(中体西用)'으로 설명할 수 있다. 근대 양무론자들이 주장한 '중체서용'은 중국 전통적 가치를 중심으로 서구적 방법을 활용하여 근대화를 모색한 이론이다. 현대 중국기업은 근대 '중체서용'사상의 현대적 변용으로 이해할 수 있으며 전통과 현대의 조화, 서구적인 것과 동양적인 것의 융합을 의미한다.

세번째는 핵심역량에 관한 것이다. 중국기업의 핵심역량은 '모방창신(模仿创新)'으로 대표된다. 개혁개방 이래 현재까지 중국은 노동집약적인 경제에서 기술 혁신적인 경제로 변화하여 왔다. 이는 적극적인 외자유입 정책에 기반한 것으로 중국기업은 외국기업의 기술을 모방하여 '짝퉁 제조국'이라 불리기도 하였다. 하지만 최근에는 모방을 통해 축적한 기술역량으로 중국기업은 글로벌 혁신기업 목록에 이름을 올리고 있다. CB Insights가 발표한 2022년 글로벌 유니콘 기업 명단에서 1,191개 유니콘 중 중국기업은 179개로 미국(644개) 다음으로 많았으며, 한국은 토스, 옐로우 모바일 등 16개 기업이 순위에 올랐다.

중국시장은 올림픽시장이다. 전국체전에서 1등한 선수라도 올림픽 게임에 출전하기 위해서는 올림픽게임 예선전부터 시작하여야 한다. 중국은 약 100만 여 개의 다국적기업이 진출해 있는 세계 최대의 경쟁시장이다. 한·중 기업이 중국시장에 진출함에 있어 올림픽 경기에 임하는 역량과 자세가 필요하다. 특히 중국시장에 진출하여 중국소비자를 만족시키기 위해

---

1 김용준 외, 『중국 일등기업의 4가지 비밀』, 삼성경제연구소, 2013 참조하여 정리

기업명	기업로고	기업가치 ($B)	본사	산업
ByteDance	ByteDance	$140.00	Beijing	Artificial intelligence
SHEIN	SHEIN	$100.00	Shen-zhen	E-commerce & direct-to-consumer
Xiaohongshu	小红书	$20.00	Shanghai	E-commerce & direct-to-consumer
Yuanfudao	猿辅导	$15.50	Beijing	Edtech
YuanqiSenlin	元气森林	$15.00	Beijing	Consumer & retail
DJI Innovations	DJI	$15.00	Shen-zhen	Hardware
XingshengSelected	兴盛优选	$12.00	Changsha	E-commerce & direct-to-consumer
BitmainTechnologies	BITMAIN	$12.00	Beijing	Hardware
ZongMuTechnology	ZONGMU	$11.40	Shanghai	Auto & transportation
Weilong	卫龙	$10.88	Luohe	Consumer & retail
Chehaoduo	瓜子	$10.00	Beijing	E-commerce & direct-to-consumer

출처: CB Insight에서 재정리

서는 중국에 이미 진출한 경쟁사에 대한 세밀한 분석과 대응전략을 수립해야 한다.

본 절에서는 중국의 대형기업인 상하이자동차, 화웨이, 하이얼과 인터넷기업인 알리바바, 텐센트, 바이두, 금융기업인 중국공상은행과 핑안보험, 마지막으로 인공지능 기업인 센스타임과 아이플라이텍의 기업문화와 글로벌 전략 등에 대해 알아보자.

제2절 중국의 대형기업: 상하이자동차, 하이얼, 화웨이

1 상하이자동차

(1) 중국 자동차시장 현황

중국정부의 소비진작정책에 힘입어 2017년 중국의 자동차 생산량은 2,901만 대, 판매량은 2,888만 대를 기록한 바 있다. 하지만 환경오염, 교통체증 등의 문제로 인한 중국정부의 환경정책에 따라 전기차 판매량이 크게 늘어 약 330만 대가 판매되었다. 이로 인해 2020년 4.9%였던 전기차 비중은 2021년에 12.7%까지 늘어났다. 중국의 전기차 시장은 글로벌 시장의 50% 가까운 비중을 차지하는 세계 최대 시장이다. 중국정부가 전기차 시장을 적극 지원했던 또 하나의 이유는 기존 내연기관 자동차시장에서는 중국 기업의 경쟁력이 부족하여 상대적으로 경쟁우위에 있었던 배터리 전기차 시장을 육성했기 때문이다. 현재 중국 내 내연기관 자동차의 판매량은 점차 줄어드는 추세로 2021년 자동차 생산량은 2,608만 대, 판매량은 2,627만 대를 기록하였다.

그림 4-3 | 중국의 자동차 생산 및 판매 현황

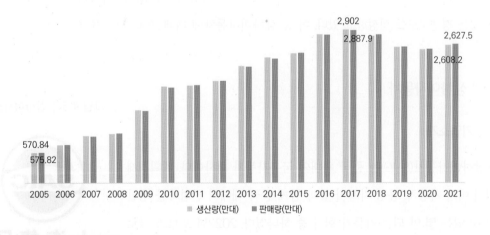

출처: 중국자동차공업협회

최근 중국 자동차시장의 또 다른 특징은 SUV나 MPV(다용도 자동차) 등을 중심으로 한 로컬 브랜드 자동차 판매량이 늘어나고 있다는 것이다. 중국자동차공업협회(中国汽车工业协会)의 자료에 따르면 2021년 중국 SUV 생산량은 1,003만 대, 판매량은 1,010만 대로 전년대비 6.7% 이상 증가하며, 전체 승용차 판매에서 약 47%를 차지하고 있다. 또한 2022년 1~9월까지 전체 자동차 판매에서 중국 로컬 브랜드의 승용차 비중은 38.2%, SUV는 55.1%, MPV는 61.1%를 차지하고 있다. 이는 한국을 포함한 해외 자동차 판매는 감소하였다는 것을 의미한다.

그림 4-4 | 2022년 7월 중국 로컬 자동차 판매량 비중

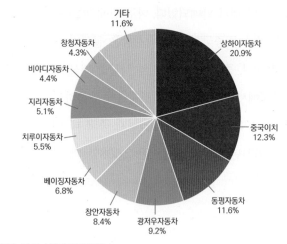

출처: 중국자동차공업협회

중국의 자동차 생산산업은 해외기업의 출자가 50% 이하로 제한되어 있기 때문에 모두 현지기업과의 공동경영 형태를 취한다. 독자경영이 가능한 해외기업은 현재 테슬라가 유일하다. 최근 수 년간 진행된 인수합병을 통해 중국 자동차업계는 이치(一汽)자동차, 상하이(上海)자동차, 동펑(东风)자동차의 3대 자동차 그룹과 광저우(广州)자동차, 창안(长安)자동차, 베이징(北汽)자동차, 지리(吉利)자동차 등이 그 뒤를 잇는 경쟁구도를 형성하고 있다. 이 중 상하이자동차에 대해 좀 더 살펴보자.

(2) 상하이자동차

그림 4-5 | 상하이자동차 로고

1) 기업소개

상하이자동차(SAIC)는 중국 최대의 국유자동차 회사이다. 계획경제 시기 이치 자동차, 동펑 자동차 등과 함께 중국 내에서 완성차를 생산할 수 있는 몇 안 되는 자동차 회사 중 하나였다. 2022년 포브스 글로벌 2000에서 204위를 차지하였으며, 중국기업연합회가 발표하는 중

그림 4-6 | 상하이자동차 자체 브랜드

로웨 (Roewe)

밍줴 (MG)

멕서스 (MAXUS)

즈지 (ZHIJI), 고급 전기차

페이판 (FeiFan)
SUV 전기차

위에진 (YueJin)

우링 (WuLing)
저가 전기차

바오쥔 (BaoJun)

국의 500대 기업에서는 자동차기업으로는 가장 높은 순위인 21위를 차지하였다.

상하이자동차의 2021년 판매량은 546만 대로 16년 연속 중국 내 판매량 1위를 유지하고 있으며 중국 자동차시장에서 약 21%의 비중을 차지하고 있다. 그 중 자체 브랜드 판매량은 285.7만 대로 전체 판매량의 52.3%를 차지하며 중국의 대표 자동차기업으로서 중국 시장에서 국산차 열풍을 일으키고 있다. 상하이자동차의 신에너지차(전기차)는 73.3만 대가 판매되어 전년대비 128.9%나 증가하였다. 2021년 판매된 자체 브랜드 중 전기차 비중은 22.7%에 달한다. 상하이자동차는 자체 브랜드 외에 독일계 폭스바겐과 미국계 GM과 합작회사를 갖고 있다. 1985년 독일 폭스바겐과의 합작을 바탕으로 완성차 조립생산 기반을 마련하였으며 1997년에는 미국 GM과 전략적 파트너 관계를 구축하였다. 1990년대 중반부터는 상하이 지방 정부 산하의 자동차 관련 기업들을 통합하여 규모를 확장해 중국 3대 자동차회사로 부상하게 되었다.

2) 경영전략

상하이자동차의 대표이사 겸 서기인 첸훙(陈虹)은 2014년부터 상하이자동차 그룹을 이끌고 있다. 2004년 상하이자동차와 폭스바겐의 합작사에서 실무경력을 쌓은 첸훙은 GM과의 합작에 참여하며 이후 상하이-GM의 총괄 매니저를 맡게 되었다. 이후 첸훙은 상하이-GM의 뷰익(Buick) 자동차를 통해 5년 만에 45만 대 판매라는 중국 내 최초의 기록을 세우기도

그림 4-7 | 상하이자동차 합작사

상하이자동차 & 폭스바겐   상하이자동차 & GM   상하이자동차 & GM & 우링

했다. '마음은 조용히, 생각은 멀리, 천마일을 목표로(心静思远, 志在千里)'라는 뷰익의 중국 내 브랜드 슬로건은 중국 자동차기업 중에서 가장 성공한 사례 중 하나로 손꼽힌다.

첸홍의 경영전략은 중국 일등기업의 특성 중 하나인 '중체서용'에 가깝다. 첸홍은 다양한 해외기업과 협력하는 상하이자동차가 단순히 해외 브랜드를 생산하거나 복제하는 것이 아니라 브랜드에 대한 연구, 해외 트렌드 조사 등의 국제화 전략과 중국소비자와 중국문화에 기반한 현지화 전략을 적절하게 융합하는 전략을 취해왔다고 설명하였다. 특히 합작 브랜드와 자체 브랜드를 상반되지 않는 두 가지 비즈니스 모델로 간주하여, 중복되는 포지셔닝을

표 4-3 | 2021 중국 전기차시장 판매량 Top5 제품

순위	제품명	기업	판매량(대)	가격대(만 위안)
1	홍광미니(宏光MINI)	상하이자동차	426,482	2.88-4.68
2	Model 3	테슬라	259,104	27.674-33.99
3	Model Y	테슬라	198,490	30.184-38.79
4	롱웨이Ei5	상하이자동차	174,333	14.18-15.58
5	한(汉)	BYD	134,796	21.48-28.45
6	리샹one	리샹(LiXiang)	90,491	33.8
7	샤오마이(小蚂蚁)	체리자동차	77,149	6.69-8.49
8	너자U(哪吒)	허중자동차(合众)	64,496	10.28-17.98
9	오우라헤이마오(欧拉黑猫)	창청자동차	63,492	6.98-8.48
10	샤오펑P7(小鹏)	샤오펑(XiaoPeng)	61,959	22.42-40.99

출처: 车主之家

피하고 경쟁을 지양한다는 경영원칙을 두고 있다.

상하이자동차는 폭스바겐과 GM 산하에 총 6개의 브랜드를 두고 있으며 GM 및 우링 자동차와의 합작사 산하에 2개의 자체 브랜드를 두고 있다. 그 외에도 로웨, 밍줴, 멕서스 등 상하이자동차 단독의 자체 브랜드가 있다. 승용차부터 SUV, MPV, 트럭, 버스까지 자동차의 전 제품계열에 대한 생산라인을 갖추고 있으며 저가부터 고급차까지 다양한 시장을 포괄한다. 최근에는 신에너지차 라인업에 주력하고 있다.

그림 4-8 | 홍광미니 컨버터블

출처: 상하이자동차 홈페이지

중국은 세계 최대 전기차 시장으로 경쟁이 치열하며 고객 니즈가 매우 다양하다. 상하이자동차는 저가형 전기차에서 프리미엄 전기차, SUV 전기차 등 다양한 제품을 구축하여 중국 전기차 시장에서 독보적인 위치를 차지하고 있다. 가장 인기있는 전기차 제품은 홍광미니(宏光MINI)로 2021년 한 해 동안 42.6만 대가 판매되어 테슬라를 제치고 중국 전기차 판매 1위를 기록하였다.

홍광미니는 상하이자동차의 자체 브랜드로 상하이자동차, GM, 우링자동차의 합작사인 SGMW에서 만든 저가형 전기차이다. 전기차 한 대 가격이 4만 위안(약 700만 원) 정도로 매우 저렴하며, 블룸버그는 홍광미니의 인기를 저렴한 가격과 젊은 여성층 공략 등으로 설명한 바 있다. 2022년 홍광미니는 2인승 컨버터블 모델을 선보이며 경쟁 과열 상태인 중국 전기차 시장에서 젊은 여성소비자를 타깃으로 한 저가형 전기차 시장의 선두주자로 입지를 굳히고 있다.

2020년 상하이자동차는 알리바바와 협력하여 즈지자동차(智己汽车)를 설립하였다. '즈지'라는 브랜드명은 중국의 유교 경전인 <주역>에 기반하고

그림 4-9 | 상하이자동차의 즈지 전기차

출처: 상하이자동차 홈페이지

있으며 영문명은 IM으로 'Intelligence in Motion'을 의미한다. 즈지는 '소프트웨어 자동차'라는 컨셉으로 다양한 기능을 탑재하고 있는 세단형의 프리미엄 전기차이다. 테슬라 Model Y와 비슷한 약 40만 위안의 가격대로 자율주행, 빔프로젝트, 무선충전 기능 등을 지원하고 있으며 2021년 출시되었다. 상하이자동차는 홍광미니부터 즈지까지 다양한 제품군과 가격대의 전기차 라인업을 구축하며 중국 전기차 시장에서도 막강한 파워를 유지하고 있다.

CASE   중국판 테슬라: 니오, 샤오펑, 리샹

중국은 세계 최대의 전기차 시장이다. 중국정부가 2020년 발표한 '신에너지자동차 산업 발전 계획(2021~2035년)'에서는 2025년까지 전기차 침투율을 20%까지 끌어올리고 2030년에는 30%, 2035년에는 50%까지 확대하겠다는 내용이 포함되어 있다. 하지만 전기차 보급이 빠르게 이루어지면 2022년 중국의 전기차 침투율은 당초 계획보다 빨리 20% 침투율을 달성할 것으로 보인다.

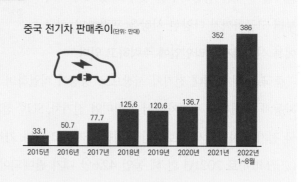

중국 전기차 판매추이(단위: 만대)

2015년	2016년	2017년	2018년	2019년	2020년	2021년	2022년 1~8월
33.1	50.7	77.7	125.6	120.6	136.7	352	386

출처: 머니투데이, "'공룡' 돼가는 中 전기차 산업… 그 이유엔 배울 점이 있다"

중국의 전기차 시장을 기업 중심으로 살펴보면 기존 내연기관 자동차에서 전기차로 사업 영역을 확대한 기업과 전기차만을 주력 제품으로 보유한 신흥 기업으로 구분할 수 있다. 기존 완성차 업체 중 대표적으로 BYD, 상하이자동차, 창청자동차, 광저우자동차 등이 있다. 이 중 BYD는 중국 선전에 본사를 두고 있으며 전체 자동차 판매량에서 신에너지차가 차지하는 비중이 90%에 달한다. 특히 제품명을 중국의 왕조 이름을 따서 한, 송, 당 등으로 출시하여 궈차오 트렌드에 따른 중국소비자 맞춤형 제품으로 인기를 얻고 있다.

그 외에 중국판 테슬라라고 불리는 3개 기업이 있다. 바로 니오(蔚来), 샤오펑(小鹏), 리샹(理想)이다. 이들 기업은 중고가 전기차를 주력 모델로 하며 모두 미국과 홍콩에 상장되어 있다. 특히 이들 3개 기업은 각각 텐센트, 알리바바, 메이퇀 등 중국의 대형 인터넷기업으로부터 투자를 받았다는 공통점이 있다.

니오는 2021년 총 9.1만 대의 전기차를 판매하였고, 샤오펑과 리샹도 각각 9.8만 대, 9만 대를 판매하며 매우 치열한 경쟁을 하고 있

니오(Nio, 웨이라이)	샤오펑(XiaoPeng)	리오토(LiAuto, 리샹)

2014 설립	2014 설립	2015 설립
2018 미국 상장	2020 미국 상장	2020 미국 상장
2022 홍콩 상장	2021 홍콩 상장	2021 홍콩 상장
2021 매출액 6조원	2021 매출액 4.4조원	2021 매출액 5.7조원
2022.4 시가총액 37.4조원	2022.4 시가총액 21.3조원	2022.4 시가총액 32.6조원
본사: 안후이 허페이(安徽合肥)	본사: 광저우(广州)	본사: 베이징(北京)
텐센트 투자	알리바바 투자	메이퇀 투자

다. 니오의 핵심역량은 배터리 교체에 있다. 니오는 BaaS(Battery as a Service) 시스템을 통해 초기 구매 가격을 낮추기 위해 배터리를 구매 가격에서 제외하고 렌탈로 결제하는 옵션을 제공하고 있다. 또한 배터리 충전뿐 아니라 교체를 위한 배터리 스왑 스테이션을 전국 888개 설치 완료하였으며(2022.4월 기준), 배터리 교체에 소요되는 시간은 5분 미만으로 전기차의 충전시간 문제를 크게 개선하였다. 니오는 배터리 스왑 스테이션 확대를 위해 중국의 최대 석유회사인 시노펙과 협력하고 있다.

샤오펑은 차량의 소프트웨어에 주력하였다. 전기차의 핵심은 결국 소프트웨어가 될 것이라는 샤오펑의 창업자 허샤오펑(何小鵬) 판단 하에 운전자 보조시스템(ADAS), 자율주행 등의 기능에 집중하고 있다. 리샹은 SUV전기차

시노펙 주유소 옆에 위치한 니오의 배터리 스왑 스테이션

출처: 바이두 이미지

를 주력 모델로 하며 설립 초기 단 하나의 차종으로 중국판 테슬라 삼총사 중 2위를 차지한 바 있다.

하지만 이들 기업은 최근 원자재 상승과 가격 경쟁력 하락, 차량 결함 등에 따른 소비자 불만, 전기차 시장의 경쟁 과열, 중국정부의 전기차 보조금 지원 종료 등 여러 요인으로 인해 실적이 부진한 상태이다. 하지만 중국뿐 아니라 글로벌 전기차 시장이 향후 지속성장할 가능성이 크고 한국 자동차의 주요 경쟁상대이기 때문에 이들 기업에 대해 관심있게 지켜볼 필요가 있다.

2 하이얼

(1) 중국 가전시장 현황

2021년 중국 가전시장 규모는 8,548억 위안으로 전년 대비 5.3% 증가하였다. 이는 코로나19로 인해 -9.5%의 성장률을 기록했던 2020년과 비교하면 큰 폭으로 상승한 것이다. 중국가전망(中国家电网)과 알리클라우드(阿里云)의 자료에 따르면, 중국 가전시장의 변화는 크게 소비측면과 공급측면에서 살펴볼 수 있다.

우선 소비측면에서 보면, 중국 가전시장의 소비트렌드는 개인화, 건강지향, 녹색화, 지능화

그림 4-10 | 중국 가전시장 규모 및 성장률

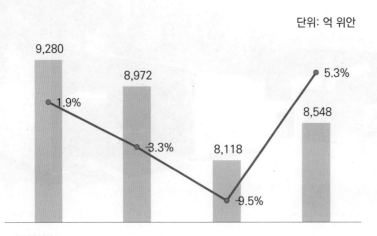

출처: 阿里云, 中国家电网

특징을 보이고 있다. 개인화로 인해 소형가전시장이 크게 성장하여 2021년 기준 약 1,017억 위안에 달한다. 또한 건강지향적 소비에 따라 가전제품의 원자재와 내열성 등의 사항을 구매요인에 반영하고 있으며 가전제품의 에너지 효율을 확인하는 녹색소비가 증가하고 있다. 최근에는 기술혁신에 따라 다양한 기능이 탑재된 가전제품을 선호하고 있다. GFK(Growth from Knowledge)의 자료에 따르면, 중국 가전시장의 지능화 제품 침투율은 글로벌 평균인 37%를 훨씬 상회하는 52% 수준이다.

특히 코로나19로 인해 구매경로가 크게 전환되어 온라인 중심 소비가 이루어지고 있으며 제품 역시 디자인 등의 외형 중심에서 벗어나 기능, 서비스, 스타일 등 제품의 범위를 모두 포괄하는 시장 전환이 이루어지고 있다. 공급측면에서는, 외부환경으로 인한 원자재 가격 상승, 친환경에 대한 시장압력 증가, 기술혁신, 브랜드 다양화, 탄소중립 등 다양한 정책적, 경제적 변화에 직면하고 있다. 이로 인해 침투율이 높은 가전제품의 경우 합리적 소비가 이루어지고 있고, 식기세척기, 건조기 등 침투율이 낮은 가전제품은 프리미엄 제품이 주를 이루고 있다.

2021년 중국 가전시장에서 시장점유율 27.1%로 압도적 1위를 차지하고 있는 기업은 하이얼이다. 하이얼에 대해 좀 더 살펴보자.

(2) 하이얼

1) 기업소개

1984년에 설립되어 산둥성 칭다오시에 본사를 둔 하이얼은 '중국의 마쓰시다'로 불리는 백색가전(냉장고, 세탁기 등) 분야의 세계 10대 전자업체 중 하나이다. 하이얼은 세계적인 시장조사기관인 유로모니터가 선정한 2020년 글로벌 가전 브랜드 1위를 차지하였다. 2009년 처음으로 1위에 선정된 이후 12년 연속 1위를 기록하였다. 2021년 매출액은 2,275.6억 위안(약 40조 원)으로 전년대비 15.8% 증가하였다. 이 중 해

그림 4-11 | 하이얼의 글로벌 매출 비중

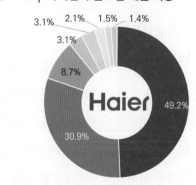

■중국 국내 ■북미 ■유럽 ■오세아니아 ■인도, 파키스탄 ■동남아 ■일본 ■기타

출처: 2021 하이얼 사업보고서

그림 4-12 | 하이얼 산하 브랜드

Haier

타깃시장	중국
제품	중저가, 고가 해외시장 진출 핵심브랜드

GE APPLIANCES

타깃시장	북미
제품	중고가 브랜드

FISHER & PAYKEL

타깃시장	오세아니아
제품	고가 주방용품 브랜드

AQUA

타깃시장	일본, 동남아
제품	일본, 동남아 시장 인지도 높음

Casarte

타깃시장	중국
제품	고가 브랜드

Leader

타깃시장	중국
제품	젊은층을 타깃으로 한 브랜드

CANDY

타깃시장	유럽
제품	스마트 기술로 젊은층 타깃

외매출은 약 50%이며 전체 해외 매출 중 북미 시장이 61.8%를 차지하고 있다.

하이얼은 2011년 일본 파나소닉의 자회사인 산요(Sanyo)의 백색가전 사업을 인수하였으며, 2016년에는 130여 년 역사의 미국 GE 가전사업부문을 인수, 2019년에는 이탈리아 가전기업 Candy를 인수하며 세계 최대 가전회사로 도약하였다. 하이얼 산하에는 하이얼, 카사떼(Casarte), 리더(Leader), GEA, Candy, Fisher&Paykel, AQUA 등의 브랜드를 두고 있으며 브랜드별 타깃 시장이 상이하다. 중국 국내 시장에서는 하이얼과 카사디, 리더를 중심으로 판매하고 있으며, 북미시장은 GEA, 오세아니아 지역은 Fisher&Paykel, 일본과 동남아는 아쿠아, 유럽은 Candy 브랜드를 통해 시장을 공략하고 있다.

2) 경영전략

하이얼의 경영전략은 중국 일등기업의 특성 중 하나인 '천시지리인화'를 가장 잘 활용한 기업이라고 할 수 있다. 우선 리더십에 해당하는 '인화'의 측면에서 살펴보면, 하이얼의 창업자 장루이민은 1984년 외국의 30개 냉장고 메이커의 기술자료를 연구한 후 당시 최첨단이던 독일의 리페르(Liebherr)사의 냉장고 기술과 생산 라인의 도입을 결정하였다. 이후 1991년까지 하이얼은 주력제품을 냉장고 단일품목으로 한정하고 품질 중시, 브랜드 육성에 전념하였다. 특히 냉장고, 에어컨, 세탁기의 국제기준 자격을 차례로 획득하여 주요 가전시장의 제품인증을 모두 획득하였다. 이러한 품질국제화는 해외 진출 성공을 가능케 한 원동력이 되었으며 이로써 하이얼은 선진국 시장에 진입할 수 있었다. 이는 창업자의 리더십에 따른 결과라고 할 수 있다.

현지화전략에 해당하는 '지리'의 측면에서 살펴보면, 하이얼은 소비자를 지향하는 제품개발에 부단한 노력을 아끼지 않았다. 격화되는 시장경쟁 열기 속에서 하이얼이 핵심가치로 삼은 것은 제품설계의 개성화, 제품사용 단순화, A/S 서비스로 압축된다. 하이얼이 제품설계의 창의성을 보여주는 대표적인 사례가 바로 중국에서 크게 히트한 '감자세탁 겸용 세탁기'이다. 과거 쓰촨성 농민이 하이얼 세탁기로 감자를 씻다가 오물로 배수파이프가 막혀 고장의 원인이 되었는데, 하이얼 직원이 이 농민의 세탁기에서 힌트를 얻어 감자세탁을 겸하는 세탁기를 개발하게 된 것이다.

외부환경 변화에 신속하게 대응하는 '천시'의 측면에서 살펴보면, 하이얼은 설립 이후 크게 두 번의 환경 변화에 빠르게 대응하였다. 첫 번째는 1992년부터 하이얼은 다각화전략을 전개하여 관련 분야를 냉장고에서 가전 전분야로 확대하기 시작했다. 관련 분야의 중국기업을 차례로 흡수합병하여 규모의 확대를 통한 다각화를 조기에 달성하였다. 이른바 흡수합병 전략으로 그룹화를 실현한 것이다.

그림 4-13 | 하이얼 스마트홈

출처: 하이얼 홈페이지

두 번째는 가전시장의 스마트화 트렌드에 따라 가전제품의 플랫폼 시스템을 구축한 것이다. 2014년 세계 최초로 U+ 스마트 라이프 플랫폼을 출시한 이래 스마트홈 시장에 본격 진출하였다. 2019년 하이얼은 기존의 청도하이얼에서 하이얼 스마트홈(海尔智家)으로 회사명칭을 변경하며 스마트홈 에코 브랜드로의 성장에 주력하고 있다. 하이얼의 스마트홈 플랫폼은 IoT+AI기술을 활용한 '5+7+N'으로 설명할 수 있다. '5'는 스마트 거실, 스마트 주방, 스마트 침실, 스마트 욕실, 스마트 발코니 등 생활 공간을 의미하고, '7'은 보안, 수도, 전기 등 주택 솔루션을, 'N'은 개인화된 옵션을 뜻한다.

③ 화웨이

(1) 중국 통신장비시장 현황

글로벌 통신장비산업은 한국과 미국이 최초로 5G 이동통신서비스를 상용화하면서 새로운 성장기를 맞고 있다. 코로나19로 인해 주요 국가들이 5G 인프라 구축을 연기하거나 투자를 축소하였지만, 5G 시장은 여전히 성장세를 보이고 있다. 통신장비산업 가치사슬에서 R&D, 조달, 생산 등의 공급파트에서는 퀄컴, 인텔 등의 미국기업, 화웨이, ZTE 등의 중국기업, 핀란드의 노키아, 일본의 후지쯔 등이 주도적인 역할을 하고 있으며, 수요측면에서는 각 국가의 대형 이동통신사가 주요 역할을 하고 있다.

Omdia의 자료에 따르면, 글로벌 5G시장규모는 133억 달러이며 이 중 중국이 44%를 차지한다고 한다. 중국신통원(中国信通院)의 자료에 따르면, 중국에서 5G로 연결되는 통신장비는 총 603종이며 이 중 단말기가 452종으로 가장 많다. 2021년 기준 중국은 총 142.5만 개의 5G기지국을 보유하고 있으며 이는 글로벌 전체 기지국의 73%에 해당하는 규모이다. 이 중 화웨이가 설립한 기지국은 전체의 58%에 달한다. 중국을 대표하는 통신장비업체인 화웨이는 2021년 글로벌 시장점유율에서도 28.7%의 비중을 차지하며 미국의 제재에도 불구하고 연속 2년 1위를 기록하고 있다. 중국정부 산하의 통신장비 전문 매체인 통신산업보(通信产业报)는 2022년 중국 내 100대 통신장비업체 순위를 발표하였는데, 화웨이는 총점

그림 4-14 | 글로벌 5G 기지국 현황

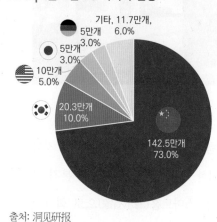

출처: 洞见研报

표 4-4 | 2022 중국 내 통신장비업체 Top5

순위	기업명	기업로고	기술혁신	시장선도	공급망협력	경영진	총점
1	Huawei	HUAWEI	39.5	29	19.5	9.5	97.5
2	ZTE	ZTE	39	29	18.5	10	96.5
3	Qualcomm	QUALCOMM	38.5	29	19.5	9.0	96.0
4	ChinaTower	CHINA TOWER 中国铁塔	38.5	29.5	19	8.5	95.5
5	Ericsson	ERICSSON	38	28	19	10	95.0

출처: 通信产业报

97.5점으로 1위를 차지하였다.

(2) 화웨이

1) 기업소개

 5G 통신장비 분야 글로벌 1위 기업으로 미중 패권경쟁의 가장 중심에 있는 기업 화웨이 (华为, Huawei)는 1987년 설립된 중국의 민영기업이다. 창업자인 런쩡페이(任正非)는 당시 연구원 5명과 자본금 2만 위안으로 OEM 통신장비 제작을 시작하였다. 1993년 첫 자체 제품을 생산한 화웨이는 농촌 시장을 먼저 개척하고 국영기업이 차지하고 있던 도시 시장을 나중에 공략하는 전략으로 회사를 키워나갔다.

 2021년 현재 화웨이의 직원은 약 19.5만 명이며 연간 매출액은 6,368억 위안을 기록하였다. 미국 제재의 영향으로 전년대비 약 28.6% 급감한 수치이다. 하지만 순이익은 75.9% 증가하여 수익구조가 개선되었다는 평가가 있다. 전체 매출 중 해외매출이 차지하는 비중은 35.1%인데 미중 경쟁 이전인 2017년 49.5%였던 것과 비교하면 큰 폭으로 줄어든 것이다. 특히 유럽과 미국 시장에서의 매출이 전년대비 평균 26% 이상 감소한 영향이 크다.

그림 4-15 | 화웨이 글로벌 사업 비중 변화

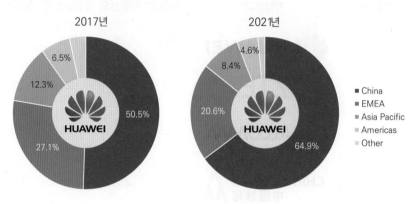

출처: 화웨이 사업보고서

화웨이는 과거 매년 매출의 10% 이상을 R&D에 투자해 왔으나, 어려운 상황에서 더 연구개발에 투자해야 한다는 경영원칙에 따라 2021년에는 매출의 22.4%인 1,427억 위안을 투자하였다. 연구개발 인력은 약 10.7만 명으로 전체 직원 수의 54.8%를 차지한다. 2021년까지 화웨이는 45,000개 이상의 특허 제품군에 걸쳐 총 110,000개 이상의 활성 특허를 보유하고 있으며 유럽 특허청에 접수된 특허출원에서 1위를 차지하였다.

2) 경영전략

그림 4-16 | Huawei Way를 소개한 책자

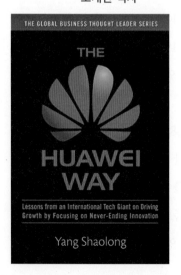

화웨이의 사업부는 크게 5G를 대표로 하는 통신장비 사업(Carrier Business), 시스템 및 데이터 관리와 클라우드 컴퓨팅 서비스를 제공하는 기업 대상 사업(Enterprise Business), 스마트 기기를 제조 및 판매하는 소비자 대상 사업(Consumer Business) 등 크게 세 가지로 구분된다. 이 중 통신장비 사업 비중이 44.2%로 가장 많으며, 소비자 대상 사업이 38.2%로 그 뒤를 잇고 있다. 미중 경쟁 이후, 통신장비와 소비자 대상 사업 모두 매출액이 하락하였는데, 유일하게 클라우드 컴퓨팅과 같은 기업 대상 사업만 전년대비 2.1% 증가하였다.

그림 4-17 | 화웨이 경영진(좌측 원피스 입은 여성이 멍완저우, 가운데 핑크 셔츠 입은 남성이 런쩡페이)

출처: 2021 화웨이 사업보고서

　화웨이의 경영전략은 중국 일등기업의 특성 중 하나인 '중체서용'과 관련이 있다. 우선 기업명에서도 보듯이 화웨이란 '중화유위(中华有为)'의 '중화민족의 미래는 밝다'라는 의미에서 착안하여 만들어진 이름이다. 화웨이의 창업자인 런쩡페이는 마오주의자로 알려져 있다. 과거 마오쩌둥 시절 중국의 국유철강회사인 안산철강의 경영방침이었던 '안강헌법'에 기반하여 화웨이의 업무 매뉴얼인 '화웨이 기본법(Huawei Way)'을 제정하였다. 또한 화웨이는 중국 국내시장에서 마이너시장을 우선적으로 장악한 후 메이저시장으로 진입하는 전략을 채택하였다. 이러한 전략은 중국의 민영기업들이 국유기업과 경쟁할 때 자주 사용하는데, 마오쩌둥이 농촌을 기반으로 점차 도시로 진입한 전략과 유사하다고 하여 마오전략이라고 부른다. 이러한 전략은 해외시장에도 적용되어 화웨이는 선진국이 아닌 개발도상국을 먼저 공략하였다. 그리고 개발도상국에서 해외경험을 쌓고 영업 노하우를 터득한 이후 선진국시장에 진출하는 방식을 취해 왔다. 이 과정에서 브랜드 인지도가 낮았던 화웨이는 글로벌화 초기단계에서 해외 거래업체들을 중국으로 초청하여 중국의 변화된 모습과 기술혁신 등의 모습을 보여주며 기업이미지에 대한 인식을 제고시켰다.

　5G통신장비와 스마트폰을 중심으로 빠르게 성장하던 화웨이는 미중 경쟁의 중심에 서며 미국의 제재 대상이 되었다. 화웨이는 미국 기업뿐만 아니라 미국의 장비와 소프트웨어를 이용해 제품을 만드는 외국 기업에게 장비를 공급할 때 미국 정부의 허가를 받게 되며 해외

시장에서의 성장에 제동이 걸리게 되었다. 하지만 화웨이는 과거보다 더 R&D에 공격적인 투자를 하고 있으며 사업 다변화를 통해 자체 생태계를 수립해 나가고 있다. 런정페이의 딸이자 화웨이의 CFO인 멍완저우(孟晚舟)는 2022년 실적발표회에서 "화웨이의 규모는 작아졌지만 수익성과 현금 창출 능력은 향상되었으며, 불확실성에 대한 대처 능력도 크게 향상되었다"고 자평한 바 있다.

제3절 중국의 인터넷기업: 텐센트, 알리바바, 바이두

1 중국 인터넷시장 현황

중국의 부상은 기술경쟁력과 혁신적인 비즈니스 모델을 구축한 인터넷 기업들의 등장에 기반한 것이라고 해도 과언이 아니다. 2022년 6월 기준, 중국의 인터넷 이용자 수는 10억 5천 만 명이며 인터넷 보급률은 74.4%로 5년 전에 비해 약 38% 증가하였다. 모바일 인터넷 사용자 수는 전체 인터넷 사용자의 99.6%를 차지하고 있어 대부분의 중국소비자가 스마트폰을 통해 인터넷에 접속하고 있음을 알 수 있다. 중국은 디지털 플랫폼의 모든 영역에서 미국의 GAFA(Google, Amazon, Facebook, Apple)에 대응되는 플랫폼 기업을 보유하고 있다. <표 4-5>는 중국과 미국의 플랫폼 기업을 비교한 표이다.

중국의 인터넷 기업 생태계는 'BAT'라고 불리는 알리바바, 바이두, 텐센트를 중심으로 구성되어 있다. <그림 4-18>에서 알 수 있듯이 대부분의 투자가 대형 인터넷 기업을 통해 진행되고 있다. 이들 기업은 인터넷이 보급되던 1990년대 후반 설립되어 중국 인터넷 산업의 성장을 주도한 1세대 대형 인터넷 기업들이다. 중국의 대형 인터넷기업의 특성은 '모방창신'으로 설명할 수 있다. 초기단계에서는 미국 인터넷기업의 비즈니스 모델과 서비스를 모방하였으나 현재는 글로벌 혁신을 선도하는 기업으로 성장하였다는 공통점이 있다.

표 4-5 | 중국과 미국의 플랫폼 기업 비교

분야	국가	대표플랫폼 명칭	로고	MAU(억 명)
E-commerce	중국	티몰(Tmall)	TMALL 理想生活上天猫	7.2
	미국	아마존(Amazon)	amazon	1.97
Social & messaging	중국	위챗(Wechat)		12.7
	미국	페이스북(Facebook)	f	29.3
Content & media	중국	틱톡(TikTok)	TikTok	10
	미국	유튜브(YouTube)	YouTube	26
Search	중국	바이두(Baidu)	Bai 百度	6.28
	미국	구글(Google)	Google	10
Maps	중국	까오더(Gaode)		4
	미국	구글지도(Google maps)	Google Maps	1.54

출처: 각 플랫폼 공개자료 정리

그림 4-18 | 중국 대형 인터넷기업의 투자 현황

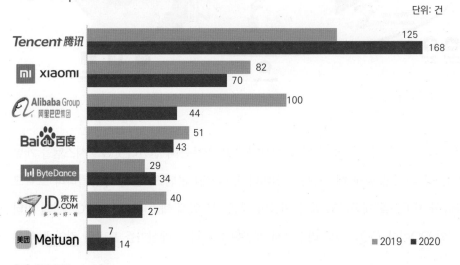

출처: SCMP Research

2 텐센트

1998년 11월 설립된 텐센트는 중국 최대 인터넷 메신저인 '큐큐(QQ)'와 모바일 메신저 '위챗(Wechat)', 모바일 게임 '왕자영요(王者荣耀)' 등을 운영하고 있는 중국의 대표 인터넷기업이다. 2022년 시가총액 4,097억 달러로 중국의 인터넷 상장기업 가운데 1위를 차지하고 있다. 텐센트의 시가총액은 전 세계기업 중 11위로, 27위인 우리나라의 삼성전자보다 시장가치가 1.4배 높다.

텐센트라는 사명은 창업자인 마화텅(马化腾)의 이름에서 응용한 것이다. 중국어로 '오를 등(腾)'자에 '물을 신(讯)'자를 써서 '텅쉰(腾讯)'으로 지은 것이다. 마 회장의 이름 마지막 글자인 텅에 쉰을 합친 것인데, '讯'은 '정보'라는 의미도 있어 '하늘로 치솟는 정보'라는 의미를 담고 있다. 영문명인 '텐센트'는 당시 휴대폰 메시지 가격이 한통에 10센트였던 점에서 착안한 것이다.

그림 4-19 | 텐센트의 디지털 생태계

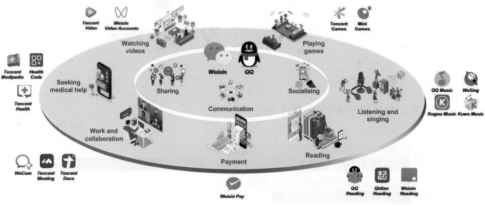

출처: 텐센트 사업보고서

텐센트컴퓨터유한회사를 설립한 당시, 회사의 주요 업무는 무선인터넷 호출시스템을 개발하는 것이었다. 하지만 현재 텐센트는 소셜미디어, 디지털 콘텐츠, 핀테크, 유틸리티 프로그램 등 다양한 서비스를 제공하고 있다. 지금의 텐센트를 있게 해준 서비스는 PC기반의 인터넷 메신저인 QQ이다. QQ는 이스라엘에서 개발된 ICQ라는 메신저를 모방한 것인데, 텐센트는 ICQ에 O만 붙여서 1999년 OICQ를 출시하였다. 텐센트의 OICQ는 친구 목록 및 대화내용 저장, 로그인 알림 서비스 등 중국소비자 기반의 현지화된 서비스를 제공하며 이용자가 크게 증가하였다. OICQ의 이용자가 증가하자 ICQ는 상표권 침해소송을 제기하였고, 텐센트는 소송에서 패하여 QQ로 명칭을 변경하게 된 것이다. 현재 QQ의 이용자 수는 5.7억 명에 달한다(월간 활성사용자 5.5억 명).

QQ로 이용자 수를 확보한 텐센트가 글로벌 혁신기업으로 성장할 수 있었던 것은 2011년 모바일 메신저 서비스인 위챗을 출시하고 난 이후이다. 우리나라의 카카오톡에 해당하는 위챗은 2022년 6월 기준 약 13.1억 명의 사용자를 확보하고 있으며, 한글, 영어, 일어, 프랑스어 등의 언어를 제공하고 있다. <그림 4-19>에서 보듯이 텐센트는 위챗과 QQ를 통해 소비자와 사업자를 연결하여 다양한 서비스를 제공하며 텐센트만의 디지털 생태계를 구축하고 있다.

마화텅은 "현재 우위가 있다고 해서 미래의 승리를 장담할 수 없다. 앞으로 각종 서비스와 축적한 사용자 데이터 베이스를 연결시켜 개척하는 것이 매우 중요하다"고 밝혔다. 텐센트의 모든 애플리케이션은 다년간 방대한 사용자 데이터베이스를 축적했다. 이 데이터베이스는 커다란 인터넷 마케팅 가치를 가지고 있다.

2021년 텐센트의 매출액은 5,601억 위안으로 전년대비 16% 증가하였으나 텐센트 설립 이래 최저 성장률에 해당한다. 이러한 텐센트의 전체 매출에서 가장 많은 비중을 차지하는 것은 게임이다. 게임은 매출의 31%를 차지하며 이 중 해외매출 비중이 8%이다. 중국의 경우 게임에 대한 정부 규제로 성장이 더딘 상황이지만, 해외시장은 2021년 성장률 31%를 기록하며 빠르게 상승하고 있다.

또한 텐센트는 인공지능을 이용한 의료 분야의 세계적인 선도기업이 되겠다는 목표를 갖고 인공지능 기반 의료 플랫폼과 헬스케어 생태계 구축에 박차를 가

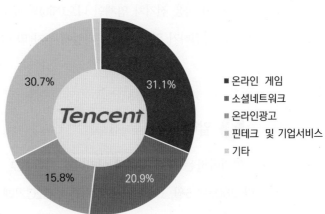

그림4-20 | 2021년 텐센트 매출 비중

30.7%　31.1%　15.8%　20.9%

■ 온라인 게임
■ 소셜네트워크
■ 온라인광고
■ 핀테크 및 기업서비스
■ 기타

출처: 2021 텐센트 사업보고서

표 4-6 | 텐센트가 투자한 주요 온라인의료 플랫폼

플랫폼 명칭	투자개시	서비스 유형
위닥터(微医)	2014.10.15	진료예약, 원격진료 등
딩샹웬(丁香园)	2014.09.02	의료진 정보공유, 원격진료 등
주오지엔커지(卓健科技)	2015.01.30	진료예약, 진료, 개인건강기록 분석 등
미아오쇼우이성(妙手医生)	2015.08.04	진료예약, 진료 후 상담, 제약처방 등
띠이판잉(第一反应)	2015.08.21	응급진료
이리엔 (医联)	2015.09.07	의사간 정보공유서비스
하오따이푸(好大夫)	2017.03.29	진료예약, 의료상담, 의사평가

출처: KIET 자료 바탕으로 재작성

하고 있다. 2014년, 텐센트는 최대 의학 포털사이트인 딩샹위엔(丁香园)을 인수하며, 모바일 헬스케어시장에 진입했다. 이후 병원 예약 중개 사이트였던 꽈하오(挂号)에 투자하였고, 꽈하오는 보다 다양한 서비스를 제공하기 위해 명칭을 위닥터(微医, Wedoctor)로 변경하였다. 현재 위닥터는 온라인 처방, 의약품 배송, 원격진료 등의 의료서비스 종합 플랫폼으로 2020년 기준 약 2.2억 명의 이용자를 보유하고 있다.

텐센트는 스마트카 산업에서도 영향력을 확대하고 있는 중이다. 2021년 텐센트는 중국의 최대 민영자동차 회사인 지리자동차와 스마트카 기술 개발 계약을 맺은 바 있으며, 2022년에는 중국 스마트카 제조업체인 뤄커자동차(洛轲汽车)에 5천만 달러를 투자하였다. 텐센트는 중국의 신흥 전기차 업체인 니오(Nio)의 주요 투자자 중 하나이며 2014년부터 스마트카 시장을 선점하기 위해 관련한 기업에 투자 및 인수 작업을 진행해 오고 있다.

3 알리바바

알리바바는 세계 최대의 이커머스 기업으로, 1999년 마윈(马云)이 설립한 인터넷 회사이다. 2003년 5월, 1억 위안을 투자하여 C2C거래 플랫폼인 타오바오(淘宝)를 만들었다. 2004년 10월, 알리바바는 제3자 결제시스템인 알리페이(支付宝)서비스를 개시하며 결제안전에 대한 신뢰도를 크게 향상시켰으며, 이는 중국 전자상거래 발전의 큰 금융 인프라를 제공해 주었다. 알리바바의 본사는 항저우에 있으며, 전체 약 2.5만 명의 직원을 두고 있다. 2014년 알리바바는 뉴욕증시에 상장하였으며, 2019년에는 홍콩에서 재상장에 성공하였다. 2021년 중국의 이커머스 거래액은 2조 7,793억 달러로 이는 미국 시장의 3배가 넘으며 글로벌 이커머스 시장의 52.1%를 차지하는 규모이다.

알리바바의 비전은 '102'로 100년 이상 지속가능한 회사를 만드는 것이며, 미션은 '어디서든 비즈니스를 하기 쉽게 만든다(To make it easy to do business anywhere)'이다. 알리바바의 이커머스 사업은 크게 C2C, B2C, B2B로 구분할 수 있다. C2C플랫폼에는 타오바오가 있으며 B2C는 대표적으로 티몰이 있다. B2B플랫폼으로는 알리바바 닷컴을 운영 중이다. 크로스보더 플랫폼으로 알리익스프레스가 있으며 동남아 시장을 겨냥한 라자다도 있다. 이외에도 신선식품 유통업체인 허마셴셩, 라이브 커머스 플랫폼인 타오바오 라이브, 동영상 콘텐츠 플랫폼인 요우쿠(Youku), 물류 업체인 차이냐오(Cainiao), 클라우드 서비스인 알리클라우드(Aliyun) 등이 있으며 핀테크 서비스를 제공하는 앤트그룹을 통해 지급결제, 신용평가,

그림 4-21 | 알리바바의 디지털 생태계

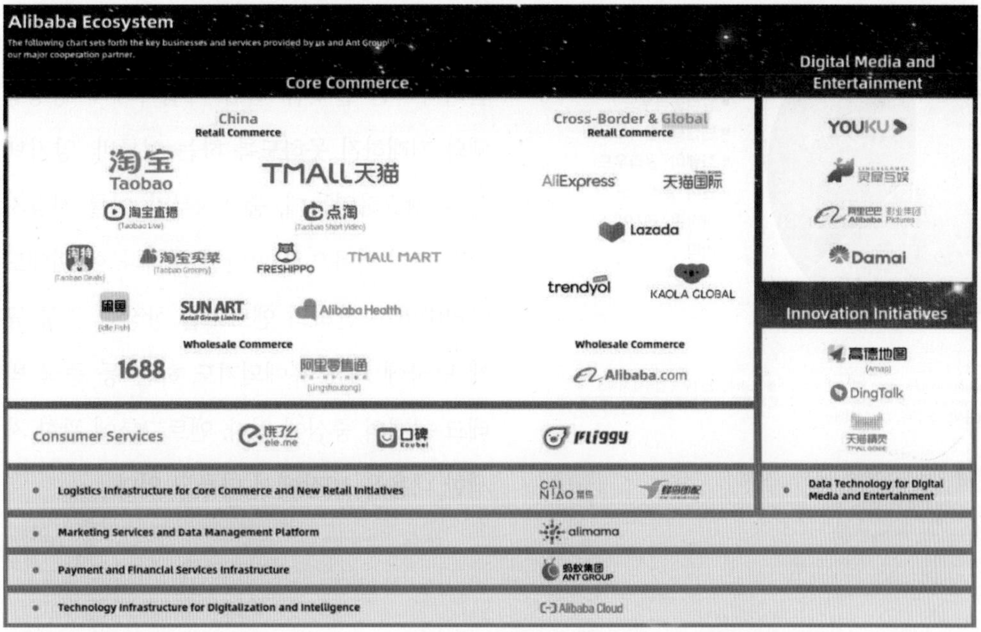

출처: 알리바바 사업보고서

온라인 대출 등의 금융서비스도 제공하고 있다.

알리바바의 매출 비중은 2021년 회계연도(2020년 4월~2021년 3월) 기준 매출액은 7,173억 위안으로 전년대비 40.7% 상승하였으며 핵심 전자상거래가 87%, 클라우드 컴퓨팅이 8%, 디지털미디어 부분이 4%를 차지하고 있다. 특히 전년대비 50.2%의 성장률을 보인 클라우드 컴퓨팅 부분의 자회사 알리클라우드의 강세가 두드러진다. 알리클라우드는 중국판 블랙프라이데이인 광군제의 거래량을 서버 장애 없이 진행할 수 있는 기술적 환경을 제공하고 있다. 클라우드 컴퓨팅은 2019년 새로 출범한 장융 CEO의 디지털 경제(Digital Economy)시대 전략의 근간으로, 알리바바의 차세대 성장동력이라 할 수 있다. 2021년 기준 알리클라우드는 중국 클라우드 컴퓨팅의 시장점유율 36.7%로 압도적 1위를 차지하며 산업 성장을 주도하고 있다.

알리바바는 인공지능 기술 기반의 스마트 시티 구축에도 주력하고 있다. 알리바바는 알리클라우드를 기반으로 구동되는 지능형 인공지능 플랫폼인 'ET 브레인(ET Brain)' 프로젝트를 공개한 바 있다. 알리바바 본사가 위치하고 있는 항저우는 ET 시티 브레인의 테스트베드(Testbed)이다. 한편 알리바바는 2021년 중국 규제 당국으로부터 반독점법 규정 위반에 따라 약 3조 원에 달하는 과징금이 부과되었다. 알리바바는 플랫폼 입점 사업자에게 경쟁업체와 거래하지 못하도록 하는 이른바 '양자택일'을 강요하였는데, 중국정부가 이를 시장지배적 지위 남용으로 판단한 것이다. 이 외에도 알리바바는 산하의 앤트그룹 상장이 중국 규제 당국에 의해 유예되기도 하는 등 중국 빅테크 규제의 중심에 있다. 앤트그룹에 관한 자세한 내용은 12장에서 다루고 있다.

그림 4-22 | 중국 IaaS+PaaS 클라우드 시장 현황

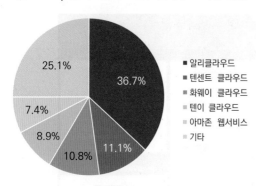

* IaaS(Infrastructure-as-a-service)란, IT인프라 소스를 제공하는 클라우드 컴퓨팅 서비스
* PaaS(Platform-as-a-service)란, 컴퓨터 응용 프로그램의 설계, 개발 등에 필요한 하드웨어와 소프트웨어를 제공하는 클라우드 컴퓨팅 서비스

출처: 零壹財经

❹ 바이두

바이두는 2000년 1월 리옌훙(李彦宏)과 쉬용(徐勇) 두 사람이 베이징 중관촌에서 설립한 인터넷 기업이다. 바이두는 중국어 중심의 검색환경 제공이라는 목적으로 설립되었으며 현재 중국 검색엔진 시장점유율 83.2%(모바일 기준)에 달하는 중국 최대의 검색엔진 기업이다. 2005년 8월 5일에 미국 나스닥에 상장하였고, 2006년 12월에는 일본에도 진출하여 2007년 3월에 베타 서비스를 시작하였다. '百度'라는 중문명은 중국 송대 시인 신치지(辛弃疾)의 <清玉案·元夕>의 한 구절인 "무리들 중에서 그녀를 수백 번 찾았다(众里寻她千百度)"에서 기원한 것이다. 이는 바이두가 중문 정보 검색기술에 대한 집착의지를 보여주는 상징적인 문구가 되었다. 2004년부터는 '궁금한 게 있다면 바이두해(有问题,百度一下)'라는 슬로건을 통해 검색의 대명사로 자리매김하게 되었다.

바이두는 중국 인터넷시장에 진입할 때부터 줄곧 중국인의 생활에 맞는 인터넷 핵심기술을 개발하기 위한 것을 자신의 사명으로 삼았다. 바이두는 검색 외에도 다양한 서비스를 제공하고 있다. 네이버지식인과 유사한 바이두 쯔다오(百度知道), 다음카페와 유사한 바이두 티에바(百度贴吧), 위키백과와 유사한 바이두바이커(百度百科) 등이 있다. 바이두바이커는 백과사전이라는 점에서는 위키백과와 비슷하지만, 위키백과와 달리 등록한 사용자만이 편집할 수 있다. 위키백과는 2005년 10월부터 중국 국내에서 접속 차단이 되고 있기 때문에 바이두바이커는 검열된 결과만 표시된다는 의견도 있다.

그림 4-23 | 바이두 홈페이지

바이두는 자신의 핵심기술인 '초련분석(超链分析)'을 기초로 한 검색서비스로 많은 사람들의 환영을 받았다. '초련분석'이란 사이트에 연결된 횟수에 따라 그 품질을 평가하는 것으로서, 사람들이 자주 사용하는 사이트가 화면 앞쪽에 나타나게 하는 것이다. 바이두의 총재인 리옌훙은 '초련분석'기술을 가지고 있던 유일한 사람이고, 그 기술은 이미 세계의 여러 검색 사이트에서 보편적으로 사용하고 있다. 바이두는 여러 기업에 각종의 소프트웨어 경쟁순위 및 광고서비스를 제공함으로서 제품 홍보를 위한 공간을 제공하였다.

그림 4-24 | 바이두의 디지털 생태계

출처: 바이두 홈페이지

바이두의 주요 상업 시스템은 경쟁가격순위(Cost Per Click, CPC)를 들 수 있는데, 이는 효과에 따라 비용을 지불하는 인터넷 기반의 홍보방식이다. 이런 서비스는 여러 중소기업에게 인터넷을 통한 마케팅 기회를 제공하고 있다.

그림 4-25 | 바이두의 자율주행 택시 서비스 지역

출처: 아폴로 홈페이지

2021년 매출액은 1,245억 위안으로 BAT기업 중에서는 가장 적은 규모이다. 새로운 성장동력을 모색하기 위해 바이두는 전통 주력 사업 분야인 인터넷 검색 서비스를 기반으로 사업 영역을 확장하여 다양한 서비스를 제공하고 있다. 바이두는 중국 인공지능 분야의 기술 및 투자 규모면에서 가장 선도적 기업으로 꼽힌다. 바이두의 인공지능 사업은 인공지능 스피커를 포함한 인공지능시스템(DuerOS), 클라우드 AI 서비스(AIaaS), 자율주행차 플랫폼 아폴로(Apollo), 차량네트워크, 스마트 도시 등을 아우르고 있다.

바이두는 2013년 이래로 인공지능 시스템을 활용하여 자율주행 기술개발에 착수했다. 2014년 7월, 바이두는 처음으로 바이두 무인 자동차 R&D 계획을 발표했으며, 그 해 9월 BMW와의 무인 기술 공동 개발 협력을 발표했다. 2019년 1월, 바이두는 레벨4 수준의 3.5 버전인 '아폴로 라이트(Apollo Lite)'를 발표했으며, 동시에 자율주행 시스템 양산을 목적으로 하는 종합 솔루션 '아폴로 엔터프라이즈(Apollo Enterprise)'를 출범시켰다. 2020년 10월 바이두는 베이징에서 안전요원이 탑승한 자율주행 택시 '아폴로 고(go)' 서비스를 시작하였으며, 2022년 현재 상하이, 우한, 창사, 광저우 등 10개 도시에서 운영되고 있다.

제4절 중국의 금융기관: 공상은행, 핑안보험

1 중국의 금융기관 현황

중국의 금융시장은 은행 중심의 간접금융시장으로 은행을 통한 자본조달 비중이 약 75%에 달한다. 중국 은행산업은 그동안 강력한 구조개혁으로 자산건전성 및 지배구조 개선을 통해 지속적으로 성장하여 왔다. 현재 중국에는 6개의 대형상업은행과, 12개의 주식제 상업은행, 그리고 정책성 은행, 도시상업은행, 농촌상업은행 및 신용조합 등의 다양한 은행업 금융기관이 있다. 영국의 금융 전문지인 더뱅커(The Banker)가 전 세계 4,000개 은행을 대상으로 선정하는 2022년 Top 1,000은행에서 중국의 은행은 모두 186개가 순위에 진입하였으며 그 중 5곳이 Top 10에 이름을 올리고 있다. 이는 4개 은행을 순위권에 진입시킨 미국보다 많은 수이다. 그 중 중국의 공상은행은 뱅크오브아메리카, JP모건체이스 등을 제치고 10년간 1위 자리를 지키고 있다.

중국의 주식시장은 2000년대 중반 급속하게 성장하였으며, 상하이거래소는 시가총액 기준 세계 3위 시장으로 부상하였다. 홍콩시장을 제외한 중국 본토의 주식시장은 상하이와 선전에 2곳이 있다. 이를 다시 장내거래시장과 장외거래시장으로 구분하여 살펴보면 우선 장내거래시장에는 상하이거래소와 선전거래소가 있으며, 장외거래시장에는 신삼판시장(新三板市場)이 있다. 장내거래시장은 상장요건에 따라 메인거래소인 주판(主板), 중소기업 및 벤처기업을 대상으로 하는 창업판(创业板), 혁신기술기업을 대상으로 하는 과창판(科创板), 신생기술기업의 자금조달 시장인 베이징거래소(北交所)로 구분된다. 2022년 11월 현재, 중국의 증권회사는 140개가 있으며 금융의 중심지인 상하이에 본사를 둔 증권회사가 31개로 가장 많다.

표 4-7 | 2022 글로벌 Top20 은행

순위	은행명	국가	자본($bn)
1	ICBC	China	508
2	China Construction Bank	China	404
3	Agricultural Bank of China	China	377
4	Bank of China	China	341
5	JPMorgan Chase	US	246
6	Bank of America	US	196
7	Citigroup	US	169
8	Wells Fargo	UK	159
9	HSBC Holdings	China	156
10	Bank of Communications	China	150

출처: The Banker

② 중국공상은행

"글로벌 경쟁력을 갖춘 세계 일류 금융기업." 시가총액 및 보유자본을 기준으로 세계 1위 금융 기관인 중국공상은행(中国工商銀行; Industrial and Commercial Bank of China, ICBC)의 슬로건이다. 중국공상은행은 1984년 인민은행으로부터 상업·금융기능을 분리해 설립한 중국 최대 국유상업은행이다. 중국의 고도성장이 지속되던 가운데에서도 국유상업은행의 부실자산은 중국 경제의 큰 리스크로 거론되곤 했다. 이 때문에 중국정부는 이들 은행의 개혁에 총력을 기울였다. 중국정부는 4대 자산관리공사를 설립해 중국의 4대 국유상업은행의 부실채권 관리를 중점적으로 관리하였다. 2021년 현재 공상은행의 BIS자기자본비율은 18.02%로 매우 양호한 편이며 과거 리스크로 거론되었던 부실채권 비율도 1.42%로 자산건전성이 크게 개선되었다.

중국공상은행은 2006년 10월 27일 홍콩과 상하이 주식시장에서 동시 상장되었다.

그림 4-26 | 공상은행 지배구조와 인사시스템

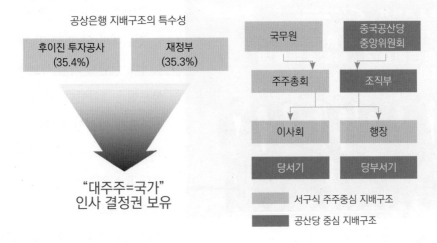

출처: 김용준 외(2013)

당시 상장을 통해 219억 달러를 조달함으로써 IPO 사상 최대 규모를 달성하였으며 이를 통해 경영능력 개선, 투명성 강화 등 성장의 발판을 마련하였다. 공상은행의 주주는 중국정부가 소유한 투자회사인 중앙후이진투자유한공사가 약 35%, 중국 재정부인 MOF가 약 35%를 차지하여 중국정부가 사실상 지배하고 있다.

2021년 중국공상은행의 고객은 7.04억 명으로 전년대비 약 2.3천만 명 증가하였고, 요구불예금 잔액은 26.4조 위안으로 우리나라 최대 은행인 KB국민은행보다 약 27배 많은 규모이다. 공상은행의 BIS자기자본비율은 18.02%로 매우 양호한 편이며 과거 리스크로 거론되었던 부실채권 비율도 1.42%로 자산건전성이 크게 개선되었다.

공상은행은 시가총액 글로벌 1위라는 타이틀 외에도 여러 측면에서 1위를 기록하고 있다(중국 본토 기준). 우선 중국 내에서 43만 명이라는 가장 많은 직원을 보유한 은행이다. 또한 가장 많은 지점을 보유하고 있는 은행으로 2021년 기준 중국 전역에 1만 5천 767개의 지점과 2만 4천 145개의 ATM

그림 4-27 | 2022 공상은행 브랜드 파워

출처: Brand Finance

그림 4-28 | 공상은행과 알리바바의 전략적 제휴 체결

출처: 알리바바 그룹

기를 설치하고 있다. 개인고객 수도 7.04억 명으로 가장 많으며 이는 전년대비 약 2.3천만 명 증가한 것이다. 브랜드 가치 측면에서도 공상은행은 1위이다. 영국의 브랜드 가치평가 기관인 브랜드 파이낸스 (Brand Finance)가 선정한 '중국 브랜드 Top 25'에서 공상은행은 브랜드 가치 4,837억 위안(751억 달러)으로 화웨이와 위챗 등을 제치고 1위를 차지하고 있는데, 해당 브랜드 가치는 글로벌 은행 브랜드 파워 1위이기도 하다.

최근 들어 다른 중국의 대형은행들과 마찬가지로 중국공상은행도 대형 IT기업과 전략적 제휴를 맺는 등 금융서비스의 디지털 전환에 주력하고 있다. 중국의 인터넷기업들이 빅데이터와 디지털 기술을 활용하여 전통금융기관인 은행을 중개했던 과거와 달리 최근 중국의 은행은 인터넷기업과 적극적으로 협업하며 금융기술 개선과 데이터 확보에 집중하는 것이다. 공상은행은 2019년 앤트그룹과 알리바바의 플랫폼을 사용하여 지급결제 및 이커머스 비즈니스를 추진하고 있으며 전반적인 디지털금융서비스를 개선하고 있다. 공상은행은 디지털금융 분야의 혁신 트렌드에 발빠르게 적응하며 중국 자체 금융시장에서 주도적 지위를 확보해 나가고, 해외 금융기관 지분인수로 글로벌 시장에서 위상을 지속적으로 강화해 나갈 것으로 예상된다.

3 중국핑안보험

중국핑안보험주식유한회사(이하 중국핑안)는 중국 최초로 보험을 중심으로 증권·신탁·은행·자산관리·기업연금 등 다양한 금융 업무를 영위하는 금융회사이다. 중국핑안은 중

국 최고의 규모와 명성을 지향하며 성장하였으며 높은 자본 운용력과 신용을 바탕으로 중국 보험 업계에서 중국인민재산보험(PICC) 다음 두 번째로 큰 규모의 보험회사이다. 1988년 선전 서코우(蛇口)에서 설립된 중국평안은 중국 보험회사 중 최초의 주식회사이다. 2004년 6월 홍콩증권시장에 상장하였으며, 2007년 3월에는 상하이증권거래소에 상장하였다

그림 4-29 | **중국핑안보험그룹 로고**

중국평안그룹은 산하에 중국인수보험주식유한회사, 중국평안재산보험주식유한회사, 평안양로보험주식유한회사, 평안자산관리유한책임회사, 평안건강보험유한책임회사 등 21개의 자회사를 두고 있다. 중국평안은 중국금융보험업에서 처음으로 외자를 영입한 기업이며, 선진화된 관리시스템과 국제화 및 전업화한 관리팀을 보유하고 있다. 종합금융서비스 제공을 목적으로 하는 중국평안은 종합금융 플랫폼과 의료건강 플랫폼으로 서비스가 구분된다. 종합금융플랫폼에서는 보험업, 은행법, 자산관리업의 서비스를 제공하고 있으며 디지털 기술을 활용하거나 인터넷기업과의 협업을 적극적으로 도모하고 있다. 의료건강 플랫폼에서는 최근의 기술혁신에 기반하여 핀테크, 자동차 서비스, 부동산, 스마트시티 등과 같이 금융생활 전반에 걸친 사업을 영위하고 있다.

중국평안은 2021 포춘 선정 글로벌 500대 기업에서 16위를 차지하였으며 전년대비 5단

그림 4-30 | **중국핑안보험의 사업범위**

글로벌 선도의 개인금융생활서비스그룹							
종합금융			의료건강				
금융+과학기술			금융+생태계				
보험	은행	자산관리	금융서비스생태계	의료건강생태계	자동차서비스생태계	스마트도시생태계	

출처: 2021 중국핑안보험 사업보고서

표 4-8 | **중국보험회사 순위**

순위	회사명
1	중국생명(China Life)
2	**중국핑안(Ping An)**
3	중국인민보험(PICC)
4	태평양보험(CPIC)
5	신화보험(NCI)
6	중국태평(China Taiping)
7	타이캉보험(TaikangLife)
8	화하보험(Hua Insurance)
9	양광보험(Sunshine Insurance)
10	AIA생명(AIA)

출처: Maigoo

계의 순위 상승이 있었다. 포브스 선정 글로벌 2000에서는 7위에 랭크되어 있으며 Brand Finance 선정 중국 브랜드 500에서는 8위를 차지하고 있는 명실상부 중국을 대표하는 보험회사이다. 중국핑안은 2.27억 명의 개인고객과 6.47억 명의 인터넷 이용자를 기반으로 2021년 매출액 1.2조 위안을 달성하였다.

중국핑안은 '한 명의 고객에게 다양한 상품을 원스톱 서비스'로 제공하는 종합금융플랫폼을 비전으로 하여 서비스와 플랫폼의 경계를 허물고 있다. 중국핑안은 디지털 소비자의 온라인 데이터와 중국핑안이 30년간 축적한 오프라인 데이터를 융합하여 금융생활 전반에 걸친 다양한 서비스를 제공하고 있다. 중국핑안은 디지털금융 분야에서 앤트 그룹 및 텐센트 등과 같은 인터넷기업과 경쟁 및 협업하는 가장 적극적인 전통금융기관에 해당한다. 현재 중국핑안은 모바일지급결제 분야에서는 핑안 E지갑(Ping an E-wallet), 온라인 대출 및 자산관리 플랫폼인 루팍스(Lufax), 온라인 보험 플랫폼인 종안보험(众安保险), 서비스형 소프트웨어(Software as a Service)인 핑안클라우드, 핑안헬스케어(平安健康) 등을 운영하고 있다. 핑안헬스케어에 대해서는 12장에서 자세하게 다루고 있다. 글로벌 금융환경이 코로나19로 인해 급속하게 디지털 전환을 겪고 있는 가운데 다양한 기술혁신과 축적된 금융경험을 바탕으로 중국핑안은 플랫폼 비즈니스 모델을 통해 혁신을 이뤄내고 있다.

그림 4-31 | **중국핑안보험의 플랫폼 서비스**

Digital Payments	Digital-Only Banking	Wealthtech	Insurtech	SaaS
壹钱包	陆金所 Lufax.com	陆金所 Lufax.com	众安保险 ZhongAn Insurance	平安云 平安健康

출처: SCMP Research 참고로 재정리

제5절 중국의 인공지능 기업: 센스타임, 아이플라이텍

1 중국의 인공지능 시장 현황

표 4-9 | 2022 글로벌 AI 지수

순위	국가명	점수
1	미국	100
2	중국	62.92
3	영국	40.93
4	캐나다	40.19
5	이스라엘	39.89
6	싱가포르	38.67
7	대한민국	38.6
8	네덜란드	36.35
9	독일	36.04
10	프랑스	34.42

출처: Tortoise

영국 Tortoise가 AI관련 인재, 연구인프라, 정부전략 등을 종합하여 평가한 'The Global AI Index(2022)'에서 중국은 62.92점을 획득하며 미국에 이어 글로벌 2위를 차지한 인공지능 강국이다. 여러 글로벌 시장조사기관들은 중국의 AI기술이 곧 미국을 추월할 것으로 예측하고 있다. 2019년 중국 AI 특허건수는 66,508건으로 미국 다음으로 가장 많은 규모이다. AI 관련 논문 및 인용 수에서 중국은 미국과 EU를 이미 추월하였다.

중국 인공지능산업은 정부의 적극적인 지원하에 빠르게 영역을 확장하고 있다. 중국은 정책 가이드라인인 <차세대 인공지능 발전규획>을 중심으로 국무원 산하의 공업정보화부, 과학기술부, 교육부 등에서 각 부처의 특징에 따라 인공지능 관련 세부 정책들을 시행하고 있다. 공업정보화부는 인공지능 기술을 통한 중국 내의 산업 발전에 초점을 맞추고 있는 한편, 인공지능 기술 발전 및 지역 단위의 인공지능 산업 발전에 힘쓰고 있다. 교육부는 인공지능 관련 고등교육과정에 대한 정책을 실행하여 인공지능 인재 육성의 역할을 맡고 있다.

이러한 중국의 AI시장 발전의 중심에는 BAT(Baidu, Alibaba, Tencent)를 중심으로 하는 빅테크(Big Tech)기업과 음성인식, 컴퓨터 비전 등 인공지능 기술기업들이 있다. 이하에서는 중국 컴퓨터 비전 분야의 대표기업인 센스타임과 음성인식 분야의 대표기업인 아이플라이텍에 대해 살펴보자.

② 센스타임

센스타임(商汤科技, Sensetime)은 2014년에 설립된 안면, 이미지, 비디오, 의료 영상 인식 기술 개발 및 공급 기업이다. 기술을 발전시키기 위해 독자적으로 AI 딥러닝 플랫폼과 슈퍼 컴퓨팅 센터를 구축했으며 알리바바, 쑤닝, 비보, 샤오미 중국 내 대형기업과 협력하여 관련 기술을 공급하고 있다. 중국은 4대 안면인식 유니콘 기업이 있는데, 바로 이투커지(依图科技, YITU), 쾅스커지(旷视科技, MEGVII), 윈총커지(云从科技, Cloud Walk), 그리고 센스타임이다.

센스타임은 홍콩중문대학의 탕샤오어우(汤晓鸥) 교수가 대학 내 마련한 멀티미디어랩을 기반으로 설립되었다. 탕교수는 현재 센스타임의 쉬리 대표이사와 함께 센스타임의 경영에 참여하고 있다. 센스타임의 직원은 약 5천여 명인데 이 중 70%가 연구개발 인력이다. 센스타임은 사업초기 중국 최대의 이동통신사인 차이나모바일의 얼굴 인식 시스템 구축 프로젝트를 수주하면서 성장의 발판을 다질 수 있었다. 중국정부의 데이터베이스 접근 권한을 받아 방대한 데이터를 축적했고 이를 통해 AI 알고리즘을 대폭 향상시켰다. 중국 정부의 지원과 탄탄한 기술력을 바탕으로 AI경쟁에서 주요 플레이어가 될 수 있었다. 이러한 이유로 센스타임은 미국 재무부의 투자제한 블랙리스트에 추가되기도 하였다.

표 4-10 | 센스타임 기업정보

기업명	샹탕그룹주식유한회사(商汤集团股份有限公司)
대표명	쉬리(徐立)
설립일	2014.10
상장일	2021.12.30 홍콩 상장
주요사업	안면인식, 영상인식 등 AI 딥러닝에기반한 이미지 감지 소프트웨어 개발
미션	AI가 인류의 발전을 이끌도록 하자 (To create a better AI-empowered future through innovation)
회사로고	

센스타임의 핵심기술은 얼굴감지 및 추적, 지문 및 홍체 등의 생체 인식, 자체개발 딥러닝 플랫폼인 패럿(Parrots)등이 있다. 센스타임의 안면인식 기술을 기반으로 얼굴 데이터를 클러스터링하고 저조명 역광, 얼굴 측면 프로파일 등 다양한 환경에서 얼굴을 감지해낼수 있다. 전세계적으로 폭발적인 인기를 끈 증강현실 카메라 어플리케이션 '스노우(SNOW)', 'B612' 등의 얼굴 인식 기능에도 센스타임의 안면인식 기술이 적용됐다.

센스타임은 의료 분야에서도 활발하게 사업을 전개하고 있다. 스마트 헬스케어 플랫폼 '센스케어(Sensecare)'를 구축하여 CT영상과 MRI영상을 판독하고 병명을 판단하는 시스템을 개발했으며, 해당 시스템은 진단의 효율성을 제고하고 오진 가능성을 감소시켰다. 실제로 코로나19 방역현장에 해당 시스템이 투입되기도 했다. 시스템을 통해 의심환자의 CT영상을 판독하여 폐렴 여부를 확인하였다. 정부의 정책적 지원하에 기술 경쟁력을 갖춘 센스타임은 전 세계 9개 도시에 대표사무소를 설치하여 글로벌 사업도 활발하게 전개하고 있다.

3 아이플라이텍

아이플라이텍(iFLYTEK, 科大讯飞)은 1999년에 설립된 인공지능 음성인식 기술을 응용한 소프트웨어, 칩 개발 및 공급 기업이다. 음성인식 기반 동시통역 서비스, 음성을 문자로 변환하는 기술 등을 개발하여 오포, 비보, 샤오미 등 중국의 대표 스마트폰 제조업체들에 관련 기술을 공급하고 있다.

아이플라이텍은 본래 음성인식 분야의 작은 중소기업이었다. 2016년 시진핑 주석이 안후이성(安徽省)을 시찰할 때 아이플라이텍 본사를 방문해 해당 기업의 기술을 극찬하며 전국적으로 주목받기 시작했다. 또한 2017년 3월에 개최된 양회에서 리커창 총리의 업무보고를 TV 화면 자막으로 변환할 때 아이플라이텍의 기술이 사용되면서 본격적으로 이름을 알리기 시작했다. 2016년 구글이 개최한 '국제음성식별대회(CHiME 2016)'에서 1위, 글로벌 음성식별 기술 대회 '블리자드 챌린지'에서도 2019년까지 14년 동안 연속 1위를 차지했다. 아이플라이텍의 중국 내 음성인식 분야 시장점유율은 약 70%로 스마트폰, 가전회사, 자동차 회사 등 다양한 산업에서 활용되고 있다.

표 4-11 | 아이플라이텍 기업정보

기업명	커다쉰페이주식유한공사(科大讯飞股份有限公司)
대표명	리우칭펑(刘庆峰)
설립일	1999.12
상장일	2008.05 중국 선전 상장
주요사업	음성 인식 소프트웨어 개발 및 서비스업, 정보 공학
미션	인공지능으로 아름다운 세계를 건설하자 (用人工智能建设美好世界)
회사로고	

아이플라이텍은 음성인식 외에도 AI영상 감지 기술을 발전시키는 데 주력하고 있다. 그 결과 의료 영상 분야 글로벌 대회 IDRiD 중 당뇨망막병증 AI 영상 진단 부문에서 1위를 거두었다. 2017년 아이플라이텍이 개발한 AI 의료 시스템은 전 세계 최초로 국가 의사 자격증 시험에 합격하기도 하였다. AI 의료 어시스턴트 시스템은 현재 안휘성(安徽省)에서 운행 중에 있으며, '쉰페이(讯飞) 의료 어시스턴트 플랫폼'을 제공하여 AI 음성 인식 기술을 이용해 코로나19 관련 지식을 공지하고 중증 환자를 추적하기도 했다.

아이플라이텍의 기술은 법정에서도 쓰인다. AI 법정 심문 보조 시스템의 음성 식별률은 이미 95%를 초과하였다. 기술을 사용함으로써 기존의 법정 심문 시간을 최대 50% 절약할 수 있게 되었으며 법정 심문 기록의 완성도 역시 대폭 상승했다. 매년 매출의 20% 이상을 R&D에 투자하고 있으며, 나머지 투자금액 중 50% 이상은 현재 매출과 관련 없는 미래 사업에 투자하고 있다. 이러한 투자 전략을 통해 빠르게 변화하는 기술혁신에 민첩하게 대처할 수 있었으며 향후 지속적인 성장이 예상된다.

본 장에서는 중국시장의 경쟁자 중 중국의 대표적인 기업 10개를 알아봤다. 통신장비의 화웨이, 가전의 하이얼, 자동차에서는 상하이자동차, 인터넷기업으로는 알리바바, 텐센트,

바이두 그리고 금융기관으로는 중국공상은행과 중국평안보험, 인공지능 기업으로 센스타임과 아이플라이텍의 성장과정과 현황을 살펴보았다. 중국 진출 시 한·중 기업의 경쟁자는 동종산업 내의 한·중 기업이 아니라 중국시장에서 성장한 중국기업들이다. 이와 같은 중국 경쟁자와 치열한 싸움을 하여 성공의 신화를 만들어 가고 있는 한·중 기업의 5C사례를 5장에서 연구해보자.

연구과제

01 중국 대표기업인 화웨이의 핸드폰 사업 철수와 전기자동차 산업 진출전략을 조사해보자.

02 중국 반도체 대표기업인 SMIC의 핵심역량과 리더십을 조사분석 해보자.

03 중국 대표 플랫폼 기업인 알리바바와 텐센트의 리더십과 기업문화를 비교분석해보자.

04 중국대학 졸업생들 취업선호 상위기업을 조사하고, 이를 한국대학 졸업생들의 선호도와 비교해보자.

참고문헌

공상은행(2022), 『2021사업보고서』

김용준 외(2013), 『중국 일등기업의 4가지 비밀』, 삼성경제연구소.

김재현(2022), "'공룡' 돼가는 中 전기차 산업⋯ 그 이유엔 배울 점이 있다", 머니투데이.

바이두(2022), 『2021사업보고서』

산업연구원(2022), 『통신장비산업의 가치사슬별 경쟁력 진단과 정책 방향』

상하이자동차(2022), 『2021사업보고서』

서울포럼(2018), 『중국의 기술추월과 그 파장』, 2018.8.9.

알리바바(2022), 『2021사업보고서』

이욱연(2019), "마오쩌둥 사상으로 무장한 화웨이, 미국 봉쇄 돌파하나?", 중앙일보.

중국상무부(2021), 『2021중국외자통계(中国外资统计)』

중국평안(2022), 『2021사업보고서』

하이얼(2022), 『2021사업보고서』

화웨이(2022), 『2021사업보고서』

화웨이(2018), 『2017사업보고서』

Brand Finance(2022), 『China 500』

Growth from Knowledge(GfK, 2022), 『家电产业趋势_从全球到中国』

KIET(2018), 『중국 모바일 헬스케어 산업의 발전현황과 시사점』

SCMP Research(2020), 『China Fintech Report 2020』

阿里云, 中国家电网(2022), 『智联场景数驱增长 : 家电行业数智化转型白皮书』

零壹财经(2022), 『云计算巨头业务分化 : 阿里云主攻IaaS+PaaS , 腾讯云发力SaaS』

中国互联网络信息中心(2022), 『第50次中国互联网络发展状况统计报告』

中国信通院(2022), 『5G应用创新发展白皮书』

周光军(2022), 『汽车面孔』, 电子工业出版社.

CHINA MARKETING

PART
II

중국 표적시장과
포지셔닝전략

Chapter

05

중국시장전략

중국마케팅전략 수립을 위해서는 5C분석이 시작이다. 앞서 우리는 Change, China, Consumer, Competitor에 대한 내용을 다루었다. 이제 내·외적 환경분석의 마지막으로 중국에 진출한 한·중 기업의 분석에 해당되는 Company에 대해 살펴보겠다. 1992년도 중국과 수교 이후 현재까지 약 7만 개의 기업이 중국에 투자를 하였다. 외국기업 중 중국에 가장 많은 투자를 하는 한국, 일본, 미국 기업의 진출현황을 살펴보자. 우리나라 기업은 코로나19 상황에도 대중투자를 지속하였으며 2021년에는 중국 진출 이후 가장 많은 2,478개의 기업을 중국에 설립하였다. 미국 기업 역시 사상 처음으로 한 해 신설기업 수가 2천 개를 돌파하였는데, 2018년 미중무역 분쟁으로 진출 기업 수가 다소 줄어든 듯하였으나 2021년 큰 폭으로 증가하였다. 일본기업은 2013년 이후 중국에 진출하는 기업 수가 1천 개 미만으로 한·미·일 중 가장 적은 규모이다. 중국소비자를 타깃으로 중국에 진출하여 생산·판매를 하는 중국 내수기업 중 삼성전자, 현대자동차, LG화학, SK 하이닉스, CGV 등의 대기업들은 20년동안 지속가능한 경영을 보여주고 있다. 이제는 한국의 중견기업과 벤처기업들이 한국 대기업의 중국 경험과 중국 인력을 자산화하여 성공의 신화를 만들어갈 차례이다.

그림 5-1 | 한, 미, 일의 중국 내 설립 기업 수

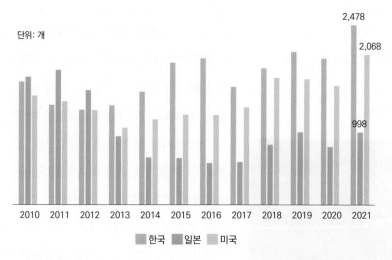

출처: 중국상무부 외자통계

5장에서는 중국의 내수시장을 타깃으로 진출한 대기업과 중견기업, 중소·벤처기업, 중국 발 한상기업의 사례를 살펴보고자 한다. 특히 대기업 및 중견기업에서는 중국인 남녀노소 가 좋아하는 오리온 초코파이, 한국의 매운 맛으로 중국에서 승부를 건 농심 신라면에 대 해 앞서 학습하였던 5C를 통해 간략하게 분석해본다. 중소·벤처기업으로는 의료, 헬스케어 기업인 메타바이오메드와 인바디, 중국 교육용 로봇시장에 진출한 로보로보 사례를 살펴볼 것이다. 중국발 한상기업으로는 한국 최초로 중국 디지털컨설팅에 도전하는 펑타이에 대해 연구해 보자. 5C 분석 결과를 바탕으로 한·중 기업의 중국시장에서의 현재위치 도출을 위 한 TOWS 분석, 그에 따른 사업전략을 도출과 Action Plan기법을 살펴보자.

제1절 중국 진출 한·중기업의 5C

1 대기업과 중견기업

(1) 하오리요우(오리온)

오리온은 1990년대 초반 국내시장 성공을 발판으로 해외시장으로 시야를 넓혔다. 오리온 은 초코파이라는 독창적인 제품으로 글로벌기업들이 점령하고 있는 중국, 러시아, 베트남 시 장 등에 도전장을 던졌다. 그 중 매출이 가장 높은 곳은 중국으로 2011년에 중국법인 매출이 처음으 로 한국에서의 매출을 초과하였으며 2013년에는 중국 연 매출 1조 원을 돌파하였다. 1993년 중국 베이징에 대표사무소를 설립한 지 20여 년 만에 이룬 성과다. 중국 매출 1조 원 기록은 삼성전자, 현대자동차 등 주요 그룹사만 달성했던 것으로 CJ 제일제당, 농심, 풀무원, 롯데제과 등 현지에 생산 설비를 갖춘 국내 식품업체 중에서는 최초였다. 베

그림 5-2 | 오리온 초코파이

출처: 오리온 중국 홈페이지

이징과 상하이에 양대 생산기지를 구축한 오리온은 글로벌 무한경쟁 시장인 중국에서 가장 성공한 한·중 기업으로 손꼽힌다. 파이 분야의 중국소비자 만족도 조사(C-CSI)에서 오리온 초코파이는 2017년부터 2020년까지 1위를 지속하다 2021년부터 중국 내 최대 경쟁자인 다리위안(达利园)에게 1위자리를 내주고 2022년 현재 다리위안, 판판(盼盼)에 이어 82.1점으로 3위를 차지하고 있으며, 오리온의 다른 파이제품인 오예스가 4위이다. 파이 분야 Top5 제품 중 오리온은 유일하게 2개의 제품이 동시에 중국소비자로부터 인정을 받은 기업이자 외국기업이기도 하다.

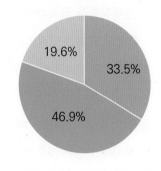

그림 5-3 | 오리온 매출액 구성

출처: 오리온 2021사업보고서

2021년 매출현황을 살펴보면 한국에서 7,889억 원, 중국에서 1조 1,059억 원, 베트남과 러시아 등에서 4,606억 원을 달성하며 총 2조 3,555억 원의 매출액을 달성였다. 총 60개국에서 26종 제품 판매 차별화에 성공했으며 중국시장의 매출액은 다른 국가들에 비해 월등히 높아 여전히 중국시장에서 굳건하게 입지를 유지하고 있다. 2021년 오리온의 국가별 매출액 구성을 살펴보면 중국이 46.9%의 비중을 차지했으며 주요 매출 지역임을 확인할 수 있다.

1) 중국 제과시장(China&Change)

중국의 제과시장을 사회적 측면에서 살펴보면, 중국 제과시장은 한국처럼 국내 브랜드가 성장한 후에 외국 브랜드가 진출한 것이 아니라 브랜드 개념이 없던 시기에도 이미 개방되어 있었다. 1990년대 초까지만 해도 중국에서는 '제과(制果)'라는 말을 쓰지 않았다. 제과를 제약으로 잘못 인식하기도 하고 과일생산으로 추측한 중국업체에서 과일을 공급하겠으니 한국으로 수출해 달라는 전화도 심심찮게 걸려오기도 하였다.

그러나, 중국 제과시장은 베이징, 상하이, 광저우 등 1선 도시 권역을 중심으로 개혁개방 이후 초보적 시장형성 단계를 거쳐 세계 모든 업체 간의 브랜드 파워 각축장이 되었다. 중국 자국 브랜드의 성장기 없이 단숨에 가장 치열한 시장으로 변했다. 이에 따라 품목별로 앞선 세계 브랜드들이 우위를 선점하며 하나씩 자리를 잡아가고 있었고, 이 경쟁에 참여하지 못한 업체는 어쩔 수 없이 후발주자로 이미 브랜드 포화상태인 중국 제과시장에서 더욱 어려운 경쟁상황을 극복해야 하거나 중국시장 밖에서 관망할 수밖에 없게 되었다.

중국의 방대한 면적으로 인한 다양한 기후 조건은 제과시장에도 영향을 미친다. 가령 동북부 연안지역 소비자의 경우 초콜릿 파이류를 선호하며 남부 지역의 소비자들은 크림 케이크류를 선호한다고 한다. 그 이유는 남부로 내려갈수록 기후가 더워져 고온에 녹는 초콜릿 제품은 먹을 때 불편했기 때문이다. <그림 5-4>를 통해 현재 중국 제과시장에서 가장 큰 비중을 차지하고 있는 것은 파이, 케이크류의 제품인 것을 알 수 있다. CR5(Concentration Ratio 5)는 상위 5개기업의 시장집중도를 의미하는데, 파이 및 케이크 시장의 집중도는 20% 미만으로 경쟁이 매우 치열한 시장임을 알 수 있다. 오리온 파이의 경우 파이 및 케이크 시장점유율이 2% 정도이며, 1위 업체인 중국의 다리위안도 5% 정도이다.

경제적 측면에서 보면, 중국의 제과시장 규모는 최근 5년 간 연평균 11.3%로 지속성장하고 있으며 2022년 1.5조 위안(약 277조 원)에 달할 것으로 전망된다. 코로나19의 팬데믹 기간에도 중국 제과시장은 지속적으로 성장한 것을 알 수 있다. Statista의 자료에 따르면 2022년 글로벌 제과시장 규모는 약 1.05조 달러(약 1,353조 원)에 달한다. 글로벌 제과시장에서 중국은 약 20.5%의 비중을 차지하는 매우 큰 시장이다.

정치적 환경에서 살펴보자. 중국시장에서의 경영환경은 국제정치 환경과 밀접하게 연관되

그림 5-4 | 중국 제과시장의 시장집중도와 성장률

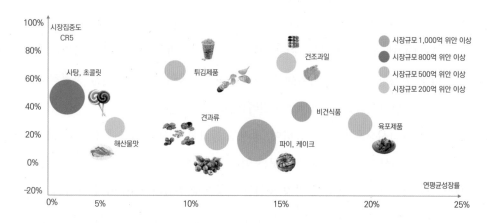

출처: Mob研究院(2022)

그림 5-5 | 중국의 제과시장 규모

그림 5-5 | 중국의 제과시장 규모

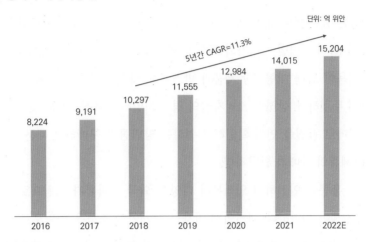

단위: 억 위안

5년간 CAGR=11.3%

- 2016: 8,224
- 2017: 9,191
- 2018: 10,297
- 2019: 11,555
- 2020: 12,984
- 2021: 14,015
- 2022E: 15,204

출처: Mob研究院(2022)

어 있다. 사드사태, 미중무역 분쟁 환경에 따라 중국소비자의 구매결정에 영향을 미칠 수 있기 때문이다. 하지만 오리온의 경우 중국시장에 진출한 역사가 오래되었고 이미 현지화에 성공한 사례라고 할 수 있기 때문에 다른 외국기업과 비교하여 상대적으로 정치적 환경 변화에 유연하게 대처할 수 있을 것이다. 이러한 오리온의 사례는 현지화의 중요성을 다시 한 번 생각하게 하는 점이다. 다만 최근 전 세계적인 에너지난으로 인해 2021년 중국의 10여 개 성에서 공장 가동이 중단되는 사태가 발생하였고, 오리온의 랴오닝성 선양에 위치한 생산 공장도 가동 중단이라는 타격을 입은 바 있다. 따라서 중국 사업에 있어 국제정치환경 변화에 주의를 기울이며 대책을 강구해야 할 것이다.

법제적 측면에서 보면, 최근 중국은 잇따른 식품 안전 사고 문제로 인하여 관련 시장을 엄격하게 규제하고 있다. 다만 제과업체의 경우 2016년 중국정부의 정책이 한 차례 완화된 적이 있다. 중국은 이전까지 세균 수에 관하여 엄격한 기준을 적용해왔지만, 2016년 관련법 개정 이후에 그 기준이 많이 완화되어 과자에서 검체 5개를 뽑아 그중 세균이 g당 1만 마리 이하로 검출되면 '적합' 판정을 받을 수 있게 되어 중국의 제과시장에 많은 기업들이 진출하게 되었다. 식품 관련 법은 중국의 사회환경 변화와 밀접하게 연관되어 있으므로 지속적으로 제과 시장과 관련된 법률의 변화가 없는지 주의를 기울여야 한다.

2) 중국 제과시장 소비자(Consumer)

중국 제과시장은 상류층을 대상으로 하는 프리미엄 제품과 일반대중을 대상으로 하는 제품으로 분류된다. 특히 지역별 소비자의 특성이 제과시장에도 반영되어 베이징의 경우 정치 중심지로서 과시욕이 강해 대형포장 제품과 박스포장 제품과 같은 외관에 신경 쓴 제품을 선호하는 경향이 뚜렷하다. 상하이 소비자들의 경우 치밀하고 조심스러운 것이 특징이다. 소비성향도 소량구매로 품질을 먼저 확인하고 원하는 양만큼만 구매하기 때문에 박스포장보다는 벌크(Bulk)제품의 판매가 활발하다.

광저우 시장은 홍콩과 인접하여 일찍부터 다양한 외국 제과류가 대량으로 진출해 있어 각 제과회사의 경쟁이 치열하다. 과거의 소비자들은 개인의 소득을 바탕으로 지출을 하다 보니 기존의 농촌지역에서는 자체적 보급망을 보유하지 않아 품질을 고려하지 않고 저가 상품을 선호했으며, 비교적 소득이 높은 지역에서는 품질이나 외관을 중요시하는 소비욕구가 강했다.

그러나, 급변하는 시장 속에서 개인의 소득 수준이 비슷해지고 다양한 제품을 접근하고자 하는 소비자들이 많아지면서 제과시장에 대한 소비자들도 변화하기 시작했다. 제과시장에서 중국소비자의 특징은 크게 3가지이다. 첫째, 코로나19를 거치면서 중국소비자들은 위생과 건강 의식이 높아지면서 무가당 설탕, 저염 과자 등에 대한 제품이 인기를 끌고 있다. 둘째, 제과제품을 주로 소비하는 쥬링허우와 링링허우의 경우 브랜드를 중시하는 경향이 있다. 브랜드나 제품 자체에 차별화 요소가 크지 않은 경우에는 포장이나 홍보 수단을 차별화하여 중국소비자의 관심을 끄는 것이 중요하다. 셋째, 제과식품을 과거와 같이 간식의 개념이 아닌 식사대용으로 여기는 경우가 증가하고 있다. 특히 MZ세대를 중심으로 하는 젊은 층에서는 체중관리 수요가 높아지면서 단백질 과자, 비타민 사탕 등 식사를 대체할 수 있는 영양성분이 있는 기능성 과자를 선호하는 경향이 있고 과자의 성분에도 관심을 갖기 시작했다.

그림 5-6 | 중국소비자의 제과식품 구매 시 고려요인

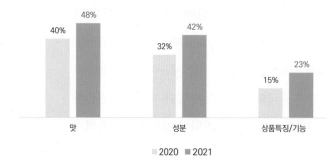

출처: 红星资本据(2022)

3) 중국 제과시장 경쟁자(Competitor)

① 다리위엔

다리위엔(达利园)은 1989년에 푸젠성에 설립된 로컬 브랜드이다. 2015년 홍콩 상장 이후 꾸준히 성장하는 제과기업으로 중국 내 18개 성에 21개의 자회사를 보유하고 있다. 초기에는 오리온, 프링글스 등 외국기업의 제품을 모방하여 성장하였으나 최근에는 중국 제과시장의 강자로 부상하고 있다. 2021년도 매출액은 222.9억 위안(약 4조 원)으로 전년대비 6.4% 성장하였다. 2022년 현재, 중국 파이 및 케이크류 시장점유율 5%로 1위를 하고 있으며 중국소비자 만족도 역시 1위를 차지하고 있어 오리온의 최대 경쟁자이다.

다리위엔은 2002년 오리온 카스타드를 모방하여 기존 오리온 파이보다 1/3가격으로 제품을 출시하였다. 다리위엔은 오리온이 선점하고 있던 대도시 대신 가격에 민감한 3,4선 도시의 소비자들을 공략하였고 빠르게 시장을 확보하였다. 다리위엔은 파이류뿐만 아니라 감자칩 제품에서도 유사한 전략을 사용한다. 프링글스를 모방하여 2003년 당시 중국 최고 스타였던 주걸륜 등을 캐스팅하여 대대적인 홍보와 함께 중국소비자를 공략하였다. 당시 다리위엔은 지역별로 상이한 중국소비자에 맞춤형 제품을 선보이는데, 1,2선 대도시에서는 프링글스와 같은 용기에 담았고, 그 이하의 도시에서는 가격을 낮추기 위해 진공포장 제품을 선보였다. 전략은 성공하여 프링글스가 선점하던 감자칩 시장의 새로운 강자로 부상하게 되었다.

다리위엔은 제과시장에서 스타마케팅을 즐겨하는 기업으로 유명하다. 그래서 중국에서는 스타가 되면 다리위엔의 제과식품 광고를 찍어야 한다는 말이 있을 정도이다. 다리위엔이 단순히 모방과 저가전략만으로 시장점유율 1위를 차지한 것은 아니다. 다리위엔은 중국 전역에 6천여 개의 유통상을 확보하고 있으며 대도시부터 3선 이하 도시까지 연결이 가능하다. 초기에는 모방으로 시작하였으나 중국소비자의 특성과 중국 내 경영환경을 파악하여 농촌을 중심으로 시장을 확대해온 중국기업의 대표적인 사례라고 할 수 있다.

그림 5-7 | 다리위엔의 초코파이

출처: 바이두 이미지

② 왕왕

그림 5-8 | 왕왕의 딸기 쌀과자

출처: 왕왕 홈페이지

'왕왕(旺旺)!'은 개 짖는 소리를 뜻하는 중국 의성어인데, 쌀과자 하나로 대륙을 매혹시킨 대만 제과그룹 이름이기도 하다. 1992년 중국 대륙 시장 진출, 대만기업 중 최초로 중국 내 상표 출원시키기도 하였다. 중국시장의 10대 청소년을 메인 타깃으로 한다. 쌀과자로 시작한 왕왕은 제품군을 넓히고 지방 소도시까지 진출하는 '하향프로젝트'에 속도를 내면서 2017년 중국시장에서 매출 3조 2,000억 원을 달성했으며, 유제품, 음료수 등으로 제품군을 확장하면서 2021년 상반기 코로나 기간임에도 매출액이 113억 8,000만 위안을 기록하며 여전히 중국소비자의 사랑을 받고 있다. 왕왕은 글로벌 제과산업 시장 조사 전문지인 Candy Industry에서 발표한 2022년 글로벌 Top100 제과기업에서 중국기업으로는 유일하게 25위에 자리잡았다.

4) 중국 제과시장에서의 오리온(Company)

오리온의 VMS를 살펴보자. 오리온은 '제과를 넘어 글로벌 헬스케어 기업으로 발돋움하는 World-class Company'라는 비전과 '차별화된 품질과 가격을 통해 고객가치를 높인다'는 미션을 가지고 있다. 그리고 이를 실현하기 위하여 'Smart하게 생각하고, Strong하게 움직여라!'라는 전략을 수립하고 있다. 여기서 'Smart'는 핵심역량을 중심으로 한 상향평준화를 뜻한다. 오리온은 중국 첫 진출 시 오직 초코파이 한 가지만 판매했고, 기후로 인해 품질 변화가 생기자 제품 10만 여 개를 다시 수집하고 소각했다고 한다. 'Strong'은 즐겁게, 끊임없이 도전하며 성과를 이룩할 수 있는 건강한 조직을 의미한다. 이를 위해 오리온은 예전부터 목표 관리제도를 통해 성취한 정도에 따라 직원들에게 보상하는 방식을 취해왔다.

그림 5-9 | 중국 마트에 진열된 오리온 초코파이

출처: 중국 마트에 진열된 오리온 초코파이
(우한시 한 마트에서 직접 촬영)

1974년 오리온은 한국에서 처음 초코파이를 출시한 이후 1980년대 중후반부터 실적 급감으로 인해 새로운 판로를 모색하던 중 일부지역(부산) 매출이 급상승하는 이유가 중국 보따리상들이 초코파이를 대량 구매한 후, 본국으로 유통한다는 사실을 발견하고 1992년 한·중 수교 이후 북경에 대표사무소 설립을 시작으로

그림 5-10 | 오리온의 중국 매출 추이

단위: 억 위안

- 2011: 38.7
- 2012: 58.6
- 2013: 61
- 2014: 63.9
- 2015: 72
- 2016: 77.2
- 2017: 51.6
- 2018: 56
- 2019: 56.6
- 2020: 70
- 2021: 62.5

출처: 뉴스보도 정리

1995년 허베이 랑방에 오리온식품유한회사를 설립하였다. 이후 상하이, 광저우 사무소 및 공장 설립, 중국 직접 투자 형태로 본격적인 중국 사업을 가속화하였다.

오리온의 중국법인 매출은 국내 매출보다 매출비중이 13% 이상 높다. 2021년 기준 오리온 중국사업부의 매출은 1조 1,059억 원에 달한다. 오리온은 2013년 중국 진출 이후 처음으로 매출 1조 원을 돌파하였다. 이후 2016년 77.2억 위안으로 시장이 크게 확대되었으나 사드 사태 이후 판매량이 급감하여 2017년도 매출액은 51.6억 위안에 그쳤다.

하지만 오리온은 여전히 중국소비자에게 만족도가 높은 제과 브랜드이다. 오리온은 한국 제품과 동일한 품질 수준을 유지하고 백화점에서 팔리는 선물용 제품으로 구입하게 하여 소비자의 인식 속에 고급 브랜드로 자리잡았다. 특히 제품의 패키지를 차별화(2팩, 4팩, 6팩, 12팩, 33팩)하여 광범위한 소비계층을 흡수하였다. 2팩 포장의 경우 편의점이나 학교 매점 판매용으로 선보이며 고가이면서도 패키지 차별화를 통해 소비자의 층을 넓혔다. 진출 초기의 오리온 초코파이는 제품 계열을 다양화하기보다는 선택과 집중전략으로 초코파이 상품을 집중적으로 키우는 전략을 세웠다. 제품의 디자인도 중국인의 정서에 맞게 붉은 색으로 바꿨다. 오리온 초코파이는 브랜드 가치를 높이기 위해 시식회 및 전시회, 박람회 등에 지속적으로 참여했다. 특히 한국의 '정(情)'을 현지에 맞게 '인(仁)'으로 수정하여 포지셔닝한 것도 성공이유 중 하나이다.

오리온 초코파이는 중국에 진출해 있는 오리온제과의 핵심 제품이다. 그 뒤를 이어서 카스타드, 오예스, 오뜨 같은 고급 파이류가 진출했다. 오리온은 중국시장에서 철저한 현지화

를 실시하였고 껌, 어니언 링, 감자칩 시장에서도 다국적기업과 1, 2위를 다툰다. 오리온은 중국시장에서 1,000억 원 이상 매출을 기록한 브랜드도 5개 이상 보유하고 있다. 오리온 초코파이의 성공과 이에 따른 중국 유통시장의 장악력은 오리온 제품 계열다각화와 브랜드 마케팅 실행의 반석을 만들어 주었다.

중국시장 진출 초기, 초코파이에 집중하여 입지를 확보한 오리온은 최근에는 파이 제품을 다양화하는 제품전략을 선보였다. 특히, 초코파이 후속제품의 활약이 눈부시다. 지난해 중국에 출시한 초코파이 딸기맛의 매출액이 전년 대비 58% 성장하면서 흥행몰이에 성공했다. 또 다른 맛을 보유한 찰초코파이와 바나나 파이 역시 호평을 받으며 2020년에는 2년 연속 연 매출 2,000억 원을 넘어섰다. 오리온은 중국 브랜드 파워지수(C-BPI) 파이 부문 6년 연속 1위를 차지하는 등 현지 파이 시장에서 위상을 공고히 하고 있다. 특히, 오리온은 2023년 토끼의 해를 맞아 토끼 디자인을 적용한 당근&사과 파이를 출시하는 등 중국의 대목인 춘절을 겨냥한 마케팅에 집중하고 있다.

그림 5-11 | 오리온 초코파이 신제품(찰초코파이, 바나나파이, 당근파이, 딸기파이)

출처: 구글 이미지

그림 5-12 | 오리온 중국 내 공장 현황

랑팡 생산공장1: 생산규모 4,965억원,
생산품목: 파이, 비스킷, 스낵, 껌, 기타
랑팡 생산공장2: 생산규모 6,699억원
생산품목: 파이, 비스킷, 스낵, 기타
→ 가동률 69.9%

선양 생산공장: 생산규모 917억원
생산품목: 파이, 비스킷, 스낵, 기타
→ 가동률: 43.9%

상하이 생산공장: 생산규모 1,926억원
생산품목: 파이, 비스킷, 스낵, 기타
→ 가동률: 58.7%

광저우 생산공장: 생산규모 1,293억원
생산품목: 파이, 비스킷, 스낵, 기타
→ 가동률: 51.9%

출처: 오리온 2021사업보고서

(2) 농심

농심은 중국 상하이에 1996년 9월 첫 번째 해외 공장인 라면공장을 설립하여 현지에서 라면을 생산 및 판매하고 있다. 1998년 7월 중국 칭다오에 농수산물가공 및 스프 생산을 하는 제2공장을 완공했고 2000년 11월 중국 선양에 라면, 스낵공장을 완공하면서 라면의 일관생산체제를 갖추고 급성장하고 있는 중국시장에서 한국의 맛을

그림 5-13 | 농심 중국 지면광고

전파하는 데 커다란 역할을 하고 있다. 현재는 중국 상하이, 칭다오, 선양, 옌벤에서 현지 법인을 설립했으며, 베이징, 광저우 지역에 현지 사무소를 운영 중에 있다. 판매 수량을 기준으로 살펴보면 중국시장에서 농심은 대도시를 중심으로 이미 3,4위권의 브랜드 인지도를 확보하며 중국 내에서 굳건한 입지를 다지고 있다.

1) 중국 라면시장(China&Change)

중국의 라면시장을 우선 경제적 측면에서 살펴보자. 중국은 세계 최대의 라면시장이다. 세

그림 5-14 | 2021년 중국의 라면 판매량

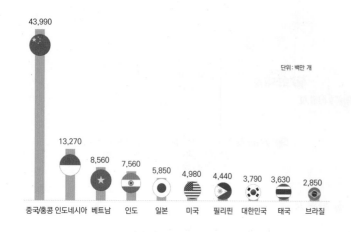

단위: 백만 개

43,990 중국/홍콩
13,270 인도네시아
8,560 베트남
7,560 인도
5,850 일본
4,980 미국
4,440 필리핀
3,790 대한민국
3,630 태국
2,850 브라질

출처: World Instant Noodles Association

계 라면협회의 통계자료에 따르면 중국은 2021년 총 439억 9,000만 개의 라면을 소비하며 전세계 라면 소비량 1위를 차지했다. 2위인 인도네시아의 132억 7,000만 개의 3배가 넘는 수준이다. 중국 전체 라면 시장(수입 및 내수시장)은 중국, 한국, 일본, 싱가포르 기업들의 제품이 경쟁 중에 있으며 농심과 삼양라면이 현재 TOP 10기업에 들었다. 중국의 시장조사기관인 iMedia의 자료에 따르면 2021년의 중국 라면시장 규모는 약 1,339억 위안으로 향후 3년간 30% 이상 성장할 것으로 보임에 따라 농심 라면의 수요도 꾸준히 증가할 것으로 예측된다.

사회적 측면에서 살펴보면, 중국은 라면 대국 답게 시장이 이미 성숙기에 접어들었다. 티몰과 리엔웨이 데이터 센터의 자료 <중국라면시장 트렌드 보고(中国方便面市场趋势报告)>에 따르면 2021년 8월 기준, 티몰 플랫폼에서 라면 거래금액은 7억 위안이었으며, 거래인은 8.2백만 명이었다. 이는 전년대비 큰 변화가 없는 것으로 중국의 라면시장이 비교적 안정적인 성숙시장임을 알 수 있다.

그림 5-15 | 중국 1인가구 수와 비중

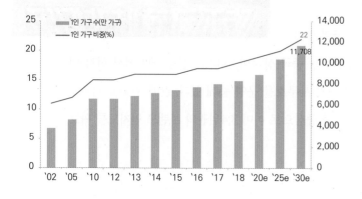

— 1인 가구 수(만 가구)
— 1인 가구 비중(%)

22
11,708

'02 '05 '10 '12 '13 '14 '15 '16 '17 '18 '20e '25e '30e

출처: Euromonitor

최근에는 1인 가구, 맞벌이 가구 증가 등 중국의 가족형태가 변화되면서 중국의 소비자들은 간편하게 조리 가능한 라면을 많이 찾고 있다. 유로모니터의 자료에서는 2025년 중국의 1인 가구는 1억 명을 돌파할 것으로 전망하고 있다. 한국은행의 2018년 국제경제리뷰에 따르면 이미 중국의 1인 가구의 소비규모가 4인 가구보다 2배 이상 많은 것으로 나타났다.

또한 소득 증가와 함께 안전한 먹거리가 중국의 새로운 사회적 가치로 떠오르면서 프리미엄 제품 위주의 소비트렌드가 중국시장에 자리잡게 되었다. 티몰의 자료에 따르면, 2021년 중국에서 1봉지당 11

표 5-1 | 중국 온라인 라면 가격 현황

가격 (봉지당)	4위안 이하	4-11위안	11위안 이상
제품	저가	중간가격	고가
2021년 거래액비중	17%	54%	29%
전년대비 성장률	-13%	-13%	14%
대표제품	따스따이(大食袋) 약3.8위안	농심 신라면 약6.6위안	라미엔슈어 (拉面说) 약16위안

출처: 天猫新品创新中心, 联蔚数据(2021)

위안 이상하는 고가의 라면이 전체 온라인 시장에서 거래액 기준 29%를 차지하며 전년대비 성장률이 유일하게 증가하였다(<표 5-1> 참조). 중국 라면시장의 정치, 법제환경에 대해서는 같은 식품에 해당하는 오리온의 사례를 참고해보자.

2) 중국 라면시장 소비자(Consumer)

기존의 인스턴트 라면은 조미료, 화학물질 첨가 등 건강 문제에 대해 민감한 부분이 존재했다. 하지만 중국소비자들의 요구가 높아짐에 따라 최근 출시되는 인스턴트 라면은 조미료가 아닌 잡곡을 첨가하거나 튀기지 않은 면을 사용하는 등 맛과 건강, 편리함을 모두 고려한 제품이 많이 출시되고 있다.

KATI 농식품수출정보의 보고서에 따르면 코로나19 기간 동안 홈코노미(집에서 이루어지는 소비), 1인 가구를 위한 라면, 건강한 저칼로리 라면 등이 유행함에 따라 간편하게 한끼 식사를 해결하는 인스턴트 라면의 소비가 증가하기 시작했다고 한다. 이에 따라 브랜드들이 소비자들을 위한 제품 출시를 가속화하고 있다.

중국인들은 과거 조리도구가 필요하지 않는 컵라면을 선호하였으나, 최근에는 컵라면이 라면시장의 40%만을 차지하며 과거 59%였던 것에 비해 수치가 감소했다. 이는 컵라면의 식감 등을 이유로 봉지라면을 더욱 선호하는 것으로 나타났다. 한국농수산식품유통공사의 자료에 따르면 중국에서 라면의 주요 소비자가 될 수 있는 10~20대 인구는 3.6억 명으로 전체 인구의 25%를 차지하고 있다. 또한 온라인 쇼핑을 통한 구매가 증가하고 있으며 온라인 소비자의 41.8%가 10~20대 소비자이다. 이를 통해 농심 신라면의 중국시장 확대를 위해 중국의 쥬링허우와 링링허우의 라면 선호도에 대한 조사와 온라인 유통의 중요성에 대해 알 수 있다.

3) 중국 라면시장 경쟁자(Competitor)

그림 5-16 | 중국 봉지라면 시장점유율

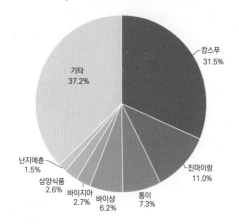

출처: 한국농수산식품유통공사

농심이 1997년 중국 라면시장에 '신라면'으로 진입할 당시 라면이라는 제품에 대한 인식은 물만 부어 간단히 먹는 인스턴트 음식 정도일 뿐이었다. 당시에는 워낙 땅이 넓고 물류시스템이 발전되지 못했을 뿐만 아니라 지역마다 입맛이 다르기 때문에 대형업체보다는 지역마다 중소규모의 업체가 많고 제품의 수도 다양했다. 농심은 현재 중국의 4대 라면 브랜드인 캉스푸(康师傅), 통이(统一), 바이샹(白象), 진마이랑(今麦郎)과 한국의 삼양라면과 경쟁하고 있다.

한국농수산식품유통공사의 자료를 보면, 2020년 기준 중국 봉지라면 브랜드 점유율에서 1위인 캉스푸가 31.5%로 2위인 진마이랑과 3배에 가까운 격차를 보이고 있다. 캉스푸는 1958년 대만 딩신그룹의 자회사로 중국에서 식용유 회사로 출발한 기업이다. 우리나라 기업으로는 삼양식품의 불닭볶음면이 전체 봉지라면 시장에서 시장점유율 2.6%로 6위를 차지하고 있다.

4) 중국 라면시장에서의 농심(Company)

농심의 VMS를 살펴보자. 농심은 '건강한 식탁으로 지구촌을 행복하게'라는 비전을 통해 글로벌 식문화 창조기업으로 발전하는 것을 목표로 하고 있다. 농심의 미션은 '인생을 맛있게(Lovely Life Lovely Food)'이다. 농심의 전략은 주력 제품의 가치확장에 더해 건강기능식품 등의 신규 사업 확장, 글로벌 생산 및 관리 역량의 업그레이드, 전사적인 ESG 전략 기반의 환경 정책 및 CSR 활동으로 볼 수 있다. 건강 기능 식품, 대체육 등 친환경 사업에 총력을 기울이면서도 기존 제품에 소홀히 하지 않고, 해외 진출에 많은 투자를 기울이며, ESG 전략

표 5-2 | 중국 라면 브랜드파워 순위

순위	브랜드명	로고	순위	브랜드명	로고
1	캉스푸	康師傅 KANG SHI FU	6	진마이랑	今麦郎
2	퉁이	统一企業	7	우구따오창	五谷道場
3	바이샹	白象	8	농심	農心
4	난지에춘	南街村	9	삼양	SAMYANG
5	니신 (일본)	NISSIN	10	싱윈 (싱가폴)	幸記立

출처: 牌子网

을 통해 브랜드 가치의 상승을 도모하는 것이다.

농심은 4개의 생산판매 법인(상하이, 선양, 칭다오, 옌벤)과 7개 분공사(상하이, 베이징, 선양, 광저우 등)를 통해 현지 영업망을 구축하였다. 대도시 중심의 공격적 유통망 확대와 내륙과 외곽 지역 개척을 위해 온라인 유통망을 확대하는 전략을 사용하고 있다. 2021년 농심의 중국시장 매출은 3.14억 달러를 기록하였으며 전체 라면 매출의 약 8%를 차지하였다. 중국시장 선점을 위해 농심은 1996년 9월 중국 상하이에 첨단 설비를 갖춘 현지 라면공장 설립을 시작으로 1998년 칭다오, 2000년에는 선양 공장을 설립하며 중국 및 아시아 시장에 공급하는 제품의 일괄 생산체제를 마련하였다. 2010년에는 백산수 생산을 위해 연변공장을 구축하였으며, 2021년에는 칭다오 신공장을 준공하여 중국 사업을 확대하고 있다. 농심은 중국시장에서 브랜드 강화를 위해 다양한 마케팅활동, 현지화 제품 개발, 유통채널 확대 등 다각적인 사업 전략을 전개하고 있다.

농심은 중국·미국·일본 등 해외 현지사업에서도 광고와 판촉을 강화한 결과 높은 성장세를 이어갔으며, 앞으로도 글로벌 마케팅전략을 가속화할 계획이다. 농심은 해외시장

그림 5-17 | 중국마트의 신라면

출처: 농심 2021 연차보고서

그림 5-18 | 농심 중국 내 공장 현황

선양 생산공장: 생산규모 633억원
생산품목: 면류 및 스낵
→ 가동률: 24.5%

옌벤 생산공장: 생산규모 474억원
생산품목: 백두산 백산수
→ 가동률: 26.3%

칭다오 생산공장: 생산규모 797억원
생산품목: 스프, 스낵 반제품, 건조농산물 엑기스류
→ 가동률: 33.7%

상하이 생산공장: 생산규모 1,410억원
생산품목: 면류
→ 가동률: 68.7%

출처: 농심 2021 사업보고서

전반에 걸쳐 '신(辛)'브랜드 프로모션 전략을 강화함으로써 브랜드 글로벌화를 적극적으로 추진하고 있다. 특히 중국 온라인 유통망을 활용해 소비자와의 접점을 늘리고 있으며, 중국의 유명 왕훙을 통해 온라인 마케팅의 효과를 나타내고 있다. 2017년과 2021년의 매출액을 살펴보면 4년 새 17.2% 성장한 것으로 나타났다.

중국소비자를 겨냥한 제품 연구개발 및 마케팅도 공격적으로 진행하고 있다. 농심은 중국 정서를 고려해 펼친 마케팅이 소비자를 이끄는데 효과적이었다. 가장 대표적인 활동은 바로 '신라면배 바둑대회'이다. 농심은 중국 진출 당시 중국인의 이목을 끌기 위해 중국의 인기 스포츠인 바둑을 이용하여 1999년 '농심 신라면배 세계바둑최강전'을 창설해 농심의 인지도를 높이는 동시에 신라면 브랜드를 부각시키는 계기가 되었다.

농심은 중국 현지에 식품연구소를 구축하여 중국소비자의 입맛에 맞는 신제품을 개발 중이다. 신라면 블랙과 카레라면, 김치라면, 김치비빔

그림 5-19 | 제1회 신라면배 바둑대회

출처: 식품음료신문

면 등 한국 제품을 현지 입맛에 맞게 바꿔 선보였으며, 현지 소비자조사를 통해 차별화된 제품을 연구·개발해 중국의 핵심시장을 공략하고 있다. 중국의 라면시장의 성장과 농심의 고가 전략이 맞아 떨어져 신라면은 고급 프리미엄 라면으로 고소득계층의 소비를 일으키고 있다. 농심은 신라면이라는 하나의 제품에서 벗어나, 건강과 웰빙을 추구하는 방향으로 중국소비자의 트렌드 변화에 대응해 나가고 있다.

CASE 중국인이 선택한 매운 맛: 삼양 불닭볶음면

삼양은 1963년 한국 최초의 라면을 출시한 기업으로 일제 강점기와 한국 전쟁으로 심각한 식량난을 타개할 목적으로 주식인 쌀을 대체해 쉽고 간단하게 먹을 수 있는 식품을 공급하기 위해 라면을 만들었다. 농심과 오뚜기의 인기에 밀려 라면 시장에서 입지를 잃어가고 있던 삼양식품은 2012년 불닭볶음면 출시 이후 해외 수출이 크게 늘면서 2016년 3,550억 원이던 매출이 2021년에는 6,420억 원으로 2배 가까이 확대되었다. 2016년 하반기부터 불닭볶음면의 수출이 증가하면서 2017년에는 전체 삼양기업의 수출액 85% 이상, 매출액 55%를 차지할 정도였다. '불닭볶음면'은 그야말로 삼양식품 기사회생의 일등공신이라고 할 수 있다. '도전심을 불러일으킬 정도로 매운 맛'이라는 노선을 추구하면서 차별화에 성공한 삼양식품은 '불닭 브랜드'를 앞세워 글로벌 브랜드로써의 도약을 꿈꾸고 있다.

그 중에서 중국시장에서 불닭볶음면의 인기는 더욱 뜨거웠다. 2017년부터 중국 SNS를 달구며 많은 소비자들과 왕홍들이 매운 음식을 먹고 인증하는 것이 유행이 되어 현재까지도 많은 사랑을 받고 있는 콘텐츠이다. 이로 인

중국의 대표 왕홍 리자치와 전 f(x)멤버 빅토리아의 라이브 방송

출처: sina.com

해 2020년 삼양기업의 중국 매출액은 1,200억 원을 돌파했으며 중국시장에서 한국 라면으로 시장을 확보하고 있는 농심의 강력한 경쟁자로 부상하였다.

삼양은 해외시장에서의 인기에 힘입어 2021년 미국과 중국에 법인을 설립하였다. 중국은 해외 매출의 45%를 담당하는 주력시장이다. 2021년 광군제에서 하루 매출 110억 원

삼양식품의 불닭볶음면과 중국에서 유통된 짝퉁(오른쪽)

출처: 한국식품산업협회

을 기록하기도 하였는데 전년대비 29% 성장한 수치이다. 이는 그동안 중국의 광군제에서 진행된 국내 식품 판매 중 가장 높은 매출을 거둔 사례이다. 특히 티몰의 수입라면 부분에서 1위를 기록했으며 중국 봉지라면 시장에서는 농심보다도 많은 약 2.6%의 비중을 차지하고 있다. 중국에서 불닭볶음면의 인기는 짝퉁 제품의 출시로도 증명이 되고 있다. 2022년 1월 한국식품산업협회는 국내 식품 업체들과 협의체를 구성해 중국 최대 K푸드 모조품 생산·유통 기업인 청도태양초식품, 정도식품을 상대로 지식재산권(IP) 소송을 제기했다. 여기에는 삼양식품의 불닭볶음면도 포함되어 있었다.

불닭볶음면은 2022년 한국 브랜드 어워즈 (20th Korea Brand Awards)에서 중국소비자가 선정한 가장 인기 있는 인스턴트라면 1위에 오르기도 했다. 중독성 있는 매운맛으로 젊은 세대의 입맛을 저격하는 데 성공한 불닭볶음면은 이후 매운맛 도전 열풍이 불면서 너도나도 콘텐츠를 만들어 업로드하였다. 해당영상은 유튜브에서 여전히 인기를 끌고 있으며 중국의 틱톡에서도 수많은 영상을 찾아볼 수 있다. 불닭볶음면은 중국의 쥬링허우와 링링허우 세대를 중심으로 주목을 받은 후 적극적인 디지털마케팅으로 성공한 대표적인 사례이다.

참고자료: 동아일보, 삼양식품, '불닭'으로 中광군제 잡았다…110억 원 매출 기록/ 조선비즈, 삼양식품, 中 법인 12월 설립…해외시장 진출 박차/ 국민일보, '中 짝퉁' 또 판쳐… 불닭볶음면 포장지도 베꼈다.

② 중소·벤처기업

(1) 메타바이오메드

메타비아오메드는 치과용 재료와 수술용 봉합원사를 주로 생산하는 의료소재업체이다. 회사는 창업부터 지금까지 대기업과의 연관성 없이 생산, 연구, 판매를 자체적으로 수행하는 국내에서 보기 드문 전문기업이다. 현재 메타바이오메드가 제품을 납품하는 국가는 약 100여 개 정도이며, 해외에서 발생한 매출 비율은 아시아 시장이 45%, 유럽 시장이 36%, 미주 시장이 19% 등으로 각 대륙별로 비교적 균형적으로 분산되어 있다.

그림 5-20 | 메타바이오메드 생분해성 봉합원사 제품

1) 중국 의료시장

중국은 개혁개방이 시작된 1978년부터 국가 의료위생 시스템 개혁을 진행중이다. 2005년부터는 '복잡한 진료 절차, 비싼 진료비(看病难, 看病贵)' 문제 해결을 목표로 개혁을 추진하고 있다. 중국위생건강통계연감의 통계자료에 따르면 2020년 중국 보건의료에 대한 지출액은 2019년 대비 11.1% 증가한 7조 2,306억 위안이며, GDP 대비 보건의료 지출 비중은 7.1%에 달한다. 중국 의료산업시장은 의료시장의 시스템 개혁이 이루어지고 있어 지속적인 성장이 예상되는 유망한 산업군이다. 중국의 의료시장 관련 내용은 chapter 12 디지털마케팅에서도 확인할 수 있다.

메타바이오메드의 주력제품인 생분해성 봉합원사 시장은 뛰어난 기술력이 필요하다. 이에 의료선진국의 메이저기업들이 시장을 선점 및 장악하고 있는 상황이며, 수술 후 꿰맨 실을 푸는 과정에서 생길 수 있는 재감염 위험을 없애는 봉합원사 시장은 앞으로도 그 규모가 점점 커질 것으로 전망된다. 또한 생분해성 봉합원사는 현재 생산, 판매까지의 제조기술을 보유한 회사가 전세계적으로 메타바이오메드를 포함한 7개사이며 주요 생산도 세계 7개의 회사 위주로 진행되고 있다. 메타바이오메드는 세계 7개 회사 중 가장 많은 제품군을 보유하고 있는 것으로 파악된다. 현재, 다양한 고분자의 합성 기술을 통해 총 6가지의 제품을 제조하고 있다.

2) 중국 의료시장에서의 메타바이오메드

메타바이오메드는 2021년 매출액 533.3억 원에 달하는 의료용품 및 기타 의약 관련제품 제조기업이다. 메타바이오메드의 핵심역량은 수직 계열화된 생산조직을 통해 가격경쟁력을 확보하는 것이다. 1999년 9월에 설립한 이래 사내 연구소에는 약 20여 명의 석박사 연구 인력이 있으며 매출의 10% 수준을 꾸준히 연구개발에 투자하고 있는 점도 주요 성공요인이다.

그림 5-21 | 메타바이오메드의 글로벌 판매 네트워크

세계 1위의 의료기자재업체인 독일의 비브라운(BBRAUN)과의 계약을 통해 메타바이오메드는 자사의 브랜드를 세계시장에 널리 알릴 수 있었다. 글로벌 1위 회사가 선택한 제품이라는 프리미엄이 작용하기 시작한 것이다. 창업자의 인간중심 경영관을 바탕으로 회사 매출이 지속적으로 증가하고 있으며 매출의 95%가 수출로 발생되고 있다. 특히 30% 이상이 중국 사업부의 매출이다. 현재 노동집약적 제품인 치과용 기자재는 캄보디아 1, 2공장에서 주로 생산하며, 수술용 봉합원사는 기존 중국 바이어와 합작공장을 설립하여 이를 통해 중국 내수시장을 공략하였다. 장기적으로 한·중 FTA 체결로 무관세 수출이 될 경우에는 큰 폭의 성장도 가능할 것으로 기대하고 있다.

메타바이오메드는 설립 초기인 2000년도에 중국 네이멍구 바오터우(包头)지역에 현지 생산공장인 마테포두유한공사를 설립하고 치과용 재료의 생산을 시작했다. 이는 원가경쟁력이 중요한 치과용 재료의 특성상 원가우위를 확보하기 위한 선택이었으며 진출 초기에는 양

호한 경영을 유지하였다. 그러나 2000년대 후반부터 중국 내 인건비가 지속적으로 상승함에 따라 회사에서는 더 이상의 원가경쟁력을 확보하는 것이 어렵다고 판단되어 생산기지를 캄보디아로 이전했고 기존의 네이멍구 공장은 2013년에 매각을 완료하였다. 매각 당시 네이멍구 공장의 인건비는 400달러 수준으로 캄보디아의 120달러 수준과는 큰 차이를 보이고 있었다. 이로써 생산기지 확보를 위한 중국 내 첫 번째 공장 진출은 매각으로 마무리되었다.

현재 회사의 주력제품인 생분해성 봉합원사는 본사에서 원사 형태로 해외 유통상에게 수출을 하고 있으며 현지의 유통상들은 한국 본사에서 100% 수입한 반제품을 구매 후 현지에서 완제품으로 가공해서 의료기기 공장에 납품하는 구조로 판매를 하고 있다.

진출 초기부터 중국시장 공략을 위해 중국 내 대형 봉합원사 메이커들과의 거래 확보를 중시하던 메타바이오메드는 현재 중국의 메이저 봉합원사 유통상 15개 중 12개사와 거래를 진행하고 있다. 중국 내수시장에 진입하기 위해서는 현지의 유통업체와 효율적인 합작을 통해 시장을 개척하는 것이 주요한 방법이다. 메타바이오메드는 네이멍구 공장의 매각자금을 활용하여 기존의 중국 내 거래선 중 최대 업체인 상하이 P사와 합작하여 장쑤성 옌청(江苏省盐城)에 봉합원사 공장을 설립하였다. 중국내 합작공장 가동으로 인해 과거 한 달 가량의 납기 소요일이 10일로 단축되기도 하였다.

메타바이오메드는 중소기업이지만 지속적인 R&D 투자를 통한 핵심 기술 확보와 현지 유통 업체와의 합작을 통해 중국시장에서 성장을 거듭하고 있다. 따라서 지금처럼 추진하고 있는 현지화를 원만히 진행시키면서 중국 내 좀 더 다양한 제품군의 확충전략이 필요한 상황이다.

(2) 인바디

인바디는 1996년 설립된 한국의 대표 의료기기 기업으로 신체 성분을 분석하는 인바디 기계가 유명하다. 원래 인바디의 사명은 '바이오스페이스(BIOSPACE)'였으나, 기업의 대표 제품인 인바디가 유명해지면서 기업보다 제품의 이름이 널리 알려지자 2014년 9월 본사의 이름을 '인바디'로 변경했다.

인바디의 '인바디' 제품은 소비자들이 헬스장, 집, 병원 등에서 쉽게 접할 수 있어 매우 친

그림 5-22 | 인바디 로고 및 제품 사진

출처: 인바디 공식홈페이지

숙하다. 인바디는 그 크기와 목적, 일부 상이한 기능에 따라 병원과 피트니스 업계에서 주로 사용하는 전문가용, 그리고 가정에서 사용되는 가정용으로 나뉜다. 현재 약 80여 개국에 제품과 서비스를 제공하며 매년 평균 20%의 성장률을 기록하며 성장을 거듭하고 있다.

2021년 인바디의 매출액은 1,378억 원으로 매출의 70%가 수출에서 발생한다. 전 세계적으로 건강에 대한 관심이 증가함에 따라 앞으로도 지속적인 성장이 예상되는 기업이다. 인바디 제품의 핵심역량은 기술력이다. 측정 값의 경우 수분이 많은 신체의 근육에 전류가 잘 흐르고 수분이 적은 지방에는 전류가 흐르지 않는 원리를 이용하여 인바디 기기의 금속 부분에서 인체에 미세한 전류를 통과시킬 때 발생하는 저항값을 계측하여 인체의 구성 성분인 체수분, 단백질, 무기질, 지방을 측정한다. 이와 같은 기술력은 중국기업들이 쉽게 모방하지 못하는 차별화 요소가 되고 있다.

1) 중국의 체성분 분석 시장

중국의 의료기기 시장은 세계 최대의 인구를 보유한 중국에서 세계 최대를 기록하며 그 수가 지속적으로 증가하고 있다. 특히, 체성분 분석기는 중국 내 건강검진센터를 중심으로 다양한 진료분야로 활용되고 있어 도입이 증가하고 있는 추세이다. 중국의 체성분 분석기 기업들은 매출확대가 꾸준하게 늘고는 있지만 후발주자로서 이미 상위권 브랜드들의 기술이나 브랜드파워에 밀리고 있는 상황이다.

소비자들의 인식 차이도 존재한다. 중국에서는 체성분 분석기는 일반적으로 전문가용으로 생각하며 일반 국민들은 이 대신 간편하게 집에서 측정할 수 있는 스마트 체중계를 사용하고 있다. 중국에서 체성성분석기는 의료기기의 전문성이 필요한 제품이므로 일반 브랜드 매장처럼 방문해 구매할 수 있는 오프라인 매장 판매는 어려우며 제품 판매 기업의 직접방문이나 중개상, 박람회를 통한 판매가 이루어지고 있다.

2) 중국 체성분 분석 시장에서의 인바디

한국 및 미국, 유럽 등 다양한 국가에서 인바디라는 이름은 체성분 분석기를 대신할 정도로 고유명사가 되었다. 인바디는 세계 최대 인구를 보유한 중국시장을 공략하기 위해 2008년 중국 상하이에 현지 법인을 설립하였으며, 베이징, 시안, 광저우, 청도에 영업지사를 운영 중에 있다. 인바디 매출의 약 11%는 중국시장에서 발생한다. 2021년 중국시장에서 전년 대비 22% 증가한 8.3천만 위안 매출을 달성하였다.

중국시장은 성장잠재력이 매우 높다. 현재 대부분의 소비자가 체성분 분석기에 대한 이해도가 높지 않기 때문이다. 여러 감염병과 건강한 삶을 추구하는 트렌드 변화로 인해 체성분 분석 시장은 지속적으로 증가하고 있다. 인바디 중국은 상하이 법인 외 3개 지점을 중심으로 주요 전시회 및 학술회, 세미나 등에 꾸준히 참가하며 피트니스 및 스포츠 산업 분야를 기점으로 수요처 다변화에 힘쓰고 있다.

이처럼 헬스장, 병원 등 전문가용으로 판매를 진행하던 인바디는 소비자들에게도 다양한 체성분 분석을 제공하기 위해 스마트 체중계를 중국시장에 출시하였다. 스마트 체중계는 체지방률, BMI 지수, 체내 단백질 비율, 기초대사량, 신체연령, 근하지방, 근육량 등 다양한 데이터를 단시간 내에 측정하여 소비자에게 전달해준다. 이는 작은 체성분 분석기로 볼 수

그림 5-23 | 인바디의 글로벌 네트워크(2022년 6월 기준 인바디 수출국)

출처: 인바디 공식홈페이지

있다. 이처럼 소비자들의 스마트 체중계에 대한 수요가 증가하자 중국 내 전자제품 제조기업들은 스마트 체중계를 연구개발하기 시작하였고 이에 따라 소비자들은 자신의 니즈에 맞는 브랜드 및 제품을 선택할 수 있게 되었다.

인바디도 중국 로컬 기업의 경쟁상황에 대응하여 여러 제품들을 출시 중에 있다. 가정용 제품에 주력하고는 있으나 경쟁사 대비 가격대가 높아 시장확대가 쉽지는 않은 상황이다. 하지만 앞으로도 인바디는 다양한 연구기술개발, 시장 분석을 통해서 중국소비자들이 원하는 제품들을 선보여 체성분 분석 및 스마트 체중계 시장에서 지속적 우위를 차지할 수 있을 것이라 예상된다.

(3) 로보로보

로보로보는 국내 방과후학교 교육용 로봇제조기업이다. 2005년 교육용 로봇시장 진출 후 중국시장에는 2011년부터 진출하여 2016년 베이징로보로보교육 과기유한회사와 10년 장기계약을 체결하였다. 얼핏보면 로보로보가 중국에 설립한 해외 법인처럼 보이지만, 로보로보와는 출자 관계가 없는 중국 현지 기업이다. 베이징 로보로보는 로보로보 제품을 수입해 중국 내 유통을 진행하고, 학원 사업을 열어 로보로보의 제품을 활용한 영유아 교육 사업을 하고 있다. 또한, 베이징로보로보는 중국 내 교육기관과의 협력관계 구축을 위해 중국 최대 교육회사 신동방과 MOU를 체결하기도 하였다. 2020년 전체 매출액(연결재무제표)에서 베이징로보로보가 차지하는 비중은 49.82%이다.

1) 중국 교육용 로봇 시장

최근 글로벌 서비스 로봇 시장은 2021년부터 2025년까지 연평균 27%씩 성장할 것으로 예상되고 있다. 매년 다양한 교육 방식 도입과 드론 및 IoT 관련 제품이 증가함에 따라 이를 접목한 제품의 관심도가 높아지고 있는 점도 향후 전망을 밝게 한다. 그 중 4차 산업혁명 시대를 이끌 수 있는 인재를 양성하기 위해 다양한 첨단기술이 교육시장에 접목되어야 한다는 수요가 높아지며 서비스 로봇의 성장을 이끄는 핵심축으로 교육용 로봇이 주목받고 있다.

중국의 사교육 열풍은 한국 못지 않다. 중국정부의 한 가구 한 자녀 정책으로 중국가정의 관심사는 자녀에게 집중되었으며, 소황제(小皇帝)라는 수식어가 붙여질 정도이다. 2021년 중국정부가 학생의 숙제 부담과 사교육 부담을 줄이기 위한 쌍젼(双减)정책을 도입하여 사교육 시장이 얼어붙었으나 주요 규제 대상은 국영수 교과목에 집중되어 있다. 반면 예체능 및 코딩 교육은 강화하고 있어 교육용 로봇제품에 대한 수요증가는 지속될 것으로 예상된다. 중국시장에서 가장 각광받는 제품인 '아두이노(ARDUINO)'뿐 아니라 LEGO, 미국 교육용 로봇 분야 선두 기업인 패럴럭스(Parallax) 등이 현재 세계시장 선두주자인 동시에 로보로보의 최대 경쟁 상대이다.

그림 5-24 | 교육용 로봇시장의 제품들

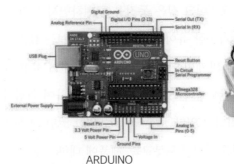

ARDUINO

Parallax - Boe Bot
Lego Education - We Do 2.0

2) 중국 교육용 로봇 시장에서의 로보로보

로보로보의 핵심사업은 융합교육을 위한 Physical Computing(Robot) 개발 및 판매에 있다. 국내외 교육기관에 교육시스템을 판매하며 연평균 15% 이상의 매출증가를 기록하였으나 코로나19 이후 매출이 급감하였다. 하지만 코로나 상황이 점차 호전되고 중국의 봉쇄도 해제되면서 향후 성장이 예상된다. 베이징로보로보는 최근 메타버스와 연계하여 다양한 교육 콘텐츠를 개발하고 있으며, 라이브 방송 등의 다양한 홍보활동도 지속하고 있다.

로보로보의 주력제품인 '로보키트(ROBO Kit)'는 8세부터 성인까지 전 연령대가 사용이 가능한 피지컬 컴퓨팅 교육 교구이다. 로보틱스 이론의 기초 수립이 쉽도록 도와주는 아이템이기도 하다. 볼트와 너트, 회로 등 로봇에 사용되는 부품과 유사한 형태의 부품을 통해 로봇 메커니즘의 학습과 움직임에 대한 역학적 이해학습이 가능하도록 구성되었다. 로봇 제어 과정을 통한 자연스러운 코딩, 과학 & 수학 이론을 접목한 STEM 교육 등을 경험하며 논리적 사고와 창의적인 생각을 키울 수 있도록 도와준다.

5~7세 아이들을 위한 '로보키즈(ROBO Kids)'는 블록을 통해 로봇을 만들고 카드 바코드를 사용하여 움직이고 싶은 동작을 구현하면서 논리적인 사고를 촉진시킬 수 있다. 또한 4세부터 사용 가능한 유아로(UARO) 로보로보는 B2B 분야에 집중하여 중국의 교육기관을 공략하기 위한 마케팅을 실시하고 있다. 또한 교육용 로봇개발뿐 아니라 로봇 제어를 위한 프로그램 및 활용 컨텐츠 개발 능력을 보유하여 안정적이고 최적화된 제품을 개발하여 중국시장을 공략하고 있다. 로봇 작동을 위한 코딩 교육에 대한 니즈가 전 세계적으로 확대되고 있어 '코딩용 피지컬 로봇교육' 제품에 대한 성공 가능성이 높다.

그림 5-25 | 로보로봇의 제품

로보키트(ROBO Kit)　　　　　로보키즈(ROBO Kids)　　　　　유아로(UARO)

③ 중국발 한상기업

펑타이(鵬泰, PengTai)는 2000년 9월 자본금 440만 달러로 홍콩에 설립, 그 해 11월부터 베이징에서 영업활동을 시작하였다. 설립 초기 기업명은 오픈타이드차이나(OTC)였다. 2015년에는 중국 내 Top3 디지털에이전시로 성장하여 현재는 1,000여 명의 마케팅 전문가가 근무하고 있다. 한·중 기업이지만 중국에 진출하여 중국 마켓에 특화된 컨설팅, 디지털마케팅, 전자상거래업무를 대행해 주는 역할을 하며 중국시장에서 기반을 다지고 있다.

(1) 중국 온라인 광고시장

2000년 중반 이후 들어서 중국 인터넷 사용자 수는 가파르게 증가하기 시작하여, 2005년 말 1.1억 명 수준이던 인터넷 사용자는 2021년이 되면서 약 10억 명으로 인터넷 보급률은 73%로 나타나고 있다. 인터넷 사용자의 증가에 따라 중국 온라인 광고시장 규모는 가히 폭발적으로 증가했다. 2021년 인터넷 광고비는 전체 광고비의 72%를 차지하고 있으며 이중 모바일 광고 비중은 89%에 달한다. 이처럼 소비자 행동양식의 변화로 인해 중국시장에서 디지털 컨텐츠 활용은 무엇보다 중요한 마케팅 수단이 되고 있다. 펑타이 역시 이러한 온라인 광고 시장의 성장기에 적극적으로 대응하여, 시장성장률을 초과하는 성장을 지속하였고 마침내 중국 디지털컨설팅 분야에서 Top3 업체로 기록되는 성과를 달성하였다. 중국 광고시장에 대한 자세한 내용은 Chapter 11 마케팅 커뮤니케이션에 소개한다.

(2) 중국시장에서의 펑타이

펑타이는 중국삼성의 Digital Marketing Agency로 사업을 시작하였다. 특히 중국 삼성전자 마케팅부문의 Digital Marketing부문에서 Website를 구축, E-commerce, 시장조사, 영업인력교육, Digital event 등 새로운 분야에서 역량을 확보하였다. 2002년부터 조사/전략 및 온라인마케팅, IT 솔루션 분야에서 각기 대외고객개발팀을 구축하여 지속적으로 영업활동을 펼쳐옴으로써 오랜 기간 동안 각종 시행착오 및 경험을 쌓을 수 있었다.

2000년은 중국에 진출한 한·중 기업을 포함한 다양한 기업들이 기존의 생산기지로서의 중국시장을 바라보던 관점에서 내수시장으로서 중국의 가능성에 초점을 맞추면서 여러 가지 마케팅활동을 시작하던 시점이었다. 따라서 많은 기업들이 광대한 중국시장에 대한 기본적인 이해도를 높이고자 시장조사에 대한 수요가 많아지기 시작했다. 이를 토대로 한 사업전략, 실행 과정에서의 마케팅 서비스에 대한 수요들이 지속적으로 제기되던 시기였다.

초기 펑타이는 컨설팅 분야에서는 시장/소비자조사, 전략 컨설팅과 같은 다양한 분야에서 사업을 진행하는 상황이었다. 온라인 분야 역시 웹사이트 제작, 온라인매체 집행, IT 솔루션, 온라인 쇼핑몰 운영과 같은 다양한 분야로 사업을 진행하고 있어, 1~2분야에 집중해 오랜 전문성을 가진 회사들과의 경쟁에서 이기는 것이 쉽지 않은 상황이었다. 그러나 이러한 위기

그림 5-26 | 펑타이의 업무구성

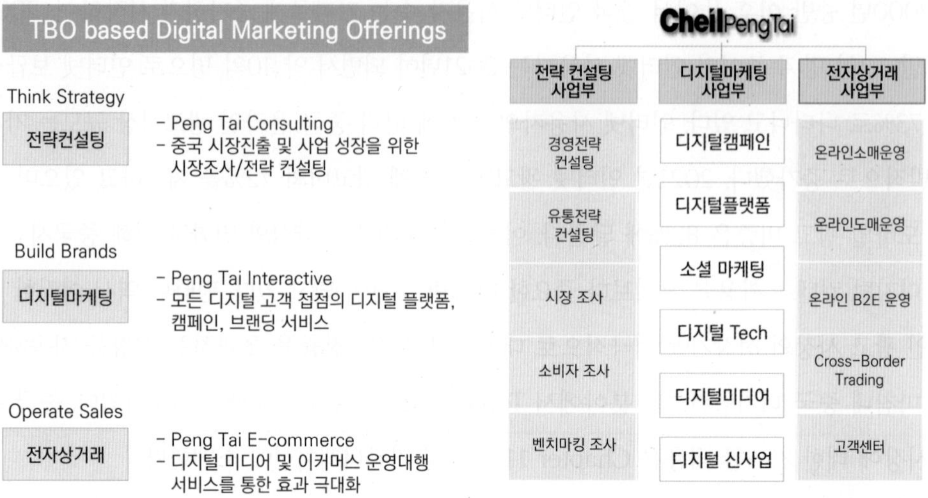

를 오히려 기회로 탈바꿈하여 고객사가 중국 내 사업을 하는 데 있어서 필요로 하는 부분을 원스톱으로 서비스하는 것을 사업의 핵심 역량으로 삼고 이를 적극적으로 고객사에 제시하였다.

고객사가 중국시장 진입 컨설팅을 의뢰하는 경우 이에 대한 컨설팅을 하는 것에 그치지 않고, 컨설팅을 받은 고객사가 중국 내 영업활동을 하기 위해 필요한 다양한 영업/마케팅활동에 대한 실행 서비스(Marketing Process Outsourcing: MPO)를 함께 할 수 있는 토탈솔루션을 지향하고 있음을 적극적으로 어필하였다. 이러한 사업전략의 일환으로 최근에는 온라인 쇼핑몰사업을 하는 자회사는 물론 유통관련 인력에 대한 채용/교육/운영에 대한 체계적인 지원을 할 수 있는 자회사까지 함께 설립하였다. 이처럼 다양한 분야에서의 관련사업 경험은 다시 본연의 컨설팅 및 마케팅 서비스에 대한 경험 축적 및 역량 강화에 도움을 주는 순환을 일으키고 있다.

펑타이는 2000년 베이징에 본사 설립 이래 상하이, 광저우, 홍콩, 타이완까지 중화권 5대 거점을 확보하였다. 현지 중국인 직원 850명을 비롯하여 총 직원수가 1,000명에 이른다. 초기부터 철저히 현지화에 나서면서 중국 로컬 서비스업체와의 지속적인 관계를 가져가고 있다. 때문에 상대적으로 구글과 같은 외국기업과 관계가 있던 글로벌 회사 대비 차별화를 이룰 수 있었다. 대외 네트워크 강화 및 고객개발 노력이 점차 결실을 맺어 2010년에는 중국의 구글이라 할 수 있는 중국 최대 검색 사이트이자, 전세계 Top4 웹사이트인 Baidu와 한국시장 내 Baidu 독점대리영업권을 확보하였고, 2011년 SINA(중국 최대 포털 사이트), QQ(중국 최대 메신저 서비스) 등으로 점차 확대할 수 있게 되었다. 이러한 독점 영업권을 바탕으로 기존 중국 내에서의 사업범위를 넘어서 2012년에는 한국 내 사무소를 설립하고 한국 내 고객을 대상으로 영업활동을 점차 강화하고 있다. 2015년 4분기부터 펑타이 전자상거래 부문은 중국의 2위 온라인 쇼핑몰 징둥(JD.Com) 한국관 운영을 시작했다. 디지털마케팅 부문은 Tencent의 모바일 메신저 웨이신 기업계정(공중호) 대행을 시작했다. 펑타이는 그동안 디지털마케팅 등 성장 가능성이 높은 사업 분야를 중점 육성하고 철저히 현지화된 조직문화를 구축해 오고 있다. 현재는 중국 내 디지털 에이전시 중 Hylink AD와 CIG를 제외하고 3위를 차지하고 있으며, 외자기업으로서는 1위를 차지하고 있다. 2014년 OpenTide China에서 사명을 펑타이(鵬泰, PENGTAI)로 변경하여 중국 현지화를 가속화하고 있다.

지금까지 중국마케팅전략 수립을 위한 기초인 5C 분석을 살펴보았다. 다음 절에서는 TOWS 분석을 통해 중국 사업전략을 구축해 보겠다.

제2절 TOWS Matrix 분석

① TOWS 분석기법

우리는 앞서 5C를 분석해 보았다. 이 5C 분석을 사업전략과 연계시키기 위해서는 통합적 분석틀이 필요하다. TOWS Matrix 분석은 각 기업의 내재적 핵심역량에 준거하여 외부 환경의 기회와 위협을 평가하고,

그림 5-27 | 중국 사업전략의 수립과정

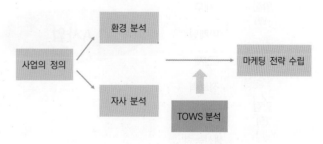

각 회사의 역량을 강점과 약점으로 분류한 후, 자사의 중국시장에서의 현재 위치와 이에 따른 사업전략을 도출하는 방법이다. 앞서 학습했던 5C 분석은 TOWS 분석을 위한 사전 작업이라고 할 수 있다. 국내시장과 마찬가지로 중국시장에서 한중기업들이 치열한 경쟁에서 살아남기 위해서는 회사의 자원과 능력을 최대한 활용하여 시장의 기회를 포착해야 하고 회사가 부딪히는 위험을 최대한으로 줄일 수 있는 사업전략이 필요하다. 사업전략을 기업 전체의 관점에서 세우려고 할 때 보통 다음과 같은 단계를 밟아 사업전략을 확립하게 된다.

사업전략 수립의 첫 단계로서 기업이 하고 있는 혹은 하고자 하는 사업을 명확히 정의해야 한다. 이 정의에는 회사가 달성하고자 하는 비전과 미션이 구체적으로 포함되어야 한다. 중국진출 한·중 기업의 비전과 미션은 그 기업이 추구하고자 하는 꿈과 철학이다. 기업의 꿈과 철학은 기업이 성공하기 위해서 필요하기보다는 난관과 역경을 돌파하기 위해서 필요하다. 특히 중국시장을 돌파하기 위해서는 특유의 꿈과 철학이 요구된다. 그리고 그 목표를 달성할 수 있는 사업전략이 확립되어야 히며 특히, 한·중 기업이 중국진출시 구체적으로 달성하려고 하는 목적이 무엇인지를 명확히 하여야 한다. 예를 들면 성공적인 시장진입, 시장점유율 확대, 브랜드 구축, 대리상·점포망 구축, 매출확대 또는 순익창출 등 다양한 목적에 따라 사업전략은 다르게 수립된다. 그런데 사업전략은 5C 시장환경 분석을 토대로 시장의 위협과 기회 및 자사의 약점과 강점에 대한 면밀한 분석이 요구된다. 이러한 분석을 가능하게 하는 TOWS(Threats, Opportunities, Weakness, Strengths) 분석기법을 알아보자.

표 5-3 | TOWS Matrix 예시

		위협(T)			기회(O)		
		중국 내 가격 경쟁	중국 정부 규제	인건비 상승	중국 내수 시장 성장	위안화 평가절상	중국 유통 시장 개방
약점 (W)	재무						
	마케팅	A사업					
	인재						
강점 (S)	정보력						
	국제화				B사업		
	생산능력						

TOWS분석은 기본적으로 SWOT분석에 기반한 분석방법이지만 한 가지 큰 차이가 있다. SWOT 분석은 기업이 자체적으로 보유한 강점과 약점에 입각하여 경영전략을 수립하고 외부환경의 위치를 파악하는 것이라면, TOWS 분석은 외부환경을 우선적으로 분석한 후 해당 환경 하에서 기업의 강점과 약점을 분류하며 시장에서 자사의 위치를 확인하고 향후 방향성을 도출하는 분석 방법이라고 할 수 있다.

TOWS 분석을 하는 단계는 다음과 같다. 5C 분석을 토대로 첫째, 중국시장으로부터 오는 위협 및 기회요인을 파악해야 한다. 외부환경에 대한 위협과 기회요인을 먼저 파악한다는 점이 기존의 SWOT과 다른 점이며 중국마케팅의 특징이라고 할 수 있다. 가까운 장래에 일어날 것으로 예상되는 중국소비자들의 소비 및 구매행태의 변화, 경쟁사의 동향, 새로운 유통업체의 출현 등 우리 회사의 마케팅활동에 영향을 미치는 중국시장의 변화요인을 파악하여 위협요인과 기회요인으로 나눈다. 이 단계에서는 시장환경 변화에 따른 환경 분석을 객관적인 자료의 면밀한 분석에 바탕을 두어야 한다.

표 5-4 | TOWS 분석에 따른 사업 전략

	위협(T)	기회(O)
약점(W)	**TW** ① 철수 전략 ② 제품/시장 집중화 전략	**OW** ① 핵심역량 강화 전략 ② 전략적 제휴
강점(S)	**TS** ① 시장 침투전략 ② 제품 확충전략	**OS** ① 시장기회 선점전략 ② 제품/시장 다각화전략

둘째, 자사에 대한 핵심역량을 분석해야 한다. 이는 주로 경쟁사나 잠재적 경쟁사에 대한 자사의 상대적 강·약점에 대한 평가이다. 특히 이제는 핵심역량으로서의 유형 자산(기계설비, 건물, 부동산, 인재)보다는 무형자산(핵심기술력, 상표자산, 정보력, 국제화)의 가치가 중국 내수시장을 공략하기 위해서는 더욱 중요하므로 이러한 핵심역량으로서의 무형자산에 대한 냉철한 평가가 필요하다.

셋째, 시장의 환경변화요인(T, O)과 자사의 핵심역량의 약·강점(W, S)에 비추어 자사의 현재 위치를 파악해야 한다. 이는 TOWS 매트릭스를 이용해 알아볼 수 있다. 일반적으로 가로축은 기회요인과 위협요인으로, 세로축은 자사의 상대적 강점과 약점으로 구성된다. 이 4개 기준에 대한 세부적인 변수들은 시장자료와 전문가의 판단을 거쳐 회사의 각 부서 담당자들과의 심층면접(depth interview)을 통해 선정한다.

마지막 단계에서는 우리 회사의 현 위치를 파악하여 사업전략을 수립한다. 이하에서는 중국시장 환경과 자사의 핵심역량을 평가하여 현재의 사업적 위치에 따라 도출할 수 있는 사업전략 대안을 알아보자.

(1) TW 전략

환경의 위협요인이 많으며 현재 우리 회사의 핵심역량도 부족하다. 이 경우 우리 회사의 약점을 극복하기 위하여 제품이나 목표시장을 재구축(Restructuring)하여 제품/시장을 집중화(Focus)하는 전략을 쓰거나 철수하는 전략을 고려해야 한다. 특히 중국에서 TW 상황에서는 과감한 철수전략이 투자비용을 최소화할 수 있는 전략대안임을 명심하여야 한다. 예를 들면, CJ가 1990년도 후반 중국의 음료수시장을 공략하기 위해 베이징에 음료수 공장을 설립하였다. 그러나 세계적 다국적기업과 중국 내수 음료기업의 등장에 따른 대규모 브랜드 전쟁이 시작(위협요인)되고, 자사는 브랜드 수립을 위한 대규모 광고투자가 부족함(약점요인)에 따라 음료사업의 제품과 목표 시장을 재구축하여 OEM 사업으로 전환한 사례는 대표적인 TW전략이다.

(2) TS 전략

시장의 위협요인이 있으나, 우리 회사가 상대적 강점을 갖고 있는 경우, 그 강점을 적극 활용하여 공격적 시장침투전략을 쓰거나 제품계열을 확충하는 전략을 추구한다. 예를 들면 중국 LG전자의 냉장고 제품의 경우 중국 내수기업들이 가격경쟁을 통한 값싼 제품으로 시장을 공략하여 시장환경의 위기(Threats)가 있었으나 맞불작전과 공격적 프로모션을 통하여 시장을 침투한 사례는 대표적인 TS전략이라 할 수 있다.

(3) OW 전략

시장의 기회는 존재하나 우리 회사의 핵심역량이 부족하다. 이 경우 우리 회사의 핵심역량을 강화하여 시장기회를 잡는 핵심역량 강화전략을 쓰거나 시장의 기회를 먼저 포착하면서 우리 회사의 핵심역량을 보완하는 전략적 제휴전략을 선택할 수 있다. 예를 들면 1990년대 중반에 중국의 화장품시장이 급성장하였다. 당시, 코리아나 화장품은 중국 내수시장에서 제품력은 갖추었으나, 단시간 내 유통채널을 구축하기는 힘들었다. 그래서 중국 저가 화장품시장의 유통력을 갖고 있는 '다바오(大宝)' 화장품 회사와 전략적 제휴를 통하여 중국 내수시장의 기회(Opportunity)를 선점하려고 했던 사례가 대표적 OW전략이다. 그러나 이 전략은 코리아나 화장품과 다바오(大宝) 화장품의 전략상 차이, 경영문화의 갈등 등의 이유로 성공하지는 못하였다.

(4) OS 전략

시장기회가 있고, 우리 회사의 전략적 강점이 많은 매우 좋은 상황이다. 우리 회사는 시장의 기회를 선점하는 전략을 구사하거나 시장/제품의 다각화 전략을 추구할 수 있다. 예를 들면 오리온 초코파이의 경우 중국시장에서 파이류 시장점유율 1위를 달성하고 생산과 유통망 구축을 통하여 지속적 경쟁우위가 확립된 상태에서 상하이 제2공장 설립이나 껌과 감자튀김 과자류로 제품다각화를 실시하였던 전략은 성공적인 OS전략이다.

TOWS 분석에 의해 사업전략을 세울 때는 다음 두 가지를 주의해야 한다. 첫째는 중국시장에서의 위협과 기회 요인에 따른 자사의 위치를 파악한 후 전략적 대안을 도출할 때 자사의 역량에 맞는 전략을 선택해야 한다. 자사의 현재 위치가 TW이므로 제품이나 시장을 축소하거나 집중하여야 하는데, OS의 전략적인 시장/제품 다각화전략을 택하는 것은 실패의 지름길이다. 둘째는 TOWS분석 기업을 활용하여 동태적 마케팅전략을 수립해야 한다는 점이다. <표 5-5>에서 보듯이 현재 자사의 위치가 TW에 있는 경우, 먼저 자사의 핵심역량을 강화한 후(① 전략), 시장기회의 선점하는(② 전략) 방법을 택할 수 있다. 또는 TW에서 시장의 기회를 포착하는(③ 전략) 방법을 추구한 후, 자사의 핵심역량을 구축하는(④ 전략) 계획을 세울 수도 있다.

표 5-5 | TOWS 분석에 의한 동태적 마케팅

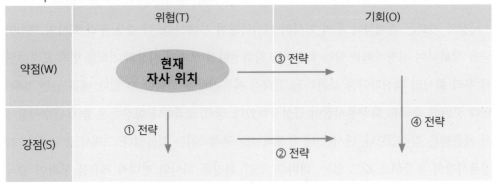

	위협(T)	기회(O)
약점(W)	현재 자사 위치 ③ 전략 →	
강점(S)	① 전략 ↓ ② 전략 →	④ 전략 ↓

이러한 TOWS 분석의 기본적인 이론을 근거로 LG생활건강 후, 이랜드, 동원참치의 사례에 적용해보자.

2 TOWS 분석사례: LG생활건강 후, 이랜드, 동원참치

(1) TS 사례: LG생활건강 후

그림 5-28 | 위챗 미니프로그램 내의 LG생활건강 후 계정

출처: 위챗 미니프로그램

LG생활건강 후(后)는 국내에서 한방 브랜드에 대한 수요가 높아짐에 따라 2003년 1월 출시되었다. 출시 당시 주요 타깃 소비자는 40대 이상 여성으로 공진단의 핵심성분인 녹용, 사향, 당귀, 산수유 등을 원료로 하여 '궁중처방을 화장품에 도입하여 왕후의 아름다움을 선사한다'는 브랜드 컨셉으로 시작하였다.

중국시장에는 2006년에 진출하였으며, 이후 10년간 LG 생활건강 내 20개가 넘는 브랜드 중 다른 브랜드 매장은 중국에 내지 않았다. 2016년 진출한 천연 발효 브랜드 '숨'이 중국에 내보낸 두 번째 브랜드였다. 중국 프리미엄 시장에 집중한다는 전략으로 두 가지 브랜드에 주력해 왔다. 사드배치로 인하여 한국 제품에 대한 보복 여파가 있었음에도 2017년 LG생활건강의 중국 화장품 매출은 34% 급증했

다. 중국에서의 화장품 매출 증가는 2017년도의 사상 최대 실적으로 이어졌으며, 2014년부터 아모레퍼시픽에 내주었던 업계 1위 자리를 다시 회복했다. 시진핑 국가주석의 부인인 펑리위안 여사가 사용한다고 알려지면서 2018년 광군제 기간에 230억 원의 매출을 기록하기도 하였다.

중국 화장품 사용 인구는 매년 폭발적으로 증가하고 있으며 소득 증가와 함께 프리미엄 화장품 시장도 급성장하고 있다. 후는 2022년 진행된 광군제 페스티벌에서는 약 3,600억 원의 매출을 달성했다. 이번 광군제에서 틱톡과 콰이쇼우 같은 숏폼 플랫폼에서 뷰티 카테고리 브랜드 1위를 기록했으며, 틱톡에서는 뷰티와 전자제품 등을 포함한 전체 카테고리에서 1위에 오르는 성과를 달성했다. 2022년에는 브랜드 가치 및 시장 영향력을 인정받아 중국 저명상표(馳名商标)로 공식 인정되었다. 이에 하이엔드 시장에서의 후 상표권의 보호 및 확장이 유리한 영역에 위치하게 되었다.

LG생활건강 후의 지속가능 성장을 위해 TOWS 분석을 통해 중국시장확장을 위한 전략적 대안을 살펴보자. 우선 TOWS 분석의 1단계는 외부의 위협과 기회 요인을 선별하는 것이다. 이를 위해 5C분석을 간략하게 진행하였다. 먼저 China&Change에서 중국의 정치, 법률적 요인에서, 화장품시장에 대한 중국정부의 통관제한 등 법규의 불확실성과 산업정책에 대해 살펴보았다. 경제적 측면에는 중국의 화장품 시장규모와 소득수준 등에 대해 분석했다. 사회적인 측면에서는 중국시장에서 화장품에 대한 인식 변화와 한류의 영향 등에 대해 분석해보았다. Consumer에서는 중국의 주요 화장품 소비자들에 대한 연령별, 지역별 분석을 진행하였다. 마지막으로 Competitor에서는 로레알, P&G, 시세이도 등의 글로벌 기업과 바이췌링, 화시즈 등 로컬 기업에 대해 살펴보았다.

다음으로 TOWS 분석의 2단계는 자사의 핵심역량을 파악하는 것이다. 5C의 Company에 해당하는 부분이다. 자사의 핵심역량과 관련한 변수로는 기업경영능력, 생산과 R&D 역량, 마케팅 역량, 국제화 부문, 재무상태, 정보화 부문을 들 수 있다. 첫째, 기업경영능력을 살펴보면 LG생활건강은 생활용품에서 화장품까지 다양한 제품을 확보하고 있으며, 화장품에 있어서는 프리미엄 시장을 집중 공략하는 전략을 채택하고 있다. 둘째, 제품 및 품질 역량이다. LG생활건강은 한방브랜드의 후발주자이나 중국의 슈퍼 소비자를 겨냥하여 고소득층 여성들의 고급화 제품에 대한 수요를 파악하고 그 차별화된 제품으로 주름개선, 탄력, 미백 등의 피부 고민을 하나로 관리해주는 '로열' 안티에이징 에센스(일명 이영애 에센스)를 출시하여 중국소비자들에게 '후'는 프리미엄 화장품이라는 포지셔닝에 성공하였다. 셋째, 마케팅 역량이다. 후는 중국의 프리미엄 화장품 시장에 집중하는 전략을 채택하였으며, 중국 내 최고급 백화점을 중심으로 매장을 확대하였다. 하지만 로컬 브랜드와 대비하여 유통채널 확보에 한계가 있다는 것은 약점으로 분류할 수 있다. 넷째, 기타 부문이다. 후는 중국시장 확대를 위한 전문인력 부족, 재무적 기반 취약, 브랜드 컨셉이 중복되는 점 등은 약점으로 분류될 수 있다.

TOWS Matrix 작성을 위해서는 위협, 기회, 약점, 강점에 대한 평가기준을 결정해야 한다. 이는 앞선 1단계와 2단계의 5C분석에서 취합 및 분석한 자료를 바탕으로 결정한다. 그리고 각 요인별 중요도를 파악하여 가중치를 부여한다. 가중치의 총합은 위협과 기회, 약점과 강점으로 구분하여 총합이 각각 100이 되도록 하는 것이 일반적이다. 가중치 부여가 끝나면

표 5-6 | LG 생활건강 후의 TOWS Matrix

구분		항목	Threat					Opportunity				
			정책환경	성장둔화	로컬 브랜드 성장	소계	총계	뷰티에 대한 관심증가	중산층 확대	화장품 시장규모	소계	총계
		항목	가중치									
		가중치	20	16	14	50		14	17	19	50	
Weakness	유통 역량	19	2	5	1	8	152	2	2	5	9	173
	현지화 전략	17	1	5	2	8	136	2	2	5	9	151
	제품 차별화	24	3	5	1	9	216	2	3	2	7	168
	소계	60	6	15	4	25	504	6	7	12	25	492
	총계		120	240	56	416	920	84	119	228	431	923
Strength	브랜 파워	15	5	5	3	13	198	5	2	5	12	182
	품질 관리	14	5	5	2	12	163	5	2	5	12	
	R&D 역량	11	3	3	1	7	78	1	1	3	5	56
	소계	40	13	13	6	32	439	11	5	13	29	402
	총계		260	208	84	552	991	154	85	247	486	888

5C 분석으로 파악된 중국시장과 자사의 역량을 고려하여 평가점수를 부여하게 된다. 평가 점수 범위가 넓을수록 총점이 지나치게 커지므로 1-10 혹은 1-5 정도로 정하는 것이 보통이다. <표 5-6>은 LG생활건강 후의 TOWS Matrix이다.

5C분석과 TOWS분석을 거친 결과 LG생활건강의 후는 TS에 위치하고 있다. 현 상황에서 할 수 있는 전략은 시장침투전략이거나, 제품확충전략이다. 현재 후의 주 고객층인 40~50대 소비자뿐만 아니라 화장품의 주요 고객층인 20대를 타깃으로 하는 제품 라인이나 메이크업 시장이 급성장하는 만큼 메이크업 제품 라인을 확충하는 전략적 방향설정이 필요하다.

(2) TW 사례: 이랜드

이랜드 그룹은 중국 패션시장에서 돌풍을 일으킨 주역이었다. 지난 2001년 매출 100억 원 수준에 불과하던 중국 이랜드는 2010년 약 1조 2,000억 원의 매출을 기록하며 국내 패션회사로는 처음으로 중국에서 매출 1조 원 시대를 열기도 하였다. 생산기지 차원에서 중국에 진출한지 17년 만에 이룬 성과다. 중국 이랜드는 글로벌기업의 격전장인 중국에서 가장 성공한 한국 패션기업으로 손꼽혔다. 1994년 생산공장 형식으로 중국에 처음 진출한 이랜드는 '스코필드', '이랜드', '티니위니' 브랜드를 중심으로 중국의 프리미엄 패션 시장에 도전하여 중국 중상류층에 확고한 브랜드 인지도를 확보하며 중국시장 내에서 인기 한국 의류브랜드 순위 1위를 차지하기도 하였다.

2021년 현재 이랜드는 중국에서 총 25개 의류 브랜드와 4천여 개 매장을 운영하고 있다.

그림 5-29 | 중국 이랜드 산하 의류브랜드

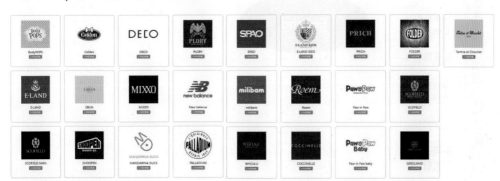

출처: 이랜드 차이나 홈페이지

한때는 브랜드 수가 40개에 달하였고 매장수도 8천여 개 였던 것에 비하면 50% 가량 줄어든 것이다. 2015년 2조 2,373억 원이던 매출도 현재 1조 5천억 원 정도 규모이다. 하지만 이랜드 차이나는 상하이, 항저우, 난징, 베이징, 텐진, 션전, 우한 등 7개 도시와 동북, 서북, 서남지역 등 3개 지역에 지사를 두고 중국시장에서의 재도약에 집중하고 있다.

중국 의류시장은 지금 외국 고가브랜드와 중국 저가브랜드가 양쪽으로 잠식해가고 있는 추세이다. 중국 의류 시장이 성숙함에 따라 샤넬, 루이비통 같은 고가 명품브랜드들이 공격적으로 확장전략을 펴고 있다. 최근 경기침체와 중국정부의 반부패 정책에도 불구하고 중국인들의 명품 구매열기가 지속되고 있다. 중국의 많은 로컬 브랜드는 글로벌 선진 기업문화에 영향을 받았거나 장기간 국제브랜드에 OEM 가공 서비스를 제공하면서 경험을 축적하였다. 그 결과 중국시장에서 빠른 속도로 두각을 나타냈다. 특히 의류산업은 최근 중국소비자의 보편화된 구매수단인 이커머스에서 가장 많이 판매되는 품목으로 변화폭이 큰 쥬링허우와 링링허우의 취향에 따라 생산되는 로컬 브랜드의 저가제품이 이커머스를 중심으로 빠르게 시장을 확대하고 있다. 이렇게 백화점 중심의 고가브랜드와 이커머스 중심의 중국 로컬 브랜드 사이에서 이랜드는 중간의 'Sandwich' 현상에 봉착해 있다. 이랜드의 핵심역량은 현지화라 할 수 있고 Fashion Design과 중국인재 등을 약점으로 들 수 있다. TOWS Matrix

표 5-7 | 이랜드의 TOWS Matrix

		Threat			Opportunity		
		성장둔화	명품브랜드 선호	로컬 브랜드의 성장	패션시장 성장	해외브랜드 인기	소득수준 증가
Weakness	재무기반						
	Fashion Design		E-Land				
	유통채널						
Strength	브랜드 인지도						
	현지화						
	중국경영 경험						

는 <표 5-7>과 같이 가중치와 평가점수 없이 약식으로 진행할 수 있다.

　TW의 위치에서는 철수전략과 제품/시장 집중화전략이 합당하다. 하지만 이미 1, 2선 도시를 중심으로 시장을 확보하고 있는 이랜드가 농촌지역으로 진출하는 것은 크게 의미가 없다. 시장에 집중하기보다는 우선 제품에 집중하는 것이 필요한데, SPA브랜드인 유니클로나 ZARA와 같이 이랜드의 SPA브랜드 개발을 통해 제품을 확충하는 것을 준비해야 한다.

(3) OW 사례: 동원F&B의 동원참치

　OW의 사례로 동원F&B의 동원참치에 대해서 알아보자. 참치는 전 세계에서 가장 많이 사랑받는 수산물이다. 한국원양산업협회의 통계에 따르면 2017년 전세계 참치 시장규모가 총 113억 8,000만 달러로 나타났으며 2023년이면 참치 시장의 규모가 137억 5,000만 달러 규모로 확대될 것으로 보고 있다. 중국소비자들의 소득이 향상되면서 외식용 참치에 대한 선호도가 증가하고 있다. 특히 중국의 캠핑시장 확대로 인해 참치 통조림에 대한 수요도 동시에 증가할 것으로 예상된다.

　동원참치는 2002년 처음으로 중국 청도에 법인을 설립하며 진출하였고 2013년에는 상해에 법인을 설립하였다. 초기에는 참치선물세트를 통해 소비자들을 사로잡았다. 동방 CJ홈쇼핑이 준비한 물량은 약 1,500세트가 30분 만에 완판이 되며 큰 인기를 끌게 되었다. 이후, 방송을 통해서 직접 참치를 이용해 음식을 조리하는 과정을 보여주며 소비자들에게 다가갔다. 또한, 제품 현지화를 진행하면서 광동, 사천, 오향식 등 중국인의 입맛에 맞게 출시했다. 동원참치는 중국의 최대 식품업체인 광명그룹과 사업 제휴를 진행하며 광명그룹이 보유하고 있는 대규모 유통 채널을 활용하며 까르프, RT마트 등 대형 할인마트에 제품 입점을 가속화했다.

　그러나, 동원참치가 꾸준한 사랑을 받을 수 있을지는 미지수이다. 최근 중국으로 수출하는 제품에서 '인산염'이 기준치를 초과

그림 5-30 | 동원 참치의 중화풍 3종 참치

출처: 동원그룹 블로그

해 통관에 불허 명령을 받았다. 이로 인해 동원참치에 대한 제품 안정성에 불신을 갖게 되었고 브랜드 이미지에 큰 타격을 입게 되었다. 이처럼 중국은 식품안전에 대한 규정을 엄격하게 보고 있으며 모든 식품이 준수해야 하는 국가표준제도를 시행 중에 있다. 최근에는 참치 통조림 국가표준 초안을 발표하면서 의견 수렴 과정을 거치고 있다.

또한, 현지의 경쟁기업들이 나타나면서 경쟁도 치열해지고 있다. 이에 동원참치에서는 자사가 보유한 제품의 다양성으로 핵심 역량을 보유하고 있지만, 소비자들에게 심어진 이미지를 전환시키는 것이 중요하다. 동원참치는 OW에 위치하고 있다.

표 5-8 | 동원참치의 TOWS Matrix

		Threat			Opportunity		
		가격 경쟁력	식품규제	유사제품 범람	참치시장 성장	소비자층 확대	수입제품 선호
Weakness	브랜드 인지도					동원참치	
	유통채널						
	전문인력						
Strength	다양한 제품						
	해외진출 경험						
	생산능력						

OW의 위치에서는 기업의 핵심 역량을 강화하거나 전략적 제휴 방식이 합당하다. 그러나, 이미 기업의 제품 역량을 보유한 동원참치는 기업의 핵심역량을 강화하는 것은 큰 의미가 없다. 핵심역량 강화보다는 우선적으로 고객들에게 기업의 이미지를 각인시키는 것이 필요한데, 이에 중국의 식품 기업이나, 체인 식당 등 전략적 제휴를 통해 소비자들에게 다가가는 전략이 필요하다.

제3절 TOWS 실행전략

① TOWS 실행전략 기법

앞서 우리는 TOWS Matrix에 대해 살펴보았다. 특히 기업이 중국시장에 진출한 초기에 해당된다면 면밀한 중국시장 분석과 자사가 중국시장에 진출했을 때의 위치를 분석하는 것은 무엇보다 중요하다. 또한 한국시장에서의 자사의 위치와 중국시장에서의 위치가 다르다. 때문에 한국시장과 동일한 전략적 방향을 가지고 중국시장에 진출했다가는 큰 낭패를 본다. 즉 한국시장에서는 A라는 기업이 TOWS 분석결과 OS 위치에 있지만 중국에 서는 OW(또는 TW)위치에 있을 수 있기 때문이다. 자사가 처해진 중국시장 전체에서의 위치를 파악한 후 구체적인 실행전략(Action Plan)을 도출하는 작업이 필요하다. 중국시장에서의 5C 분석을 통해 한·중 기업이 처한 위협, 기회, 약점, 강점을 알게 되면 TOWS 분석의 결과가 도출된다. TOWS 분석을 통해 자사의 위치가 TW, OW, TS, OS 중 어디에 해당되는지 파악한 후 실제적인 전략대안을 구체적으로 도출을 위해서는 3가지 가이드라인을 잘 숙지해야 한다. 첫째, Plan-Do-See해야 한다. 기업의 전략적 방향설정을 위해서는 구체적인 계획(Plan), 철두철미한 실행(Do), 실행결과에 대한 냉철한 검토(See)의 과정에 의해 Action Plan이 도출되어야 한다. 둘째, Detail해야 한다. 현장에서 현재 실시되고 있는 기업전략이 어떻게 구성되어 있는지 구체적인 내용을 미리 숙지해야지만 향후의 Action plan도 실제 적용 가능 해진다. 셋째, Sustainability(지속가능) 해야 한다. 즉 도출된 Action plan이 자사의 핵심역량을 얼마나 보강시킬 수 있는지 판별하여 선택해야 한다.

기업의 Action plan 도출 시에는 효과성(중요성), 장기지속성, 경제성(비용), 긴급성(시간) 등 4가지 요소를 고려하여 객관적인 근거를 마련해야 된다. 첫째, 효과성(중요성)이다. 대안으로 제안된 실행전략이 기업에서 실시하였을 때 얼마나 효과적인지 평가해야 한다. 둘째, 장기지속성이다. 기업이 중국시장에서 철수라는 불가피한 실행전략을 도출할 때에도 다시 진출할 경우까지 고려한 장기지속적 관점에서 전략대안을 평가해야 한다. 셋째, 경제성이다. 고려되고 있는 실행전략이 기업의 한정된 자원으로 인해 실행 가능한 비용범위인지 등을 고려해야 한다. 마지막으로는 긴급성(시간)이다. 기업에서 고려되는 실행전략이 중국시장에서 얼마나 빨리 실행이 필요한지에 따라 각 전략 대안별 객관적인 평가가 필요하다. 이러한 과정을 통해 TOWS 분석에 대한 자사의 위치를 파악한 후 구체적인 실행전략 도출을 보다 객관화하여 의사결정에 활용할 수 있다.

TOWS 실행전략으로 중국에 진출한 한미약품 사례를 살펴보겠다.

② TOWS 실행전략 사례: 한미약품(OS사례)

중국의 1인당 GDP 증가 및 소득수준에 따른 삶의 질 향상으로 인해 중국소비자들의 건강에 대한 관심이 지속적으로 증가하고 있다. 하지만 한국 제약업체가 진출하기에 정책환경이 달라 어려운 시장이기도 하다. 1996년부터 중국 제약시장에 진출하여 지속적인 성장을 거듭하고 있는 한미약품의 어린이 정장제 '마미아이(妈咪爱)' 사례를 살펴보자.

한미약품은 1996년 베이징한미약품유한공사를 설립하여 중국시장에 진출하였다. 주요 품목은 마미아이 등 어린이 의약품이며, 매출액 대비 약 10% 금액을 R&D 투자로 사용하는 기업이기도 하다. 한미약품이 중국시장에 진출할 당시만 해도 어린이 전문의약품이 많이 부족한 상황이었다. 아이들이 아플 때는 성인의 약을 1/2 또는 1/4로 쪼개 먹이는 상황을 목격하고 '엄마사랑'이라는 뜻을 가진 마미아이(妈咪爱)를 출시하였으며 현재는 중국 엄마들이 '베이징한미'는 몰라도 '마미아이'를 모르는 엄마가 없을 정도로 높은 인지도를 갖게 되었다.

그림 5-31 | 한미약품의 마미아이

출처: 바이두 이미지

베이징한미약품이 진출해 있는 중국 제약시장은 첫째, 정책적으로는 복잡한 의약품 유통구조, 의료개혁의 불안정성, 의약품 허가 시 오랜 시간 소요, 필수의약품에 대한 약가 인하 등에 의해 중국 현지 상황을 잘 모르는 업체가 진입하기에는 많은 어려움이 따르는 시장이다. 둘째, 경제적 측면에서는 중국소비자들의 소득수준 증가, 의료 서비스 정부 지원 확대 등의 긍정적인 측면과 위조의약품 유통으로 인한 매출손실이 발생되는 부정적인 측면을 가진다. 셋째, 경쟁사 측면에서는 중국 제약시장 내 아동 의약품 제조회사 부족, 중국의 의약품 안전도가 낮다는 점은 국내시장에서 많은 노하우를 축적하고 있는 한미약품에게는 기회요소이다. 다섯째, 사회문화적 측면에서는 안전중시 트렌드, 육아에 대한 관심이 지속적으로 증가되어 아동 의약품 시장규모도 증가되고 있다. TOWS 환경 분석 시 한미약품의 중국시장 환경변화는 위협보다는 기회가 상대적으로 많은 것으로 보인다.

다음으로 한미약품의 핵심역량은 첫째, 기업경영능력에서는 이미 1996년부터 진출한 중국시장 노하우와 현지네트워크 구축이 가능한 점이다. 그러나 국가기관과의 관계가 낮은 점은 약점이기도 하다. 둘째, 생산과 R&D 역량측면에서는 중국 현지 R&D 센터 설립을 통한 지속적인 지원과 우수한 품질, 안전성을 내세울 수 있다. 하지만 신제품 생산 지연, 투자비 상승 등의 문제는 해결해야 될 과제이기도 하다. 셋째, 마케팅 역량에서는 높은 수준의 인적 자원과 영업 인프라가 구축되어 있으며, 이미 어린이 정장제 시장에서는 높은 인지도를 보유하고 있다. 하지만 리베이트가 타사대비 부족하다. 이러한 요인을 고려하여 한미약품의 강점과 약점을 분류하여 TOWS 분석을 실시하면 다음과 같다(<표 5-9>).

표 5-9 | 한미약품의 TOWS Matrix

구분		항목	Threat					Opportunity				
			의약품 유통구조	다국적 회사진입	의약품 허가기간	소계	총계	육아 관심	아동의약품 시장확대	중산층 확대	소계	총계
항목		가중치	15	20	15	50		15	15	20	50	100
Weakness	본사지원	10	2	4	3	9	90	4	3	4	11	110
	국가기관 관계	15	1	3	3	7	105	2	5	3	10	150
	리베이트	15	2	2	2	6	90	3	4	3	10	150
	소계	40	5	9	8	22	285	9	12	10	31	410
	총계		75	180	120	375	660	135	180	200	515	925
Strength	브랜드파워	20	5	4	3	12	240	5	5	4	14	280
	현지화	20	4	3	4	11	220	5	5	3	13	260
	제품 안전성	20	5	3	4	12	240	5	5	4	14	280
	소계	60	14	10	11	35	700	15	15	11		820
	총계	100	210	200	165	575	1,275	225	225	220	650	1,470

표 5-10 | 중국 한미약품의 Action Plan Matrix

전략	Action	고려사항					평가
		평가항목	효과성 (중요성)	장기 지속성	경제성 (비용)	긴급성 (시간)	
		가중치	30%	40%	20%	10%	총 100%
시장 기회	브랜드파워 구축을 통한 유명상표 브랜드화		50	90	50	30	64
선점 전략	모방의약품과의 경쟁을 피하기 위한 시장선점전략 사용		30	60	10	10	36
제품/ 시장	유산균 정장제 시장에서 벗어나 유산균건강식품시장으로 진출		100	90	60	30	81
다각화 전략	2·3차 신흥도시로의 진출		90	90	50	30	76

TOWS 분석결과 베이징 한미약품은 OS상에 위치하고 있다. OS전략은 시장기회 선점전략, 제품/시장 다각화 전략을 선택할 수 있다. 브랜드 파워 구축을 통한 유명상표 브랜드화, 모방의약품과의 경쟁을 피하기 위한 시장 선점전략 사용, 유산균 정장제 시장에서 벗어나 유산균 식품시장으로 진출, 3, 4선 신흥도시로의 진출 등을 고려할 수 있을 것이다.

화징산업연구원(华经产业研究(2022)) 자료에 의하면, 중국에서 처방전 없이도 구입이 가능한 일반의약품 시장규모는 2020년 기준 약 20조 원(1,092.2억 위안) 규모로 마미아이와 같은 정장제 시장은 전체 일반의약품 시장의 9% 정도를 차지하고 있다. 마미아이는 유아의 변비, 설사, 소화불량 등의 증상완화 제품으로 온라인에서도 구매가 가능하기 때문에 향후 시장은 더욱 확대될 것으로 기대된다. 높은 인지도와 품질력을 가진 베이징한미약품은 정장제 약품에서 한발 더 나아가 제품다각화를 통해 약이 아니라 매일 먹는 유산균으로 아이의 장을 평소에도 건강하게 유지될 수 있다는 OS 전략적 Action Plan을 고려해 볼 수 있다.

본 장에서는 중국마케팅전략 수립을 위한 환경 분석(5C)을 토대로 중국에 진출한 한·중 기업 사례를 살펴보았다. 그리고 TOWS 분석을 통해 사업전략을 구축하는 방법과 TOWS 실행전략에 대해 살펴보았다. 6장에서는 본격적으로 중국 STP전략에 들어가도록 해보자. 중국시장을 세분화하여 표적시장을 선정하는 단계를 통한 전략적 대안을 알아보자.

연구과제

01 오리온/농심/메타바이오메드/인바디/로보로보의 TOWS분석을 실시하고 중국사업전략과 집중해야 할 Action plan을 제시해 보자.

02 사드사태 이후 중국정부의 한국기업 제재와 중국소비자의 반한류 정서에 따른 시장변화 속에서 삼성 Galaxy 핸드폰과 현대기아차의 중국사업전략을 TOWS Matrix를 사용하여 분석해 보자.

03 중미 경제안보 갈등에 따른 한국반도체 기업인 삼성전자와 SK-Hynix의 중국사업전략을 제시해보자.

참고문헌

강병주 외 3인(2016), "중국의 전문가용 체성분 분석기 시장 조사", 한국무역협회 청두대표처.

김용준(2012), "Nongshim— Trouble in Distributing Korean Spicy Flavor in China", KBR.

농심(2022), 『2021년 사업보고서』

동원그룹 블로그(2015), "한국을 넘어 중국시장으로 뻗어나가는 동원참치 글로벌 원정기", 2015.07.08.

류병린(2020), "중국소비자의 한국 라면에 대한 중요도 - 수행도 분석", 국민대학교 일반대학원.

류빈(2016), "中, 한국 인스턴트 라면에 빠져들다", 산업(상품)기술트렌드, KOTRA Global Window.

머니투데이, "사드에도 살아남은 '후' ⋯ '럭셔리' LG생활건강", 2018.06.11.

문정호(2021), "메타바이오메드 기술분석보고서", NICE평가정보㈜&한국IR협의회.

미래에셋투자증권(2022), "인바디, 사상 최대 분기 매출 달성", 2022.02.25.

박주연(2015), "중국 의료시장 현황 및 시사점", 산업(상품)기술트렌드, KOTRA Global Window.

박홍수(2004), "오리온 초코파이—對중국마케팅 전략수립", 한국마케팅연구원.

손영(2021), "중국, 스마트하게 진화하는 체중계", KOTRA.

신선영(2014), "중국 인터넷쇼핑 트렌드 분석 및 전망", 한국무역협회.

안종석(2010), "중국시장에서의 소비자 라이프스타일에 따른 국가이미지 지각과 그효과의 차이", 한국동
    북아경제학.

오리온(2022), 『2021년 사업보고서』

오종혁(2010), 『중국 소비시장이 변하고 있다』, KIEP.

연합뉴스(2015), "동원F&B, 중화풍 참치캔 3종 현지 유통판매 시작", 2015.03.25.

이철 외 1(2010), "㈜농심의 중국시장 진입 및 확대 전략", 한국국제경영관리학회.

인천발전연구원(2016), 『중국 인터넷 시장 규모와 활용 현황』

임은경(2021), "인바디 기술분석보고서", 한국기업데이터㈜&한국IR협의회.

중앙일보, "중국 사드 보복에 ... '후'가 이끈 LG 생건, 4년 만에 아모레 제치고 1위 등극", 2018.1.31.

한국농수산식품유통공사(2020), 『해외시장 맞춤조사: 중국라면시장』

한국은행(2018), 『중국 소비시장 변화의 특징과 시사점』, 국제경제리뷰.

허명애(2021), "중국 인스턴트 라면 시장동향", KOTRA.

CNC NEWS, "LG생활건강 '后(후)' 중국 저명상표(馳名商標) 인정⋯ 럭셔리 포지셔닝에 유리", 2022.06.02.

华经产业研究(2022), 『2022年中国非处方药行业发展历程』

NH투자증권(2018), "인바디, 수출 국가 확대로 실적 성장은 계속된다", 2018.08.30.

Mob研究院(2022), 『中国休闲零食行业报告』

红星资本家(2022), 『中国休闲零食行业研究报告』

天猫新品创新中心, 联蔚数据(2021), 『中国方便面市场趋势报告』

Chapter

06

중국시장
세분화와 표적시장

최근 중국기업들은 글로벌 경쟁력을 갖추고 빠르게 성장하고 있다. 중국산업의 고속성장에 세계가 주목하기 시작한 것은 1990년대로 거슬러 올라가지만 그 당시와 지금은 상당한 질적 차이가 존재한다. 1990년대 중국 경제를 이끈 것은 섬유, 의류, 완구 등 주로 경공업 제품이었다. 이 제품들은 값싼 노동력을 경쟁의 원천으로 하였다. 경쟁국의 제품들과 비교하면 워낙 가격이 저렴했기 때문에 급속도로 시장을 잠식했지만 품질은 조악했다. 중국제품의 타깃은 자연스럽게 저가시장에 국한되었다.

그러나 4장에서 보았듯이 현재 중국의 기업들은 가격과 품질의 균형감을 유지하며 나날이 발전하고 있다. 일정 수준의 품질을 유지하면서도 가격이 합리적인 제품, 이것이 현재 중국상품이 갖는 브랜드 파워이다. 이러한 현상은 중국 내에서 시장의 구분을 단순화시키고 있다. 고가, 중가, 저가 등 세 가지 구분이 아니라 고급 제품과 합리적 제품의 두 가지로 시장이 재편되고 있는 것이다.

가전산업을 예로 살펴보자. 중국 가전산업은 세 가지 기업군으로 구분해 볼 수 있다. 일찌감치 중국시장에 진출한 마쓰시타와 기술 선도기업의 이미지가 확실한 소니, 지멘스 등이 1군에 해당한다. 2군은 도시바, 샤프 등 기타 일본기업들, 몇몇 유럽 가전기업, 그리고 한국 가전기업들이 속해 있으며, 3군은 주로 중국기업이었다. 초창기에는 대략적으로 이러한 분류에 따라 각각 시장을 넓혀 갔으나 요즘은 양상이 달라지고 있다. 중국기업들의 발전속도가 워낙 빠르다 보니 이제는 1군에 중국기업인 하이얼, 메이디, 커룽, 하이신, 삼성전자와 지멘스가 있고, 나머지 기업들이 존재하는 2분법적 접근이 가능해진다는 얘기다.

이러한 시장 재편에 의해 가장 타격을 받는 기업들은 말할 것도 없이 1, 2군에 속하지 않는 기업들이다. 최고급의 브랜드 이미지가 있는 것도 아니고, 저가제품과의 차별화 포인트도 분명하지 않기 때문이다. 중국에 진출한 많은 한·중 기업이 '샌드위치' 현상에 힘들어 하고 있다. 앞서 예를 든 가전기업뿐 아니라 중국에 진출한 대다수 한국 대기업들은 해당 산업에서 2군에 속한다고 보면 될 것이다. 때문에 중국기업들이 더 바짝 다가서기 전에 포지셔닝을 분명하게 할 필요가 있다. 고급제품을 개발하고 브랜드 이미지를 높여 1군으로 유지하든지, 아니면 유력한 중국기업과 합작하여 실용 시장을 공략해야 한다. 이미 일부 일본기업들은 후자로 포지션을 정하고 있다. 어차피 원가경쟁력이나 현지마케팅 등에서 현지기업들을 이길 수 없다고 판단하여 일찌감치 공생의 전략으로 선회한 것이다. 일본 파나소닉이 자회사 산요의 백색가전 사업을 하이얼에 매각한 것이 대표적이다.

물론 한·중 기업이라고 다 같지는 않을 것이다. 어떤 기업은 고급화 전략이 가능할 것이고 어떤 기업은 실용화 쪽으로 가야만 할 것이다. 물론 현재의 '샌드위치' 포지셔닝에 있는 기업들이 단기적인 매출증가와 이익창출은 가능하다. 특히, 중국의 중산층에게 적당한 품질과 적당한 가격(Reasonable Quality & Reasonable Price)으로 최대의 가치를 창출할 수 있는 여지는 있다. 그러나 중국 중산층들은 이미 최고의 품질이거나 최상의 가격을 요구하는 성숙한 소비자로 변화되고 있다. 그러므로 어느 쪽이든 전략적 타기팅과 포지셔닝의 선택이 필요하다.

현대 마케팅의 핵심은 고객지향성(Customer Orientation)과 제품혁신(Product Innovation)이라 할 수 있다. 특히 고객지향적 경영을 실천하기 위한 STP(Segmentation, Targeting, Positioning) 전략은 위의 두 가지 명제를 풀어나가는 가장 기본이자, 기업의 경쟁력을 확보하는 데 있어 절대적인 중요성을 갖는다. 왜냐하면, STP 전략은 각 기업체가 수립하는 마케팅전략의 근간이 되기 때문이다.

STP 전략은 '시장세분화', '표적시장 선정', '포지셔닝'의 3단계로 이루어져 있다. 중국마케팅전략 수립에 있어 중국시장 전반에 대한 분석(5C 분석)과 이를 통한 경영환경의 이해와 자사의 핵심역량을 분석하여 TOWS 분석에 의한 사업전략을 선택하는 것이 앞서 살펴본 첫단계이다. 이제 우리는 그 다음 단계인 STP 전략에 대해 심도 있게 알아보고자 한다. STP 전략은 기업의 마케팅 믹스전술(5P: Product, Price, Place, Promotion, People)을 결정하게 되는 마케팅전략 수립의 핵심과정이다.

본 장에서는 먼저 시장세분화의 이론적 개념에 대해 알아보도록 한다. 그 다음 이를 중국의 특수한 시장환경에서 어떻게 적용하는지를 알아보고자 한다. 마지막으로 이러한 세분시장 중 자사의 마케팅전략에 부합되는 가장 매력적인 중국소비자와 타깃지역을 어떻게 선정하는가를 학습하고 이에 따른 구체적 사례를 알아보자.

제1절 중국시장 세분화

한 기업이 모든 중국의 소비자들이 만족할 수 있는 제품이나 서비스를 모두 제공하는 것은 현실적으로 불가능하다. 경제와 문화가 발달함에 따라 중국소비자들의 욕구나 구매행동은 다양해졌고, 하나의 기업이 모든 소비자들의 욕구를 만족시키기에는 그 수가 너무 많고 지역적 범위가 너무 넓다. 각기 다른 경제적·문화적 특성을 지닌 56개의 민족, 약 14억의 인구가 지리적 특성이 상이한 지역에 분포되어 있는 중국에서 모든 지역의 모든 계층을 대상으로 우리 기업이 마케팅전략을 실행한다는 것은 불가능한 일이다. 동일한 지역에서, 동일한 제품을 구매하는 상황에서도 중국소비자들은 각 개인의 선호, 자신이 처한 위치, 구매상황에 따라 서로 다른 제품구매 양상을 보이기 때문에 한·중 기업들은 중국의 전체 시장을 공략하기보다는 자사가 가장 성공적으로 공략할 수 있는 세분시장을 선택해야만 한다.

1 중국시장 세분화의 개념

시장세분화란 한 기업이 시장을 일정한 기준에 따라서 몇 개의 동질적인 소비집단으로 나누는 것을 말한다. 중국시장은 서로 다른 특성을 지닌 소비자들로 구성되어 있다. 소득, 나이, 직업 등의 개인적인 특성뿐만 아니라 제품을 구매할 때 고려하는 속성, 구매행동에서도 각기 다른 모습들을 보인다. 그러나 기업들이 이렇게 서로 다른 소비자 개개인에게 개인화된 마케팅 믹스를 가지고 각기 다른 방식으로 접근하는 것은 그에 따른 비용증가 때문에 대개의 경우 불가능한 일이다. 또한 중국소비자 개개인의 특성 간 차이를 무시하고 오직 하나의 마케팅전략을 가지고 시장을 공략하는 것 또한 매우 위험한 일이다.

따라서 이러한 문제를 해결하기 위해 중국소비자들을 일정 기준에 따라 크게 몇 개의 세분시장으로 나누어 각각의 시장에 적합한 마케팅전략을 구사하는 방법이 요구된다. 즉 집단 내에서는 제품에 대한 욕구와 구매행동이 서로 유사한 소비자들과, 집단 간에는 다소 상이한 몇 개의 소비자집단으로 소비자들을 군집화하는 방법이 바로 시장세분화이다.

2 중국시장 세분화 변수의 선택

성공적인 중국마케팅전략을 수립하기 위해서는 제3장에서 학습한 중국소비자에 대한 정확한 이해가 필수적이다. 특히 어떤 요인들이 중국소비자 세분화의 핵심변수가 될 것인지를 파악해 두어야 한다. 시장세분화를 하는 방법은 여러 가지가 있으나 모든 세분화가 기업의 마케팅전략에 효과가 있는 것은 아니다. 시장세분화의 결과가 기업에 가치를 제공하기 위해서는 다음의 4가지 시장세분화 요건을 갖추어야 한다.

(1) 측정가능성(Measurable)

시장을 세분화하기 위한 기준변수로는 현실적으로 측정이 가능해야 한다. 시장크기, 구매력 그리고 세분화변수들은 수치로 측정가능해야 한다.

(2) 세분시장의 시장성(Sustainable)

세분시장은 해당 기업에게 충분한 이익을 보장해 줄 수 있을 정도의 규모를 갖추어야 한다. 또한 미래의 성장가능성이 있는 시장이어야 한다. 지속적 성장가능성이 있는 세분시장을 공략하여야만 미래성장이 가능하다.

(3) 접근가능성(Accessible)

세분시장은 효과적으로 접근할 수 있는 적절한 방법이 있어야 한다. 세분시장 중 표적집단을 선정한 이후 광고, 유통을 통하여 표적 세분시장을 구체적으로 파악 접근할 수 있을 때만 세분시장으로서 의미가 있다.

(4) 차별성(Discriminable)

시장세분화 변수가 마케팅전략의 실행상 의미를 갖기 위해서는, 세분화된 시장이 마케팅 활동인 제품, 가격, 광고, 유통에 대하여 차별적 반응을 보일 때 의미가 있다. 특별히 중국시장에서 중국소비자가 가격에 의한 반응이 차별적일 때 고급시장과 저급시장으로 시장을 세분화하는 것이 매출과 순익에 긍정적인 영향을 미칠 것이다.

이와 같이 측정가능성, 시장성, 접근가능성, 차별성에 기업이 전략적으로 접근하고자 하는 시장의 요건이 충족된다면, 다음의 4가지 변수로 그 시장을 분석, 분류하여 세분화하는 작업이 필요하다. 통상적으로 소비재시장에서의 세분화변수는 지리적 변수, 인구통계적 변수, 사회심리적 변수, 행태적 변수 등 4가지가 있다. 시장세분화의 요건을 충족시키는 4가지 세분화변수에 따른 각각의 시장세분화 방법과 사례에 대하여 좀 더 구체적으로 알아보자.

❸ 중국 세분시장의 분류방법

중국시장은 '통일된 단일시장'이 아니라 '분할된 시장의 집합체'로 소비자 간의 문화적 차이와 지역별 진입장벽이 달라 획일적 접근방식으로는 효과적인 시장공략이 어렵다. 따라서 각 변수별로 세분시장의 특성을 규명한 후 목표시장을 설정하는 것이 중요하다.

표 6-1 | 중국시장 세분화 변수

세분화변수	구체적변수
1. 지리적변수	지역, 인구밀도, 도시의크기, 기후
2. 인구통계적 변수	나이, 성별, 가족규모, 가족수명주기, 소득, 직업, 교육수준, 종교
3. 사회심리적 변수	사회계층,생활양식,개성
4. 행태적변수	추구하는 편익, 사용량, 제품에 대한 태도, 상표 애호도, 상품구매단계, 가격에 대한 민감도

(1) 지리적 변수에 의한 세분시장

중국은 단일시장으로 보기보다는 '연합국가시장(United States of China)'으로 이해하는 것이 필요하다. 지리적 변수로는 지역, 인구밀도, 도시의 크기, 기후 등이 주로 사용된다. 같은 시장, 산업이라 할지라도 이러한 지리적 변수에 따라 고객의 필요나 욕구가 다른 경우가 많다. 예를 들어 화장품 구매의 경우, 습도가 높은 남방지역 소비자들은 가벼운 질감의 화장품을 선호하지만 춥고 건조한 북방지역 소비자는 영양과 보습성분이 다량 함유된 제품을 선호한다. 그래서 어떤 기업은 자사제품의 판매가 유리한 하나 또는 몇 개의 지역에 대해서만 마케팅 활동을 펼치기도 하고, 또 다른 기업은 전 지역을 자사제품의 시장으로 선정하여 각 지역마다 소비자의 욕구에 따른 각기 다른 마케팅전략을 구사하기도 한다. 중국시장에 있어 지리적 변수에 의한 세분화는 다른 세분화 방법보다 시장을 구분하는 것이 용이하다는 이점이 있으며, 각 지역마다 소비자들 간의 뚜렷한 차이를 보이는 경우 매우 효과적인 세분화 방법이라 할 수 있다.

중국은 한반도의 약 44배에 달하는 광대한 국토를 보유하고 있다. 보통 수천만 명의 인구를 가진 성(省), 직할시, 자치구 등으로 구성된 중국을 하나의 상권으로 보기 어렵다. 중국인의 인구통계적 변수, 심리분석적 변수, 형태적 변수 등도 각 성(省)의 지리적 특성에 따라 많은 영향을 받고 있다. 따라서 소득 수준도 지역별로 격차가 많으며 소비형태도 다르다. 또한 중국은 지방분권화가 심화되고 있는 가운데 경제정책도 지방의 특성에 맞추어 실시하고 있기에 지방의 이익을 극대화하기 위해 타지역 제품의 유입을 막는 유통장벽도 심하다. 이런 상황에서 중국을 단일시장으로 보고 시장을 세분화하는 것은 위험한 일이다. 따라서 중국시장을 각 기업의 전략에 맞추어 세분화하기 위해서는 각 경제권, 나아가 각 도시별 목표시장을 설정하는 지리적 변수에 의한 세분화가 선행되어야 한다. 이러한 지리적 변수에 의한 세분화는 그 분석작업이 비교적 용이하고 지리적으로 세분된 시장에서 더욱 효과적으로 소비자에게 접근할 수 있다.

1) 7대 지역경제권별 시장세분화

중국진출 마케팅전략 수립에 있어 먼저 각 경제권, 나아가 각 도시별로 목표시장을 분류할 수 있다. 중국은 지역마다 투자 우선순위와 투자환경이 각기 상이하기 때문에 각 지역별 시장환경 분석과 지방정부 협력주체에 대한 새로운 접근방법과 시각이 필요하다. 이러한 접근방법이 지역경제권별 시장세분화이다. 중국에 대한 전략적 접근방식에 있어 지리적 변수의 기초적인 세분화방식이 경제권역별 분류이며, 이를 통한 각 지역의 산업환경과 특성, 경제 규모 등의 분석이 필요하다.

중국은 1953년부터 광대한 지역의 효율적 관리와 경제개발을 위해 다양한 권역을 설정하

그림 6-1 | 7대 지역경제권별 시장세분화

고 운영해 왔다. 1953년 시작된 1차 5개년 계획시기에는 연해와 내륙지역으로 구분하였고, 3차 5개년 계획시기에는 국방 및 전략상 필요에 의해 전국을 1선, 2선, 3선으로 분류하였다. 1981년부터 시작된 6차 5개년 계획기간에는 경제개발의 수요에 따라 연해와 내륙지역의 구분방식을 다시 도입했으며, 7차 5개년 계획시기에는 처음으로 동부, 중부, 서부의 3대 경제권을 구분하였다. 이후 9차 5개년 계획시기에 전국을 7대 경제권역으로 분류해 왔다. 현재 중국에서는 4대 권역(동부, 동북, 중부, 서부)으로 구분하는 방법도 있으나 지역이 너무 광범위하고 입지적 특성에 따른 지역 간 교류 등을 반영하지 못한다는 단점이 있다. 중국시장에 대한 보다 세분화된 조사를 위해 성(省)급 행정구역을 기초로 7대 권역 기준을 살펴볼 필요가 있다. 이는 구체적인 권역구분의 기준을 명시하고, 각종 지역별 통계 등을 반영한 경제정책에 따른 정책적 필요성까지 권역구분에 반영하고 있는 장점이 있다.

중국의 7대 경제권역별 구분은 화북권역, 화동권역, 화남권역, 동북권역, 서북권역, 화중권역, 서남권역으로 나누어진다. 이렇게 구분된 7대 경제권역은 각각의 권역에 따라 지리적으로 인접된 성으로 구성되어 있다. 7대 지역경제권의 구분 및 기본 현황은 <표 6-2>와 같으며 홍콩, 마카오, 대만 등의 특별행정구역은 제외한다.

표 6-2 | 중국 7대경제권역 기본현황

구분	지역	면적		인구		GDP	
		km²	비중 (%)	만 명	비중 (%)	억 위안	비중 (%)
화북 권역	베이징(北京), 톈진(天津), 허베이 (河北), 산시(山西), 네이멍구(內蒙古)	838,100	8.7	16,933	12.1	121,404.9	11.9
화동 권역	상하이(上海), 장쑤(江蘇), 저장(浙江), 산둥(山東), 안후이(安徽), 푸젠(福建) 장시(江西)	798,286	8.4	42,383	30.1	387,437.9	38.1
화남 권역	광둥(廣東), 광시(廣西), 하이난(海南)	451,668	4.7	18,655	13.2	138,450	13.6
동북 권역	랴오닝(遼寧), 지린(吉林), 헤이룽장(黑龍江)	1,520,000	15.8	9,825	7.0	51,124.8	5.0
서북 권역	산시(陝西), 칭하이(靑海), 간쑤(甘肅), 닝샤(寧夏), 신장(新疆)	3,080,008	32.1	10,360	7.3	55,922.6	5.5
화중 권역	허난(河南), 후베이(湖北), 후난(湖南)	560,000	5.8	22,331	15.8	140,222	13.8
서남 권역	쓰촨(四川), 충칭(重慶), 구이저우(貴州), 시짱(西藏), 윈난(雲南)	2,340,600	24.5	14.5	14.5	117,852.8	11.6

출처: 2021 중국통계연감

2) 주목해야 할 중국의 신1선도시

전면적인 내수시장 확대 정책으로 중국 내 다양한 규모의 도시 성장이 예상되는 가운데, 중국경제 성장에 따라 구매력이 증가하면서도 대도시에 비해 경쟁이 상대적으로 덜 치열한 신1선 도시가 주목 받고 있다. 진출 유망 신1선 도시는 대부분 성회(省会, 성의 수도)로 지방정부의 전폭적인 지지를 받으며 도시화, 산업화가 빠르게 추진 중이다.

현재 중국의 도시등급 분류에 대해서 공식적인 기준은 존재하지 않지만 중국의 시사전문매체인 제일재경(第一财经)의 도시 구분이 가장 보편적으로 사용되고 있다. 제일재경은 2013년부터 중국도시의 상업매력도를 발표해오고 있다. 평가방법은 비즈니스자원집적도, 허브도시지수, 도시인구 활력도, 생활방식 다양성, 미래성장가능성 등의 5가지 지수와 170

개 주요 소비브랜드의 매장 데이터, 17개 분야의 인터넷회사 이용자행동 데이터 등을 종합하여 도시를 평가한다. 최근에는 2선도시의 경제발전으로 인해 1선도시 만큼은 아니지만 기존의 2선도시 보다는 규모가 커져 1선도시로 상향조정 가능성이 큰 도시를 '신1선도시'라고 부르고 있다.

표 6-3 | 중국의 도시등급 분류

분류	도시명
1선도시	상하이, 베이징, 광저우, 선전(총4곳)
新1선도시	청두, 충칭, 항저우, 시안, 우한, 쑤저우, 정저우, 난징, 텐진, 창샤, 동관, 닝보, 포샨, 허페이, 칭다오(총15곳)
2선도시	쿤밍, 셔양, 지난, 우시, 샤먼, 푸저우, 원저우, 진화, 하얼빈, 다롄, 구이양, 난닝, 쵠저우, 스자좡, 창춘, 난창, 후이저우, 창저우, 지아싱, 쉬저우, 난통, 타이위안, 마오딩, 주하이, 중산, 란저우, 린이, 웨이팡, 옌타이, 샤오싱(총30곳)

출처: 第一财经

그림 6-2 | 주목해야 할 신1선도시 6곳

제일재경의 <2022도시상업매력도순위>에 따르면, 신1선 15곳은 청두, 충칭, 항저우, 시안, 우한, 쑤저우, 정저우, 난징, 텐진, 창샤, 동관, 닝보, 포샨, 허페이, 칭다오이다. 2021년 순위와 비교했을 때 안후이성의 허페이가 새롭게 신1선도시에 진입하였으며 랴오닝성의 셔양은 2선

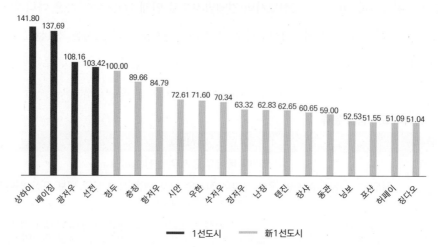

그림 6-3 | 1선, 신1선도시의 상업매력지수

141.80 137.69 108.16 103.42 100.00 89.66 84.79 72.61 71.60 70.34 63.32 62.83 62.65 60.65 59.00 52.53 51.55 51.09 51.04

상하이 베이징 광저우 선전 청두 충칭 항저우 시안 우한 수저우 정저우 난징 톈진 창사 둥관 닝보 포산 허페이 칭다오

━ 1선도시   ━ 新1선도시

출처: 第一财经

도시로 밀려났다. 이 외에 과거 15개 신1선도시였던 곳은 쿤밍, 우시, 샤먼, 다롄 등도 2선도시에 머물고 있다. 도시 매력도 5위인 청두는 종합점수 100점으로 1선도시인 선전과 3.42점 밖에 차이가 나지 않는다. 특히 비즈니스자원집적도와 라이프스타일 다양성 측면에서 1선도시인 광저우와 선전보다 높은 점수를 획득하였다. 전체 도시매력도 순위 6위인 충칭 역시 최근 2년 동안 성장률이 청두와 비슷하며 서남권역에서 가장 빠르게 성장하고 있는 도시이다.

2021년 15개 도시의 인구 증가를 살펴보면 톈진을 제외한 14개 도시의 상주인구가 전년 대비 증가하였는데, 총 280만 명의 인구가 추가 유입되었다. 이들 도시는 최근 경제발전과 인구집중이 빠르게 진행되고 있으며 높은 주택가격과 물가, 취업난을 겪고 있는 1선도시보다 인구 유입이 많은 상황이다. 신1선도시는 하이테크 기업 수가 크게 증가하고 정부의 정책적 지원 하에 교육, 의료 등의 공공자원도 확대되고 있는 추세이다.

또한 중국의 지방도시가 테마산업을 적극적으로 육성하면서 지역별로 주력산업 색채가 점차 짙어지며 진출 유망지역의 산업특징을 제대로 파악하고 시장을 개척하는 것이 중요해지고 있다. 경쟁이 격화되는 1선도시에서 벗어나 상대적으로 외국기업에게 많이 알려져 있지 않으면서도 구매력이 상당한 신1선도시로 내수거점을 확대할 필요가 있다. 중국 제일제경이 선정한 337개 5선 이상 도시 중에서 경제성장률, 소득수준, 경쟁강도, 구매력 등을 고려할 때, 한·중 기업의 중국 내수시장 진출유망 신1선도시에는 우한, 창사, 정저우, 시안, 충칭, 청두 등을 꼽을 수 있다. 시진핑 정부하에 거점도시로 성장하고 있는 장강중류의 정저우와 서남권역의 핵심도시 충칭에 대해 좀 더 살펴보자.

① 허난성 정저우

한국인들에게 유명한 소림사가 위치해 있는 정저우(鄭州)는 화중권역에 해당하는 허난성의 성도이다. 정저우는 베이징에서 홍콩까지 이어지는 고속도로가 지나되고, 중국 철도의 중심에 위치하고 있어 베이징까지 고속기차로 3~4시간, 시안까지는 2시간 반이 소요되는 교통의 요지이다. 이러한 지정학적 위치를 활용하여 내륙과 해양을 연결하여 60여 개국 44억 명을 아우르는 글로벌 경제의 중심적 역할을 구축하고자 하는 일대일로의 수혜지역이다. 2021년 허난성의 GDP는 5.89조 위안(1인당 GDP 59,300위안)으로 중국 전체 성 중 5위를 차지하고 있다. 그 중 정저우의 GDP는 1.27조 위안으로 약 12.6%를 차지한다.

제일재경의 <2022도시상업매력도순위>에서 신1선도시 15개 중 7위를 차지하고 있는 정저우는 비즈니스자원집적도와 허브도시지수에서 순위가 빠르게 상승하고 있다. 시진핑 정권에 들어서면서 전자상거래의 중심지로도 부상하고 있다. 2013년 정저우는 닝보·상하이·충칭·항저우 등과 함께 중국 국제 전자상거래 시범도시로 선정되었는데 2021년 중국

그림 6-4 | 중국철도의 중심지 정저우

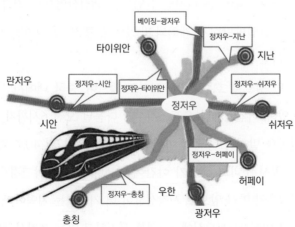

출처: 정저우 인민정부 홈페이지

국경 간 전자상거래 종합 테스트 지역의 도시 개발 지수에서 37개 지역 중 상위 10위 안에 들었다. 또한 정저우는 '14차 5개년 규획' 기간 동안 약 700km의 철도 운행 주행 거리를 목표로 '철도 위의 도시' 건설을 계획하고 있다. 고속철도의 건설은 향후 정저우의 경제성장에 중요한 물류인프라를 제공할 것으로 보인다.

② 충칭

그림 6-5 | 야간경제가 활성화된 도시 충칭

출처: 충칭시 인민정부 홈페이지

IT와 자동차 산업에서 두각을 나타내고 있는 충칭은 중국의 4대 직할시 중 하나이다. 충칭은 지리적으로 중국 서부의 관문으로 양쯔강 경제벨트 내 핵심지역이자, 중국 일대일로의 전략적 기반이 되는 곳이다. 2021년 충칭의 GDP는 2.79조 위안(1인당 GDP는 약 8.69만 위안)이다. 제일재경의 <2022도시상업매력도순위>에서 신1선도시 15개 중 청두에 이어 2위를 차지한 충칭은 라이프스타일의 다양화 지수가 다른 도시 대비 높은 편이다. 이는 충칭 소비자들의 여가생활, 소비성향을 나타내는 지수로 다양한 소비가 이루어지고 있음을 의미한다.

디지털경제의 성장도 충칭의 발전을 촉진시키고 있다. 충칭은 빅데이터, 클라우드 컴퓨팅, 인공지능, 사물인터넷, 소프트웨어 등 디지털 산업들을 핵심산업으로 적극 육성하고 있다. 2018년부터 매년 스마트산업박람회가 개최되고 있으며, 충칭 내 디지털경제는 충칭 전체 GDP의 약 27%를 차지하고 있다.

충칭의 인구는 3.2천만 명으로 호주의 인구보다도 많으며, 중국 내에서 상하이 다음으로 야간경제가 발달되어 있다. 야간경제란 오후 6시부터 다음날 오전 6시까지 12시간 동안 이루어지는 각종 상업활동을 말한다. 중국의 야간경제 규모는 2022년 40조 위안에 이를 것으로 예상되고 있으며, 충칭시 소비의 60%가 야간에 발생하고 있다. 야간경제의 핵심 소비집단이 쥬링허우와 링링허우인 만큼 앞으로 시장성장이 더 기대되는 지역이다. 또한 인재 유입 속도가 빠르게 증가하고 있어 신1선도시에서 1위를 유지하고 있는 쓰촨성 청두의 강력한 경쟁자로 부상하고 있다.

3) 부상하는 하침시장

하침시장(下沉市場)이란, 3선 이하의 도시와 농촌지역을 포함하는 단어로 인터넷 인프라가 잘 구축되어 있고 정부의 정책적 지원을 받으며 소비잠재력이 막강한 지역을 뜻한다. '하침'이란 '가라앉다'라는 뜻이 있는데, 소비자가 더 넓고 깊게 분포되어 있는 시장이라는 의미이다. 이러한 이유로 하침시장의 특징은 '소비자가 매우 다양하다', '복잡한 소비 생태계가 구축되어 있다', '지역별 경제적, 문화적 차이가 크다'로 요약할 수 있다.

그림 6-6 | 중국 하침시장 인터넷 사용자 현황

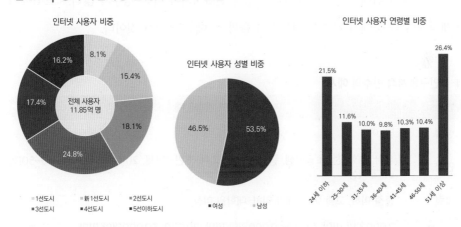

출처: Quest Mobile(2022.04 기준)

하침시장은 약 300개의 지급(地級)도시, 2,000개가 넘는 현급(縣城)도시 및 4만여 개의 향(鄕)과 진(鎭)으로 구성되어 있으며 인구는 중국 전체 인구의 약 68%를 차지한다. 중국 모바일데이터전문 시장조사기관인 Quest Mobile의 자료에 따르면, 2022년 중국 하침시장의 인터넷 이용자 규모는 약 7억 명으로 중국 전체 인터넷 이용자의 58.4%에 달한다. 성별로는 여성 이용자가 53.5%로 다소 많았으며, 연령별로는 24세 이하가 21.5%, 51세 이상이 26.4%를 차지하고 있어 하침시장이 여성경제 및 실버경제의 기반 역할을 하고 있는 것으로 볼 수 있다.

하침시장은 다양한 소비자와 시장잠재력을 가지며 최근 빠르게 성장하고 있는 시장이다. 하지만 1선, 신1선도시와 달리 강한 지역 보호주의 특징을 가지고 있기 때문에 시장진입이 쉽지 않다. 따라서 진출 전 해당지역에 대한 충분한 이해와 통찰력을 갖추어야 할 것이다.

(2) 인구통계적 변수에 의한 시장세분화

이는 나이, 성별, 가족규모, 가족생활주기, 소득, 직업, 교육수준, 종교 등에 따라 시장을 세분화하는 방법이다. 이 방법은 소비자의 욕구, 선호도, 사용량 등의 변수와 상관관계가 높고, 인구통계적 변수들은 측정하기가 상대적으로 쉽기 때문에 가장 많이 이용되고 있다. 표적시장이 심리적 변수, 행태적 변수 등으로 표현된다 하더라도 그 시장의 크기와 효율적인 접근방법을 알아내기 위해서 인구통계적인 특성과 연결시켜야 하는 경우가 많다. <표 6-4>는 인구통계적 변수들 중에서 자주 쓰이는 변수들과 그 예를 제시한 것이다.

표 6-4 | 인구통계적 변수의 예시

변수	세분화의 예
성별	남, 여
연령	유아, 취학 전, 초등학생, 중고등학생, 10대 후반~24세, 20대 후반, 30대, 40~50대, 60대 이상
학력	중졸 이하, 고졸 이하, 대졸 이하, 대학원 이상
가족 월소득	3,000위안 미만, 5,000~10,000위안 미만, 20,000~50,000위안 미만, 50,000~100,0000위안 미만, 100,000위안 이상
혼인상태	미혼, 기혼, 기타
직업	자영업, 판매원, 공무원 및 사무직, 고급 공무원 및 기업체 간부 등
가족 생활 주기	미혼, 신혼, 중년부부, 장년부부, 노년부부, 사별 후 독신
주거형태	아파트, 연립주택, 단독주택, 상가주택

1) 치링허우(70后), 빠링허우(80后)

70허우와 80허우는 전체 인구에서 약 25%를 차지하는 소비집단이다. 70허우는 태어났을 때부터 국가적으로 근검절약의 생활습관을 제창하였다. 또한 어렸을 때부터 부모님의 말을 따랐기 때문에 70허우 세대는 자주적 선택 부분이 80허우나 90허우보다 뒤처진다. 70

허우는 패션보다 자연적이고, 편안한 것을 추구하는 특징이 있다.

'샤오황디(小皇帝)'로 불리는 80허우는 문화혁명과 덩샤오핑의 개혁개방 이후의 '과거와 단절된 세대'로 지칭되며, 사상과 혁명 교육보다 시장경제와 글로벌 문화에 익숙한 정보화 세대이다. 비교적 풍족한 생활환경에서 코카콜라와 일본만화를 가까이 하며 성장했고, 인터넷을 통한 글로벌 정보에 익숙하다. 공동체 의식에 앞서 능력을 바탕으로 한 자아실현을 중시하는 80허우는 중국의 소비시장에 많은 변화를 가져왔다.

최근 80허우의 소비특징은 브랜드 소비, KOL(Key Opinion Leader)로 설명할 수 있다. 중국에서 어린시절 외국 브랜드를 다양하게 접하였던 첫 세대로서 브랜드 인지도가 높고 다른 연령대보다 브랜드 충성도가 상대적으로 높은 편이다. 또한 80허우들의 생각과 경험은 직간접적으로 타인의 구매행위에 미치는 영향이 매우 큰 편이다.

80허우들은 자신들보다 물질적인 풍요는 물론, 정치적·문화적으로도 더욱 개방된 시대를 살아온 90허우를 여러 가지 색을 띠나 고유의 맛을 알 수 없다며 '젤리족'이라는 별칭으로 부른다. 물론 90허우도 80허우를 겉으로는 예쁘지만 시간이 조금만 지나면 변색되고 물러져 신세대 본질을 잃어버리는 '딸기족'이라 응수한다.

2) 쥬링허우(90后), 링링허우(00后)

최근 중국의 신세대 소비계층은 90허우와 00허우이다. 90허우는 해외 문화 수용에 더욱 개방적이며, 감성적 만족을 중시하고 수입브랜드에 대한 높은 선호도를 앞세워 소비시장의 주축 세대로 자리매김하고 있다. 90허우는 어릴 때부터 인터넷을 사용하며 성장하여 인터넷에 매우 익숙할 뿐만 아니라 현재 중국의 인터넷 사용자 중 가장 많은 비중을 차지하는 연령층이기도 하다.

징동의 빅데이터연구소에 따르면, 90허우의 58.6%가 신1선, 2선, 3선도시에 살고 있으며 가장 많이 이용하는 인터넷 콘텐츠는 라이브 방송과 이커머스 플랫폼이다. 평균 수입은 약 8천 위안으로 대부분 주식투자 등의 자산관리에 관심이 많으며 합리적 소비 경향이 강하다. 90허우는 상품 구매 시 '선소비, 후상환'을 선호하여 소비를 위한 소액대출 비중이 49.3%로 전 연령대에서 가장 높다. 이는 90허우가 사고 싶은 물건은 꼭 사야 하는 특징이 있음을 말해준다. 최근 90허우의 소비성향은 게으른 경제, 반려동물 소비, 외모중심 소비, 건강중시,

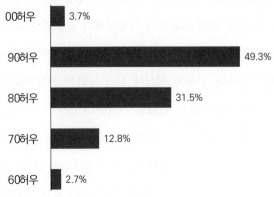

그림 6-7 | 소비목적의 대출 이용인구 연령별 비중

출처: 京東大数据研究院(2020)

오락소비 등으로 요약할 수 있다.

00허우는 70허우와 80허우가 부모이며 베이징 올림픽과 일대일로 정책 등 중국의 글로벌 영향력이 커진 시기에 태어난 세대이다. 2016년 중국정부의 2자녀 정책 시행으로 형제자매가 간혹 있긴 하지만 대부분 독자이다. 중국의 시장조사기관인 신삼판쯔쿠(新三板智库)에 따르면, 00허우의 구매의사결정방식은 부모가 구매할 제품의 후보군을 선정하면 자녀가 직접 최종 상품을 선택하는 형태라고 한다. 또한 약 48%의 00허우가 국산제품을 선호하는 것으로 나타났으며, 브랜드 충성도는 다소 낮아 좋아하는 브랜드를 계속 사용할 것인지에 대한 질문에 약 19%만이 동의한 것으로 조사되었다. 한 가지 제품에 다양한 브랜드를 경험해 보는 것을 선호한다고 볼 수 있다.

최근에는 소비자가 더욱 세분화되어 빠우허우(85后), 쥬우허우(95后) 등으로 소비자를 구분하기도 한다. 중국의 Z세대(1995~1999년생)에 해당하는 95허우는 약 2.6억 명으로 2025년에는 중국 전체 인구의 27%를 차지할 전망이다. Kiep의 자료에 따르면 95허우 소비의 특징으로 디지털 네이티브, 개성화 소비, 국내외 브랜드 둘다 선호 등으로 조사되었다. 중국의 각 연령별 소비자의 특징은 다르지만 한 가지 공통점은 소비분야의 디지털화가 보편화되었다는 점이다. 따라서 중국소비자 공략 시 디지털마케팅은 필수이며 중국 문화에 기반한 중국소비자 맞춤형 제품 및 서비스 개발이 필요할 것이다.

(3) 사회심리적 변수에 의한 시장세분화

우리는 사회심리적 방법에 의해서, 즉 구매자들의 라이프스타일, 개성 및 가치관에 기초하여 시장을 세분화할 수 있다. 왜냐하면, 동일한 인구통계적 집단 내에 속한 사람들이라 할지라도 매우 상이한 사회심리적 특성을 나타낼 수 있기 때문이다. 가장 많이 사용되는 라이프스타일 변수에 의해 중국시장을 나누어 보면 원바오족, 샤오캉족, 지식인족, 신세대족, 여피족 등 5개의 소비집단으로 분류할 수 있다.

같은 20대 청년이라도 모두 개방적·진취적 특징을 갖지 않고, 같은 베이징에 사는 사람들이라 할지라도 그들의 라이프스타일은 각기 다르다. 따라서, 이러한 사회심리적 변수에 의한 군집별 시장세분화 방법은 지리적 변수와 인구통계적 변수에 의한 시장세분화의 약점을 보완해 준다.

(4) 행태적 변수에 의한 시장세분화

앞서 본 사회심리적 변수에 의한 시장세분화가 주로 소비자의 특성에 따라 나누어진 것이라면, 제품과 관련한 소비자 행동과 연관이 있는 변수들로 시장을 세분화하는 것을 행태적 변수에 의한 시장세분화라 한다. 행태적 변수에 의한 시장세분화는 사용량이나 상표 애호도, 추구하는 효익 등을 기초로 하여 시장을 세분화하는 것이다. 이는 소비자가 어떤 편익을 추구하는가에 따른 분석으로 소비자 욕구의 충족을 중요시하는 마케팅 철학에 가장 충실한 세분화 변수라 할 수 있다.

행태적 변수로 시장을 세분화하는 방법은 제품 구매과정에서 나타나는 소비자 특성에 따라 소비자들을 먼저 분류한 후, 이들의 인구통계학적 특성을 찾아내는 접근법이 필요하다. 즉 누가 우리의 다량소비자인가, 우리 상표를 애호하는 고객이 누구인가, 소비자들이 제품에서 추구하는 효익이 무엇인가와 같은 제품구매와 관련된 변수들이 세분화의 기준으로 이용된다.

1) 사용량에 의한 시장세분화

제품이나 서비스를 소비자들이 구매하거나 사용하는 빈도가 사용량이다. 사용량(Usage Rate)에 의한 시장세분화는 소비자들을 제품의 사용량에 따라 다량소비자(Heavy

Consumers), 소량소비자(Light Consumers), 비사용자(Nonuser)로 구분하는 방법이다. 사용량에 의한 시장세분화가 마케팅전략 수립에 중요한 이유는 많은 제품군에 있어 일정한 비율을 차지하는 다량소비자가 대부분의 제품소비를 하기 때문이다. 이를 보통 20/80 법칙이라 하는데, 전체 소비자 중 20%가 80%의 매출을 올린다는 뜻이다. 특히 20%의 소비자 중 우리 기업에 장기적 이익을 창출해 주는 소비자인 '이익창출 소비자(Profitable Customer)'를 파악하여 이에 마케팅 역량을 집중하는 것이 마케팅에서는 성공의 열쇠라 할 수 있다. 특히, 중국시장에서 FMCG(Fast Moving Consumer Goods)인 일상생활용품과 패키지 식음료상품의 경우에 다량소비자의 파악과 활용은 다국적기업인 한·중 기업에 있어 매우 중요한 표적집단이 될 수 있다. 따라서, 이는 다량사용자들이 추구하는 효익과 상표애호도 그리고 인구통계적 특성을 파악하여 이들에게 접근하는 데 마케터의 많은 노력이 필요함을 시사한다.

2) 상표애호도에 의한 시장세분화

소비자들은 각자 서로 다른 상표애호도(Brand Loyalty)를 가지고 있는데, 이는 소비자들이 좋아하는 제품이나 서비스를 꾸준하게 구매하는 정도를 말한다. 자사의 상표애호도에 따라 '자사상표를 애호하는 소비자(Loyal)', '복수상표를 번갈아 가며 구매하는 고객(Switchers)', '자사상표를 전혀 구매하지 않고 다른 상표들을 구매하는 비구매자(Non-buyer)'로 시장을 3개의 세분시장으로 구분할 수 있다.

첫 번째 세분시장으로 '자사상표를 애호하는 소비자'군은 항상 동일한 한 가지 상표를 구입하며 특정 상표에 매우 높은 애호도를 갖는다. 두 번째 세분시장인 '복수상표를 번갈아 가며 구매하는 고객'군은 애호도가 조금 높은 정도로서, 이들은 보통 2~3개 상표에 대해 애호도를 가지고 있다. 특히 가끔 다른 상표를 구입하기도 하지만 주로 1개의 상표를 선호하는 특성을 가지고 있다. 마지막 세분시장으로는 '자사상표를 전혀 구매하지 않고 다른 상표들을 구매하는 비구매자'군이다. 이들은 자사상표에 대한 애호도가 전혀 없는 경우로서, 제품을 구매할 때마다 매번 다른 상표를 구매하거나, 그 제품군에 대해 관심이 없기에 어떠한 상표도 구매하지 않는다. 이러한 소비자들에 대해서는 경쟁업체로의 상표전환 방지를 위해 다양한 품목을 생산하거나 가격할인 등의 유인책을 수립해야 한다.

각각의 제품시장은 그 특성에 따라 애호도가 높은 소비자들이 많은 경우도 있고 그렇지 않은 경우도 있다. 일반적으로 담배, 맥주, 커피 등과 같은 기호식품의 애호도가 높은 편이다. 중국의 맥주시장도 다른 나라와 마찬가지로 높은 상표애호도를 보이는 시장이다. 소비자들이 강한 상표애호도를 가지고 있는 시장에서 시장점유율을 확대하는 것은 매우 어려운 일이며, 후발진입자에 있어서 경쟁사에 관한 소비자들의 높은 상표애호도는 심각한 진입장벽이기에 철저한 시장세분화와 목표시장 설정 그리고 포지셔닝전략이 요구된다.

3) 추구효익에 의한 시장세분화

같은 품목의 제품이라도 모든 소비자가 동일한 효익(Benefits)을 얻고자 제품을 구매하지 않는다. 또한 동일한 편익을 추구하는 소비자들이라 할지라도 제품의 각 편익에 대해 중요하게 생각하는 정도에 있어서는 많은 차이를 보인다. 이처럼 소비자들이 제품이나 서비스를 추구할 때 추구하는 효익은 다르다. 따라서, 추구효익에 따른 시장세분화는 소비자들이 제품을 구입할 때 고려하는 주요 편익의 차이에 따라 소비자들을 몇 개의 차별적 집단으로 나누는 방법이다. 소비자의 구매행태에 의한 시장세분화 방법은 중국소비자와 중국 유통 시스템의 발전과 각 기업의 CRM(Customer Relationship Management) 구축에 따라 좀 더 과학적이고 효과적인 시장세분화 전략이 가능해지고 있다.

CASE 중국의 실버경제: 글램마 베이징과 메이피엔

실버경제란 인구 고령화가 진행되면서 새롭게 확대되고 있는 시장으로 고령자 맞춤형 제품과 서비스를 제공하고 새로운 일자리 창출 등이 발생하는 경제 트렌드를 의미한다. 중국에서는 은발경제(银发经济)라고 부른다. 중국은 65세 이상 인구가 약 1.9억 명으로 전체 인구의 13.5%를 차지하는 고령화 사회이다. 실버경제의 연령범위에 해당하는 60세 이상으로 계산할 경우 중국의 고령인구는 약 2.6억 명(18.7%)으로 우리나라 인구의 5배가 넘는다.

중국의 60세 이상 세대들은 자녀에게 헌신하며 살아온 세대라고 할 수 있다. 중국의 1가구 1자녀 정책에 의해 태어난 소황제(小皇帝)들을 키워낸 세대이기 때문이다. 소중하게 키운 자식의 자식 역시 본인들이 키우는 것이 당연하다는 문화가 중국에 계속해서 이어져왔는데, 최근 경제적으로 여유로운 고령인구가 증가하며 본인의 노후생활을 즐기려는 트렌드

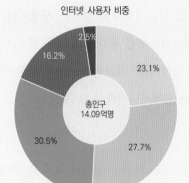

인터넷 사용자 비중

총인구
14.09억명

23.1%

27.7%

30.5%

16.2%

2.5%

■ 0-19세 ■ 20-39세 ■ 40-59세 ■ 60-79세 ■ 80세 이상

출처: 중국통계연감

베이징 외곽의 한 승마클럽에서의 '글램마 베이징'

출처: 인민일보 홈페이지

가 확대되고 있다. 이로 인해 중국 내 시니어 계층이 일종의 '육아 파업'을 선언하고 있다. 중국에 새로 생겨난 여성 모델 그룹 '글램마 베이징(Glamma Beijing)'이 이러한 현상을 상징적으로 보여준다. 평균나이 70세인 이들은 중국 베이징의 할머니들로 구성된 모델그룹이다. 이들은 2019년부터 중국 온라인 동영상 공유 플랫폼 틱톡(Douyin)에서 그들의 모델 활동과 일상을 공개하는 다양한 영상을 공개하며 네티즌들의 시선을 끌고 있다.

패션과 뷰티 등의 정보 공유 외에도 이들은 온라인 팔로워들과 삶에 대한 경험과 개념을 공유하면서 소통하고 있다. 결혼과 가족에 관한 주제를 논의하거나 인터넷 사용자의 질문에 답하고 라이브 스트리밍이나 댓글을 통해 자신의 인생경험을 공유하며 젊은 세대의 공감과 지지를 얻는 것이다. 글래머 베이징의 막내 멤버 쑨양(孫洋)씨는 "나이가 들어가면서 젊었을 때는 하지 못했던, 꿈만 꾸었던 것을 해

야 할 시간이 많지 않음을 느꼈다. 나의 부모님 세대처럼만큼은 되고 싶지는 않다. 남은 삶은 독립적으로, 나의 자아를 돌보며 살아가고 싶다."고 NYT와의 인터뷰에서 말했다.

중국 실버경제의 대표적인 온라인 플랫폼으로는 메이피엔(美篇)이 있다. 메이피엔은 여가시간이 많고 자신을 표현하고자 하며 경제적 여유가 있는 중장년층을 타깃으로 2015년 설립되었다. 2022년 현재 2억 명의 이용자를 확보하고 있는 메이피엔은 디지털 기기 사용에 어려움이 있는 중장년층을 위해 사진과 영상을 편리하게 편집해 앨범으로 만들어, 이를 위챗이나 웨이보에 쉽게 공유할 수 있도록 도와준다. 시니어 세대들도 SNS를 통해 비슷한 나이대의 사람들과 일상을 공유하는 것이 가능하며, 비슷한 관심사를 가진 이용자들과 함께 커뮤니티를 만들 수도 있다. 또한 같은 지역 내의 메이피엔 회원들과 친목도모를 위한 메이피안 모임을 개최하며 중장년층들의 삶에 활력을 불러 일으켜 주고 있다는 긍정적인 평가를 받고 있다.

출처: 메이피엔 홈페이지

바이두 역시 중국 내 인구 고령화를 인식하며 고령인구를 위한 앱을 런칭했다. AI기반의 앱으로 고령인구들의 관심사를 분석하여 관련 컨텐츠와 서비스를 제공한다. 이 앱은 텍스트의 크기를 일반적인 크기보다 크게 제공하는 등 고령 친화적이도록 앱을 설계하여 시니어들도 디지털 서비스를 즐길 수 있도록 하였다. 디디추싱은 '디디케어' 서비스를 통해 고령층도 사용하기 편하도록 앱 내 글자 사이즈를 크게 하였으며 심플한 디자인으로 앱을 디자인해 조작 편의성을 제고하였다. 또한 대다수의 고령층이 전화를 사용하여 택시를 부르는 만큼 콜택시 팀을 따로 구성하였고, 온라인결제와 현금 결제도 모두 가능하게 하여 고령층을 위한 서비스를 제공하고 있다.

참고자료: 중앙일보, ""어미·아비야, 손주 안 보련다" 中200만 명 열광한 '은발 그녀들'"/ People's Daily Online, "Stylish Chinese grannies amaze Internet users with elegance, vitality"

제2절 중국 표적시장 선택에 따른 전략적 대안

차이나 마케터는 각각의 세분시장을 평가한 후 진입할 가치가 있는 시장 및 범위를 결정해야만 한다. 차이나 마케터는 세분시장의 평가 및 분류를 통하여 하나 이상의 가치 있는 세분시장을 발견할 수 있다. 이것이 앞 절에서 본 시장세분화라면, 표적시장의 선정은 어떤 세분시장을, 그리고 얼마나 많은 세분시장을 선택할 것인가를 결정하는 전략수립의 과정이라 할 수 있다. 즉, 몇 개의 세분시장에 진출할 것인지와 어떤 세분시장을 집중 공략할 것인지를 결정하는 단계를 말한다. 몇 개의 세분시장에 진출할 것이냐 하는 문제에 대해 기업이 택할 수 있는 전략적 방안은 대중 마케팅(Mass Marketing), 집중마케팅(Focus Marketing), 구별 마케팅(Differentiated Marketing) 세 가지가 있다. 이제 각각의 전략적 방안을 중국공략 한국기업의 사례를 통해 좀 더 자세히 알아보자.

1 중국 표적시장 공략의 전략적 대안

(1) 대중마케팅

대중 마케팅전략(Mass Marketing Strategy)은 각 세분시장의 특성을 배제하고 전체 소비자를 대상으로 하나의 마케팅 믹스전략을 제공하는 방법이다. 따라서, 마케팅 믹스전략도 소수의 소비자 계층보다는 일반 소비자 전체에 맞추어진다. 대중 마케팅전략의 장점은 마케팅과 생산에서 규모의 경제를 달성할 수 있다는 것이다. 즉, 표준제품을 대량 생산함으로써 생산원가를 낮출 수 있으며 대량유통과 대량광고를 통해 재고비, 물류비, 광고비 등을 낮출 수 있다. 이러한 원가우위의 이점은 경쟁사와의 가격경쟁에서 경쟁력으로 작용한다.

동양제과는 오리온 초코파이(하오리요우, 好丽友)를 중국에 출시하면서 주요 도시의 전 연령대 소비자를 표적으로 하는 대중 마케팅전략을 사용하였다. 제과류라는 제품특성상 한 연령층을 표적으로 놓기에는 시장의 규모도 작을 뿐더러 제품수명주기를 단축시킬 수 있다. 오리온은 광활한 중국을 지역적으로 6개의 시장으로 분류하여 마케팅전략을 세웠다. 이는 동북지역, 베이징, 상하이, 광저우, 남서부지역, 내륙지역으로 분류할 수 있다.

오리온은 중국의 여섯 개 시장에서 표적시장을 선정할 때 각 세분시장에 속하는 연령, 성별, 나이 등의 속성을 배제한 각 지역별 전체 소비자를 표적시장으로 선정하였다. 오리온 초코파이를 중국의 모든 사람들이 즐겨 찾고 먹을 수 있는 파이로 만들기 위해서 대중 마케팅전략을 내세운 것 이다. 이러한 전략은 제품수명주기가 짧은 제과제품의 수명을 늘릴 수 있는 전략 중 하나로 작용하였다. 중국시장에서 살아남기 위하여 오리온 초코파이는 대중 마케팅전략을 실행하기 위한 마케팅 믹스를 철저하게 준비하였다. 제품전략에서 오리온 초코파이는 고품질의 파이를 생산하기 위해 노력했으며, 각 지역에 맞게 패키지를 차별화하였다. 또한 고품질의 차별화된 신선한 제품을 제공하기 위하여 각별하게 노력하였다. 중국의 기후를 이기지 못하고 초코파이가 변질된 실패요인을 토대로 포장지를 투명포장지에서 불투명포장지로 바꾸어 초코파이가 변질되지 않고 소비자들에게 신선하게 제공될 수 있도록 제품을 생산하였다. 즉 오리온 초코파이는 '고품질 생산'의 제품전략으로 중국시장을 공략했다. 또한 중국시장에서 기업 마케팅믹스 전체 세분시장을 대상으로 고가격과 고품질의 포지셔닝 전략을 내세웠다. 이러한 마케팅전략으로 인해 오리온은 중국 내에서 가장 현지화에 성공한 한국기업 중 하나로 성장할 수 있었다.

그러나 대중 마케팅전략은 제품시장이 성숙되어 소비자의 욕구가 다양해지는 상황에서는 소비자들의 다양한 욕구를 충족시키기가 어려우며 특히 대중 마케팅전략만을 구사할 경우 성장에 한계가 있다. 따라서 기업은 기존 제품에 소비자들의 다양한 욕구를 충족시킬 수 있는 제품들을 추가하는 변형적 전략을 쓰기도 한다. 대중 마케팅을 근간으로 제품라인을 확장시키는 전략은 두 가지의 의미를 가진다.

첫째, 제품 포트폴리오 구축의 의미로 기업의 수익구조를 더욱 안정시킬 수 있다. 둘째, 소비자들의 다양한 욕구를 충족시킴으로써 전체적인 기업의 브랜드 인지도를 높일 수 있다. 오리온은 초코파이의 성공을 바탕으로 수익구조를 더욱 안정시키고 지속적인 중국시장의 성장을 위해 2002년부터 카스타드, 스트로베리, 티라미슈, Qute 등의 제품을 출시하였다. 또한 초코파이의 안정적 수익창출이 제품계열을 확대시켜서 자일리톨껌과 감자칩 제품도 성공적으로 출하할 수 있었다.

실제 중국 진출 초창기에는 '오리온=초코파이'로 통했지만 파이뿐 아니라 껌시장에서도 오리온은 글로벌 넘버원인 리글리에 이어 2위다. 비스킷 시장에서는 고래밥이 단일매출 1위

품목으로 자리잡아 경쟁사들이 6~7종의 짝퉁제품을 출시했을 정도다. 고래밥의 중국 명칭은 '하오뚜어위(好多魚)'이다. 짝퉁 고래밥 제품들은 기술력의 차이로 맛을 흉내내진 못하고 있지만 포장과 브랜드가 거의 유사하다. 포장을 똑같이 복사하거나 반대로 복사해 사용하고 브랜드는 '好魚多', '魚多好' 식으로 한자순서만 바꿔 사용하는 식이다. 짝퉁 고래밥의 존재는 스낵시장에서의 오리온의 위치를 반증해 준다.

오리온 초코파이는 대중 마케팅전략의 대표적 사례로서, 처음에는 베이징 외곽에서 생산공장을 시작하였으나, 이제는 5개 공장에서 중국 전역의 소비자를 구별하지 않고, 단일 브랜드와 동일한 마케팅 믹스로 '仁'이라는 포지셔닝전략을 일관되게 구사하고 있다.

(2) 집중마케팅

집중마케팅(Focus Marketing)이란 여러 세분시장 중에 자사가 가장 큰 경쟁우위를 가지고 있는 한두 개의 세분시장을 표적시장으로 선정하여 그 시장을 집중 공략하는 전략을 말한다. 집중마케팅은 생산과 마케팅에서의 전문화를 통해 고객들의 욕구를 더 잘 충족시킬 수 있기 때문에 세분시장 내에서 강력한 시장지위를 구축할 수 있는 이점을 가진다. 또한 유통, 생산, 광고 등에서 한두 개의 세분시장만을 표적으로 하기에 그 비용을 절감할 수도 있다.

농심의 신라면(辛拉面)은 가장 큰 경쟁력이 매운맛인데, 중국소비자의 입맛에 맞게 바꾸기보다 오히려 소비자가 입맛을 맞출 수 있도록 관념의 변화를 일으킬 수 있는 마케팅전략을 구사하였다. 매운맛을 선호하지 않는 중국소비자를 대상으로 매운 걸 못 먹으면 사나이 대장부가 아니다(吃不了辣味非好汉)는 내용으로 TV광고를 하여 소비자의 감성을 자극해 성공하였다. 매운맛이라는 어쩌면 불리한 조건을 역으로 활용하여 중국 및 대만 경쟁업체들의 아성을 무너뜨리고 새로운 시장의 강자로 부상하였다. 중국의 라면은 일반적으로 한국의 라면에 비하여 맵지 않은 대신에 기름기가 많고 다소 느끼하다고 할 수 있으며, 끓이는 봉지라면보다는 용기라면이 시장의 대부분을 차지하고 있었다.

농심 신라면은 맛과 포장에 있어서 선점제품과 상당한 차이가 있어 시장진입 초기에 다소 어려움을 겪었다. 기존의 틀을 깬다는 것은 항상 아픔을 동반한다는 것이 기본이다. 농심이 한국에서 축적한 라면제조에 대한 기술역량은 경쟁상대들이 감히 따라오지 못하는 정도의 차이가 존재하였던 점도 초창기 진입 시 겪는 어려움을 극복하는 데 큰 힘이 되었다. 캉스푸(康師傅)라는 대만 및 중국계 라면업체가 이미 시장의 대부분을 점유하고 있는 가운데 이들과 차별화하지 않고는 시장개척이 쉽지 않은 상황이었다. 농심은 중국 내 라면시장이 중산층 이하를 겨냥한 저가제품이 주류임을 인식하고, 신라면의 목표시장을 중산층 이상 특히 고소득집단으로 설정함과 동시에 이들을 겨냥한 집중화 마케팅전략전략을 추진하였다. 농심 신라면은 소비경향이 크고 안정적인 생활을 하는 소득이 높은 소비자층과 소비력이 강한 신세대를 타깃으로 잡았다.

신라면은 13억 중국 인구 중 6%인 7,800만 명에 이르는 고소득층을 겨냥하였다. 이러한 마케팅전략은 신라면의 고가의 가격정책으로 나타났다. 또한, 중국 본토 전체를 대상으로 한 마케팅전략은 중국진출 초기 농심의 자사 역량범위를 벗어나기에 베이징, 상하이, 광저우시장만 목표시장으로 선택하였고 이를 수행하기 위해 상하이법인을 설립, 초기에는 상하이에만 집중하였다.

그 밖에 주요 도시의 소득 수준 상위 5%의 프리미엄(Premium) 화장품 시장을 타깃으로 한 아모레퍼시픽(Amore Pacific)은 선양을 중심으로 한 동북 3성에 집중해 성공을 거뒀고 이는 대표적인 집중화 마케팅전략의 성공사례로 꼽힌다. 중국시장 진입 시 집중화 마케팅전략을 실시한 후, 표적시장의 성공사례를 기반으로 대중마케팅전략 또는 구별마케팅전략을 실시하는 것이 바람직한 중국시장 성장전략이다.

그러나 표적시장 내 소비자들의 기호가 변한다거나 강력한 경쟁사가 진입할 경우 기존의 시장지위를 위협받을 위험이 존재한다. 왜냐하면, 한두 개의 시장에 집중하고 있으므로 시장의 기호가 변하거나 강력한 경쟁사가 들어오면 기업의 마케팅전략을 포함한 기초가 흔들리기 때문이다. 따라서 집중화 마케팅전략전략을 사용함에 있어서 전사적이고 지속적인 마케팅믹스 관리가 필요하다. 특히 중국시장에서 집중전략의 성공 열쇠는 집중이 아니라 선택이다. 우선 가장 매력적인 세분시장을 선택하는 것이 이 전략의 핵심이다. 세분시장을 잘못 선택하여 집중하면 장기적인 기업성과를 기대하기 어렵기 때문이다.

(3) 구별마케팅

구별화 마케팅전략(Differentiated Marketing Strategy)은 둘 이상의 세분시장들을 표적시장으로 선정하여, 각 세분시장에 적합한 포지셔닝과 마케팅믹스 프로그램을 제공하는 것을 말한다. 이 전략의 장점은 각 세분시장의 고객 욕구에 맞는 마케팅 믹스를 제공할 수 있으므로 총매출이 증가한다. 그러나 각 세분시장별로 서로 다른 제품을 제공해야 하므로 생산비가 증가할 뿐 아니라 각 세분시장에 맞는 차별화된 마케팅 계획의 도입으로 제품수정비, 관리비, 재고비, 광고비 등도 함께 증가한다. 그러므로 구별화 마케팅전략은 여러 세분시장들에 동시에 투자를 할 수 있을 만큼 풍부한 자원을 가진 대기업에 적합한 표적시장 전략이다. 그러므로 구별화 마케팅전략은 비용의 상승보다 매출액의 상승이 훨씬 더 커서 전체적인 수익률이 향상될 때 적합하다.

표 6-5 | 중국 에어컨시장의 세분시장

	세분시장1	세분시장2
구매시 고려요인	• 다기능선호성향 • 건강중시성향 • 인테리어와의 적합성	• 기본성능중시 • 가격중시
인구통계적특성	에어컨 사용경험이 있는 고소득층 (베이징: 연간 소득 30만 위안 이상)	실용성을 중시하는 가격에 민감한 중산층 (베이징: 연간 소득 약 10만 위안 이상)

LG전자는 중국의 에어컨시장에서 나날이 치열해지는 저가 공세에 어려운 상황을 맞이하였다. 이러한 상황을 극복하기 위해서 새로운 마케팅전략 수립의 필요성을 인식하고 각각의 세분시장에 맞는 에어컨을 출시하였다. LG전자는 자사의 에어컨을 구매하는 고객들의 특성을 조사하여 아래와 같이 3개의 세분시장으로 나누어 각각의 세분시장에 속하는 집단의 차별성을 분석했다.

1) 세분시장1 (Premium군)

중국판 포브스 후룬바이푸(胡润百富)의 자료에 따르면, 한 해 수입이 30만 위안을 초과하는 부유층이 가장 많은 지역은 베이징이다. 베이징의 전체 910여만 개의 가구 중 410만여 가구가 연간수입 30만 위안 이상이며 이는 베이징 전체의 45%를 차지하는 규모이다. 두 번

그림 6-8 | LG전자 에어컨

출처: 엘지전자 중국 홈페이지

째로 부유층이 많은 곳은 상하이, 선전, 난징, 항저우 등 순이었으며, 1선도시와 신1선도시 등 경제발전지역을 중심으로 연간소득 30만 위안 이상 부유층이 집중되어 있었다. 하지만 이러한 현상은 최근 조금씩 변화하고 있는 추세이다. 대부분의 부유층은 화동과 화중, 화남 지역에 집중되어 있으며, 특히 1선도시(상하이, 베이징, 광저우, 선전)에 Top50 도시 부유층의 18.7%가 분포하고 있다. 또한 Top50 도시 부유층의 56.5%는 신1선도시에 집중되어 있는 것으로 집계되었다. 중국 LG전자는 이러한 중국 내 가구소득을 기반으로 고소득 가구를 PREMIUM 시장으로 설정했던 것이다.

2) 세분시장2 (Major군)

중국의 연간소득 8만 위안에서 15만 위안 가량의 가구는 전체의 약 34%를 차지한다. 이들은 중산층으로 분류되며 연간소득이 10만 위안 이상인 가구는 2022년 현재 중국인구의 약 70%를 차지하고 있다. 중국의 전반적인 소득증가에도 불구하고 도시와 농촌지역 간의 소득격차는 점차 확대되고 있는 상황이다. 2000년 도시/농촌 소득배율이 2.0배였던 것에 반해 2020년에는 2.56배까지 확대되었다.

3) 세분시장3 (Fighting군)

LG전자의 특이사항으로는 새로운 세분시장인 Fighting군을 추가하여 가격전쟁에 대응했다는 것이다. 현재의 중국 에어컨시장을 보면 수많은 군소업체들의 난립으로 인한 치열한 과열경쟁으로 전체적인 에어컨 시장에 있어서 가격하락 현상이 두드러지고 있다. 이러한 중국 내의 특수한 상황에 대처하는 제품군으로 저렴한 가격을 바탕으로 공격적인 Fighting군의 제품을 시장에 내놓음으로써 전면적으로 맞선 바 있다.

2 전략선택의 주요 고려요인

어떤 세분시장을 어떻게 공략할 것인가에 관한 위의 3가지 대안 중 자사에 적합한 전략을 선택하기 위해서는 기업의 자원, 제품의 동질성, 제품 수명주기, 시장의 동질성, 경쟁사의 마케팅전략 등이 고려되어야 한다.

① 기업의 자원이 한정되어 있는 경우에는 집중화 마케팅전략이 좋다. 중소기업이나 벤처기업의 경우 중국시장의 지역별 집중을 한 후, 특정 지역에서 인구통계적 변수에 의한 세분시장 중 특정 소비자집단을 선택하는 2단계 집중마케팅전략을 구사할 수 있다.

② 쌀·연탄·소금·간장·설탕 같은 생필품은 소비자들이 감지할 수 있을 만큼 차별화하기 힘드므로 대중 마케팅전략이 적합하다. 그러나 건축, 카메라, 자동차 같은 내구재는 디자인과 성능 등에서 차별화가 어려워 구별 또는 집중마케팅전략이 적합하다.

③ 회사가 신제품을 처음 도입하는 시기에는 한 가지 모델만 내놓는 것이 바람직하므로 대중 또는 집중마케팅전략이 적합하다. 그러나 제품이 성숙기에 들어서면 구별화 마케팅전략이나 대중 마케팅전략이 더 권장될 만하다.

④ 고객의 취향, 구매수량이 비슷하고 기업의 다양한 마케팅 믹스에 대해서 비슷한 반응을 보인다면 대중 마케팅전략이 적합하다.

⑤ 경쟁사가 공격적인 구별화 마케팅전략을 쓰고 자사는 대중 마케팅전략을 구사하는 상황이라면, 경쟁사에 대응할 수 있는 신제품 출시와 함께 구별 마케팅전략을 선택해야 한다. 특히 중국시장의 특성인 지역적 구별화 현상과 소득별 구별화가 심한 경우에는 구별 마케팅전략이 많이 사용되고 있으나, 이에 대한 한·중 기업의 대응전략은 집중 또는 구별 마케팅전략이 적합하다.

제3절 중국 표적시장의 선정

차이나 마케터가 시장세분화 및 표적시장을 선정할 때 고려해야 하는 변수는 기업의 자원, 고객의 욕구, 그리고 경쟁 등 3C이다. 각 세분시장에 대해 적합한 마케팅전략을 수립하는 데 있어, 기업은 각각의 세분시장들 중에서 자사가 전략적으로 집중해야 하는 표적시장을 어떠한 방법으로 선택할 수 있는가? 그리고 동일한 자사의 자원을 어떻게 표적시장에 보다 많이 분배할 수 있는가? 등의 전략적 효율성을 고려해야 한다. 물론, 이 모든 고려사항 가운데에서도 시장의 경쟁적 본질은 반드시 고려되어야 한다. 경쟁은 한 기업에 대한 특정 시장의 시장점유율을 현저하게 줄일 수 있으며, 그에 따라 자원에 대한 수익도 낮아지게 할 수 있다.

1 표적시장 선정방법: Targeting Matrix 기법

차이나 마케터는 표적시장의 선정을 위하여 각 세분시장의 규모와 성장성, 상대적 경쟁력, 기업(혹은 사업부 단위)의 목표와 자원 등을 분석해야 한다. 일반적으로 표적시장 선정방법은 평가기준 결정, 가중치 부여, 평가점수 부여, 가중총합 계산 등의 4단계로 이루어진다. 각 단계별로 기아 KX3의 사례를 바탕으로 자세히 알아보고자 한다. KX3모델은 중국시장 전용의 소형 SUV이며 가격대는 10.8만 위안부터 옵션에 따라 상이하다. 2015년 출시된 기아 KX3의 중국마케팅전략을 위해 시장조사 결과를 바탕으로 세분시장을 분류하였다. 지리적 변수로 텐진과 선양을 1차 목표로 삼았으며, 인구통계적 변수에 의해 20대, 30대, 40대 등 3개 집단으로 분류하였다. 거기에 안정성, 기능, 스타일, 브랜드, 가격 등 추구하는 가치의 차이에 따라 행태적 변수를 추가하여 분류하였다.

그림 6-9 | 중국의 기아 KX3

출처: 중국의 기아자동차 홈페이지

(1) 평가기준 결정

표적시장 선정을 위해서 가장 먼저 어떠한 변수, 즉 평가기준을 무엇으로 할 것인지를 결정해야 한다. 결정변수는 크게 시장환경, 경쟁관련 사항, 자사관련 사항 등 3가지로 분류되며 세부항목은 다음과 같다. 세부항목은 자사의 제품 및 서비스 등에 따라 다양하게 선정할 수 있다.

- 시장환경관련 평가기준: 시장크기, 성장률, 시장잠재력, 가격민감도 등
- 경쟁관련 평가기준: 경쟁강도, 경쟁우위요소 등
- 자사관련 평가기준: 자원, 시너지, 전략적 적합도 등 기아 KX3는 평가기준을 시장환경부분(시장크기, 성장률), 경쟁부분(현 경쟁강도, 잠재 경쟁자), 자사부분(전략의 실현가능성, 핵심역량, 제품차별성)으로 나누었고, 별도로 소비자를 인구통계적 변수로 연령, 지역을 고려하였다.

(2) 각 시장별 가중치 부여

앞서 본 평가기준 항목들이 표적시장 선택에 있어 모두 똑같이 중요하지는 않을 것이다. 따라서 각 항목별로 그 중요도에 따라 가중치를 부여해야 한다. 가중치 부여는 최고 경영자나 실무진 한 사람의 주관적 평가보다는 5C와 TOWS분석 결과 등을 마탕으로 마케팅, 영업, R&D, 생산, 재무 등 각 부서의 담당자들과 업계 전문가들이 토론을 거쳐 합의하여 결정한다. 가중치의 합이 100이 되도록 각 항목에 점수를 부여하는 것이 일반적이다. 기아 KX3에 대해서는 총 100점에 시장환경부분에 30점, 경쟁부분은 가장 높은 35점을 부여하였으며, 자사부분에 35점을 부과하였다.

(3) 평가점수 부여

표적시장 선정을 위한 평가기준 선정과 각 시장별 가중치가 결정되었으면, 이제 각 시장에 대한 평가점수를 결정해야 한다. 평가점수 또한 시장별 가중치 부여방법과 마찬가지로 통상 각 부서의 담당자들이 시장자료를 바탕으로 점수를 부여하게 된다. 물론, 각 시장에 대한 기존 자료와 정보가 풍부하다면 좀 더 정확한 판단이 가능하겠지만, 일반적으로 아직 진입하

지 않은 시장에 대한 표적시장을 평가하는 것이기 때문에 평가자들의 주관이 개입될 수밖에 없다. 따라서, 얼마나 풍부한 자료와 정보를 가지고 객관적으로 평가하느냐가 표적시장 설정의 가장 중요한 변수라고 할 수 있다. 그렇기 때문에 통상 한 사람이 아닌 각 부서의 담당자들로부터 평가점수를 받아 평균점수를 사용한다. 기아 KX3는 각 평가항목이 자사의 세분시장에 미치는 긍정적 영향에 따라 상, 중, 하로 나누어 10점, 5점, 1점을 부과하였다 (<표 6-6> 참고).

표 6-6 | Targeting Matrix를 이용한 사례: 기아 KX3

평가항목	W	베이징				상하이				선양			
		10대	20대	30대	40대	10대	20대	30대	40대	10대	20대	30대	40대
시장상황	30												
시장크기	15	5	1	10	10	5	1	10	10	10	5	5	1
성장률	15	5	1	10	10	5	1	10	10	5	10	5	1
경쟁부분	35												
경쟁강도	20	5	10	1	1	5	10	1	1	1	5	5	10
잠재경쟁자	15	5	10	5	1	5	10	5	5	5	1	5	10
자사부분	35												
실현가능성	6	5	1	10	5	5	1	5	5	10	10	10	5
핵심역량	4	5	1	10	5	5	1	5	5	10	10	10	5
제품차별화	15	5	5	10	10	5	5	10	10	10	5	10	5
디스플레이션	10	1	10	1	10	1	10	5	10	1	5	1	10
시장매력도	100	460	475	655	635	460	565	645	635	580	565	585	605

(4) 가중 총합 계산

마지막으로, 각 항목에 대해 주어진 점수를 집계하여 어느 시장이 매력도가 높은 시장이고, 어느 시장이 매력도가 낮은 시장인지를 파악해서 표적시장을 선정한다. 가중치와 평가 점수를 곱한 다음 이를 합한 점수가 가장 높은 시장이 바로 자사의 표적시장인 것이다. 기아 KX3의 경우 <표 6-6>을 보면 베이징에서 거주하는 30대가 가장 매력적인 표적집단으로 선정되었다. 이러한 방법이 단순할 수도 있고 불안정할 수도 있다. 따라서 이렇게 얻어진 가중 총합 점수는 경영진의 의사결정에 도움을 주기 위한 도구일 뿐, 의사결정을 대신하는 것은 아니다. 따라서, 가중 총합 점수에 따라 기계적으로 표적시장을 선택하기보다는 마케팅, 생산, 재무, R&D 등 각 부서의 담당자들 회의에서 토의를 거쳐 합의를 보는 것이 중요하다.

2 표적고객 프로파일

목표시장이 설정되었다면, 표적고객 프로파일(Target Customer Profile: TCP)을 작성하여야 한다. 이와 같은 소비자들의 행동양태에 대해 구체적 서술을 통해 마케팅 관리자는 포지셔닝 전략과 마케팅믹스(5P)전략을 수립하여야 한다.

(1) 개념과 의의

주어진 하나의 시장에서 고객의 편익과 사용상황에 근거하여 두 개 이상의 세분화시장이 확인되는 경우, 기업은 둘 중 하나를 선택하거나(집중화 전략), 각 세분시장을 별개로 기업의 표적시장을 겨냥해야 한다(구별화 전략). 어떤 방법이든지 시장관리자는 인구통계적 변수, 심리적 변수, 혹은 이 둘의 조합에 근거하여 그 표적시장에 대한 적절한 서술변수를 할당할 수 있어야 한다. 표적시장에 대한 서술은, 비록 그 목적이 단순히 확인을 위한 것 이지만, 시장의 위치를 정하고 접근하는 데 있어서 필수적인 사항이다.

표적고객 프로파일은 기업의 마케팅전략에 의한 세분시장과 목표시장의 시장특성을 설명하기는 용이하나, 그 시장의 소비자들에 관한 구체적 묘사가 어렵기에 이를 해결하기 위한 방법이다. 즉 목표시장 내 소비자들의 행동 양태를 자세히 서술하여 마케팅 관리자로 하여

금 추상적 시장접근이 아닌, 소비자들에 대한 구체적이고 명확한 이해의 틀을 제공함에 그 목적이 있다.

(2) 작성방법

표적고객 프로파일은 고객의 특성을 기초로 할 수도 있고 고객의 핵심 욕구를 기초로 작성될 수 있다.

1) 고객특성에 의한 프로파일 작성방법

표적고객 프로파일을 작성함에 있어 가장 자주 쓰이는 방법이다. 이 방법은 인구통계적 변수를 사용하여 "누구(who)"를 먼저 정의한 다음, 그들이 왜 자사의 제품과 서비스를 이용하는지를 밝힌다.

즉 ① 누가 우리의 고객이며, ② 그들이 추구하는 편익은 무엇인지를 소비자조사를 통하여 밝혀낸다. 그리고 이러한 분석을 토대로, ③ 우리의 고객은 언제, 어디서, 어떻게 자사의 제품과 서비스를 사용하고 접하는지 사용상황을 구체적 서술로 기술하는 방법이다.

고객특성에 의한 표적고객 프로파일은 시장을 세분화한 후, 목표시장을 설정하고 그 목표시장 고객의 행동변수를 기술하는 일련의 흐름으로 이어지기 때문에 일반적인 STP 전략의 과정으로 사용된다. 그러나, 이와 같은 방법은 오류를 범할 가능성이 많다.

고객의 욕구는 상황에 따라 다르기 때문에 한 개인이 하나의 세분시장에만 속해 있지 않을 수 있다. 즉 어느 화장품회사에서 자사제품의 목표시장을 20대 초반의 여성으로 선정하

그림 6-10 | 중국 표적고객 프로파일 작성의 두 가지 접근법

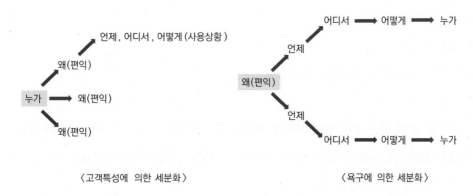

〈고객특성에 의한 세분화〉 　　　　　　〈욕구에 의한 세분화〉

여 그들이 왜, 언제, 어디서, 어떻게 자사제품을 구매하는지를 분석하기보다는 전체 고객 중에서 같은 욕구를 가진 고객들이 어떠한 사람인지를 파악하는 것이 바람직하다 볼 수 있다. 20대 초반의 여성이라 하여 항상 같은 편익과 같은 사용상황에서 화장품을 구매하는 것은 아니기 때문이다.

2) 욕구에 의한 프로파일 작성방법

인구통계학적 변수를 기준으로 프로파일을 작성할 경우, 고객의 욕구가 정확히 분리되지 않아 실제 다른 세분시장의 고객과 겹칠 수도 있으며, 고객의 마음 속에 잠재되어 있는 새로운 욕구를 발견하기보다는 기존 고객들의 요구하는 사항에 초점을 맞추게 되어 고객의 올바른 행동양식을 반영하지 못할 위험이 있다. 욕구에 의한 프로파일은 이러한 위험을 최소화하기 위해 만들어졌다. 즉 고객의 욕구(why, when, where, how)가 정의된 후 그러한 욕구를 가진 사람들이 누구인지를 확인하는 방법이다.

(3) LG전자 에어컨의 TCP사례

LG전자 에어컨의 사례를 들어 표적고객 프로파일을 작성하여 보자. Premium제품은 연간 소득 30만 위안 이상의 안정된 생활을 누리는 계층을 대상으로 하는 최고급형 에어컨이며, Major제품은 베이징에서 중·상 정도의 소득수준을 가진 계층을 대상으로 하는 LG전자의 주력제품이다. 이들 각각의 제품시장에 속하는 소비자들의 표적고객 프로파일을 작성해 보면 다음과 같다.

1) Premium 제품시장의 표적고객 프로파일

- 이름: 王辰(왕첸, 54)
- 직업: 사업가
- 가족 구성원: 3명(본인, 아내, 아들)

그는 연간 30만 위안 정도 벌고, 베이징 싼리툰 부근에 있는 42평의 아파트에 거주하고 있다. 아내는 집에 있는 시간이 많으며, 여유시간에는 동영상 플랫폼 아이치이(爱奇艺)를 통해 드라마나 영화를 본다. 아들은 베이징의 사립중학교에 재학 중이다. 가족이 함께 쓰는 물건을 구매할 때에는 아내와 아들의 의견을 듣고 구매를 한다. 일주일에 1번 정도 외식을 한다.

그와 아내는 차를 즐겨 마시며 건강에 대해서도 관심이 많아 아침마다 아파트 근처 공원에 나가 운동을 한다. 현재 집에 있는 에어컨은 오래전에 산 것이라 많이 낡아서 새로 구입할 의사가 있으며, 구매 시에는 주로 거실에서 사용할 수 있는 스탠드형 또는 천장형 에어컨을 구매할 예정이다. 생각해 둔 제품은 아직 없으며 가능하면 돈을 조금 더 주고라도 고급제품을 구매하려고 하며, 집의 인테리어와 어울리는 제품으로 가족이 상의해서 결정하려고 한다.

2) Major 제품시장의 표적고객 프로파일

- 이름: 调有福(댜오유푸, 43)
- 직업: 공무원
- 가족 구성원: 3명(본인, 아내, 딸)

그와 아내의 수입을 합하면 연간 15만 위안이 조금 넘는다. 아내는 초등학교 선생님이며 딸은 초등학생이다. 아침은 밖에서 각자 사먹고 저녁은 집에서 주로 다같이 먹는 편이다. 매달 수입의 많은 부분을 저축하고 있으며, 외식은 한 달에 2번 정도 한다. 저녁시간에는 가족이 같이 모여 텔레비전을 보는 편이고, 친구들을 만나면 마작을 즐겨한다. 집안 물품을 구매할 경우 보통 아내가 구매하는 편이고, 여러 이커머스 플랫폼에서 비교하여 싼값에 구입하는 편이다. 현재 구매 고려 순위 1위의 제품은 컴퓨터이고 그 다음이 에어컨이다. 가전제품 구매 시 고장이 잦지 않는지를 많이 보며 튼튼하고 작동이 간편한 제품을 선호한다.

제4절 중국 표적시장 타기팅 사례

① 인구통계적 Targeting 사례: 매일유업, 삼성 비스포크

(1) 매일유업

먼저 중국의 분유시장에 대해 말하자면, 2008년 멜라민 파동을 빼놓을 수 없다. 멜라민이란 질소 함량이 풍부한 흰 결정체 모양의 유기물로, 주로 플라스틱, 접착제, 주방용조리대, 접시류, 화이트보드, 비료에서 많이 사용되는 물질이다. 2008년 당시 멜라민이 함유되어 있는 분유를 먹고, 이로 인해 신장결석이나 신부전증 환자가 53,000여 명이 발생하였고, 12,800여 명은 입원치료를 받았으며, 4명의 유아는 사망하였던 사건이다. 이 파동이 가라앉기도 전에 중국 분유를 먹은 아이들이 성조숙증에 걸리면서 중국 분유에 대한 신뢰는 크게 무너졌다.

2009년, 중국 분유시장의 선두기업인 싼루(三鹿)가 파산하고, 중국 내 분유 및 유제품시장이 급속도로 침체기를 맞았다. 2009년 1~2월 중국의 분유 수입량이 4만 1,500톤으로 전년 동기 대비 101.4% 증가하였고, 외국 분유업체들은 일제히 가격을 인상하기 시작했다. 중국은 매년 1,000만 명 가량의 신생아가 태어나고 있으며 2021년 기준, 중국의 분유시장 규모는 1751.93억 위안에 달한다.

그림 6-11 | 중국 마트에 진열되어 있는 매일유업 분유

출처: 직접 촬영

소비자들은 2008년 멜라민 파동과 2009년 신종플루, 최근의 코로나19 등 각종 사건을 겪으며 건강에 대한 관심이 증대되었고, 외국 분유에 대한 소비자 선호도는 지속적으로 증가하고 있다. 2021년 중국의 분유 수입량은 연간 146만톤(2021년 기준)으로 전년대비 20.5% 증가한 것이다. 이러한 일련의 사건 등을 통해 중국소비자들도 제품 설명, 성분, 출처에 대한 투명한 정보를 요구하고 정부도 강력한 식품안전 관

표 6-7 | 중국 매일유업의 시장세분화 변수

세분화변수	구체적변수
1. 지리적 변수	지역, 인구밀도, 도시의 크기, 기후
2. 인구통계적 변수	나이, 성별, 가족규모, 가족수명주기, 소득, 직업, 교육수준, 종교
3. 사회심리적 변수	사회계층, 생활양식, 개성
4. 행태적 변수	추구하는 편익, 사용량, 제품에 대한 태도, 상표애호도, 상품구매단계, 가격에 대한 민감도

련법을 제정하게 되었다.

매일유업은 1960년 유아식 전문가로 첫 걸음을 시작해, 1990년대 유가공 분야의 선두업체로 도약했다. 2000년대부터는 글로벌사업을 본격적으로 시작하게 되었다. 2010년에는 매일유업의 매출이 연간 1조 원을 넘기면서 1조 클럽에 가입하였다. 매일유업의 핵심 역량은 품질인데, 음식의 안전은 생명과도 직결되어 있는 것이라 모유와 같은 수준의 안전한 분유를 생산하기 위해 총력을 기울이는 기업이다. 매일유업의 분유는 초유 성분으로 면역과

표 6-8 | 중국 매일유업 타기팅

시장매력도	W	1선도시					新1선·2선도시				
		20~24	25~29	30~34	35~39	40~60	20~24	25~29	30~34	35~39	40~60
시장상황	40										
시장크기	20	1	10	10	1	5	1	10	10	1	5
성장률	20	1	10	10	1	5	1	10	10	1	5
경쟁부분	35										
경쟁강도	20	5	1	1	5	10	5	5	5	5	10
잠재경쟁자	15	5	1	1	5	10	5	5	5	5	10
자사부분	25										
실현가능성	7	1	5	5	1	5	5	10	10	1	5
핵심역량	8	5	5	5	5	5	5	10	10	5	5
제품차별화	10	5	5	5	5	10	5	10	10	5	10
시장매력도	100	312	560	560	312	705	340	825	825	312	725

표 6-9 | 중국 매일유업 6대 경제권역 Targeting Matrix

시장매력도	W	중국6대경제권역					
		화북권역	화동권역	화남권역	동북권역	서북권역	화중권역
시장상황	40						
시장크기	20	10	10	5	5	1	1
성장률	20	1	1	5	5	5	10
경쟁부분	35						
경쟁강도	20	1	1	10	5	10	5
잠재경쟁자	15	5	5	5	5	10	10
자사부분	25						
실현가능성	7	1	1	5	10	5	10
핵심역량	8	5	5	5	5	10	10
제품차별화	10	5	5	5	10	10	10
시장매력도	100	427	427	615	585	685	720

성장 성분을 강화시키고, 매일유업만의 특허 받은 초유 성분, GP-C로 특색을 강화했으며, 미국 보건부에서 A급 살균우유품질 기준인 PMO를 통과하는 등 영양과 안전 측면에서 우수한 품질을 선보였다.

중국 분유시장은 그야말로 글로벌기업의 각축장이라고 말할 수 있다. Mead Johnson, Wyeth, Abbot, Duomex, Nestle 등 외국계 유명 브랜드와 Beingmate, 이리, Feihe 등 중국 국내 브랜드 등이 치열하게 경쟁하고 있다. 이런 시장에서 TOWS 분석을 진행했을 때, 매일유업의 분유는 브랜드파워가 미약하고, 현지 유통이 취약한 약점과 외국브랜드를 선호하고 프리미엄 시장을 선호하는 시장분위기를 종합하여 봤을 때 OW에 위치하고 있다. 여기에서는 핵심역량 강화를 통해 OS에 위치하도록 노력하는 전략이 필요하다.

매일유업은 시장세분화 변수 중 지리적 변수와 인구통계적 변수, 행태적 변수를 고려하였다. 지역과 나이-성별-소득 그리고 추구하는 편익을 변수로 시장을 세분화하였다. 지리적 변수로 지역을 들었는데 중국의 31개 성시는 성시별로 경제격차가 굉장히 크다. 배후 경제의 영향이 지대한데 지역 간 경제장벽이 높고 동일 성시 내에서도 비즈니스 환경에 대해 현격

표 6-10 | 후베이성, 후난성, 허난성 Targeting Matrix

시장매력도	W	중국화 중권역		
		후베이성	후난성	허난성
		우한	창사	정저우
시장상황	40			
시장크기	20	10	5	5
성장률	20	10	5	5
경쟁부분	35			
경쟁강도	20	5	5	5
잠재경쟁자	15	5	5	10
자사부분	25			
실현가능성	7	5	5	5
핵심역량	8	10	10	10
제품차별화	10	10	10	5
시장매력도	100	790	590	615

한 차이가 존재한다.

지리적 변수를 통한 지역 선정을 위해 매트릭스를 작성해보자. 우선 1선도시와 신1선·2선도시를 나누어 매트릭스를 구성하여 본 결과 신1선·2선도시의 시장매력도가 큰 것으로 나타났다. 그리고 중국의 경제권역을 크게 서북지역을 제외한 화북, 화동, 화남, 동북, 화중, 서남 등의 6개 지역으로 나누어 매트릭스를 작성한 결과 화중지역의 매력도가 가장 높은 것으로 나타났다.

화중권역 중에서도 후베이성의 우한과 후난성의 창사, 허난성의 정저우를 두고 타기팅 매트릭스를 작성했을 때, 후베이성의 우한이 시장매력도가 가장 높은 것으로 나타났다. 이렇게 크게 3번의 지역변수를 고려한 매트릭스 작성을 통해 후베이성 우한시를 목표지역으로 설정했다. 우한이 매력적인 이유는 중부지역 중 가장 많은 인구가 살고 있어 잠재시장이 크고, 우한-광저우의 고속철도 개통으로 거대한 상권이 형성되었기 때문이다. 또한 온라인을 포함했을 때 우한의 잠재적 소비자는 200만 명으로 추산된다. 이러한 타기팅 프로세스를 마친 후 TCP에 대해 살펴보자.

매일유업의 표적고객 프로파일(TCP)

- 이름: 梁雪芳(량쉬에방, 27)
- 직업: 의류사업
- 가족 구성원: 3명(본인, 남편, 아이)

우한에 거주하는 그녀는 결혼한 지 1년 된 남편과 함께 의류사업을 하는 올해 나이 27살의 여성이다. 그녀는 임신 5개월 차에 들어선 예비엄마다. 남편과 그녀가 버는 연간소득은 15만 위안 이상이고 쇼핑과 외식을 즐긴다. 직업 특성상 패션에 대해 관심이 많으며 주로 샤오홍슈를 통해 동향을 파악한다. 한국드라마 태양의 후예를 보고 서울의 한 백화점에서 송혜교(극중 강모연)의 의상과 한국브랜드의 화장품을 구입한 적이 있을 정도로 한국 제품 구매에 대한 거부감이 없다.

요즘 그녀의 최대 관심사는 출산과 육아이다. 육아 커뮤니티에 가입한 것은 물론 이미 아이를 낳은 친구들에게 각종 정보를 얻고 있다. 최근에는 아기용품에 대한 고민이 많은데 첫 아이인 만큼 아이에게 좋다는 건 다 해주고 싶은 심정이다. 유모차, 젖병, 분유 등은 고품질의 유명 외국브랜드 제품으로 살 예정이다. 특히 분유로는 일단 외국브랜드로 잘 알려진 메드존슨을 고려하고 있는데 가끔 커뮤니티에서 분유를 먹고 배앓이를 하는 아기들 때문에 걱정이 많은 엄마들의 글을 보면 영양성분도 공부해야 할 것 같다. 좀 더 신중하게 알아보고 결정할 필요가 있다고 보고 있다.

(2) 삼성 비스포크

그림 6-12 | 삼성 비스포크 식기세척기

비스포크(BESPOKE)는 되다의 (BE)와 말하다의 (SPOKE)가 합쳐진 말로, '말하는 대로 되다'라는 의미를 가지고 있다. 소비자가 원하는 대로 디자인을 만들어 낼 수 있다는 의미이다. 실제로 제품의 색깔, 용량, 크기 심지어는 재질까지 모두 선택 가능하다. 특히 삼성전자의 비스포크 식기세척기는 1~2인용부터 12인용까지 용량도 다양하다. 최근 세척기의 기술력이 좋아지고, 코로나19로 위생가전에 대한 관심이 증가하면서 식기세척기의 인기도 함께 증가하고 있다.

중국 역시 마찬가지이다. 건강에 대한 관심이 높아진 것뿐만 아니라 집에서 보내는 시간이 길어지면서 가전제품에 대한 인기도 늘었기 때문이다. 중국의 가전제품 시장에 비해 식기세척기는 보급률이 1%일 정도로 성장 잠재력이 큰 시장이다. 상위 3개업체의 시장점유율인 77.8%로 시장집중도가 매우 높지만 경쟁업체의 시장진입으로 그 비중은 점차 하락하고 있다. 독일의 지멘스는 중국의 식기세척기 시장에서 43.2%로 가장 높은 비중을 차지하고 있다.

TOWS분석을 진행했을 때, 삼성전자의 비스포크 식기세척기는 개개인에게 맞춤 디자인을 선보이고 제품 품질의 우수성을 가지고 있다는 강점이 있으나, 중국 로컬제품의 고급화 전략과 해외업체의 브랜드 파워, 국제환경 등의 위협들이 존재해 TS에 위치하는 것으로 분석된다. 따라서, 중국소비자의 프리미엄 소비 증가, 식기세척기 보급 확대 등의 기회를 포착해 OS에 위치하도록 하는 전략이 필요하다.

1인 가구와 가처분소득 등의 변수를 선정하여 시장세분화를 진행했을 때 광저우, 난징, 청두가 적합할 것으로 예상되었다. 이 중 광저우는 1인 가구수가 도시 전체 인구의 약 30%를 차지한다는 점에서 특히 더 매력적인 시장이다. 소비력 측면에서 살펴보면, 광저우는 지난해 국제소비중심도시로 선정되기도 하였다. 코로나 이후에도 광저우의 소비력은 빠르게 회복되었고 전자상거래 및 라이브 커머스 규모도 중국 내에서 1위인 도시이다.

또한 1인 가구 측면에서는, 편리한 라이프 스타일을 원하는 혼자 사는 젊은 층들도 식기세척기를 구입하기 시작했다는 점도 긍정적이다. 많은 식기를 한 번에 사용하는 대가족들을 위한 가전제품이라고 생각해왔던 식기세척기가 점차 편리함을 추구하는 1인 가구에도 배치되기 시작했으며, 이를 구매하는 소비자의 연령대도 젊어지고 있다. 따라서 본인만의 개성을 중요시하는 젊은 세대들과 가전 제품

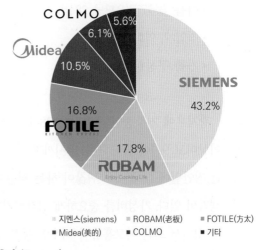

그림 6-13 | 2021 중국 식기세척기 시장점유율

출처: iResearch

에 개인의 개성을 녹여낼 수 있는 삼성의 비스포크 식기세척기가 광저우 시장에서 함께 상당한 시너지 효과를 낼 수 있을 것으로 보인다.

표 6-11 | 삼성 비스포크의 Targeting Matrix

시장매력도	가중치	광저우	난징	청두
시장상황	40			
시장규모	10	10	5	8
소비성향	10	8	5	10
1인 가구	20	10	4	6
경쟁부분	25			
경쟁강도	10	5	5	5
가격경쟁력	15	5	5	5
자사부분	25			
실현가능성	10	5	5	5
유통역량	15	10	10	10
총계(가중치 X 점수총합)		705	505	625

삼성 비스포크의 표적고객 프로파일(TCP)

- 아름: 吴芳宁(우팡닝, 28살)
- 직업: 무역회사 팀장
- 가족 구성원: 1인 가구

광저우에 거주중인 우팡닝은 28세로 현재 무역회사에 다니고 있다. 연 소득은 15만 위안 이상이고 9시에 출근하여 18시까지 일하고, 퇴근해서 집에서 밥을 먹는다. 혼자 사는 그녀는 집안일에 대해 매우 귀찮아 하는 경향이 있다. 그녀는 자신을 위한 소비라면 얼마든지 쓸 생각이 있다. 가성비를 중요하게 생각하지만 잡지에 나오는 모델하우스와 같은 집으로 꾸미고 싶어서 최근 샤오홍슈나 더우인 등을 통해 디자인이 이쁜 가전에 관심이 많다. 설거지를 가장 싫어하기에 최근 심플하고 실용적이지만 브랜드가 있는 식기세척기를 구매하려고 알아보는 중이다.

2 추구하는 편익에 따른 Targeting 사례: 쿠쿠전자, 한샘 인테리어

(1) 쿠쿠전자

중국인들이 한국을 방문할 때 쇼핑목록 상위를 차지하고 있는 제품 중 하나가 우리나라의 밥솥이다. 중국은 세계 최대 쌀 소비시장이다. 인구의 70%에 해당하는 약 10억 명의 중국소비자가 쌀을 주식으로 사용하고 있다. 중국인들의 가처분소득증가로 인해 프리미엄 밥솥에 대한 수요도 증가하고 있는데 2020년 중국의 전기밥솥 시장은 약 89.1억 위안으로 시장규모가 꾸준히 확대되고 있다. 쿠쿠전자는 2003년에 중국시장에 진출하였으며 2021년 중국 내 매출액이 448억 원으로 전년대비 65% 증가하였다.

중국시장에는 이미 주요 밥솥브랜드가 진출해 공격적인 영업을 실시하고 있는 중이다. 밥솥의 특성상 기존의 기술력과 브랜드 인지도가 작용한다는 점에서 이를 알리는 작업이 필요하다. 중국 내 밥솥시장의 1위는 가격경쟁력을 갖춘 메이디(MIDEA)가 차지하고 있다. 쿠쿠전자는 생산은 한국생산과 중국 현지생산을 5 : 5로 유지하며 Made in Korea의 이점을 살리는 전략을 사용하는 중이다.

TOWS 분석상 OW위치에 있는 쿠쿠전자는 기존 자사가 갖고 있는 A/S 강화 전략을 핵심 역량으로 내세워 서비스의 질적 수준을 올리는 것이 유용할 것으로 판단된다. 이를 통해 프리미엄 밥솥시장에 중점을 두고 마케팅전략을 실행할 필요성이 있다. 쿠쿠전자가 중국시장 세분화 시 고려해야 할 변수는 여러 가지이다. 특히 소비자들에게 먹는 즐거움을 줄 수 있는 쿠쿠전

그림 6-14 | 중국 쿠쿠전자 홈페이지

그림 6-15 | 2020년 중국 밥솥시장 점유율(온라인 기준)

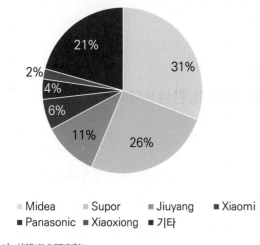

- Midea
- Supor
- Jiuyang
- Xiaomi
- Panasonic
- Xiaoxiong
- 기타

출처: 前瞻产业研究院

자는 요리하는 재료의 특성으로 소비자들에게 다른 편익을 제공해 줄 수 있을 것이다. 쌀의 종류는 대표적으로 단립종이라 불리는 자포니카 쌀과 장립종으로 불리는 인디카 쌀로 구분된다.

자포니카 쌀은 찰기가 도는 쌀로서 밥을 지어먹기 적합하며 한국, 일본, 중국 동부 연안, 미국 등지에서 생산되는 품종이다. 인디카 쌀은 찰기가 없고 부서지는 식감을 가진 쌀로서 주로 면을 지어먹거나 다른 요리를 하기에 적합한 품종이다. 생산지는 중국 남부, 동남아시아, 인도차이나반도 등이다. 특히 중국에서는 이 두 품종이 모두 생산되고 있는데 쌀의 품종에 따라 소비자들에게 줄 수 있는 편익이 달라지게 되므로 생산지역 구분을 통해 시장세분화가 가능하다. 자포니카 쌀은 화동, 화북권역에서 주로 재배되므로 쿠쿠전자에서는 1차적으로 그 지역을 고려할 수 있을 것이다. 시장의 크기 등을 추가적으로 고려했을 때 화북권

그림 6-16 | 중국의 쌀 종류별 생산지역

역과 동북권역에 해당되는 허베이성, 산둥성, 랴오닝성 등이 매력적인 시장으로 보여진다. 특히 랴오닝성의 선양시는 중국 중공업 산업의 선두기지로서 한국, 일본 기업의 투자가 성행하고 있는 지역이다. 조선산업, 소프트웨어 산업 등 앞으로 지속가능한 성장이 유망한 산업들이 대거 진출해 있는 지역으로서 지속적인 성장동력을 보유하고 있는 신흥도시 지역이므로 1차적으로 고려될 수 있다.

표 6-12 | 쿠쿠밥솥의 Targeting Matrix

시장매력도		제공하는편익		
		사용의 편리성	밥맛 지속성	경제성
시장상황	40			
시장크기	20	10	5	1
소비자인지도	20	10	5	5
경쟁부분	30			
잠재경쟁자	20	5	5	5
가격경쟁력	10	5	5	1
자사부분	30			
제품차별화	12	10	10	5
브랜드선호도	12	10	5	5
핵심역량	6	5	5	1
시장매력도	100	820	560	356

선양시 소비자들을 대상으로 쿠쿠 전기밥솥의 Targeting Matrix 분석 결과 사용의 편리성 편익을 추구하는 집단이 가장 매력적으로 선정되었다. 이러한 표적 소비자에 대한 TCP에 대해 살펴보면 다음과 같다.

쿠쿠전자의 표적고객 프로파일(TCP)

- 이름: 李角近(리찡위안, 35살)
- 직업: IT 업종
- 가족 구성원: 3명(본인, 남편, 아이)

선양시에서 거주하고 있는 리찡위안은 35살이다. 대학교 졸업 후 무역 회사에서 일을 하고 있다. 매년 25만 위안 이상을 벌고 있으며, 한국의 드라마를 즐겨보며 한국 상품에 대한 선호도도 높다. 리씨는 외국브랜드 제품을 중국제품보다 더 신뢰한다. 비싼 만큼 품질면에서 제값을 한다고 생각하기 때문이다. 또한, 외국브랜드 제품을 구입했을 때 오는 자기만족도가 구입에 큰 몫을 하고 있다. 최고급 스파 회원권을 가지고 있으며 귀여운 딸과 함께 할 수 있는 개인 요가 선생까지 두고 있다. 남편과 그녀는 새롭게 계약한 아파트 내부를 꾸미기 위해 가전제품을 사려고 한다. 최근 한국드라마에 나오는 쿠쿠전자 밥솥을 구매할까 고려 중이다. 자주 방문하는 파워 블로그 사이트에서 스마트 조리기능이 탑재되어 있으며 중국어로 작동과정을 설명해주어 일일이 설명서를 읽어보지 않아도 조작이 편리하다는 평을 읽은 후로 더욱 구매하고 싶어 졌다. 중국어로 밥솥이 말을 한다고 하니 이번 주말에는 쑤닝에 들러 직접 제품을 조작해 봐야겠다고 생각하고 있다.

(2) 한샘 인테리어

코로나19는 사람들의 라이프스타일을 한순간에 뒤바꾸어 놓았다. 특히 사람들이 집에 거주하는 시간이 많아지면서 집은 단순히 주거공간을 넘어 일터이자 휴식, 문화, 취미활동을 즐기는 공간으로 재조명되고 있다. 이렇게 집에서 경제활동이 이루어지고 일상을 영위하는 '홈코노미(Home+Economy)'시장이 최근 들어 빠르게 성장하기 시작했다. 홈코노미 시장의 부상에 따라 인테리어 산업 또한 크게 주목받고 있다. 집이 휴식공간이자 일터, 문화공간으로 변모한 만큼 그에 맞춘 인테리어 수요가 증가하고 있기 때문이다. 코로나19의 발발은 인테리어 업계에 오히려 새로운 기회를 안겨주고 있다.

한샘은 2017년 중국 가구시장에 진출을 시도하였으나, 브랜드와 가성비를 내세우는 해외 브랜드 및 로컬업체들과의 경쟁에 밀리면서 시장점유율을 확보하지 못했다. 한샘은 2020년을 기점으로 가구 중심에서 인테리어 중심으로 사업전략방향을 수정하고 중국시장에서의 재도약을 준비 중에 있다. 중국의 시장조사기관인 아이리서치 자료에 따르면, 중국의 인테리어 시장은 현재 꾸준히 성장 중으로 2021년 기준 2.8조 위안 규모에 달한다. 중국 내 인테리어 업체는 약 10.6만 개가 있으며 상위 5개 업체의 시장점유율이 2% 미만으로 다양한 업체가 치열하게 경쟁하는 시장집중도가 매우 낮은 시장이다.

표 6-13 | 중국의 주요 인테리어 회사

회사명	로고	회사정보
동이르성 (东易日盛)	東易日盛®	1997년에 설립, 중국 내 가장 유명한 업체, 중국 31개 도시에서 인테리어 사업 진행
투바투 (土巴兔)	土巴兔	2008년에 설립, 온라인 플랫폼 기업으로 O2O 형태의 인테리어 업체
아이콩지엔 (爱空间)	爱空间 iSpace Home	2014년 설립, 샤오미의 전략적 파트너 중국 15개 성시에서 서비스 진행
이에즈펑 (业之峰)	YENOVA 业之峰装饰集团 更环保的高端装饰	1997년에 설립, 토탈 패키지형인테리어 서비스 제공
치지아 (齐家)	齐家 Jia.coM	2007년에 설립, 76개 도시에서 서비스 제공

TOWS분석상 TW에 근접한 OW에 위치한 한샘인테리어는 다양한 기회가 있는 중국시장에서, 경쟁사 대비 내부 역량이 다소 부족하다고 볼 수 있다. 따라서 핵심역량을 강화하여 시장의 기회를 잡는 강화 전략이나, 자사의 부족한 부분을 보완하는 전략적 제휴가 필요할 것으로 보인다.

인테리어 산업에서 시장세분화를 위해 중요한 변수는 연령, 1인당 GDP, 도시화율, 인테리어 선호 유형, 예산규모 등이 될 것이다. 현재 중국 인테리어의 소비는 빠링허우와 쥬링허우가 이끌고 있다. 빠링허우와 쥬링허우는 중국인테리어 시장에서 각각 33%, 29%를 차지하고 있으며 이 둘의 비율을 합치면 62%로 절반 이상을 차지한다. 통상 1인당 GDP가 증가하면 건축자재와 생활용품에 대한 수요와 인테리어, 리모델링에 대한 지출이 증가되는 것으로

그림 6-17 | 도시별 인테리어 선호 유형

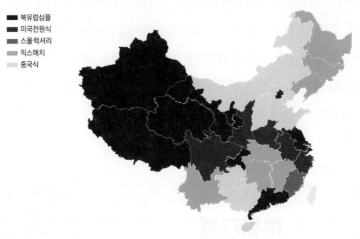

북유럽심플
미국전원식
스몰럭셔리
믹스매치
중국식

: 淘宝·极有家

분석된다. 중국의 1인당 GDP는 매년 빠르게 성장하여 2019년에 1만 달러를 돌파하였다. 특히 베이징과 상하이는 이미 1인당 GDP가 2만 달러를 넘어섰다.

도시화율도 인테리어 산업의 성장력을 결정짓는 중요한 요인이다. 도시화율이 지속적으로 상승할 경우 건설경기가 활성화되어 대규모의 주택 공급이 일어나기 때문이다. 또한 도시별 인테리어 선호 유형을 살펴봤을 때 1선, 신1선 도시들은 주로 북유럽 심플 및 스몰 럭셔리 스타일을, 2선·3선 도시는 주로 중국식과 믹스매치 스타일을 선호하는 것으로 나타났다.

한샘의 토탈 패키지 인테리어 서비스를 적용할 수 있는 타깃 시장 선정의 주요 요인으로는 1선 혹은 신1선 도시에 주로 주거하고 있는 708090后의 화이트칼라 계층이다. 이들은 주로 중소형의 임대 주거공간에 거주하고 있다. 중국에서 임대 주거공간의 증가폭이 가장 높은 곳은 선전이며, 이 지역은 주로 북유럽풍의 모던 심플 디자인을 선호하고 있다. 이를 바탕으로 Targeting Matrix를 작성해보면 <표 6-14>와 같다. 그림 TCP를 작성해보자.

표 6-14 | 한샘 인테리어의 Targeting Matrix

시장매력도	가중치	베이징		선전	
		80后	70后	80后	70后
시장상황	30				
시장크기	15	5	7	7	5
성장률	15	4	4	8	5
경쟁부분	20				
경쟁강도	10	5	3	5	2
잠재경쟁자	10	5	3	5	3
자사부분	50				
실현가능성	10	6	3	7	3
핵심역량	20	6	3	6	3
제품차별화	20	6	2	7	2
시장매력도	100	535	355	655	330

한샘 인테리어의 표적고객 프로파일(TCP)

- 이름: Jennifer Wang(30살)
- 직업: 외국계 회사 인사담당자
- 가족 구성원: 1인 가구

선전시에 살고 있는 제니퍼는 30살이다. 현재 외국계회사에서 인사 담당자로 근무하고 있다. 해외 제품을 구매하고 이용하는 데 익숙한 여성이다. 그녀는 최근 약 70m² 크기의 아파트를 5년 장기로 월세 계약하였다. 하지만 최근 스트레스가 많다. 이제 인테리어공사를 시작해야 하는데 몇 년 전 새로 구입한 부모님 집을 인테리어 할 때의 일이 떠올랐기 때문이다. 설계부터 디자인까지 인테리어의 하나하나 사소한 것 모든 것을 신경 써야 하며, 시간을 써야 하는 부분이 한두 개가 아니었다. 인테리어에 대한 관심은 있지만 평소 업무가 바빠 인테리어에 신경 쓸 겨를이 없다. 또한 예상했던 디자인과 실제 완공된 디자인이 일치하지 않을까봐 두렵다. 본인 소유의 집이 아니라 인테리어에 큰 돈을 쓰고 싶지는 않으나, 낮은 가격으로 하기에는 인테리어의 품질이나 완성도가 떨어질까봐 걱정이다. 제니퍼는 높은 삶의 질을 추구하는 여성으로, 인테리어에 라이프스타일이 반영되었으면 좋겠다고 생각한다.

본 장에서는 중국시장을 세분화하여 표적시장을 선정하는 방법에 대하여 알아보았다. 손자병법의 지피지기백전불태(知彼知己白戰不殆)의 의미는 5C 분석과 시장세분화, 표적시장 선정 등의 전 과정을 아우르는 말이라고 할 수 있다. 중국인들은 춘추시대(기원전 6세기경)부터 마케팅적인 시각을 가지고 있었던 것이다. 한·중 기업은 중국인의 DNA에 녹아 있는 마케팅적 시각을 충분히 고려하여 중국진출 시 객관적이고, 냉정한 분석을 해야 한다. 특히 시장조사를 통한 Targeting Matrix의 분석기법과 함께 소비자조사를 통한 Target Customer Profile 작성은 우리 기업의 최종소비자에 대한 심도 깊은 이해와 그들의 라이프스타일을 파악할 수 있다. 7장에서는 이러한 분석을 바탕으로 한·중기업의 포지셔닝전략에 대해 알아보도록 하겠다.

연구과제

01 여러분이 선정한 회사의 제품이나 서비스가 중국 진출 시, 가장 매력적인 소비자 집단은 누구인가? 우리 기업의 중국시장에서의 Targeting을 설정하고 TCP를 도출해보자.

02 주목해야 할 신1선도시와 하침시장 중 발전속도가 가장 빠른 도시는 어디인가? 한국의류 중소기업이 중국에 진출할 때, 어느 도시에서 첫 발을 내딛는 것이 성공가능성이 가장 높은가?에 대해 조사해보자.

03 빠링허우와 쥬링허우는 현재 중국시장의 가장 큰 소비자층이다. 이들을 타깃으로 성공할 수 있는 제품이나 서비스는 무엇일까?

04 중국의 치링허우, 빠링허우, 쥬링허우를 만나 동영상 인터뷰를 해보자.

김동효(2022), "가전사업 수출 20% 넘긴 쿠쿠홀딩스 해외사업 보폭 더 키운다", 이투데이.

김용준 외(2016), 『신차이나드림』, 매경출판.

김용준(2009), "중국의 지역특성에 따른 한국유통기업의 중국 진출 전략과 성과에 관한 연구", 한국경영
학회.

김정근(2021), "15초 짜리 동영상 앱 광고로 월 3억 버는 중국 할머니", The JoongAng.

문은주(2021), "'리모델링 강자' 한샘 리하우스, 홈인테리어 시장 공략 '속도'", 이코노믹 데일리.

왕맹(2022), "중국 주택 인테리어 시장", KOTRA.

전수진(2022), "'어미·아비야, 손주 안 보련다' 中200만 명 열광한 '은발 그녀들'", 중앙일보.

주은교(2021), "중국 식기세척기 시장동향", KOTRA.

중국국가통계국(2021), 『중국통계연감』

iResearch(2021), 『家电系列 : 洗碗机消费者与市场洞察报告』

iResearch(2021), 『中国家装行业研究报告』

Kiep(2021), "중국 트렌드를 이끌다, 슬기로운 95허우 소비생활."

Peng Xue(2021), "Zhengzhou 14소 Five-Year plan to complete 700 kilometers of rail transit",
SeeTao.

QuestMobile(2022), 『2022下沉市场洞察报告』

Serge Salat 외 2인(2019), "Chongqing 2035", World Bank Group.

TongNa(2022), "충칭, 국가급 도시권 승인으로 지역발전에 탄력", KOTRA.

Zhang Wenjie, Liang Jun(2022), "Stylish Chinese grannies amaze Internet users with elegance,
vitality", People's Daily Online.

洞见研报(2022), 『婴幼儿奶粉行业研究报告』

京东大数据研究院(2020), 『90后人群消费白皮书』

巨星算数(2022), 『中国理想居住观察报告』

胡润百富(2022), 『中国家庭年收入30万元以上户数分布排名』

头豹研究院(2021), 『中国互联网家装行业概览』

新三板智库(林文丰、陈俊睿)(2020), 『如何理解00后 : 层层寻觅, 见微知著』

Chapter

07

중국시장
포지셔닝 전략

중국시장에서 경쟁우위적인 마케팅전략을 수립하기 위해서는 포지셔닝(Positioning)에 대한 명확한 개념 이해와 실행이 필요하다. 6장에서 언급한 시장세분화(Segmentation)와 이를 통한 표적시장(Targeting)이 선정되었다면, 표적시장의 소비자들에게 자사의 제품을 어떻게 인식시킬 것인가에 대한 전략적 접근이 필요하다. 중국은 수많은 글로벌기업과 현지기업들이 첨예하게 경쟁하고 있는 올림픽시장(Olympic Market)이다. 아무리 중국시장이 광대하고 잠재고객이 많다 하더라도 철저한 시장세분화를 통해 명확한 목표시장을 선정하고 이에 따른 차별화된 포지셔닝전략을 구사하지 못한다면 중국에서 지속적 사업성공을 보장할 수 없다. 왜냐하면 포지셔닝전략은 향후 기업이 수행해야 하는 마케팅믹스(5P전술)의 토대가 되기 때문이다. 그렇다면 포지셔닝전략이란 무엇인가? 포지셔닝전략은 어떻게 수립해야 하며 어떤 전략적 대안들이 있는가?

제1절　중국 포지셔닝이란 무엇인가?

1　중국 포지셔닝의 개념

　기업이 표적시장을 선정한 후 신제품을 출시하고, 경쟁적 우위를 차지하기 위해 자사의 마케팅 역량을 집중하더라도 표적시장 내에서 소비자들이 그 제품의 경쟁적 우위가치를 인정하지 않는다면 모든 마케팅 노력은 허사가 된다. 이러한 문제점을 해결하기 위해 마케터는 표적시장 내 소비자들에게 자사의 제품이 경쟁제품에 비해 어떠한 차별점을 가지고 있으며, 고객의 욕구에 얼마나 잘 부합되는지를 확신시켜 주어야 한다. 이것이 바로 포지셔닝(Positioning)전략이다. 이는 경쟁기업보다 소비자들의 마음 속에 제품의 정확한 가치를 인식, 확인시켜 주는 것이다. 즉 포지셔닝은 어떤 경쟁적 우위를 얻기 위해 제품을 경쟁자와 구별시키는 것이다.

　이러한 포지셔닝전략에 의해 개발된 제품포지션(Product Position)은 표적소비자의 마음속에 경쟁제품들에 비해 자사제품이 차지하는 상대적인 위치를 말하며, 제품포지션은 제품

개발, 브랜드 광고, 판촉, 유통경로 등과 같은 마케팅 믹스 수단들의 통합적 접근을 통해 실현된다.

특히, 중국 내수시장에서 살아남기 위해서는 수많은 경쟁자들과 자사의 제품을 차별화시켜야 하고, 그러한 차별화 요인을 표적 소비자의 마음 속에 인식시켜야만 한다. 많은 한·중 기업들은 다국적기업에 비해 품질은 비슷하나 저렴한 가격으로 중국소비자들에게 다가갔다. 물론, 중국 현지기업의 제품은 한·중 기업보다 더 저렴했지만 품질은 떨어졌기에 나름대로 차별화를 시킬 수 있었다. 하지만, 중국의 제조업이 발전하면서 중국 현지기업 제품의 품질이 한중 기업들의 다국적 기업에 비해 뛰어나고 저렴한 제품을 소비자에게 선보이기 시작했다. 중국시장으로 진출하고자 하는 자사의 제품이 아무리 뛰어나다 하더라도 경쟁사의 제품이 더 뛰어나다면 소비자들의 관심을 얻을 수 없고, 설령 최고의 품질을 확보하였다 하더라도 소비자의 인식이 그러하지 않다면 그 제품은 결코 1등이 될 수 없다. 결국 포지셔닝은 상대적으로 경쟁자보다 나은 자사의 강점을 찾아 소비자에게 인식시키려는 소비자의 두뇌 안에서의 싸움이다. 이에 중국소비자들을 사로잡기 위해서는 그 무엇보다 경쟁력 있는 포지셔닝 전략을 구축하는 것이 매우 중요하다.

이제부터 여러 포지셔닝 사례와 이론을 통해 한·중 기업이 자사제품을 중국 표적소비자의 마음 속에 포지션시키기 위한 절차와 구체적인 전략방법에 대해 살펴보도록 한다.

② 중국 포지셔닝전략 수립절차

중국 포지셔닝전략의 수립과정은 <그림 7-1>에서 보듯이 총 5단계로 구분할 수 있다. 중국소비자의 욕구를 파악하고서 중국소비자가 원하는 가치를 창출하고 있는 경쟁사를 파악한다. 이때에 기존의 경쟁사뿐만 아니라 잠재적 진입가능 경쟁사의 파악도 중요하다. 다음 단계는 소비자조사를 통한 포지셔닝 맵을 통하여 자사의 현재 위치를 파악한다. 이 상태에서 기존 제품의 포지션이나 신제품의 이상적 포지션을 선정하고서, USP를 도출해 본다. USP는 Unique Selling Proposition 또는 Unique Selling Point로써, 판매요원이 고객에게 "왜 우리 제품을 구매하여야 하는가?"를 한 마디로 설득할 수 있는 Slogan을 의미한다. 한글로

고유판매제안으로 직역될 수 있으나, 마케팅적인 의미로는 "고유한 차별유인"으로 번역하는 것이 더욱 적당하다. USP가 선정된 이후에는 우리 회사의 포지셔닝전략을 실행하기 위한 마케팅 5P 믹스의 계획과 전술 방향을 설정해 본다.

포지셔닝전략 수립의 실제적 이해를 돕기 위해 중국 스마트폰 시장에서 중국 삼성전자의 포지셔닝전략 수립과정을 예로 들어서 알아보자.

그림 7-1 | 중국 포지셔닝 전략수립 과정

01 중국소비자 욕구파악

02 중국시장의 경쟁사 파악

03 포지셔닝맵을 통한 현재 확인

04 제품 포지션과 USP 결정

05 중국 마케팅믹스 계획수립

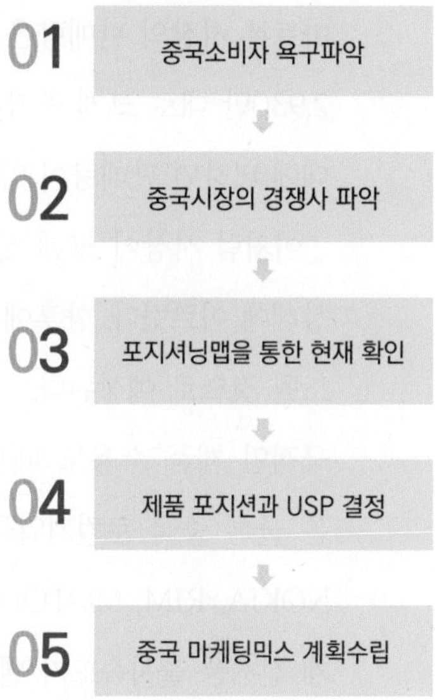

(1) 소비자의 욕구파악 단계

포지셔닝 계획수립의 첫번째 단계는 표적고객의 욕구를 정확히 파악하는 것이다. 마케터가 차별적 가치를 파악하여 고객에게 전달하려고 해도 그 가치가 표적고객에게 중요하지 않은 것이라면 기업의 마케팅 노력은 허사가 된다. 예를 들어, 상하이 한 글로벌 호텔은 아시아에서 가장 높은 호텔임을 강조하였지만 이는 호텔을 이용하는 고객의 입장에서는 큰 의미를 갖지 못하여 실패한 포지셔닝이 되고 말았다. 체계적인 포지셔닝전략의 수립을 위해서는 무엇보다 표적시장 내의 많은 고객들이 중요하게 생각하면서 현재 충족되지 않은 욕구(편익)를 찾아내야 한다. 이하에서는 중국시장에서의 포지셔닝전략 예를 들어보자.

중국 스마트폰 시장에서는 애플과 삼성을 비롯한 글로벌기업들과 중국의 1세대 대기업은

그림 7-2 | 2012~2021년 중국 스마트폰 판매량

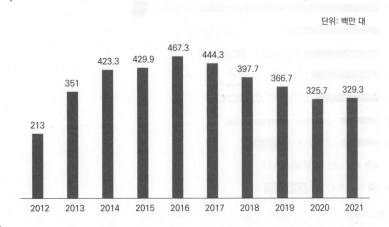

단위: 백만 대

2012	2013	2014	2015	2016	2017	2018	2019	2020	2021
213	351	423.3	429.9	467.3	444.3	397.7	366.7	325.7	329.3

출처: IDC

물론이고, 300개가 넘는 중소기업들이 치열한 경쟁을 벌이고 있다. 2011~2013년 중국 스마트폰 시장의 판매량은 급증하여 2012년 2억 1,300만 대였던 판매량이 2021년에는 3억 2,930만 대로 크게 증가하였다. 하지만 스마트폰 판매가 가장 많았던 2016년 4억 6,730만 대에 비하면 판매량이 약 30% 감소한 것이다.

이처럼 시장이 크게 성장한 이후 판매량 증가속도는 다소 둔화되고 있으며 시장이 포화상태에 이르렀다. 향후에는 신규 스마트폰 구매자는 감소하고, 교체 수요에 의해 시장이 주도될 것으로 예상된다. 초기 시장확대의 가장 큰 동력은 중국소비자들의 높은 관심도와 적극적인 제품 수용도 때문이었다. 2000년 후반부터 중국 스마트폰 시장에는 글로벌기업은 물론 중국 로컬기업들도 스마트폰 단말기시장에 뛰어들면서 경쟁이 가열되었다. 삼성, NOKIA, RIM, MOTOROLA는 물론 Coolpad, Lenovo 등도 속속 신제품을 출시했다. 업계 신제품 출시속도가 빨라지면서 2009년 3월 200개 수준이었던 스마트폰 모델 수가 1년여 만에 500여 개로 늘어났다. 그 후 중국 로컬기업들이 대거 성장하여 오포(Oppo), 비보(Vivo) 등 2세대 스마트폰 업체들이 급성장하였다.

중국소비자들의 스마트폰에 대한 선호도를 브랜드와 가격대를 중심으로 살펴보자. <그림 7-3>과 같이 2021년 중국의 최대 이커머스 업체인 알리바바 플랫폼 내에서 가장 많이 판매

그림 7-3 | 알리바바 플랫폼 내 스마트폰 브랜드 판매량 현황

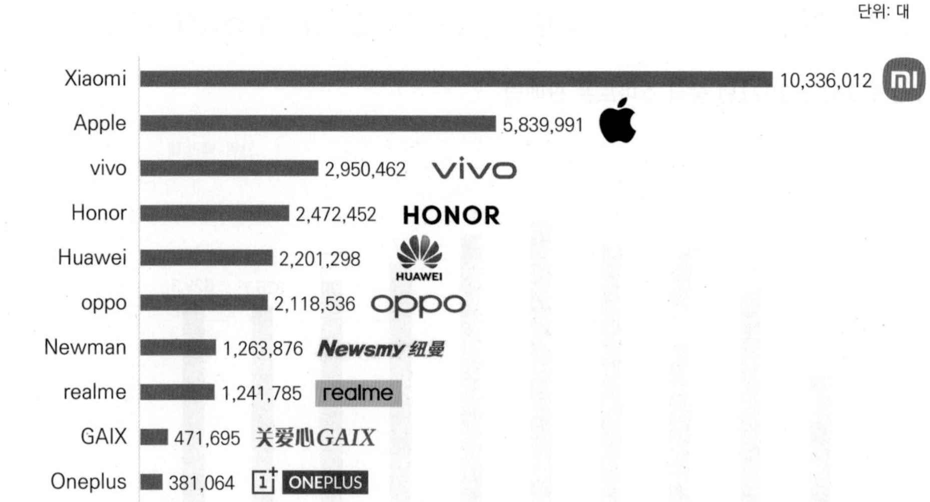

단위: 대

출처: 淘数据, 洞见研报

된 스마트폰은 샤오미이며 2위인 애플과 2배 가까이 차이가 난다. 하지만 판매액을 기준으로 보면 애플이 1위인 것으로 보아 중국의 스마트폰이 저가제품 위주로 판매된다는 것을 알 수 있다. 주목할 점은 1위부터 10위까지 애플을 제외하고 모두 중국업체의 제품이라는 점이다. 아너(Honor)는 화웨이의 제품이었으나 미국의 제재로 스마트폰의 해외수출이 사실상 불가능해짐에 따라 2020년 아너 사업부를 매각한 바 있다. Newman과 GAIX(关爱心)은 중국의 저가핸드폰 제조업체로 노령층과 아동층을 겨냥한 제품에 특화되어 있다. 이러한 이유로 중국 스마트폰 소비자의 81.3%가 안드로이드를 사용하고 있다.

중국소비자들이 가장 선호하는 스마트폰 가격대를 살펴보면, 2010년대 초반에는 중국시장에서 스마트폰은 1,000~2,000위안대의 저가폰 위주로 단말기 시장이 형성되었으나, 최근에는 5,000~8,000위안대의 고가 스마트폰의 성장이 증가하고 있다. 이는 중국소비자의 소득수준 향상과 관련있으며, 중국의 스마트폰 가격 상승도 주요 이유 중 하나이다.

최근 중국 스마트폰 소비자의 또 다른 관심사는 바로 5G이다. SCMP Research(2020) 자료에 따르면, 중국소비자는 전 세계에서 가장 5G에 관심이 많은 것으로 나타났는데, 스마트폰 사용자의 70%가 5G로 업그레이드 하기를 희망한다고 한다. 2022년 3분기 기준, 중국의 5G스마트폰의 시장점유율은 37.9%로 한국(77.6%)에 비해 높지는 않지만 지속적으로 증가하고 있어 향후 성장잠재력이 매우 큰 시장이다. 중국의 5G시장에서 아이폰은 19.4%로 가장 많은 시장점유율을 차지하고 있으며, 삼성은 0.8%로 매우 낮은 상황이다.

그림 7-4 | 5G 안드로이드폰의 지역별, 연령별 시장점유율 Top5(2022년 3분기 기준)

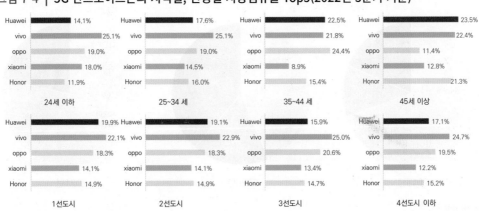

출처: 每日互动(2022)

5G 안드로이드 스마트폰 시장 소비자의 지역별, 연령별 브랜드 선호도를 살펴보면, 1, 2선 도시 소비자의 경우 화웨이가 좀 더 선호되었으며 3선 이하의 도시에서는 오포와 비보가 비교적 높은 비중을 차지하고 있다. 특히 오포와 비보는 35세 미만의 소비자 비중이 높으며, 화웨이와 아너의 경우 35세 이상의 연령층에서 비교적 높은 비중을 차지하고 있다.

중국의 주요 스마트폰 기업들이 신제품을 발표할 때면 빼놓지 않고 언급하는 것이 퀄컴의 프로세서를 사용하고, LG나 삼성의 디스플레이를 사용하며, 소니의 카메라 이미지 센서를 사용한다는 말이다. 즉 주요 부품에 있어서는 글로벌 업체와 차이가 없다는 뜻이다. 샤오미가 부품 공급 업체를 모두 공개한 것도 이러한 맥락이다. 아울러 외주 생산에 의존하는 신생 기업들은 폭스콘을 비롯한 글로벌 규모의 EMS(Electronics Manufacturing Services, 전자제품 생산 전문기업)에서 생산한다는 점을 강조하기도 한다.

(2) 경쟁상황에 대한 이해

포지셔닝전략 수립을 위해서는 고객욕구의 파악과 함께 경쟁제품에 대한 정보도 수집되어야 한다. 이를 위해 기업은 먼저 누구를 경쟁자로 볼 것인가를 규명해야 한다. 즉 어떤 상표들이 현재 우리와 동일한 세분시장을 표적으로 하고 있으며, 향후 추가진입이 예상되는 잠재 경쟁자들은 누구인지에 대한 정보가 수집되어야 한다. 경쟁제품들의 장단점과 소비자들의 각 상표에 대한 인식을 조사하여 이에 대한 분석이 이루어져야 한다.

그림 7-5 | 중국 스마트폰 시장점유율 변화

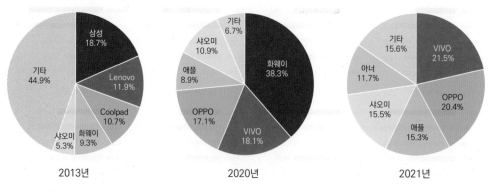

출처: IDC

현재 중국 이동통신 단말기 시장 판도는 크게 변화했다. 2010년에는 소비자들이 선호하는 브랜드로는 노키아(62%)가 압도적이었으며, 이어 HTC(9%), 삼성(6%)의 순이었다. 그 후 2013년에는 삼성(18.7%)이 중국시장에서 스마트폰 시장점유율 1위를 차지한 바 있으나, 최근에는 10위권 밖으로 밀려난 상황이다. 2021년 중국의 스마트폰 시장 Top5를 살펴보면 애플을 제외하고 화웨이, 오포, 비보, 샤오미 등 모두 중국 로컬기업들이다. 삼성의 점유율은 1%에 미치지 못하고 있는 실정이다. 화웨이는 2020년 중국 내 시장점유율이 가장 높았으나, 미국의 제재로 인해 스마트폰 판매실적이 크게 저하되었다. 2020년 화웨이는 산하 브랜드였던 아너를 매각하면서 아너가 새롭게 스마트폰 시장에 진입하게 되었다.

1) 샤오미

샤오미(小米)의 회장 레이쥔은 애플의 스티브 잡스를 꿈꿨다. 중국 소프트웨어 회사의 CEO를 지낸 레이쥔은 벤처투자자로 변신하여 2010년 샤오미를 창업하였다. 샤오미는 작은 좁쌀이란 뜻인데 작은 좁쌀이 산보다 거대하다는 불교의 교리에서 유래했다. 샤오미는 출시 초기에는 안드로이드와 애플의 운영체제를 섞은 저가의 짝퉁폰으로 알려졌다. 하지만 샤오미만의 소프트웨어 혁신, 모바일 마

그림 7-6 | 2021년 샤오미 미펀절에서의 레이쥔

출처: 위챗 공중호(BrotherAlliance)

케팅혁신, 유통혁신이 있었기에 오늘날의 위치를 갖게 되었다.

첫째, 샤오미는 스마트폰 운영체제(OS)를 자체 개발한 플랫폼 "MIUI"를 통해 독자적인 생태계를 구축하였다. 레이쥔은 이러한 운영체제를 우선 구축한 후 샤오미 휴대폰을 개발하였다. 샤오미는 사용자의 요구사항을 반영하여 수시로 업그레이드를 진행하는 강점을 갖고 있다. 매주 OS 업그레이드 실시는 소비자의 소통을 반영한 결과이다. 둘째, 샤오미는 모바일 혁신을 통해 마케팅 비용을 최소화한다. 샤오미는 대규모의 SNS 전담반을 꾸려 인터넷과 SNS를 통해 샤오미의 열혈팬인 미펀(米粉, 샤오미의 팬이라는 뜻)을 활용하고 있다. 이러한 미

펀을 위해 샤오미는 2012년부터 매년 샤오미 창립일인 4월 6일 미펀절(米粉节)을 개최해오고 있다. 모바일 메신저를 주로 사용하는 소비자 행동변화와 샤오미가 가진 본원적 제품요소를 잘 활용한 사례이다. 마지막으로 소셜커머스와 온라인 직거래를 활용한 유통혁신을 이루었다는 점이다. 샤오미는 스마트폰 제조업을 발판으로 아마존, 구글, 애플의 전략을 모방해 그들보다 더 나은 사업아이템을 발굴한다는 목표를 갖고 있다. 또한 이러한 목표 달성을 위해 글로벌 출신의 인재들을 대거 영입하여 글로벌기업으로 발전하고 있다.

2) 애플

그림 7-7 | 아시아 최대 규모의 베이징 산리툰 애플 스토어

출처: Newsroon_Apple(China)

2013년경부터 부상하기 시작한 중국 로컬 스마트폰 브랜드들은 그동안 저가시장을 주로 공략했던 것과 달리 이제 프리미엄 시장에 눈을 돌리며 애플의 주요 경쟁상대가 되고 있다. 삼성도 중국시장에서 스마트폰 가격을 내리며 가격경쟁력을 통한 시장점유율 확보정책을 사용하고 있다는 점도 애플에게 또 다른 위협요인으로 작용하고 있다. 중국 스마트폰 시장의 이러한 환경변화에 대응하여 애플은 지속적으로 아이폰의 혁신을 강조하며 신제품 출시일에 맞춰 다양한 현지화된 이벤트를 통해 중국소비자의 마음을 사로잡기 위해 노력하고 있다. 애플은 아이폰14의 1차 출시국으로 중국을 선택하며 한국보다 약 20일 가량 일찍 제품을 선보이기도 했다. 아이폰14 시리즈는 출시 이후 중국에서 7주 동안 판매량 1위를 차지하기도 하였다. 중국 내에서는 아이폰14 시리즈에 중국 반도체 기업인 YMTC의 낸드플래시가 사용되었다는 점을 크게 홍보하기도 하였다.

2020년 애플은 아시아 최대규모의 애플스토어를 베이징 산리툰(三里屯)에 오픈하였다. 2008년 처음 베이징에 애플스토어 설립 이후 12년 만이다. 전반적인 건물 디자인에 중국적인 요소를 많이 반영하여 전체 건물 바닥은 중국 산둥성의 흰색 화강암을 사용하였고 휴식공간에는 베이징시의 나무인 '회화나무'를 사용하였다고 한다.

3) BBK 그룹

오포(Oppo)와 비보(Vivo)는 브랜드는 다르지만 모두 BBK(步步高)의 자회사이다. BBK는 오디오 기기, DVD 플레이어 등 영상 음향 기기를 제작하던 기업이었다. BBK의 핵심역량을 바탕으로 각각 영상, 음향 전문으로 시장에 선보인 브랜드가 오포와 비보이다. 현재는 화웨이에 이은 2세대 스마트폰 업체로 분류된다. 1세대들이 시장 진입 초기 가성비를 무기로 삼았던 것과 달리 이들은 가성비에 기술력까지 갖춘 것으로 평가된다.

오포는 2012년 4분기 0.7%의 시장점유율로 시작해 2018년 19%, 2021년 21%까지 성장했다. 오포는 세계 최초로 500만 화소 카메라를 전면에 탑재한 Ulike2를 2012년 후반 출시한 후 500만 화소 이상 카메라 탑재 모델을 지속적으로 늘리고 있다. 비보는 즐거움을 추구하고 활기가 넘치는 소비자들에게 서비스를 제공하며 음질과 오디오 품질에 대한 소비자 니즈가 크다는 점을 발견하고 고품질 오디오 부품을 탑재해 오디오 매니아를 위한 스마트폰으로 불릴 만큼 오디오 기능에 특화된 제품을 출시해 왔다. 이러한 이유로 비보의 스마트폰은 모바일 게임 유저에게 인기가 높다. 비보와 오포는 모회사가 같지만 브랜드전략을 달리하여 시장을 구분해 공략하는 전략을 구축하며 확실한 차별성을 가지고 정확한 타깃에 맞는 제품을 출시하고 있다. 실제로 오포는 대부분의 고객층이 20~30대 셀카를 자주 찍는 여성들이었으며, 비보의 경우 주로 음성통화와 음악을 주로 듣고 모바일 게임을 즐기는 20~40대의 남성층이 주를 이루었다. 특히 비보의 경우 오포와의 확실한 차별성을 두기 위해 조금 더 높은 핸드폰 스펙과 디자인으로 20대보다 금전적으로 여유가 있는 30~40대 소비자들을 고려한 타기팅을 진행하기도 했다. 최근에는 오포와 비보는 고가 스마트폰으로 리포지셔닝하고 있으며 산하에 젊은 층을 타깃으로 하는 중저가 브랜드인 RealMe, OnePlus와 iQOO를 두고 있다.

오포와 비보는 마케팅에서도 샤오미와는 차별화된 전술을 구사하였다. 샤오미는 광고를 자제하고 온라인 판매와 입소문 마케팅에 의존했지만 오포와 비보는 광고에 매우 적극적이다. 한류가 한창이던 2009년에 오포는 슈퍼주니어를 광고모델로 기용하였으며, 비보는 2016년 송중기를 광고모델로 기용하였다. 2016~2017년에는 미국 NBA시즌의 공식스폰서로 활동했다. 또한 비보는 2022년 카타르 월드컵의 독점 스마트폰 후원사로 선정되기도 하였다.

그림 7-8 | 2022년 카타르 월드컵 공식 스마트폰 후원사 vivo의 폴더블 폰

출처: Vivo

(3) 포지셔닝맵을 통한 상대적 위치 확인

소비자의 욕구와 경쟁상황, 자사의 경쟁우위요인에 대한 분석을 마쳤다면 표적시장 내에서 자사의 제품이 경쟁제품에 대비하여 어떻게 포지션되어 있는가를 조사하여야 한다. 즉 소비자집단이 지각하고 있는 현재의 각 브랜드 포지션을 도식화하여 나타내는 작업이 필요하다. 이때 사용되는 방법이 포지셔닝 맵(Positioning Map) 또는 제품지각도(Product Perceptual Map)이다. 제품지각도는 제품의 중요한 속성들로 구성된 2차원 공간에서 소비자가 인식하고 있는 각 제품의 상대적 위치를 나타낸 것이다. 보통 전략적으로 유효한 두 가지 특징을 추출하여 그래프로 표현하게 된다. 제품 지각도를 도출하는 개념은 소비자의 뇌에 인식되어 있는 브랜드 간의 위치를 표시하여 시장 내에서 각 제품들이 어떤 위치에 있는지를 시각적으로 표현한 것이다.

이러한 제품지각도를 도출하기 위해서는 소비자에게 각 브랜드에 대한 속성별 평가를 하도록 하거나 각 브랜드 간의 유사성(Points of Parity)을 평가하도록 하는 질문을 하여 자료를 수집하여야 한다. 설문지는 각 브랜드 간의 유사성이나 차별성(Points of Difference)을 물어본 다음, 다속성 차원 스케일링(Multi-Dimensional Scaling)이란 통계기법을 사용한다. MDS

그림 7-9 | 중국 스마트폰 시장에서의 포지셔닝 맵

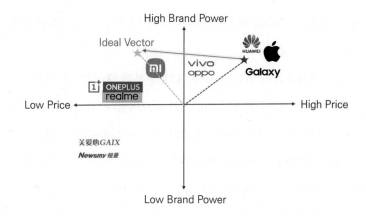

는 각 경쟁 브랜드의 위치를 4사분면에 표시해 주는 것인데 브랜드 간의 유사성과 차별성을 측정하여 위치를 정해주는 분석 방법이다. 이를 통해 마케터는 우리 제품과 경쟁하는 상대가 누구인지, 소비자에게 어떻게 인식되어 있는지를 파악할 수 있게 된다. 중국 스마트폰시장에서 표적 고객을 대상으로 도출해 낸 MDS가 <그림 7-9>이다.

삼성전자는 출시 초기에는 높은 브랜드 인지도를 바탕으로 프리미엄 핸드폰으로서 시장 내 아이폰과 같은 위치에 있었다. 2010년대 초만 해도 중국소비자들의 제품에 대한 삼성전자의 Ideal Vector는 삼성 핸드폰과 같은 위치에 위치하고 있어 중국 내 스마트폰 점유율 Top 3에 지속적으로 포함되었다. 하지만 화웨이, 오포, 비보와 같은 중국의 로컬업체들이 기술력뿐만 아니라 '궈차오(国朝)'라는 국산제품 선호 트렌드로 인한 브랜드 파워까지 갖추며 삼성보다 상대적으로 저렴한 가격과 더 다양한 기능으로 중국소비자를 공략하고 있다. 현재 소비자들의 스마트폰에 대한 Ideal Vector가 1사분면에서 2사분면으로 이동된 것을 알 수 있다. 소비자의 니즈에 해당되는 Ideal Vector는 이처럼 고정적이지 않고 서서히 이동을 하게 된다.

따라서 기업들은 항상 성공에 안주하지 않고 이러한 소비자의 선호 이동을 예의주시하여야 지속적인 성장이 가능하다. 이러한 Ideal Vector의 이동이 설명해 주듯 중국 스마트폰 소비자들은 높은 브랜드파워를 가진 가성비 좋은 핸드폰을 구매요인으로 중요하게 생각함에 따라 가격과 품질의 우수성을 내세운 중국 로컬기업들이 시장 내 주요 업체로 자리잡게 되었다. 현재 중국 스마트폰 시장에서 오포와 비보는 China Mobile Platform이라는 USP를 갖고 있다. 또한 아이폰은 Global Brand Power 라는 USP를 갖고 있지만 삼성의 갤럭시 S 시리즈의 USP는 명확하지 않다.

삼성전자는 차이나텔레콤과의 협업을 통해 2008년부터 중국의 중상위층을 타깃으로 잡고 '심계천하(心系天下)' 프리미엄 한정판 시리즈를 선보여왔다. 심계천하는 노블리스 오블리주의 의미와 동일한 사자성어로 중국에서 제품의 한정판 디자인을 입혀 높은 금액으로 출시하고 판매액 일부를 사회에 공헌하는 캠페인이다. 이처럼 비싼 가격이지만 수익금의 일부가 사회 공헌에 사용되는 만큼 체면을 중시하는 중국시장에서 '부자들의 스마트폰'이라는 포지셔닝을 위한 마케팅에 주력하고 있다.

중국시장에서 삼성전자의 제품포지션 위치는 바람직한가? 타깃 집단의 욕구를 경쟁제품인 오포와 비보나 애플보다 더욱 만족시키고 있는가? 중국 로컬기업인 오포와 비보의 타깃 고객들이 삼성 스마트폰으로 제품전환이 이루어지겠는가? 등에 대해 우리는 생각해볼 필요가 있다.

제2절 중국 포지셔닝전략의 선택과 USP

중국 포지셔닝전략의 유형

중국 내수시장에 진출한 한·중 기업들은 포지셔닝전략 자체가 없는 경우가 많으며, 설령 있다 하더라도 막연한 직감(直感)에 의존하는 사례가 많았다. 포지셔닝전략은 그 유형에 따라 크게 5가지로 나누어진다. 유형별 포지셔닝전략은 ① 제품속성을 이용한 포지셔닝, ② 품질·가격에 의한 포지셔닝, ③ 소비자 편익을 이용한 포지셔닝, ④ 제품 사용자에 의한 포지셔닝, ⑤ 이미지 상징에 의한 포지셔닝 등으로 구분할 수 있다.

중국 내수시장에서 다국적기업과 중국기업을 상대로 지속적 경쟁우위(Sustainable Competitive Advantage)를 확보하기 위해서는 명확한 포지셔닝전략이 반드시 필요하다.

포지셔닝전략 수립의 이해를 돕기 위해 대표적인 한국기업을 사례로 그 유형을 살펴보자.

표 7-1 | 중국 유형별 포지셔닝전략 사례

포지셔닝전략 유형	특징	중국 사례
제품속성을 이용	특정한 제품속성에 의해 수행	- 삼성전자 Z 플립(테크놀로지) - 불닭볶음면(매운 맛) - BBQ(맛) - 파리바게뜨(신선함)
품질, 가격	고가전략, 중가전략, 저가전략, 최고급 품질의 제품, 실용적 제품, 일반적으로 가장 많이 사용	- 베이징현대 제네시스 - LG전자 에어컨 - 두산인프라코어 굴삭기
소비자 편익을 이용	제품의 특징을 소비자 편익으로 전환시켜 브랜드와 연관관계를 형성, 주로 제품속성 포지셔닝과 병행	- 농심 컵라면(간편함) - 넥슨의 카트라이더(재미) - CJ 두부(편의)
제품 사용자	제품을 사용자 또는 사용자집단에 결부시키는 포지셔닝 전략, 주로 전문가나 연예인 기용	- 삼성전자 모니터(전문가) - 아모레퍼시픽 라네즈(송혜교) - OTC(디지털 컨설팅)
이미지 상징	경쟁제품이나 기업과의 차별화된 독특한 이미지를 구축하는 포지셔닝전략	- 오리온 초코파이(情) - 이랜드(고급) - 젠틀몬스터(스타일)

(1) 제품속성에 의한 포지셔닝

이는 자사 브랜드를 중요한 제품속성과 연계시키는 방법으로, 기업들이 가장 많이 이용하는 포지셔닝전략이다. 기업은 자사브랜드를 주요 제품속성이나 편익과 연계시켜 포지셔닝할 수 있다. 즉 이는 자사의 제품이 표적시장의 소비자가 중요시하는 속성을 가장 잘 제공해 주는 제품이라는 인식을 심어 주는 전략이다.

예를 들어, 스웨덴의 볼보(Volvo) 자동차는 광고에서 충돌시험 장면을 보여줌으로써 안정성이 높은 자동차로 포지셔닝하였으며, 폭스바겐은 작지만 세련된 디자인으로 포지셔닝하였다. 제품속성에 의한 포지셔닝은 저관여제품을 고관여제품으로 포지셔닝하는 데 효과적이다.

중국 사례를 살펴보면, LG생활건강의 죽염치약은

그림 7-10 | 제품속성에 의한 포지셔닝 사례 : 중국 LG생활건강 죽염치약

잇몸질환 예방에 탁월한 죽염의 효과를 강조하고 있으며, P&G의 Crest치약은 불소함유로 인한 충치예방효과를 강조함으로써 소비자의 의사결정에 영향을 주었다. 삼양 불닭볶음면의 경우 매운맛을 강조하여 중국소비자에게 큰 인기를 얻어 2022년에는 중국소비자가 선정한 가장 인기있는 인스턴트 라면 1위에 오르기도 하였다. 파리바게뜨는 매장에서 갓 구운 신선한 빵을 파는 곳이라는 포지셔닝에 성공한 사례다.

(2) 품질·가격에 의한 포지셔닝

품질·가격에 의한 포지셔닝은 품질과 가격으로 소비자의 욕구를 채워 주는 전략으로 일반적으로 가장 많이 사용되는 포지셔닝전략이다. 많은 소비자들이 가격대비 품질을 중요시한다. 소비자들은 가격이 조금 비싸더라도 품질이 다른 제품보다 좋다면 구매욕구를 가지며, 그와는 반대로 품질이 조금 떨어지더라도 회사의 브랜드나 이미지가 보완을 해준다면 비싸더라도 구매를 한다. 즉 고품질 전략이냐 실용적인 품질 전략이냐를 결정함과 동시에 가격은 고가로 갈 것이냐 아니면 중저가로 할 것이냐에 대한 전략적 선택이 중요하며, 이를 어떻게 일관성 있게 지속적으로 소비자들에게 호소하느냐가 중요하다.

또한, 이것은 중국에 진출한 한·중 기업들뿐만 아니라, 다른 외국기업들도 많이 사용하고 있는 포지셔닝전략 유형이다. 그러나 이는 상대방에 의한 모방이 용이할 뿐더러 경쟁적 가격할인정책을 고수하는 중국기업들이 최근 들어 기술력 향상 등으로 고품질제품을 생산해 냄에 따라 전술적 차원에서 선택의 폭이 넓지만은 않다. 철저하고 확실한 경쟁우위가 없는 이상 다국적기업과 중국 현지기업들 사이에 놓인 많은 한·중 기업들은 장기적 관점에서 위험을 감수할 수밖에 없다. 현대자동차의 제네시스, 기아자동차의 Soul, LG전자의 에어컨·냉장고, 아모레퍼시픽, 한국타이어, 두산인프라코어의 굴삭기 등 5, 6장에서 살펴본 대부분의 한·중 기업들이 품질·가격에 의한 포지셔닝전략을 추구하고 있었다. LG전자의 에어컨은 가격별 차별 포지셔닝전략을 구사하고 두산인프라코어 굴삭기와 한국타이어는 합리적인 가격에 고품질로 포지셔닝되어 있다.

(3) 소비자 편익을 이용한 포지셔닝

소비자 편익(Consumer's Benefit)을 이용한 포지셔닝은 제품의 특징을 소비자 편익으로 전환시켜 브랜드와 연관 관계를 형성하는 포지셔닝전략이다. 소비자가 제품을 사용하는 데 장애가 되는 요인을 제거함으로써 소비자의 편익을 극대화시키며 차별화시키는 전략이다. 일회용 커피 믹스와 컵라면이 대표적인 예이다. 휴대가 간편하고 손쉽게 커피를 탈 수 있는 일회용 커피 믹스는 소비자로 하여금 일반 인스턴트 커피와는 또 다른 편익을 제공하여 기존 커피와 차별화를 시켰다. 마찬가지로 컵라면은 즉석에서 간단히 끓여 먹을 수 있는 편익을 제공함으로써 기존

그림 7-11 | 소비자 편익을 이용한 포지셔닝 사례: 하이디라오 즉석 훠궈

라면과 차별화가 가능했다. 이 전략은 단독으로 구사되기보다는 주로 제품속성 포지셔닝과 병행될 때 효과가 더 크다. CJ 두부의 경우 편의점에서 사먹을 수 있는 두부로 편의성을 더했고, CJ CGV는 어디서나 같은 정도의 고급스러운 서비스를 받을 수 있다는 점을 포지셔닝 전략으로 사용했다. 최근 중국에서 인기있는 즉석 훠궈 역시 대표적인 소비자 편익에 의한 포지셔닝이다. 1인용 발열용품이 들어있는 하이디라오의 즉석훠궈는 다양한 종류의 맛을 출시하여 언제, 어디서나 훠궈를 손쉽게 먹을 수 있다는 편익을 제공하여 중국만의 독특한 즉석식품으로 자리잡았다.

(4) 제품 사용자에 의한 포지셔닝

이는 표적시장 내의 전형적인 소비자를 겨냥해서 자사제품이 그들에게 적절한 제품이라고 소구하는 방법이다. 가전회사나 가구회사에서는 신혼부부를 대상으로 판촉활동을 벌이고 있으며, 고급 양주나 고가 자동차의 경우 특별한 분을 위한 제품이라는 포지션으로 상류층을 주 판매층으로 고수하고 있다. 또한 카드회사에서는 여성만을 위한 카드, 최상류층을 대상으로 하는 플래티늄카드 등을 선보이고 있다. 화장품, 스포츠 용품, 패션의류 등의 경우 유명인과 연계하여 제품포지션을 구축하는 경우가 많다. 모델로 등장하는 유명인의 이미지

그림 7-12 | 사용자에 따른 포지셔닝 사례
: 하이얼의 감자세탁 겸용 세탁기

能洗大地瓜的洗衣机

출처: 바이두 이미지

가 제품특성과 잘 부합한다면 이를 이용한 제품 포지셔닝전략은 매우 효과적이다.

대표적인 사례로 중국 최대 가전제품회사인 하이얼의 감자세탁 겸용세탁기를 들 수 있다. 이는 하이얼을 중국 최대 가전브랜드로 성장시킨 대표적인 히트상품이다. 중국 쓰촨성은 감자의 생산지로서 농민들이 통상 세탁기로 감자를 씻다가 오물로 배수구가 막히는 일이 자주 발생하였다. 하이얼은 여기서 아이디어를 얻어 감자세탁을 겸하는 세탁기를 개발하였다. 1997년부터 연구개발을 시작한 하이얼은 1998년부터 모든 기종의 세탁기에 감자와 고구마 외에 사과, 조개까지 씻을 수 있는 농민형 세탁기를 개발하여 경쟁사와 차별화하였으며 중국소비자들에게 더욱 친숙하게 다가갈 수 있는 계기를 마련하였다. 중국 디지털 컨설팅회사인 오픈타이드차이나는 중국 삼성전자를 주고객으로 하며 디지털전자제품을 중국소비자에게 소개하기 위한 디지털 커뮤니케이션을 자문·실행해 줌으로써 성장하는 제품에 대응하여 사용자에 의한 포지셔닝전략을 구사하였다.

(5) 이미지에 의한 포지셔닝

경쟁제품이나 기업과의 차별화된 독특한 이미지를 구축하는 포지셔닝 전략이다. 가장 강력한 포지셔닝 방법으로 한번 형성된 이미지는 지속적으로 유지되기가 용이하다. 물론, 이러한 이미지에 의한 포지셔닝은 여러 포지셔닝전략과 병행되어야만 하고 또 장기간에 걸쳐 부단히 노력할 때만 형성될 수 있다. 우리가 알고 있는 유명 다국적기업들은 강력한 이미지를 보유하고 있다. BMW의 튼튼하며 고품위 이미지, 말보로 담배의 남성적 이미지, 타이어의 차갑고 딱딱한 이미지를 부셔버린 미쉐린의 친근함 등을 예로 들 수 있다. 나이키는 정직한 스포츠맨십의 이미지에 감성미와 세련미로 신세대들을 공략하고 있고, 이는 중국에서도 적중하여 중국 신세대들을 열광시키고 있다.

그림 7-13 | 이미지에 의한 포지셔닝 사례: 화웨이의 '군자여난'

한·중 기업으로는 오리온 초코파이가 한국의 情이 아닌 유가(儒家) 발원지인 중국소비자에게 더 익숙한 仁이라는 이미지로 업계 1위 자리를 유지하고 있다. 패션 아이웨어 브랜드 젠틀몬스터의 경우 여러 해외 스타들은 물론 중국 스타들이 착용하면서 고급스러운 기업, 트렌디한 디자인을 지닌 기업이라는 이미지를 가지고 좋은 성과를 내고 있다. 중국기업 화웨이는 중화민족을 대표한다는 이미지로 포지셔닝되어 있는데, 화웨이 핸드폰 광고에서 '군자는 난과 같다(君子如兰)', '흐르는 물과 같은 세월(似水流年)' 등의 시적 표현으로 소비자에게 중국문화를 떠올리게 하였다.

이미지에 의한 포지셔닝전략은 중국시장에서 한·중기업이 지속적으로 추구해야하는 포지셔닝전략이다. 한국 국가이미지가 미국이나 유럽 국가이미지보다 열세인 중국시장에서 제품의 품질과 가격만으로는 신제품개발에 따른 제품 포지셔닝 비용이 너무 많이 든다. 어떻게 한·중 기업의 이미지를 중국소비자의 마음 속에 확고하게 자리잡을 것인가는 앞으로 모든 한·중 기업들이 풀어야 할 과제이다.

❷ 중국 제품의 리포지셔닝: CJ 두부, 풀무원, 이케아

CJ는 중국 베이징에서 베이징의 최대 식품회사 얼상(二商)그룹과 합자형태로 2007년 베이징 얼상 CJ식품유한책임공사를 설립하였다. 자본금은 약 1,100만 달러(약 102억 원)로 얼상이 51%, CJ가 49%의 지분을 갖지만 경영은 CJ가 하는 방식이다. 얼상의 두부 브랜드인 바이위(白玉)는 중국정부가 선정한 400개 국가대표 브랜드(中华老字号)의 하나다. 50년의 역사를 바탕으로 베이징 포장두부 시장점유율이 70%에 달한다. 얼상CJ는 베이징 퉁저우(通

그림 7-14 | 중국 얼상CJ의 '바이위또푸'

州) 공장에서 하루 35만 개의 두부 관련 제품을 생산해 베이징 전역에 공급한다(2020년 기준). 중국의 포장두부시장은 영세한 업체가 많으며, 최근에는 식품안전과 위생을 더욱 중시하는 추세라 얼상CJ 시장 전망이 밝은 편이다. CJ는 바이위의 브랜드 파워 및 판매 네크워크와 함께 CJ의 앞선 생산시스템 및 마케팅 역량을 결합해 현지 두부시장에서 지속 성장하고 있다.

풀무원 역시 2008년 상하이의 두부 제조 업체인 상하이푸셩(上海福生豆制品有限公司)과 합작회사를 설립하였으나 실패 후 2012년 새롭게 상하이에 판매법인을 설립하여 독자경영을 시작하였다. 2015년에는 중국정부로부터 직소판매에 대한 허가증을 취득하여 중국 전

그림 7-15 | 풀무원의 훠궈두부

역을 대상으로 경영활동이 가능하게 되었다. 2022년 현재, 풀무원은 현지 수요 증가로 베이징에 제2공장을 증설하였으며 중국인의 입맛에 맞춘 훠궈두부, 마파두부용 두부 등 두부를 가공한 제품으로 제품라인도 확대하였다. 최첨단 생산설비로 두부 유통기한을 30일까지로 확대하여 중국의 지방 도시까지 공급이 가능하게 되면서 전국 유통망을 가진 거의 유일한 업체로 성장 중이다.

세계적인 가구업체 이케아는 1998년 상하이에 매장을 오픈하며 중국시장에 진출하였다. 중국 진출 초기 이케아의 전략은

부유층을 타깃으로 한 고급화 전략이었다.
다. 중국시장에서 저렴한 가격으로는 로
컬 업체 대비 경쟁우위 확보가 쉽지 않
았기 때문이다. 하지만 당시 고급가구
를 원하지만 실제 가구 구입에 높은 가
격을 지불할 수 없었던 중국소비자들
이 이케아 매장에 들러 구경하며 쇼파
에 앉아 쉬거나 잠을 자는 등 하는 모습
을 보면서 기존 프리미엄 포지셔닝을 버

그림 7-16 | 중국의 이케아 매장

리게 된다. 월평균 소득 3,500위안 이상의 고객을 타깃으로 전략을 수정하여 낮잠자는 고
객에게 더 큰 편의를 제공하게 되었다. 중국은 이케아가 매장에서 잠을 잘 수 있도록 허가한
유일한 시장이다. 방문객이 늘자 매출은 자연스럽게 늘었고 현재 이케아는 중국 전역에 37
개의 매장을 보유하고 있다.

❸ 제품 포지션과 USP의 도출

제품지각도에서 표적집단 소비자조사를 통하여 경쟁사와 자사의 소비자 인식을 파악한
후 기업은 향후 자사브랜드의 포지션을 결정한다. 기업은 타깃 소비자들의 가장 이상적 욕
구방향(Ideal Vector)에 위치한 곳에 경쟁사의 브랜드보다 자사의 브랜드를 더 가까이 근접시
키는 노력을 하게 된다. 이때 한·중 기업들은 중국 대부분의 내수시장에서 서구의 높은 품
질, 높은 가격(High position)과 중국기업의 낮은 품질, 낮은 가격(Low position) 사이의 중간
품질과 중간 가격대에서 위치해 있음을 알게 된다. 이를 보통 샌드위치 포지션이라 하는데,
여기서 어떠한 전략적 선택을 할 것인지가 중국 포지셔닝전략의 주요 쟁점이다.

포지셔닝전략은 자사가 원하는 소비자의 욕구에 가장 부합하는 제품포지션에 자사의 브
랜드를 위치시키기 위해 기업은 지속적인 소비자조사를 통해 제품을 혁신하고 표적소비자
의 특성에 맞는 커뮤니케이션 수단을 이용하여 제품가치를 정확히 전달하여야 한다. 포지셔

닝전략을 타깃 소비자에게 효율적으로 전달하기 위해서는 한두 단어로 소비자를 유혹할 수 있는 슬로건이 필요한데, 이를 USP(Unique Selling Point, 고유 차별요인)라 한다.

(1) 경쟁우위요인의 분석

표적시장의 소비자들이 경쟁제품보다 자사제품을 우선적으로 선택하는 경우는 자사제품이 경쟁제품에 비해 저렴하든지 가격이 비싸더라도 품질이 우수하여 고객들에게 많은 가치를 제공해 줄 수 있을 때이다. 그러므로 포지셔닝전략을 수립하기 위해서는 경쟁제품과 비교하여 자사제품이 경쟁우위(Competitive Advantage)를 갖는 요인을 찾아내는 과정이 필요하다.

마케터는 표적시장 소비자들이 중요하게 생각하는 제품속성에 대한 자료를 바탕으로 제품, 서비스, 종업원, 이미지 등 다양한 측면에서 경쟁사와의 차별점을 찾아야 한다. USP는 포지셔닝 맵의 분석과 우리 회사의 전략적 선택에 따른 Ideal Vector로 가기 위한 슬로건에 해당된다. USP의 도출은 제품 차별화, 서비스 차별화, 인적자원 차별화와 이미지 차별화를 통하여 이루어질 수 있다.

1) 제품 차별화(Product Differentiation)

그림 7-17 | 갤럭시 Z 플립 톰 브라운 에디션

출처: Samsung Newsroom

자사제품의 경쟁우위요인을 찾아내기 위해서는 우선 제품의 물리적인 속성을 검토하여야 한다. 마케터는 다양한 유형적 제품속성이나 가격, 디자인 등을 경쟁제품들과 비교하여 자사제품이 상대적으로 우수한 요인을 찾아낼 수 있다. 삼성전자는 2020년 갤럭시 Z 플립 출시로 제품의 차별화를 이끌었다. 갤럭시 Z 플립은 스마트폰의 폴더화를 이끌어내며 배터리 용량은 내장형 3,300mAh, 1,200만 화소 듀얼 카메라 렌즈, 전면 카메라에는 "슈퍼 스피드 듀얼 픽셀" 탑재, 삼성페이 등의 기능을 탑재하여 차별화된 제품을 선보였다. 또한 명품 브랜드인 '톰브라운', '메종 마르지엘라' 등과의 협업을 통해 한정판 제품 출시를 기획하며 소비자들의 마음을 사로잡았다. 중국에서는 제품 출시 이후, 중국의 왕홍 웨이야가 타오바오에서 진행된 라이브 방송을 통해 3분 만에 매진을 기록하기도 하였다.

2) 서비스 차별화(Service Differentiation)

제품의 물리적 특성에서 차별화가 어려운 경우, 기업들은 부가적인 서비스 부분에서 차별점을 찾아내기도 한다. 컴퓨터 회사들이 일정 기간이 지난 후 제품을 업그레이드시켜 주거나, 많은 은행들이 야간금고를 대여해 주는 경우가 이에 해당된다. 중국의 예를 들어 보자. 한국타이어는 제품속성 중 안전성을 차별화요인으로 강조하고 있다. 많은 다국적기업의 경쟁자들 또한 안전성을 내세우고 있기에 다른 차별화요인인 방문서비스를 병행하고 있다. 이는 타이어에 문제가 생겼을 경우 고객이 대리점으로 전화를 하면 출동하여 교체를 해주는 서비스로 한국타이어가 중국소비자들에게 친숙하게 접근할 수 있는 기회를 제공하였다. 현재 한국타이어는 일반소비자를 대상으로 하는 RT 시장(교체 타이어시장)에서 시장점유율 1위를 차지하고 있다.

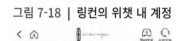

그림 7-18 | 링컨의 위챗 내 계정

미국의 자동차 브랜드 링컨은 2021년 '판매 후 소비자 만족도' 조사에서 벤츠, 아우디, BMW 등을 제치고 747점으로 1위를 차지했다. 럭셔리 자동차 브랜드의 평균이 732점인 것을 감안하면 링컨의 점수는 매우 높은 편임을 알 수 있다. 링컨은 새로운 Lincoln Aviator 소유자에게 동급 유일의 5년 140,000km 차량 보증 서비스를 제공하였으며, 중국소비자를 위해 위챗(WeChat)을 통해 무료 픽업 서비스를 지원하였다. 또한 코로나19에 따라 온라인 판매의 실시간 화면 전송, 시승 차량의 소독완료 내용 공지 등 중국소비자 맞춤형 서비스를 제공하였다. 그 결과 다른 럭셔리 브랜드에 비해 고객층이 두텁지 않은 링컨은 중국 내 소비자 만족도 1위를 달성할 수 있었다.

3) 인적자원 차별화(People Differentiation)

차별화의 또 다른 요인으로는 고객과 접촉하는 종업원의 친절한 서비스가 강조되고 있다. 이랜드는 매장을 방문한 소비자에게 의류를 판매하는 판매직 사원과는 별도로 패션에 대한 제안을 해주는 패션 컨설턴트를 육성·관리하고 있다. 또한, 중국 외식산업의 대표적인 성공업체인 서라벌 사례를 들 수 있다. 한국의 외식사업체인 한우리는 우리나라가 중국과 수교되기 이전인 1991년에 서라벌이라는 이름으로 중국시장에 진출하였다. 서라벌을 이용하는 많은 중국인들의 주목적이 비즈니스였기에 음식 맛은 물론, 이들을 상대하는 종업원들에 대한 서비스 교육이 중요했다. 한우리는 종업원 교육을 통해 철저한 서비스 정신을 배양시켰으며, 예절, 외국어, 위생교육을 통해 다른 경쟁식당과 차별화를 시켰다. 서라벌 식당은 현재 중국 대도시의 중·상류층이 가보았거나 한번쯤은 가보고 싶은 대표적인 한국 식당이 되었다. 흥미로운 사실은 서라벌은 중국 도시 중상층을 타깃으로 하고 있기 때문에 음식의 맛이나 서비스가 중국화되어 있어서, 한국 관광객들에게는 별로 호응을 못 받고 있다는 점이다.

4) 이미지 차별화(Image Differentiation)

동등한 물리적 제품이라고 하더라도 소비자들은 기업 혹은 상표의 이미지에 따라 제품을 다르게 인식하기도 한다. 이에 따라 마케터는 경쟁제품과 차별적인 이미지를 구축하려 노력한다. 다른 차별화요인보다 더 많은 시간과 노력이 필요하지만, 일단 이미지 차별화가 가능하다면 기업은 강력한 지속적 경쟁우위를 확보하게 된다. 스타벅스의 중간 사이즈 평균 커피 가격은 30위안으로 맥도날드의 빅맥 세트 15위안의 2배이다. 그러나 많은 중국소비자들이 스타벅스를 찾는다. 그 이유는 자연적이면서 현대적인 분위기에서, 친절한 종업원들의 서비스를 받고, 여유있게 맛있는 커피를 마시며 도심 속에서 여유를 즐길 수 있도록 한 스타벅스의 차별적 이미지 때문인 것이다.

스타벅스와 대응되는 이미지로 성공을 거둔 중국의 로컬 커피브랜드 루이싱 커피가 있다. 2017년 설립된 루이싱 커피는 테이크아웃 중심의 모바일결제로 중국의 젊은 소비자를 공략하였다. 설립 2년 만인 2019년 미국에 상장되며 스타벅스의 경쟁자로 부상하는 데 성공하였다. 비록 2020년 회계부정 사건으로 나스닥 시장에서 퇴출되었으나 최근 실적이 빠르게 회복되고 있다. 특히 중국의 하침시장을 중심으로 매장을 확보하여 2022년 6월 기준 7천 개가 넘는 매장을 확보하고 있는데 이는 매장 수 6천여 개인 스타벅스보다 많은 규모이다.

그림 7-19 | 루이싱 커피 매장 전경

출처: 바이두 이미지

한·중 기업에 있어서 이미지 차별화는 결코 쉬운 게 아니다. 仁 이라는 컨셉으로 오랜 기간 마케팅활동을 해온 오리온 초코파이와 매운맛의 농심 신라면 정도만이 중국시장에서 이미지 차별화에 성공하였다고 볼 수 있다. 한·중기업이 계속적으로 중국소비자들에게 사랑을 받기 위해서는 타깃 소비자층을 좀 더 집중하여 명확한 포지셔닝전략에 근거한 이미지 차별화가 시급히 필요하다.

제3절 중국향(向) 포지셔닝 사례: 베이징현대자동차

지금까지 우리는 중국시장 환경의 주요 요소인 5C와 마케팅전략 STP를 살펴보았다. 이를 바탕으로 중국 타기팅에서 표적고객의 가치를 차별적으로 창출하기 위한 USP의 도출방법을 연구하였다. 이제 베이징현대자동차 위에둥(아반떼)의 사례를 통해 이를 종합해 보고자 한다. 베이징현대자동차는 자타가 공인하는 우리나라의 대표기업이자 브랜드이며 중국 내 자동차시장의 리더로서 자리매김하고 있다. 대중국마케팅전략의 성공사례 중 하나인 베이징현대자동차를 통해 중국시장과 중국마케팅전략, 특히 포지셔닝전략에 대한 시각을 넓혀보자.

 5C 분석

(1) China Market

중국의 경제규모가 세계적인 수준으로 발돋움하면서 내연기관 자동차시장도 크게 성장하였다. 중국은 이미 미국에 버금가는 자동차시장으로 부상했다. 이미 2009년에 원래 예상보다 5~6년이나 앞서 미국을 제치고 세계 최대의 자동차 생산국이 되었다. 2007년 금융위기로 미국, 유럽, 중국, 일본 등 주요 자동차시장은 위축되거나 정체기에 빠지는 실적을 보였지만, 이에 비해 중국 자동차시장은 두 자릿수의 높은 성장률을 나타내기도 하였다. 최근에는 성장세가 다소 둔화되긴 했으나 2021년 생산량과 판매량이 모두 2,600만 대를 돌파했다. 그리고 중국 로컬 브랜드의 기술혁신과 함께 신에너지 자동차시장의 규모가 눈에 띄게 증가하고 있다. <그림 7-20>은 중국 자동차시장의 제품 현황이다.

그림 7-20 | 중국 자동차시장의 제품 현황

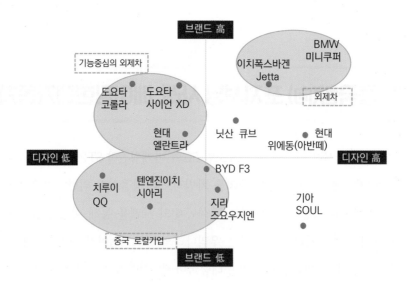

(2) Change

우선 경제적 측면에서 살펴보자. 중국은 미국, 유럽과 함께 세계 3대 자동차시장 중 하나이다. 중국자동차공업협회(CAAM)에 따르면 지난해 중국의 자동차 수출량은 202만 대로 처음으로 200만 대를 돌파했다. 중국 자동차산업은 세계적인 자동차업체들과 합작을 통해 R&D(연구개발)와 제작 공정의 기술 이전이 이뤄지면서 비약적으로 발전하기 시작했다. 이를 통해 중국 토종브랜드인 BYD, 창안(長安), 장청(長城), 지리(吉利) 등 로컬 자동차 업체들의 경쟁력도 향상되면서 2021년 로컬 업체의 승용차 판매량은 모두 954만 대로 총 승용차 판매량의 44.4%를 차지했다. 외국기업 중 한국자동차의 비중은 약 2.7%정도이다.

사회적 측면에서 살펴보면, 중국 내연기관 자동차시장의 급성장은 SUV(운동형 다용도 자동차) 및 MPV(다용도 자동차) 등 세분화 시장에서 이루어졌다. 이는 중국소비자들의 여가생활 시간의 증가 등으로 인해 캠핑 등과 같은 레저활동과 가족들과의 여행이 늘어난 이유에 기인한다. 자동차업체들은 베이징, 상하이 등 대도시 시장을 공략하면서 동시에 중·소도시 및 하침시장 개척과 시장세분화전략을 통해 중국 내 시장점유율을 높이기 위해 각축전을 펼치고 있다. 또한 최근 급성장하는 전기차 시장도 중국 자동차시장의 중요한 변화 중 하나이다. 내연기관에서 신에너지 연료의 자동차시장으로 트렌드가 전환되고 있다. 실제로 중국에서는 내연기관차의 강국인 유럽과 일본 등에 비해 경쟁력이 떨어져 단기간 내에 추월하기 어렵다고 판단하여 1990년대부터 전기차에 대한 관심을 보이고 2009년부터 국가적 역량을 총동원하고 있다. 2021년 글로벌 전기차 판매량은 660만 대였는데, 이 중 중국에서만 352만 대가 판매되었다.

정치, 법제적인 측면에서 살펴보면, 중국의 자동차 산업은 대표적인 제한산업에 해당한다. 외상독자경영이 불가능하며 반드시 중국측 파트너와 함께 합자법인을 설립해야 한다. 현재 테슬라가 유일하게 중국 내 독자경영을 허가 받은 해외 자동차 회사이다. 중국이 전 세계 최대 전기차 시장으로 성장한 데에는 정부 정책이 중요하게 작용하였다. 신에너지차 발전 초기 단계에서는 소비 진작을 위해 취득세 감면 및 구매 보조금 지급과 같은 소비자들의 구매와 관련된 정책을 추진하였다. 또한 중국정부는 이차전지 분야에 많은 보조금을 지급해 CATL, 비야디(BYD) 등 관련 기업의 성장을 지원해왔다.

(3) Competitor

1) 폭스바겐

그림 7-21 | 폭스바겐 라비다(朗逸)

폭스바겐은 1978년 중국의 개방과 동시에 중국정부와 협상을 시작한 이래, 1985년 상하이자동차, 1991년 제일기차와 각각 합자회사인 상하이-폭스바겐(SAIC)과 제일-폭스바겐(FAW)을 설립, 중국 진출 선발 주자로서 50% 이상의 시장을 선점하고 있으며, 신모델 투입강화, 판매망 강화, 론/리스사업 등 관련 사업을 강화하여 지속적인 판매확대를 도모하고 있다. 폭스바겐은 중국을 아태지역본부로 활용한다는 계획 아래 2002년 초 아시아 태평양 본부를 기존 독일의 볼프스부르크에서 베이징으로 이전하는 등 중국시장에서 큰 기대를 걸었다. 중국시장에서 상위권을 차지하고 있는 폭스바겐자동차는 글로벌 자동차 제조업체 중 중국에서 가장 성공적으로 발전한 기업 중 하나가 되었다. 2021년에는 상하이 폭스바겐의 라비다(朗逸) 모델이 중국 판매량 43만 대를 달성하며 중국 승용차 판매량에서 동펑에 이어 2위를 차지하기도 하였다. 라비다는 베이징현대의 엘란트라, 위에둥(아반떼)과 경쟁하는 모델이기도 하다. 한편 폭스바겐도 중국의 전기차 시장 성장에 따라 전기차 100만 대 생산을 목표로 중국 공략에 박차를 가하고 있으며 2024년 테슬라의 시장 점유율을 넘어서고자 지속적인 기술 혁신을 이어가고 있다. 지난해 중국에서 'ID' 시리즈 전기차를 7만 625대 판매하기도 하였다.

2) 도요타

도요타는 중국 본사인 도요타자동차 중국 투자유한공사 외에 단조, 기술센터 등 7개 자동차관련 합자기업을 설립하였다. '정도(正道) 진출 전략'으로 중국 진출이 완만히 이루어졌다. 1992년 중국 자동차회사의 크라운 수출 요청을 거절, 어느 나라에 판매하더라도 판매네트워크와 서비스망이 완비되지 않으면 판매하지 않는다는 방침을 고수하며 중국 진출을 거절하기도 하였다. 정도 진출의 일환으로 자동차 부품부터 중국 진출을 시도하여 1995

년 5월 중국 국산화 기술지원센터의 설립을 시작으로, 같은 해 12월 자동차 전동부품공장을, 1996년 5월 톈진-도요타 엔진, 1997년 7월 차대공장 등 차량 주요 부품의 생산을 차례로 설립하였다. 중국에서의 부품 생산환경을 정비한 후 2000년 6월 톈진 시아리 자동차와 합작회사를 설립, 2002년 10월부터 소형세단인 T-1(1,300cc,

그림 7-22 | 토요타 크롤라(卡罗拉)

출처: 토요타 중국 홈페이지

1,500cc, 연간 3만 대) 생산을 개시한 당시 최신의 글로벌 세단으로 중국 최초로 DVD 음성 네비게이션을 탑재하고 있으며, 최근 중국 도심에서 민감한 배기가스 문제에 대비해 배기가스 규제 3단계를 통과하여, 중국의 환경기준에도 부합되었다. 도요타는 후발주자로서 기존의 차를 보유한 소비자를 끌어들이기보다, 다른 차와 경쟁하지 않고 차를 보유하지 않은 자동차 미보유층을 겨냥한 차를 판매한다는 계획이었다. 2021년 중국 판매실적은 약 103만 대를 기록하였으며, 중국 승용차시장에서 가장 많은 비중을 차지하고 있다. 도요타 역시 최근 신에너지 차량의 성공을 위해 기존의 전기차 개발 계획을 180도 바꾸기 위한 전략을 내세웠다. 현재 개발중인 신에너지차량 프로젝트를 중단하고 새로운 신에너지차량의 입지를 보유하기 위해 사업의 전면 쇄신에 나섰다. 이에 중국시장에서 전기차 생산을 위해서는 비야디의 배터리를 바탕으로 개설된 소형 전기차 판매를 개시할 예정이며 젊은 여성층과 비싼 가격으로 고민하는 소비자들에게 각광받고 있다.

3) BYD(비야디)

비야디는 2004년 자동차시장에 진출했으며, 2008년 16만 3,821대를 판매한 것에 이어 2009년에는 44만 7,083만 대를 판매해 시장을 놀라게 했다. 특히 전기자동차 분야에서 두각을 나타내며, 워렌 버핏이 투자할 정도의 세계적 지명도를 지니고 있다. 2005년부터 5년간 매년 100% 이상의 판매증가율을 보이며 높은 성장세를 보였다. 지난 13.5규획

그림 7-23 | 비야디 전기차 돌핀(海豚)

출처: 비야디 홈페이지

(2016~2020년)에서 중국정부는 2020년까지 전면적인 샤오캉(小康)사회를 실현하기 위해 혁신발전, 균형발전, 녹색발전, 개방발전, 공동향유 등 경제발전 원칙을 제시하며 중국 내 전기자동차 확산의 정책환경을 마련하였다. 그리고 이는 BYD 성장에 큰 발판이 되었다.

비야디는 신에너지자동차 관련 BEV, PHEV 생산 및 판매, 핵심 부품(배터리, 모터, 전력제어장치) 기술 및 전용 플랫폼을 보유하고 있으며, 2021년 11월 중국 내 전기차 판매량 1위 기업으로 자리잡았다. 비야디는 자사의 블레이드 배터리를 출시하여 인산철계 리튬이온 배터리의 속도를 높이고, 동력 배터리 안전 실험을 함께 통과한 침자 기술테스트를 통해 안전성을 한 단계 높이며 소비자들의 신뢰를 얻었다. 비야디는 콤팩트 스포츠 유틸리티차량(SUV) '송(宋)', 중형 SUV '당(唐)', 중형 세단 '한(汉)', 콤팩트 승용 '진(秦)', 콤팩트 SUV '원(元)' 등 중국의 과거 왕조 이름 시리즈로 세분화해 제품 라인업을 구성하고 있으며 2021년 하반기 기준 신에너지차량이 전체 차량의 약 90%에 달한다.

(4) Consumer

중국은 시장경제체제로 전환하면서 기존의 공급자 위주에서 수요자 중심의 시장으로 바뀌고 있고 95% 이상의 많은 산업 부분이 이미 수요자 중심의 시장으로 전환되었다. 이는 1970년대 계획경제 시점의 분배시스템 속의 결핍경제에서 과잉경제로 전환되었음을 의미한다. 즉 공급이 수요를 초과하게 되어 제품별로 각 경쟁사의 치열한 경쟁이 나타나게 되었으며, 그 결과 소비자의 선택 폭이 확대된 것이다. 이러한 시장환경의 변화는 중국소비자의 특성에도 영향을 미치고 있다. 자동차 구매에 있어서 소비특성을 보면 점차 브랜드와 기술, 에너지 절약, 환경보호 등을 중시하는 방향으로 전환되고 있다. 특히 최근 중국의 소비자들은 자동차를 단순히 하나의 이동수단을 넘어 스마트 기기로 인식하고 있다. 일명 '스마트카 라이프'를 누리고 싶어하는 소비자들이 증가하는 것이다. 이에 현대자동차도 '커넥티드카 서비스(Connected Car Service)'를 통해 자동차에 IT를 융합하여 스마트폰 어플리케이션을 활용해 차량을 제어하고, 차량을 관리할 수 있는 서비스를 제공하고 있다. 중국소비자의 자동차 구매 특성을 좀 더 살펴보자.

1) 현시 소비의 경향이 강하다

특히 내부 소비재의 경우 항상 친구, 이웃이 소유한 브랜드 혹은 품질과 비교하는 경향이 있으며 다른 사람의 제품보다 낫거나 최소한 동질의 것을 구입하려는 경향이 강하다.

2) 국산 제품에 대한 선호도가 점차 증가하고 있다

중국은 과거 로컬제품과 비교하여 품질 등 다방면에서 우수한 수입제품의 선호도가 강하게 나타났었다. 하지만 최근 중국 자동차 업체들의 기술력이 향상되고 현지화된 마케팅을 통해 중국소비자들의 신뢰를 얻고 있는 추세이다. 특히 궈차오 열풍에 따라 국산제품을 선호하는 경향이 더욱 증대되고 있다. 또한 국산제품이라도 품질, 브랜드, 성능, 디자인 등을 비교하여 구매하는 선택적인 구매성향이 점차 강하게 나타나고 있다.

3) 제품구입 시 브랜드에 대한 신뢰도가 비교적 높다

즉 브랜드 중심의 구매성향이 강하며 특히 하이테크 가전, 자동차 등 고급 내구재의 구매성향에서 더욱 두드러지게 나타나고 있다. 이러한 이유로 중국 자동차 업체들의 광고비 지출이 다른 산업에 비해 매우 높은 편이다.

4) 영조성 문화성향이 높다

대다수 중국소비자들은 주변 사람을 의식하는 영조성(映照性) 문화성향(남에게 자신을 비추어봄)을 가지고 있다. 따라서 제품의 품질, 신뢰도, 기능 등을 주위의 동료나 친구들의 의견을 사전에 탐문해 본 다음 구매하는 신중한 태도를 보이고 있다.

5) 지역별로 소비지출 및 소비습관이 완전히 다르다

중국의 자동차 전문 미디어인 이처(易车)에 따르면, 중국의 남방과 북방 소비자의 자동차 구매성향은 차이가 크다고 한다. 선호하는 브랜드를 보면 남방 소비자는 일본 자동차를 선호하며, 북방은 독일차를 선호한다. 기후 환경으로 인해 원하는 기능도 다른데 남쪽은 습하고 무더운 날이 많아 차량방수, 선루프, 에어컨, 좌석환기 등의 기능에 관심이 많다. 북방은 추운 날씨로 인해 백미러 가열, 좌석 난방, 후면 창문 안개방지, 4륜구동 등에 관심이 많다.

(5) Company

베이징현대자동차는 중국의 수도 베이징에 위치한 최초의 승용차 생산 메이커로서 상징적 의미가 있을 뿐만 아니라, 2008년 베이징 올림픽을 계기로 세계의 경제주역으로 부상하던 중국의 폭발적인 자동차시장을 선점할 수 있는 유리한 조건을 갖추었다. 또한 도심에서 가까워 교통 인프라가 잘 갖춰져 있어 생산·판매에 매우 중요한 물류가 원활하고 양질의 노동력을 쉽게 조달할 수 있어 우수한 제품 품질 수준을 유지하였다.

첫 중국시장의 진출은 기아자동차였다. 한국 기아자동차는 1997년 동풍열달(东风悦达) 그룹과 합자계약을 체결하여 50 : 50의 자본으로 동풍열달기아자동차유한회사를 설립하였으며, 1999년 연간 5만 대 규모의 공장건설을 완료하여 기아의 프라이드 생산을 시작하였다.

1998년 현대자동차가 기아자동차의 51%의 자본을 인수하여 계열사화 함에 따라 현대자동차는 2000년 9월 열달기아의 자본 20%도 획득하게 되었다. 그러나 열달기아는 중국의 <자동차목록관리제도>에 따라 승용차 생산의 조기 획득이 어려워 2001년 말부터 생산권한을 보유한 동풍그룹과의 합작을 전면적으로 검토하기 시작했다. 결국 2002년 3월 현대자동차, 기아자동차, 동풍, 열달그룹은 새로운 합작법인을 만드는 데 합의하고 관련계약을 체결하였다. 신규 설립된 동풍열달기아자동차유한회사는 2002년 말에 현대자동차의 베르나를 모델로 한 천리마를 시장에 출시하였다. 2003년 판매목표는 5만 대로 정정(이 가운데 천리마가 4만 대)하였으며 2005년 생산판매 15만 대로 확대하기로 결정하고 신규 공장의 건설을 가속화하였다.

현대자동차의 독자적인 중국 진출은 2002년 베이징자동차와의 합작을 통하여 이루어졌다. 2002년 5월, 현대자동차와 베이징자동차는 50 : 50의 합자로 베이징현대자동차유한회사를 설립하기로 계약하고, 2002년 9월 중국 정부의 비준을 취득하여 10월 정식으로 베이징현대자동차유한회사를 설립하였다. 신규 합작법인은 2002년 12월부터 소나타 생산을 시작하였으며 2003년 생산판매목표를 5만 대로 계획하고 2003년에는 소형승용차인 엘란트라XD 차종을 투입하였다.

　베이징현대자동차는 2005년 1월 총 2만 508대를 판매하여 제일도요타, 제일폭스바겐 등을 제치고 승용자동차 판매 1위에 등극하기도 하였다. 중국 진출 2년 만에 최초로 월간 판매 2만 대를 뛰어넘은 것은 중국에 진출한 자동차 회사 중에 최단기간에 달성한 대기록으로 세계 자동차시장의 최대 격전지인 중국시장에서 현대자동차의 쾌속 성장을 보여줬다. 특히 베이징현대자동차는 베이징시 택시 중에서 폭스바겐, GM 등을 제치고 1위를 달성한 바 있다. 하지만 최근 베이징현대자동차의 실적은 매우 부진하다. 중국 로컬 자동차회사의 성장과 중국 내 궈차오 열풍, 브랜드 파워와 가격면에서의 샌드위치 포지션, 중국 내 전기자동차 확산 등으로 인해 2021년 생산량이 38.2만 대로 전년대비 13.5% 하락하였다.

그림 7-24 | 현대자동차 중국 판매량 추이

단위: 만 대

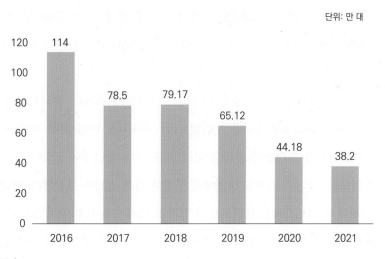

출처: 현대자동차

　이처럼 과거 중국시장에서 한국의 자동차가 강세를 보이는 듯하였으나 사드사태, 코로나19, 로컬 자동차의 부상 등으로 인해 한국 자동차시장이 침체기에 접어들었다. 해외 생산에서 중국 공장이 차지하는 비중은 6년사이 절반 가까이 줄어든 16%로 감소했다. 그러나, 중국을 제외한 해외 공장은 모두 전년 대비 생산량을 늘리며 반등에 성공했다. 뉴스포털사이

그림 7-25 | 상하이 제네시스 출시 행사

출처: 현대자동차

트 이투데이가 분석한 통계 결과에 따르면, 현대차는 인도·터키·중국·미국·체코·러시아·브라질·베트남 등 8곳의 해외 생산 공장에서 총 221만 4,016대를 만들어 판매했다. 이 가운데 중국 공장은 36만 565대를 만들며 전체 해외 생산의 16%만을 차지했다. 이는 중국에서 지속적인 자국의 자동차시장의 확대 및 소비 정책으로 인한 영향도 큰 것으로 보인다.

이에 현대차에서는 중국 사업에 대한 고심을 이어가며 중국의 전략 체질을 바꾸는 작업에 나섰다. 중국시장에 맞춰 제품의 시리즈를 고급 브랜드와 친환경 차로 바꾸겠다는 전략이다. 현대차에서는 자사의 고급차량 계열인 제네시스 브랜드를 2021년 중국에 출시하면서 아이오닉, EV6, 넥쏘 등 친환경 제품군도 함께 선보였다. 제네시스는 중국 출시를 기념하며 상하이 국제크루즈 터미널에서 드론 약 3,500대를 띄워 제네시스의 중국 출시 행사를 진행하였다.

제네시스는 중국시장에 완전히 새로운 비즈니스 모델을 구축했다. 중국시장 맞춤형 직영판매(D2C-Direct to Consumer) 방식을 도입했으며, '제네시스 단일 가격 정책(Genesis One Price Promise)'을 실시해 고객들이 중국 전역의 모든 구매 채널에서 동일한 가격으로 차량을 구매할 수 있도록 했다. 이로써 고객들에게 투명한 가격 정책을 보장했다. 제네시스는 중국시장에서 럭셔리 라이프스타일 브랜드로의 입지를 다지기 위해 다양한 노력을 펼쳤다. 그 첫 시장은 상하이 패션 위크와 협업을 통해 제네시스의 디자인 철학을 의류와 접목시켜 중국 패션 디자이너 샌더 주(Xander Zhou, 周翔宇)와 협업을 통해 상하이 패션 위크에서 제네시스 차량과 브랜드의 상징적 아이덴티티를 적용한 패션을 선보였다. 또한, 중국 내 상하이, 청두, 항저우 등 중국 내 주요 지역 8곳에 제네시스 브랜드 거점을 오픈하여 고객이 상시로 방문해 차량을 구매할 수 있는 공간을 마련했다. 뿐만 아니라 상하이 스튜디오에서는 특별한 요리를 맛볼 수 있는 제네시스 레스토랑을 설계했다.

이곳에서는 한국의 의식주 전통문화연구소이자 미슐랭 스타 레스토랑을 운영하고 있는 온지음 팀이 고객들에게 메뉴를 선보이고 있으며 현재의 한식은 물론 과거와 미래에 대한 맛의 경험을 제공하며 다른 브랜드와 차별화된 라이프스타일을 제공하기 위해 노력하고 있다. 또한 제네시스의 스튜디오는 중국의 유명 건축 사무소와의 협업을 통해서 이루어졌으며 제네시스의 철학이 담긴 역동적이고 우아함을 반영하는 데 중점을 두어 화려하며 우아함을 지닌 고급 브랜드로서 이미지를 강조했다.

그림 7-26 | 상하이 제네시스 스튜디오

출처: 현대차

제네시스가 처음 중국으로 출범하면서 노렸던 고급화 전략은 상대적으로 나이대가 높은 40대 이상의 고객을 목표로 자리잡았었으나 지난 1년여 기간 동안 제네시스는 고객 과반수 이상이 40대 이하인 젊은 고객들에게 성공을 이루었다. 또한, 2021년 12월 제네시스 G80이 중국에서 '올해의 자동차 디자인상'을 수상하며 중국 자동차 업계 내 가장 명예로운 상의 디자인 부분을 수상하면서 제네시스의 입지를 더욱 다졌다. 뿐만 아니라 2022년 3월 중국의 모터트렌드에서 '올해의 차'로 GV80이 선정되었으며 동급 SUV차량 대비 우수한 상품성과 중국시장에서의 높은 경쟁력이 좋은 평가를 받았다. 이처럼 출범 1년 만에 긍정적 평가를 받는 제네시스를 통해 현대자동차의 재도약이 기대되는 바이다.

2 VMS

(1) Vision

현대·기아차그룹의 비전은 창의적 도전정신을 바탕으로 세계적인 기업으로 도약하는 것이다. 고객을 위한 혁신이라는 중장기 비전을 수립하고 비전 달성을 위한 과업으로 글로벌 지향, 인간존중, 고객감동, 기술혁신, 문화창조를 발표하였다. 또한 인간이 중심이 되는 친환경 기술혁신을 통해 고객최우선 가치를 실현하는 자동차 문화를 창조하여 영원히 사랑받는 글로벌기업이 목표이다.

(2) Mission

상품경쟁력 강화, 현지화 전략, 브랜드가치 향상, 지속가능 경영, 글로벌 경영을 지속적으로 강화/발전시켜 전략적인 경영(신뢰경영, 현장경영, 투명경영)을 통해 세계화를 선도하는 Global No.1의 현대자동차 경영이 목표이다.

(3) Strategy

현대자동차는 신뢰경영, 현장경영, 투명경영의 3대 경영방침을 통해 5대 글로벌전략을 착실히 실현하고 있다. 신뢰경영을 실천함으로써 인간존중의 정신을 토대로 생산적 노사관계와 상하 간 신뢰관계를 더욱 공고히 함과 동시에 고객 및 사업파트너의 기대와 믿음에 부응하고자 노력하고 있다. 현장경영을 통하여 고객의 만족과 직원의 일하는 즐거움을 배가시키고, 경영역량을 생산과 판매현장에 집중하여 현장 중시의 풍토를 정착시키며 품질과 서비스 최우선의 정신을 구현하고자 한다. 투명경영을 실시함으로써 모든 업무를 투명한 기준과 글로벌 스탠다드에 따라 처리하고, 사업 파트너와는 상호 공정한 거래관계를 유지하여 존경받는 기업으로 거듭나는 것을 목표로 한다.

3 TOWS 분석

위협요인으로 폭스바겐, 도요타, GM 등 세계적인 자동차 회사뿐만 아니라 지리, 장청 등 내연기관 자동차기업, BYD, 샤오펑, 니오 등 신흥 전기차 로컬업체 등과의 경쟁을 대표적으로 들 수 있다. 특히 로컬기업들의 사회주의 시스템 내에서의 경영 경험과 리더십, 중국시장에 대한 이해 등도 무시할 수 없는 요인이다. 기회요인으로 성장잠재력이 매우 큰 중국시장과, 브랜드 인지도가 좋은 한국 제품, 자동차 규제의 완화추세 등을 들 수 있다. 그리고 아직까지 중국 로컬업체의 제품들이 안전성에 대한 중국소비자의 욕구를 해소시켜 주지 못하기 때문에 이것 또한 좋은 기회라 할 수 있다.

약점으로 타사에 비해 상대적으로 낮은 기술력과, 한국 본사의 강성 노조 등을 들 수 있다. 또한 저가형 이미지로 굳어져 있는 것이 큰 약점이라고 할 수 있다. 강점으로 차량의 기

표 7-2 | 베이징현대차의 TOWS Metrix

		Threat			Opportunity	
		치열한 경쟁	사회주의적 기업관	정치적 위험	성장성이 큰 시장	중국기업 대비 높은 경쟁우위
Weakness	일본업체 대비 낮은 기술력					
	한국 본사 강성 노조					
Strength	가격대비 우수한 성능					
	풍부한 해외시장 진출경험					
	지속적인 투자 가능					
	고급화 브랜드 전략					

본적인 성능이 가격대비 굉장히 우수하고, 풍부한 해외시장 진출경험을 들 수 있다. 또한 베이징 현대자동차의 지속적인 투자를 통한 제품 및 서비스 개선 의지를 강점으로 들 수 있다.

4 Targeting 선택

(1) Segmentation

중국의 자동차시장은 다년간의 급속한 성장을 거쳐 현재는 이미 성숙기에 접어들었다. 그러나 지역 관점에서 볼 때 경제의 발전 정도, 인구수, 1인당 가처분소득 및 기후와 같은 여러 요인의 영향으로 중국의 자동차시장은 여전히 불균형한 발전 수준을 보이고 있다. 저장, 베이징, 산동, 장쑤, 허베이, 광동 등 동부 지역의 자동차 보유량은 상대적으로 높은 반면 중서부 지역의 자동차시장은 상대적으로 낙후되어 있으며 특히 장시, 광시, 간쑤, 구이저우 및 기타 지역의 1인당 자동차 보유량은 평균보다 훨씬 낮다.

베이징현대자동차는 2010년 중국시장에 Verna를 출시함에 있어 대대적인 시장조사를 감행하였다. 중국시장은 수많은 시장의 복합체로 볼 수 있기 때문에, 베이징현대자동차는 지역별 특성을 감안하여 주요 도시의 소비자들에 대한 자료를 수집하였다. 중국의 중앙정부는 개혁개방을 추진함에 있어서 국토를 분할하여 순차적인 지역개발 정책을 채택하였으며, 지방정부는 지방의 경제적 발전을 위하여 정책을 추진함에 따라 지역마다 경제발전 수준 및 소비자 특성이 서로 상이한 형태를 나타내었다. 또한, 중국소비자는 과거 선택의 폭이 좁았던 단순한 시장에서 다양성이 존재하는 시장에 빠르게 적응하고 있다.

예를 들면 <표 7-3>에서 보듯이, 자동차 구입 시 각 지역별로 소비자들이 중요시하는 요인이 다르게 나타나고 있다. 이러한 소비자조사를 통해 얻어진 정보를 요약하면 다음과 같다. 상하이(上海)의 소비자는 A/S를 구매고려 1순위로 삼고 있었다. 또한 과시성향이 높으며 외관을 중시하는 성향이 높은 반면, 경제성에는 둔감하였다. 베이징(北京)의 소비자는 연료효율성을 구매고려 1순위로 삼았다. 그리고 경제성을 중시하며 자동차에 대한 관심도가 높다. 광저우(广州)는 안전성을 구매고려 1순위로 삼고 있었으며, 베이징과 유사하게 경제성을 중시하고 과시성향은 낮으나 자동차 자체에 관심이 적었다. 마지막으로 칭다오(青岛)의 소비자들도 안정성을 구매고려 1순위로 삼고 있었으며 가격에 민감하고 A/S를 중요하게 생각하고 있었다.

표 7-3 | 중국 주요 도시별 자동차 구매 고려 요인

	상하이	베이징	광저우	칭다오
1순위	A/S	연비	안전성	안전성
2순위	가격	A/S	가격	가격
3순위	안전성	안전성	연비	A/S
4순위	스타일링	가격	A/S	엔진 성능
5순위	브랜드의 명성	엔진 성능	스타일링	연비
6순위	엔진 성능	브랜드의 명성	엔진 성능	스타일링
7순위	워런티 보증범위	스타일링	브랜드의 명성	브랜드의 명성
8순위	연비	워런티 보증범위	내구성	내구성

(2) Targeting

타기팅은 <그림 7-27>과 같이 기본적으로 28세에서 40세 사이의 기혼 남성으로 한다. 가정 수입은 납세 후 월 수입이 약 40,000위안 이하의 중산층 가정이고, 기업의 중급관리자 정도이다.

자세한 TCP(Target Customer Profile)는 다음과 같다.

- 이름: 치하오지안(纪浩健)
- 직업: 회사원
- 가족 구성원: 3명(본인, 아내, 아들)

그림 7-27 | 베이징현대차 위에동의 TCP

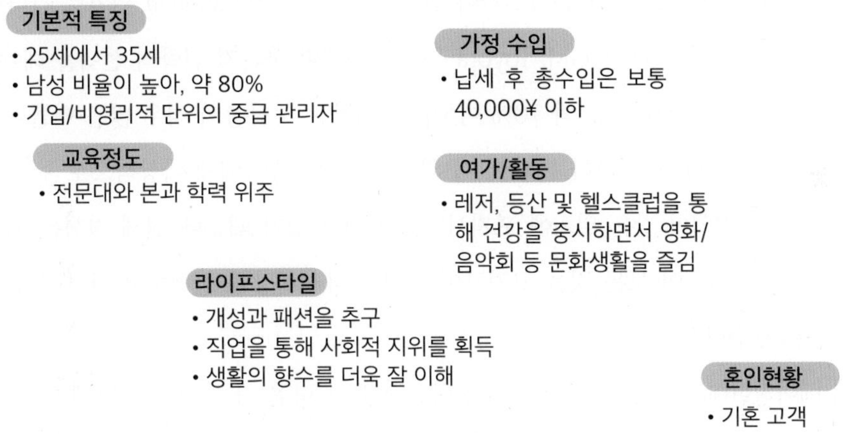

기본적 특징
- 25세에서 35세
- 남성 비율이 높아, 약 80%
- 기업/비영리적 단위의 중급 관리자

교육정도
- 전문대와 본과 학력 위주

라이프스타일
- 개성과 패션을 추구
- 직업을 통해 사회적 지위를 획득
- 생활의 향수를 더욱 잘 이해

가정 수입
- 납세 후 총수입은 보통 40,000¥ 이하

여가/활동
- 레저, 등산 및 헬스클럽을 통해 건강을 중시하면서 영화/음악회 등 문화생활을 즐김

혼인현황
- 기혼 고객

치하오지안(纪浩健) 씨는 현재 38살로, 결혼한 지 8년이 되었다. 현재 그는 산둥성 칭다오시 시북구에 살고 있다. 집은 120㎡이고, 생활은 여유로운 편이다. 그는 칭다오에 있는 중국 해양대학교를 졸업하고, 지금은 하이신(海信)에서 관리팀에서 행정일을 하고 있다. 부인인 왕샤오취(王小区) 씨는 30살로, 현재 칭다오의 해산물 회사인 칭다오덕강해산(青岛德康海山)에서 매니저로 일하고 있다.

현재 그는 자동차를 바꿀 때가 되어서 다시 살 자동차를 고르고 있다. 뿐만 아니라 열심히 인터넷과 잡지들을 통해서 자동차에 대한 정보를 얻고 있다. 그는 이달 수입 20,000위안 중에서 5,000위안 정도를 소비하며, 주말에 해신광장 백화점에서 부인과 함께 쇼핑하는 것을 매우 좋아한다. 그는 작년 12월 아내와 함께 한국으로 스키여행을 다녀왔다며 "새로 생긴 스키장에 눈이 많아 너무나 좋았다"고 활짝 웃었다. 그는 "TV 드라마를 통해 한국자동차들의 세련된 모습을 보고 많은 정보를 얻는다"고 말했다.

5 Positioning

앞서 우리는 베이징현대자동차의 위치와 자사의 차별화 요인을 확인하였다. 중국시장에서 베이징현대자동차의 위에둥은 '활력 넘치는 신세대 엘리트차'로 포지셔닝되어 있다. 소비자의 인식 속에서 베이징현대자동차는 세련됨(Sophisticated)과 혁신적(Innovation)인 이미지로 위치해 있었으며, 자사의 차별화 요인으로는 세련되고 중후한 디자인으로 조사되었다. 베이징현대자동차가 향후 취해야 하는 이상점(Ideal Vector)은 어디인가? 현 위치를 고수하며 강화시킬 것인가? 아니면 세련됨으로 가야 할 것인가? 이성적(Rational) 위치로 간다면 소비자들을 인식 속에서 Honda, GM, Toyota 등과 경쟁해야 하는지 전략적 선택을 해야 한다.

중국의 자동차 소비자들 중 약 70% 이상을 차지하는 중산층의 경우 많은 이들이 이성적이고 혁신적인 요인을 중시한다. 따라서 이 위치가 현대자동차에게 이상적으로 보일 수 있어도 많은 다국적기업이 같은 위치에 포지셔닝을 시키고 있기 때문에 실제 경쟁은 매우 심각하다. 현대자동차는 이 모든 것을 고려하여 올바른 표적시장을 선정하고 자사에게 가장 유리한 포지셔닝전략을 실행해야 한다.

과거 베이징현대자동차의 Twins 판매전략은 같은 차량을 다른 타깃 집단에 대해 두 개의 포지셔닝으로 실시한 사례로 초기 경이로운 매출을 달성하는 성공적인 전략이었다. 그러나 최근 소비자들의 인식변화와 자동차시장의 다변화로 인해 과연 이 전략이 베이징현대가 중국에서 추구하는 포지셔닝전략으로써 지속적인 경쟁우위를 확보할 수 있는가에 대해 고민해 볼 필요가 있다. 현재 베이징현대차가 중국에서 새롭게 출시한 제네시스뿐만 아니라 신에너지 차량인 아이오닉 시리즈, SUV 시리즈 등 기능별, 가격별, 디자인별 다양한 제품 출시를 통해 Twins 판매전략의 업그레이드 전략 변화를 시도하고 이를 통해 변화한 중국소비자들에게 적합한 선택지를 제공할 수 있어야 한다.

CASE 중국의 신에너지차 산업과 현대자동차의 수소차 프로젝트

중국의 신에너지 자동차는 순전기차(BEV), 하이브리드차(HEV), 수소차(FCEV) 등 화석연료가 아닌 새로운 연료로 구동되는 모든 자동차를 포함한다. 현재는 순전기차와 하이브리드차가 신에너지 자동차시장의 성장을 견인하고 있지만 최근 점차 수소에 대해 관심을 가지며 수소연료전지 발전에 박차를 가하고 있다. 특히 중국정부의 육성정책을 바탕으로 수소연료전지를 개발하기 시작했고, 수소충전소도 2021년 11월 현재 전국에 157개가 운영 중에 있다. 그러나 생산비용과 기술장벽이 높기 때문에 아직 수소차 보급률은 매우 낮은 상황이다. 2020년 기준 중국의 수소차는 7,352대로 전부 상용차이며, 98%는 버스, 2%는 화물차인 것으로 나타났다.

중국은 2035년 세계 최대의 수소전기차 시장 중 하나가 될 것으로 전망된다. 중국 공업정보화부의 자동차 관련 정책 자문기구인 중국자동차 공정학회는 지난해 10월 '에너지 절감 및 친환경차 기술 로드맵 2.0'을 발표하고 중국내 수소전기차 보급 목표를 제시했다. 또한 올해부터 2025년까지는 중국의 제14차 5개년 경제개발규획이 진행되는 시기로, 친환경차 보급 확대에 한층 속도가 붙을 전망이다.

이 로드맵에는 중국이 2035년경까지 상용차를 중심으로 수소전기차를 누적 100만 대까지 보급해야 한다는 구체적인 목표가 포함돼 중국 내의 수소산업 육성 분위기를 엿볼 수 있다. 실제 중국 당국의 발표가 있자마자 상하이와 베이징은 2025년 수소차 1만 대, 수소충전소를 100기까지 확대한다는 계획을 발표하기도 했다.

이러한 중국의 자동차 환경 변화에 대응하여 현대자동차그룹은 해외 첫 수소연료전지시

중국 광둥성에서 진행된 HTWO 광저우 기공식

현대자동차 수소차 '넥쏘'

스템 생산기지 건립을 본격화했다. 현대자동차그룹은 2021년 3월, 현대모터스튜디오 고양과 중국 광둥성 광저우 위에슈국제회의센터를 온라인 화상으로 연결해 'HTWO 광저우' 기공식을 개최했다.

HTWO 광저우는 현대자동차그룹이 글로벌 수소 사업 본격화 및 수소 산업 생태계 확장을 위해 건설하는 해외 첫 수소연료전지시스템 생산공장이다. 중국 내에 최초로 세워지는 대규모 수소연료전지시스템 전용 공장이기도 하다. 현대자동차그룹은 HTWO 광저우 설립과 함께 세계 최고 수준의 기술력으로 인정받고 있는 수소연료전지시스템을 다양한 모빌리티와 산업분야의 동력원으로 확대해 탄소중립 실현을 위해 앞장선다는 계획이다. 현대자동차그룹은 세계 최고의 수소연료전지시스템 기술 경쟁력을 바탕으로 광둥성이 추진 중인 여러 수소산업 육성 시범사업에 참여, 현지 법인 설립 초기부터 안정적으로 판매기반을 확보할 수 있을 것으로 기대하고 있다.

참고자료: 이윤식(2022), "2021년 중국 신에너지차 산업 동향", Kotra; 원호섭(2022), "100만 대 중국 수소차 시장 잡아라… 세계 1위 현대차 '넥쏘', 中선 도요타에 밀려", 매일경제; 현대자동차그룹 뉴스룸(2021), "'현대자동차그룹, 중국 광저우 수소연료전지 생산법인' 기공식"

7장에서는 중국시장에서의 포지셔닝 전략에 대한 개념과 포지셔닝 전략의 선택 및 USP에 대해 알아보았다. 그리고 한·중 기업인 오리온 초코파이, 농심 신라면, LG전자 에어컨,

삼성전자 Galaxy S, CJ두부, 베이징현대자동차 등의 실제 사례를 통해 포지셔닝에 대한 더욱 깊은 이해를 할 수 있었다. 중국의 성어 중 전사불망 후사지사(前事不忘 后事之师)라는 말이 있다. 이는 지난 일의 경험과 교훈을 기억하여 장래의 본보기와 거울로 삼는다는 말이다. 다양한 사례들을 기억한다면, 중국에서 사업을 시작할 때 많은 도움이 될 것이다. 다음은 앞에서 배운 5C 분석과 STP 분석을 바탕으로 한 5P 전략에 대해 공부해 보도록 하겠다.

연구과제

01 같은 제품도 타기팅이 다르면 포지셔닝이 변한다. 한중기업 제품 중 이러한 사례를 조사해보고 논의해보자.

02 중국에 진출한 한국기업, 혹은 중국의 현지기업 중 다양한 경쟁사들을 제치고 성공적인 포지셔닝 전략을 통해 진입에 성공한 기업의 사례를 찾아보고 분석해보자.

03 중국에 진출한 대부분의 한·중 기업은 샌드위치 포지션에 위치하게 되었다. 샌드위치 포지션에서 얻을 수 있는 장점과 단점은 무엇인가? 샌드위치 포지셔닝 전략은 장기적으로 지속경영이 가능한가?

04 한국 중소기업이 중국 내수시장 진출 시 중국 경쟁자의 원가우위전략에 대응하기 위하여 '프리미엄·고가전략'을 택하게 된다. 포지셔닝전략으로 다른 대안은 없는지 논의해보자.

참고문헌

강민주(2016), "2015~2016 중국 자동차시장 점검 및 전망(1)", KOTRA.

김승한(2022), "'중국인 애플사랑 못 말린다'… 아이폰14, 中서 7주 연속 판매량 1위", 머니투데이.

박재기(2010), "제품이미지가 브랜드 선호도에 미치는 요인에 관한 한중 비교연구", 충남대학교 경영경제 연구소.

박재찬(2010), "현대자동차의 중국 자동차시장 진출 베이징현대기차를 중심으로", 한국전문경영인학회.

배은준·홍일선(2014), "중국의 신생 스마트폰 기업들이 위협적인 이유", LG경제연구원.

배정민(2010), "한류가 중국소비자의 구매태도에 미치는 영향에 관한 실증연구", 현대중국학회.

우양(2022), "중국 휴대전화 시장 동향", KOTRA.

원호섭(2022), "100만 대 중국 수소차 시장 잡아라… 세계 1위 현대차 '넥쏘', 中선 도요타에 밀려", 매일 경제.

유산산(2010), "중국 상하이 농심 경영 사례", 공주대학교 경영컨설팅연구소.

윤성환(2010), "중국 농촌 소비자들의 한국제품 선택에 관한 연구", 경희대학교 사회과학연구원.

이맹맹(2016), "중국 스마트폰 시장 현황", KOTRA.

이신수(2009), "중국 고급 냉장고시장의 성장", 삼성경제연구소.

이유경(2010), "중국소비자의 적대감과 자민족중심주의가 한국산 제품 신뢰와 구매 의도에 미치는 영향", 국제지역학회.

이윤식(2022), "2021년 중국 신에너지차 산업 동향", KOTRA.

양자기(2017), "중국 신에너지 자동차 산업 발전 전략에 관한 연구", 건국대학교.

정인식(2009), "중국진출 한·중 기업의 제품전략에 대한 연구", 한국국제경영관리학회.

주은교, 이정민(2022), "중국 신에너지자동차시장 동향 및 전망", KOTRA.

하홍열(2010), "브랜드 개성 구성요인에 관한 실증연구", 한국외국어대학교 국제지역연구센터.

한아름(2022), "삼양식품 불닭면, 中 소비자가 픽한 韓 브랜드 '대상'… 4년새 매출 3배 '껑충'", TheGURU.

현대자동차그룹 뉴스룸(2021), "'현대자동차그룹, 중국 광저우 수소연료전지 생산법인' 기공식."

China Automotive Industry Yearbook(2015), pp.446−454.

洞见研报(2022), 『2018−2021手机销售情况』

HGM저널 운영팀(2022), "제네시스 중국 출범 1년, 고객 맞춤형 전략으로 시장을 공략하다.", HGM 저널

每日互动(2022), 『2022年三季度5G智能手机报告』

Zhang Shen wei(2010), "중국 휴대폰 제조업체의 3G 전략", 현대중국학회.

CHINA MARKETING

PART

III

중국마케팅 5P

Chapter

08

중국 제품과 브랜드

중국에 진출한 한·중 기업이 STP 전략을 수립하고서, 포지셔닝 전략을 확충하기 위하여 마케팅 5P인 제품(Product), 가격(Price), 유통(Place), 커뮤니케이션(Promotion)과 마케터(People)를 활용하게 된다. 제품과 브랜드는 기업의 장기적인 포지셔닝 전략을 확충하는 데 가장 기본이 되는 가치창출의 반석이다. 특히 올림픽시장인 중국에서 무수한 제품 및 브랜드와 경쟁하여 중국소비자에게 선택되기 위해서는 고유한 차별요인(Unique Selling Point: USP)을 제품과 브랜드에서 도출해야 한다. 8장에서는 중국에서의 제품과 브랜드전략을 어떻게 실행하여야 하는지 알아보자.

CASE 공간과 제품에 브랜드를 불어넣는 젠틀몬스터

2011년 한국 국내에 런칭한 젠틀몬스터(Gentlemonster)는 '점잖다(Gentle)'와 '괴물(Monster)'이라는 단어를 합쳐 선글라스 및 아이웨어 전문 브랜드를 만들었다. 젠틀몬스터는 누구나 개인의 안에 현재와 다르게 살아가고 싶은 욕망이 있으며 이러한 부분이 몬스터적 성향을 가진 개인의 이면이라는 의미를 내포하고 있다.

론칭 11주년을 맞은 젠틀몬스터는 연 매출 약 3,000억 원 규모의 '패션 아이웨어'라는 영역을 구축하면서 독보적 브랜드로 올라섰다. 2021년 기준 미국이나 중국 등 전 세계 30개국 400여 개 매장에 진출했으며 국내에서는 서울, 부산, 대구 등 지역에 매장을 보유하고 있다. 젠틀몬스터는 소비자 가치 전달에 대한 실험정신을 바탕으로 제품과 공간, 스타일, 문화, 트렌드 등의 면에서 다른 기업과 다른 감성과 품질을 제공하는 전략을 수립했다.

젠틀몬스터의 가장 큰 브랜드 특징은 오프라인 매장의 독특한 컨셉과 인테리어다. 일반적인 브랜드들의 오프라인 매장의 경우, 제품이 전시가 되고 소비자들이 구매를 하면서 매출이 발생하는 상업적인 공간이지만 젠틀몬스터는 해당 공간을 각 매장마다 고유한 콘셉트와 스토리를 보유하고자 했다. 즉, 오프라인 매장 방문시 소비자들은 젠틀몬스터라는 브랜드의 복합적이고 거대한 감성을 느끼면서 구매로 이어질 수 있도록 전략적인 구성을 진행한 것이다.

젠틀몬스터는 2014년 방영된 '별에서 온 그대' 드라마에서 전지현이 제품을 쓰고 나와 중국시장에 처음으로 선보이게 되었다. 이후 블랙핑크의 제니, 마돈나, 지지하디드 등 세계적인 패셔니스타들이 젠틀몬스터 선글라스를 즐겨 쓰며, 2017년 루이비통을 소유한 세계 최대 명품 그룹인 LVMH 계열의 사모투자운용사로부터 약 700억 원을 투자 받는 등 해외에서 그 가치를 인정받게 되었다(BrandBrief, 젠틀몬스터 관련 기사 인용).

전지현, 제니의 젠틀몬스터 착장 사진

출처: 좌 전지현(별에서 온 그대), 우 제니(제니 인스타그램)

중국의 아이웨어 시장 규모는 2014년부터 2018년까지 판매량이 약 21% 증가하며 규모가 확대되고 있다. 중국의 아이웨어 시장은 프리미엄 브랜드가 선도하는 시장이 아니기에 다수의 중저가 및 고가 브랜드 간의 경쟁이 매우 치열하다. 따라서 소비자에게 강한 인상을 남길 수 있는 브랜드 아이덴티티 성립이 매우 중요하다. 이에 가장 획기적인 마케팅전략을 내세우며 중국시장에 진출한 기업이 바로 젠틀몬스터이다. 젠틀몬스터는 주기적으로 매장 전체를 특정 테마의 쇼룸으로 변환하며 브랜드 아이덴티티를 정립하고 가치를 제고했다. 소셜미디어를 즐기는 중국의 밀레니얼, MZ세대를 중심으로 젊은 소비자층의 이목을 끌었으며 독특한 매장을 구경하기 위해 많은 인파가 몰리게 되었다. 현재 중국에서는 베이징, 상하이, 선양, 항저우 등 14개 지역에서 오프라인 매장을 오픈했다.

젠틀몬스터는 최근 중국의 베이징 차오양 거리에 위치한 최고급 백화점인 SKP에 새로운 오프라인 매장을 오픈했다. 해당 매장은 SKP를 운영하는 베이징 화렌그룹 회장이 직접 젠틀몬스터에게 백화점 공간 설계 프로젝트를 제의하면서 베이징 시장 진출이 시작되었다. 제품을 사기 위해 백화점을 들르는 것이 아닌 젠틀몬스터의 쇼룸을 경험하기 위해 방문하는

젠틀몬스터 중국 매장 사진

목적으로 개설되었으며, 개장 당시 아이웨어로 시작한 젠틀몬스터는 라이프스타일 패션 브랜드로 성장하였다.

젠틀몬스터가 만든 브랜드 경험은 공간 디자이너뿐만 아니라 조향사, 미디어 아트 전문가, 소믈리에 등 다양한 영역에서 창의성을 지닌 전문가들의 공감각적인 개성으로 만들어졌다. 따라서, 젠틀몬스터의 제품 및 브랜드 전략은 다양한 전문가들의 개성을 바탕으로 브랜드 입지를 확보한 기업 사례이다.

제1절 중국 제품 전략

1 제품의 정의

소비자의 필요나 욕구를 충족시킬 수 있는 것은 제품이 될 수 있으며, 물체뿐만 아니라 서비스, 장소, 아이디어, 사람, 조직 등도 제품으로 정의될 수 있다. 마케터는 제품을 소비자들의 욕구를 충족시키는 모든 편익의 뭉치(Bundle of Benefits)로 파악하여야 한다. 고객의 욕구충족 측면에서 정의되는 제품에는 크게 세 가지의 차원이 있다. 즉 소비자가 제품을 구매·사용함으로써 얻을 수 있는 편익의 총 집합체가 무엇인가를 살펴보자.

그림 8-1 │ 제품의 3가지 수준

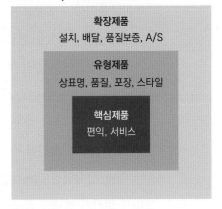

앞선 그림에서 보듯이 소비자의 욕구충족을 시키는 제품의 편익체계는 핵심제품, 유형제품, 확장제품이다. 중국 마케터가 한국 제품을 중국에 출하할 때에 처음에는 유형제품인 상표명, 품질, 기능 등을 중국 현지화하여야 한다. 이후에는 중국소비자의 구체적 편익욕구와 경쟁제품의 고객만족도를 고려하여 중국의 타깃 소비자를 위한 고유한 차별요인을 가진 현지화 제품을 창출할 때만 중국에서의 지속적 경쟁우위를 창출할 수 있다.

② 제품믹스와 제품계열관리

한 기업이 생산하여 판매하는 모든 제품계열(Product Line)과 품목을 통틀어 제품믹스라고 한다. 제품계열이란 제품믹스 중에서 물리적·기술적 특징이나 용도가 비슷한 제품의 집단을 말한다. 제품믹스는 일정한 너비, 길이와 깊이를 갖는다. 너비란 기업이 몇 개의 제품계열을 갖고 있느냐 하는 것이고, 길이는 제품믹스 안에 있는 품목의 수를 의미한다. 깊이란 제품계열 안의 각 제품이 몇 가지 변종으로 생산되는가를 가리킨다. 기업은 제품계열을 크게 두 가지 방법으로 연장할 수 있다. 첫 번째, 하향연장(Downward Stretching)은 고급품만을 생산하던 회사가 현재의 품목보다 낮은 품질과 가격의 품목을 제품계열에 추가하는 것을 말한다. 다음과 같은 경우 하향연장을 고려할 수 있다.

- 회사가 고급품시장에서 공격을 당하여 그 반격의 방법으로 경쟁사가 점유하고 있는 저가품시장에 침투할 때
- 고급품시장의 성장률이 낮다고 판단될 때
- 미리 저가품시장을 석권하여 경쟁사의 진출을 막으려고 할 때
- 고급품시장에서 먼저 확고한 명성을 쌓은 다음 그 여세로 그 밑의 시장으로 진출할 때

과거 삼성 애니콜의 경우, 중국시장에서 고급 휴대폰으로 시작하여, 브랜드 파워를 쌓은 후 중저가 제품을 출시해 저가시장에도 브랜드를 확장한 하향연장 사례이다.

두 번째, 상향연장(Upward Stretching)은 고급품시장의 성장률이 높거나 고급품의 마진이 높아서 회사가 현재의 품목보다 더 높은 품질과 가격의 품목을 제품계열에 추가하는 것을 말한다. 글로벌 명품브랜드인 구찌(GUCCI)는 중국소비자들을 사로잡기 위해 십이간지에 대한 문화권 특성을 반영하여 제품을 출시했다. 2018년 '개'의 해를 맞이해 동물에 대한 제품 디자인을 출시하며 중국에서만 특별히 구매할 수 있는 한정판을 내놓기도 했다. 또한 다양한 브랜드들은 발렌타인데이, 화이트데이, 칠월 칠석 등의 기념일을 주요시하는 중국소비자들의 심리를 반영하여 특별한 컬렉션을 출시하는 등 중국소비자 맞춤형 제품 전략을 이어가고 있다.

그림 8-2 | 구찌의 중국 제품

특히, 중국의 3·4선 도시를 공략하는 한·중 기업은 중국에 진출할 때 포지셔닝 전략상 하이프리미엄에 고품질·고가격으로 이상점(Ideal Vector)을 두며, 이후 경쟁제품이 진출 시 자사의 리포지셔닝을 적당한 가격대와 품질인 '샌드위치 포지션'으로 하는 경우가 많다. 7장 중국 포지셔닝 전략에서 설명하였듯이 샌드위치 포지션 전략은 현재 중국시장에서는 유효한 전략일 수 있다. 그러나, 장기적으로 중국시장에서 지속적으로 성공하기는 어렵다. 오히려 처음에는 타깃 고객에서 가치를 창출하는 중간 포지셔닝으로 시작하여, 고객의 소득과 소비 수준이 고급화됨에 따라 상향연장전략으로 리포지셔닝하거나, 3·4선 도시나 농촌을 타깃으로 하향연장전략을 함께 구사하는 것이 장기적 경쟁우위를 창출할 수 있는 대안이다.

③ 제품수명주기

한 제품이 시장에 처음 출시되어 사라질 때까지의 과정을 제품수명주기(PLC: Product Life Cycle)라고 부른다. 제품수명주기는 보통 도입기, 성장기, 성숙기, 쇠퇴기로 나뉜다. 제품수명주기곡선은 여러 가지 형태를 가지지만, <그림 8-3>과 같은 S자 모양을 하고 있다. 중국 진출 시 제품수명주기의 각 단계의 특성과 마케팅전략에 대해 구체적으로 살펴보면 다음과 같다.

도입기는 신제품이 처음 중국시장에 선을 보이는 시기이다. 이 시기에는 대체로 제품에 대

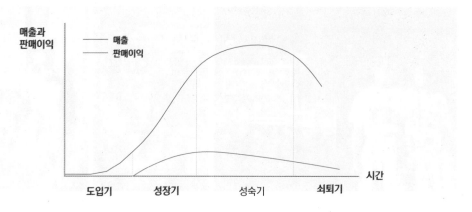

그림 8-3 | 제품 수명주기 곡선

한 수요가 적다. 그 이유는 중국소비자들이 우리의 제품과 우리 제품이 주는 편익에 대해 거의 아는 바가 없고 우리 제품을 팔아 줄 소매 점포망을 확보하는 데 시간이 걸리며, 생산 시설을 건설하여도 제품생산이나 제품 자체에서 나타난 문제점들을 해결하는 데도 시간이 걸리기 때문이다. 이 시기의 마케팅 활동은 소비자들과 중간상인들에게 제품의 존재와 제품 의 이점을 알리는 데 중점을 두어야 한다. 이 시기에는 적은 판매량에 비해 광고비와 판매촉 진비의 지출은 많고, 생산경험이 적어 생산원가가 높기 때문에 이익은 극히 적거나 마이너스 이다. 중국에 진출한 초창기 한·중 기업은 제품도입기에 위의 열거한 이유 외에도 마케터의 확보와 교육훈련과 마케팅 활동 중 유형제품 편익과 확장제품 편익을 중국 현지화 하느라 무척 고생을 하였다. 이 기간의 현지화 학습비용을 얼마나 줄이고 빨리 제품을 시장에 출하 하느냐가 진출 기업의 초기 성공요인이었다. CJ 중국의 CGV영화관 사업은 중국 영화관의 도입기에 진출하여, 경쟁자인 완다그룹과의 치열한 경쟁으로 많은 초기투자 비용을 지출하 기도 하였다.

성장기에는 소비자들이 제품에 대해 어느 정도 알고, 그 제품을 취급하는 점포도 늘었기 때문에 판매가 급속히 증가한다. 또한 많은 경쟁사들이 시장에 진입해 경쟁이 치열해지지만 시장의 크기 자체가 커지기도 한다. 이 시기에는 제품개선, 새로운 유통경로 확보, 세분시장 개척 등 많은 비용이 지출되지만 판매가 급격히 늘고 경험곡선효과로 인해 생산원가가 감소 하므로 이익은 급상승하게 된다. 광고와 판매촉진비는 높은 수준으로 유지하되, 광고의 내 용을 경쟁사제품에 비해 자사제품이 나은 점을 강조하는 방향으로 바꿔야 한다. 성숙기에는 판매의 증가율이 현저히 줄어들기 시작하고 마침내는 판매가 일정한 수준을 유지하게 된다. 중국시장은 1990년 이후부터 제품군별로 다른 성장기를 갖고 있다. 1990년대에는 가전제품, 2000년대에는 자동차, 2010년대에는 스마트폰이 대표적이다. 중국시장에서 성장기에 있는 제품군에 진출한 기업은 폭발적 매출 성장을 경험하였다. 베이징현대가 2003년 이후 폭발적 성장을 한 이유 중의 하나는 중국 자동차시장이 성장기로 진입하는 시점에 중국에 진출하였기 때문이다.

성숙기는 앞의 두 단계보다 오래 지속된다. 이 시기에는 시장의 전체수요는 포화상태이지만, 이미 많은 경쟁사가 시장에 들어와 있어 전체 생산량이 전체 판매량을 능가하기 때문이다. 이 시기의 광고는 자사제품의 독특한 점을 부각시켜 자사제품이 경쟁제품과 구별되도록 차별화전략을 두어야 한다. 쇠퇴기에는 성숙기부터 시작된 공급과잉현상이 더 심해져 전체적으로 가격은 더 떨어지고 따라서 모든 기업들의 이익이 감소한다. 이 시기에는 제품의 원가를 절감하거나, 유통망의 축소를 통해 수확 또는 철수전략을 취해야 한다. 중국에서 성숙기·쇠퇴기를 겪는 산업군이 백색가전시장이다. LG는 세탁기를 주요 제품으로 중국시장을 공략하고 있으나, 중국 경쟁자인 샤오톈어(Little Swan), 하이얼(Haier) 등의 중국 내수기업의 원가경쟁력에 의한 치열한 가격경쟁력으로 많은 손실을 보고 있다. 제품수명주기상 중국시장의 특성은 성숙기의 기간이 매우 길다는 것이다. 예를 들면 가전제품의 경우 동부 연안의 1·2선 도시에서는 성숙·쇠퇴기로 접어드는 제품군도 서부대륙의 2·3선 도시에서는 성장기에 있는 경우로서, 전체시장으로는 성장·성숙기에 있게 되는 현상이다. 쇠퇴기에 접어든 제품군도 서부내륙, 4선 도시나 농촌에서 새로운 성장기를 맞이할 수도 있다. 중국은 하나의 시장이 아니다. 각 지역별 제품수명주기가 다르므로 차별화된 지역별 마케팅전략의 구사가 필요하다.

④ 신제품개발

중국소비자들의 기호는 무척 다양할 뿐만 아니라 빠른 속도로 변화하고 있다. 중국소비자들의 기호를 제대로 파악하지 못하고 그에 맞는 제품을 경쟁사들보다 먼저 내놓지 않으면 치열한 경쟁에서 처지게 마련이다. 중국 내수시장은 최근 20년 동안 매년 크게 변하고 있다. 그렇다고 지속적으로 신제품을 개발하는 것이 쉬운 일은 아니다. 국내가 아닌 해외에서 신제품을 개발하기 위한 비용부담은 매우 크고, 개발한 제품에 대한 소비자의 반응이 좋기가 힘들다. 뿐만 아니라 기술모방과 짝퉁 제품이 세계적 경쟁력을 가진 중국시장에서는 신제품 개발 자체가 기술이전의 위험성을 가지고 있다. 그래서 많은 다국적기업들이 R&D의 원천기술개발은 자국에서 하지만 신제품현지화와 시험마케팅만을 중국에서 하고 있다. 최근에는 많은 다국적기업들은 중국의 기술인력들이 확충되고 중국 로컬기업들의 신제품 개발능력이 증강됨에 따라 중국 자체 내에서 원천기술개발의 R&D 센터와 중국향 신제품개발연구소를 설립하고 있다.

    <표 8-1>은 2021년 중국에서 성공을 거둔 히트상품이다. 제품은 그 당시 사회적·문화적

표 8-1 | 중국 히트상품

구분	제품군	제품	히트배경
개성	랜덤박스	피규어 (팝마트)	박스안에 무엇이 들어있는지 모르게 포장된 박스로, 박스를 개봉해야 들어있는 제품을 확인할 수 있어 호기심을 자극한 중복 구매 요구
왕홍 추천	음료 및 식품	희차, 짱짱빠오	왕홍 추천에 큰 영향을 받는 소비자 입맛 트렌드
건강	식품 및 건강 식품	단백질 파우더, 효소 등	95허우의 건강에 대한 관심 증가, 젊은층의 건강식 선호 도 증가
	인스턴트 식품	밀키트	간편하여 젊은층의 소비 증가
	가정의료기기	안마의자, 고주파 마사지기	퇴근 후 건강관리와 일상생활에서의 생체 리듬 유지를 위한 마사지 선호
스마트	배달서비스, 드론배달	음식 및 의류	연령별 배달서비스 소비자 숫자 증가 추세, 특히 95허우 소비자의 급증, 집과 근처 편의점 및 마트의 주문량 모두 증가, 코로나19로 인해 지역봉쇄가 진행되자 드론을 통한 배달 증가
새로움	차/음료	나이쉐어차	홍콩과 대만 스타일의 저당 음료 등장, 전통적인 밀크티나 버블티의 약세, 새로운 음료를 추구하는 소비트렌드
고객 맞춤형	주문형 노트북, 노인 생활관리 서비스	마이 번번 루저양라오	고객이 원하는 프로그램 및 게임, 디자인 등에 대한 사항을 제공하거나 필요시 노인의 생활 관리에 방문하는 탄력적 관리 서비스 사용 증가

출처: 중국전문가포럼 CFS의 비즈니스 정보

흐름과 맞아야 하는데 2021년에 히트한 제품을 살펴보면 현재 중국의 문화적 흐름을 엿볼 수 있다. 최근 중국의 소비코드를 키워드별로 구분하면 개성, 왕홍 추천, 건강, 스마트, 새로움으로 살펴볼 수 있다. 먼저 개성부분에서는 대도시의 젊은 소비층들이 자신의 소비 개성을 뽐내기 위한 랜덤박스, 즉 소비자의 호기심을 자극하여 중복 구매를 요구하는 제품이 각광받고 있다.

건강식품 부분에서 쥬링허우의 건강에 대한 관심의 증가와 헬스와 같은 운동을 선호하면서 단백질 파우더, 건강 효소 등의 건강식품을 찾고 있다. 젊은 소비층의 간편식사 수요가 증가하면서 밀키트 등이 히트 상품으로 자리매김하였다. 또한 운동과 건강에 대한 선호가 증가하면서 운동식품에 대한 관심이 증가하고 있다. 스마트는 스마트폰을 필두로 스마트 혁명과 더불어 음식과 의류 배달서비스 및 드론을 통한 배달 서비스가 발달하였다. 특히 쥬링허우 소비자의 급증과 전 연령대 배달서비스 수요 증가로 집과 근처 편의점 및 마트의 주문량이 모두 증가세를 보였다. 새로운 부문에서는 차/음료 소비가 증가하고 있다. 홍콩과 타이완 스타일의 저당 음료가 등장하면서 새로운 음료를 추구하는 소비 패턴을 보이고 있다. 이 중 중장년층 및 젊은 세대에게 가정용 의료기기로 취급되는 안마기기가 인기를 끌고 있다. 퇴근이나 격한 운동을 한 후 자택으로 돌아와 마사지를 받으며 여가시간을 활용하는 소비자가 늘고 있기 때문이다. 이에 한국의 가정용의료기기 제품을 판매하는 세라젬은 중국으로 진출하면서 소비자들의 마음을 사로잡고 있다.

CASE 손쉽게 집에서 사용하는 의료용 마사지기: 세라젬(喜来健)

1998년 설립된 세라젬은 2001년 중국 진출 이후 기업의 현재까지 중국시장에서 영역을 확대하고 있는 기업이다. 가정용 의료기기의 혁신 기업으로 불리는 세라젬은 국내외에 700여 건의 지적재산권을 보유하고 있으며 중국 CDFA, 미국 FDA, 유럽 CE 등 전 세계 주요 의료기기의 인증을 모두 받았다. 특히 의료기기의 경우 V6, V4, V3로 나누어 소비자의 건강상태에 따라서 근육통 완화, 혈액순환 개선, 디스크, 퇴행성 협착증 치료를 받을 수 있다.

2021년 매출액이 6,671억 원으로 전년 대비 122.1% 성장률을 기록했다. 영업이익은 925억 원, 당기순이익은 817억 원으로 291.9%, 383.4% 증가했다. 실적이 대폭 상승하면서 세라젬은 의료가전 및 안마의자 등이 경쟁하고 있는 홈 헬스케어 부분에서 1위를 차지했다. 세라젬은 캘리포니아, LA, 중국 등 해외 지역에도 직영 체험 매장을 동시에 오픈하면서 글로벌 시장을 이끌었다. 이 중 중국의 매출은 1,303억 원으로 전년 동기대비 83.2% 늘면서 글로벌 판매 비중에 큰 부분을 차지했다.

세라젬 제품의 가장 큰 특징은 사용자 체형 맞춤 기능을 보유하고 있다는 점이다. 사람의 개인마다 신체 차이가 다르듯 척추의 길이도

다르기 때문에 세라젬이 특허 받은 체형 측정 기능은 누우면 자동으로 척추 길이와 굴곡도 하중을 받은 사용자의 체형에 맞추어 척추 온열 마사지를 단계별로 제공한다.

2001년 중국 진출을 했던 세라젬이지만 지속적인 성공신화를 이끌지는 못하였다. 2009년 헬스케어 업체들의 과장광고로 인해서 소비자의 선호도가 떨어지면서 매출이 급격하게 하락하면서 철수를 염두했지만 초심으로 돌아가 세라젬 제품의 품질을 소비자들이 체험할 수 있는 고객 중심 체험 마케팅에 집중하면서 신뢰도를 회복했다.

지압의 원리와 뜸의 열기를 이용해 통증을 완화시켜주었던 세라젬의 제품은 중국시장에서 히트 상품으로 자리잡게 되었고 자사의 제품 사랑에 보답하고자 세라젬은 2020년 중국 하남성에 10번째 희망 초등학교 준공식을 진행하며 사회적 책임을 이끌어왔다. 이에 2021년 7년 연속으로 중국사회적책임(CSR)모범기업으로 선정되면서 소비자들의 마음을 이끌었다. 현재 중국에서는 한국과 같은 제품인 다기능 온열 치료 침대를 더불어 초음파 물리치료기, 다리 및 발마사지기, 피부 미용 마사지, 정수기 등의 제품을 판매 중에 있다.

제2절 중국 브랜드 전략

1 브랜드 모형

중국의 소비자들은 과거에 비해 브랜드를 매우 중요하게 생각한다. 2000년대의 중국소비자는 상품을 구매할 때 가격이나 품질을 중요한 고려 요인으로 삼았다. 품질 좋은 제품을 값싸게 구매하길 원했던 것이다. 그러나, 최근 중국소비자는 구매 고려 요인 중 브랜드와 디자인 등 제품의 외적인 요소를 구매의 주요 척도로 삼고 있다.

그림 8-4 | 브랜드 서클 모형

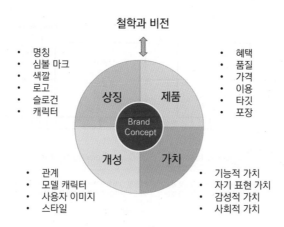

브랜드란 특정한 회사의 제품 및 서비스를 식별하는 데 사용되는 명칭·기호·디자인 등을 총칭하는 말이다. 브랜드는 브랜드 토대(Brand 철학, Brand 비전) 부분과 브랜드 컨셉 부분, 상징 부분, 제품 부분, 개성 부분, 가치 부분의 6개 부분으로 구성되어 있다. 브랜드 정신에 해당하는 브랜드 철학과 비전의 토대 아래 브랜드 컨셉을 중심으로 서로 유기적 관계를 형성한다.

브랜드는 기획에서부터 커뮤니케이션과 피드백을 통한 브랜드 관리의 연속된 흐름을 가지고 만들어진다. 브랜드 정체성이 확립되는 과정은 다음과 같다.

첫 번째 단계는, 기획적인 관점에서 브랜드의 철학과 비전을 중심으로 삼아 상징, 제품, 개성, 가치(효용)라는 핵심요소를 구축해 브랜드 컨셉을 만들어야 한다. 두 번째는 포지셔닝 관점으로 자사의 타깃 소비자들에게 브랜드 아이덴티티를 전달해야 한다. 세 번째는 실행전략적 관점에서 브랜드를 전달해야 한다. 다양한 고객접점에서 브랜드를 소비자에게 전달하는 매개체 및 활동을 포함한 시스템으로 광고, 브랜드 PR, 프로모션 등을 활용할 수 있다. 마지막 단계는 피드백 관점에서 기업의 브랜딩 활동의 결과물인 브랜드 이미지가 소비자들에게 어떠한 이미지로 인식되었는지 확인해야 한다. 각 단계별 끊임없는 피드백을 통해 자사만의 브랜드 정체성을 확립해야 한다.

그림 8-5 | 브랜드 아이덴티티 모델

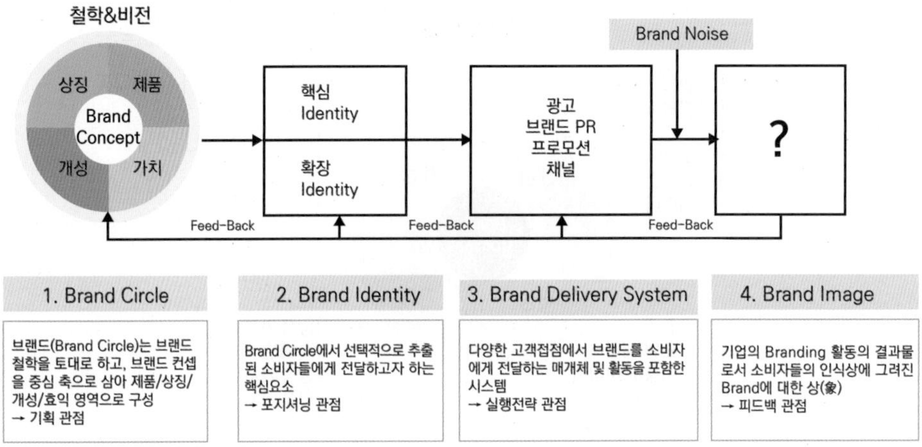

출처 박종한 외(2007), 「중국을 아는 브랜드, 중국을 여는브랜딩」, (주) 메타브랜딩

2 브랜드 구성

(1) 브랜드 자산

무형자산으로서 브랜드는 경쟁사로부터 시장점유율 보호, 연구개발 투자비용 활보, 제품라인 확장 및 브랜드 확장을 통한 수익증대 등과 같은 지속적인 경쟁우위의 원천으로 매우

중요한 요소이다. 이렇게 어떤 제품에 브랜드를 붙임으로써 추가되는 가치를 브랜드 자산(Brand Equity)이라고 한다. 인터브랜드(Interbrand)가 발표한 2021년도 중국 내 베스트 브랜드를 살펴보면, 상위 5개 브랜드로 텐센트, 알리바바, 중국건설은행, 중국평안보험그룹 그리고 중국공상은행이 뒤를 이었다.

가장 브랜드 가치가 높은 1위로 랭킹된 텐센트는 가치가 89% 성장했다. 중국의 대표적인 온라인 전자상거래 기업인 알리바바는 브랜드 가치 97% 성장을 기록하였다. 중국의 대표적인 온라인 기업들이 높은 성장률과 상위에 랭킹됨으로써 디지털기업의 강세를 뚜렷하게 보여주었다.

그림 8-6 | 2021년도 중국 베스트 브랜드

출처: Interband

(2) 브랜드 인지도

브랜드 인지도는 소비자에게 친숙한 느낌을 제공하고 소비자의 마음 속에 특정 제품군의 대표적인 브랜드로서 인식되어 경쟁 브랜드가 소비자 마음 속에 자리잡는 것을 막아주는 역할을 한다. 브랜드 인지도의 중요성은 크게 세 가지로 말할 수 있다. 첫째, 브랜드 인지도는

그림 8-7 | 브랜드 인지도 피라미드

소비자들의 브랜드 구매결정과정(인지-태도-구매)상의 가장 첫 번째 단계로서 구매가 이루어지기 위한 필수적인 조건이다. 둘째, 브랜드 인지도는 고려상품군(Consideration Set)에 브랜드를 들어가게 하는 역할을 한다. 소비자들이 최종 구매결정을 하기 위해 신중하게 고려하는 브랜드들의 집합을 고려상품군이라고 한다. 고려상품군은 일반적으로 약 3~4개의 브랜드로 구성되어 있다. 셋째, 브랜드 인지도는 브랜드 연상을 담는 그릇의 역할을 한다. 브랜드 인지도가 높을수록 브랜드는 한층 더 강력하고 호의적이며 독특한 브랜드 연상을 갖게 된다.

브랜드 인지도는 4단계로 구분된다. 가장 낮은 단계는 아무것도 인지하지 못하는 무인지 단계이다. 보조인지는 여러 브랜드가 주어진 상태에서 특정 브랜드를 들어본 적이 있는지를 물어 측정한다. 보조인지의 다음 단계는 비보조상기로 응답자가 한 제품분류에서 생각나는 브랜드를 자유롭게 열거함으로써 측정한다. 비보조상기율은 전체 응답자 중 자사 브랜드를 상기한 사람들의 비율로 나타낸다. 최초상기는 비보조상기의 측정에서 제일 먼저 상기된 브랜드로서 최초상기율은 전체응답자 중 자사 브랜드를 가장 먼저 상기한 응답자율에 의하여 표시된다. 성공적인 브랜드는 70~80% 이상의 보조 인지율과 30~40% 이상의 비보조상기율, 그리고 10% 이상의 최초 상기율을 갖는다.

(3) 브랜드 연상

브랜드 연상은 브랜드에 관한 모든 생각과 느낌, 이미지를 총칭하는 말이다. 예를 들어 맥

그림 8-8 | 맥도날드의 브랜드 연상

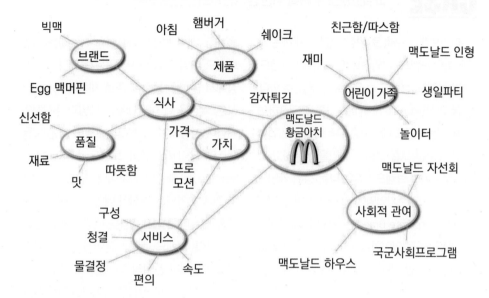

출처: 데이비드아커(2003), 『브랜드경영』, 비즈니스북스

도날드에 관한 브랜드 연상은, 빅맥, 해피밀, 감자튀김과 같은 제품과 관련된 연상 및 빠른 서비스, 아치모양의 로고, 창업자 로널드 맥도날드, 친절하고 따뜻한 느낌, 맥도날드 안의 놀이터, 생일파티 등 제품과 관련되지 않은 연상도 포함된다. 이러한 많은 연상들이 하나의 네트워크로서 조직화된 지각상태를 브랜드 연상이라 한다.

　브랜드 연상의 유형은 제품속성과 관련된 연상과 제품속성과 관련되지 않은 연상으로 구분된다. 제품속성과 관련된 연상은 다시 제품 범주에 대한 연상, 제품속성에 관한 연상, 그리고 제품의 품질/가격대와 관련된 연상으로 구분할 수 있으며, 제품속성과 관련이 없는 연상들은 브랜드 개성, 사용자, 사용용도, 원산지, 기업이미지 등으로 구분된다.

CASE 파워브랜드 구축을 위한 삼성전자의 브랜드 전략

파워브랜드 구축을 위한 브랜드 체계는 크게 그룹 브랜드, 기업 브랜드, 패밀리 브랜드, 개별 브랜드, 브랜드 수식어로 구분할 수 있다. 그룹 브랜드(Group Brand)는 그룹을 대표하여 사용하는 브랜드 네임으로 우리나라 대기업의 경우 대부분 그룹 브랜드 네임을 사용하고 있다. 이는 기업 브랜드 네임보다는 상위 개념으로 그룹의 모든 기업명에 활용되고 있다. 기업 브랜드(Corporate Brand)는 기업을 나타내는 브랜드 네임을 의미한다. 패밀리 브랜드(Family Brand)는 기업 브랜드 네임으로 사용되는 곳도 있고 기업 브랜드 네임과는 별도로 사용되기도 한다. 주로 딱딱한 기업명보다 부르기 쉬운 패밀리 브랜드가 선호되는 경향이 있다. 패밀리 브랜드는 기업이 기존의 사업 분야와 다른 신규 사업에 진출할 때 차별화를 위해 사용되며 한 기업에 여러 개의 사업부가 존재할 경우 각각 개별적인 패밀리 브랜드 네임을 사용한다. 개별 브랜드(Individual Brand)는 기업 브랜드 네임을 강조하지 않는 음료나 과자시장에서 많이 사용된다. 주로 제품의 속성이나 성분, 특징을 잘 나타내주는 네임과 추상적인 네임이 사용되며 브랜드의 수명이 짧은 제품 범주에 많이 사용된다. 브랜드 수식어(Brand Identifier)는 제품의 성분이나 속성을 나타내기 위해 추가되는 수식어 네임이다. 이는 기존 제품과는 다른 신제품임을 나타내기도 한다. 또한 개별 브랜드 네임에 붙어서 같은 제품에서도 성능이나 품질의 차이를 나타내기도 한다. 대표적인 예로 삼성을 살펴보면 그룹 브랜드는 삼성(SAMSUNG), 기업 브랜드는 삼성전자, 패밀리 브랜드는 삼성 갤럭시, 개별 브랜드는 갤럭시S, 브랜드 수식어는 갤럭시S7으로 확인할 수 있다. 특히 삼성전자의 갤럭시는 모바일 분야의 휴대폰, 태블릿, PC 등을 대표하는 패밀리 브랜드로 활용되고 있다.

출처: 삼성전자 홈페이지

일반적인 브랜드 이론에서는 개별 브랜드 전략을 추천하지만 중국과 같은 저신뢰 사회에서는 기업 브랜드 전략이 유효하다고 알려져 있다. 중국의 소비자들은 제품을 구매할 때 원산지(국가), 기업 브랜드, 제품 브랜드를 체계적으로 떠올리며 구매하는 경향이 있다. 삼성의 경우에도 초기에 애니콜(Anycall)로 중국 시장에 진출되었으나 대부분의 소비자들은 삼성 핸드폰으로 읽었으며, 삼성 핸드폰이라는 이름으로 소비자들 사이에서 구전되었다. 2011년 1월에 삼성전자는 기업 브랜드 중심 전략으로 방향을 전환하면서 삼성이라는 이름을 사용하였다. 삼성전자의 전자기기 제품에 삼성 핸드폰, 삼성 카메라와 같이 '삼성-'으로 시작되는 수식어를 붙임으로써 기업 브랜드를 적극 활용하였다. 2015년 4월 삼성전자는 기존 기업 브랜드 중심의 전략에서 개별 브랜드 중심 전략으로 전환하였다. 2015년 신제품 출시 현장에서 공식적으로 갤럭시 시리즈의 중문 브랜드 네임을 盖乐世라고 천명하였고, 이 현장에서 기업 브랜드 삼성은 찾을 수 없었다. 2011년 갤럭시의 중문 네임은 盖世[gài shì]였지만, 2015년 갤럭시는 盖乐世[gài lè shì]로 변경되었고 이는 발음이 유사한 快乐时[kuài lè shí]의 '즐거운 시간'이라는 의미를 내포하고 있는 것으로 보인다. 앞으로 중국에서 삼성전자의 행보는 더 지켜봐야겠지만 이처럼 파워브랜드 구축을 위해서 브랜드 체계를 다양하게 활용하는 것이 가능하다.

제3절　중국시장에서의 제품브랜드 전략

1 중국의 브랜드

1960~1970년대 중국의 사회주의 계획경제 하에서는 돈이 있어도 물건이 없어서 소비를 할 수 없었다. 잉여농산물이나 생산물이 본인에게 귀속되지 않는 상황에서 수출을 늘리기 위해 노력하지 않았고, 전반적인 생산수준 저하로 그 폐해는 계속되었다. 꼭 필요한 물건은 사적인 인간관계(关系)를 통해 구했다. 1980년대 중국은 드디어 시장을 개방하고 자본주의적 생산시스템을 도입하면서 외국의 자본과 기술과 공장이 들어오고 로컬기업도 우후죽순으로 생겨나 제품생산이 급격하게 늘면서 시장에 물건이 쌓이기 시작했다. 하지만 전반적으

그림 8-9 | 중국의 브랜드 발전 과정

로 상품의 질적 수준이 낮아서 형태만 잘 갖추어 만들면 즉시 팔리는 좋은 시절이었다. 세수의 확대를 노린 지방정부의 무차별적인 국내외 기업유치는 이러한 시절의 경종을 울렸다. 중국 전역의 극심한 중복투자는 결국 대부분의 품목의 공급과잉을 초래하였다. 이제는 웬만한 제품으로는 제값 받고 팔기도 어려운 상황으로 바뀐 것이다. 이전의 공급자 위주의 시장이 자연스럽게 소비자 위주의 시장으로 넘어간 것이다.

중국의 전통적인 소비가치관은 수입에 맞는 신중한 지출과 소비보다는 저축을 중시하는 근검과 절약이 미덕이었다. 구매요인 중 가격에 대한 중요도가 가장 컸고 브랜드에 대한 인지는 매우 약하였다. 그러나, 중국이 WTO에 가입하면서 소득수준이 향상되고 생활수준과 문화향유, 소득과 소비의 격차가 심해지면서 중국소비자들의 전통적인 소비성향은 변화하였다. 합리적인 소비와 과시적 소비경향이 혼재하면서 소비우선주의가 만연하였다. 또한 광고에 의한 구매욕구가 커졌고 인터넷을 통한 정보습득이 보편화되었다. 무엇보다 제품의 구매요인으로 브랜드와 디자인을 중시하고 있다.

세계의 공장에서 세계의 소비시장으로 패러다임이 바뀌고 있는 중국에서, 이제는 품질은 기본이며 브랜드 이미지가 중요하다. 중국 진출 한·중 기업의 경쟁상대는 중국기업이 아니라 세계적인 브랜드이다. 중국에 진출해서 중국 마케터가 결정해야 하는 5P 중에 브랜드 네이밍이 첫 번째인 경우가 많다. 브랜드 이름은 브랜드 인지도와 커뮤니케이션의 기본이 되는 핵심적 요소이다. 상표를 등록할 때 중국법상 반드시 중국어 이름이 필요하고, 중국어의 특성상 영어만으로 커뮤니케이션이 어렵다. 따라서 중국시장에서 자리를 잡고 오래도록 중국인들에게 사랑받는 제품으로 남으려면 중국인의 머릿속에 최고의 브랜드라는 이미지를 구축해야 한다.

국내기업을 포함한 외국기업이 중국에 진출할 때 중국의 일반소비자에게 영어는 쉬운 언어가 아니다. 영어 발음 중에는 중국어에 존재하지 않는 발음이 있으며 같은 철자라도 다르게 읽히는 경우가 많기 때문에 중문 네임이 필요하다. 브랜드 네임은 브랜드의 핵심이며 기업의 이미지와 직결되기 때문에 중국에 진출한 회사가 기업의 이미지를 지속적으로 관리하고 키워 나가기 위해서는 중문 네임을 가져야 한다. 이처럼 중문 네임을 위한 중국어 브랜드 네이밍 기법은 크게 음역, 의역, 음역과 의역의 절충, 새로운 의미 부여, 방언의 활용으로 나누어 볼 수 있다.

(1) 음역: 소리를 옮긴다

한국어는 뜻과는 상관없이 소리만 적는 소리글자이기 때문에 외국어를 적을 때 제약이 적다. 중국어는 하나하나의 글자가 낱말의 뜻을 나타내는 글자이므로 외국어를 적을 때 제약이 상대적으로 많다. 외국회사명이나 제품명을 소리 나는 대로 옮기는 이유는 국산이 아니라 외제라는 느낌을 주면서 상대적으로 고급스러운 느낌을 확보할 수 있기 때문이다. 중국의 경우도 마찬가지로 중국의 소비자들도 일반적으로 외국제품에 프리미엄을 얹어주는 경향이 있어 외국기업의 회사명이나 제품명은 소리를 옮겨서 표기하는 경우가 많다. 하지만 원래의 브랜드 네임의 소리와 똑같이 옮기기가 쉽지 않다. 소리를 옮긴다는 것은 소리 나는 대로 옮기거나 발음이 주는 느낌(청감)까지 고려하여 옮기는 방법이 있다. 음역은 중국식 브랜드 네임에 비해 고급스러운 느낌이 있어 대중의 외국상품 선호 풍조에 기대어 판촉의 효율성을 높일 수 있다는 장점이 있지만, 브랜드 네임 안에 제품에 대한 정보를 담기 어려워 브랜드를 인식시키는 데 많은 공을 들여야 한다는 한계점이 있다.

(2) 의역: 뜻을 옮긴다

의역이란 원래의 브랜드 네임이 가지고 있는 의미를 중국어로 옮겨주는 방법이다. 의역은 원래의 브랜드 네임보다 길이가 짧고 쉬운 중국어로 구성되어 중국인에게 친근한 느낌을 줄 수 있다는 장점을 가지고 있다. 하지만 원래의 브랜드가 의미를 지니고 있어야 하고, 자국의 브랜드로 인식될 가능성이 높고, 브랜드 네임과 제품과의 관련성을 확보하는 것이 어렵고, 상표 등록이 어렵다는 한계점이 있다.

(3) 음역과 의역을 절충한다

음역과 의역을 절충하는 방법은 음역의 장점인 고급스러움과 의역의 장점인 친숙함을 절충한 방법이다. 이 방법은 이미 오래 전부터 외국의 지명을 옮길 때 사용해온 방법으로, 참신하고도 독특하여 소비자에게 쉽게 인지되며 상표 등록에서 어려움을 겪지 않는다는 장점을 가지고 있지만, 브랜드 네임 속에 의미 부분이 있을 때에만 시도가 가능하다는 한계점을 가지고 있다.

> [예] 스타벅스(Starbucks) → 星巴克[xīngbākè]
>
> Star → 星(별 성); 의역
>
> Buck(s) → 巴克[bākè]; 음역
>
> [예] 타임워너(Time Warner) → 时代华纳[shídàihuánà]
>
> Time → 时代(시대); 의역
>
> Warner → 华纳[huánà]; 음역

(4) 새로운 의미 부여

소리를 유사하게 옮기되 원래의 브랜드 네임에 없는 의미를 새롭게 부여하는 방법으로 외국제품이 가진 프리미엄을 잃지 않으면서도 중국의 소비자에게 친밀하게 다가갈 수 있다. 코카콜라사의 탄산음료인 SPRITE(스프라이트) 사례를 보면 스프라이트는 요정, 도깨비라는 뜻인데, 중국에서 요정(妖精, yāo jīng)은 말 그대로 요사(妖邪)스러운 정령(精靈)을 의미하여 한마디로 요괴 또는 요사스러운 여자라는 뜻이었다. 따라서 원래의 브랜드와 소리만 유사하게 斯波莱[쓰보라이, sī bō lái]로 브랜드 네이밍을 하였으나 판매부진 상황을 직면하게 되었다. 따라서 한 번 더 브랜드 네이밍을 雪碧[쉬에비, xuě bì]로 변경하였는데, 이는 雪碧(눈 설)과 碧(푸를 벽)을 활용하여 눈처럼 시원한 푸르름이라는 뜻을 가지게 되었다. 원래의 꼬마 요정이라는 의미는 사라졌으나 탄산음료 본연의 청량감을 전달해줄 수 있는 브랜드 네이밍을 자리잡게 되었다. 새로운 의미를 부여하는 방법은 의미와 소리를 동시에 보전하는 방법은 아니어서 소리를 유사하게 보존하면서 새로운 의미를 도입하는 방법이다. 이처럼 중국어 네이밍은 단순히 원래의 이름을 그대로 중국어로 치환하는 것이 아니라 원래에 없는 새로운 가치와 의미를 부여하는 작업이다.

예 코카콜라(Coca-Cola) → 可口可乐[커코우커러, kě kǒu kě lè], 먹을수록 즐거워진다

예 비엠더블유(BMW) → 宝马[바오마, bǎo mǎ], 화려한 수레와 말(香车宝马)

예 야후(Yahoo!) → 雅虎 [야후, yǎ hǔ], 아름답고 우아한 호랑이

예 까르푸(Carrefour) → 家乐福 [찌아러푸, jiā lè fú], 집에 즐거움과 복을 준다

(5) 방언 활용

모든 브랜드 네이밍이 우리가 흔히 배우는 표준 중국어 발음에 근거하여 짓는 것은 아니다. 표준말이 아닌 사투리, 즉 '방언'에 따라 네이밍이 이루어지는 경우도 있다. 피자 프랜차이즈인 피자헛의 사례를 보면 피자(Pizza)는 표준 중국어로 比萨[비싸, bǐ sà]이므로 피자헛(Pizza Hut, '피자 파는 오두막집'이라는 의미)은 比萨屋[비싸우, bǐ sà wū]이라고 생각할 수 있지만, 해당 브랜드의 중문 네임은 必胜客[비성커, bì shèng kè, '반드시 승리하는 손님'이라는 의미]이다. '비성커'는 표준 중국어의 발음이지만, '삣씽학'은 홍콩 사람들이 쓰는 광둥 방언으로 기존 브랜드 네임과 소리가 비슷한 특징을 보인다. 이와 비슷한 사례로 하얏트 호텔(Hyatt Hotel)은 凯悦[카이위에, kǎi yuè로 표준 발음은 '카이위에'이지만, 광둥 방언으로 '허이예트'로 기존 브랜드 네임과 유사한 특징을 나타내고 있다. 광둥 방언을 사용한 까닭은 과거 청나라 때 사람들이 뱃길을 통해 중국으로 들어가는 문은 오직 광둥성에만 열려 있어서 네이밍 시 고려된 언어는 광둥 방언이 많은 것으로 나타났다. 표준 중국어는 발음체계가 단순하기 때문에 외국어 표현에 어려움이 있어 외국어 브랜드 네임을 중국어로 옮기다 보면 발음은 유사하지만 의미상 적절한 글자를 찾아내기가 어려운 경우가 생긴다. 이때 방언으로 발음하게 되면 원래의 발음과 비슷한 경우가 많다. 요약하자면 중국에서 네이밍을 하게 되면 방언 지식이 필요한 이유는 표준 중국어로 표기할 수 없거나, 표준 중국어로 표기는 가능하나 의미상의 요구를 만족시킬 만한 적절한 글자가 없을 때 방언을 활용하는 방법을 고려해 볼 수 있다.

② 중국 내 한국 브랜드 현황

CASE 추락하는 카페베네와 승승장구하는 만까페

중국 진출에 적절한 중국 이름을 선택하는 것이 중요하다. 브랜드명보다 더욱 중요한 것은 브랜드 파워를 지속적으로 투자 및 육성하는 것이다. 카페베네(咖啡陪你)는 중국명을 '당신과 함께 커피를 마신다'라는 뜻인 '카페이페이니'로 매우 훌륭한 이름이다. 하지만 제대로 중국 사업을 키우지 못하여, 중국 브랜드는 추락하고, 한국 본사 사업에도 나쁜 영향을 끼치고 있다. 중국 실패 사례를 보자.

한국의 대표적인 커피 프랜차이즈인 카페베네는 2012년 4월 중국에 진출하였다. 당시 카페베네는 고속성장 중이었지만 한국시장만으로는 한계가 있다고 판단하여 중국 중치투자그룹(中企投資集团)과 50 대 50 합작법인을 설립하였다. 한국에서의 화려한 성공으로 호기롭게 중국시장에 진출했던 카페베네는 가맹점 형태를 통해 매장 수를 순식간에 400개까지 늘리며, 매장 수 600여 개로 증가 매출이 가장 많았던 시기 약 160억 원(9,000여만 위안)의 매출을 거두기도 하였다.

비싼 음료 가격과 본사와 가맹점 주간의 심각한 마찰 등 중국 내 이미지 하락으로 실적 부진에 직면하며 2014년 7월에는 매장이 잇따라 문을 닫는 일이 발생했다. 카페베네는 베이징에서 규모 200㎡ 기준의 가맹점의 경우, 초기 가맹비만 300만 위안(약 5억 5천만 원)이며, 인테리어 비용은 1㎡당 3,000천 위안(약

카페베네 중국 현지법인과의 마찰로 매장 앞에 현수막을 내걸었던 카페베네 충칭 난핑점

출처: 바이두

50만 원)이 필요하다. 또한 카페베네 시설과 식료품, 원재료 등을 시가보다 비싼 가격으로 의무 구입해야 한다. 이는 중국에서 카페베네 가맹점주가 되려면 초기 비용만 300~500만 위안(약 5~9억 원)을 투자해야 하고, 또 개업 후에는 매월 4%의 관리비를 지불해야 하며, 가맹점과 본사가 49 : 51로 수익을 배분한다. 이로 인해 지난 2015년 5월 6일 노동절 연휴 기간엔 충칭 난핑(南坪)점의 카페베네 매장이 문을 닫고 현수막을 내걸고 항의시위를 벌이는 한편, 가맹점주는 카페베네의 관리 문제를 폭로하는 글을 온라인에 게재했다고 중국 언론이 보도하기도 했다. 실제 충칭의 최대 번화가인 카페베네 찌에팡베이(解放碑)점은 이미 폐업으로 문을 닫은 상태이다.

카페베네 중국법인 대표는 2013년 한국인이었지만, 2015년부터 중치투자그룹측 인사로 바뀌었다. 중국측 경영진은 무리한 매장 확장이나 방만한 지출 등을 일삼으며 한국측 카

페베네 경영진을 경영에서 배제하였고, 양측의 인사 3명씩으로 구성된 이사회는 유명무실해져 중국측 인사들을 중심으로 회사가 운영되기 시작하였다. 무리한 외형 확장으로 인해 대금을 마련하지 못한 카페베네는 상하이의 인테리어업체에 공사대금 605만 위안(약 10억 5,600만 원)을 지급하지 못하였고 카페베네 중국 법인 중국인 직원들에게 월급 지급 또한 지연되었다. 카페베네는 점포 개설 희망자에게서 가맹비 50만 위안을 받아낸 직원에게 2만 7,000위안의 보너스를 지급하는 방식으로 확장을 시도해왔었다. 이러한 이유 때문에 가맹점이 빠르게 늘었지만 지원 유통망이나 관리 조직이 제대로 갖추지 못했고, 이는 커피 원두나 여러 식재료가 제대로 공급되지 않아 영업에 차질을 빚는 매장이 속출하게 된 직접적인 원인이 되었다. 한국 본사와 계약을 체결한 중국 현지법인의 소홀하고 무책임한 가맹점 관리가 가장 큰 원인으로 지적되고 있으며, 제품의 질 향상보단 오로지 한류 연예인 광고로만 승부를 보려는 카페베네 중국 현지법인의 잘못된 마케팅전략이 지금의 카페베네의 중국 시장 부진을 불러왔다고 평가되고 있다. 중국시장을 만만하게 보고 진출했다가는 좋은 한국 브랜드만 죽이고 국가 이미지도 덩달아 나빠지기 쉽다는 점을 보여주고 있다.

가맹점 관리 부실로 인해 추락세를 맞은 카페베네와 다르게 한국의 '만커피(Maan Coffee,

출처: 漫咖啡홈페이지

漫咖啡)'는 승승장구하는 모습을 보였다. 국내에서는 거의 알려지지 않은 커피 전문점으로 한국인이 중국에 창업한 곳이다. 만카페는 베이징의 대학가나 시내 등에 자리를 잡으며 중국인의 호평을 받기 시작하면서 학생부터 직장인까지 다양한 타깃을 동시에 공략했다. 음료뿐만이 아닌 샌드위치나 간단한 식사를 통해서 커피와 식사를 한번에 해결할 수 있는 메뉴를 선보이기도 했다. 특히, 다른 커피전문점과 다르게 밤 10시 이후까지 영업을 하면서 늦은 시간 비즈니스를 하는 직장인들의 마음을 사로잡았다.

대부분의 만카페는 1,2층을 모두 보유한 매장으로 설계하면서 가맹점들이 본사 규정에서 어긋나는 매장을 오픈하지 않도록 관리를 진행했다. 현지화에 성공한 만카페는 베이징, 상하이, 하얼빈 등 중국 전역으로 영역을 확대하며 카페 운영 중에 있다.

참고자료: 조선비즈, 한국경제, 뉴스투데이

CASE 정체기를 맞은 이니스프리의 도전

이니스프리는 지난 2012년 중국시장에 첫 매장을 연 이후 승승장구를 이어갔다. 매해 영업이익은 흑자를 달성했으며 중국소비자들이 선호하는 배우, 아이돌을 앞세워 제품의 마케팅을 하는 등의 모습을 보이기도 했다. 매출 역시 2016년 7,679억 원, 2017년 약 6,420억 원대를 기록하던 특급 브랜드였다. 그러나, 사드 사태로 인해 한한령이 드리워지면서 한국 기업에 대한 제재가 심해지자 이니스프리도 타격을 면하지는 못했다. 사드 사태의 매출 하락으로 인해 잠시 주춤하였던 시장은 2019년 다시 성장세를 보이는 듯하였으나 코로나19 바이러스로 인해 소비자들의 제품 구매율이 매우 저조했다. 이에, 2016년 이후 5년 만에 1/10 수준인 약 700억 원대로 줄었으며 2020년 이니스프리의 중국 매장은 280여 개 줄었다. 또한 상하이와 베이징, 선전 등 1선도시들의 백화점에 위치했던 매장들이 지속적으로 철수하는 추세이다.

이니스프리의 모기업인 아모레시픽은 올해도 지난해의 절반인 140여 개로 매장을 축소할 계획이라 밝혔으며, 코로나19와 사드사태로 인한 매출 극감의 요인도 존재하지만 중국 정부의 자체 브랜드 육성 지원을 무시할 수 없

출처: 머니투데이, "中여성들의 변심…K-뷰티 누른 무서운 C-뷰티

다. 이니스프리의 경우 중국 화장품 시장에서 중저가 브랜드로 포지셔닝 되어 있다. 정부 지원으로 인해 중국 화장품 브랜드들이 강세를 보이자 소비자들이 더 이상 한국 제품을 사용할 매력이 없어진 것이다. 다행히도 이니스프리가 중국의 주요 디지털 플랫폼과의 협업을 강화하면서 온라인 매출 성장세를 보였지만 오프라인의 채널 극감으로 인한 전체 매출 하락은 피할 수 없다고 설명한다. 이에 이니스프리 관계자들은 지속적으로 소비자들에게 진정성 있는 제품을 전달함과 동시에 디지털 플랫폼을 활용한 경쟁력을 강화할 것이라고 밝혔다.

표 8-2 | 2021 중국인이 사랑하는 한국의 명품 브랜드

소비재	1위	내구재	1위
SPA브랜드	탑텐	공기청정기	삼성
과자	초코파이	믹서기/주스기	휴롬
기저귀	나비잠	의료기기	세라젬
기초화장품	더페이스샵	전기밥솥	쿠쿠
남성화장품	이니스프리	청소기	삼성
네일제품	이니스프리	헤어드라이기	JMW
라면	신라면	**서비스**	**1위**
밀폐용기	락앤락	관광도시	서울
생리대	귀에랑	관광명소	명동
소주	처음처럼	면세점	신세계면세점
아웃도어의류	블랙야크	백화점	신세계면세점
치약	메디안	제과제빵	파리바게트
캐릭터상품	카카오프렌즈	비즈니스호텔	신라스테이
클렌징제품	설화수	쇼핑센터	타임스퀘어
파운데이션	설화수	편의점	이마트24
한방화장품	설화수	호텔	신라호텔
핸드크림	디오키드스킨		
헤어에센스	미장센		

출처: 한국마케팅협회 및 소비자평가원

중국인이 선호하는 한국 브랜드는 지속적으로 증가하고 있는 가운데 명품 브랜드들의 입지가 조금씩 성장중인 것을 볼 수 있다. 색조화장품, 기초화장품의 경우 다양한 명품 브랜드들이 중국에서 연속으로 사랑받는 브랜드로 선정되었으며 그 외에도 락앤락, 신라면, 세라젬, 휴롬, 삼성 등 소비재와 전자기기 부분에서도 다양하게 중국인들이 선호하는 브랜드를 볼 수 있다.

한국마케팅협회와 소비자평가가 진행한 '2021년 제8회 중국인이 사랑하는 한국의 명품' 조사 결과 오휘, 파리바게트, 설화수, 오리온, 하기스 등에 대한 브랜드 선호도가 높은 것으로 나타났다. 또한, 한국무역협회 청두지부에서는 중국소비자 227명에게 한국 제품에 대한 중국소비자 인식에 대하여 설문조사를 진행한 적이 있다. 설문조사 결과 중국인들은 한국이라는 국가이미지보다 제품의 이미지, 브랜드에 대한 호감도가 더 높았다. 한국 제품을 구매하는 가장 큰 중요 요소는 품질이 43%, 가격 27%, 디자인 21%로 한국 제품의 품질은 좋다 라는 인식이 있었다.

중국소비자가 가장 많이 구매한 한국 제품으로는 화장품이 36%로 1위를 차지했으며 그 뒤로 식품과 생활용품, 가전류가 각각 25%, 19%, 16%를 차지했다. 중국인이 호감을 느끼는 글로벌 브랜드에서 한국 브랜드는 삼성이 유일하며 최근 유튜브와 넷플릭스와 같은 OTT 플랫폼 브랜드에 대한 중국인들의 선호도와 관심이 높아졌다.

표 8-3 | 2021 중국소비자들이 호감을 느끼는 외국 브랜드

글로벌 Top 10	
1	구글
2	삼성
3	넷플릭스
4	유튜브
5	와츠앱
6	소히
7	아마존
8	아디다스
9	딜로이트
10	나이키

출처: 한국마케팅협회 및 소비자 평가원

브랜딩이란 문화를 만드는 활동이다. 문화란 습관이다. 일단 한번 습관을 만드는 브랜드 활동을 자사의 주장을 소비자가 진정으로 믿을 때까지 해야 한다. 중국시장에서의 브랜딩 전략도 마찬가지다. 내가 누구이고 무엇을 하는 브랜드인지 소비자가 믿고 구매하고 친구에게 소개할 때까지 계속해서 외쳐야 한다. 여기에는 시간과 비용이 들어가고 그것을 장기간 지속해야 하므로 최고 경영진의 결단과 열정이 필요하다. 다음과 같은 요소가 중국에서 브랜드를 구축하는 데 도움이 될 것이다.

(1) 소비자의 니즈를 정확히 읽어야 한다

시장점유율 제고에 고심하던 BMW의 초기 광고전략은 운전의 기쁨(Driving Pleasure)을 강조하는 것이었다. 중국어 슬로건은 탁월한 운전 느낌으로 운전자에게 초점을 맞췄다. 그러나 이후 소비자조사 결과 구매자들은 운전석이 아닌 뒷좌석의 여유공간을 원하고 있음을 알게 되었다. 이에 따라 광고전략이 Space is Happiness로 바뀌었다. 이후 BMW의 판매실적이 눈에 띄게 상승했다.

(2) 슬로건 속에 문화를 담는다

슬로건은 브랜드 아이덴티티를 전달하는 기능을 한다는 점에서 상당히 신중하게 개발해야 한다. 앞서 예시한 BMW의 슬로건을 보는 중국소비자들은 웃음을 짓는데, 이는 <장자>에 나오는 말을 청대의 임칙서가 바꿔 쓴 것으로 바다는 수많은 강물을 받아들임으로써 스스로 거대해진다(해납백천 유용내대, 海纳百川 有容乃大)라는 뜻이 내포되어 있다는 것을 알기 때문이다. 그들이 이미 알고 있는 문화를 활용한 슬로건은 쉽게 이해되고 받아들여지고 전파된다. 농심 신라면 초기광고에 "매운 것을 먹지 못하면 사나이가 아니다! (不吃辣味非好汉)"라는 슬로건은 중국의 속담과 유사하여 중국소비자에게 더 친근하게 다가갈 수 있었다.

(3) 영문 네임과 중문 네임을 적절히 활용한다

이들은 각자 하는 역할이 있다. 영문 네임은 고급의 외국 브랜드 이미지를 느끼게 하고, 중문 네임은 소통과 구전의 역할을 한다. 한때는 중국정부가 외국 브랜드라도 전부 중국 문자와 중국 이름을 쓰도록 강요하였다. 지금은 상표등록은 중국어로 하지만 광고나 심볼은 영어로 할 수 있다.

(4) PR 활동을 전략적으로 전개한다

중국에서 외국기업의 사회공헌활동은 대단히 긍정적으로 평가된다. 그들의 활동은 수시로 매체에 보도된다. 최근 역사에서 중국인들을 조롱하고 아프게 했던 외국인들이 중국인을 아끼고 떠받들어 준다는 느낌이 그들을 기쁘게 하기 때문이다. 앞선 사례에서 소개하였듯 2020년 세라젬이 중국의 농촌 지역에 초등학교 설립을 지원하는 등의 사회적 책임 활동으로 중국소비자의 지지를 얻기도 하였다.

(5) 브랜드 노이즈를 전략적으로 관리한다

브랜드 구축에 지장을 주는 요소를 브랜드 노이즈(Brand Noise)라고 한다. 중국에서 짝퉁 제품으로 고생하지 않은 브랜드는 거의 없다. 특히 유명 브랜드일수록 그러하다. 이런 것이 바로 노이즈이다. 이것을 노골적으로 드러내어 중국인을 매도하는 것은 피해야 한다. 일반 중국인의 감정을 상하게 하면 설사 당신이 옳더라도 그들의 지지를 받지 못할 것이다. 평소에 감시를 철저히 하면서 객관적인 자료를 모아 회유와 법적 처리를 적절하게 구사하면서 처리하는 것이 중국의 문화적 정서로 볼 때 현명한 일이다.

(6) 중국의 스타를 브랜딩에 활용한다

중국의 소비자가 보이는 브랜드 태도를 고려할 때 광고모델로 그들의 영웅을 활용하는 것도 좋은 방법이다. 야오밍(姚明)이 미국 NBA에 진출했을 때 그들은 중국이 미국을 정복했다는 느낌에 환호했다. 그는 맥도날드, 비자카드 등 아주 많은 광고에 등장한다. 110미터 허들에서 세계 강자인 류시앙(刘翔)도 코카콜라, 아디다스 등 수많은 글로벌 브랜드 광고에 등장한다. 그 광고를 접하는 소비자는 아주 쉽게 그 브랜드를 자신의 친구로 받아들인다. 한류스

표 8-4 | 2021 중국 내 중국스타 및 한류스타 선호도

글로벌 Top 10		글로벌 Top 10	
1	샤오잔(肖战)	1	이민호, 전지현
2	왕이보(王一博)	2	이종석, 임윤아
3	디리러바(迪丽热巴)	3	김수현, 송혜교
4	차이쉬쿤(蔡徐坤)	4	정지훈, 박신혜
5	양즈(杨紫)	5	현빈, 김태희
6	주이롱(朱一龙)		
7	왕쥔카이(王俊凯)		
8	리우위신(刘雨昕)		

출처: https://news.duote.com/202110/245176.html
https://www.ledmu.com/yule/7487.html

그림 8-10 | 한국기업의 중국스타 광고

출처: 메디힐

타를 활용하는 것도 좋은 전략 중 하나이다. 한국의 중저가 의류 브랜드인 OiOi, NERDY의 경우 중국에서 유명한 스타를 브랜드 모델로 세우면서 중국소비자들의 제품 구매를 이끌고 있다.

(7) 브랜드의 이미지를 고급으로 포지셔닝해야 한다

토머스 프리드먼의 말처럼 세계가 평평해지면서(The World is Flat) 중국시장이 세계 일류들의 각축장으로 변했고, 중국의 토종기업도 세계 일류를 지향하고 있다. 그 과정에서 중국의 소비자들의 눈높이도 세계 일류의 기술, 제품, 서비스에 맞춰 높아졌다. 이랜드의 경우 한국에서는 중저가 브랜드였지만, 중국시장에 진출하면서 고가 명품전략으로 리포지셔닝하여 2015년 매출 2조 원을 돌파하는 큰 성공을 거뒀다. 한국에서의 포지셔닝 전략과는 달리 중국에서는 고급으로 포지셔닝을 해서 향후 상표 하향전략을 도모해 볼 수 있다.

CASE 제품전략: 휴롬

2014년에 설립된 휴롬은 웰빙 주스카페 오픈으로 중국소비자의 인기를 끌고 있다. 프랜차이즈형 주스카페로 체험관, 판매관(원액기)을 운영하며 쓰촨성 청두에 진출해 있다. 주요 성공요인으로는 신 소비시장인 청두를 발판으로 삼고 중국 서부 진출의 초석을 마련하였으며, 한류 붐을 활용한 맞춤형으로 시장에 진출하였으며, 제품 차별성과 경쟁력으로 소비자의 신뢰를 얻은 점이 손꼽힌다.

중국에 진출한 휴롬(惠人)의 사업전략에 대한 TOWS 분석결과 모방제품의 위협이 매우 높고, 마케팅 능력이 부족하여 현재 TW에 위치한 것으로 나타났다. TW에 위치할 경우 사업 철수 전략과 제품 및 시장 집중화 전략을 대안으로 탐색해볼 수 있는데, 판매 채널 및 지역을 집중하는 전략이 가장 효과적인 전략으로 채택되었다. 지리적 변수(화동/화북)와 인구통계적 변수(여성)로 세분화하여 Targeting Matrix를 통하여 시장상황, 경쟁부분, 자사부분에 대한 평가결과 중국 화동지역의 상하이를 타깃시장으로 설정하였다.

TCP를 살펴본 결과를 종합하여 빠링허우 세대인 25~35세의 상하이중심의 화동지역 여성을 주요 고객 대상으로 설정 및 포지셔닝하여, 기술력 부분의 '40년 연구의 세계적인 혁신 기술', '영양소 파괴 없는 저속 착즙', '편리한 사용성'과 이미지 부분의 '건강을 생각하는 선진주방의 필수품인 원액기'를 USP로 타깃 소비자에게 접근하고자 하였다.

위와 같이 TOWS 분석결과에 따른 전략적 대안 탐색 및 STP의 과정을 통해서 해당 브랜드의 타깃 시장과 타깃 소비자가 설정되었고, 타깃 소비자의 프로파일을 바탕으로 포지셔닝과 고유차별요인이 도출되었다. 이를 바탕

으로 중국제품 및 브랜드 전략을 고려해볼 수 있다. 먼저 휴롬은 고속주서기의 경쟁사 대비 다음의 표와 같은 제품 차별화 포인트를 활용하여 제품 전략을 기획 및 운용할 수 있을 것이다. 주요 마케팅 포인트는 많은 착즙량에 따른 원재료의 가격 절감 효과, 분당회전 수에 따른 원천적인 맛의 보존, 부산물 처리 부분에서의 편리한 세척과정, 산화현상 부분에서의 영양소 보존, 소음의 적정성, 정격 소비 전력에 따른 전기세 절감효과 부분으로 제품 전략을 구사할 수 있을 것이다.

향후 제품믹스와 계열관리의 방향성은 다음과 같이 제시될 수 있다. 중국시장 진입시점에 단일 상품을 집중적으로 판매하여, '휴롬'을 건강 가전 프리미엄 브랜드로 소비자 인지에 안정화되는 시기까지 단일 '원액기' 상품을 유지해야 할 것이다. 지속적인 브랜딩의 노력의 결과에 따라 브랜드가 안정화되는 시기

항목	휴롬	고속주서기(경쟁사)	마케팅 포인트
착즙량	고속주서기 대비 착즙량 35% 이상 많음	휴롬(惠人) 대비 착즙량은 적음	많은 착즙량은 착즙 원재료의 가격 절감 효과
분당 회전 수	스큐류가 저속으로 돌아가는 저속착즙 방식 70~80rpm	고속으로 회전하는 고속분쇄방식 5,000~15,000rpm	고속 회전은 필연적으로 열이 발생하여 과즙의 원천적인 맛에 변형을 줌
부산물 처리	찌꺼기 적음	찌꺼기 많음	찌꺼기가 많을수록 처리가 부담스럽고, 주서기의 세척 과정도 번거로움
산화현상	산화작용을 방지하여 변색이 거의 없음	공기 중 산소와 접촉하는 산화작용으로 변색됨	산화 작용은 영양소 변질의 위험이 있고 색감도 나빠져 전체적인 즙의 질이 떨어짐
소음	사람의 대화수준 30~40db	지하철의 소음수준 70~80db	저속 스큐류 방식의 효과
정격 소비전력	10배 이상 전력차이 150W	10배 이상 전력 소모 1,500W	역시 저속 스큐로 방식의 효과이며, 장기적인 전기세 절감 효과도 발생

에 다다르면 '휴롬'의 브랜드로 상향연장한 추가 상품으로 확대를 고려해 볼 수 있을 것이다. 영양 및 칼로리 체크 기능과 같은 다양한 부가 기능을 추가한 제품이거나, 사용자의 편의성을 고려한 1~2인용의 원액기 제품라인 및 B2B 공급용의 대형 원액기 제품라인으로의 확장을 고려해 볼 수 있을 것이다. 휴롬의 중국어 브랜드명은 惠人(혜인, 후이런)으로 '사람에게 혜택을 준다'는 의미를 지니고 있어 브랜드명이 잘 설정될 뿐만 아니라 브랜드 전략이 실현 및 구체화가 잘 된 사례이다.

이상으로 8장에서는 중국마케팅의 마케팅믹스(5P)에서 마케터가 가장 먼저 고려해야 할 대상인 제품과 브랜드에 대해 알아보았다. 제품과 브랜드는 기업의 장기적인 포지셔닝 전략을 확충하는 데 가장 기본이 되는 가치창출의 반석이다. 다음으로 9장에서는 제품과 브랜드 전략을 효과적으로 운용하기 위한 중국에서의 가격전략을 어떻게 실행하여야 하는지 알아보자.

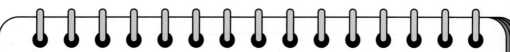

연구과제

01 동일브랜드가 중국과 한국에서 다른 STP전략을 구현하고 있는 사례를 조사하여 분석해보자.

02 동일제품이 중국과 한국에서 다른 Product Life Cycle 주기에 있는 사례를 조사하여 분석해보자.

03 우리 기업의 제품명을 중국어로 표시해보고 그 의미를 토론해보자. 우리 제품의 USP를 잘 전달하고 있는가?에 대해서도 분석해보자.

04 최근 중국인이 한국에 대한 호감도가 약 20%, 불호감도가 약 70%에 달한다. 이러한 상황에서 한류를 활용한 브랜드전략을 구사할 방법을 토론해보자.

강병구(2015), "차 대신 커피마시는 중국… 한국커피 진출 '동전의 양면'", 뉴스투데이.

김동윤(2015), "합작 덫 걸린 카페베네… 중국시장 너무 쉽게 봤다", 한국경제.

김용준·김주원·문철주(2009), "중국 주요지역 소비자의 구매패턴 특성에 따른 브랜드 평가에 관한 실증연구", 국제경영연구.

김용준·김주원·문철주(2007), "중국 주요지역별 소비자의 국가이미지와 지역이미지가 제품평가에 미치는 영향에 관한 실증연구", 국제경영연구.

데이비드 아커(2003), 『데이비드 아커의 브랜드경영』, 비즈니스북스.

문철주·김용준(2008), "중국시장에서 제조지역정보가 제품평가에 미치는 영향에 관한 실험연구", 소비자학연구.

박종한(2007), "중국시장에 맞는 브랜드 전략", 포스코경영연구원.

박종한·김민수(2007), 『중국(中國)을 아는 브랜드, 중국(中國)을 여는 브랜딩』, 메타브랜딩.

박지환(2016), "커피 전문점 신화 카페베네 김선권 회장의 몰락… 해외사업과 신규사업 잇따라 실패, 경영권 넘겨줘", 조선비즈.

윤성환(2009), "한·중 기업 이미지가 중국소비자들의 한국제품 평가 및 행위적 반응에 미치는 영향: 우-베이징지역과 삼성/농심제품을 중심으로", 국제지역연구.

이유경(2010), "중국소비자의 적대감과 자민족중심주의가 한국산 제품 신뢰와 구매의도에 미치는 영향: 한국산 핸드폰을 중심으로", 국제지역연구.

Jung, Insik and Shufeng Xiao(2009), "Product Strategy of Korean Exporters in China: 중국진출 한·중 기업의 제품전략에 대한 연구", 국제경영리뷰.

정연심(2019), "메디힐, 中 배우 후명호와 손 잡았다", 코스모닝.

김희영(2020), "중국 '무인경제'(無人經濟) 발전 현황", KOTRA

KOTRA(2022), "2022 중국의 주목할만한 소비트렌드는?", 데일리차이나.

서희원(2022), "세라젬, 한중수교 30주년 기념 감사패 수상", 전자신문 EtNEWS.

장하은·태기원(2022) '세라젬씨앤에스, 설립 8개월 만에 580억대 매출… 내부거래비율 99%", 아주경제

세라젬 글로벌 홈페이지, https://www.ceragem.co.kr/aboutus/global.asp?category=asia

젠틀몬스터 홈페이지, https://www.gentlemonster.com/kr/

한국마케팅협회, 소비자평가 www.iconsumer.or.kr

Kantar BrandZ China Report 2022

Interbrand, Best China Brands 2021, https://interbrand.com/newsroom/best-china-brands-2021/

Chapter

09

중국 가격

제품의 가격은 소비자의 구매여부를 결정하는 중요한 요소 중 하나이다. 기업의 입장에서는 가격이 높을수록 이익이 많이 발생할 수 있지만 품질 대비 가격이 높으면 소비자가 외면할 것이고 매출이 떨어져서 이익이 줄어들 것이다. 반면 가격을 낮춘다고 매출과 이익이 커지는 것도 아니다. 낮은 가격이 오히려 제품의 가치를 떨어뜨리게 될 수도 있다. 매출을 증대하기 위해 경험곡선에 의한 비용우위를 실현하기도 전에 가격을 무리하게 낮추게 되면 장기적으로 어려움이 따르게 된다. 가격이란 품질에 대한 정보를 제공하고, 기업의 수익을 결정하는 변수이며 중요한 경쟁도구이다. 가격전략을 수립하는 과정에서 기업은 목표시장에 대한 더 깊은 이해를 할 수 있다. 9장에서는 STP전략 수립 및 포지셔닝 전략 확충을 위한 5P인 중국에서의 가격전략을 어떻게 실행하여야 하는지 알아보자.

CASE 애플의 애매한 가격전략: iPhone 5c

애플은 2013년 아이폰5의 파생모델로 아이폰5s와 5c를 동시에 출시하였다. 중국 내 아이폰 유저들은 새로운 제품 출시에 큰 기대를 하고 있었으나 결과는 좋지 않았다. 당시 애플은 베이징의 한 호텔에서 약 80명의 기자들에게 신제품에 관한 영상을 보여주며 홍보에 나섰으나 중국소비자의 지지를 얻는 데 실패했다. 그 이유에는 애플의 가격전략 실패에 있었다.

아이폰 5s와 5c

출처: The New York Times

2008년 중국에서 처음 매장을 오픈했던 애플은, 2013년 당시 사상 처음으로 아이폰5s와 5c를 미국과 중국에 동시에 출시하는 공격적인 전략을 취하였다. 하이엔드 제품인 아이폰5s의 금색 외관은 황금색을 선호하는 중국소비자를 위한 것이라는 의견도 있었다. 반면 아이폰5c는 당시 샤오미, 화웨이와 같은 중국 저가 스마트폰의 확대와 경쟁사인 삼성전자의 중저가 기종 출시 등으로 중국 스마트폰 시장 점유율 5%에도 미치지 않았던 애플의 대응책이었다.

다수 중국의 기술분석가들은 아이폰5의 저렴한 플라스틱 뒷면 버전인 아이폰5c의 가격이 약 3,000위안이 되면 당시 중국소비자에게 큰 인기를 끌었던 샤오미 제품보다 경쟁력이 있을 것으로 예측하였다. 하지만 애플의 가격책정은 달랐다. 당시 16GB의 아이폰5c 가격은 4,488위안으로 아이폰5s의 5,288위안과 큰 차이가 없었다. 심지어 미국시장보다 30% 이상 더 비싼 가격이었다. 애플의 제품은 항상 미국보다 중국에서 더 비싸다. 아이폰은 실제로 중국에서 조립되지만 중국에서 판매되는 아이폰은 17%의 부가가치세가 부과되는 반면(2013년 기준), 수출되는 아이폰은 면세로 해외로 수출될 수 있기 때문이다. 당시 중국의 마이크로 블로그 서비스인 웨이보(weibo)에서는 5c의 C가 'costly'를 의미하며, 5s의 S는 'super-expensive'를 뜻하는 것이라 비꼬는 글이 유행처럼 번지기도 했다.

가격책정 실패의 또 다른 이유도 있다. 당시 중국에서 아이폰을 구매하는 소비자들은 대부분 일정 수준 이상의 소득수준을 갖춘 중산층이었다. 아이폰을 사용하는 중국소비자는 저렴한 가격을 원하는 것이 아닌 아이폰의 프리미엄 이미지를 선호하는 것이었다. 주변의 사람들에게 자신을 과시하고 싶은 하나의 수단이었던 것이다. 이처럼 가격이란 경쟁사 제품의 가격을 고려하거나, 원가대비 이윤을 고려하여 책정하기도 하지만 소비자가 해당 제품으로 얻게 되는 가치를 기준으로 삼아야 할 때도 있다.

참고자료: The New York Times(2013)/ The Guardian(2013)/ Computerworld(2014)

제1절 중국 가격전략의 현황 및 특성

중국에 진출한 기업들 간의 경쟁이 더욱 치열해지고 제품 차별화가 더욱 힘들어지면서, '경쟁의 무기'로서의 가격의 역할은 더욱 커지고 있다. 중국시장에서 적정한 가격을 결정하려면 먼저 가격정책의 목표인 타기팅과 포지셔닝 전략이 확실해야 한다. 중국 가격전략의 현황과 특성에 대하여 면밀히 검토한 후 포지셔닝 전략의 달성과 이익의 극대화를 위한 최적가격을 책정해야 한다. 가격결정을 단순히 원가중심이나, 경쟁사 대비 반응전술로만 대처해서는 중국시장에서 지속적으로 성장하기 어렵다. 아무리 경쟁사가 가격을 원가 이하로 인하하더라도, 우리 제품이 목표고객에게 경쟁사 대비 차별적 우위의 가치를 제공할 수만 있다면, 우리 회사는 가격경쟁의 정글 속에서 살아남을 수 있을 것이다.

① 중국기업의 원가우위전략

1990년대 저렴한 노동력을 바탕으로 중국이 세계최대의 공장으로 부상하며 중국 로컬기업들은 원가우위를 핵심역량으로 하게 되었다. 이를 바탕으로 2000년대 초반까지 원가경쟁력을 통해 세계시장에서 선도적 입지를 확보하게 되었다. 원가우위전략이란 경쟁사 제품보다 낮은 비용으로 생산한 제품과 서비스를 통해 비용우위를 확보하는 것이다. 이 전략이 유용하려면 가격은 저렴하지만 품질은 경쟁사와 비슷해야 한다. 이러한 이유로 중국의 기업들은 자체 R&D 능력을 기반으로 최적의 원가전략을 수립하게 된다. 중국의 기업들은 대규모 생산을 통해 단위원가를 절감하여 원가우위를 실현하고 있으며 이러한 원가경쟁력을 바탕으로 대대적인 가격인하 전략으로 글로벌기업에게 위협이 되어 왔다.

그림 9-1 | 오리온의 중국춘절 가격할인

중국기업은 원가절감으로 인한 가격인하와 유통망 다변화로 인한 판매확대라는 선순환 구조를 통해 글로벌 경쟁력을 지속적으로 확보하고 있다. 중국기업은 더 이상 저렴하고 품질이 낮은 모조품을 생산하는 기업이 아니라는 점을 기억할 필요가 있다. 중국기업이 고객에게 저렴한 가격으로 혁신기술제품을 제공하기 시작했기 때문이다. 대표적인 예로, 아이폰

그림 9-2 | 마이클 포터의 경쟁전략

	저원가	경쟁우위	차별화
넓은영역 (Broad)	원가우위전략 (Cost Leadership)		차별화전략 (Differentiation)
경쟁영역			
좁은영역 (Narrow)	원가집중화 (Cost Focus)		차별적 집중화 (Differentiation Focus)

그림 9-3 | 샤오미 회장 레이쥔의 Mix4 설명회

출처: CSDNnews

의 모방제품으로 중국시장에 등장했던 샤오미의 스마트폰은 이제 삼성전자 갤럭시의 직접적인 경쟁상대가 되고 있다. 샤오미는 2021년 8월 삼성전자를 제치고 글로벌 시장점유율 1위를 차지하기도 했다. 2021년 8월에 출시된 샤오미의 스마트폰 '믹스(Mix)4'는 퀄컴의 최신 칩셋인 스냅드래곤888+를 탑재하고 삼성의 최고 사양인 '갤럭시S21 울트라'와 같은 1억 800만 화소의 카메라 성능을 보유했음에도 '갤럭시S21'보다 50만원 이상 저렴했다.

중국의 대표 가전업체 하이얼은 유럽과 북미에서 급성장 중이던 와인냉장고 시장에 경쟁사 대비 절반가격으로 진출하여 시장을 선점하는 데 성공하였다. 2021년 기준, 프랑스 와인냉장고 시장에서 하이얼은 시장점유율 21.6%로 1위를 차지하고 있으며, 유로모니터 인터내셔널의 자료에 따르면 2020년 하이얼의 와인냉장고는 글로벌 판매량 1위로 12년 연속 1위를 지키고 있다.

2 가격양극화 현상

중국시장은 글로벌기업과 중국 본토기업 그리고 한·중 기업들 간의 격전장이다. 원가우위의 경쟁력과 현지화된 서비스 그리고 최대의 유통망을 무기로 중국 본토기업들이 전방위적으로 기업을 확장하고 있다. 원가경쟁력에 기반한 저가 공세와 더불어 최근 R&D에 대한 투자를 늘여 글로벌기업의 제품과 별로 차이가 나지 않는 제품을 생산해 공급하고 있다. 글로벌기업과 한·중 기업들이 당해내기 힘든 경쟁자로 다가온 것이다. 그나마 글로벌 기업들이 중국에서 생존할 수 있는 근거는 품질과 브랜드뿐이라고 해도 과언이 아니다. 그런데 우리 한·중 기업들에게는 이러한 시장의 상황이 악조건으로 다가온다. 저가의 경쟁력과 뛰어난 A/S와 유통망을 갖춘 중국기업에게 추격을 당하고 고품질과 브랜드의 강점을 내세운 글로벌기업에게 압박을 받고 있는 것이다. 그런데 이마저 중국정부의 내수시장 부양정책에 힘입은 중국 본토기업의 내수시장 점유율 확대로 한·중 기업의 입지가 점점 줄어들고 있는 실정이다. 이러한 현상을 한·중 기업의 중국시장에서의 샌드위치 포지셔닝 현상이라고 한다. 중국시장에서 성공하기 위한 샌드위치 가격전략은 무엇일까?

그림 9-4 | 위챗 미니프로그램 내의 정관장 브랜드 소개

중국시장에서 비즈니스를 할 때 중요한 것은 중국기업과의 할인전쟁에 뛰어들면 안 된다는 점이다. 가격할인전쟁은 끝이 없는 패배의 전쟁이다. 제품의 가격할인에 집중하는 것이 아닌 자사의 제품이 왜 경쟁 제품과 비교하여 다른 가격대를 가질 수밖에 없는지 고민하고 그 정당성에 대해 중국소비자와 소통해야 한다. 이를 위해 우리가 앞서 진행했던 중국시장 분석인 5C와 자사의 위치를 파악하는 TOWS, 동질적인 소비집단을 구분하는 세분화와 목표시장 설정, 경쟁사 대비 차별화된 가치를 전달하기 위한 포지셔닝 수립 등이 매우 중요하다. 우리 제품의 가격이 왜 합리적인지, 우리 브랜드는 어떠한 차별화 요소를 가지는지 등에 대해 충분히 파악해야 하는 것이다.

대표적인 예로 한국인삼공사의 홍삼 제품 브랜드 정관장이 있다. 한국에서 생산되는 홍삼을 중국에서는 '고려삼'이라고 부르며 중국 내에서 생산되는 인삼보다 고급이라는 인식이 있다. 실제 중국에서 판매되는 정관장 뿌리삼은 중국의 로컬회사 제품에 비해 3배 가량 비싼 가격이지만 정관장은 해당가격에 대한 정당성을 중국소비자에 지속적으로 전달하고 품질을 유지하는 전략을 택하고 있다. 2022년 초 정관장은 홍삼 매출이 가장 높은 국가를 공개하였는데 1위가 중국이었으며 가장 인기제품은 뿌리삼인 것으로 나타났다. 정관장의 제품은 우리나라의 설에 해당하는 춘절기간에 연간 매출의 20% 이상이 발생한다고 한다. 중국 내 브랜드 인지도를 기반으로 정관장은 2020년 중국정부로부터 '저명상표'로 공식인증을 받기도 했다. 저명상표로 인정되면 일반 상표 대비 지적재산권 보호에 상대적으로 유리하다.

CASE 샌드위치 가격전략: 중국을 대표하는 색조화장품 화시즈(花西子)

"동방의 색조, 꽃으로 그리다." 중국을 대표하는 색조화장품 회사 화시즈의 슬로건이다. '화(花)'는 꽃으로 하는 화장을 의미하고, '시즈(西子)'는 춘추전국시대 중국의 미녀 '서시(西施)'를 의미한다. 2017년 항저우에서 설립된 화시즈는 중국의 전통문화와 미학을 화장품에 담아낸 브랜드이다. 화시즈의 창업자 화만천(花满天)은 중국의 로컬 화장품 회사인 바이췌링(百雀羚)에서 근무한 경험을 바탕으로 중국 내 색조화장품 시장의 성장성을 내다보고 화시즈를 창업하였다.

화시즈는 제품 출시 후 약 1년 만에 10억 위안 매출을 돌파하였고 2020년엔 30억 위안, 2021년엔 54억 위안을 달성하는 기록을 세우며 지속성장하고 있다. 화시즈는 철저하게 중국의 전통미를 강조하며 성공한 브랜드이다. 이는 중국 내 자국제품 선호 기조인 '궈차오'와 연결되어 중국의 젊은 세대로부터 큰 인기를 얻고 있다. 화시즈가 다른 색조 화장품과 차별화되는 부분은 화장품 원료와 제품 디자인에 있다. '꽃으로 화장한다'는 슬로건에 맞게 천연 원료 사용을 강조하고 있으며 제품 디자인에는 중국문화를 새겨 놓았다. 예를 들어, 화시즈의 립스틱과 아이섀도우 등에는 봉황, 꽃 등이 각인되어 있는데, 이 각인은 중국의 전통 조각가와 협업하여 제품화한 것이다.

화시즈는 전형적인 샌드위치 가격전략을 채택하였다. 화시즈의 립스틱 가격은 120~150위안 정도인데 이는 랑콤, 입생로랑, 샤넬 등의 글

로벌 브랜드 제품보다 100~200위안 가량 저렴하다. 하지만 100위안 이하의 다른 로컬 색조화장품 업체 제품과는 거리를 두고 있다. '중국의 전통미'라는 확실한 브랜드 포지셔닝을 바탕으로 제품 디자인 차별화 등을 통해 중국소비자와 지속적으로 소통하는 화시즈의 샌드위치 가격 포지셔닝은 오히려 가성비 좋고 독특한 스토리를 담고 있는 제품을 원하는 중국의 젊은 세대를 정확히 공략한 전략이라고 할 수 있다. 이처럼 명확한 브랜드 포지셔닝을 바탕으로 한 화시즈의 사례는 중국소비자 맞춤형 제품과 서비스를 제공할 수 있다면 샌드위치 가격전략이 매우 효과적일 수 있음을 시사한다.

❸ 가격결정에 영향을 미치는 요인들

가격결정에 영향을 미치는 요인은 매우 다양하다. 일반적으로는 생산원가, 시장수요, 경쟁강도, 정부정책 등이 있는데, 이하에서 가격결정과 관련한 중국의 주요현황에 대해 살펴보자.

중국이 세계의 공장에서 세계의 시장으로 급변하고 있다는 사실이 이제는 더 이상 놀랍지 않을 정도로 중국의 변화는 눈부시다. 2021년 중국의 명목 GDP 규모는 17조 7,340억 달러로 미국 22조 9,961억 달러의 77% 가량을 차지하고 있으며 2030년 미국을 추월할 것으로 예상된다. 최근 글로벌시장은 최저임금 상승, 코로나19와 미중 경쟁, 러시아-우크라이나 전쟁 등으로 인한 공급망 차질 등의 영향으로 원자재 가격이 상승하며 중국에서 생산되는 제품의 수출가격 상승세도 지속되고 있다. 특히 중국 내 농촌인구가 지속적으로 감소하고 최저임금 인상 등의 인건비 상승세가 이어지면서 중국 본토기업의 원가상승압력도 증가하고 있다.

중국경제의 발전은 자연스레 임금상승으로 이어져왔다. 2020년 전 세계를 강타한 코로나19도 중국의 임금상승률을 막지는 못했다. 중국국가통계국 자료에 따르면, 2021년 도시지역에서 비사영기업(국유기업 및 외자기업)의 평균임금은 106,837위안(월평균 8,903위안)으로 처음으로 10만 위안을 돌파하였으며 전년대비 9.7% 상승했다. 이는 2020년의 상승률인

그림 9-5 | 2021년 중국 비사영기업의 연평균임금과 상승률

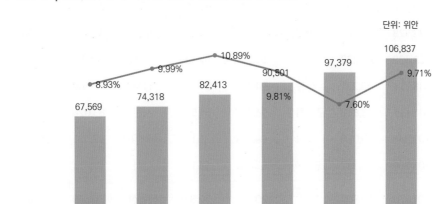

출처: 중국국가통계국

7.6%와 대비하여 2.1% 증가한 것이다. 사영기업의 평균임금은 62,884위안(월평균 5,240위안)으로 약 7.7% 상승했다.

지역별로 보면 비사영기업의 평균임금이 가장 높은 곳은 194,651위안(월평균 16,221위안)의 베이징이었으며, 가장 낮은 지역인 허난은 74,872위안(월평균 6,239위안)으로 두 지역 간의 평균임금이 2배 이상 차이가 났다. 비사영기업의 평균임금이 10만 위안을 초과한 지역은 베이징 이외에도 상하이, 시장, 텐진, 저장, 광동, 장쑤, 칭하이, 닝샤, 충칭 등 10곳이었다. 비사영기업의 평균임금이 가장 높은 베이징은 사영기업의 평균임금도 10만 위안을 초과한 유일한 지역이다. 특히 베이징 내의 금융산업에 속해 있는 비사영기업의 평균임금은 395,402위안에 달했다.

농민공의 평균임금 상승도 주목할 만하다. 농민공은 호적은 농촌이지만, 도시에서 일하는 노동자를 의미한다. 개혁개방 이후 농민공은 중국에서 노동시장을 형성하고 농촌지역의 소득증대와 지역경제 발전을 이끌며 중국 생산력 향상의 핵심주체 역할을 수행해 왔다. 2021

표 9-1 | **2021년 중국 주요지역의 연평균임금**

성시	비사영기업 평균임금	사영기업 평균임금	성시	비사영기업 평균임금	사영기업 평균임금	성시	비사영기업 평균임금	사영기업 평균임금
베이징	194,651	100,011	윈난	98,730	48,940	네이멍구	90,426	51,270
상하이	191,844	96,011	푸젠	98,071	62,433	광시	88,170	48,494
시장	140,355	66,311	하이난	97,471	62,284	랴오닝	86,062	50,169
텐진	123,528	65272	후베이	96,994	56,429	후난	85,438	54,469
저장	122,309	69,228	쓰촨	96,741	57,399	간쑤	84,500	47,212
광동	118,133	73,231	산동	94,768	56,429	장시	83,766	52,667
장쑤	115,133	68,868	구이저우	94,487	51,557	지린	83,028	47,886
칭하이	109,346	50,068	신장	94,281	56,123	허베이	82,526	48,185
닝샤	105,266	55,327	안후이	93,861	56,154	산시	82,413	45,748
충칭	101,670	59,307	샨(陝)시	90,996	52,331	헤룽장	80,369	42,071
						허난	74,872	48,117

출처: 중국국가통계국

그림 9-6 | 중국의 농민공 수와 평균임금 변화

출처: 중국국가통계국

년 농민공의 평균임금은 8.8% 상승하여 53,184위안(월평균 4,432위안)을 기록하였다. 중국 내 농민공수는 2.8억 명 가량으로 최근 5년 간 큰 변화가 없지만 평균임금은 꾸준히 상승하고 있다.

　세계은행의 자료에 따르면, 중국이 세계소비에서 차지하는 비중은 과거 약 9%에서 2019년 기준 21%로 크게 확대되었다. 근로자의 소득수준 상승에 의한 소비 촉진으로 인하여 중국의 내수시장은 더욱 성장할 것이며 진출 기업들에게는 경쟁의 장이 될 것이다. 중국정부는 2021년 '내수확대 전략규획(2022~2035년)'을 발표했다. 해당문건에는 국내시장 확대와 국제무역 증대의 상호연결성을 강조하는 14.5규획의 핵심인 '쌍순환 정책'을 성공적으로 진행하기 위한 국내시장 확대에 관한 내용이 포함되어 있다. 구체적인 내수확대 조치로는 식품, 의류 등 기본소비의 품질을 향상시키고, 여행소비를 자극하며, 부동산 공급확대와 투기 억제 등을 통해 주거소비의 안정화를 도모한다는 것이다. 또한 공유경제 발전을 위한 인프라 구축과 온오프라인 소비의 융합발전 지원, 라이브 커머스 등의 새로운 비즈니스 모델 지원 등 다양한 분야에 대한 내수확대 전략이 담겨있다. 중국은 '위드 코로나'로 정책기조를 변경하면서 향후 내수확대를 위한 경제회복에 집중할 것으로 예상된다. 우리나라 기업들도 이러한 정책변화에 따라 중국내 경영전략 수립에 민첩하게 대응할 필요가 있을 것이다.

CASE 한국의 서비스와 중국의 가격: 카라카라

"한국의 기술, 한국의 원료, 친근한 가격", 베이징에 본사를 두고 있는 화장품 전문기업 카라카라(咖啦咖啦, KALAKALA)의 슬로건이다. 카라카라는 대표적인 한상기업 중 하나이다. 삼성그룹의 제1기 지역전문가 출신인 이춘우 대표는 2005년 12월 베이징 차오양구(朝陽区)에 카라카라를 설립하였다. 2006년에는 베이징에 카라카라 직영 1호점을 시작으로 2021년 기준 중국 전역에 453개의 매장이 분포되어 있다. 2021년에는 위챗 내의 미니프로그램에도 입점하였으며, 샤오홍슈, 더우인(중국판 틱톡) 등을 통해 브랜드 및 제품소개를 위한 다양한 콘텐츠를 운영하고 있다.

중국시장을 공략할 때에 많은 사람들이 생각할 수 있는 고품질, 고가격 전략보다는 '한국식 서비스, 고품질, 중저가 전략'을 바탕으로 좋은 제품을 합리적인 가격에 제공하고자 카라카라를 설립하였다. 백화점보다는 당시 새롭게 부상하던 로드샵에 주목하여 중저가의 고품질 제품을 높은 서비스 수준으로 공급하는 전략을 수립하였다. 한국의 최대 화장품 OEM기업인 코스맥스와 전략적 협력을 체결하여 신뢰도 높은 제품을 생산하였다. '한국의 기술과 중국의 가격'으로 대표되는 카라카라의 시장전략은 품질은 고급 브랜드와 같고 가격은 절반으로 낮춰 소비자를 공략했다.

카라카라는 화장품 품질을 고급화하기 위해 원료비를 높게 책정하는 대신 광고, 중간유통, 과대포장의 비용을 최소화시켰다. 광고 대신 자기가 직접 경험해야 믿는 중국소비자들의 특성을 고려하여 입소문을 활용하였다. 로드샵을 통하여 본사에서 직접 매장으로 유통

카라카라의 매장분포 현황

출처: 샤오홍슈 카라카라 계정

하는 방식을 통하여 유통비를 절감하였다. 화장품의 포장은 새제품들에 대한 사용흔적 여부만 확인할 수 있도록 최소한의 포장을 통해 품질과 관련 없는 포장비를 줄였다. 이러한 3無전략을 통하여 합리적인 비용 구조를 이룰 수 있었으며, 기존 화장품 브랜드의 80%를 이루던 유통비, 광고비, 재고손실비용 등이 원료비로 대체되도록 조정하였다.

카라카라는 현지 경쟁기업 대비 가격경쟁력 면에서 우위를 확보하고 있고 최소비용을 위하여 지속적으로 노력하고 있다. 좋은 제품을 합리적인 가격에 판매하는 회사의 철학을 분명하게 하기 위해 영수증 뒷면을 메모지로 활용하는 것처럼 중국 기업들보다 더 독하게 허리 띠를 졸라맸다.

카라카라는 가격, 유통, 서비스에서 혁신을 이루어 냈으며, 새로운 시장을 개척하였다. 화장품 산업의 특성상 건강식품, 스킨케어, 네일케어, 여성전용헬스, 향수, 액세서리 등 다양한 분야로 확장도 가능하다. 하지만 반드시 경쟁력을 우선적으로 확보해야 가능하다. 카라카라는 코스맥스와의 제휴를 통한 품질 보장, 3無 전략을 통해 이룬 합리적인 가격, 백화점식 서비스 제공 등과 같은 경쟁력을 확보하였다. 카라카라 가맹점의 오너들은 대부분 기존 고

합리적인 소비자를 위한 카라카라

KALAKALA
since 2006

为了理性消费者

출처: 샤오홍슈 카라카라 계정

객이었다는데, 이는 카라카라의 경쟁력을 반증한다. 실제로 직영점을 통해 카라카라 제품을 접한 고객 중 한 명은 단독으로 20개의 가맹점을 오픈할 만큼 카라카라에 대한 소비자의 신뢰도가 높다. 이러한 혁신이 2021년 기준 70개 도시에 453개의 점포를 갖고 있는 카라카라의 경쟁력이다.

제2절 중국 가격결정의 이론적 틀

❶ 중국 가격결정의 기본구조와 가격결정시스템

가격결정을 제대로 하려면 우선 가격정책의 목표를 확실히 해야 한다. 가격이 포지셔닝전략의 목표달성과 이익극대화를 달성하기 위한 목적 중 이익의 극대화를 가격정책의 목표로 정하였을 경우의 가격결정방법을 알아보자.

가장 간단한 가격결정의 기본구조는 중국에 진출한 우리 기업이 한 제품의 단기적 이익을 극대화하려는 상황이다. 이 경우 기본구조는 우선 매출과 비용에 따른 이익함수를 파악한다. <그림 9-7>과 같이 가격의 변동에 따른 이익을 최대로 하는 최적가격대를 도출한다.

그림 9-7 | 이익과 가격의 관계

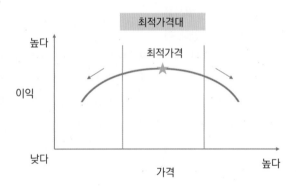

최적가격대의 도출은 다른 마케팅 변수를 당분간 변동시키지 않을 때 해당기간 동안의 이익을 가장 크게 하는 가격을 책정하는 것이다. 이러한 토대 위에 좀 더 다양한 목표나 상황변수를 고려하여 이익을 극대화하는 가격결정 시스템을 도출할 수 있다. 가격에는 우리회사의 제품과 서비스의 가치가 내포되어 있다. 따라서 효과적인 가격전략을 수립하기 위해서는 가격변화에 따른 고객가치 변화를 파악해볼 수 있어야 한다.

그림 9-8 | 가격결정시스템

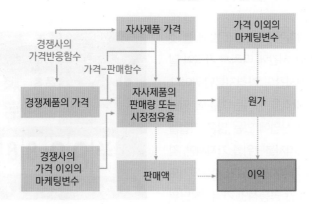

<그림 9-8>에서 점선은 이익=판매액-원가(다른 마케팅변수에 들어간 비용을 포함)라는 관계를 나타낸다. 반면에 굵은 선으로 표시된 부분은 행태관계를 나타낸다. 즉 자사 및 경쟁사의 가격과 기타 정책변수로 인해 자사의 판매량 내지는 시장점유율이 결정된다는 뜻이다. 그림에서 알 수 있듯이 최적가격을 구하려면 무엇보다도 가격-판매함수(또는 가격반응함수), 즉 우리 회사제품의 가격과 (경쟁사가 있는 경우) 경쟁사제품의 가격이 우리 회사제품의 판매량과 어떤 관계에 있는가를 알아야 하는 것이다. 따라서 이 관계를 계량화하는 것이 최적가격 설정의 열쇠이다. 가격-판매함수, 경쟁자의 가격반응함수와 이익함수로 고려한 복잡한 가격결정시스템은 경험적 가격결정모델을 각 기업이 설명하는 데 이론적 틀을 제시한다.

중국진출 시 가격결정모델은 각 기업이 이러한 이론적 가격결정시스템을 이해하고 다양한 시장조사와 조사자료의 분석을 통해 진행된다. 여기서는 중국소비자가 우리 제품에 대해 인식하는 제품의 가치에 따른 가격결정방법인 컨조인트 분석 가격결정방법에 대해 알아보자.

CASE 가격지불단위 의사결정

영화를 볼 때 아침에 볼 것인가 밤에 볼 것인가하는 구매하는 시간에 따라서 가격이 달라진다. 이때 구매시간이 가격지불단위이다. 가격지불단위란 가격을 매기는 기준이 되는 단위를 말한다. 한 산업에 있는 많은 기업들은 매우 비슷한 가격지불단위를 가지지만, 각 산업마다 독특한 가격지불단위가 사용되기도 한다. 따라서 산업 간 공통적인 가격지불단위와 이질적인 가격지불단위가 존재하게 된다.

- 스타벅스는 커피를 한 잔, 두 잔 등 잔 단위로 판매한다. 반면에 베스킨라빈스의 아이스크림은 구매하는 그램에 따라 가격이 달라지기도 한다. 따라서 스타벅스의 가격지불단위는 '잔'이고, 베스킨라빈스의 아이스크림은 '무게'가 된다.
- 영화관의 영화관람료는 일반적으로 1편을 기준으로 한다. 하지만 넷플릭스, 티빙, 아이치이 등의 콘텐츠 플랫폼은 선불로 일정금액을 지불하면 한 달간(혹은 1년간) 무제한으로 영화를 볼 수 있다. 가격지불단위가 '편'이 아니라 '기간'이다. 또한 지불가격에 따라 영상화질, 해상도, 시청가능한 기기범위 등이 정해지기도 한다.
- 중국에서 가격지불단위를 결정한 이후, 가격을 결정할 때 중국소비자가 선호하는 숫자를 사용하는 것이 일반적이다. 중국인은 발음상의 이유로 1, 6, 8, 9, 0 등을 좋아하는데 특히 8이 '부자가 된다'라는 의미의 'fa(发)'와 유사하여 상품가격에 많이 활용한다. 중국소비자가 숫자에 많은 의미를 부여하는 만큼 한국기업도 가격을 결정할 때 끝자리, 혹은 전체 가격의 발음과 의미까지 고려해야 할 것이다.

2 가격판매함수의 측정: 컨조인트 분석

중국소비자들에게 가격이 그들의 구매행동에 어떻게 영향을 끼치는가에 관해 직접 물어보는 방법은 두 가지 면에서 문제가 있다. 첫째, 소비자는 체면 때문에 실제로 구매할 때와 다르게 가격의 영향에 대해 진술할 염려가 있다. 둘째, 소비자에게 가격의 영향에 대해 직접 물으면, 그가 가격만 따로 떼어서 생각하게 되는 상황이 벌어진다. 그러나 소비자가 평상시에 상품을 구매할 때는 상품의 가격과 상품이 주는 효용을 서로 비교하여 판단하기에 가장 순효용(=한 상품의 효용—그 상품의 가격)을 많이 얻을 수 있는 상품을 구매하는 것이다.

그런데 컨조인트 분석(Conjoint Analysis)기법을 쓰면 소비자 조사를 통해서 가격을 결정할 때 생기는 문제점을 해결할 수 있다. 컨조인트 분석은 소비자가 제품이나 서비스의 어떤 속성에 가치를 부여하는지 분석하는 기법이다. 컨조인트 분석은 소비자에게 가격에 관한 질문을 따로 하는 것이 아니라, 가격을 포함한 주요 속성을 여러 가지로 조합하여 만든 전체 제품의 프로파일(Total Product Profile)들을 하나하나 보여주는 것이다. 또한 묻는 내용도 직접 가격에 관련된 것이 아니라 소비자가 각 제품 프로파일에서 얻는 선호도에 관한 것이다. 이 선호도에 관한 자료로부터 통계분석을 하여 제품을 이루고 있는 속성(가격포함) 하나하나의 비중과 영향력을 알아낼 수 있다. 컨조인트 분석은 마케팅의 여러 다른 문제에도 응용할 수 있지만 가격결정문제에 응용하면 가격과 판매의 함수관계를 도출할 수 있기 때문에 최적가격을 알아내는 데 특히 유용하다.

컨조인트 분석을 위한 절차는 우선 소비자가 제품을 구입할 때 고려하는 속성과 속성수준을 선정하고, 소비자의 선호도를 계산하기 위한 분석모델 결정, 자료수집방법 선정, 자극제시 방법 선택, 컨조인트 모수의 추정, 결과분석으로 진행된다. 컨조인트 분석의 방법을 중국의 소형 자동차시장의 예를 들어 알아보자. 먼저 소비자조사를 통하여 소비자들이 자동차를 구입하는 데 <표 9-2>에 있는 바와 같은 제품의 속성을 고려하고 각 속성의 수준도 <표 9-2>에 있는 바와 같다는 것을 알아냈다고 하자. 네 가지 속성과 각 속성의 수준을 결합하여 우리는 81(=3×3×3×3)가지의 자동차를 만들어 낼 수 있다.

표 9-2 | 자동차의 속성과 각 속성의 수준

속성	속성의 수준		
제조회사	가	나	다
가격	5만 위안	7만 위안	9만 위안
최고시속	150km/h	180km/h	200km/h
휘발유 소비량	12리터	14리터	16리터

중국소비자는 이러한 종류의 자동차에 대해서 자기의 선호도를 표시한다. 즉 <표 9-3>에 있는 것과 같은 두 종류의 차에 대해 어느 것이 좋다고 이야기한다. 모든 가능한 두 가지 자동차의 조합에 대해서 이러한 비교를 할 수는 없다. 왜냐하면 그렇게 되면 한 소비자가 3,240번이나 두 가지 자동차에 대해 비교를 해야 하는 상황이 발생한다.

표 9-3 | 두 가지 자동차의 비교

속성	자동차1	자동차2
제조회사	가	나
가격	5만 위안	9만 위안
최고시속	150km/h	200km/h
휘발유 소비량	12리터	16리터

다행히 특수한 통계기법에 의해 우리는 비교의 횟수를 대폭 줄일 수 있다. 우리의 예의 경우에는 32번으로 모든 필요한 정보를 얻을 수 있다. 이렇게 하여 얻은 소비자의 선호에 관한 자료를 MONANOVA(컨조인트 모수 추정 방법) 같은 컨조인트 분석을 해낼 수 있는 통계적

그림 9-9 | 각 속성수준의 효용

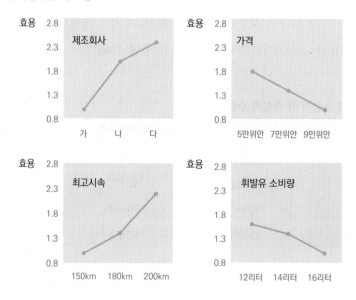

분석을 하면 <그림 9-9>에서 보는 바와 같이 각 속성의 수준이 변함에 따라 소비자가 얻는 효용이 어떻게 달라지는지 알 수 있다.

또 <표 9-4>을 참고해 보면 어느 특정 자동차 모델에 대한 어떤 소비자의 전체 효용은 그 모델의 각 속 성수준에서 그 소비자가 얻는 효용을 합하여 알 수 있다. 마케터는 <그림 9-9>와 <표 9-4>에 있는 것과 같은 정보를 통하여 각 자동차 모델로부터 소비자가 어느 정도의 효용을 얻고 있으며, 또 각 속성의 수준을 달리함에 따라 효용이 어떻게 바뀌는가를 알 수 있으므로 컨조인트 분석은 제품개발이나 제품디자인에도 큰 도움을 줄 수 있다. 그러면 <표 9-4>에 있는 A자동차의 경우, 최적가격은 얼마인가? 이 질문에 대답을 하려면 먼저 각 소비자의 가격-판매 함수를 도출한 다음 이것을 모두 합하여 목표로 하고 있는 표적시장의 가격-판매함수를 알아내야 한다.

표 9-4 | 어느 소비자가 세 가지 자동차로부터 얻는 효용

A자동차		B자동차		C자동차	
속성의 수준	효용	속성의 수준	효용	속성의 수준	효용
나	2.0	가	1.0	다	2.4
5만 위안	1.8	7만 위안	1.4	9만 위안	1.0
150km/h	1.0	180km/h	1.4	180km/h	1.4
12리터	1.6	14리터	1.3	16리터	1.0
전체효용	6.4	전체효용	5.1	전체효용	5.8

<그림 9-10>은 이 과정을 세 명의 소비자를 예로 들어 보여주고 있다. 소비자1의 경우 A자동차의 값이 7만 위안까지 올라도 이 모델에서 얻는 효용이 가장 크므로 이 모델을 산다. 소비자2의 경우 가격이 5만 위안까지 밖에 안 되고, 소비자3은 이 모델을 사기 위해 9만 위안까지 부담할 용의가 있다. 따라서 이 모델의 가격이 5만 위안이면 3대가 팔리고, 7만 위안이면 2대, 9만 위안이면 1대가 팔릴 것이다. 이러한 작업을 통해 소비재의 경우 5백~1천 명 정도의 소비자를 대상으로 해보면 표적시장에서의 가격-판매함수의 윤곽이 드러난다.

그림 9-10 | A자동차에 대한 개인별 가격-판매함수

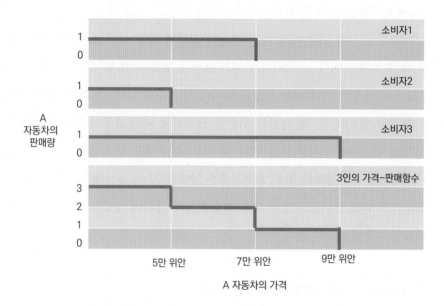

<그림 9-11>을 보면 가격이 5만 위안일 때 차가 가장 많이 팔리지만, 이 회사의 이익은 가격이 약 8만 위안일 때 극대화가 된다는 것을 알 수 있다. 이 자동차 모델의 경우 8만 위안이 가장 적당한 가격이라는 것을 경영자의 감만으로는 알아내기가 무척 어려웠을 것이다. 컨조인트 분석의 도움으로 경영자는 자신이 가격결정에 참고할 수 있는 아주 귀중한 정보를 얻은 것이다. 중국시장에서 자사의 원가자료나 경쟁사 가격재료에 의해서 가격결정을 하면

그림 9-11 | A자동차에 대한 가격-판매함수

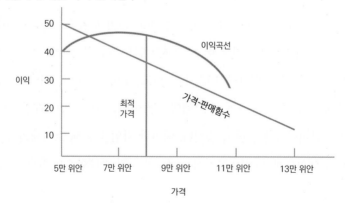

장단기적 이익극대화 가격결정을 하기 힘들다. 이런 경우 중국에서의 표적집단을 대상으로 가격소비자를 통하여 자사의 효용(제품가치)을 도출하여 가격-판매함수를 도출할 수 있다. 가격-판매함수와 비용함수에 따른 최적가격대의 파악은 다양한 가격전술을 실행할 수 있는 마케팅전략의 초석이다.

CASE 구매량에 따라 가격을 달리하면 이익을 증대시킬 수 있을까?

중국에서 팔리는 오리온 초코파이의 포장단위는 2010년에 2개, 6개, 12개, 20개로 4종류였다. 이 제품포장단위별로 초코파이 한 개당 가격은 모두 다르다.

제품 단위	20개 묶음	12개 묶음	6개 묶음	2개 묶음
Unit Price Index	83위안	100위안	103위안	107위안

구매량에 따라 제품가격을 달리하는 이유는 제품에 대해 고객별로 지불하고자 하는 가격대가 다양하기 때문에 이러한 욕구를 충족시켜주기 위함이다. 이를 통해, 가격 때문에 우리 제품을 구매하지 못했던 고객에게는 우리 제품을 구매할 수 있는 기회를 제공하고, 또한 가격 때문에 적게 구매했던 고객들로 하여금 우리 제품의 구매량을 늘리도록 유도할 수 있다.

가령 한 개의 가격을 제시하는 균일가격일 때 매출은 A가 된다면 시장에 여러 개의 가격을 제시하고 고객이 그 중에 자신이 원하는 가격대의 제품을 고르게 하면 오른쪽 부분과 같이 매출이 증가(B+C)하게 된다. 따라서 고객이 원하는 가격대를 여러 개 제시하는 가격체계가 제품 가격이 균일할 때보다 높은 이익을 가져올 수 있다. 따라서 한 시점에 고객이 선택할 수 있는 가격의 종류가 많으면 많을수록 판매자의 매출을 증가시킬 수 있다. 마케터는 다양한 가격체계를 고객에게 제공할 필요성이 있다.

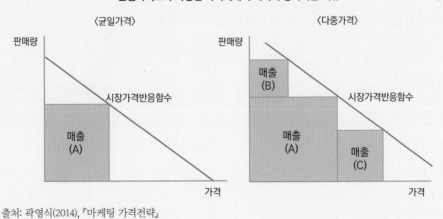

균일가격보다 다양한 가격체계의 이익이 증가하는 이유

출처: 곽영식(2014), 『마케팅 가격전략』

제3절 중국 특수가격

중국에서 소비자 중심의 최적가격대가 설정되면 다양한 가격전술을 고려해 볼 수 있다. 이하에서는 장기적 가격, 신제품가격, 경쟁가격, 모방제품가격에 대하여 알아보자. 중국 진출기업들이 실제로는 단기가 아닌 장기이익의 극대화를 가격정책의 목표로 삼고 있다. 기업이 가격을 정할 때 그것이 미치는 장기적인 영향을 고려하게 되면 문제가 아주 복잡해진다. 그렇지만 다음과 같은 다이나믹스 때문에 경영자는 장기적인 안목을 갖고 가격결정을 동적(Dynamics)으로 내릴 필요가 있다.

- 한 제품에 대한 가격탄력성은 시간이 지나면서, 즉 제품이 제품수명 주기의 여러 단계를 거치는 동안에 서서히 변한다.
- 시간이 지나면서 경쟁상황(경쟁사의 숫자, 경쟁사의 행위 등)이 달라진다.
- 현재의 가격과 시장점유율이 미래의 생산원가에 영향을 미친다(경험 곡선효과).

가격결정을 동적으로 내린다는 것은 현재의 가격이 현재의 판매와 이익에만 영향을 끼치는 것이 아니라 미래의 판매와 이익에도 영향을 준다는 것을 고려하여 가격을 정하는 것을 의미한다. 회사가 동적으로 가격결정을 내리게 되면 시간이 지나면서 상황도 바뀌므로 최적 가격도 시간이 지남에 따라 달라지는 것이다. 그런데 현실에서의 상황은 위에 열거한 동적 요인들이 동시에 발생하고 또 서로 영향을 미치기 때문에 아주 복잡하다. 그래서 분석을 할 때에는 이런 동적인 현상들을 조금 단순화시키는 수밖에 없다.

CASE 중국 훠궈 체인점 하이디라오의 가격인상과 사과문

하이디라오(海底捞)는 중국 최대의 훠궈 체인점으로 1994년 쓰촨에서 처음 시작됐다. 고객이 훠궈를 먹기 전부터 먹고 난 이후의 모든 경험을 만족할 수 있도록 구두 닦기, 네일 아트, 안마 등 다양한 서비스를 통해 입소문이 났다. 고객만족서비스를 지속적으로 제공하기 위해 직원에 대한 파격적인 인센티브 체계를 구축하였는데, 바로 누구나 점장이 될 수 있도록 기회를 제공해주었다는 점이다. 또한 새로운 직원은 기존 직원의 추천을 받아 선발하였고 신입 직원의 성과는 해당 직원을 추천한 기존 직원과도 연동되어 성과급이 지급되는 형태였다. 이처럼 차별화된 서비스와 인재관리를 통해 2018년 전 세계 466개였던 하이디라오 매장은 2021년 기준 1,443개로 증가하였다. 이 중 중국 대륙에 만 1,329개의 매장이 있다.

하이디라오는 코로나19가 발생했던 2020년 초 중국의 전체 매장을 폐쇄한 바 있다. 이후 약 3개월 만에 다시 문을 연 하이디라오는 중국에서 논란의 중심에 서게 되는데 바로 가격인상 때문이었다. 당시 코로나 봉쇄정책으로 인해 중국소비자의 소비심리가 크게 위축이 된 상태에서 나온 하이디라오의 가격인상은 소비자의 거센 반발에 부딪히게 되었다. 이후 하이디라오는 사과문을 발표하였다. 주요 내용은 가격인상이 회사 경영진의 잘못된 의사결정이었으며 하이디라오 고객에게 깊이 사과드리며 가격을 원래대로 되돌린다는 내용이었다. 사실 하이디라오의 가격인상은 지속적으로 진행되어왔다. 하지만 가격인상 타이밍이 좋지 않았으며, 고객중심 서비스를 제공해오던 하이디라오의 브랜드 이미지에 큰 타격을 입게 된 사건이었다.

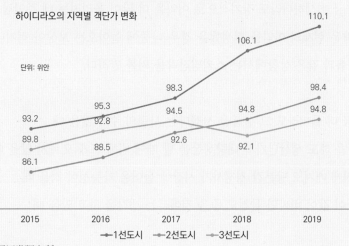

하이디라오의 지역별 객단가 변화

단위: 위안

1선도시: 93.2, 95.3, 98.3, 106.1, 110.1
2선도시: 89.8, 92.8, 94.5, 94.8, 98.4
3선도시: 86.1, 88.5, 92.6, 92.1, 94.8

2015 2016 2017 2018 2019

→ 1선도시 → 2선도시 → 3선도시

출처: Wind, 天风证券研究所

① 신제품을 위한 가격전략

우리 제품을 처음으로 중국시장에 내놓을 때 회사가 취할 수 있는 장기적 가격전략에는 크게 스키밍전략(Skimming Strategy)과 침투전략(Penetration Strategy)이 있다. 스키밍전략을 쓸 때는 신제품의 가격이 처음에는 높았다가 시간이 지나면서 차츰 내려가게 된다. 침투전략은 거꾸로 낮은 가격으로 제품을 시장에 진출시켜 짧은 시간 내에 시장에서의 교두보를 확보하려는 전략을 말한다.

그림 9-12 | 중국에서 스키밍전략과 침투전략의 장단기 이익효과

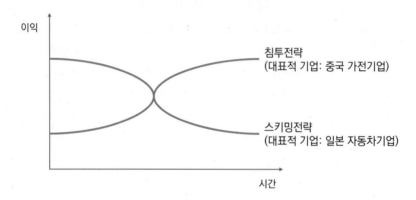

스키밍전략은 가능하면 많은 단기이익을 실현하려는 데 그 주목적이 있으며, 침투전략은 단기이익을 조금 희생하더라도 장기적으로 이익을 더 많이 올리려는 데 주안점을 둔다. 따라서 스키밍전략은 현재의 이익을 희생했을 경우 나중에 돌아오는 보상이 적거나 없을 때 적당하다. 즉 다음과 같은 상황에서는 스키밍전략을 써볼 만하다.

- 돈이 조금 더 들더라도 그 상품을 사겠다는 사람의 수가 많을 때
- 소량생산을 해도 생산단가가 대량생산을 할 때에 비해 크게 오르지 않을 때
- 값을 비싸게 매겨도 당분간 경쟁사가 시장에 들어올 가능성이 적을 때
- 소비자들이 값이 비싸면 물건도 좋을 것이라는 생각을 하고 있을 때

2000년대 중국에 진출한 다국적기업들은 스키밍전략을 많이 사용하였다. 처음에는 고품질, 고명성으로 높은 가격을 책정하여 중국소비자들 중 혁신자(Innovator)집단이나 부유층을 공략하다가, 시간이 지남에 따라 경쟁제품이 시장에 출하되면 경쟁가격전략상 서서히 가격을 내리는 전략이다. 스키밍전략은 중국시장 진출 시 도요타, 혼다, 닛산 등의 일본자동차 회사들이 사용한 장기가격전략이다.

반면 침투전략을 쓰려면 단기적으로 손해를 볼 각오도 해야 하기 때문에 상당한 장기적 안목과 위험부담능력이 요구된다. 경영자는 다음과 같은 상황에서 침투전략을 고려해 보아야 한다.

- 소비자들이 가격에 아주 민감하고, 낮은 가격으로 상품을 공급하면 시장의 성장이 촉진될 때
- 높은 경험곡선효과로 인해 생산을 해 본 경험이 자꾸 쌓일수록 생산 원가가 빨리 떨어질 때
- 싼 값으로 신제품을 공급함으로써 경쟁자의 시장진입을 방지하거나 늦출 수 있을 때

침투가격전략은 중국 로컬기업이 많이 사용한다. 원가우위 경쟁력을 바탕으로 초기에는 저품질-저가격으로 중국 중산층을 대상으로 공략하다가, 기술습득과 혁신을 통하여 고품질-고가격시장으로 진입하는 전략이다. 하이얼, 하이센스, 메이디와 같은 중국의 대표 가전업체들이 1990년대에 사용한 장기가격전략이다.

CASE 비야디와 테슬라의 가격전략

중국의 대표적인 로컬 전기자동차 회사인 비야디(BYD)가 테슬라 등 경쟁업체와 달리 2022년 말 가격인상을 단행하였다. 비야디는 중국정부의 신에너지차 보조금 지급 정책을 등에 업고 '가성비 좋은 전기차'라는 포지셔닝으로 빠르게 시장을 확대해 나갔다. 하지만 2022년 12월 31일로 중국정부의 보조금 지원이 끝나고, 배터리 공급차질로 인한 가격상승에 대응한다는 명분으로 비야디는 가격을 인상하였다. 가격인상폭은 모델별로 2천~6천 위안 정도이다. 비야디의 가격인상은 판매량 급증에 따른 자신감이라는 의견도 있다. 한국자동차산업협회의 자료에 따르면, 2022년 10월 한달 간 비야디의 전기차 판매량은 68.72만 대로 전년대비 202.6% 증가하였다.

비야디와 달리 테슬라는 가격인하를 선언했다. 테슬라는 중국에서의 시장점유율 확대를 위해 보조금 중단과 함께 가격을 인하한 것이다. 인하폭은 5~8% 수준이다. 비야디의 전략은 대표적인 침투전략이며, 테슬라는 스키밍전략에 해당하는 것이다. 전기차 시장 진입 초기에 가성비 좋은 전기차였던 비야디는 최근 중고가 전기차 브랜드로 리포지셔닝에 성공한 듯하다. 제너럴모터스의 전 임원이자 중국산업 전문가인 마이클 던은 <파이낸셜타임스>와의 인터뷰에서 "비야디는 점점 중국 전기 자동차 산업의 토요타처럼 보인다"고 평가한 바 있다.

참고자료: 한겨레, "내수시장 벗어나는 중국차, '전기차' 앞세워 세계 데뷔 성공할까"/ 한국무역협회, "中 전기차 1위 비야디의 역주행…美 테슬라와 달리 가격 인상"

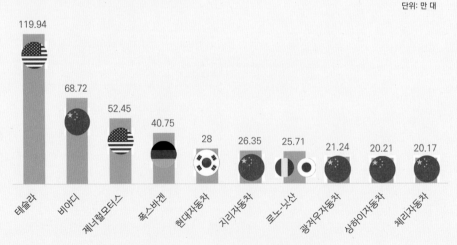

2022년 10월 브랜드별 전기차 판매 현황

단위: 만 대

출처: 한국자동차산업협회, 마크라인

❷ 경쟁사 진입이 예상될 때의 경쟁가격전략

어떤 신제품도 오랫동안 시장을 독점할 수 없다. 어느 신제품이고 성공을 거두면 조만간 경쟁사가 시장에 들어오게 마련이다. 이 경우 경쟁사는 낮은 가격으로 선발기업을 공격해 오는 수가 많다. 따라서 선발기업은 경쟁사의 시장진입을 전후하여 중요한 전략적 가격결정을 내려야 하는 것이다. 이때 선발기업이 택할 수 있는 가격결정에는 세 가지가 있다.

- 경쟁사가 진입하기 전에 미리 가격 낮추기
- 경쟁사가 진입한 후에 반동적으로 가격 낮추기
- 높은 독점가격의 유지

이러한 상황에서 선발기업의 최적가격전략은 독점기간 동안에는 스키밍전략을 쓰다가 경쟁사가 들어오기 전에 미리 가격을 떨어뜨리는 스키밍-침투전략이다. 이 스키밍-침투전략은 독점기간 동안에 비교적 많은 단기이익을 거두고 독점이 깨지기 전에 가격을 낮추어서 시장에서의 위치를 튼튼히 함으로써 장기적으로 이윤을 확보하는, 말하자면 단기이익과 장기이익의 실현을 적절히 조화시키는 전략이다. 이 전략은 또한 중요한 심리적 이점이 있다. 왜냐하면 선발기업이 경쟁사가 진입한 후에 가격을 떨어뜨리면 소비자들이 그동안(독점기간 동안)의 선발기업제품의 가격이 너무 높았었다고 느끼기 때문이다. <그림 9-13>은 이 세 가지 전략의 전형적인 판매곡선을 보여주고 있다.

그림 9-13 | 경쟁사가 진입할 때의 가격전략

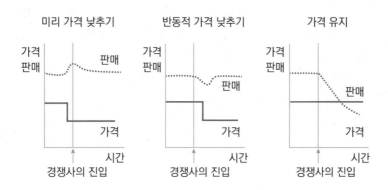

LG전자는 중국 전자레인지 시장에서 갈란츠의 대대적인 가격인하 정책에 따라 어떠한 대응전략을 세울 것인지 오랫동안 고민했다. 중국 최대의 전자레인지 생산업체인 갈란츠는 수년간 계속된 가격인하 공세로 삼성과 하이얼 등 외국기업과 로컬기업을 가리지 않고 대형 가전메이커들을 잇따라 전자레인지 시장에서 내쫓았다. 갈란츠는 저가전략을 통해 선도적 우위를 확보하였다. 치열한 시장경쟁 속에서 지속적인 가격인하전략을 통해 경쟁사들을 압박하는 한편, 해외시장을 개척하기 위해 원가우위를 통한 글로벌 생산성을 빠르게 확보하였다.

갈란츠는 규모의 경제를 통한 원가절감, 원가우위를 통한 가격인하, 가격우위를 통한 판매 확대 등의 선순환전략을 수립해 경쟁사 대비 지속적인 경쟁 우위를 확보함으로써 시장에서 선도적 지위를 유지하고 있다. 그리고 가장 강력한 경쟁상대였던 LG전자 또한 중저가시장에서 백기를 들고 말았다.

하지만 중국 백색가전의 2인자인 독일의 지멘스는 갈란츠의 저가격공략에도 자기만의 고급시장을 집중 타깃하여 고가격을 유지하여 경쟁사의 저가격전략을 극복하였다. 중국의 중산층 이상의 내구재 소비와 빠링허우 세대와 같이 조금 더 가격을 지불하더라도 고품질제품을 구입하는 타깃집단을 꾸준히 공략한 것이 지멘스가 백색가전시장에서 성공할 수 있었던 경쟁가격전략이다. 국제적으로 잠재력이 큰 신흥시장에서 중국 로컬기업이 두각을 보이며 다국적기업의 경쟁자로 부상하였다. 신흥시장에서 중국기업들은 생산원가우위를 통한 경쟁전략에 집중하는 한편, 성장과정에서 기타 로컬기업과 다국적기업들의 경계에 대처하고 있다.

CASE 죄수들의 딜레마

만일 A가 값을 올리고 B가 따라오지 않는다면(B는 따라가지 말아야 할 이유가 있다), A의 이익은 크게 줄어든다. 그래서 A는 값을 올리려고 하지 않을 것이다. A는 B가 따라올 것으로 확신하는 경우에만 값을 올릴 것이다. 그리고 B가 정말로 기대했던 대로 값을 따라 올려주면, A와 B는 모두 처음보다는 더 많은 이익을 거두게 된다. 그러나 B는 A가 값을 올릴 때 가만히 있기만 하면 훨씬 더 많은 이익을 갖게 되므로, B는 A를 따라가야 할 필요성을 거의 못 느낄 것이다.

따라서 앞에서 이야기한 대로 A는 B가 값을 따라 올려줄 것으로 확신하는 경우에만 값을 올릴 것이고, 만일 이때 정말 같이 값을 올

가격정책	B가 값을 올리지 않는다 (PB = 20)	B가 값을 올린다 (PB = 22.5)
A가 값을 올리지 않는다 (PA = 20)	GA = 6,500 GB = 6,500	GA = 7,438 GB = 5,562
A가 값을 올린다 (PA = 22.5)	GA = 5,562 GB = 7,438	GA = 6,656 GB = 6,656

죄수들의 딜레마(Prisoner's Dilemma)에 빠진 과점 아래서의 두 회사

리면 두 회사의 합동이익(Joint Profit)이 가장 크게 된다. 다음과 같은 경우에는 과점 아래서 이러한 결과가 생길 가능성이 크다.

• 경쟁사들이 모두 원가가산 가격책정 방식으로 값을 정할 때

• 경쟁사들 중의 어느 한 회사가 가격 선도기업으로 인정을 받고 있을 때

출처: 유필화, 헤리몬 지몬, 마틴 파스나하트(2012), 『가격관리론』

③ 모방제품을 위한 가격전략

'산자이(山寨)'는 '산적들의 소굴'을 뜻하는 말로서, 산자이 문화란 이른바 '짝퉁'이라고 부르는 모조품 또는 복제품이 중국사회 전반에 확산되어 형성된 사회적·문화적 현상을 가리킨다. '산자이'는 2003년 중국 남부의 광저우와 선전 등지의 소규모 공장에서 외국 유명 브랜드의 휴대전화를 복제하여 생산한 이른바 '산자이 핸드폰'에서 시작된 것으로 알려져 있는데, 처음에는 외관만 복제하다가 IT기술이 발전하면서 원제품에는 없는 새로운 기능을 첨가함으로써 재창조의 성격을 띠게 되었다. 이후 이 같은 현상이 다른 제품들에까지 광범위하게 퍼져 산자이는 '합법적으로 등록되지 않은 브랜드'를 뜻하게 되었고, 2008년 중국 관영 텔레비전 방송인 CCTV에서는 '산자이 문화'를 소개하기도 하였다. 당시 방송을 본 중국 정부 관계자는 '산자이 문화'는 '모방 문화'라고 정의하며 산자이 제품도 혁신을 위해 노력해야 한다고 인터뷰하였다.

산자이 제품은 가격우위를 바탕으로 여전히 중국시장에서 큰 영향력을 행사하고 있다. 산

그림 9-14 | 대표적 산자이 제품인 하이폰과
애플의 아이폰

자이 제품의 핵심요인은 가격이다. 산자이 제품은 정규제품과 가격차이를 극대화시켜 소비자의 구매를 유도하는 것이다. 일례로 5,000위안이었던 애플의 아이폰5를 모방한 중국의 하이폰(Hiphone)의 가격은 1,500위안으로 시장에서 가장 크게 성공한 산자이 제품이다. 가격격차에 따라 중간 판매상에게 높은 수익률을 보장해줌으로써 적극적인 판매활동을 펼치기도 했다.

CASE 코로나 이후 K뷰티 지식재산 리스크와 대응

중국의 화장품 시장은 최근 10년간 지속적으로 성장해왔으며, 지난 3년간 코로나의 영향으로 상승폭은 줄어들었으나, 제로 코로나 정책이 해제된 2023년 시장 성장률이 과거의 수준으로 반등할 것으로 기대되고 있다. 한국의 중국에 대한 부정적 정서, 한중관계 등 불안정한 요소가 존재하지만, 인구 15억의 중국 시장은 가장 중요한 시장이라는 점을 부정하기 어렵다.

중국시장에서의 지식재산 리스크는 중국시장에서의 매출 및 주변 국가에서의 매출에 큰 영향을 줄 수 있는 매우 중요한 부분이며, 효과적으로 지식재산 리스크가 관리되지 못한다면 시장 진입 실패, 판매 가격 붕괴, 브랜드 신뢰도 하락, 매출 하락 등 다양한 부정적 결과가 발생할 수 있다. 이미 많은 K뷰티 브랜드가 지난 십 수년간 많은 지식재산 문제를 겪어왔고, 지금도 겪고 있는 상황이다.

K뷰티와 관련된 지식재산권 문제는 일반적으로 상표권, 디자인 및 저작권을 중심으로 발생한다. 우리가 흔히 알고 있는 중국산 위조품은 전형적인 상표권침해 사건이며, 용기 디자인 모방제품은 디자인 침해, 제품 이미지, 광고 이미지, 모델 이미지 도용 등이 저작권침해에 해당한다.

대표적인 리스크에는 상표선점 리스크, 유사 및 모방제품 유통 리스크/ 중국 내 위조품 유통 리스크/ 중국산 위조품의 한국 및 주변국 유통 리스크로 구분할 수 있다. 우선 상표선점이란, 타인이 상표를 브랜드사보다 먼저 출원(신청)하여 등록하는 것을 말하며 대응방안 역시 선점당하기 전에 신속하게 상표를 출원(신청)하는 것이다. 한국에서 관련 상표를 출원할 때 중국에서의 상표 출원을 기본적으로 함께 진행하는 것이 가장 효과적인 방법이다. 한때 한 악명 높은 중국 상표 선점 브로커가

한국 브랜드 화장품을 모방한 중국 브랜드(좌측)

한국 브랜드 상표 수백 건을 선점하여, 대한민국 특허청 차원에서 중국정부와 관련 문제를 해결하기 위해 논의하기도 했을 정도로 한국 브랜드에 막대한 손해를 야기하였다. 상표 선점은 중국시장 진출과 관련하여 가장 기본이며 잘못 대처할 경우, 돌이키기 어려운 상황이 초래되는 리스크에 해당한다.

유사 및 모방제품은 완전히 동일하지는 않지만 매우 유사하게 모방한 제품을 의미한다. 이 경우 매 사건마다 상표권 침해인지, 저작권 침해 혹은 디자인권 침해인지 그 경계를 명확하게 하기 힘든 경우가 많다. 따라서 이와 같은 사건에서 가장 중요한 것은 K뷰티 브랜드사의 인기 제품이 실제 중국에서 얼마나 인기 있는지를 '입증'하는 것이다. 다만, 아직 중국시장에 진출하지 않은 K브랜드의 경우, 중국시장에서의 인지도 자료 자체가 없을 것이므로, 만약 중국산 유사/모방상품이 출현할 경우 대응이 매우 힘든 것이 현실이다.

중국 내 위조품 유통 리스크는 우리가 흔히 알고 있는 중국산 짝퉁을 의미한다. 중국 위조품 대응업무와 관련하여 주의할 점은 중국의 위조품 단속기관인 시장관리감독국(행정단속), 공안(형사단속)은 오프라인의 위조품 사건만을 단속 대상으로 삼는다는 것이다. 실질적으로 오프라인 창고, 공장까지 브랜드사의 노력(에이전트 활용 포함)으로 찾아낸 후, 단속기관에 제보하여야 실질적인 단속으로 연결될 수 있다.

중국산 위조품은 비단 중국시장만의 문제가 아니다. 이미 수년 전부터 중국에서 만들어진 K뷰티 위조품이 한류의 인기와 함께 베트남, 태국 등 동남아뿐만 아니라, 두바이를 비롯한 중동국가 및 남미 국가로까지 유통되고 있는 것으로 확인된다. 중국 내 위조품 단속 활동, 중국 세관 상표 등록 및 모니터링 등 위조품 대응업무를 통해 중국산 위조품의 제3국 유통에 대한 상시적인 조치가 필요하다.

지식재산 리스크 관리는 기업의 재무관리, 인사관리 등 필수적이라 생각되는 영역과 같이 상시적으로 관리되고, 평가되어야 한다. 특히 중국과 관련된 지식재산 리스크는 오히려 한국보다 더욱 특별하게 관리되어야 한다.

참고자료: 문병훈(2023), 『중국의 코로나시대 이후 K뷰티 지식재산 리스크와 대응』에서 요약 정리

산자이 제품은 가격우위를 바탕으로 중국산업에 큰 영향력을 행사하고 있으며 급속하게 성장하고 있다. 중국시장에 내어놓은 제품들의 대부분은 이미 세계시장에 나와 있는 제품들과 비교하여 뚜렷이 다르거나 나은 점이 없는 것들이다. 이런 제품들을 모방제품(Me-too Product) 또는 유사제품이라고 부르는데, 이런 제품일수록 절대가격보다 경쟁제품들의 가격에 대비한 상대가격의 관리가 더 중요하다. 유사제품이 처음 시장에 들어갈 때는 침투전략을 쓰고 나중에 상황을 봐서 상대가격을 천천히 올리는 것이 좋다. 왜냐하면 유사제품이 처음 시장에 들어올 때는 거의 알려지지 않은 데다 이미 기반을 잡은 경쟁제품과 싸워야 하기 때문에 침투전략을 쓸 수밖에 없다. 더구나 이 제품이 효용면에서 경쟁제품들과 비교하여 눈에 띄게 나은 점이 없을 때는 특히 더 그렇다. 그러다가 차츰 시장점유율이 늘어나고 소비자들의 호감(Goodwill)을 사게 되면 상대가격을 높여도 괜찮은 시기가 온다. 이 전략은 특히 일본 회사들이 다른 나라에 진출할 때 많이 써왔다. 이 전략이 성공할 수 있는 근거는 소비자로 하여금 잘 알려지지 않은 신제품을 사게 하려면 무엇인가 뚜렷한 유인(Incentive), 즉 제품의 효용에 비해 현저하게 유리한 가격을 내세워야 한다는 간단한 원리에 기인한다.

중국의 로컬기업들이 산자이 제품을 시작으로 모방제품을 혁신시키는 전략에 대해 우리 기업은 어떤 가격전략을 쓸 것인가? 이에 대한 해답은 중국의 모방제품에 대비해 아예 스키밍전략을 사용하는 방법이다. 그러나 중국기업의 원가경쟁력은 대부분 우리기업의 경험을 초월한다. 특히 중국 내 생산인 경우 중국기업의 규모의 경제에 따른 기술혁신과 경영혁신은 한·중 기업의 기대 이상으로 빠르고 강하다. 단지 가격대응전략만으로는 모방제품을 대항할 수 없다는 것이다. 저자는 '중국 진출 후 1년 내에 모방제품인 산자이가 없으면 중국에서 철수하라!'라고 말하였다. 중국 진출 후 모방제품은 시장의 수요가 있으면 당연히 나오는 것이다. 이에 상응하는 가격인하는 너무나도 중국적인 현상이다. 여기서 생존하는 방법은 다시 한번 우리 타깃 고객이 모방제품 대비 우리 제품의 성능과 품질뿐만 아니라 브랜드, A/S 등 제품의 무형자산의 가치를 인식할 수 있도록 마케팅 노력을 지속하는 것이다.

"가격만으로 중국시장에서 생존하려 하지 마라!"

이 장의 1절에서는 중국시장의 가격전략의 현황과 특성을 살펴보았고, 2절에서는 중국의 가격결정의 이론적 틀을 살펴보았다. 특히 3절에서는 중국의 특수한 가격전략의 이론과 사례를 살펴보았다. 가격이 소비자의 의사결정에 가장 중요한 영향을 미치는 요인인 점을 고려하여 우리기업은 중국시장의 특수한 가격전략을 이해하고, 이를 효과적으로 활용하여 중국 가격전략을 구축해야 할 것이다. 다음 장에서는 중국의 유통에 대하여 살펴보도록 하겠다. 14억이라는 거대한 시장의 기회를 연결하여 주는 중국 유통전략을 구축하기 위해서는 대도시를 비롯하여 급성장하는 신1선, 2선 및 하침시장 등을 공략해야 한다.

연구과제

01 중국시장에서 시장세분별 차별화 전략을 구사하고 있는 사례를 조사하여 발표해보자.

02 중국시장에서 온라인 제품가격설정 시 고려해야 하는 요인을 설명해보자.

03 중국에 진출하는 신제품을 선정하여 컨조인트 분석법을 사용하여 적정가격을 제시해 보자.

참고문헌

곽영식(2014), 『마케팅 가격전략』, 피앤씨미디어.

김성애(2022), "중국, 내수확대 중장기 전략 발표", KOTRA.

김용준·김주원·문철주(2010), 『중국시장문화와 중국 내수시장 공략』, 성균관대학교출판부.

김유경(2014), "이춘우 카라카라 대표가 말하는 중국시장 공략법 – 프리미엄 제품만 통하는 것 아니다", 이코노미스트.

문병훈(2023), 『중국의 코로나시대 이후 K뷰티 지식재산 리스크와 대응』, KIEP.

민완기·최정수·장송자(2000), "전자상거래 시장분석을 위한 방법론 연구: Conjoint Analysis Method를 중심으로", 통계분석연구 제5권 제1호.

박민주(2022), "홍삼은 한국만? 명절 선물로 전 세계에서 찾는다", 서울경제.

안태호(2022), "내수시장 벗어나는 중국차, '전기차' 앞세워 세계 데뷔 성공할까", 한겨레.

유필화, 헤리몬 지몬, 마틴 파스나하트(2012), 『가격관리론』

한국무역협회(2022), "中 전기차 1위 비야디의 역주행… 美 테슬라와 달리 가격 인상."

홍민기(2021), "정관장, 한류 문화 앞세워 중국 진출", 더바이어.

国家统计局, 『农民工监测调查报告』, 2018~2021.

海底捞(2022), 『2021年度报告』

微信公众号: 虎嗅(2020), "海底捞的涨价与道歉, 你学不会."

微信公众号: 运营圆桌会(2022), "9000字深度拆解: 花西子如何一步步成为国货之光."

Computerworld(2014), "iPhone 5C's China bust raises questions about Apple's pricing for 14 models."

The New York Times(2013), "Cheaper iPhone Will Cost More in China."

The Guardian(2013), "Apple iPhone 5C and 5S launch gives China hang up over high price."

World Bank(2021), "Final Consumption."

Chapter

10

중국 유통

유통이란 생산과 소비를 이어주는 중간 과정으로서 생산품의 사회적 이동에 관계되는 모든 경제 활동을 이야기한다. 유통은 생산과 소비 사이에서 제품을 공급하는 생산자와 제품을 공급받는 소비자를 연결하는 매개체가 되기도 한다. 유통경로는 마케팅 경로(marketing channel)라고도 하며, 원자재 확보부터 완제품을 최종 소비자에게 전달하는 일련의 모든 활동을 일컫는 공급망(supply chain) 내의 모든 인적, 물적 개념을 포함한다. 최근 미·중 경쟁의 심화로 공급망차질, 공급망분리, 공급망개선 등 공급망과 관련한 내용이 기업의 중요한 화두가 되고 있기 때문에 유통은 마케팅전략 수립에 있어 매우 중요한 부분이다.

유통 관리는 유통 채널에 들어가는 수송, 보고, 재고, 포장, 하역 등의 활동을 효율적으로 관리하여 유통비용을 절감시키는 것이 핵심이다. 유통은 상품과 서비스를 소비자에게 최적의 경로를 통해 제공하여 매출의 증대와 가격의 안정화를 유지하는 데 주요 목적을 두는 경영수단인 것이다. 따라서 광활한 대륙의 유통망을 관리하는 것이 중국 유통의 핵심이다. 10장에서는 중국 유통 현황과 특수성, 중국기업의 유통관리 전략 및 한중기업의 지역별 유통전략에 대해 연구해보자.

CASE Zoo Coffee

ZOO Coffee(주커피)는 Zoo Holdings의 자회사로서 2013년 중국시장에 진출하였다. 2015년 말 기준으로 중국에서 200여 개의 지점을 두고 있다. 중국 최대의 부동산 그룹 완다그룹(万达集团)과 손을 잡고 그들의 유통망을 활용하여 중국 사업을 확장하였다. Zoo Coffee는 아이부터 어른까지 다양한 소비자층을 아우르는 브랜드와 핵심역량을 육성하여 중국시장에서 사업을 확장한 기업이다. 중국소비자들의 식습관 변화와 생활수준 향상 등으로 커피이용자는 2021년 약 3.5억 명으로 증가하였으며, 커피전문점도 점차 증가하여 중국이 세계 최대 커피소비국이 되는 날도 머지않았다. 2021년 중국의 커피 매출액은 약 160억 달러(약 21조 원)로 전년대비 5% 성장하였다. 2020년 기준 중국의 커피전문점은 약 11만 개 가량으로 이 중 75%가 1선, 2선 도시에 위치해 있다고 한다. 지속적으로 증가하는 중국의 커피시장은 Zoo Coffee에게 성장의 기회를 가져다 주었다. 중국보고망(中国报告网)의 조사결과에 따르면, 중국 현지 커피전문점의 인기순위(2014년 기준)는 스타벅스가 1위를 차지 하였다. 그 뒤로 U.B.C(上岛咖啡), Sana Zoan(塞纳左岸咖啡), Ming Tien(名典咖啡) 순으로 나타났다. 이렇듯 이미 중국시장 내 선두자리는 기존 업체들이 차지하는 와중

출처: zoo 커피 중국 홈페이지

에 2013년 중국시장에 진출한 주커피는 유통 채널면에서 경쟁 열위에 속하였다. 그리고 유통채널을 구축하기 위한 시간과 막대한 자금의 투자가 필요하였다. 즉 중국시장 내 기회는 존재하고 있지만 주커피의 핵심역량은 부족한 상황이었다. TOWS 분석상 OW에 위치한 주커피는 핵심역량을 강화하여 시장기회를 잡는 핵심역량 강화전략을 활용하거나 핵심역량을 보완하는 전략적 제휴를 선택할 수 있다. 주커피 핵심역량은 '도심 속의 동물원' 컨셉이다. 주커피를 방문한 소비자에게 커피를 마시며 어린 시절 동물원에 대한 추억과 그때의 즐거움을 되돌아볼 수 있게 만들었다. 주커피의 다른 핵심역량으로는 끊임없는 새로움 추구이다. 2015년에는 매주 신제품을 개발하는 프로그램인 '7일마다 하나씩 새로운 것(7日1新, 7일 1신)'을 개최하여 소비자들에게 새로운 음료 제품 및 아기자기한 캐릭터들을 선보였다. 모던함을 추구하던 경쟁사들과 달리 주커피는 동물원 컨셉을 활용한 창의적인 실내 인테리어로 중국소비자들에게 호기심과 흥미로움을 주었다. 2015년 '뉴 인테리어 콘셉트'의 타이위안(太原) 완다점을 시작으로 중국 최대의 부동산 기업인 완다그룹과 손잡고 중국 내 직영사업을 확장하기로 하였다. 2015년에는 매장 내 동물 컨셉을 좀 더 확장하여 조형물로 장식한 City Zoo를 중국에 단독 출시하기도 하였다. Zoo커피는 2017년 중국 자본이 참여하며 중국 사업을 한차례 확장하였으며 2021년 현재 중국 내 약 130개의 매장(직영점 41개)을 운영하고 있다.

제1절 중국 유통 현황과 특수성

중국 유통물류의 특수성은 광대한 중국 전 지역을 동부, 서부, 북부, 남부로 연결하는 도로, 철도, 항공과 수출, 수입을 위한 국제물류 네트워크로 세계의 공장역할을 하여야 한다는 것이다. 중국 내수시장 유통의 특수성은 바로 유통 경로의 혼잡성과 유통업태의 동시다발성이다. 중국 유통업계는 1992년 소매유통 부분개방 이후 1996년부터 다국적 유통업체들의 본격적인 중국 진출이 이루어졌으며 창고형 할인점, 하이퍼마켓, 온라인 유통 등 새로운 유통구조가 시장 변화를 주도해 가고 있다.

중국의 경우 2000년대 WTO가입과 유통시장 개방정책에 따라 동시다발적으로 CVS, Hypermarket, Category Killer, Online Retailing과 같은 다양한 선진 유통업체가 도입되었다. 2010년대에는 중국 대도시 중산층의 소득증대와 승용차 보급의 확대에 따라 Hypermarket, 창고형 할인마트가 대세를 이루었다. 그리고 최근 들어 빅데이터, 인공지능과 같은 디지털 기술이 발전하면서 Online Retailing, O2O, C2M, 신유통과 같은 유통 형태가 주를 이루고 있다.

그림 10-1 | 중국 유통업계의 변천과정

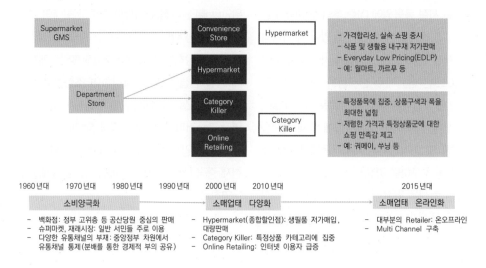

출처: 김용준(2015), "중국의 유통시장 현황과 한국 유통기업의 효과적 대응전략" 강의안 수정 및 보완

중국 유통시장 역시 서구의 소매업태 변화와 같이 초기에는 오프라인 중심으로 발달했다. 하지만 최근 중국 국내의 IT기술의 보급 확대와 코로나19로 인한 중국 내수 소비의 변화로 인해 온라인을 통한 소비가 활성화되었다.

중국은 코로나19의 여파로 인해 여러 사람 간의 접촉을 최소화하고자 노력했다. 이에 중국의 많은 소비자들은 직접 오프라인으로 장을 보러 가지 않고 집까지 배달이 가능한 온라인 쇼핑몰을 통해 과일, 채소, 생필품 등을 구매하는 방식을 선호하였다. 2020년 중국의 온라인 쇼핑 이용자 수는 8억 7,000만 명으로 전체 인터넷 사용자의 87%를 차지하고 있으며 지속적으로 증가하는 추세이다. CNNIC에 따르면 중국의 인터넷 사용자의 주요 연령대는 20~49세로 이들의 비중이 59%에 달하고 있으며 소비 판단력이 비교적 약한 10세 미만을 제외한 나머지 연령대의 인터넷 사용자는 점차 균일해지고 있다. 내수소비에 있어 구조적인 변화가 일어나면서 자연스럽게 유통에 있어서도 변화가 진행되고 있다. 특히, 화장품 산업이나 자동차산업, 가전산업과 같은 부분에서 주로 사용되었던 OEM, ODM 방식에 C2M방식을 결합하여 유통채널을 확대하는 변화가 두드러지고 있다.

C2M방식이란, 소비자와 제조업자를 연결하는 소비자 중심의 새로운 물류유통방식이다.

그림 10-2 | 전통적 공급사슬과 C2M 공급사슬의 비교

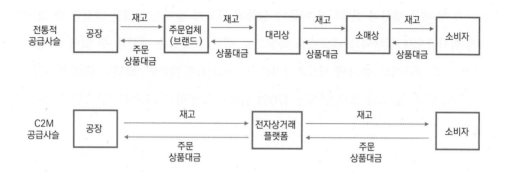

출처: 차이퉁증권연구소, 중국 전문가 포럼

전통적 유통방식과 반대로 소비자의 요구(Needs)를 플랫폼을 통해 제조업체에게 전달해 상품을 개발하고 생산하는 방식으로 소비자(C)-플랫폼(유통상)-공장(M)의 형태이다. C2M의 가장 큰 특징은 기존의 공급과 수요의 순서를 전환시킨다는 점이다. 전통적 유통방식의 경우 이미 공장에서 만들어진 제품이 유통상을 통해 고객에게 전달되는 반면 C2M방식은 제품이 먼저 출시되는 것이 아니라 유통상이 고객의 구매데이터를 생산자에게 전달하고 생산자는 이를 기반으로 고객이 원하는 제품을 출시하게 된다.

그림 10-3 | 중국 C2M 시장 규모

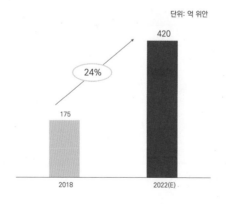

출처: iResearch, KOTRA에서 재인용

즉, 시장의 주도권을 상당부분 소비자가 가져가며 생산자는 소비자의 욕구를 충족시킬 수 있는 제품을 생산하고 유통회사는 이들을 연결하는 것이다. C2M방식은 소비자의 니즈를 확인한 후에 제품 생산이 진행되기 때문에 상품의 재고가 쌓이는 문제를 해결할 수 있으며 동시에 실시간으로 진행되는 피드백을 바탕으로 생산 효율성을 개선할 수 있어 주목받는 유통 방식 중 하나이다. 중국의 시장조사기관 iResearch에 따르면 2018년 중국의 C2M시장은 175억 위안이었으나, 2022년에는 420억 위안으로 연평균 24.4%의 급속한 성장을 하고 있다.

표 10-1 | C2M 형태의 중국 전자상거래 플랫폼

	비야오성청 (必要商城)	핀공장 (拼工厂)	타오바오특가판 (淘宝特价款)	왕이옌쉬엔 (网易严选)
이미지	必要 biyao.com	拼	特价 淘宝官方	网易严选
출시연도	2014년	2018년	2020년	2016년
모기업	비야오(必要)	핀둬둬(拼多多)	알리바바(阿里巴巴)	넷이즈(网易)
비즈니스 모델	마켓 플레이스	마켓 플레이스	마켓 플레이스	PB
OEM과의 관계	독자브랜드	독자브랜드	독자브랜드	위탁가공

출처: iResearch, 중국 전문가포럼

CASE 타오바오의 C2M 전략

C2M은 최근 유통 업계에서 가장 뜨거운 화두 중 하나다. 중국의 대형 인터넷기업 알리바바의 창업자 마윈은 온라인 유통에서 가장 중요한 것은 바로 고객임을 강조하였다. 마윈은 "B2C는 과도기적인 모델일 뿐 이커머스의 실제 미래는 C2B"라고 강조한 바 있다. 알리바바 산하의 이커머스 플랫폼인 타오바오, 티몰 등에서는 플랫폼이 수집한 데이터를 입점 브랜드에 제공하여 고객의 취향에 맞게 제품을 개선하거나 맞춤형 마케팅을 제공할 수 있도록 하고 있다.

중국의 대표적인 소형 가전회사인 메이디가 대표적이다. 메이디는 티몰 고객의 데이터를 활용해 자사의 식기세척기를 재설계했다. 기존의 서양 식기와 달리 깊이가 깊은 중국식 접시도 깨끗하게 닦일 수 있으면 좋겠다는 소비자 의견을 반영하여 거치 방식과 세척 방식을 개선한 것이다. 또한, 중국 고객이 '건조

중국소비자 의견을 반영하여 제작된 메이디의 식기세척기

와 '절약'에 관심이 많다는 점을 티몰의 데이터로 파악하여 고온 건조 기능을 강화하고 스마트폰으로 식기 세척기의 물 사용량을 확인할 수 있는 기능을 추가하기도 했다. 그 결과 서비스를 처음 시작한 2016년에만 식기세척기 3,500만 대 판매라는 놀라운 기록을 세우기도 하였다.

C2M은 아직 한국에서는 생소한 모델지만 이커머스가 가장 활성화된 중국에서는 매우 보편화되어 있다. C2M 트렌드를 이끈 것은 2015년 혜성처럼 등장한 중국 이커머스 기업 '핀둬둬'다. 설립 3년만에 나스닥에 상장하였으며, 5년 만에 알리바바와 어깨를 나란히 할 정도로 초고속 성장을 하였다. 2022년 12월 기준 핀둬둬의 시가총액은 1,150억 달러(약 150조 원)로 규모에 달한다.

2018년 핀둬둬가 선보인 '핀공장'은 C2M의 대표 플랫폼이다. 자사 브랜드가 없는 OEM

찌아웨이스 로봇청소기

업체나 공장과 제휴해 소비자 수요를 반영하여 핀둬둬 플랫폼에서만 판매한 것이다. 대표적인 성공 사례가 로봇청소기 회사 '찌아웨이스(家卫士)'다. 찌아웨이스는 필립스에 청소기 OEM 납품을 하는 공장이었다. 핀둬둬는 찌아웨이스에 고성능 로봇청소기가 아닌 바닥 먼지를 빨아들이는 기능에만 집중한 '저가형 로봇청소기' 수요가 있다고 전달했다. 찌아웨이스는 가격을 대폭 낮춘 로봇청소기를 기획했고 현재는 매출 절반 이상이 자체 브랜드에서 나온다.

참고자료: 매일경제, "B2C의 진화 'C2M'이 뜬다… 소비자 입맛대로 공장이 직접 제작·판매" 참조

중국은 식품, 비식품 오프라인 유통업이 여전히 성장기에 머물고 있지만 온라인 시장이 이미 오프라인 시장까지 잠식하고 있다. 이는 알리바바가 알리페이라는 에스크로 기반의 지급결제 서비스를 제공하며 신용시스템이 형성되지 않은 중국에서 온라인 거래를 확대시키는 기반을 마련했기 때문이다.

최근에는 코로나19로 인해 사람이 많이 모이는 대형마트, 백화점 등의 오프라인 소비를 대신하는 온라인 소비가 더욱 가속화되고 있으며 전자상거래를 중심으로 유통시장의 구조

그림 10-4 | 글로벌 온라인 유통 점유율 Top 10 국가

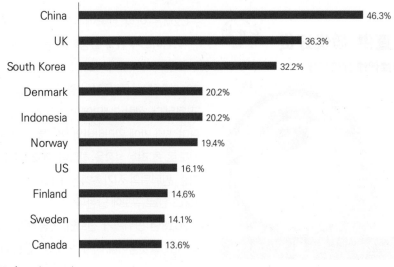

출처: eMarketer(2022.02)

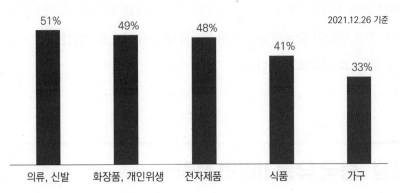

그림 10-5 | 중국소비자의 품목별 온라인 소비 비중

2021.12.26 기준

의류, 신발	화장품, 개인위생	전자제품	식품	가구
51%	49%	48%	41%	33%

출처: Deloitte, CCFA

적 변화가 빠르게 진행되고 있다. 2021년 기준, 중국은 소매업의 약 52%가 전자상거래에서 발생하여 온라인 거래가 오프라인 거래를 넘어서는 세계 최초의 국가가 되었다. 2022년에도 세계에서 가장 큰 전자상거래 시장을 유지할 것으로 예상되었으며 소매 판매의 46.3%가 온라인에서 이루질 것으로 보인다. 그러나 여전히 오프라인 유통채널도 중요하게 작용하고 있으며 체험을 중시하는 중국소비자를 위해 오프라인 업체들은 디지털전환의 흐름에 발맞추어 온·오프라인 멀티 채널 전략을 채택하고 있다.

전 세계적으로 플랫폼 비즈니스인 유통업은 대부분 로컬기업들이 강세를 보이며 외국의 다국적기업이 지배적 사업자가 되는 경우는 매우 드물다. 특히 중국 유통시장에서 외국계 기업들(한국 포함)의 입지는 계속 축소될 가능성이 높아 보인다. 지난 40년간 중국에 진출한 다국적기업은 유통채널에서 쉽지 않은 국면을 겪어왔다. 중국시장에서 다국적기업과 중개상/딜러들 사이의 관계는 매우 복잡하다. 이러한 중국만의 유통구조는 다국적기업들의 마케팅전략을 바꾸어 놓았다. 첫 번째 변화는 수동적인 유통관리에서 능동적으로 유통경로에 참여하고, 두 번째는 중개상과의 관계를 재정비하고, 세 번째는 단편적인 마케팅 관점에서 전방위적 통합 마케팅 관점으로 변화하여, 최종소비자를 고려하기 시작했다. 마지막으로 다국적기업들은 중국 1선 도시에서 2·3선 도시 그리고 4·5선 도시까지 자신들의 마켓을 확장하고 있다.

중국의 유통산업은 지리적 조건이나 인프라 부재의 문제로 인해 지역적으로 그 양상이 매우 상이하다. 특히 코로나19로 인해 온라인 플랫폼 활용도를 통한 내수소비 시장에 많은 변화가 진행된 만큼 신1선·2선 도시의 오프라인 유통에 대한 중요성이 높아졌다. 이하에서는 코로나19로 인해 변화된 중국의 온라인 유통전략과 주목해야 할 신1선·2선 도시 유통전략에 대해 구체적으로 살펴보고자 한다.

제2절 중국 유통기업의 전략

중국의 베이징, 상하이 등 대도시는 유통업체의 경쟁이 매우 치열하며 중국 로컬 및 외국계 소매유통기업들은 이미 1·2선 도시 및 하침시장으로 유통망을 확장하고 있다.

도매상이란 상품을 구입하여 소매상이나 다른 상인 그리고 산업체 및 기타 조직구매자에게 다시 판매하는 사업체를 가리킨다. 도매상은 판매, 판매촉진, 상품의 운송 및 보관, 금융, 위험부담, 시장에 관한 정보의 제공 등의 기능을 수행한다. 도매상도 제조업자와 마찬가지로 자사의 경영목표를 달성하기 위해 여러 가지 마케팅 의사결정을 내려야 한다.

소매상이란 최종소비자에게 상품이나 서비스를 파는 것을 주요 업무로 하는 회사나 상인을 말한다. 소매상은 그 형태가 아주 다양하다. 우리는 이를 대체로 규모, 취급상품, 서비스 수준, 영업방법, 소유형태, 입지 등 여섯 가지 기준에 따라 나눌 수 있다. 소매업은 끊임없이 변하는 소비자들의 욕구를 만족시키기 위하여 계속해서 변하고 있는 산업이다. 경쟁이 치열한 소매업계에서 살아남으려면, 소매상들은 많은 고객을 점포에 끌어 들이고 한 번 왔던 고객으로 하여금 계속해서 다시 그 점포를 찾도록 만드는 마케팅전략을 세워야 한다.

중국 백화점시장은 1선 도시에 한하여 성숙단계이긴 하지만 일정한 유통시장 비중을 유지하면서 지속적으로 성장하고 있다. 1선 도시의 백화점은 쇼핑몰 형태로 점차 대형화되어가고 있으며, 신1선·2선 도시에서는 쇼핑센터의 신규 오픈이 증가하고 있다. 슈퍼마켓시장은 저가상품 수요자를 타깃으로 하고 원스탑 쇼핑환경을 제공한다는 측면에서 전통적 슈퍼마켓 및 재래시장 자리를 빠르게 대체하고 있다. 중국에서의 온라인과 오프라인 유통 전략에 대해서 좀 더 구체적인 사례를 통해 알아보자.

1 중국의 하이퍼마켓: RT 마트

(1) 중국 하이퍼마켓의 발전과정과 현황

중국 소매유통시장은 재래시장이 소비자들의 주요 제품 유통 경로로 큰 비중을 차지하면서 기업형 유통채널이 꾸준하게 확대되었다. 특히 하이퍼마켓의 시장점유율이 점진적으로 확대가 되는 발판을 마련했다. 비교적 저렴한 가격에 다양한 제품을 갖추고 있는 슈퍼마켓에 대한 중국소비자들의 선호도가 높아짐에 따라 유통업에서 차지하는 이들의 입지가 더욱 확대되었다. 그 밖에 아직 많은 점유율을 차지하고 있지 않지만 편의점 및 무인상점과 같은 소비도 증가하는 추세이다. 즉 중국의 소매 유통업태는 소비자들의 현대적 소비경로를 선호하는 패턴으로 변화하고 있다.

하이퍼마켓은 ① 저가 및 자체브랜드 상품에 대한 소비자들을 주요 타깃으로 하고 있고, ② 식품과 비식품을 포함한 제품군을 제공함으로써 원스탑 쇼핑환경을 제공하고 있다는 점에서 전통적 슈퍼마켓과 재래시장의 자리를 빠르게 대체하고 있기 때문이다. 이러한 하이퍼마켓의 호황으로 롄화(联华) 슈퍼마켓홀딩스는 슈퍼마켓에서 하이퍼슈퍼마켓으로 점차 발전하기도 하였다.

중국 식품유통시장에 진출했던 대표적인 한국 업체는 롯데쇼핑과 이마트다. 하지만 현재는 모두 중국시장에서 철수한 상태이다. 규모면에서는 중국에서 연 2조 원의 매출을 달성하고 있던 롯데쇼핑이 가장 컸다. 롯데쇼핑은 중국 투자규모가 크고 장기적인 시각을 유지하고 있었으나, 사드 사태 이후 롯데마트를 지역적으로 분할하여 매각하였다. 이마트는 중국에서 27개 점포를 운영하기도 하였으나 현지화 실패로 인하여 2011년 11개 점포 구조조정 철수 후 2014년 5개 점포가 폐점했고 2015~2016년에 나머지 점포도 매각, 철수가 진행되었다. 다음으로 현재 중국유통을 대표하고 있는 하이퍼마켓인 RT-Mart 경영 현황과 경영전략을 알아보자.

(2) Sun Art Retail Group의 RT-Mart

Sun Art Retail Group(高鑫零售)은 China Resources Enterprise(华润创业)와 더불어 중

국 내에서 1~2위를 다투는 hypermarket업체이다. 이 회사는 2000년에 프랑스 Auchan(歐尚)과 타이완 Ruentex(潤泰)와 JV로 설립되었고 소비자들에게는 RT-Mart와 Auchan으로 잘 알려져 있다. 현재 중국 내에서 300여 개의 대형 복합쇼핑몰을 운영하고 있고 여기에 자사 hypermarket이 입점해 있다. 중국 내 hypermarket에서 동사의 시장점유율은 15% 수준으로 비슷한 시장점유율을 유지하고 있는 China Resources Enterprise와 시장을 주도하고 있다.

RT-Mart의 외자계 경쟁사는 까르푸와 월마트가 있다. 까르푸는 1995년 12월 북경에 하이퍼마켓을 설립하였으며 베이징, 상하이, 선전, 난징, 충칭 등의 주요 대도시에 2018년을 기준으로 210개의 대형 할인매장을 구축하여 운영해왔다. 하지만 중국 로컬 유통업체들이 기술혁신과 현지문화에 기반한 전략으로 승승장구하자 까르푸는 2019년 중국 법인 지분 80%를 중국의 최대 가전 유통업체인 쑤닝닷컴에 매각하게 되었다.

월마트는 중국시장 진입을 위해 6년 동안 사전준비를 진행하였다. 1996년에 최초로 선전에 쇼핑광장, Sam's Club(三姆)을 설립하였으며 그 후 각 지역의 환경에 따른 발전모델을 설정, 선전을 중심으로 하여 중국전역으로 영역을 지속적으로 넓혀 나가며 점포망을 구축하였다. 2021년 4월 기준 월마트는 중국 전역에 412개의 점포를 운영 중에 있다.

중국 유통시장에서 후발주자인 RT-Mart의 선전은 매우 고무적이다. RT-Mart는 2020년 중국 하이퍼마켓 1위를 차지하며 월마트, 까르푸 등을 제치고 매출액 1위를 달성하기도 했다.

RT-Mart의 성공전략은 크게 다음과 같이 정리할 수 있다.

첫째, 시장 침투전략이다. RT-Mart는 선발기업과의 합작전략을 통해 후발기업으로서 부족한 자원과 경험을 보완하고 경쟁이 치열한 1선도시가 아닌 신1선·2선 도시를 주로 공략하며 저가전략으로 최저가 할인마트 개념을 확립함으로써 경쟁적 우위를 확보하였다.

둘째, 가격 우위전략이다. ① RT-Mart는 공급업체들과 신뢰를 기반으로 한 파트너십을 형성하여 공급업체와 동반 성장하는 상생전략을 도모함으로써 다양한 저가상품을 안정적으로 조달할 수 있었다. ② RT-Mart는 고객 수요가 높은 상품에 대해 자체상표(private label) 상품을 제작하고 판매하여 원가 우위 이점을 확보하였다. RT-Mart는 2,000여 종의 자체 상표 상품을 보유하고 있으며 다른 브랜드의 원가보다 약 10~30% 정도 좀 더 저렴하게 판매하고 있다. ③ RT-Mart는 실시간 저렴한 가격보장을 위해 각 점포마다 6~7명의 가격 조사팀

그림 10-6 | RT 마트

을 구성하여 구매도가 높은 1,000여 종에 달하는 해당 상품 품목에 대해 반경 5km 이내의 경쟁 마트들의 가격을 조사했다. RT-Mart는 다소 공격적인 가격우위전략을 펼쳐 가격변동이 높은 제품들에 한해서 비록 손실을 보더라도 경쟁업체의 가격보다 낮게 책정했다. 경쟁업체와 비교하여 판매상품에 대한 가격 차이나 가격변동이 발생할 시 해당 상품의 이익률을 자동 업데이트해주는 실시간 가격정보시스템을 운영하여 저가 경쟁에서 우위를 확보하려는 노력을 하였다.

셋째, 인터넷 기업과의 협업이다. 오프라인 매장을 찾는 소비자들이 줄어들자 RT마트는 일찍이 전자상거래의 필요성을 인지했다. 2014년 이후 B2C 온라인몰을 개발하면서 일상생활용품을 쉽게 배송 받는 개념을 확대시켰다. 또한, 신선식품 제공을 주 목적으로 하는 O2O기업 'RT프레시'를 오픈했으며 중국 최대 전자상거래 업체인 알리바바가 기업의 주식 일부를 인수하면서 RT-Mart 매장의 디지털전환을 주도해 다른 하이퍼마켓들과 다른 경쟁력을 확보하고자 노력하고 있다.

② 중국 가전유통

(1) 중국 가전유통시장의 현황

코로나19의 영향으로 중국의 가전제품 시장은 소비가 크게 위축된 바 있으나 빠르게 성장세를 회복하고 있는 시장이다. 코로나19로 인해 많은 소비자들이 집에서 지내는 시간이 늘어나게 되면서 소형가전이나 에어컨, 세탁기, 냉장고와 같은 제품 소비가 증가했기 때문이다.

또한 중국의 가전제품 시장은 최근 환경문제가 이슈가 되면서 환경을 생각하는 녹색가전 제품에 대한 구매 비중도 꾸준히 증가하고 있다. 이로 인해 다양한 가전 업체들은 스마트 기능을 탑재한 제품을 추가해서 판매하는 트렌드가 형성되었다. 아직까지 가전 제품 구매는 매장을 직접 방문에서 소비하는 오프라인 형태가 좀 더 많지만 전자상거래가 활성화되면서 온라인을 통한 제품 구매도 크게 증가하고 있다.

온라인에서 가장 많이 소비되는 제품은 소형가전이다. 최근 중국소비자들의 가전제품에 대한 수요를 살펴보면 여전히 세탁기, 냉장고, 에어컨과 같은 제품의 구매 비중이 높다. 그러나 1인 가구가 증가하며 냉동식품과 같은 간편 조리 식품 소비가 늘어남에 따라 제품에 다

그림 10-7 | 2016-2021년도 중국 가전시장 소비통계

단위: 억 위안

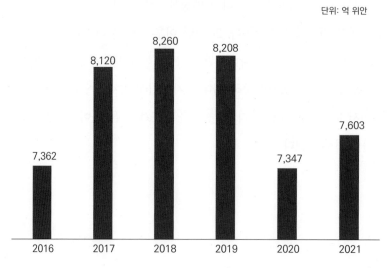

출처: 中商情報网

그림 10-8 | 중국 가전제품 시장 온 · 오프라인 매출액 비중

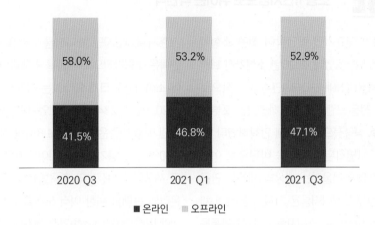

출처: 중국국가가전제품연구원

양한 스마트 기능을 더해 빠르고 간편하면서 상대적으로 가격에 부담이 적은 에어프라이기, 전기밥솥, 가습기 등과 같은 소형가전의 수요가 온라인 가전유통이 증가한 큰 이유가 되고 있다.

중산산업연구원의 자료에 따르면 중국소비자들의 60% 이상이 소형 가전제품 구매 시 품질과 실용성을 제일 먼저 고려한다고 답했다. 주요 소비층은 90허우의 싱글족이며, 앞으로 기업간의 판매 제품 경쟁에 있어서 제품 품질, 실용성, 기능성, 차별성, 편리함이 제품 구매 결정 요인으로 작용할 것이다.

CASE 소형가전시장으로 뛰어든 락앤락

밀폐용기 대표기업 락앤락이 최근 소형가전 시장에 뛰어들었다. 2020년 소형가전 브랜드 제니퍼룸(JENNIFEROOM)인수를 시작으로 소형가전 전문 브랜드로 성장하겠다는 포부를 밝힌 이후 성공적으로 시장에 안착하였다. 제니퍼룸은 차별화된 디자인을 바탕으로 여성 및 신혼가정에 어울리는 색상의 제품을 만들었던 기업이다. 제니퍼룸은 자사의 온라인 채널 강점을 바탕으로 소비자들이 쉽게 제품을 이해할 수 있도록 설계하기도 했다. 상당수의 락앤락 소비자들은 기존의 높은 연령대 층 및 기혼자들이었지만 제니퍼룸 인수를 통해 락앤락은 소형가전으로 제품을 확대하면서 동시에 소비자층도 크게 확대하는 계기가 되었다.

2019년 1,234억 위안이었던 락앤락의 온라인 매출 비중은 2020년 1,851억 원으로 약 600억 정도 증가하자 미디어 커머스 방식으로 제품의 상세정보와 활용법을 공유하는 등 온라인 판매를 위한 여러 노력을 진행하였다. 이에 따라 2021년 소형가전 매출이 약 500% 가까이 성장했으며 제품군을 크게 확대하여 다른 기업들 대비 경쟁력을 높이고 있다. 락앤

락앤락 진공쌀통

락앤락 스팀에어프라이기

Jenniferoom

제니퍼룸 미니전기밥솥

출처: 락앤락 홈페이지 제품 사진

락 관계자는 "40여 년 간 주방 및 생활영역에서 구축해온 자사만의 차별화된 역량을 바탕으로 가전사업 역량을 강화하고 있으며, 제니퍼룸 인수를 통해 소형가전으로서의 제품 구축을 더욱 확장시켜 가전기업으로서의 선두주자로 자리매김할 것"이라고 밝혔다.

전자기기 소비유통업체인 궈메이와 쑤닝의 경영 현황을 통해 중국 전자기기 유통시장을 살펴보자. <표 10-2> 2021년 중국 유통체인 상위 기업 리스트에서 보면 알 수 있듯이, 중국의 유통기업 순위는 식음료 위주의 대형 마트와 달리 전자기기 유통기업인 쑤닝(苏宁, Suning)과 궈메이(国美, Gome)가 1, 2위를 다투고 있다. 그러나 온라인 유통업체까지 포함하면 쑤닝은 징둥에게 1위자리를 내주었으며 2위였던 궈메이는 징둥과 티몰 등 전자상거래 업체로 인해 4위로 밀려난 것을 알 수 있다.

표 10-2 | **2021 중국 유통체인 상위 10개 기업 리스트**

순위	기업명	2021년 매출 (만 위안)	매출 성장률(%)	2021년 매장수(개)	매장수 성장률(%)
1	쑤닝이거우(苏宁易购)	19,719,900	-52.6	11,281	15.3
2	궈메이(国美)	14,687,000	4.3	4,195	22.6
3	홍싱메이카이룽 (红星美凯龙)	13,737,931	27.2	485	1.9
4	쥐란즈지아(居然之家)	10,475,878	58.2	566	12.7
5	월마트	9,903,600	13.3	396	-7.7
6	용훼이슈퍼마켓(永辉超市)	9,896,898	-5.3	1,090	-7.0
7	가오신(高鑫)	9,800,501	-5.3	602	14.0
8	화룬완지아(华润万家)	7,816,771	-11.0	3,245	-0.5
9	우메이(物美)	6,988,570	11.1	1,174	-26.1
10	리엔화슈퍼마켓(联华超市)	5,571,381	-1.9	3,254	1.9

출처: 중국프랜차이즈경영협회(CCFA)

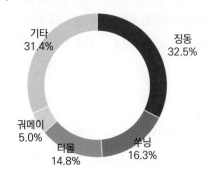

그림 10-9 | 2021년 중국 가전제품 유통업체 비중

기타
31.4%

징동
32.5%

궈메이
5.0%

티몰
14.8%

쑤닝
16.3%

출처: 중국전자정보산업발전연구원

하지만 중국의 가전유통에서 쑤닝과 궈메이는 여전히 영향력이 큰 가전 전문 유통업체이다. 미국의 베스트바이(Best Buy)나 한국의 하이마트를 생각하면 이해하기 쉽다. 쑤닝은 2022년 현재 중국 300여 개의 도시에 약 11,281개의 매장을 운영하고 있으며 궈메이는 331개 도시에 약 4,195개의 매장을 운영하고 있다.

쑤닝은 중국 민영기업의 대표 주자로서, 중국 도시 가전 유통시장을 장악해 왔다. 이들 기업의 사업성과는 회장들의 재산에서도 엿볼 수 있다. 비록 궈메이의 전 회장인 황광위(黃光裕)는 2010년 부당 대출, 외화자 금법 위반 등의 혐의로 14년 징역형이 확정되었지만, 쑤닝의 회장인 장진둥(张近东)은 민영기업 성공신화의 상징으로 여겨지는 인물로써 여전히 중국 최고 부호 그룹에 속한다. 이하에서는 쑤닝에 대해 좀 더 자세히 살펴보자.

(2) 중국 최대 가전 유통기업: 쑤닝

한 우물에만 매진하며 에어컨 사업에 주력한 쑤닝은 1990년대 초 난징 닝하이루(宁海路)에 설립되었다. 1993년 난징의 에어컨 전쟁 시기 쑤닝은 규모 경영, 제조사 협력, 전문 서비스 등에서 실력을 발휘했다. 그 해 매출액은 전년대비 187% 상승한 3억 위안을 기록하였다. 1994년 쑤닝은 연매출 5억 6,000만 위안으로 중국 최대 에어컨 판매업체로 부상했고 지금까지 16년 동안 최고의 자리를 고수했다. 1994년부터 쑤닝은 에어컨 도매를 시작하고 난징에서 시작해 전국적으로 도매네트워크 4,000여 개를 구축했다. 매출액은 1993년 3억 위안에서 1996년 15억 위안으로 400% 상승하여 쑤닝은 선두기업의 지위를 확보하게 되었다.

쑤닝그룹주식유한회사의 전신 장쑤(江苏) 쑤닝 가전유한 회사는 2001년 장쑤성 정부의 인가를 받고 주식유한회사로 변경되었다. 2004년 7월 7일, 쑤닝은 처음으로 A주를 공개 발행하고 7월 21일 선전증권거래소에 상장했다.

그림 10-10 | 쑤닝 매장 전경도

쑤닝의 주요 사업은 종합전자제품 판매 및 서비스이고 전국적으로 전문 체인업체로 발전하는데 총력을 기울였다. 쑤닝은 에어컨, 냉장고, 세탁기, TV, 음향설비, CD, 소형가전 등 전통 가전제품과 휴대전화, 컴퓨터, 사무용 설비, 디지털 등 정보가전제품을 생산하고 있다. 약 300여 개의 브랜드와 10만여 종의 3C(Computer, Communication, Consumer Electronics) 전자제품을 생산해 소비자에게 풍부한 선택의 기회와 전문화된 서비스를 제공하고 있다. 쑤닝은 <포브스>에서 발표한 2007 중국기업 순위에서 1위를 차지하기도 하였다. 2015년에는 중국 유통체인 100대 기업 중 매출 1,586억 위안을 기록하여 1위를 차지한 바 있다. 2021년에는 코로나19 등의 영향으로 온라인 유통업체에 밀려 매출액 1,971억 위안으로 5위에 랭크되었다.

1990년대 중후반 쑤닝전자는 시장흐름에 따라 매장 체인시스템을 구축했다. 1996년 3월 16일 쑤닝의 첫 번째 자회사 양저우(扬州) 쑤닝 설립 후 쑤닝전자의 체인점 사업이 본격화되었다. 1990년대 중반부터는 양저우, 전장(镇江), 우시(无锡), 상하이, 베이징, 선전, 허베이(河北) 등지에 에어컨 직영점을 개설했다. 대규모 매장 체인시스템 구축은 쑤닝 발전에 탄탄한 토대가 되었다. 1999년 쑤닝은 단일품목 경영에서 전자제품(Consumer Electronics), 컴퓨터 (Computer), 통신(Communication)을 통합한 3C 경영방식으로 전환하였다. 이때부터 쑤닝의 체인점 경영은 3C 시대에 들어서게 된다.

2000년대에 들어 쑤닝은 제2의 창업을 통해 체인점 확대에 박차를 가하고 수평으로의 확장과 수직적 침투를 결합하여 직할시, 성급 도시, 지방도시, 발달된 현급 도시까지 네트워크를 구축하였고, 핵심 상권에 플래그숍, 아시아 상권에 센터숍 등 지역분포시스템을 구축함으로써 합리적인 시장네트워크를 형성하였다. 이에 따라 전국 1선 시장에 선 진출한 이후 2선, 3선 시장까지 진입하게 되었다.

지난 30년 동안 쑤닝은 전문 소매업에서 체인 소매업 그리고 온라인 소매업까지 각각 10년의 시간을 투입하여 소매 분야에서의 혁신적인 변화를 통해 고객들에게 보다 편리한 서비스를 제공하고자 노력해 왔다. 최근에는 향후 2025년까지 공급망, 물류, 금융, 디지털 및 기술의 5가지 서비스 기능을 소비자에게 개방하고 산업 생태계를 정비하여 고품질 서비스를 제공할 계획을 밝히기도 하였다. 또한 2021년 진행된 연례회의에서 쑤닝은 효율성 제고와 경영 집중이라는 두 가지 주제를 바탕으로 도심 지역보다 발전이 덜한 농촌지역에서 네트워크 범위를 넓히며 기업의 매장규모를 지속적으로 확대할 계획을 수립하였다.

❸ 중국의 온라인 유통

(1) 중국 이커머스 시장

중국의 이커머스(E-commerce) 시장은 부동의 세계 1위 시장이다. 전 세계 이커머스 매출의 절반 이상이 중국에서 발생했으며 2008년만 해도 약 22조 원 정도의 시장규모였으나, 2020년에는 그 규모가 2조 900억 달러(한화 약 2,331조 6,040억 원)로 크게 증가하였다. 이는 미국 시장의 3배이자 글로벌 이커머스 시장의 53%를 차지하는 규모이다.

<그림 10-11>은 2017년부터 2021년까지 온라인 쇼핑 이용자 규모현황을 보여주고 있다. 중국의 인터넷 및 모바일 이동통신의 발전에 따라 온라인 쇼핑이 대중화됨을 알 수 있다. 2021년 중국의 이커머스 이용자 규모는 8.4억 명이며 이는 중국 인터넷인구의 84% 이상이 인터넷쇼핑을 이용하고 있다는 의미이다. 중국 상무국에서 발표한 통계치를 살펴보면 중국의 온라인 쇼핑 판매액은 2012년 처음으로 1조 위안을 돌파했으며 2019년에는 10조 위안을 넘어섰다. 7년 만에 9조 위안 넘게 증가한 것이다.

그림 10-11 | 중국 온라인쇼핑 시장 규모

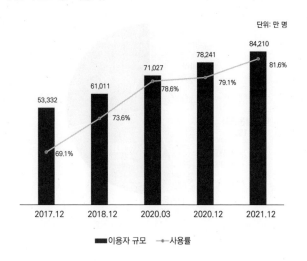

단위: 만 명

- 84,210 (2021.12) 81.6%
- 78,241 (2020.12) 79.1%
- 71,027 (2020.03) 78.6%
- 61,011 (2018.12) 73.6%
- 53,332 (2017.12) 69.1%

■ 이용자 규모　—●— 사용률

출처: 中商情報网

　이마케터에서 발표한 국가별 이커머스 리테일 점유율 현황을 살펴보면, 2021년 중국이 처음으로 온라인 비중이 전체의 50%를 넘어섰다. 2위인 한국의 28.9%보다 약 2배에 가까운 수치이다. 이러한 중국의 이커머스 확대는 2022년에도 지속되어 온라인 비중이 55.6%에 달할 것으로 전망되고 있다.

표 10-3 | 국가별 이커머스 리테일 점유율

	국가명	2021	2022
1	중국	52.1%	55.6%
2	한국	28.9%	31.6%
3	영국	28.3%	28.5%
4	덴마크	19.1%	19.8%
5	노르웨이	17.6%	17.7%
6	미국	15.0%	16.3%
7	핀란드	14.3%	14.4%
8	스웨덴	13.2%	13.8%
9	프랑스	11.2%	11.7%
10	스페인	10.9%	11.2%

출처: eMarketer

그림 10-12 | 2021년 상반기 중국 온라인소비 품목 비중

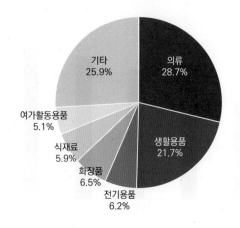

출처:　　(智研咨询)

　중국소비자들은 온라인에서 어떤 제품을 주로 구매할까? 중국 온라인 쇼핑에서 가장 잘 팔리는 제품은 의류, 가방, 아웃도어 제품 등이다. 특히 아웃도어 제품이 높은 비중을 차지하는 점이 눈에 띈다. 소득 수준 향상과 함께 중국도 마이카(My Car) 시대에 들어서서 금요일 근무를 마친 후 차를 몰고 도시 근교로 가서 트래킹, 하이킹 등의 레저활동을 즐기는 모습이 소비트렌드로 이어진 것이다.

　중국 이커머스에서 가장 주목할 만한 특징 중 하나는 중국 B2C 시장은 비교적 안정적인 모습을 보이고 있지만, B2C(Business to Consumer) 시장이 C2C(Consumer to Consumer) 시장을 추월할 정도로 시장의 흐름이 크게 변화하고 있다는 점이다. 2015년 2분기 기준으로 B2C시장 거래규모는 4,421억 3,000만 위안 정도의 규모로, 전체 온라인 쇼핑 거래 규모에서 50.7%를 차지하면서 B2C 시장이 C2C시장을 추월했다. 특히 B2C기업인 티엔마오와 징둥상청이 81.6%로 압도적인 점유율을 차지하고 있다. 중국에서 B2C 온라인 거래업체를 선정할 때 티엔마오, JD와의 심도 있는 관계 구축이 중요할 것으로 보인다. <표 10-4>는 중국의 주요 온라인 쇼핑 사이트이다.

　<표 10-4>에서 알 수 있듯 중국의 이커머스 대표 플랫폼에는 알리바바, 징둥, 핀둬둬가 있다. 특히 3-4선의 하침시장 소비자들을 겨냥한 핀둬둬의 성장세가 눈에 띈다. 핀둬둬의 이용자수는 중국 내 이커머스 시장 2위였던 징둥을 일찌감치 넘어섰으며 2020년 4분기부터

표 10-4 | 중국 주요 온라인 쇼핑 사이트

사이트명	이미지	특징
타오바오 (淘宝网)	淘宝网 Taobao.com	- 알리바바(阿里巴巴)그룹 산하의 C2C 플랫폼으로 시장점유율 90%, C2C 시장의 절대강자 - 알리왕왕(阿里旺旺)이라는 메신저를 통해 판매자와 실시간으로 채팅, 음성통화 및 영상통화를 할 수 있고, 대화 내용을 저장할 수 있어 분쟁 발생 시 증거로 활용 가능함
티몰 (天猫商城)	天猫 TMALL.COM	- 알리바바(阿里巴巴)그룹 산하의 B2C 플랫폼. 시장점유율 50%로 B2C 시장 내 1위 - 최근 B2C 시장이 빠르게 성장하고 있는데, 이는 B2C 플랫폼의 제품 품질과 판매자 신용이 C2C에 비해 높기 때문임
징동 (京东商城)	JD 京东 .COM	- 시장점유율 21%로 티몰에 이어 B2C 시장 내 2위를 차지 - 3C제품을 판매하는 플랫폼으로는 최대 규모
핀둬둬 (拼多多)	PIN DUO DUO 拼多多 TOGETHER MORE SAVINGS MORE FUN	- 공동구매 방식을 통해 새로운 형태의 구매 서비스를 제공하는 온라인 플랫폼 업체 - 2015년 사업 시작 이후 창업 6년 만에 이용자 수 1위를 기록하며 알리바바와 징동을 위협 - 가격에 민감한 하침지역 시장에서 농산품 판매 중심의 전략 채택
러펑왕 (乐蜂网)	LAFASO 乐蜂网	- 중국에서 가장 유명한 온라인 화장품 쇼핑몰로 전문가 추천 방식 및 전문가 이름을 딴 자체 브랜드를 출시함으로써 구매자들의 신뢰를 얻고 있음. - 자체 브랜드 화장품 매출액이 전체 매출액의 40%를 차지할 만큼 큰 인기를 얻고 있음

출처: KOTRA 자료 등을 바탕으로 재정리

는 중국 내 최대 이커머스 업체인 알리바바를 따라잡았다.

알리바바, 징동, 핀둬둬 등 3개 플랫폼은 중국 내 이커머스 시장의 약 83%를 차지하고 있어 중국의 온라인 유통을 이해함에 있어 이들의 주요 특징에 대해 파악하는 것은 매우 중요하다. 이들 3개 플랫폼 중에서 타오바오와 핀둬둬를 함께 사용하는 중복 이용자수가 타오바오와 징동을 중복 이용하는 고객보다 많았는데, 이는 공동구매 전략으로 하침시장을 공략하고 있는 핀둬둬의 강점이 중국의 이커머스 시장에서 이용자 확보에 큰 작용을 하고 있는 것으로 볼 수 있다. 또한 이들 3개 플랫폼을 모두 이용하는 고객 수도 우리나라 인구의 절반에 가까운 2,700만 명에 달하여 중국 온라인 유통의 중요성을 다시 확인할 수 있다.

최근 중국 이커머스 시장에서 주목할 만한 또 다른 특징은 M-commerce 시장이 온라인 쇼핑의 절반을 차지하고 있다는 것이다. <그림 10-15>에서 볼 수 있듯이, 2015년 2분기 중

그림 10-13 | 중국 주요 이커머스 기업의 분기별 활성 소비자 수

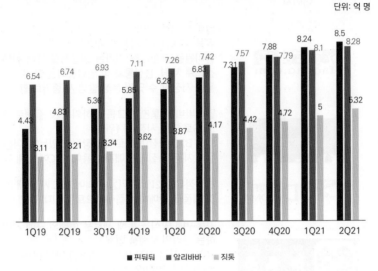

단위: 억 명

출처: 电商报

국 모바일 쇼핑 거래액이 처음으로 PC 온라인 쇼핑 거래액을 초과한 이후 현재는 모바일 쇼핑 비중이 전체 이커머스에서 차지하는 비중이 약 80%에 달한다.

이는 중국 인터넷 이용자 수와 모바일 이용자수가 거의 동일한 것과 관련 있다. 모바일 기기의 확산도가 높을 뿐만 아니라 중국의 모바일 인터넷 환경이 눈에 띄게 빠른 속도로 개선

그림 10-14 | 중국 이커머스 3대 플랫폼의 중복 이용자 수

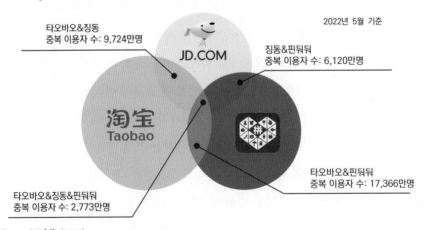

출처: Quest Mobile(2022)

그림 10-15 | 중국 모바일쇼핑 시장 비중

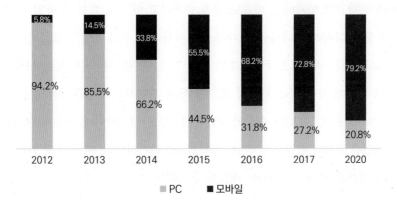

자료: CNNIC(2021)

되어 모바일로 더 많은 제품을 접할 수 있기 때문이다. 우리나라에서 휴대폰을 켜면 하루에 한 번쯤 네이버에 접속하듯이 중국의 소비자들도 휴대폰으로 중국 온라인 쇼핑 사이트에 접속하는 것으로 알려져 있다.

중국 모바일쇼핑 시장의 특징은 SNS 정보가 이용자의 구매 결정에 큰 영향력을 미치고 있다는 점이다. 중국 SNS 광고시장은 연평균 약 30%의 성장률을 보이며 꾸준히 성장 중이

그림 10-16 | 중국 SNS 광고시장 규모

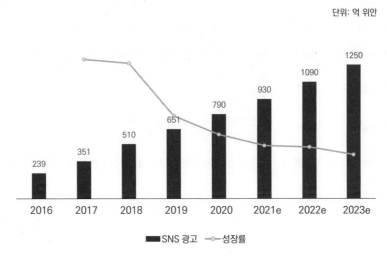

단위: 억 위안

자료: iResearch(2021)

며 2021년에는 전체 온라인 광고의 약 87.7%를 차지하고 있다.

중국 SNS에서 광고가 차지하는 비율도 계속 증가하고 있는데, 특히, 모바일 시장에서 광고 모델, 형태 등이 다양하게 나타남에 따라 소비자들에게 우리 기업의 제품이나 서비스를 광고할 때 비교적 적은 비용으로 큰 효과를 누릴 수 있다. 중국은 지역별로 소비자의 특징이 상이하므로 타깃에 따라 SNS 모바일 광고를 통해 지역적으로 접근하는 것을 추천한다. iResearch자료에 따르면, 2020년 중국의 SNS 시장규모는 2,122억 위안(약 40조 원)에 달하며 SNS 광고수입은 790억 위안으로 전년 대비 21.4% 증가하였다. 또한 중국 인터넷 사용자들의 SNS 사용시간은 하루 평균 50분 정도를 유지하며 비교적 안정적인 모습을 보이고 있다. 따라서 앞으로 기업의 SNS 마케팅 활동이 더욱 적극적일 필요가 있다.

표 10-5 | 중국 주요 SNS 플랫폼

순위	플랫폼 명칭	이용자 수	플랫폼소개
1	WeChat	12억	한국의 카카오톡과 유사한 모바일 소셜 미디어 앱, 중국인의 일상생활 필수 앱
2	SinaWeibo	5.8억	트위터와 페이스북의 특징을 접목한 마이크로 블로그 사이트
3	TencentQQ	5.5억	인스턴트 메시지를 보낼 수 있는 PC기반의 소셜 미디어앱
4	iQiYi	2.5억	중국의 유튜브, 동영상 사이트
5	Baidu Tieba	10억	중국의 검색엔진 내 소셜 네트워크
6	Douban	4억	음악, 책, 영화, 취미공유에 특화된 중국의 소셜 네트워크
7	Meituan	6.9억	중국 최대 배달 앱. 식당, 호텔, 여행사 등 사업자와 소비자를 연결
8	XiaoHongShu	2억	중국판 인스타그램, 소셜 전자상거래 플랫폼, 이용자의 70%가 쥬링허우
9	TikTok	8억	사진이 아닌 영상으로 소통하며 3초~10분까지 동영상을 제작하고 공유하는 앱
10	MoMo	1.2억	주변의 일정한 범위 내 사람을 연결하는 위치 기반 채팅 플랫폼

CASE SNS로 성공한 한독 레디큐 츄

한독약품의 레디큐 츄는 매우 독특한 사례이다. 한류 활용의 특이한 케이스로 한국에서 먼저 사랑받은 것이 아니라 오히려 중국에서 먼저 사랑받아 성공한 케이스이기 때문이다. 800만에 이르는 요우커가 선택한 한독약품의 레디큐 츄는 SNS 마케팅을 통해 성공한 대표적인 사례이다.

레디큐 츄는 출시 당시 우리나라에서는 아직 낯설었던 젤리형태의 숙취제품이다. 애초에 중국인을 공략하기 위해 개발한 제품은 아니었으나 중국인의 취향을 저격하면서 입소문을 통해 브랜드 인지도를 높인 케이스이다. 중국인 관광객, 특히 빠링허우의 SNS 인증샷 등을 통해 입소문을 타서 성공한 레디큐 츄는 명동 드럭스토어의 매대에 진열하면 10분 만에 요우커들이 싹쓸이 해간다는 효자상품으로 요우커가 매출 75%를 차지할 정도로 인기 상품이었다. 중국소비자들은 본인의 SNS에 "평범한 사탕이 아닌 해장사탕 입니다!"등의 문구와 함께 레디큐 츄 사진을 올려 본인의 경험을 공유하였다. 요우커들은 중국에 돌아가

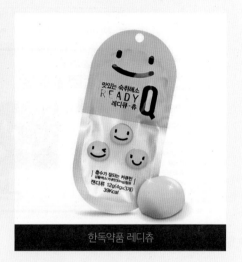

한독약품 레디츄

면서 친구나 가족들에게 선물하는 용도로 레디큐 츄를 많이 구입하였다.

2016년에는 롯데, 신라, 신세계 등 한국의 주요 면세점에 입점하면서 판매가 확대되었다. 전문가들은 숙취약, 숙취음료, 숙취차 위주 시장에서 젤리라는 새로운 형태인 숙취 사탕 아이템으로 중국인의 SNS에서 입소문이 난 덕분에 중국시장 공략에 성공한 것으로 분석하였다.

(2) 이커머스 대표 플랫폼: 징동닷컴

징동닷컴(京东, JD.com)은 류챵둥(刘強東)에 의해 2004년에 설립되었고 전자상거래를 주업무로 출범한 인터넷 기업이다. 2021년 징동그룹의 거래액(GMV)은 약 3.3조 위안(약 618조 원)을 기록하였으며 2022년 징동은 포브스 글로벌 2,000기업에서 468위를 차지하며 명실상부한 중국의 대형 이커머스 기업 중 하나이다. 2014년 5월, 징동그룹은 미국 나스닥 증권거래소에 상장하며 미국에 상장한 최초의 중국 대형 전자상거래 플랫폼 기업이 되었다.

그림 10-17 | 징동닷컴 메인화면

출처: 징동닷컴

징동의 전자상거래 성공 모델은 다음과 같이 5가지로 분석할 수 있다.

첫째, '6.18 페스티벌' 스마트 리테일이다. 알리바바 티엔마오와 타오바오에 11월 11일 광군절이 있다면 징동은 6.18 페스티벌이 있다. 6월 18일은 징동의 창립일이다. 광군제 시행

그림 10-18 | '6.18 페스티벌' 스마트 리테일

출처: 징동닷컴

다음해인 2010년에 시작한 6.18 페스티벌은 징동의 초대형 프로모션으로 징동 온라인 유통의 성공 비결이다. 6.18 페스티벌은 6월 18일 하루에만 집중하던 과거와 달리 현재는 광군제 프로모션과 마찬가지로 공식 프로모션 기간이 6월 1일부터 20일로 점차 확대되고 있다. 2022년 6.18 페스티벌의 거래액은 3,793억 위안으로 코로나19의 상황에서도 중국 온라인 쇼핑의 위력을 보여주었다.

과거에 6.18은 징동만의, 11.11은 알리바바만의 쇼핑 이벤트로 인식되면서 각 업체만이 쇼핑 특수를 누렸지만 2017년부터는 점차 전체 이커머스 플랫폼으로 확대되었다. 2017년에는 알리바바 산하 티몰이 최초로 6.18 페스티벌에 참여하면서 알리바바와 징동 양대 전자상거래업체의 경쟁구도가 본격화된 것이

다. 이후 6.18과 11.11의 온라인 쇼핑 페스티벌은 티몰, 징동, 타오바오, 핀둬둬 등 다양한 전자상거래업체들이 모두 참여하여 진행하는 중국 전체의 국가 이벤트로 자리잡게 되었다. 이외에도 중국에는 12월 12일(双十二, 쐉스얼), 쑤닝의 8.18 등의 쇼핑 페스티벌이 있다.

둘째, 우지에링쇼(无界零售)의 경계 없는 쇼핑이다. 징동은 온라인과 오프라인의 경계를 허물고자 했다. 우지에링쇼는 언제 어디서나 쇼핑이 가능하다는 의미로 2017년 징동의 창업자 류창둥이 처음 사용한 단어이다. 온라인 오프라인의 경계를 허물고 상품의 생산과 판매에 이르기까지 공급망 통합이 핵심인 개념이다. 온오프 통합은 국경 간의 거래가 더욱 활발해지는 원동력이 되기도 하였다.

2017년은 중국의 리테일의 원년으로 전자상거래 기업의 O2O, 즉 온라인과 오프라인의 다채널 통합이 활발하게 이루어졌다. 징동의 6.18 페스티벌에 알리바바의 티몰이 참여하였고 이러한 분위기는 점차 확대되어 온라인쇼핑에 국한되던 축제에서 오프라인까지 아우르는 연례행사로 변화했다. 또한, 징동은 이미 블록체인을 활용해 상품정보를 확인하고 원산지를 추적하는 시스템을 가동하고 있으며, 빅데이터를 기반으로 중국소비자에게 인기가 많은 한국 제품을 시장에 판매하는 등의 내용은 한국기업에 큰 시사점을 준다.

셋째, 자체정보시스템과 물류시스템의 구축이다. 징동은 발전 초기 구매, 지불, 발송 3개 프로세스를 진행하는데 10일이 소요되는 시간을 자체 정보시스템을 개발하여 전체 프로세스를 34개로 분류하고 이 중 60%를 징동에서 컨트롤하면서 유연성을 제고하여 소요시간을 단축시켰으며 공급사슬의 효율과 서비스 품질을 제고하였다. 징동은 아마존을 벤치마킹기업으로 설정하였을 뿐만 아니라 아마존 창고시스템을 구축하려고 노력하여 UPS와 같은 물류배송시스템을 구축하였다.

현재 징동은 인공지능과 빅데이터를 활용하여 물류시스템을 최적화하고 있으며, 자동화 물류창고시스템을 구축하였다. 또한 배송효율을 제고하기 위하여 드론, 로봇, 무인 트럭을 통한 무인배송시스템을 도입하여 물류시스템의 혁신을 주도하고 있다.

그림 10-19 | 징동 우지에링쇼 체험관

출처: PConline

그림 10-20 | 징동의 무인 물류시스템

출처: 楚天都市报

물류 무인화의 가장 큰 장점은 효율성을 제고하고 비용을 절감한다는 데 있다. 현재 징동 무인창고의 저장효율은 기존 선반 형태의 저장보다 5배 이상 높다. 징동의 쿤산(昆山) 무인 분류 센터는 물품 분류를 시간당 최대 9,000건까지 늘릴 수 있으며 포장 효율성은 4배 가까이 향상되었다고 한다. 또한 분류 장소의 인력을 최대 180명까지 줄일 수 있다. 징동은 지난 2016년 정식 주문건에 대한 첫 드론 배송을 성공시키기도 하였다. 2022년 6월 기준, 징동은 물류 자동화 기술 관련하여 4,000개 이상의 특허를 보유하고 있다.

징동닷컴의 자회사인 징동물류는 2014년 아시아 최대 규모의 '아시아 1호(亚洲一号)' 스마트 물류센터를 상하이에 설립하였으며, 2022년 6월 기준, 징동의 '아시아 1호' 스마트 물류센터는 26개 도시 32개가 운영되고 있다. '아시아 1호' 스마트 물류센터는 징동이 자체

그림 10-21 | 징동의 '아시아 1호' 스마트 물류센터

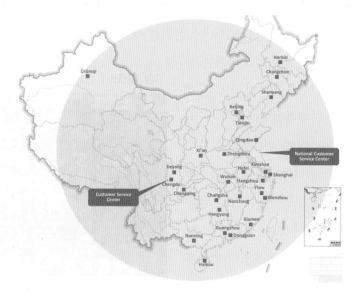

출처: JD.com

개발한 물류창고 자동화 시스템, 물품수송, 택배분류기 등 자동화 장비를 내부적으로 구축하고 있으며 1일 15,000~20,000건의 물량을 분류할 수 있다.

그림 10-22 | 징동의 물류창고

출처: 징동물류

징동물류는 지속적인 기술개발을 통해 물류 시스템을 개선하고 2021년 5월 홍콩 거래소에 상장했다. 2017년 설립 이후, 연평균 30% 이상의 성장률을 기록하면서 상승세를 보이고 있으며 2021년 매출액은 1,000억 위안을 돌파했다. 징동은 중국에서 알리바바 다음으로 큰 이커머스 플랫폼으로 2022년 9월 기준, 전국적으로 1,500개의 물류창고를 운영 중인데, 이는 중국 최대의 택배회사인 순펑(順丰)이 보유하고 있는 창고보다도 많다. 경쟁자인 알리바바와 비교하여 징동의 강점은 물류 시스템이라고 할 수 있으며 현재 전체 주문의 90% 가까이 당일 배송 혹은 익일 배송이 가능하다.

넷째, 제품관리이다. 징동이 다른 이커머스 플랫폼과 비교하여 소비자에게 인식되고 있는 이미지는 정품을 판매하는 곳이라는 점이다. 아이템 수는 다소 적지만, 이러한 전략을 통하여 징동은 경쟁력 있는 제품을 확보하였으며 견고한 고객 기반을 마련하였다. 징동은 단지 이익만 추구하는 것이 아니라, 채널을 확장하면서 매년 공급업체과 실질적인 커뮤니케이션을 통하여 해당 브랜드를 이해하고 제품관리에 관심을 가졌다. 현재 징동은 여러 브랜드와 전략적 파트너십을 체결하였으며, 경쟁사 대비 높은 제품 품질을 자랑하고 있다.

다섯째, 고객체험이다. 징동의 고객체험은 제품, 가격과 서비스 3개 요소를 내포하고 있다. 제품은 현재까지 정품 판매를 보장하고 모든 구매 건에 대하여 세금계산서를 발행하도록 하고 있다. 가격에서는 저가전략을 시행하며 모든 제품의 저가를 추구하는 것이 아니라 제반의 저가를 추구하고 있다. 서비스는 품질을 제고하기 위하여 고객체험부서를 설립하여 고객체험을 평가한 후 다이렉트로 회장에게 보고함으로써 고객경험을 제고하고 있다. 징동 온라인 유통의 성공은 고객체험의 질적 향상뿐만 아니라, 고객 니즈와 기술 발전에 더불어 빅데이터 기술을 적용한 정보시스템과 무인 물류시스템 구축, 무인 배송 등을 통하여 '정품' 제품전략과 더불어 신속한 배달을 보장하고 고객의 문제점을 신속하게 해결하는 데 있다. 그리고 징동의 6.18 페스티벌을 통하여 타오바오의 광군제 판촉을 능가하고 뉴리테일러에서 경계 없는 쇼핑을 실현함으로써 온라인 유통의 성공을 거두었다.

4 신유통: 중국 온라인유통의 혁신

신유통은 2016년 10월 중국의 대표 이커머스 기업인 알리바바의 마윈이 처음 제시한 개념으로 온오프라인의 경계를 허무는 새로운 물류 유통 방식을 이야기한다. 과거의 유통은 제품-채널-소비자 순서로 우선순위가 매겨지면서 공급이 진행되어 공급과잉으로 기업 간의 가격 경쟁을 불러일으켰다. 그러나, 알리바바가 제시한 신유통은 소비자-제품-채널 순으로 제품 공급의 중요도가 바뀐 것이 변화의 큰 핵심이다. 알리바바의 빅데이터 분석을 기반으로 소비자들에게 맞춤형 제품을 생산하는 C2M방식을 추가적으로 진행하여 유통 채널의 가치를 부여하며 온라인과 오프라인의 경계를 허무는 시스템을 제공한다.

신유통이라는 개념을 제시하며 알리바바가 처음으로 출시한 유통채널은 허마센셩(盒马鲜生)이다. 이후 많은 기업들이 온오프라인을 허무는 유통 채널을 시도하고 있는데, 징동의 우

그림 10-23 | 신유통의 주요 변화

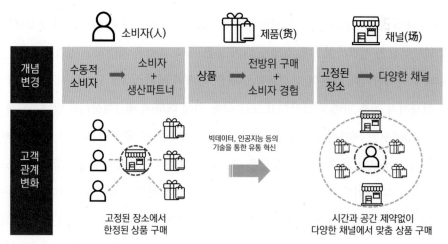

출처: 플래텀 자료 바탕으로 재작성

지에링쇼도 알리바바의 신유통과 유사한 개념으로 이해할 수 있다. 중국 내에서 신유통은 상하이, 선전 등 1선도시에서 시험적으로 운용된 후 각 인터넷 기업들이 제공하는 모바일결제시스템, 빅데이터, AI, AR 등 기술 등을 기반으로 유통 혁신의 키워드가 되고 있다.

신유통이 진입하면서 가장 활성화된 시장은 신선식품 시장이다. 중국의 시장조사기관인 iMedia에 따르면 2021년 온라인 신선식품 시장규모는 3,100억 위안이며 이용자 규모도 4억 명에 달한다. 신선식품 시장은 신유통의 등장과 코로나19로 인한 소비패턴 변화로 인해 급성장한 대표적인 시장이다.

생활환경의 변화로 인해 빠르게 온라인 신선식품 시장으로 유입된 소비자들은 신선한 제품을 신속하게 배달 받는 편의성으로 인해 현재의 소비 습관을 유지할 것으로 예측된다. 또한 시장의 규모가 확장된 만큼, 더욱 다양한 제품들을 소비자의 집 앞까지 빠르고 효율적으로 유통 채널을 구축하기 위한 기술 도입과 산업 발전이 지속적으로 이루어질 것으로 보인다. 중국에는 알리바바 산하의 허마셴성, 텐센트의 투자를 받은 메이러요우셴(每日优鲜), 메이퇀의 메이퇀 요우쉬엔(美团优选), 징동의 7Fresh, 딩동마이차이(叮咚买菜) 등 다수의 플랫폼이 있다. 이하에서는 신선식품의 대표 신유통 플랫폼 허마셴성에 대해 살펴보자.

허마셴성은 2015년 설립된 중국 알리바바의 신선식품 매장으로서 자동화 물류 시스템을

그림 10-24 | 중국 신선식품 시장 규모

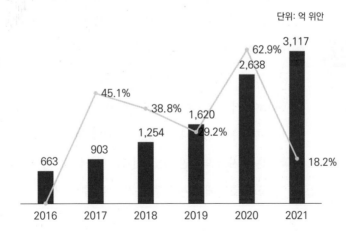

출처: iMedia, KOTRA에서 재인용

그림 10-25 | 중국의 주요 신선식품 플랫폼

신유통 형태의 신선식품 플랫폼

| 叮咚买菜 | 每日优鲜 | 盒马 | 7FRESH | 呆萝卜 | 食行生鲜 | 朴朴 |
| 美团买菜 | 兴盛优选 | 两鲜 | 永辉生活 | 春播 | 大润发优鲜 | 多多买菜 |

갖추고 배송 거점 역할을 한다. 2016년 상하이에 1호 매장을 오픈하면서 온오프라인에 구애를 받지 않고 주문하면 고품질의 신선제품을 빠르게 배송해주는 시스템을 통해서 소비자들의 마음을 사로잡았다. 2022년 10월 현재 중국 대도시를 중심으로 326개의 매장이 있다.

오프라인, 온라인으로 주문이 접수되면 직원들은 상품을 픽업하고 천장에 설치된 컨테이너 벨트를 통해서 이동시간을 절약한다. 이후, 제품은 매장 뒷편에 모아져 배송 인력을 기다

그림 10-26 | 허마셴셩 로고

린 후 고객에게 배송된다. 허마셴셩은 자체적인 브랜드 구축을 통한 우수 제품 공급 안정화 및 신뢰도를 제고하고자 전국 500여 개의 농가와 협업을 통해 117개의 허마촌을 설립하여 산지 직배송을 통한 효율적 물품을 공급받는다. 허마셴셩 매장 반경 3km에 거주 지역이 있다면, 온라인 주문에서 수령까지 약 10분, 배송까지는 약 20분 남짓으로 최대 30분 이내 제품을 수령할

수 있다. 이러한 이유로 중국에는 허세권(역세권이란 표현처럼 허마셴셩이 주거지 가까이에 있음을 의미)이란 용어가 있으며 중국의 호텔에서는 호텔 근거리에 허마셴셩이 있음을 홍보하기도 한다.

허마셴셩은 제품 중에서 당일 판매라인을 운영하여 소비자들의 신뢰도를 높일 뿐만 아니라 다양한 수입 제품 판매를 통해 소비자들의 만족도를 제고시키고 있다. 또한, 배송비 면제

그림 10-27 | 허마셴셩 매장에서 주문 제품을 이동시키는 직원

출처: 허마셴셩 홈페이지

기준을 조정하여 운송의 효율성을 제고할 뿐만 아니라 온라인을 통한 판매에 사업이 집중되어 있지만 오프라인 매장에서도 해산물이나 신선 제품을 통해서 직접 요리를 해주는 이벤트를 통해서 소비자들의 이목을 받고 있다. 허마셴셩은 오프라인 매장운영의 소통을 통해서 온라인의 한계점을 이겨내고 분포된 물류창고와 빠른 배송을 통해서 고객들에게 신뢰도를 얻은 신유통 분야의 선도 기업이다.

그림 10-28 | 허마셴셩 주문 및 배송 프로세스

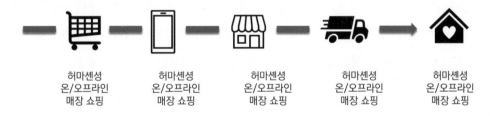

출처: 우정정보 117, 에스비즈뉴스(SBIZNEWS)에서 재인용

제3절 중국 유통관리

1 중국 유통경로의 특수성

중국 유통시장은 춘추전국시대를 방불케 한다. 중국 23개 각 성별로 유통강자들이 다르다. 광대한 영토와 14억이나 되는 인구, 성(省), 시(市), 현(县) 등으로 구분되는 중국 행정구역 특성상 유통대리상의 종류는 다양하고 전 지역에 분산되어 있어 복잡한 유통구조를 형성하고 있다. 그렇기 때문에 빅3(신세계, 롯데, 현대)에 의해 유통이 장악되는 한국처럼 주요 백화점 바이어와 네트워크만으로는 유통망 확보 및 관리가 수월하지 않다. 또한 넓은 국토의 영향으로 원거리관리에 제약이 따르기 때문에 직영 대신 대리상을 통한 수주유통이 발달된 것이 중국 유통시장이다.

중국의 유통 대리상은 크게 대리상(代理商)과 경소상(经销商)으로 구분된다. 대리상은 성아래 현 단위까지 각각 지역별로 피라미드 구조를 가진 중간 도매상이다. 소매 대리상인 경소상은 성급, 현급으로 나누어져 있고 최종 소비자에게 제품을 직접 판매할 수 있지만, 일반적으로 대리상은 경소상을 거쳐야 소비자에게 판매할 수 있다. 즉 중국시장의 기본 유통과정은 3단계로 제조상 → 경소상 → 소비자 순이다. 4단계부터 대리상이 등장하는데 제조상 → 총대리상 → 경소상 → 소비자 순이다. 여기서 총대리상은 제조업체로부터 도매로 제품을 공급받아 전국 각 지역에 유통한다. 5단계부터는 1급대리상이 나타나면서 제조상 → 총대리상 → 1급대리상 → 경소상 → 소비자 순이다. 6단계에서도 경소상 전에 2급대리상이 등장하는 구조로 결국 소비자로 가기 위해서는 반드시 경소상을 거쳐야만 한다. 따라서 중국에 진출하는 기업은 보통 유통 대리상과 네트워크를 형성한다. 특히 경소상과 대리상을 포함한 중국 유통 대리상의 구매력이 높아, 궈메이(国美), 쑤닝(苏宁) 등과 같은 유통 전문업체의 경우 그 영향력이 글로벌 제조업체나 지역 내 주요 제조업체보다 큰 것이 특징이다.

경소상과 대리상 간에 어떠한 차이가 있는가? 우선, 유통경로상의 역할 측면에서 다르다. 경소상은 자기 자금으로 물품을 구매하고 판매함으로써 이윤을 창출하는 반면 대리상은 위탁판매자로서 판매대금의 일부를 커미션 형태로 수취한다. 또 경소상은 다양한 상품을 관리할 수 있어 물품을 직접 구입한 후에 판매하기도 한다. 이는 대리상과 달리 상품소유권을 가지고 있기 때문이다. 경영에서도 차이가 난다. 경소상은 독립적인 경영방식으로 같은 상품을 가진 경소상과 상호 경쟁을 할 수 있다.

표 10-6 | 중국 유통의 대리상과 경소상 차이점

구분	대리상(代理商)	경소상(经销商)
조직	독립경영 or 사무소	독립경영
상품거래	상품 소유권 無 물품/서비스 대리 위탁판매	상품 소유권 有 물품/서비스의 직접 구입 후 판매
상품군	품목제한	다품종경영
수익	위탁판매수수료, 커미션	상품판매수익
공급상과의 관계	공급상의 권한이 큼 (공급상의 지도 or 제약이 큼)	공급상의 대등한 관계 (공급상의 제약이 없거나 매우 적음)

　반면 대리상은 총판부터 성, 시, 현 등으로 내려오는 구조로 상위 구조의 대리상과 경쟁하는 데 한계가 있다. 이에 따라 경소상은 경영활동에 있어 공급상과 대등한 관계다. 경소상은 소비자에게 직접 팔 수 있기에 공급상의 제약이 없고 설사 있어도 영향이 미미하다. 하지만 대리상의 사정은 다르다. 대리상의 경우 공급상의 권한이 강해 경영활동상 제약을 받을 수 있다. 경소상과 달리 대리상은 독립적인 경영방식에 사실상 한계가 있는 것이다. 이에 따라 10명 미만의 소수의 인원으로도 경소상은 매출을 올릴 수 있다.

　복잡한 중국 유통시장에서 제조업체와 소비자 사이의 직접적인 교량 역할을 하는 경소상은 중국으로 진출하려는 업체들에게 매우 중요한 존재이다. 특히 중소기업의 경우 넓은 중국시장에서 판매망을 구축하는 것이 현실적으로 불가능하므로 경소상의 힘을 적극 활용할 필요가 있다. 경소상을 통해 납품할 경우 물류비 혹은 재고비 절감 등의 효과가 있다. 반대로 경소상 없이 중국으로 수출할 경우 총대리상(총판)부터 단계별로 계약하기 때문에 기업의 입장에서 부담이 크다.

2 중국 유통판매망 구축 전략

한·중 기업이 중국 유통시장에 진출하기 위한 방법은 크게 직접진출과 간접진출로 나뉜다. 자사 브랜드가 속해 있는 시장의 전망이 좋다고 판단되면 직접진출을 검토할 시기이며 불황이 계속되면 직접진출보다는 리스크를 줄이는 간접진출이 적합할 것이다.

중국 유통시장에 직접진출하기 위해서는 중국 내 비즈니스 거점을 마련하는 것이 필수적이다. 통상적으로 연락사무소는 설립이 간단하고 소요 비용이 크지 않은 장점이 있다. 그러나 업무 범위가 본사와의 연락업무에 한정되어 있으며 영수증 발급 권한이 없어 실질적인 비즈니스 활동은 불가능하다. 결국 중국 유통시장 진출을 위해서는 투자를 통한 법인 설립이 불가피하다고 할 수 있다. 만약 중국진출 후 중국법인을 상하이에 둔다면 상하이 인근 지역인 화동지역을 직접 관리하는 직영방식이 효율적이다. 다만 그 외 서북내륙 및 동북지역 등 원거리는 대리상을 통한 수주방식을 결정하는 것이 적합하다. 하지만, 유통방식은 자금 및 자사브랜드의 상황에 따라 변할 수 있다. 자사브랜드가 자금의 여유가 있다면 직접진출 후 직영 비중을 높일 수 있고 반대의 경우라면 대리상의 자금을 끌어들일 수 있다.

간접진출의 경우에도 자사브랜드가 상표권을 주고 중국기업이 기획, 생산을 해도 브랜드에 문제가 없다면 라이선스를 줄 수 있다. 반면 디자인을 넘겨줄 수 없고 단순히 상품을 수출하고 싶은 기업이 소싱기반을 잘 갖추었다면 완제품 수출로 중국 유통을 전개할 수 있다.

다음은 한·중 기업이 직·간접진출 후 어떤 방식으로 판매망을 구축할 지 알아보자. 중국은 거대한 시장으로 지역이나 소비층에 따라 자사제품의 특성을 고려하여 어떤 방식의 판매

그림 10-29 | 직접 진출 시 판매망 구축 방안

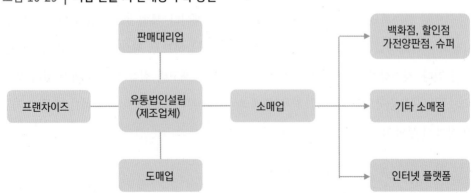

망을 구축할지 사전에 충분히 검토해야 한다. 판매망 구축은 대리상과 경소상을 활용하는 경우, 직영점 구축 및 입점 방법 등 다양한 방법이 있다. 일반적으로 판매망 구축 시 각 성이나 지방 중소도시는 대리점을 경유하는 것이 바람직하며, 대규모 소매점이 유통을 지배하는 대도시에는 백화점, 할인점 또는 직영점을 통해 직접 판매하는 형태를 취하는 것이 좋다. 판매지역이 광범위해질 경우에는 판매거점으로서 분공사(分公司, 본사 아래의 직접적인 업무경영 활동을 맡아 하는 분할기구 및 부속기구)를 설립하여 운영할 수도 있다. 따라서 개별 기업의 상황에 적합한 판매망을 설립하는 것이 바람직하다.

(1) 프랜차이즈

프랜차이징(Franching, 가맹사업)은 어떤 서비스나 상표 등록을 마친 상품의 소유자(생산업자나 소매상)가 일정 지역에서 서비스나 상품을 판매할 수 있는 독점권을 특정인에게 부여하면, 특정인이 소유자에게 일정한 비용이나 로열티를 지불하면서 서비스나 상품의 품질이 기준에 부합할 수 있도록 보증하는 형태이다. 중국의 경우 온라인 유통이 급성장함에 따라 프랜차이즈 매출액이 하락하고 있다.

표 10-7 | 중국 내 100대 프랜차이즈 소매기업의 매출액

(단위: %)

년도	2013	2014	2015	2016	2017	2015	2019	2020
매출액 증가율	9.9	5.1	14	21	13	7.7	-7.2	-7

출처: 중국프랜차이즈협회

중국 내 프랜차이즈 사업 형태는 크게 두 가지인데, 외국기업이 직접 중국 내 기업에게 프랜차이즈를 제공하는 방식과 외국기업이 중국 내에 독자 또는 합자기업 설립 후 프랜차이즈 사업을 하는 방식이다. 소매업, 외식업, 서비스업은 프랜차이즈의 주요 3대 업종이다.

중국의 프랜차이즈 유형은 크게 마스터 프랜차이즈(Master Franchise), 지역 개발 프랜차이즈(Area Development Franchise), 대리 프랜차이즈(Agency Franchise), 직접 프랜차이즈(Direct Franchise), 합자 프랜차이즈(Joint venture Franchise) 등 5가지 유형으로 나뉜다.

1) 마스터 프랜차이즈

마스터 프랜차이즈는 프랜차이저의 자본 및 시간 투입이 가장 적은 방식으로 프랜차이지로 하여금 특정 지역 내에서 계약 조건에 따라 2차 프랜차이지를 재모집하거나 자신의 통제하에서 가맹점 아울렛을 열 수 있도록 배타적 권한을 부여하는 방식이다. 2차 혹은 서브 프랜차이지(sub-franchisee)에게 가맹점포 개설에 관한 권한을 포괄적으로 위임하는 일종의 수권 경영 방식이다. 이 방식은 1차 프랜차이지의 권한이 크기 때문에 과거의 제휴, 협력 경험을 통해 신뢰가 검증된 프랜차이지에게 주로 사용한다.

2) 지역 개발 프랜차이즈

지역 개발 프랜차이즈는 프랜차이저가 현지 프랜차이지에게 일정 기간 동안 특정 지역 내에서 제한된 숫자의 아울렛을 개설할 수 있는 권한을 부여하는 방식이다. 2차 프랜차이지를 모집한다는 점에 있어서는 마스터 프랜차이즈와 유사하지만, 규정된 숫자의 범위 내에서만 점포 개설권을 주고 제한권이 없는 마스터 프랜차이즈보다는 프랜차이지의 자율권이 비교적 약하다.

3) 대리 프랜차이즈

대리 프랜차이즈는 프랜차이저가 중국 내 대리인을 정한 후, 그로 하여금 프랜차이저를 대신해서 일정 지역 내에서 프랜차이지를 모집해 계약된 서비스를 제공하도록 하는 것이다. 마스터 프랜차이즈나 지역개발 프랜차이즈와 다른 점은 대리인이 점포 개설에 관한 포괄적 자율권을 갖지 않고, 단지 프랜차이저와 합의한 계약 내용을 이행하는 데 주력한다. 따라서 대리인에 대한 정보가 불완전한 경우, 대리인의 도덕적 해이, 본인의 역선택(Adverse Selection) 등 대리인 문제가 초래될 수 있다는 단점이 있다.

4) 직접 프랜차이즈

직접 프랜차이즈는 가장 보편화된 방식으로, 프랜차이저가 특정 프랜차이지와 개별적으로 계약을 체결, 계약 조건에 따라 상표권, 비즈니스 모델 등 사업활동에 필요한 모든 권한을 프랜차이지에게 부여하는 방식이다. 잠재적 프랜차이지의 발굴, 모집 및 교육, 훈련에 시간과 비용을 쓰기 때문에 통제의 정도는 5가지 유형 중 가장 강하다고 볼 수 있다. 대규모

투자가 필요하고, 서비스 질에 대한 통제가 필요한 요식업, 철저한 브랜드 관리가 필요한 교육, 자동차 수리서비스 등 신성장 업종에 많이 쓰이며, 높은 수준의 통제를 쉽게 받아들이는 미국 등 성숙기 선진국 경제에서 많이 활용한다. 대표적으로 맥도날드 등이 있다.

5) 합자 프랜차이즈

합자 프랜차이즈는 둘 혹은 그 이상의 파트너가 손익을 분담하는 방식의 합자기업을 설립한 다음, 가맹점을 공동으로 경영하는 방식이다. 법인격을 갖춘 외국 프랜차이저가 중국 프랜차이지와 공동 출자한 다음, 가맹점 아울렛을 공동으로 운영하는 방식이므로, 협력 시너지가 클 수도 있지만, 쌍방 간에 이해가 충돌되거나 갈등이 있을 경우, 일관된 가맹점 운영이 어려워지는 단점이 있다. 합자투자 방식을 기본으로 하고 있기 때문에 선진적 경영 노하우의 습득, 관련 지식, 경험의 축적에 유리해 중국정부가 프랜차이즈 도입 초창기에 적극 권장했던 방식이나, 독자진입 방식을 허용하면서 현재 활용도가 낮다.

(2) 직영체제

제품 공급자가 직접 영업조직을 설립하여 운영하는 형태로 해당 지역 소매상을 직접 관리한다. 2급시장과 3급시장까지 소매상 또는 브랜드점 형태의 자사의 유통망을 구축한다. 경소상을 활용하기도 하지만 일부에 국한되며 전체적으로 유통망 구축에 많은 비용이 소요되는 것이 단점이다.

한·중 기업 중 가장 방대하고도 조직적인 유통관리를 하고 있는 회사는 이랜드다. 중국 의류시장에서 로컬 브랜드는 매스마켓시장에서 대부분을 점유하면서 3·4선 도시 등 외곽지역까지 광범위한 유통채널을 가지고 있다. 이렇게 치열한 경쟁 속에서 이랜드는 1994년 생산지사를 설립하면서 의류업체 최초로 중국을 생산기지가 아닌 내수시장으로 보았다.

1996년 중국에 이랜드 브랜드를 출범시키면서 본격적으로 중국사업 밑거름을 닦았고, 지속적인 브랜드 런칭을 통해 점포 수 및 매출액을 확대시켜, 2000년대부터 매년 40% 이상 매출 신장률을 보이며 승승장구하였다. 2010년 매장수 3,725개로 확대, 국내 패션유통기업으로선 최초로 중국에서 연매출 1조 원 달성을 기록하기도 하였다. 이랜드가 중국에서 승승장구했던 이유는 철저한 시장조사를 통한 현지화에 기반을 뒀기도 했지만, 또 하나가 바로 100% 직영점 체제의 유통채널전략이었다. 단순히 덩치만 키우는 식의 매장 확장에 집중하지 않고 검증을 통해 전국에 있는 핵심 점포 위치를 선점하여 효율을 극대화할 수 있는 전략을 펼쳤다. 이러한 전국적인 직영점 체제망은 장기적으로 수직통합 시스템으로 브랜드 일관성을 높일 수 있다는 장점이 있다.

그러나, 이랜드 역시 기업 외부적 환경에 대한 영향을 피할 수는 없었다. 2017년 사드 사태와 2019년 코로나19로 인해 중국 내 이랜드 매장은 점차 축소되었으며 자사 브랜드인 티니위니를 중국에 매각하며 강세를 보였던 패션 산업에 큰 타격을 입게 되었다.

이랜드는 위기 속에서도 백화점 틈새시장을 노리며 복합 유통망에 확대에 집중했다. 이랜드는 2015년 바이성(百盛, 팍슨)그룹과 합작법인을 설립하며 바이성그룹이 운영하던 백화점을 5개월 동안 300억 원을 투자해 리뉴얼했다. 이후, 2016년 1월 중국 상하이 창닝지구에 이랜드만의 도심형 복합 쇼핑몰인 '팍슨-뉴코아몰'을 오픈했다. 바이성그룹은 자본금을 제공했고, 이랜드는 명품 직매입 매장과 이랜드의 강점인 SPA 브랜드, 편집숍, 외식브랜드 등으로 구성하며 200여 개의 콘텐트로 매장을 구성했다.

2016년 상하이를 시작으로 이랜드는 중국 전역에 백화점 오픈을 예고했다. 이랜드의 경우 새로운 건물로 백화점을 구성하는 것이 아닌 기존의 건물의 리뉴얼을 통해서 비용을 최소화하고 빠르게 변화하는 중국시장에 대응하고자 노력하고 있다. 화렌 그룹(성도시), 오야 그룹(장춘시, 길림시), 바이성 그룹(상해시, 심양시) 등의 중국 유통 대기업이 이랜드의 복합 쇼핑몰 건설에 참여했다.

(3) 대리상 관리체제

대리상은 각 성(省)의 판매권을 부여받은 지역별 판매 대리 주체이다. 이들은 그 지역의 상권에 대한 파악은 물론 지역의 유통관계자들과 밀접한 관계를 가지고 있으며 그 지역 소비자들의 성향, 습관 등에 익숙한 그야말로 지역 전문가 집단이다.

대리상은 직접 운영하는 직영점 외에 가맹상이라는 하부 구조를 가지고 있다. 가맹상은 우리가 알고 있는 점주의 개념인데 대리상과의 계약을 통해 브랜드의 상품을 사갈 권리를 갖는다. 따라서 각 지역마다 시장을 주도하는 지역 전문가 집단인 유능한 대리상을 발굴하는 것이 무엇보다 중요하다. 대리상을 발굴할 때는 대리상의 신용도, 규모, 탄탄한 판매망 보유 유무, 대량 오더를 감당할 만한 자금력 확보 등의 여부를 철저히 확인하고, 상품 특성에 대한 이해 정도 및 판매에 대한 적극적인 자세 보유 여부를 확인하고, 대리상이 유사제품을 판매하고 있는지도 반드시 확인해야 한다. 중국 대리상은 판로와 이익을 독점하겠다는 생각이 강하여, 초기 상담 시부터 독점권을 요구하는 경우가 많다. 일단 독점권을 주고 나면, 계약기간 중에는 직영점 운영 등 자체적인 마케팅 활동이 불가능해지므로 우리 기업은 매우 신중히 검토해 보아야 한다.

아래는 중국 대리상 선정 시 유의해야 할 내용이다. 1) 중국 대리상의 규모 및 판매 능력을 확인해야 한다. 전문 신용평가기관을 통해 중국 대리상의 회사 등기사항 여부, 자본금 규모, 기업소유 지배구조, 유사제품을 판매한 경험이 있는지 등에 대한 전면적인 조사가 필요하다. 2) 중국 대리상의 판매의지와 도덕적 해이(Moral Hazard) 현상에 주의해야 한다. 중국 시장 진출 시 기업에 대한 중국소비자들의 인지도가 낮기 때문에 국내 중소 기업들의 제품을 중국 대리상들이 적극적인 판매에 나서지 않을 가능성이 높다. 또한, 고의로 제품의 결제 기간을 장기화하거나 미수금을 발생시킬 가능성도 존재한다. 가장 큰 문제점은 한국 제품을 대리로 판매하면서 대리상의 수익성이 확보되면 더 큰 수익 창출을 위해 기업 몰래 모방 제품을 만들어 조달하거나 기술을 유출하는 모럴 해저드 현상이 발생할 수 있다. 3) 중국 대리상의 관리 시스템을 구축헤야 한다. 중국 대리상은 지역의 규모에 따라서 일반 대리상, 지역 대리상, 1급, 2급 대리상으로도 구분될 수 있다. 이때, 한국의 기업들은 주로 일반 대리상과 지역 대리상, 1급 대리상 정도에 관리를 진행하며 아래 등급의 지역의 관리는 적극적으로 하지 않는다. 그러나, 대리상에 있어 가장 많은 문제가 발생하는 부분은 2급, 3급 지역으로 전체 기업을 아우를 수 있는 관리 시스템 구축이 필수적이다. 또한, 대리상 계약 진행 전이나 유통계약 이후 성실하게 시행하는지에 대한 불시점검을 통해서 해당 대리상에 대한 실체를 확인하는 작업이 필요하다.

이처럼 한국 중소기업의 경우 중국 내에서 자사제품을 적극적으로 홍보하여 판매할 수 있는 대리상과 경소상을 선정하는 것이 효율적이다.

대리상과 경소상을 통한 판매 망은 크게 다층구역 대리상 구조와 구역 총경소상 구조로 나눌 수 있다. 먼저 다층구역 대리상 구조는 시장을 지역별로 나눈 후 각 지역에 총 대리상

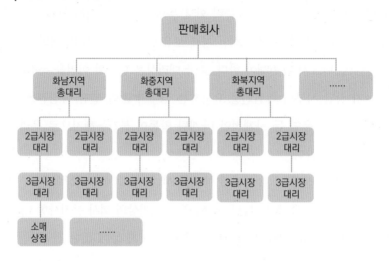

그림 10-30 | 다층구역 대리상 구조

을 설치하는 경우이다. 총 대리상의 하부에 시장 규모별로 2급 시장과 3급 시장을 나누고 각각 대리상을 둔다. 이러한 구조는 단기간 내 낮은 비용으로 대규모 판매망을 구축할 수 있다는 장점이 있다. 구역 총경소상 구조는 판매회사 관할지역 내 지역(일반적으로 성(省))을 세분화하고 각 지역에 독점적인 1급 도매상을 두고 있다. 1급 시장의 대형 소매상을 제외하고 각 지역의 모든 소형 소매상은 1급 도매상으로부터 제품을 공급받는다. 1급 도매상은 각 2급 도시에 2급 도매상을 지정하고 2급 도매상은 3급 도매상을 설치할 수 있다. 3급 시장에 도매상이 없는 경우 상위 도매상인 2급 도매상이 3급 시장의 소매상에 제품을 제공한다.

3 중국 유통경로별 관리

중국 유통시장은 선진 유통시장(미국, 일본, 유럽 등)의 선례와 중국 고객들의 욕구 변화, IT 기술의 신보 등을 감안했을 때, ① 과점화, ② 주요 유통업체의 영역 확장, ③ 유통업태의 복합화, ④ Online 상거래와 Mobile Shopping의 확장에 따른 지속적인 신유통업태의 발달 등이 전개될 것으로 예상된다. 따라서, 중국의 유통시장은 한국 유통기업에게 ① 시장확대, ② 매출 및 수익성 등의 경영성과, ③ 부제품구매 Sourcing 전략적 측면에서 매력적이나, 중

그림 10-31 | 중국 유통시장의 변화 Trend

고객 Needs의 다양화	
Value Retailing	• 가격보다 품질 중시
고급화 다양화	• 소득 양극화로 인한 라이프 스타일변화로 고객 세그먼트가 다양해질 것으로 예상
E/T	• 쇼핑과 엔터테인먼트를 함께 즐기려는 수요증가
전문정보	• 주요 상품군에 대한 Mania계층 형성 • 전문적인 정보에 대한 수요 증가
구매편의	• 쇼핑시간을 최소화하여 구매 편의를 향상시키고자 하는 수요 증가

중국 유통업계의 주요 Trends	
유통업체 과점화	• 유통 Major업체에 의한 과점화 • 고객 니즈가 다양해짐에 따라 Winner와 Loser시장이 빠르고 명확하게 결정됨
Major업체 영역확대	• Major업체의 타 영역 진출 가속화 • Offline 업체의 온라인 진출 • Online 업체의 오프라인 진출
Major업체 영역확대	• Online과 Offline의 경계를 허무는 유통 혁신 • 빅데이터, 인공지능 등의 혁신 기술 융합 • 허마셴셩, 우지예링쇼 등

국 내수시장에서의 성공을 위해서는 장기적으로 유통경로별 관리 전략의 수립이 필요하다.

(1) 유통경로별 관리 전략

거대한 내수시장에서 성공을 거두기 위해서는 무엇보다 각 지역별로 고루 퍼져 있는 유통망을 관리하는 것이 관건이다. 그러기 위해서는 중국 현지 유통기업들과 적절한 제휴가 필요하다. 합작 시 파트너사의 명성보다는 파트너십의 질(質)이 더 중요하다. 또는 지역 시장을 주도하는 지역 전문가 집단인 유능한 대리상을 발굴하여 총대리상 자격을 주고 관할지역의 2·3급 대리상을 발굴토록 독려해야 한다.

중국 유통경로 관리에서 삼성전자의 사례를 이해해 볼 필요가 있다. 2013년 삼성 휴대전화는 중국시장은 물론 전세계 시장에서 최대 승자였다. 하지만 글로벌 브랜드 파워에서는 애플에, 로컬 브랜드 파워에서는 샤오미, 화웨이, oppo 및 vivo 등 중국 경쟁사의 도전을 받으면서 삼성은 양쪽의 협공에 끼인 샌드위치 형태로 고전하고 있다. 삼성은 유통망을 개혁해 중국 내 직판 체제를 강화함으로써 위기를 타개하려 하였다.

중국 삼성전자는 2014년 말 중국시장의 휴대전화 유통망을 과감하게 개편해 기존의 전국 총판과 성급 총판 방식을 없애고 FD(Fullfillment Distribute) 플랫폼 방식으로 전환했다. FD 플랫폼 방식이란 성급 총판과 직접공급을 절충한 형태로, 휴대전화 제조사가 성급 대리점을 선정하고 대리점은 물류를 책임지되 하위 판매점을 개발할 의무가 없다. 삼성전자가 직접 판매상을 상대한다. 성급 대리점은 일종의 중개소 역할만을 수행해 휴대전화 판매 차익이 아닌 제조사가 지급하는 비용으로 수익을 창출한다. 노키아가 이 방식을 처음 도입했는데 유통사들의 이익 다툼과 가격 혼란으로 인해 중단된 바 있지만, 삼성 관계자는 노키아의 전철을 밟지 않도록 주의하기 위해 무엇보다 이익이 고르게 분배되도록 시스템을 강화하였다.

FD 방식을 도입하면 전국 총판은 큰 타격을 받을 것이 분명하다. 중국시장 진출 초기에 삼성은 전국 총판의 도움으로 시장을 개척했고, 2011년 이전 까지만 해도 휴대전화 판매를 대부분 전국 총판에 의존했다. 2011년 이후 삼성은 유통 전략을 바꿔 직접공급 방식을 부분적으로 도입했고, 1,200개가 넘는 직접공급 판매점을 발굴해 전국 총판에 적지 않은 타격을 가져왔다. FD 방식으로 전환한 것은 전국 총판이 판매점에 공급하는 사업마저 가져가겠다는 의미였다.

삼성 휴대전화 중국 지역 책임자는 오랜 기간 유지해온 전국 총판 대리점들과의 관계를 고려해 2014년 9월부터 유통망 변경 계획을 전국 총판들에 알렸다. 이후 삼성은 중국시장을 31개 성, 65개 지역으로 나누고 FD 플랫폼을 담당할 유통회사를 공개적으로 모집했다. 2014년 11월 말 공개입찰을 시작했고, 12월 12~15일 각 지역별로 입찰 결과를 공개해 유통체계를 확정했다.

자오양 부총경리는 삼성의 유통경로 개편의 핵심은 "통신사와 전국 총판 대리 점에서 탈피하는 것"이라고 말했다. FD 방식은 삼성의 유통경로를 더욱 수평적으로 만들고 최종 고객에 대한 관리와 가격결정권을 강화해주었다. 가격 대비 성능이 비슷해지는 상황에서 새로운

표 10-8 | 중국 삼성전자의 핸드폰 사업

초기('11년 이전)	중기('11년~'14년)	변경후('15년 이후)
전국총판/성급총판방식 - 유통파트너사활용	전국/성급총판 및 직접공급방식병행	FD(Fullfillment Distribute) 플랫폼 방식 도입
• 아이스더(AISIDI·愛施 德) • 텐인통신(Telline·天音通沮) • 중유푸타이(PTAC·中郎普泰)	• 직접공급 방식을 부분적 도입	• 성급총판과 직접공급 절충 • 제조사가 성급 대리점 선정
- 초기 전국 총판의 도움으로 시장 개척 - 휴대폰 판매 대부분 전국 총판에 의존	- 1,200개가 넘는 직접공급 판매점 발굴 - 전국 총판에 적지 않은 타격 有	- 성급 대리점은 일종의 중개소 역할 수행해 핸드폰 단말기 차익이 아닌지 조사가 지급한 비용으로 수익창출 - 결국 전국 총판이 판매점에 공급하는 사업도 제조사가 가져감

출처: 언론보도, SK증권

유통체계로 전환하면 삼성은 시장 판매 현황을 즉각 파악해 재고를 조정하고 대형 대리점과 가격을 협상할 때 발언권을 강화할 수 있다.

삼성전자는 온라인 유통 채널 강화에도 주력하였다. 2017년 중국의 대표 이커머스 업체인 징동과 갤럭시 S 칭서반(轻奢版)을 출시한 이래 2022년에도 전략적 협력협약을 체결하여 상품, 마케팅, 사용자 관리 등 15가지 세부 사안에 대해 전략적으로 협력하기로 하였다.

이는 삼성전자가 2021년 말 조직개편을 통해 중국 사업의 돌파구 마련을 위한 '중국사업혁신팀'을 신설한 이후 진행된 첫 협력사업이라고 할 수 있다. 징동의 빅데이터 분석을 통하여 중국시장 트렌드를 파악하고 정확한 포지셔닝을 통하여 맞춤형 제품을 생산하고, 징동의 우지에링쇼 체험관 등을 통해 중국소비자에 대한 접근성을 높일 수 있게 되었다. 이러한 공급망 강화가 삼성의 중국 유통경로 관리 전략에 어떠한 효과가 발휘될지 지속적으로 살펴볼 필요가 있다.

(2) 소매유통 채널별 관리

중국은 거대한 시장으로 산업 및 업종별, 지역이나 소비층에 따라 소매 유통 채널을 구축할지 사전에 충분히 검토해야 한다. 최근 2~3년 중국 소비자들의 선호도가 고가와 저가 제품으로 양분되는 등 세분화가 심화되고 있다. 따라서 무엇보다 자사제품의 품질, 제품종류, 현지 판매망 확보 여부 등을 고려해 적합한 판매경로를 정하는 것이 중요하다.

2021년 기준 중국 화장품 시장은 75.4조 원으로 2015년 이래 연평균 10.3%씩 성장해오고 있다. 이미 2013년에 일본을 넘어 세계에서 미국에 이어 두 번째로 큰 시장이 되었다. 화장품 수출이 우리나라 전체 수출에서 차지하는 비중은 크지 않지만 높은 무역수지 흑자로 인해 우리나라에게는 효자 상품이다. 중국은 한국 화장품의 최대 수출시장으로 2021년에는 49억 달러에 달하며 전체 화장품 수출액의 53.2%

그림 10-32 | 삼성전자와 징동의 협약 체결식

출처: 南早网

정도를 차지하고 있을 정도로 중요한 시장이다. 따라서 중국 화장품 유통시장을 예를 들어 채널별로 어떠한 특징을 가지고 있는지 살펴보고자 한다.

표 10-9 | 중국 화장품 유통채널별 특징

유통채널	취급제품	소비자의 특성	현황 및 이슈
백화점	고가 화장품 유명 해외 브랜드	• 고소득계층	• 치열한 경쟁 • 높은 진입장벽
할인점	중저가 화장품	• 20~30대: 미혼 여성으로 중하위 소득 계층 • 중년: 일정 수준 이상의 경제력이 있어 높은 구매력을 보유	• 중소도시 진출 가속화 • 할인점 내 화장품 매장 고급화
슈퍼 마켓	구매 빈도 높은 스킨케어 등의 제품	• 중하위소득계층	
종합 전문점	다양한 브랜드 판매 중저가 제품	• 18~45세 사이의 직장 여성 및 학생 대부분 중산층, 유럽계/미국계 브랜드 소비자들은 중상위	• 2007년 Sephora 진출 후 본격 성장 • 단일 점포의 전략적 제휴로 프랜차이즈화, 대형화 • 외국계 체인 진출 활발
드럭스토어	중저가 화장품	• 18~35세의 고학력 여성 중심으로 중하위 소득층 다수 • 33~55세의 중산층 여성으로 안정적인 가정과 소득	• 1998년 Vichy의 진출로 본격화 • 프랜차이즈화 • 수입화장품, 기능성 화장품 판매
인터넷	중저가 및 중고가 화장품	• 인터넷 쇼핑몰 이용층은 20~30대로 여성대비 남성의 비중이 높음 • 지역별 인터넷/물류환경의 차이로 인해 동북연안 및 주장삼각주 지역 위주로 활성화	• 라이브커머스, 왕홍을 통한 화장품 구매 확대 • 해외 화장품 브랜드들 또한 중 인터넷 플랫폼을 통한 이벤트 진행 등을 활용하여 기업 홍보 확대

출처: 언론보도, SK증권

중국 화장품 시장 전망에 중요한 변화 중 하나로 유통구조의 변화를 꼽은 바 있는데, 중국 화장품 유통시장의 변화는 한마디로 채널 다변화로 요약될 수 있다. 전통적 판매채널인 백화점과 할인점은 쇠퇴하고, 신판매채널인 인터넷이 빠르게 그 자리를 대체하고 있으며, 전문점과 직접판매 채널도 그 비중을 계속해서 확대하고 있다. 이러한 변화는 대체로 한국에서도 관찰되고 있긴 하나 그 속도는 중국에서 훨씬 빠르게 나타나고 있다.

유통은 철저히 규모의 경제가 적용된다. 저마진의 유통구조 특성상 규모의 경제를 달성한 상위 사업자가 시장을 선도하기 때문이다. 최근 주요 사업자를 중심으로 한 유통시장 재편이 이루어지고 있는데, 이것은 오프라인시장과 온라인시장의 과점화 현상 및 업체의 대형화 현상 때문이다. 또한, 스마트폰의 발달과 보급으로 모바일 커머스와 O2O(Online to Offline), 라이브 커머스 등이 유통채널의 이슈로 대두되고 있다. 특히 중국의 온라인 쇼핑시장은 가파르게 상승하고 있는데 타오바오, 티엔마오 등의 C2C, B2C 형태의 유통과 개인이 판매까지 할 수 있는 네트워크 방식의 C2C 위챗상들까지 성업 중에 있다. 이러한 현상에 비추어 지역 내 또는 전국적으로 상대적 시장점유율의 우위를 확보하고 온라인, 모바일 커머스에 발빠르게 대응하는 업체가 유통시장의 승자가 될 것이다. 따라서 중국 유통 트렌드에 따라 채널의 다각화가 필요하고, 산업 및 업종별, 지역이나 소비층에 따라 자사 맞춤형 소매유통 채널을 구축하여야 한다.

제4절   중국 유통지역별 전략

한·중 기업들이 중국에 진출 시 사용하는 유통관리 전략은 기업의 제품 특성을 고려하는 것이 아닌 주로 기업이 가진 특수한 기업 문화나 중국시장을 바라보고 있는 시각에 따라 크게 3가지로 분류될 수 있다. 한·중 기업이 사용한 유통전략을 중국 근현대사의 국가적 지도자였던, 장제스, 마오쩌둥, 덩샤오핑의 정치활동을 하나의 경영전략으로 구성하여 살펴보았다. 특히, 식품과 가전, 의류, 화장품 산업을 중심으로 구체적인 한·중 기업 사례를 분석해보자.

표 10-10 | 중국 내수시장 진출의 3가지 전략적 대안

	장제스 전략(Spread)	마오쩌둥 전략(점, 선, 면)	덩샤오핑 전략(Clustering)
식품	CJ	파리바게트	오리온
가전/의류/화장품	LG전자	이랜드	아모레퍼시픽

1 장제스 전략

1887년 출생한 장제스(蔣介石)는 중국 저장(浙江)성에서 태어났다. 일본 유학 후에는 신해혁명에 참가하였으며, 소련을 방문하여 소련의 육군에 대해 연구하였다. 혁명을 위해서는 강한 군사력의 필요성을 인식하여 황푸군관학교의 교장을 지냈다. 1927년 상하이 쿠데타를 일으켜 공산당을 제거하였으며 1928년 베이징을 점령하기도 하였다. 난징 국민정부주석을 비롯하여 광둥, 광시 등에서 중국공산당 포위전을 수행하였다. 시안에서는 그의 부하인 장쉐량(張學良)에 감금되기도 하였으며 1937년 제2차 국공합작과 중일전쟁을 치르며 국민정부 주석, 국민당 총재, 군사위원회 주석, 육해공군 대원수 등의 요직을 겸하며 최고 권력자로 군림하였다. 그러나 제2차 세계대전 후 1946년 중국 공산당과 결별하고 내전 실패로 타이완으로 정부를 옮기는 정치 생활을 겪었다. 처칠, 루즈벨트, 장제스의 대담에 통역관으로 활약하기도 한 장제스의 부인 쑹메이링(宋美齡)은 그의 정치적 동반자였다.

이처럼 장제스의 활동 영역은 중국 전역(Spread)에 걸쳐 이루어졌다. 장제스의 정치적 행보와 유사하게 중국을 하나의 국가로 보고 중국시장에 기회가 있다면 어디든지 진출하고자 했던 대표 기업으로 CJ 그룹이 있다. 중국 진출 초기 CJ는 베이징에 숙취해소음료인 컨디션을 가지고 진출했다. 그러나, 중국시장을 면밀히 검토하지 못하고 실패하였다. Food & Food Service, Entertainment & Media, Bio Technology, New Distribution 등 CJ가 가진 4대

그림 10-33 | 장제스 전략

그림 10-34 | CJ의 중국진출 지역 전략

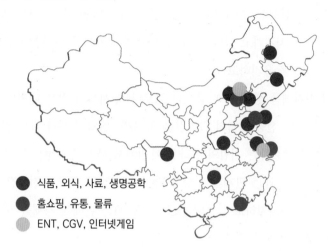

- ● 식품, 외식, 사료, 생명공학
- ● 홈쇼핑, 유통, 물류
- ● ENT, CGV, 인터넷게임

사업군을 중국에 도전장을 내밀 때 CJ는 중국을 단일시장으로 생각하고 진행하였다.

　LG전자 역시 유통에 있어서 장제스 전략을 사용한 기업 중 하나이다. LG전자는 1993년 후이저우법인을 시작으로 현지 경영을 본격적으로 시작했다. 1995년 LG가전 중국지주회사 설립을 통해서 지속적인 투자를 통해 중국 전역을 대상으로 영업망을 넓혔다. 특히, 음향기기와 CD-ROM 등을 생산하는 후이저우 법인, 에어컨, 전자레인지, 냉장고 등의 백색가전을 생산하는 기지인 톈진 법인, 컬러TV를 생산하는 선양 법인, 모니터 생산법인인 난징 법

그림 10-35 | LG전자의 중국진출 지역 전략

인, 휴대폰 생산법인인 옌타이 법인 등 10개 이상의 생산체제를 구축하면서 중국시장을 공략했다. 대형가전을 생산하는 후이저우 법인, 톈진법인은 단일 공장 규모로서 중국 현지 진출기업 중 대량 규모를 차지하고 있다. 현재 총 14곳의 지역에서 현지법인 및 생산기지 활동을 통해서 중국 영업망을 유지하고 있다.

그러나, 중국의 전자제품 생산 능력 상승과 코로나19, 사드와 같은 내외부적 상황으로 인해 2020년 톈진과 쿤산, 선양 지역의 사업장을 약 37억 원의 손실과 함께 철수를 진행했다. LG전자는 중국 법인 감소화는 기업의 전략적 차원에서 사업 효율성을 높이기 위한 전략일 뿐 매출이나 판매량 감소와는 관계가 없다고 밝혔다. 여전히 중국 가전시장에서 LG전자는 해외 브랜드 중 1,2위를 차지하고 있으며 OLED TV 제품 판매에 강세를 보이며 중국 전역으로 영업망 확대 기회를 보고 있다.

2 마오쩌둥 전략

마오쩌둥(毛澤東)의 정치적 행보를 살펴보면 점, 선, 면으로 지역의 범위를 넓혀 나간 특성이 있다. 마오쩌둥은 1893년 후난(湖南)성에서 출생하였다. 창사(长沙) 중학교 졸업 후 상하이에서 혁명가 천두슈를 만났다. 1924년 국공합작 후 공산당 중앙위원과 중앙집행위원을 겸임하였으며, 1926년에는 장제스를 숙청하기 위한 군벌을 시작하였다.

1931년에는 장시성 중화 소비에트 정부 중앙집행 위원회와 1934년 산시성에서 옌안(延安)까지 대장정을 시작하여 당 지도권을 장악하기에 이른다. 1945년에는 충칭(重庆)에서 장제스와 회담을 하는 등 후난성(우한)을 기반으로 산시성 시안(西安)까지 세를 확장했다. 문화혁명 때 뮤지컬 배우였던 마오쩌둥의 4번째 부인 장칭(江青)을 활용하였다. 마오쩌둥은 하나의 거점에서 힘을 구축하여 중국 전역으로 확산할 수 있는 힘을 구축하였다.

파리바게트는 대표적인 마오쩌둥의 점, 선, 면 전략을 구사한 기업이다. 1990년대 중반부터 중국 현지에 직원 파견을 통해서 식음료와 외식시장에 대한 상권의 철저한 조사와 분석을 진행하면서 2004년 상하이에 법인을 설립하고 직영점 개업을 시작으로 중국 사업에 진출했다. 이후 베이징과 칭다오에도 법인을 설립하였으며 톈진에 대규모 생산기지를 설립하

그림 10-36 | 마오쩌둥 전략(점, 선, 면 전략)

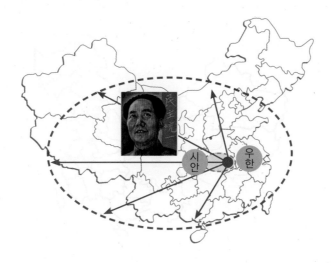

여 중국 전체로 영업범위를 확대했다. 초기 상하이와 베이징을 중심으로 판매 조직을 형성했지만 2008년 중국 전역에 32개이던 점포수를 2012년 74개로 확대시키며 4년 만에 2배의 성장률을 보이기도 했다.

2021년 12월 기준 중국 내 파리바게트의 매장 수는 상하이와 베이징을 비롯하여 톈진, 난징, 다롄, 청두, 항저우, 쑤저우, 쿤산, 동북 3성 등에 직영점과 가맹점을 합해 모두 304개가 운영되고 있다. 쇼핑몰, 대형마트, 백화점 등 상업지구뿐만 아니라 주택가, 지하철 역사,

그림 10-37 | 파리바게트의 중국진출 지역 전략

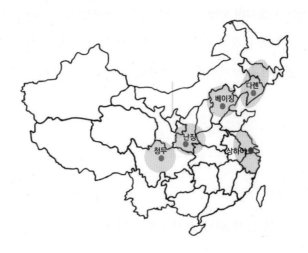

그림 10-38 | 이랜드의 중국진출 지역 전략

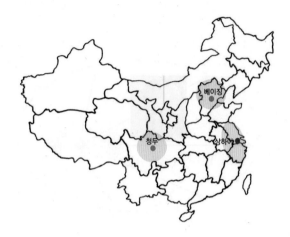

푸드코트 등 다양한 상권으로 진출하고 있다. 향후, 서남부의 주요 도시인 충칭, 광둥성을
포함하여 중국 전역으로 매장을 확대해 나아갈 예정이다.

　이랜드 역시 대표적인 마오쩌둥 전략을 구사한 기업이다. 1994년 생산공장 형식으로 중
국시장에 처음 진출한 이랜드는 상하이를 중심으로 패션기업으로 진출을 했으며 최근에는
식품, 백화점 등으로 영역을 확장하며 중국시장 규모 확대에 집중하고 있다. 사업 초기 당시
이랜드는 패션브랜드를 통해 중국시장에 진출하여 큰 성공을 거두었지만 중국 내 소비환경
변화에 따라 기업의 영업이익은 갈수록 줄어들었다. 패션산업에서 중국 진출의 위기감을 느
낀 이랜드는 2016년 자사의 여러 계열사를 통한 리테일 사업에 뛰어들게 되었다. 이랜드는
기존 유통 대기업이 운영하던 백화점을 리뉴얼하는 방식으로 시장진출을 본격화하고 있는
데 이러한 방식은 시간과 비용은 최소화하면서 경쟁사가 따라올 수 없는 공격적인 전략이
가능하다. 이에 이랜드는 상하이 지역과 베이징, 청두 등의 대도시를 중심으로 리테일 영업
을 진행하고 있다.

③ 덩샤오핑 전략

　중국은 과거부터 화북, 동북, 화남, 쓰촨 등의 권역별로 나눠 유비, 손권, 조조의 나라로 구

그림 10-39 | 덩샤오핑 전략

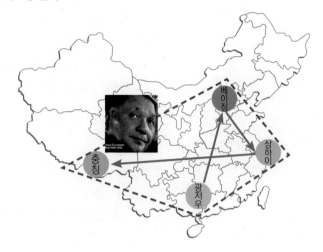

분되었다. 즉, 기본적으로 다른 나라로 구성되어 있는 각기 다른 지역성을 갖는다는 뜻이다. 덩샤오핑(邓小平)의 정치적 행보는 역사적 상황을 반영하여 마치 중국을 "United States of China"라고 생각한 듯하다. 덩샤오핑은 쓰촨성 출신이다. 오뚜기라는 별명에 맞게 여러 번 고비를 겪으며 근현대 중국사에 중요한 인물이 되었다.

오리온은 덩샤오핑의 지역 전략과 유사한 전략을 구사하였다. 1995년에 베이징 현지법인을 설립하여 인지도를 쌓은 후 상하이와 광저우에 차례로 진출하면서 커버리지를 확대하였다. 2,000여 개의 시·도·읍·면 단위의 유통체계를 갖고 있으며, 2015년 말에는 베이툰 공장을 설립하여 중서부 진출 확대와 전통 유통채널을 강화하였다.

아모레퍼시픽의 경우에도 1993년 중국 선양에 마몽드를 출시하여 성공의 기반을 다진 후 2000년 상하이에 라네즈, 2011년 베이징에 설화수를 출시하였다. 경쟁사인 LG화장품이 진출 초기 장제스 전략을 사용하여 실패한 경험을 타산지석으로 삼아 중국 진출 지역의 기후 조건 및 특성을 고려한 구별화 전략이기도 하다. 마몽드는 유분이 많은 제품 특성을 갖고 있어 선양의 저온 건조한 기후와 적합하였으며, 라네즈는 고온다습한 상하이 기후를 잘 극복할 수 있는 제품이었다. 또한 베이징의 경우 설화수를 런칭하여 전통과 문화를 중시하며 건조한 기후를 극복할 수 있는 제품을 원하는 베이징 소비자들을 유혹하였다. 중국 화장품 구매 소비자들은 점점 똑똑한 소비를 하고 있다. 특히 원산지에 민감하여 동일한 라네즈 브

그림 10-40 | 오리온 중국 내 생산 기지 현황

랜드를 상하이 공장에서 생산된 제품보다 한국에서 생산된 제품을 구입하고자 한다. 제조지역까지 꼼꼼히 고려하는 상하이 소비자들로 인해 라네즈 상하이 공장에서 생산된 제품은 홍콩, 대만, 동남아, 베트남 등지로 수출을 하고 있다.

앞서 우리는 중국 진출 시 한·중 기업이 고려할 수 있는 3가지 지역 전략에 대해 살펴보

그림 10-41 | 아모레퍼시픽의 중국 진출 지역 전략

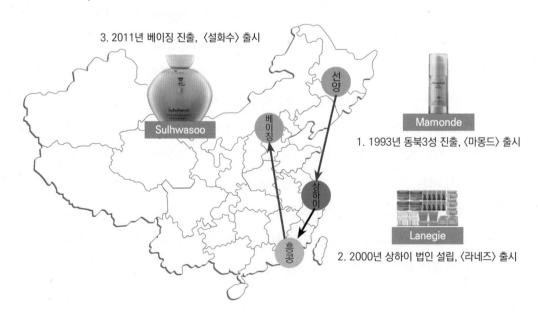

왔다. 장제스, 마오쩌둥, 덩샤오핑의 전략 중 어느 것이 옳다는 전략은 없다. 그러나 중국에 처음 진출하는 한·중 기업들은 거점지역 내에서 자사만의 성공의 스토리를 만들어 가는 전략이 필요하다. 그 후 다른 지역으로 진출해도 늦지 않기 때문이다. 따라서 거점지역에서 성공을 창출한 후 다른 중국 지역에 특화된 제품 또는 유통을 활용하여 차근히 진출하는 유통 전략이 필요하다. 이를 고슴도치 전략이라고도 하는데, 중국 전역을 헤집고 다니는 멧돼지 전략보다 한국 중견기업에게 적절한 유통 전략이라 추천한다.

본 장에서는 중국 유통과 관련하여, 중국의 유통 현황과 특수성에 대해 알아보았다. 중국의 대표적인 유통업체인 RT-Mart, 징동, 쑤닝, 허마셴성 등에 대해 살펴보았다. 한·중 기업의 중국 유통망 구축 사례로 이랜드의 직영 유통관리 시스템, 삼성의 대리점 유통관리 시스템, 파리바게트, LG전자의 유통 경로 등에 대해 연구해 보았다. 앞으로 중국사업의 핵심은 중국 신1선·2선 도시에서 유통경로를 확보하는 것이다. 이를 위해서는 집중적인 타깃시장과 경쟁사 대비 차별적 고객가치 제공의 포지셔닝 전략에 따라 최종 중국소비자에게 다가가는 것이다. 한·중 기업에게 유통업체와 협력사와의 고도화된 갈등조정 능력과 협상 능력이 요구되므로, 중국 문화에 대한 이해와 겸손한 태도로 유통경로 관리에 만전을 기해야 할 것이다.

연구과제

01 알리바바의 11.11과 징동의 6.18에서 가장 많이 판매된 제품과 브랜드 Top10을 조사해서 비교분석해보자.

02 중국에서 2000년대 초반까지 한국의 의류제품이 큰 폭으로 성장하였으나 2010년대 이후에는 크게 하락하고 있다. 그 이유를 분석해보자.

03 중국 유통 판매망 구축 시 프랜차이즈 사업방식에서 SPC의 파리바게트와 CJ의 뚜레쥬르 사례를 비교분석해보자.

참고문헌

김명숙(2009), "IT 제품의 중국시장 유통 전략에 관한 연구: 삼성테크윈사례를 중심으로", 국제지역연구.

김성애(2021), "2021년 중국 화장품산업 정보", KOTRA.

김용준 외(2010), "동방 CJ의 중국 홈쇼핑시장 진출 성공사례", 마케팅통합학술대회.

김용준 외(2010), "중국 유통산업의 파급효과 분석", 국제지역연구.

김용준 외(2009), "중국의 지역특성에 따른 한국유통기업의 중국 진출 전략과 성과에 관한 연구", 마케팅 통합학술대회.

김은수(2021), "'신유통 전성시대', 소름 돋는 마윈의 15년 전 예언", 중앙일보.

나건웅(2021), "B2C의 진화 'C2M'이 뜬다…소비자 입맛대로 공장이 직접 제작·판매", 매일경제.

노은영(2021), 중국 「온라인거래 감독관리방법」의 입법 배경 및 주요 내용", 한국법제연구원.

대외경제정책연구원 북경사무소(2018), "중국 신유통(新零售)의 특징과 향후 전망."

동혼(2021), "소비자 니즈를 직접 전달하는 C2M, 중국 유통을 뒤바꾼다", KOTRA.

문일석(2016), "뚜레쥬르 중국 100호점 개설 중국 넘버1 베이커리 시동", 브레이커뉴스.

미래에셋(2010), "2011 유통산업전망", 미래에셋보고서.

박월라 외(2009), "중국의 유통서비스업 현황 및 활용방안", KIEP.

박찬석(2019), "중국 신유통 혁명과 물류혁명", 우정경영연구센터.

삼성증권(2022), "플랫폼/소비재 주간 이슈 점검", 글로벌주식.

손재환(2021), "中 소비자와 공급자 모두 윈윈, 온라인 공동구매 플랫폼의 확산", KOTRA.

쉬샹둥(2010), 『13억 시장 중국에 팔아라』, 이스퀘어.

심영화(2020), "중국 오프라인 유통시장의 변화와 기회요인", KOTRA.

이재윤(2022), "락앤락의 변신, '주방용품→소형가전' 지난해 사상최대 매출", 머니투데이.

임형채, 유정아(2017), "중국 스마트 물류 도입 현황과 시사점", 우정경영연구소.

정재림(2015), "복잡한 중국 유통시장 경소상을 잡아라 트위터링크 나우페이스북 중국 진출 열쇠 쥔 유통대리상… 제조업체와 소비자 사이 교량 역할 주간무역", 한국무역신문.

주은교(2021)," 중국 도시 소비자에게 일상으로 자리잡은 온라인 신선식품 구입", KOTRA.

중국체인스토어프랜차이즈협회(2009), "Fast Consumer Goods Chain Retailers", 중국체인스토어프랜차이즈협회.

차기현(2010), 『이랜드 뉴 프론티어 마케팅전략』, 이너북.

한승희(2017), "온·오프라인의 경계를 넘나드는 중국 신유통에 주목하다", Platum.

한승희(2018), "[비즈니스 분석] 중국 신유통 트렌드를 주도하는 힘, '빅데이터'", Platum.

함종선(2019), "알리바바도 "손잡자"… 이랜드 20년째 중국 질주 비결", 중앙일보.

홍진영(2022), "중국의 신선식품 물류 및 콜드체인 현황", 중국전문가포럼.

Chen Xiaoli(2015), Integrated Marketing Communication and Research of Millet Company.

Deloitte, CCFA(2022),『2022年网络零售TOP100报告』

iResearch(2021),『中国网络广告年度洞察报告』

JD.com(2022),『Financial and Operational Highlights』

JD Logistics(2021),『ESG Report』

KOTRA(2021), "중국 도시 소비자에게 일상으로 자리잡은 온라인 신선식품 구입."

Mob研究院(2022),『2022年生鲜电商行业洞察报告』

Quest Mobile(2022),『2022年618洞察报告』

咖啡金融网, 最新中国咖啡市场报告, http://www.coffinance.com/detail/4550

商务部, 电子商务和信息化司(2022),『2022年上半年中国网络零售市场发展报告』

正智削享(2016), "小米2016年战略分析."

智研咨询,『2021-2027年中国网络零售行业市场经营管理及投资前景预测报告』

中国电子信息产业发展研究院,『2021年中国家电市场报告』

Chapter

11

마케팅 커뮤니케이션

마케팅 커뮤니케이션은 우리 회사를 고객에게 알리는 기업의 얼굴이다. 기업의 가치 창출을 고객에게 알리고 설득시키는 주요 수단에는 광고(Advertising), 판매촉진(Sales Promotion), 홍보(Public Relation, PR), 인적판매(Personal Selling), 디지털마케팅(Digital Marketing)이 있다. 마케팅관리자는 이 다섯 가지 수단을 잘 활용하여 자사제품의 존재와 가치를 고객들에게 알려야 한다. 이 중 디지털마케팅은 12장에서 좀 더 자세히 논의하기로 한다. 광고는 기업이 벌이는 마케팅활동 중에서 가장 눈에 잘 띄기 때문에, 어떤 사람들은 마케팅과 광고는 거의 같은 말이라고 생각하는 경향이 있다. 비록 광고가 기업에게 아주 중 요한 역할을 하고는 있지만, 광고는 기업의 전체 마케팅활동 중 일부에 지나지 않는다. 우리 회사 제품의 품질과 가격이 경쟁사 대비 차별적 가치를 제공하지 못하는 경우에는 광고를 하지 않는 것이 좋다. 이럴 경우에 저자는 차라리 광고비용으로 제품의 R&D와 서비스 활동 에 투자하라고 자문한다. 특히 중국에서의 마케팅 커뮤니케이션은 비용이 많이 들기 때문 에, B2C 회사인 경우는 타깃집단의 매체노출과 매체이용형태를 고려하여 집중마케팅 커뮤 니케이션을 선택하여야 한다. 빠링허우 세대를 타깃으로 제품을 광고할 때에는 TV광고보다 인터넷 광고가 더 효과적일 것이다. 쥬링하우와 링링허우 세대를 타깃으로 커뮤니케이션 할 때는 인터넷보다 모바일을 이용하는 것이 더욱 효과적이다. 이하에서는 중국의 광고산업에 대해 좀 더 구체적으로 살펴보자.

CASE 중국의 광고법

최근 중국에서 광고의 형태가 다양해지고 경쟁이 심화됨에 따라 중국의 광고 관련 법률이 20년 만에 확 바뀌었다. 우리나라와는 다소 상이한 점이 있으므로, 법률을 지키지 않아 큰 낭패를 보는 것을 피하기 위해서 최근 시행된 중국의 신 광고 법률을 간단하게 살펴보기로 한다.

'최고', '최대' 등 최상급 표현 사용 제한

2015년 9월 1일부터 시행되는 신 광고법에서는 '국가대표급'을 의미하는 '국가급(国家级)'과 세계적 수준을 뜻하는 '세계급(世界级)', '최고·최고급(最高级)', '가장 아름다운(最佳)' 등의 사용을 제한한다. 규정을 어길 시 약 3,500만 원 이상 1억 8천만 원 이하의 벌금 부과로 강화하고, 사안이 심각할 경우에는 폐점 처리한다.

"차로 20분이면 공항" 방식의 부동산 광고도 금지

우리나라에서 자주 사용하는 표현들 중 하나인 '차로 20분이면 공항' 등과 같은 방식의 부동산 광고도 금지된다. 부동산 광고 시 주요 지역 등으로의 편리한 접근성을 강조하기 위해 지하철, 학교와 가깝다는 표현 사용도 금지되는 것이다.

광고 모델로 아역스타 채용도 제한

10세 미만의 미성년자는 광고에 출연은 할 수 있으나 광고 모델이 될 수는 없다. 광고 모델은 통상 연예인, 지명도가 있는 인물로 일정 기간 동안 광고 모델 계약을 체결하는 경우에만 해당한다.

여성용품 모델은 여성만

신 광고 법률에서는 '광고 상품을 직접 사용해 본적이 없거나 광고 서비스를 받은 적이 없는 사람은 해당 상품의 광고 모델이 될 수 없다'고 규정하고 있다. 남성 모델이 여성 전용 용품인 생리대와 탐폰 광고를 하는 것을 금지하고 있다. 우리나라에서 남성 모델이 여성 전용 용품을 광고할 수 있는 것과는 대조적이다.

유명 연예인이 광고한 상품에 문제가 생긴 경우, 해당 연예인도 책임

광고 모델은 일반적으로 유명 연예인이 기용되는 경우가 많고, 모델료도 고액인 경우가 대부분이다. 그러나 유명 연예인들이 광고한 제품이나 서비스 품질에 문제가 발생하는 경우가 빈번해지면서 유명 연예인이 광고한 상품에 문제가 생긴 경우 해당 연예인도 책임을 묻도록 하고 있다. 신 광고법 제38조는, 광고 모델이 광고에서 상품, 서비스에 대해 추천 또는 증명을 하는 경우는 사실에 근거해야 하고 광고법과 관련 법률, 행정 법규에 부합해야 하며, 사용해보지 않거나 받아본 적이 없는 서비스에 대해서 추천하거나 증명을 해서는 안 된다고 규정하고 있다. 따라서 광고의 내용이 허위임이 명백하고, 그러한 허위 광고로 인해서 소비자에게 중대한 신체상에 상해가 발생한 경우에는 해당 광고 모델도 책임을 지고 배상을 해야 하는 경우가 발생할 수 있다.

신 광고법은 인터넷 광고에도 동일하게 적용

최근 통과된 중국의 신 광고법에서 규제하고 있는 내용은 여전히 TV, 지면광고와 같은 전통적인 매체의 광고에 편중되어 있다. 하지만 중국에서도 인터넷을 기반으로 한 다양하고 새로운 매체들이 등장한 만큼, 이러한 인터넷 매체들의 위법 광고에 대해서도 법 규제를 마련하고 있다. 인터넷 팝업 광고뿐만 아니라 문자 메시지 광고, 웨이신(微信, WeChat) 계정 광고 등을 포함하여 신 광고법은 인터넷 광고에도 동일하게 적용될 것으로 전망된다.

출처: 중국 신 광고법 시행과 우리나라 기업에 대한 시사점(2015), 법무법인 율촌

제1절 중국 광고

1 중국 광고시장 현황

중국의 광고시장은 미국에 이어 전세계 광고시장 2위를 기록하며, 전 세계 광고비의 약 13%의 비중을 차지하고 있다. 중국의 광고시장 규모는 2021년 기준으로 약 909.4억 달러로 집계되었으며, 이는 한국 광고시장의 7.5배가 넘는 수준이다. 2011년과 비교했을 때 중국의 광고시장은 10년 새 2배가 넘게 성장했다. 하지만 중국의 광고시장은 거대한 인구 수 덕분에 시장 규모에 비해 1인당 평균 광고비 수준이 아직 낮은 편이기 때문에 향후 성장 잠재력이 큰 것으로 평가된다. <그림 11-1>은 중국 광고시장의 변화를 보여준다. 2021년 중국 경제가 회복되고 중국 광고시장이 예상보다 좋은 추세를 보임에 따라 꾸준히 성장하고 있음을 알 수 있다. 그러나 앞으로 새로운 광고 관련 정책으로 인해 불확실성이 여전히 존재하는 만큼 미디어 품질, 광고혁신, 시장전환이 중국 광고시장의 화두로 등장할 가능성을 염두에 두어야 한다.

업종별 광고비 현황을 살펴 보면 개인위생품, 식품·음료, 교통, 통신, 의약·보건(2021년 기준) 순으로 광고비 지출 규모가 큰 것으로 나타났다. 실제로 중국에서 TV를 켜면 개인위생품과 식품 광고를 가장 빈번하게 볼 수 있다. <표 11-1>은 2021년 업종별 광고비 현황을 보여주고 있다. 1위를 차지하고 있는 개인위생품은 전년 기준 대비 8.31%라는 가장 높은 증가율을 보이고 있다. 반면 지난 해 정부의 부동산 규제의 영향을 받아 부동산 업종의 하락 폭이 4.13%로 가장 컸다. 1위를 차지한 개인위생품의 경우 코로나19로 개인 위생에 대한 중요성과 관심도가 커지면서 증가한 것으로 보인다. 최근 몇 년 간의 추세를 종합해 볼 때 향후 몇 년간 개인위생품과 식품·음료 제품이 광고시장의 주류를 이룰 것으로 전망된다.

그림 11-1 | 중국 광고시장 규모 추세

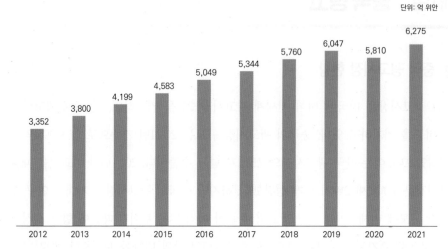

단위: 억 위안

출처: 과학기술정보통신부, 한국방송광고진흥공사

표 11-1 | 2021 업종별 인터넷 광고비율 현황

순위	유형	2020(%)	2021(%)	증가율(%)
1	개인위생품	24.58	32.89	8.31
2	식품×음료	24.43	29.19	4.76
3	교통	11.7	8.56	-3.14
4	통신	7.18	7.71	0.53
5	의약×보건	4.31	4.52	0.21
6	부동산	7.42	3.29	-4.13
7	디지털제품	2.66	3.25	0.59
8	인테리어	2.08	1.98	-0.1
9	가전	1.33	1.66	0.33
10	교육	4.7	1.2	-3.5

출처: 中关村豆功营销实验室

그림 11-2 | 주요 매체별 광고 매출액 현황

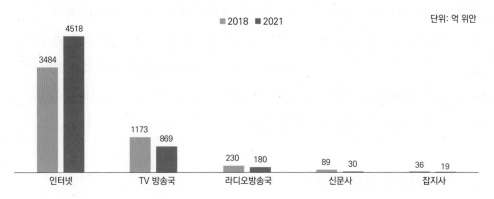

출처: 과학기술정보통신부, 한국방송광고진흥공사

　중국 미디어(매체)별 광고 현황을 살펴보면 중국 광고시장이 뉴미디어 시대에 진입했다는 점이 주목할 만한 특징이다. TV광고를 중심으로 성장하던 중국의 광고시장은 최근 인터넷 매체로, 특히 모바일 광고시장이 굉장히 빠른 속도로 성장하고 있다. <그림 11-2>는 주요 매체 별 광고 매출액 현황을 보여주고 있다. 2021년 인터넷 광고 매출액은 TV 방송, 라디오, 신문, 잡지 등 4대 전통 광고 매체 매출 총액을 초과하였으며 주요 광고 매체로 역할을 하고 있다. 2021년도 자료에 의하면 인터넷 광고 매출액은 약 655억 달러(약 88조 원)을 기록하였다. 이는 기업들이 앞으로 중국의 광고시장에 접근할 때 중요한 시사점을 제공하고 있다.

그림 11-3 | 매체별 광고점유율 비교(광고비 기준)

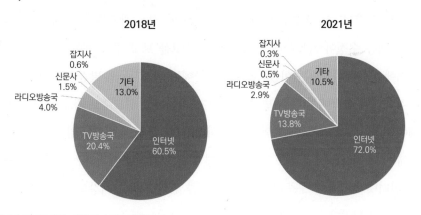

출처: 과학기술정보통신부, 한국방송광고진흥공사

최근 몇 년 전과 현재의 중국 미디어(매체)별 광고 현황을 구체적으로 살펴보면 다음과 같다. 전통적인 매체(TV, 라디오, 신문, 잡지)의 성장은 정체를 띠면서 광고시장 점유율이 감소하고 있는 추세이다. 인터넷 광고는 지속적으로 성장하여 지상파 TV광고 점유율을 넘어서 최대의 광고 매체로 도약하였다. 온라인 광고비 전체 광고비의 50%를 초과한 것은 2016년부터이다. 그리고 2021년에는 전체 광고비의 70%를 넘어서게 되었다. 특히 온라인 광고에서 모바일 광고가 차지하는 비중은 89%에 달한다.

그림 11-4 | 2021년 광고주의 매체별 광고비 증가율

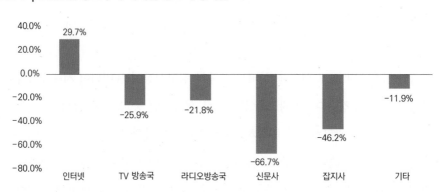

출처: 과학기술정보통신부, 한국방송광고진흥공사

<그림 11-4>를 보면 신문과 잡지 같은 매체는 광고가 감소하고 있는 반면 인터넷 광고는 약 30%를 상회하는 큰 폭으로 증가하고 있음을 알 수 있다. 인터넷 광고는 스마트폰의 빠른 보급으로 시장이 급성장하고 있다. 인터넷 광고의 경우 광고주의 입장에서는 적은 비용으로 쉽게 내용 수정이 가능하며, 소비자 역시 광고를 보고 구매 페이지로 바로 이동할 수 있어 구매에 용이하다는 장점이 있다. 또한 최근에는 인공지능의 발전으로 알고리즘을 통해 개인의 취향과 관심사에 맞춰 차별화된 광고가 가능하고 광고주도 광고에 대한 반응을 다른 매체에 비해 비교적 빠르게 파악이 가능하다. 다만 중국 내에서는 알고리즘을 통한 맞춤형 광고에 대해 여러 규제를 하고 있기 때문에 맞춤형 광고를 계획하는 경우 주의를 요한다. 중국 내 인터넷 보급률이 꾸준히 늘고 있는 만큼 인터넷 광고 시장의 더 큰 성장을 기대할 수 있을 것으로 보인다.

2 중국 주요 매체

(1) TV광고

중국 TV광고의 특징을 살펴보면 첫째, 중국의 TV광고는 영향력과 매체 신뢰도가 높다. 중년·노인 시청자와 3·4선 도시는 전통매체인 TV에 대한 인지도가 높다. 이들은 인터넷이나 모바일, SNS 광고에의 노출이 적다. 광고 정보에 대한 미디어 의존도는 TV광고 > 모바일 인터넷 > PC 인터넷 순으로 높은 것으로 나타났다. 거의 PC 인터넷 광고와 비교하여 두 배 가까이 TV광고의 정보에 대한 신뢰도가 높다고 볼 수 있다. 다시 말해, 우리 회사의 제품이나 서비스의 타깃이 3·4차 도시의 중년·노인층의 소비자라면 모바일 인터넷이나 PC 인터넷 광고보다 TV광고를 사용하는 것이 좋다. 뿐만 아니라 TV는 인터넷 동영상 광고 시장 발전을 촉진하는 중요한 동력이기도 하다.

둘째, TV광고의 주요 채널 양극화 현상이다. 중국 TV채널은 대륙의 스케일을 보여주듯 약 3,000여 개나 된다. 단연 매체 영향력 1위라 할 수 있는 중앙 관영TV인 CCTV가 25개의 채널을 보유하고 있다. 33개의 성급 위성방송과 2,500여 개의 지급·현급 방송국이 전체

그림 11-5 | 전체 도시주민의 TV 일평균 도달률

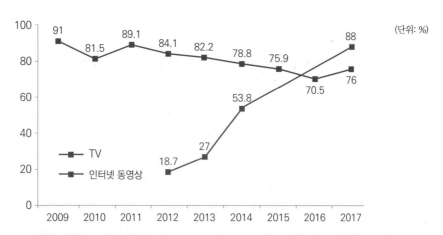

도달률이란 광고를 통해 도달한 시청자의 수를 판단하는 한 가지 기준으로, 방송의 경우 일정기간 내에 몇 개의 광고를 통해 시청이 가능한 지역 안의 총세대수(또는 개인) 가운데 몇 퍼센트에 대해 몇 차례나 도달되었는가를 나타낸다.

출처: CTR

3,000여 개가 넘는 채널을 보유하고 있다. 그러나 황금 광고시간인 인기 예능프로그램을 보유한 성급 위성방송(후난, 저장, 동방)에 광고 물량이 집중하는 양극화 현상이 나타나고 있다. 2018년 방송사별 광고 수익을 살펴보면 후난위성(湖南卫视)과 저장위성(浙江卫视)이 약 1조 5억 원을 벌어들인 것으로 집계되었다. 이처럼 지역 위성방송이 이와 같이 대규모 광고수익을 벌어들일 수 있었던 배경은 다음과 같다. 중국은 지역방송에 특화된 지역방송국 중심으로 채널이 활성화되어 있는데, 그 중 가장 유명한 방송국은 후난성에 위치한 후난위성이다. 후난TV는 우리나라의 대장금 이라는 드라마를 방영하기도 했다. 대장금이 중국에서 방영될 때, 기존 국영 방송의 위성을 활용하지 못했고 케이블TV인 후난TV가 위성을 쏘아 이 신호를 인터넷이나 모바일로도 시청할 수 있도록 연결하여 중국 전체로 확산 시켰다. 이 외에도 후난TV는 윤식당, 아빠어디가 등 한국에서 인기 있는 예능 프로그램을 중국식으로 제작하여 중국 전역에 방송하였다.

셋째, 중국의 TV광고는 공개경쟁 입찰 방식을 사용하고, 높은 광고비를 유지하고 있다. 이른바 타이틀 스폰서(관밍, 冠名) 경쟁이 매우 치열하다. 타이틀 스폰서란 메인 스폰서명을 프로그램 제목에 삽입하는 광고 방식을 말한다. 2020년 타이틀 스폰서 비용 1위로는 중국 유제품 업계 1위 기업인 이리(伊利)로 총 2.4조 원을 지불했으며, 2위 상하이 자동차는 1.9조 원을 지출하였다. 아직까지 우리나라의 타이틀스폰서십은 스포츠계에서 국한적으로 활용되고 있으며, TV광고의 경우 PPL의 형태로 한정되어 있다. tvN 방송사의 인기 프로그램인 <꽃보다 할배> 시리즈에서 롯데칠성 음료 아이시스가 스폰서로 참여하여 프로그램 광고 시 핑크빛, 생기 넘치는, 물 좋은, 물오른 등의 원래 아이시스 광고 문구와 함께 출연자들이 아이시스를 마시는 모습을 PPL로 진행한 바 있다.

중국의 광고 단가는 한국의 광고 단가의 약 10배 이상으로 높다. 우리나라에서는 15초짜리 TV광고가 약 1,200~2,500만 원 선에서 비용이 형성 되어 있는 반면, 중국에서는 약 1억 4천만 원~3억 원 정도이다. 중국에서 가장 영향력이 큰 CCTV1 뉴스 프로그램의 경우, 30일 간 진행되는 15초 광고비가 약 10억 원 가량인 것으로 나타났다. 중국에서 경쟁할 때 주의해야 할 사항은 여기에 있다. 중국시장에서 비싼 미디어를 사용하여 중국 전체에 광고를 해서 수익을 낼 수 있는 기업은 많지 않다. 따라서 타깃 소비자에 따라 중국의 매체별 특성을 활용한 광고매체를 선택하여야 한다.

그림 11-6 | 중국의 유제품 기업 이리(伊利)의 타이틀스폰서 모습

(1) 중국판 '나는 가수다' 시즌 4 타이틀스폰서 이리(伊利)의 우유브랜드(金典)

(2) 중국판 '아빠 어디가' 시즌 3 타이틀스폰서 이리(伊利)의 어린이용 우유브랜드(QQ星)

(3) 중국판 '런닝맨' 시즌 4 타이틀스폰서 이리(伊利)의 요쿠르트 브랜드(安慕希)

(4) 2016 브라질 RIO 올림픽 중계 타이틀스폰서 이리(伊利)

넷째, 중국소비자는 직접광고보다는 PPL이라고 하는 간접광고를 선호한다. 간접광고 시장 규모는 2019년 8,647억 위안으로 전년대비 8.54% 증가하였으며 여전히 꾸준한 증가세를 보이고 있다. 대표적인 예로 중국의 국민음료라 불리는 왕라오지(王老吉)가 중국 최대 특집 프로그램에 corner mark 효과(화면 구석에 브랜드의 이미지를 넣어 광고하는 것)를 조사한 결과, 직접광고 효과는 5%에 불과하였고, 간접광고 효과가 41%, 프로그램과 브랜드선전 효과가 53%인 것으로 나타났다.

한국에서는 허용되지 않은 PPL의 경우 상표 위에 테이핑을 하여 상표를 가리는 경우를 종종 볼 수 있다. 그러나 중국에서는 간접광고가 확산되어 있다. 따라서 한국에서 드라마나

그림 11-7 | 왕라오지의 간접광고

쇼프로그램을 제작할 때 중국향을 고려하고 있는 경우에는 중국 제품이나 브랜드를 PPL로 사용하는 것이 훨씬 더 많은 광고 수익을 거둘 수 있을 것으로 판단된다.

다섯째, 온라인 기업들의 중국 TV광고 마케팅 경쟁이 치열하다. 온라인 기업은 대표적으로 전자상거래 기업을 의미하며 자신의 플랫폼 인지도 제고를 위한 광고를 대대적으로 진행한다. 이를 위해 가장 효과적으로 알리기 위한 방법이 중국 전역에 TV광고를 내보내는 것이다. 특히 중국 블랙프라이데이라고 불리는 광군절(光棍节, 11월 11일)은 TV광고 시장의 다크호스이다. 예를 들면, 중국 이커머스에서 2등을 달리고 있는 징동이 1등을 달리고 있는 알리바바의 티엔마오(Tmall)를 따라잡기 위해 인지도를 높이고자 TV광고를 더 많이 하고 있다. 징동은 방송매체 77개를 사용하여 4,504번의 노출 총횟수에 달하는 광고를 진행한 바 있는데, 이것은 티엔마오가 방송매체 20개를 사용하여 1,268번의 노출 총횟수에 달하는 광고를 시행하는 것보다 훨씬 더 많은 수치이다.

(2) 온라인 광고

2021년 중국의 온라인 광고 시장규모는 약 89조 원으로 전년대비 12.6% 성장하였다. 온라인 광고는 전체 광고시장의 70%가 넘는 비중을 차지하는 만큼 이하에서는 중국의 온라인 광고 시장의 특징을 살펴보고자 한다.

첫째, 온라인 광고 중 모바일 광고는 전체의 89%를 차지하고 있다. 모바일 광고 시장의 성장은 중국에서 온라인 쇼핑, SNS, 라이브 커머스 시장의 동반 성장을 이끌었다. 특히 중국에서는 코로나19의 대유행 이후 라이브 스트리밍 쇼핑이 빠르게 성장하였다. Statista의 보고서에 따르면 2021년 라이브 스트리밍의 전자상거래 매출은 200조 원을 기록했고 매년 더 큰 성장세를 보여줄 것이라고 전망했다. 특히 라이브 스트리밍은 제품의 판매자와 구매자가 제품에 대해 즉각적인 소통이 가능하다는 점에서 구매자들에게 더 다양한 경험을 제공한다. 이러한 특징은 온라인 매장과 오프라인 매장의 장점을 반영한 것으로 라이브 커머스를 통한 광고 효과에 긍정적인 영향을 준다.

둘째, 모바일 인터넷 보급률이 증가함에 따라 온라인 광고의 영향력이 더 커질 것으로 예상된다. 중국의 2021년 인터넷 이용자수는 10억 1천 만 명이고 그 중 모바일 인터넷 이용자 수는 10억 700만으로 전체의 99.6%가 스마트폰을 통해 인터넷을 사용하고 있다. 4억의 인구가 향후 추가적으로 모바일을 통해 인터넷을 접할 가능성이 큰 만큼 온라인 광고시장의 영향력은 더 커질 것으로 보인다.

셋째, 온라인 광고는 광고를 본 후 바로 구매로 이어진다는 점에서 광고의 효과가 더 즉각적이다. TV 광고의 경우는 TV채널이나 프로그램을 통해 제품을 접하더라도, 제품을 구매하기 위해서는 매장에 직접 방문하거나, 온라인으로 제품을 검색해 구매해야 한다. 하지만 온라인 광고의 경우에는 제품을 보자마자 바로 사이트에 접속해 구매가 가능하다. 따라서 광고가 바로 구매로 이어질 확률이 높다. 중국은 오프라인 구매보다 온라인 구매의 시장규모가 더욱 커지고 있는 만큼 온라인 광고는 앞으로 더 빠르게 성장할 것이다.

넷째, 온라인 광고는 각 매체들이 가지고 있는 특성과 주 이용층들이 모두 다르다. 기업은

표 11-2 | 주요 마케팅 플랫폼 특징 및 추천 품목

구분		더우인	콰이쇼우	샤오홍슈	빌리빌리
주 이용층	성별 (비중)	남성(53%)	남성(59%)	여성(78%)	남성(59%)
	연령대	34-35세	45세 이상	24세 이하	24세 이하
인기 콘텐츠		패션, 연예, 음식	게임, 패션, 코미디	코디, 취미, 메이크업	일상, 게임, 지식
추천 품목		색조화장품 액세서리 의류 게임/자동차 유아용품	생활용품 식품 의류	기초화장품 색조화장품 패션 액세서리	생활용품 아이디어용품 식품 IT전자제품 게임

출처: KITA

효과적인 광고 효과를 위해서 플랫폼이 가지고 있는 특징들을 고려해서 제품과의 적합도를 살펴보는 것이 중요하다. 종합적인 이해를 바탕으로 중국에 맞는 콘텐츠를 제작하는 것 역시 필요하다.

CASE 중국의 모바일 광고

2017년 중국의 화장품 회사 '바이췌링(百雀羚)'의 모바일 광고가 네티즌들의 시선을 사로잡았다. 모바일에 특화되어 제작된 광고로 세로 길이가 4m에 달하는 웹툰 형식의 광고였다. 소비자는 스마트폰으로 끊임없이 스크롤해야 무슨 광고인지 알 수 있는 형식이었다.

광고는 한 여성의 뒷모습에서 시작한다. 여성은 창가에 서서 립스틱을 바르고 외출을 준비한다. 이어서 몸에 총을 챙겨서 집을 나선다. 여성이 이동하는 길가는 근대 시기 중국 상하이를 연상시키며, 당시 주요 역사적 배경에 대한 설명이 이어진다. 오랜 시간 거리를 걷던 여성은 갑자기 멈춰서서 총을

출처: 数英

쏘고 누군가 쓰러진다. 총을 맞은 대상은 바로 시간(时间)이다. 이어서 제품을 보여주며 이 제품을 이용하면 시간과 대적할 수 있다는 대사를 보여준다. 흥미로운 광고 방식을 사용한 것 뿐만 아니라 여성들의 니즈를 정확하게 파악해 창의적으로 풀어 낸 '바이췌링'은 광고가 아니라 한 편의 영화를 본 것 같다며 중국소비자들에게 큰 관심을 받은 바 있다.

❸ 중국 광고 성공과 실패사례

중국마케팅 커뮤니케이션에서 가장 유의해야 할 점의 하나가 문화의 국경을 이해하는 것이다. 오랜 역사와 문화, 관습으로 인한 중국인의 심리적 행동양식의 특수성에 대해 먼저 살펴보아야 한다. 민족적 자긍심이 강한 중국에서 역사적·문화적 금기사항을 무시하고 광고를 제작했다가 중국소비자의 심기를 건드려 실패한 사례가 종종 발생했다. 대표적인 실패사례와 성공사례를 통해서 중국에서 유의해야 할 사항들에 대해 알아보자.

(1) 도요타 자동차

도요타 자동차는 2003년 중국에서 新모델 프라도를 출시하면서 지면광고를 냈다. 광고는 질주하는 도요타 자동차에 중국 전통의 돌사자상들이 경례를 한다는 설정이었다. 그러나 이 광고를 본 중국인들이 격분하자 광고가 게재된 신문을 전량 회수·폐기하였다.

중국을 상징하는 돌사자들이 일본의 도요타 자동차에게 경례를 하는 모습이 일본침략을 연상하게 한 것으로 중국인들의 심기를 매우 불편하게 했던 것이다. 또한 중국인들의 자존심을 짓밟았다며 일부 네티즌들은 돌사자상이 도요타 자동차를 돌사자 발톱으로 내리찍는 광고를 제작 배포하며 인터넷을 뜨겁게 달구기도 하였다.

그림 11-8 | 도요타의 돌사자상 광고

| 도요타 제작 | 중국 네티즌 제작 |

(2) 나이키

2004년 NBA의 신예 농구스타 르브론 제임스가 출연한 나이키의 중국 광고는 중국을 모욕했다는 중국 네티즌의 반발여론 확산으로 방영이 금지되었다.

국가광전총국(国家广播电视总局)은 홈페이지에 문제의 광고가 <중화인민공화국 광고법> 제9조의 "광고는 국가의 존엄과 이익을 보호해야 하며 조국의 전통문화를 존중해야 한다"는 규정과 제7조의 "민족 풍속 습관을 모독하는 내용을 담지 말아야 한다"는 규정을 어겼기 때문에 방영을 금지한다고 발표했다. 광전총국은 이 같은 결정과 함께 두려움과 싸우는 방(공구투실, 恐惧斗室)이라는 제목의 해당 광고 방영을 중단하는 조치를 취하도록 각 성 자치구, 직할시의 방송영상국(청)에 지시했다. 이 광고는 르브론 제임스가 여성 쿵푸고수 2명, 도인, 그리고 두 마리의 용 등 각 층마다의 적수를 차례로 꺾고 5층 건물을 올라가 승리를 쟁취한다는 내용이다. <그림 11-9>에 중국인을 연상시키는 도인차림의 적수를 등장시킨 것이 중국인 네티즌들 사이에서 중국인을 모욕한 것이라는 의견이 퍼지면서 거센 항의 여론을 형성했다.

그림 11-9 | 나이키의 중국 광고

(3) P&G의 크레스트치약

중국에서 과장허위광고에 대한 규제가 강화되면서, 과거 P&G의 크레스트(CREST) 치약이 미백 치약이라고 허위광고를 하여 실패사례로 꼽히기도 했다. 광고 안에서 대만배우 서희제(徐熙娣)가 "하루면 치아가 정말로 하얘진다"면서 하얗게 변화된 치아를 보여주며 미백 효과를 강조하였다. 그러나 실제로는 치약을 사용한 효과가 아니라 포토샵으로 치아미백 효과를 조작한 것이 발

그림 11-10 | 포토샵으로 미백효과 허위광고를 한 크레스트 광고장면

각되어 이 광고는 허위광고법 위반으로 역대 최고 벌금인 10억 7,300만 원의 벌금을 부과했을 뿐만 아니라 크레스트 브랜드 이미지도 심한 타격을 입게 되었다.

(4) General Motors Buick의 Human traffic signs

공익광고 성격을 띤 제너럴 모터스 Buick 광고는 2014년 칸 국제광고제 Outdoor 부문 금상을 수상했다. 교통 표지판을 지키지 않아 몸을 다치게 된 사람들이 광고에 직접 등장하여 지키지 않으면 나처럼 된다고 말하는 무언의 메시지를 강하게 전달한다. 광고 효과가 매우 컸는데, 광고 캠페인을 진행하는 동안 실제로 교통사고 50%가 감소하였고, 첫 주 클릭 수와 공유 수가 50,000건

그림 11-11 | 제너럴모터스 Buick 광고

이상에 달했다. 중국 CCTV에서 교통 표지판 준수 및 교통사고 예방을 주제로 방송하기도 했다. 최근 중국에서 이슈가 되는 사회적 문제를 반영한 사회성, 공익성을 갖고 있는 문화적 특성을 잡아 광고할 경우 기업에 대한 이미지도 함께 좋아지는 현상이 나타나는 것을 알 수 있다. 다국적기업 또는 우리나라 기업이 중국에 진출할 때는 중국사회가 가지고 있는 독특한 문제를 해결할 수 있는 대안을 제시함으로써 그 대안이 중국사회를 더 행복하게 만들 수 있다는 광고를 하는 것이 효과적이다.

(5) SKII

중국에서는 반일 감정이 심해서 Made in Japan, Made by Japan이라고 하면 기업이 마케팅활동을 하기가 쉽지 않다. 그럼에도 불구하고 일본 P&G 그룹의 화장품 브랜드인 SKII는 중국시장에서 결혼 적령기(20대 후반~30대 중반)의 미혼 여성이라는 타깃 집단을 분명하게 잡았기 때문에 <그림 11-12>에서 보여주는 광고를 통해 타깃 집단에게 가까이 접근할 수 있었다. 최근에는 3자녀 정책으로 바뀌었지만, 중국은 1980년대부터 1자녀 인구정책을

그림 11-12 | SK II Marriage Market Event

아래 링크에 접속하여 직접 광고를 보는 것을 추천한다.
(https://www.youtube.com/watch?v=irfd74z52Cw)

시행하여 현재 결혼 적령기인 20~30대는 거의 독생자이다. 이 광고에서는 외동딸의 결혼을 간절히 바라는 부모님의 성화에 스트레스를 받는 미혼 여성의 모습이 담겨 있다. 부모님들은 딸의 사진과 프로필을 작성하여 중매 시장에 걸어 두지만 중매가 성사되지 못하고, 우리 딸은 성격은 정말 괜찮은데 아무래도 얼굴 때문에 실패한 것 같다고 인터뷰한다. 딸은 외모 때문에 자신감을 잃고 부모님께 효도하지 못하고 있다는 자괴감에 눈물을 보인다. SK II는 외모 때문에 자신의 삶을 운명짓지 말라고 하면서 이들에게 아름다움, 자존감, 건강한 삶과 행복을 되찾아 주기 위해 돕겠다는 메시지를 전한다. 이 광고는 타깃 집단에게 큰 공감과 감동을 이끌어내며 일본기업이라는 불리한 점을 극복하고 중국시장에서 성공하였다.

제2절 판매촉진

판매촉진이란 단기적으로 매출을 증대시키기 위하여 사용하는 모든 수단을 통칭하는 개념으로 광고-홍보와 같은 장기적 효과를 노리는 다른 촉진수단과 구별된다. 판매촉진은 크게 3가지로 구분되는데 <그림 11-13>에 나타난 바와 같이, 제조업체가 중간상에게 시행하는 중간상 판촉, 중간상이 소비자에게 시행하는 소매점 판촉 그리고 제조업체가 직접 소비자에게 시행하는 소비자 판촉으로 구분한다. 이 중 소비자 판촉은 제조업체가 최종소비자들을 상대로 촉진활동을 벌여 이 소비자들로 하여금 중간상에게 자사제품을 요구하도록 하

그림 11-13 | 판매촉진의 구분

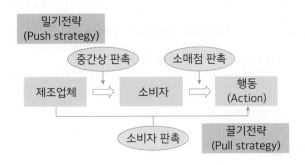

는 전략으로서 끌기전략(pull 전략)의 일환이다. 반면에 중간상 판촉은 제조업체가 중간상들을 대상으로 판매촉진활동을 하여 그들이 최종소비자에게 적극적인 판매를 하도록 유도하는 전략으로서 밀기전략(push 전략)으로 불린다.

중국마케팅에서 판매촉진은 중요하다. 특히 베이징 올림픽과 상하이 엑스포, 광저우 아시안게임 등 중국의 주요 국가 이벤트를 활용한 다양한 판매촉진활동이 진행되어 왔다. 이와 같이 판매촉진이 마케팅에서 차지하는 중요성이 증대되는 이유는 크게 4가지 관점(기업, 소비자, 경쟁, 유통)에서 살펴볼 수 있다.

첫째, 한·중 기업의 관점에서는 마케터의 역할과 책임이 커짐에 따라 마케터의 성과측정이 연간 판매액이나 연간 시장점유율과 같은 단기적 성과에 크게 의존하게 되고 제품관리자는 이러한 단기적 목표를 달성하기 위해 광고보다는 판매촉진을 더 많이 사용하게 된다.

둘째, 중국소비자들이 제품구매방식을 크게 계획구매와 비계획구매로 구분할 때, 중국소비자들이 상점에 도착한 후에 구매결정을 하는 비계획구매의 비중이 점차로 높아짐에 따라 점포에서의 판매촉진의 효과가 더욱 증대하게 되었다.

셋째, 경쟁의 관점으로서 중국시장의 많은 제품들이 성숙기에 접어들게 됨에 따라 경쟁제품의 수가 많아지고 제품의 차별화가 어려워졌다는 점이다. 성숙기에 있는 제품들에 대한 판매촉진의 효과가 광고에 의한 제품차별화의 효과보다 더 빨리 시각적으로 나타나게 되므로, 마케터는 마케팅 비용의 더 많은 부분을 판매촉진에 투입하게 된다.

넷째, 유통경로가 점차 전문화, 대형화 그리고 정보화됨에 따라 유통 경로가 제조업체에 대해 갖는 힘이 강하게 되고 유통업체들은 제조업체들에게 판매노력의 대가로서 중간상 판촉을 강하게 요구하게 된다.

이상에서 살펴보았듯이, 중국시장에서 판매촉진이 마케팅 비용에 차지하는 비중은 마케터의 단기적 성과측정, 소비자의 비계획적 구매, 성숙기 제품들의 경쟁심화 그리고 유통경로의 전문화-대형화-정보화에 따라 점차 더 커질 것으로 보인다.

1 중국 온라인 판촉

(1) 광군제

중국판 블랙프라이데이라고 불리는 광군제의 '광군'은 솔로를 의미하며 최근에는 광군제라는 이름 보다는 두 개의 11이라는 뜻의 '双十一(슈앙스이)'로 더 많이 불리고 있다. 광군제의 시초는 알리바바의 티엔마오 쇼핑몰에서 시작한 싱글을 위한 할인 이벤트였다. 연애를 하지 않고 있는 젊은이들을 위로하는 차원에서 쇼핑이라도 마음껏 해서 기분전환을 하라는 의도였다. 그러나 현재의 광군제는 중국적 특색을 입은 쇼핑문화로 발전하여 알리바바의 티엔마오뿐만 아니라 대부분의 중국 대부분의 이커머스 업체도 동참하고 있다. 파격적인 할인행사로 중국 내에서 매우 인기 있을 뿐만 아니라, 더 이상 중국만의 쇼핑문화가 아닌 한국 소비자들도 광군제에 열광할 정도이다. 2021년 광군제에서는 티엔마오 단독으로 하루 매출 99조 9,000억 원을 달성하였으며 전년대비 10.5%의 매출이 증가하며 역대 최고의 매출액을 기록하였다. 미·중 경쟁이 심화되고 코로나19로 인해 내수경제가 위축되었음에도 기록 갱신을 한 것이다. 2021년 광군제의 주요 트렌드는 환경, 실버, 수입 신상제품, 이성적 소비, 귀차오 등으로 나타났다. 브랜드별로 10억 위안(약 1,800억 원) 이상의 매출을 달성한 브랜드는 애플, 메이디, 시세이도, 에스티로더, 더히스토리 오브 후, 로레알, 레노버, 랑콩, 샤오미 등이다. 기존 광군제는 주로 온라인 판매행사에 모바일 인증 결제를 활용했으나 최근에는 20여만 개의 티엔마오 스마트 매장, 300여 개의 허마셴성(盒马鲜生) 등 오프라인 백화점 및 유통매장이 온라인과 연결해 참여하고 있다. 2021년 광군제의 결제방식도 전체의 80.1%가 모바일 지문 및 안면인식 기술 등 생체인증 방식이 활용된 것으로 나타났다. 즉 10건의 거래 중 8건에서 생체인증을 통한 거래가 진행된 것이다.

그림 11-14 | 광군제 할인 프로모션

(2) 광군제 2.0

매년 11월 11일 24시는 중국의 광군제가 새로운 거래 기록을 발표하는 행사가 되어 왔다. 이커머스 업체들의 당일 거래 실적 발표는 광군제 쇼핑축제의 최대 관전 포인트였다. 그러나 2022년 중국 최대 쇼핑축제인 광군제는 다소 조용한 분위기였다. 2009년 이후 이어져오던 관례를 깨고 2022년 광군제에는 실적을 공개하지 않은 것이다.

이는 과거 중국의 광군제가 양적으로 거래액을 앞세워 광고를 진행했다면 최근의 광군제는 단순히 할인율이나 거래액을 강조하는 것이 아닌 질적인 성장에도 초점을 맞추고 있다. 광군제 2.0의 시대가 도래했다고 볼 수 있다. 최근 알리바바는 광군제의 매출 성장보다 사회적 책임에 중점을 두고 '친환경 광군제'를 만드는 데 동참하겠다는 입장을 밝혔다. 타오바오와 티몰은 소비자들에게 친환경 제품을 구매하는 데 사용할 수 있는 약 200억 원 규모의 쿠폰을 발급하고, 자체 물류회사들에게는 재활용 포장재를 사용하도록 하였다.

또한 2021광군제에서 티몰은 스포츠 브랜드 리복과 함께 몸이 불편한 소비자들을 위한 제품을 출시하기도 하였다. 한 발 밖에 없는 장애인들이 한 켤레의 신발을 구매할 필요 없이 필요한 쪽의 운동화 한 짝만 살 수 있도록 한 짝 운동화를 시장에 내 놓았다. 티몰은 향후에도 장애인들을 위해 더

그림 11-15 | 광군제에서 티몰과 스포츠 브랜드의 협업 'One Shoe Project'

출처: 티몰

표 11-3 | 2022년 중국 광군제 소비 10대 품목

순위	품목	매출(억 위안)	비중(%)
1	가전	1,566	15.7
2	스마트폰/디지털 제품	1,429	14.3
3	의류/패션	1,389	13.9
4	화장품	822	8.2
5	가방	646	6.5
6	사무용품/컴퓨터	542	5.4
7	식품음료	519	5.2
8	가구/인테리어제품	440	4.4
9	영유아용품	401	4.0
10	캠핑용품/아웃도어	333	3.3

출처: Syntun(星圆数据), KOTRA 재인용

편리한 옵션을 제공할 것이라고 하였다. 이처럼 중국은 최근 광군제에서 양적 판매를 넘어서 소비자와 사회를 위한 소비 환경을 구축 하기 위해 노력하고 있다.

2022년 광군제 행사 기간 거래 실적이 가장 많은 품목은 전체 거래액의 15.7%를 차지한 가전제품이었다. 그리고 스마트폰 및 디지털제품(14.3%), 의류(13.9%)가 뒤를 이어 높은 순위를 차지하였다. 화장품의 경우 8.2%로 4위에 랭크되었으며 인테리어제품의 순위권 진입도 주목할 만하다. 해외여행이 힘들어진 코로나 시대에 캠핑용품 등 아웃도어 상품도 매출액 330억 위안에 달하였다.

그림 11-16 | 이랜드 광군제

매출 1억 위안 돌파 축하 장면

출처: 바이두

(3) 라이브 커머스

중국은 틱톡을 중심으로 온라인 동영상 시장이 빠르게 성장함에 따라 라이브 스트리밍을 통한 광고 및 매출도 크게 증가하고 있다. 라이브 스트리밍 이용자수는 약 6.1억 명이며, 시장규모는 한화 230조 원(1.2조 위안)에 달한다. 라이브 커머스의 주요 채널에는 틱톡, 콰이쇼우,

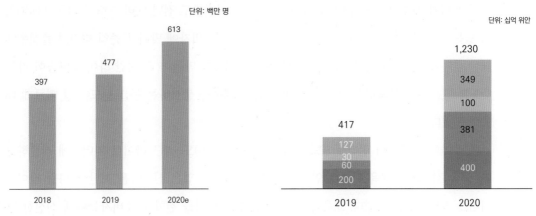

그림 11-17 | 중국의 라이브 스트리밍 이용자

단위: 백만 명
397
477
613
2018
2019
2020e

출처: China Internet Report 2020, 2021 SCMP research

그림 11-18 | 중국의 라이브 커머스 거래액

단위: 십억 위안
417
127
30
60
200
1,230
349
100
381
400
2019
2020

출처: China Internet Report 2021, SCMP research

타오바오 등이 있다.

코로나19로 인한 라이브 커머스의 증가는 2021년 광군제에도 영향을 주었다. 편리함과 직접 소통이 가능하다는 특징을 가지고 있는 라이브 커머스는 2021년 광군제에서도 판매에 상당한 영향을 주었으며 총 거래액의 60%가 라이브 커머스에서 발생했다. 행사에는 300명이 넘는 연예계스타, 400여 명의 기업 대표가 라이브를 진행하였다. 한국 브랜드들의 라이브 커머스 활용도 성공적이었는데 LG 생활건강의 화장품 브랜드 '후'는 중국 내 유명

그림 11-19 | 신동방 라이브커머스 장면

新东方转型了
好像也没完全转
新东方转型了
好像也没完全转
red
date
1.date 日期
2.date 约会
3.date 大枣
或者也能表示大枣

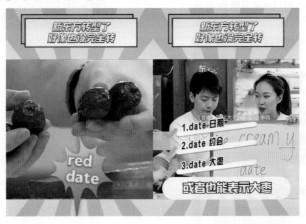

출처: 바이두

왕홍 웨이야(薇娅)의 라이브 방송을 통해 88만 개의 제품을 판매하였고 전체 단일 제품 중 애플에 이어 매출 2위를 차지하였다. 패션 브랜드 이랜드도 전년 대비 30% 증가한 1,000억이 넘는 매출을 기록하였다. 특히 이랜드는 중국 내 소비자에 맞춰 꾸준히 디지털 플랫폼에 대한 투자를 진행해왔는데, 자체 라이브 커머스 TFT를 만들어, 24시간 라이브 방송이 가능하도록 인프라를 구축하고, 라이브 커머스 단독 제품을 출시하는 등 트렌드에 발 빠르게 대응하고 있다.

뿐만 아니라 중국의 인터넷 교육 기업 신동방(新东方)도 최근 라이브 커머스에 진출하였다. 중국 정부의 사교육 규제로 인해 매출의 큰 타격을 입은 신동방은 지난해 11월 라이브 커머스 채널을 개설하였다. 교육과 중국 농산물을 판매를 결합해 소비자들에게 신선한 반응을 얻고 있는 것인데, 강사들은 중국어와 영어 두 가지 언어로 컨텐츠를 제공하며 판매 상품과 관련된 중국의 역사나 고전 시 등을 시청자들에게 들려주면서 흥미를 유발함과 동시에 농산물 판매에도 적극적으로 기여하고 있다.

(4) 쿠폰

"중국사회에서는 모든 것이 협상의 대상이 됩니다. 그러니 판촉은 가격과
가치에 대해 계속 협상할 수 있는 길을 열어 주죠."

- 쑨바오홍 교수-
<중국의 슈퍼 컨슈머: 13억 중국소비자는 무엇을 원하는가 中>

그림 11-20 | 베이징시가 위챗 미니프로그램을 통해 발급한 소비쿠폰

쿠폰은 소비자 판매촉진의 대표적인 수단이다. 중국에서는 빠링허우, 쥬링허우, 링링허우의 젊은 소비층이 할인 쿠폰이나 할인 카드를 사용하며 판촉 마케팅에 빠져들어 있다. 이들을 쿠폰 세대라고 일컬을 만큼 판촉에 대한 열성이 일반적이다. 중국의 스마트폰 유저가 급속히 증가하면서 더 이상 종이 쿠폰이 아닌 온라인 쿠폰이 활성화되고 있는 추세이다. 특히, 최근에는 코로나19로

소비시장이 위축되자 중국정부는 외식, 문화, 관광, 오락 소비 쿠폰 발급을 적극 장려하였고, 지역별로 소비촉진을 위한 다양한 쿠폰이 발행되었고 관련 정책들이 실시되었다.

이 외에도 중국 내 많은 성·시들이 자동차 소비쿠폰도 발행하였다. KIEP이 발표한 중국 소비쿠폰 발급 효과에 관한 연구에 따르면, 산둥성은 올해 5억 위안을 투입해 자동차 소비 쿠폰 15만장을 발급하였고, 광둥성(广东)의 포산(佛山)시는 가전제품과 관련된 소비쿠폰을 발급하였다고 한다. 소비쿠폰은 보통 위챗 내에 있는 공식계정이나, 위챗 미니프로그램을 통해 추첨방식으로 발급되었다. 앤트그룹이 발표한 보고서에 따르면 2020부터 2021년까지 위챗에서는 229억 위안(약 4조 원)의 쿠폰을 발급해 5,200억 위안(약 100조 원) 상당의 소비 효과를 냈다고 보고했다.

2 중국 스포츠마케팅

스포츠마케팅이란 스포츠를 이용하여 제품 판매의 확대를 목표로 하는 마케팅 기법이다. 1차적 목적은 브랜드 인지도 제고, 이미지 개선 및 유지, 커뮤니케이션 효과 증대에 있으며, 최종 목표는 제품 판매의 확대라 할 수 있다. 가장 대표적인 방법은 스포츠 스폰서십을 활용하는 것이다. 스포츠마케팅의 장점으로는 첫째, 방송법, 언론법에 나타난 기존 커뮤니케이션 장벽을 피할 수 있다. 둘째, 특정 스포츠 종목이나 스포츠 이벤트를 통해 보다 쉽게 시청자에게 접근할 수 있다. 셋째, 비상업적 상황에서 대상 집단에게 접근할 수 있다. 넷째, 스포츠의 이미지 및 스포츠에 대한 관심을 기업 커뮤니케이션의 목적에 이용할 수 있다.

한·중 기업이 중국에서 성공한 스포츠마케팅 사례로는 바둑을 통해 브랜드 이미지를 정착시키고 매출 성과로 직접 연결시킨 농심 신라면을 들 수 있다. 농심은 중국에서 브랜드 인지도를 제고하기 위해 중국인이 특히 사랑하는 스포츠 바둑을 통해 브랜드를 홍보하였다. 1999년부터 해마다 농심 신라면배 세계바둑최강전을 개최 및 후원하였다. 이 대회에는 주로 한국, 중국, 일본이 참하며, 한·중·일 바둑 삼국지라고도 불린다.

세계 최초 국가대항전이라는 독특한 대회 진행방식으로 대중의 높은 관심을 집중시킬 수 있었다. 농심 신라 면배 세계바둑최강전은 중국 CCTV, 상하이 TV, 인민일보 등 중국의 주

그림 11-21 | 항저우 아시안게임에 채택된 e스포츠 게임

출처: 아시아 e 스포츠 연맹

요 언론사 보도를 통해 수백억 원의 마케팅 효과를 이룩한 것으로 조사되었다. 2016년 3월에 열린 제 17회 농심 신라면배 세계바둑최강전에서는 3연승 중이던 이세돌 9단이 최종전에서 천적 커제 9단의 벽에 막히며 3승 1패로 농심 신라면배를 마감했다.

이와 함께 최근 중국에서는 e스포츠가 성장하면서 e스포츠 마케팅도 함께 주목받고 있다. e스포츠는 일렉트로닉 스포츠(Electronic Sports)를 간단히 줄인 말로, 인터넷이나 온라인상으로 이루어지는 게임에서 승부를 겨루는 스포츠 경기들을 통틀어 이르는 말이다. 2019 자카르타·팔렘방 아시안 게임에서 시범 종목으로 채택되었으며 2022 항저우 아시안게임에서는 정식 종목으로 채택 되었다. 아시안 게임에 e스포츠를 정식종목으로 채택 시킬만큼 최근 게임 산업에 대한 중국정부의 관심이 상당하다. iResearch에 따르면 2021년 중국의 e스포츠 산업 규모는 35조 원에 달하며, 발생한 수익은 4,700억 원을 기록했다. e스포츠의 주요 수익은 기업 협찬, 판권, 게임 및 파생상품, 입장료, 중계방송 등으로부터 발생한다. 최근 텐센트 e스포츠가 발표한 보고서에서는 게임과 e스포츠를 소비하는 주 소비층은 MZ세대로 시장의 약 70%의 비율을 차지한다고 밝혔다.

표 11-4 | 중국 모바일게임 순위(2022.4)

No	게임명	개발사	배급사
1	 펜타스톰	TiMi Studio group	Tencent
2	 화평정영	KRATON	Tencent
3	 삼국지전략판	QookkaGames	QookkaGames
4	 몽환서유	NetEase	NetEase
5	 원신	Hoyoverse	Mihoyo,CognospherePTE

출처: 구글, 애플 앱스토어

　젊은 소비자들이 게임관련 상품소비에 적극적이자, 다양한 산업들이 e스포츠를 마케팅에도 적극 활용하고 있다. 중국의 하얼빈 맥주는 e스포츠를 마케팅에 활용하는 중국 내 대표적인 브랜드 중 하나로 팀 이름을 맥주 디자인에 활용해 한정판으로 제품을 출시하기도 했다. 글로벌 뷰티 브랜드 랑콤은 게임의 '스킨 수트'를 화장품 병에 그려내면서 게임 내에서 수트가 공격을 방어해주는 역할과 랑콤의 에센스의 효능을 연결시켜 디자인에 활용하였다. 또한 중국에서 인기있는 던전앤파이터 유저들 사이에서 시작된 이벤트가 실제 광고까지 이어진 흥미로운 사례도 있다. 중국의 한 TV프로그램 인터뷰에서 한 여대생이 중국에서 던파 하는 남자

그림 11-22 | 브랜드가 e-sports와 협업한 사례

출처: 바이두

들을 게임에만 빠져 사는 '폐인'으로 표현하였다. 이에 던전앤파이터 유저들은 일부러 정장을 차려 입고 본인을 치장한 뒤 PC방에 가서 게임을 하기 시작했다. 이후 던전앤파이터 게이머들 사이에서 매년 4월 26일은 정장을 입고 멋있게 게임을 하러 가는 '정장 레이드 데이' 문화로 정착했고, 타오바오에는 던전앤파이터 수트 세트라는 상품도 등장하기도 하였다.

3 판매사원의 관리

인적판매(Personal Selling)란 판매원이 직접 고객과 대면하여 자사의 제품이나 서비스를 구입하도록 권유하는 커뮤니케이션 활동을 말하며, 판매원 판매라고도 한다. 인적판매는 커뮤니케이션 믹스의 중요한 한 요소일 뿐만 아니라, 많은 경우 회사가 활용할 수 있는 가장 효과적인 커뮤니케이션 방법이기도 하다. 그러나 반면에 인적판매는 회사로서 무척 비싼 커뮤니케이션 방법이다. 왜냐하면 유능한 판매원들을 유지하는 데는 엄청난 비용이 들기 때문이다. 따라서 회사는 운용의 묘를 살려 최소의 비용으로 인적판매의 장점을 최대한으로 살리는 방향으로 판매원들을 관리해야 하는 것이다.

중국의 직접판매와 다단계판매에 대해 법적인 측면에서 비교해보고, 암웨이 사례를 경영학적 관점에서 간단하게 살펴보기로 하자. 중국의 직접판매는 우리나라의 방문판매의 개념

그림 11-23 | 인적판매 과정

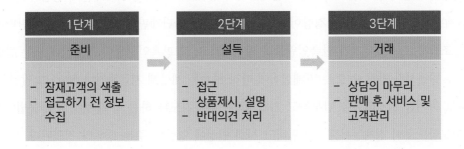

출처: 현대마케팅론(2009), 김용준 외

과 유사하다. 중국에서 직접판매란 중국 법에서 규정한 비준을 받고 직접판매방식으로 상품을 판매하는 기업에서 직접판매원을 모집하고 직접판매원이 고정적인 영업장소 밖에서 직접 최종 소비자에게 판매하는 경영방식을 말한다. 중국은 직접판매원의 자격에 대해 제한 규정을 다음과 같이 규정하고 있다. 직접판매에 종사하는 직접판매원은 만 18세 이상으로 민사능력을 보유한 중국 국민이어야 하며 외국국적 소유자는 금지된다. 또한 현역군인, 의료 종사자, 교직원, 학생, 국가공무원 및 공무원 대우를 받는 기타 인원, 직접판매기업의 정식직원 배우자 및 자녀 등은 판매원으로 활동할 수 없다. 그리고 직접판매원의 판매활동과 관련하여 직접판매원이 소비자에게 판매행위를 할 경우 반드시 직접판매원증과 판매계약서를 제시해야 한다. 그리고 소비자의 동의를 거치지 않고 소비자가 거주하는 곳에 들어가 강제적으로 상품을 판매하지 못하며 소비자가 판매활동 정지를 요구하면 바로 정지하고 소비자의 거주지를 떠나야 한다. 또한 계약이 체결되기 전에 소비자에게 기업의 반품제도를 자세하게 설명하여야 한다. 계약체결 후 소비자에게 영수증과 직접판매기업에서 발급한 반품제도, 직접판매기업 해당 서비스센터 주소 및 전화번호 등 내용이 포함된 물품판매증거를 제공하여야 한다.

중국은 2005년 다단계식 판매방법에 의한 사회적 문제가 늘어남에 따라 다단계판매 금지조례를 제정하였다. 이는 다단계판매에 대해 합법적인 다단계판매와 불법적인 다단계판매를 금지하고 있는데, 현실에서의 구분이 명확하고 분명하게 구분짓기가 쉽지 않기 때문에

건전한 경제질서와 사회 질서를 파괴한다는 이유로 일절 금지하고 있다. 중국은 다단계판매를 법적으로 금지하고 있으나, 다단계판매방식의 영업효과가 뛰어나기 때문에 영업사원들이 다단계판매방식을 선호하는 경향이 있다. 중국에서는 다단계판매에 대하여 다단계판매라 함은 조직자 또는 경영자가 판촉인원들을 발전시키고, 그 판촉인원들이 직접판매 또는 간접적으로 발전시킨 인원 수 또는 판매실적에 따라 보수를 계산해 지급하거나, 또는 그 발전 대상들로 하여금 일정비용을 납부하고 가입자격을 취득하도록 하는 등의 방식으로 불법이익을 도모함으로써 경제질서를 어지럽히고 사회 안정에 영향을 주는 행위라 정의된다. 즉 중국에서 후원수당과 판매이익을 얻는 방식의 영업활동은 금지되어 있는 것이다. 중국에서는 우선 합법적 직접판매와 불법다단계판매를 구별하여야 하며, 무고정·지점판매의 주요 형식 중 하나가 바로 직접판매라 볼 수 있다.

중국의 직접판매와 다단계판매의 정의를 비교해 보면 다음과 같다. 직접판매조례와 다단계판매금지조례에서는 직접판매(Direct Selling)와 다단계판매(Multi-level Marketing)에 대하여 엄격히 다른 형태의 판매행위로 정의 및 구분하고 있다. 직접판매관리조례 제3조에 따르면 직접판매란 직접 판매업체에서 직접판매원을 모집하여 고정된 영업장소 외에서 최종소비자들에게 제품을 판매하는 영업방식이다. 다단계판매금지조례 제2조에 따르면 다단계판매란 조직자 혹은 경영자가 인원을 증가시키며 증가된 인원이 직접적이거나 간접적으로 증가된 인원 수 또는 판매성적을 근거로 계산하며 급여를 지불하거나 혹은 증가된 인원이 일정한 비용을 지불하여야만 이 자격을 얻을 수 있는 것을 조건으로 비합법적으로 이익을 얻으며 경제질서를 혼란시키며 사회의 영향을 주는 행위이다. 즉 직접판매는 법률적인 보호를 받는 합법적인 판매방식인 반면에 다단계판매는 불법적인 판매방식이다. 또한 직접판매관리조례 제4장의 제24조 규정의 의하면 직접판매기업이 직접판매원에게 지급하는 급여는 오직 직접판매원 자신이 최종소비자에게 판매한 제품의 수입으로 계산하며 급여 총액은 해당 직접판매원 자신이 소비자에게 판매한 영업수입의 30%를 초과하지 못한다고 규정하여 급여제도상으로부터 직접판매와 다단계판매를 구분하고 있다.

CASE   중국 암웨이

중국은 '자존심 강한 사회주의 국가'라는 특수성을 가지고 있다. 영국의 생활용품 기업 콜게이트 팜올리브가 중국인의 자존심을 잘못 건드려 중국을 무시하는 것으로 오인 받아 무서운 대가를 치렀던 일례도 있었다. 이처럼 자존심 강한 중국인의 특수성을 빠르게 파악해 중국에서 성공한 기업으로 미국의 생활용품 전문 업체 '암웨이(安利)'를 꼽을 수 있다. 암웨이 하면 먼저 떠오르는 연상은 독특한 판매 시스템이다. 암웨이는 유통 매장을 통해 제품을 유통시키는 것이 아니라 바로 회원을 통해 제품을 유통하는 직접 판매 시스템을 취하고 있다. 즉 우리가 보통 알고 있는 다단계 방식으로 제품을 유통하고 있다. 암웨이는 1995년에 이 유통 시스템을 그대로 가지고 중국에 진출했다. 그런데 문제는 교육을 위주로 한 암웨이의 회원관리 방식을 불법 사모임으로 간주해 중국정부가 돌연 직판 시스템을 금지한 데서 발생했다. 중국은 경제적으로는 자본주의를 받아들였다고 하더라도 정치적으로는 여전히 사회주의 체제이기 때문에, 그들의 체제를 엎을 수 있는 집회 모임을 동반하는 직접 판매 시스템을 용납할 수 없었던 것이다.

중국은 '다단계판매(传销) 경영활동 금지에 관한 통지'를 발표하며 다단계판매 등 무점포 직접판매를 전면 금지시켰다. 통지는 이미 허가를 받고 영업 중인 다단계판매 회사에 대해 "활동을 중지하고 다른 형태의 영업허가를 받아 다단계판매 방식 영업을 대체하라"고 규정했다. 이에 따라 이미 중국에 진출해 있던 미

국계 다국적기업 에이본(Avon Products Inc.)과 암웨이(Amway)는 큰 타격을 입었다. 특히 중국에 공장까지 건설한 암웨이는 그 해 중국시장 매출액이 2억 달러에 이르렀지만 중국정부의 다단계판매 금지로 인해 큰 폭의 매출 손실은 피할 수 없었다. 당시 암웨이 아시아태평양지역 담당 사장이던 덕 디보스(Doug DeVos) 현 본사 사장은 2013년 4월 미국의 경영분야 전문지 '하버드 비즈니스 리뷰(Harvard Business Review)'에 기고한 글을 통해 "합법적인 판매 행위를 불법으로 규정한 중국의 법규는 이해하기 힘든 부분"이었다고 회고했다.

디보스 사장은 "당시 중국시장에서 철수해야 하느냐, 아니면 새로운 판매방법을 모색해야 하느냐는 선택의 기로에 섰다"며 "우리는 후자를 선택해 수시로 바뀌는 관련 법규를 지키기 위해 세일즈 모델을 5번이나 수정한 끝에 중국을 가장 큰 시장으로 만들었다"고 설명했다. 디보스 사장은 "우리는 한편으로 정직한 비즈니스 모델을 가지고 중국 국민들에게 경제적인 기회를 제공한다는 믿음을 심어주며 다른 한편으로 중국정부가 직접판매 관련 법규를 개정할 때 긴밀한 협력관계를 유지했다"고 강조했다.

중국은 7년이 지난 2005년 무점포 직접판매를 일부(직소판매) 허용했다. 중국암웨이는 전통적인 판매 방식이 아닌 이른바 '하이브리드' 판매 모델을 선보이면서 2006년 중국암웨이로부터 공식 인가를 얻었다. 하이브리드 모델은 직접판매와 상점판매, 공인 대리점을 통

한 판매를 결합한 3각 시스템 형태로 혁신적인 비즈니스 모델이라고 할 수 있다. 이는 소비자에게는 질 좋고 편리한 서비스를, 판매업자에게는 자신과 잘 맞는 사업 모델을 선택할 수 있는 유연성을 제공함으로써 중국암웨이 사업 성장의 원동력이 되었다. 먼저 중국 정부로부터 직접판매 허가를 받고, 새로운 판매시스템과 새로운 인사정책을 마련해 상여금, 제품가격, 보상정책 등을 새롭게 고치고 판매사원이 새로운 모델에 적응하도록 교육을 강화했다. 그 결과, 중국암웨이는 전세계 암웨이 지사 중 매출액 1위를 자랑하면서 사업을 열정적으로 하고 있는 30만여 명의 Sales Representatives와 9천여 명에 이르는 직원을 둘 정도로 사업규모가 크게 성장했다. 또한 중국 내 중국암웨이의 기업 호감도와 암웨이 제품에 대한 호감도가 크게 상승하는 등 중국인들에게 지지와 사랑을 얻고 있다는 점은 중국암웨이의 끈질긴 노력과 철저한 준비성이 엿보이는 대목이라 할 수 있다.

또한 중국암웨이는 다단계 판매라는 부정적인 이미지를 지우기 위해 다양하고 꾸준한 사회 공헌 활동을 통해 존경 받는 기업으로 자리매김하였다. 중국암웨이는 약 8천여 개가 넘는 자선 프로젝트에 참여하며, 총 1,100억원에 달하는 금액을 기부하는 등 기업 사회 공헌 활동에 적극적으로 앞장서고 있다. 그 중 2011년에 발족한 스프링 스프라웃 프로젝트 (Spring Sprout Project)는 가장 대표적인 사회 공헌 활동으로 손꼽힌다. 중국의 빈곤한 시골 지역 기숙학교에 남겨진 어린이들의 건강 증진을 목표로 깨끗하고 쾌적한 주방을 만드는

중국 암웨이의 사회 공헌 활동

출처: 조선일보

데 힘쓰고 있다. 2012년 말까지 754개의 주방이 제공되었으며, 이를 통해 'China Charity Award-Most Influential Charitable Project'라는 영예로운 타이틀을 얻기도 했다. 뿐만 아니라, 중국암웨이는 2012년 한 해에만 사회 공헌 활동을 통해 600여 개의 상을 수상했을 만큼 사회 환원의 모범을 보여주고 있다. 중국 암웨이는 매년 다양하고 차별화된 이벤트로 암웨이 고유의 기업 철학과 브랜드 이미지를 업그레이드하고 있다. 이런 노력은 중국암웨이만의 성공전략으로 평가 받고 있으며, 중국소비자에게 중국의 법을 잘 따르고 중국인에게 감동을 선사하는 대중적인 기업으로서의 이미지를 구축하고 있다.

최근에는 중국시장에서 활동하는 직접판매 기업들이 많아지면서 경쟁이 더욱 치열해짐에 따라 중국시장에서의 고전을 겪고 있지만, 중국과의 환율 및 중국 직접판매 시장에 닥친 역풍을 감안한다면 이 정도 성장률을 유지하는 것은 높이 평가할 만하다.

참고자료: 암웨이 홈페이지 및 모바일 매거진, 매일 마케팅신문

제3절 한류 마케팅 커뮤니케이션

한류(韓流)란 한국 대중문화에 대한 열광적인 선호현상을 의미하는 중국어이며 다른 문화가 매섭게 파고든다는 한류(寒流)에서 비롯된 동음이의어다. 중국은 한류의 진원지다. 1997년 중국 CCTV를 통해 '사랑이 뭐길래'가 외국인드라마 최고시청률을 기록하면서 두각을 나타냈다. 한국의 드라마 '사랑이 뭐길래'는 1978년 1가구 1자녀 정책으로 대가족 풍경이 사라진 대도시의 분위기에 적응된 중국 사람들에게 아버지의 가부장적 권위에 대한 향수를 불러 일으켰다. 대가족의 웅성거림과 가족에 대한 배려 그리고 남녀 간의 사랑이 적절히 조화가 되어 한국의 대중문화가 중국에서 인기를 얻으면서 한류는 시작이 된 것이다. 뒤를 이어 1999년 '별은 내 가슴에'가 공전의 히트를 기록하면서 비로소 중국의 한류는 본격적인 유행의 파도를 만들었다. 한류라는 용어도 1999년 중반 중국 언론이 '별은 내 가슴에'의 안재욱을 소개하면서 최초로 사용하였다. 그리고 2002년 H.O.T의 중국 공연을 계기로 국내 언론에 본격적으로 사용되었다.

한류는 2000년대에 들어 중국 문화 중에서 젊은 소비층 일부를 잠식해왔으나 2013년부터는 문화컨텐츠의 대세로 자리매김해왔다. 2013년 '상속자들'이 크게 인기를 얻으면서 배우 이민호는 한국 배우 최초로 2014년 중국 최고시청률을 자랑하는 중국 국영방송 CCTV의 춘절(중국의 설날) 특집프로 '춘지에완후이(春节晚会)'에 출연하였다. 2014년 '별에서 온 그대'로 메가톤급 신한류 열풍의 도래를 확인해주었고, 2016년에는 '태양의 후예'가 중국 신드롬을 이어 나갔다. SBS 예능프로그램 <런닝맨>은 범아시아적인 열풍의 주역이 되었고 <아빠 어디가>, <진짜 사나이> 등 한국의 인기 프로그램의 포맷이 연달아 중국으로 수출되었다. EXO, 김수현, 이민호, 송중기 등 수만 명을 동원하는 일류 한류스타들의 러브콜이 이어지며 중국 전 지역에 걸쳐 한류의 전성시대를 누리기도 했다. 하지만 2016년 사드사태로 인한 중국정부의 '한한령(한류 제한령)' 이후 중국 내에서 한류는 급격하게 얼어붙게 되었다.

그림 11-24 | '별에서 온 그대' 포스터

그림 11-25 | '태양의 후예' 포스터와 VIVO 광고

드라마 '별에서 온 그대'는 중국 후난TV의 위성 중계로 중국 전체 시청률 1위, 25억 뷰를 기록했으며, 극중 여주인공 천송이(전지현)가 치맥을 즐겨 먹던 내용이 전파를 탄 후 중국에서 치맥 열풍을 일으켰다.

드라마 '태양의 후예'는 바이두의 아이치이 인터넷 방송을 통해 매 회 약 10억 뷰를 기록했으며, 중국에서 송중기 신드롬을 일으켰다. 이에 힘입어 송중기는 중국 스마트폰 VIVO 광고 모델로 활동하였다.

1 한류

초기 중국의 한류는 드라마와 K-pop 이 두 가지 장르를 통해 확장되어 오면서 한국 대중문화의 유행이라는 의미를 지녔지만, 2013년부터의 신 한류는 영화와 게임, 그리고 애니메이션 등 다양한 장르로 확대되어가고 있으며, 이는 해외에서 일어나고 있는 한국 선호 현상으로 한국 문화와 한국 상품 선호 등 다양한 분야로 폭넓게 전이되었다.

초기 한류사이클이 1997년부터 2012년까지였다면 그 이후는 新한류사이클의 시간이었다. 한류 확산사이클은 ① 대중문화 유행 → ② 문화 컨텐츠 수출확대 → ③ 한국 상품 유행 → ④ 한국마케팅(방문확대)으로 연결되는 구조인데 한 차례 사이클이 지나고 2013년부터 신한류 사이클이 시작된 바 있다. 과거 한류의 성공 DNA는 ① 컨텐츠 차별화: 한국만의 세련되고 독특한 컨텐츠 개발, ② 한국 특유의 정보기술과 소셜미디어 영향이 컸다.

문화산업은 전방위산업에 미치는 영향이 크고 고부가가치라는 점에서 미래형 신성장산업으로 부상하고 있다. 한류는 일단 한국의 대외적 이미지를 크게 개선시켰고 수출증진이라는 경제적 효과도 이끌었다는 점에서 전반적으로 긍정적으로 작용되었다.

이와 같은 한류 현상은 중국뿐만 아니라 전세계적으로 확산되어왔다. 과거 중국의 건강보

그림 11-26 | 문화서비스 수출입 추이

출처: 한국은행, 삼성경제연구소, 삼성증권(2014)

조식품 업체 아오란(傲澜)그룹이 성과보상 휴가 차 한국을 방문해 인천 월미도에서 임직원 4,500명을 대상으로 한국드라마 별에서 온 그대의 여자 주인공 천송이가 즐겨먹던 치맥(치킨+맥주)파티를 개최하기도 하였다. 이와 같은 중국인들이 한국을 방문하여 한류체험을 명분으로 한국 대중문화를 경험하는 현상들을 활용하는 것은 한국 제품의 매출 상승을 기대할 수 있을 뿐만 아니라 한국 문화를 대대적으로 홍보할 수 있는 좋은 기회가 되었다.

또한 과거 중국에서 한류의 인기가 높아짐에 따라 한류를 적절히 활용한 광고가 매우 인기를 끌었다. 중국 TV광고에는 한국 드라마를 패러디 하거나, 한국어로 "오빠, 사랑해요"라는 말을 사

그림 11-27 | 별그대 치맥파티

중국의 아오란그룹이 드라마 '별에서 온 그대'에서 극중 천송이(전지현)가 치맥을 즐기는 모습을 보고, 치맥을 경험해보고자 한국에 방문하여 치맥파티를 즐기고 있는 모습이다.

그림 11-28 | 한류를 패러디한 '별에서 온 보배' 중국 아동용품 광고

용하는 광고가 속속히 등장하였다. 인터넷의 보급으로 한국에서 방영하는 드라마가 거의 실시간으로 중국에 확산되었는데, <그림 11-28>에서 볼 수 있듯이 한국드라마 별에서 온 그대가 인기를 끌자마자 패러디 광고물이 등장했던 것을 보면 알 수 있다.

2 반한류

반한류(反韓流)는 상호문화의 교류가 아닌 한국 대중문화의 일방적 수출과 한국드라마의 급증 및 고가격 등 문화교류의 일방성에 대해 중국에서 한국문화의 유입에 거부감과 부정적 태도를 갖는 것을 말한다. 즉 한국의 좋은 이미지가 타격을 받고 있는 것이다. 중국에서 나타나는 반한류 현상의 이유는 다음과 같다. 첫째, 중국 연예계에서 한국의 중국시장 잠식 우려 때문이다. 한국 문화는 예로부터 중국 문화의 일부분이었으므로 문화왜곡을 저지해야 한다는 목소리가 나오는 것이다. 그리고 일각에서는 한국은 중국 문화와 연예인을 무시한다는 의견이 제기되었다. 또한 중국 드라마는 한국드라마보다 못하지 않다는 주장이 제기되었다. 둘째, 중화사상 및 전통문화 확립과 타문화에 대한 저항 때문이다. 셋째, 한국과 중국의 정치적 갈등 때문이다. 다음으로는 반한류 현상의 사례를 살펴보기로 하자.

반한류 현상의 원인은 결국 각국의 문화를 고려하지 못한 일방적 한류문화의 문제라는 지적과 성숙하지 못한 한·중 네티즌의 인터넷 문화로 야기된 민족 감정 다툼이라는 지적이 있다. 실제 드라마 별에서 온 그대로 중국에서 인기를 얻은 배우 김수현과 전지현은 2014년 백두산의 중국 이름인 창바이산 이름을 딴 생수광고 모델 활동으로 국내 여론의 뭇매를 맞았다.

그림 11-29 |2005년 일본에서 출간된 <만화 혐한류> 이미지

한편, 한국의 문화 콘텐츠가 중국인의 국가적 감정을 건드리는 사례도 있다. 2014년 4월 12일 방영된 MBC 드라마 호텔킹에서 중국인 부호가 호텔 직원에게 횡포를 부리는 진상 고객으로 묘사돼 중국 네티즌의 비난

을 받았다. 드라마의 배경인 7성급 호텔에 나타난 중국인 부호는 부담스러운 호피 무늬 옷과 화려한 액세서리를 두른 우스꽝스러운 모습이었다. 거만한 표정과 손짓으로 진상을 부리고, 직원이 와인을 따라 주는데 잔을 이리저리 피하며 짓궂은 장난을 쳤다. 직원이 실수로 와인을 옷에 쏟자 화를 내며 직원을 밀어 쓰러뜨렸다. 이 장면이 중국 포털사이트에 "한국드라마가 중국인을 추하게 묘사했다"는 제목과 함께 퍼져 나갔다. 중국 네티즌 사이에서는 "중국 부호들이 원래 저렇지 않나"라며 웃어넘기는 분위기도 있었지만, "한국드라마가 중

그림 11-30 | 중국 헝다그룹 광천수 헝다빙취안광고

국인을 가난하거나 교양 없는 사람으로 그린 게 한두 번이 아니다"라는 비판도 나왔다.

2016년 사드 사태로 중국정부가 '한한령'을 내리자 메이저 기업 들은 한류스타 광고 모델을 전격 중국 연예인으로 교체하기도 하였다. 이는 한국의 대중문화계의 세심한 주의를 기울여야 할 부분이기도 하다. 전문가들은 문화 콘텐츠에서 민족주의적 갈등이 일어나는 것을 경계해야 한다고 지적한다. 중국인들이 한국의 문화 콘텐츠와 관련해 민족적 자존 심에 상처를 입거나 반한류 감정을 갖게 해서는 안 된다는 것이다. 또한, 한류스타들을 보유한 다른 기획사들도 현지 모니터링 활동 강화, 소속 아티스트 교육 강화, 해외활동 가이드라인 강화 등의 방침으로 진출국의 문화를 이해하는 노력을 해야 한다.

한편, 전세계에 흩어져 있는 화교, 교포, 급증하는 유학생은 신 네트워크를 활용해 한류 전파에 큰 역할을 해 왔다. 10만 명을 훌쩍 넘는 중국 유학생들은 한국을 가장 잘 아는 지한파(知韓派)이고, 향후 중국의 미래를 담당하는 파워 세대이며, 두 나라의 우호를 증진시키고 크고 작은 오해를 풀 수 있는 민간친선 외교관 역할을 충분히 할 수 있는 중요한 인적자원이다. 최근 반한류의 양상을 볼 때 한국이 아시아 문화허브로서의 잠재력은 충분하지만 문화교류의 일방성을 경계해야 한다.

❸ 한·중 문화사업

(1) 현황

　한국지역발전협회가 발표한 논문에 따르면 한중 문화교류는 중국의 문화진흥정책과 한국 문화의 고속성장기가 맞물려 빠른 속도로 발전하였다고 한다. 한국과 중국의 문화교류가 성공적으로 진행되면서 이는 단순히 경제적이익뿐만 아니라 정치적으로도 양 국가의 관계를 우호적으로 만드는 데에 큰 도움이 되었다. 2022년은 한국과 중국이 수교를 맺은 지 30주년이 되는 해이다. 2021년에는 한·중 수교 30주년과 양국간의 문화교류를 적극 장려하고 지원하고자 '2021-2022 한중문화교류의 해'를 선포하였고 관련 행사들도 진행되었다. 한중 디지털가이드북을 만들어 중국과 한국의 맛집, 여행지 관련 가이드북을 만들었고, 중국의 대표 고전작품인 <회란기>와 <낙타상자>를 연극으로 풀어 한국 예술의 전당에서 작품으로 선보였다. 중국에서는 <회란기>와 <낙타상자>를 온라인과 오프라인상으로 K-씨어터 상영회를 개최하였다. 평균 매달 하나씩 행사가 진행되고 있는데 자세한 내용은 인스타그램 '한중 문화교류의 해' 페이지와 중국 내 소셜미디어인 웨이보(微博)를 통해 컨텐츠가 계속해서 업로드되고 있다. 뿐만 아니라 적극적인 홍보와 활동을 위해 공식 캐릭터를 만들었는데 한국을 대표하는 '진도'와 중국을 대표하는 '차우'로 이름을 짓기도 하였다. 이러한 교류가 '한한령'으로 얼어붙은 중국 내 한류를 녹이는 데 긍정적인 역할을 할 것으로 기대되고 있다.

그림 11-31 | 2021-2022 한중 문화교류의 해 관련 사업

출처: 케이시어터상영회, 한중문화교류 인스타 페이지

(2) 난타사례

난타(NANTA)는 주방도구를 이용한 리듬과 비트 그리고 상황만으로 구성된 작품을 공연하는 것이다. PMC커뮤니티의 난타는 1997년 첫 공연을 이래로 꾸준한 인기를 누리며 단순 공연산업보다는 관광산업으로 자리매김 하였다. 해외진출 현황으로는 2003년 아시아 최초 뉴욕 브로드웨이 진출을 시작으로 2003년 태국 방콕에 두 번째 전용관을 개관하였으며, 2015년 12월에 중국 광저우에 진출하였다. 국내 공연업계에서 중국에 전용관을 여는 것은 난타가 처음이다. 당시 총 매출은 1,980억 원을 돌파하였고, 49개국 286개 도시를 순회하며 총 공연횟수가 2만 9천여 회에 달한다. 난타에서 사용한 오이, 양파, 양배추, 당근 등의 야채만 해도 약 89만 개, 사용한 도마는 약 2천여 개, 사용한 칼이 약 2만 개 정도이다.

난타가 중국 진출을 고려하던 시기에 중국인의 소득수준 향상 및 중산층의 확대로 인해 중국은 거대 잠재적인 문화소비시장으로 탈바꿈하였으며, 문화사업에 대한 정부차원의 활발한 지원 아래 시장이 지속적으로 확대될 것으로 전망되었다. 특히 새로운 문화적 욕구를 가진 신세대층이 형성 및 확대되었고, 한국 내 중국 여행객들이 난타 공연을 보는 경우가 많았다. 그러나 최근은 난타에 대한 인기나 관심도가 줄어들었다.

그림 11-32 | 난타 광저우 전용관

CASE 中사드보복, 롯데 '저주'인가? '축복'인가?

출처: http://news.sina.com

주한미군이 지난 26일 새벽 경북 성주 롯데 골프장에 사드를 전격 배치했다. 중국의 보복은 누그러들 기미를 보이지 않는다. 이 난관을 어떻게 헤쳐 나가야 할까? 롯데를 중심으로 풀어봤다.

중국의 사드 보복, 롯데에겐 어떤 의미일까?

롯데의 중국시장 상황부터 따져보자. 사실 사드 보복 이전부터 롯데의 중국 사업은 삐걱거리고 있었다. 실적을 따져봐도 롯데의 중국 유통시장 공략은 사실상 실패다.

- '갑질' 롯데, 중국시장에서 고전해
- '을질' 필요한 중국시장에서 '적자' 행진
- 사드 보복, 롯데엔 되레 '축복'일 수 일을까?
- 이번 계기로 중국 현지 눈높이 경영해야!

왜 일까?

롯데의 중국시장 진출 초기부터 '실패'를 점쳤던 사람이 많았다. 두 가지 이유 때문이었다. 첫째, 중국 유통시장에서 중국 기업과 글로벌 유통기업인 까르푸나 월마트보다 차별화된 경쟁력이 없다는 것이다. 둘째는 롯데의 기업문화가 선진적이지 못하다는 점이었다. 특히 롯데의 '갑질' 경영은 심각한 문제였다. 롯데가 중국시장에서 고전을 면치 못하는 주요한 이유이기도 했다.

'갑질'에 익숙한 롯데, '을질' 필요한 중국시장에서 '적자'

롯데의 이런 기업문화는 중국시장 상황과는 너무도 맞지 않았다. 롯데는 중국 협력업체에 '을'이다. 아니 '병' 정도라고 해야 맞을지 모르겠다. '을질'도 분명 전문 경영이지만, '갑질 문화'에 익숙한 롯데는 '을질 경영'을 인지하지도 못했다. 롯데가 한국에서 '갑질 문화'에 젖은 탓이었다. 한국 유통시장을 장악한 롯데는 수많은 협력업체를 '을'로 두고 있다. 이런 상황에서 롯데의 중국시장 침투력은 점점 약해졌다. 수년간 적자를 보는 상황에서 내부에서 시장 철수 얘기도 공공연히 나돌았다.

因为理解　所以等待

十寸光阴十年心
乐天始终如一将您放在心里
所以, 我们理解您

乐天与中国之缘
不负十年光阴　携手百年之约

LOTTE Mart 乐天玛特

우리는 이해한다. 그래서 기다린다! (因为理解, 所以等待)

수년간 적자를 본다면 제아무리 튼튼한 기업이라도 버틸 재간이 없다. 중국 내 사업을 구조 조정을 할 수밖에 없다는 뜻이다. 지난해만 해도 수년간 쌓인 영업·투자 손실이 드러났고, 구조 조정이 여의치 않은 일부 사업은 아예 접어야 했다. 하지만 중국시장은 투자하러 들어가는 건 쉬워도 탈출(Exit)은 어렵다. 중국 사람과 결혼하기도 어렵지만 이혼하기는 더 어렵다는 얘기다.

사드 보복, 롯데엔 되레 '축복'?

이처럼 '진퇴양난' 상황이었던 롯데, 갑자기 '서광'이 비쳤다. 롯데로 향한 '사드 보복'이란 화살 덕분이다. 보복이 '서광'이다? 고개가 갸우뚱해질 수 있겠지만, 여기엔 이유가 있다.

우선 중국정부가 롯데에게 구조조정할 시간을 벌어준 꼴이 됐다. '울고 싶은 아이에게 뺨쳐 준'격이다. 다음으로 '측은지심'이다. 한국

시장에서 찍혔던 부정적인 '낙인'을 지울 수 있는 때다. 그동안 롯데는 한국기업인지, 일본 기업인지 모를 국적 불명의 회사로 의심을 받아왔다. 그뿐인가? 상속 문제로 형제 부모 간에 법적고소 사건이 얽히면서 롯데는 부도덕하고 비윤리적인 기업의 대명사가 됐다. 하지만 사드 보복에 처한 롯데 문제가 연일 보도되자 한국 내 여론도 차츰 변하고 있다.

한국 소비자들 마음속 "롯데 제품을 좀 사줘야 하는 거 아니야?"라는 '감성'을 일깨웠다. 당장 롯데가 수조 원을 들여 광고나 마케팅을 해도 얻기 힘든 효과다. 한국에서 애국 기업이 될 수 있는 절호의 기회를 맞은 셈이다. 중국시장을 향한 구애도 멈추지 않았다. 얼마 전 신동빈 회장은 "우리는 중국을 사랑한다. 중국에서 떠날 생각이 없다"고 대외적으로 선언하기까지 했다. 중국인에게 롯데 이미지를 각인

시킬 수 있는 근거는 만들어 놨다.

사드 파고 넘으려면 '을'이 되어 중국 현지 눈높이 경영해야

중국에서 영업정지 당한 한 롯데마트는 '우리는 이해한다. 그래서 기다린다! (因为理解, 所以等待)'라는 간판까지 내걸었다. '갑질'에 젖어 있던 롯데, 드디어 '을'이 돼 중국 현지 눈높이 경영을 실천하고 있었다. 중국정부와 중국 소비자, 중국 협력업체를 모시는 영업, 이제야 제대로 체득한 것 같다.

다른 한국기업도 마찬가지다. 사드 파도를 넘으려면 중국소비자와 협력업체를 갑으로 모실 줄 아는 '을질경영'부터 실행에 옮겨라!

참고자료: [모바일 MBA] 中사드 보복, 롯데 '저주'인가? '축복'인가?, 차이나랩, 2017.4.28.

본 장에서는 중국마케팅커뮤니케이션 전략을 알아보았다. 중국 광고시장 매체 현황과 광군제로 대표되는 판매촉진의 특수성을 보니, 중국 내수시장 공략 시 14억을 대상으로 하는 Mass Communication은 비용이 너무 많이 든다. 오히려 자사의 타깃을 확실히 하여 표적집단에 대한 정확한 매체 선택이 중요하다. 중국의 한류 현상은 기존 진출 기업뿐만 아니라, 향후 진출하려는 한국 중소기업과 벤처기업에게 새로운 기회를 제공해왔다. 그러나 2016년 사드 사태로 '한한령'이 내려지며 한류와 관련한 사업 등이 제약을 받아왔으며 중국 메이저 회사의 한국 광고 모델이 중국 모델로 교체되기도 하였다. 한류를 잘 활용하는 것도 지혜가 필요하지만, 반한류를 피하는 문화적 배려도 우리 기업에게 요구되고 있다. 중국마케팅 커뮤니케이션에 있어서 오프라인 커뮤니케이션이 축소되고 있는 반면 온라인 커뮤니케이션이 증가하는 현상도 주목할 필요가 있다.

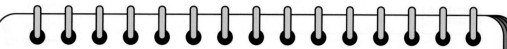

연구과제

01 빠링허우의 인터넷, 쥬링허우의 모바일 중심의 라이프스타일을 바탕으로 중국 온라인 광고시장이 가장 주목 받는 수단으로 부상하고 있다. 이러한 특성을 활용하여 중국 온라인 광고시장을 공략하기 위한 우리 기업만의 방안을 모색해보자.

02 중국 광군제는 더 이상 중국만의 축제가 아닌 세계인의 쇼핑문화로 발전하고 있다. 돌아오는 광군제에 타오바오에서 온라인 쿠폰을 다운받아 직접 물건을 구매해보고, 우리나라 온라인쇼핑과 비교해보자.

03 한류는 우리 기업의 마케팅 커뮤니케이션 수단으로 활발하게 활용되어 왔다. 한류의 양면성을 고려하여 우리 기업이 한류를 어떻게 지속적으로 이용할 수 있는지 제안해보자.

참고문헌

고성호(2022), "제품 팔며 공부까지 시키는 중국 라이브커머스 동향", KOTRA.

김성애(2022), "2022 광군제(11.11.솽스이)로 보는 중국 소비", KOTRA.

김영환(2016), "유커 4500명 월미도서 치맥파티", 한겨레.

김용준(2016), 『제2의 차이나드림』, 매일경제.

김우겸(2018), "진화하는 광군제 10년 트렌드, O2O", 생체인증 결제, 산업일보.

노태운(2013), "중국서 다단계판매 영업 가능할까", 매일마케팅신문.

문화체육관광부(2021), "내년 한중 수교 30주년 앞두고 '한중 문화교류의 해' 개막", 대한민국 정책브리핑.

박진우(2020), "e스포츠, 2022년 항저우 아시안게임 정식종목 채택", 조선비즈.

법무법인 율촌(2015), 중국 신 광고법 시행과 우리나라 기업에 대한 시사점.

예홍탁(2022), "중국 최근 소비촉진 정책 및 영향", KITA.

오정민(2021), "中광군제, 한국 제품들 날았다… 줄줄이 '신기록' 기염", 한경.

유예진(2010), "무한한 중국 광고시장, 어떻게 진출하나?", KOTRA.

이경민(2010), 13억 중국소비자 잡으려면 꼭 알아둘 4가지 비밀(下), IGM.

이윤식(2022), "중국, Z세대 공략에 'e스포츠 마케팅' 열풍", KOTRA.

이종구(2011), "중국의 직접판매관리조례와 다단계판매금지조례에 관한 소고."

전종근 외(2016), "한류의 경제적 효과에 관한 연구", KOTRA.

천지은(2014), "급성장 중인 중국의 광고산업", KOTRA.

최수연(2022), "中 신동방온라인, 라이브커머스로 사교육 규제 돌파", 중국망.

한국방송광고진흥공사(2021), "2021 방송통신광고비 조사 보고서."

한중콘텐츠연구소(2015), "중국 기업, 타이틀스폰서 경쟁 치열."

Amway(2012), "한계를 딛고 존경받는 기업으로 성장한 중국암웨이."

董牧孜(2017), "百雀羚民国风俗广告：老上海怀旧拜物热所偷换的历史时间", 澎湃新闻·思想市场.

Chapter

12

중국 **디지털마케팅**

정보통신 기술이 발달하면서 전사적 단계에 디지털이 활용되고 있음을 부정하는 사람은 없을 것이다. 특히 마케팅 분야에서는 디지털마케팅이 필수인 시대가 도래하였고, 디지털마케팅의 방법이 다양해지면서 기업들은 다양한 수단을 통해 소비자들에게 디지털의 가치를 활용한 부가가치를 창출하고자 노력하고 있다. 협의의 디지털마케팅은 소비자들에게 제품과 서비스의 촉진에 있어 디지털 채널을 활용하는 것을 뜻하며, 광의의 의미로는 디지털 기술을 활용한 마케팅 가치창출이라 볼 수 있다.

전통적인 소비자의 제품 구매에 대한 의사결정 과정은 Attention(인지) – Interest(흥미) – Desire(욕구) – Action(구매)의 과정으로 설명할 수 있는데, 바로 1989년 미국의 사업가였던 엘모 루이스가 제시한 AIDA 모델이다. AIDA모델은 기업이 제품을 생산하여 소비자에게 공급되는 가치창출의 과정이 단선적 경로로 발생하는 '선형적 가치사슬(Linear Value Chain)'의 형태가 주를 이루던 시기의 모델이다.

최근에는 정보통신기술의 발달로 인한 인터넷기업의 등장으로 플랫폼 비즈니스가 주를 이루며 생산자와 판매자, 공급자와 소비자가 한 플랫폼 내에서 다양한 형태로 가치창출을 만들어낸다. 따라서 소비자의 의사결정 과정이 Attention(인지) – Interest(흥미) – Search(검색) – Action(구매) – Share(공유)의 AISAS모델로 전환되었다. 따라서 기업들은 소비자가 제품 구매를 위한 검색 단계에 자사의 제품을 최대한 노출시켜야 하며, 사용경험을 공유하는 단계에서 잠재 소비자에게 미칠 수 있는 영향 등을 고려해야 하기 때문에 기업의 디지털마케팅은 매우 중요하다.

그림 12-1 | 소비자의 제품 구매 의사결정과정

〈전통 소비자의 의사결정과정〉

AIDA 모델	노출 Attention	흥미 Interest	욕구 Desire	구매 Action	

〈디지털 소비자의 의사결정과정〉

AISAS 모델	노출 Attention	흥미 Interest	검색 Search	구매 Action	공유 Share
			노출된 정보와 검색한 정보 비교		타인의 검색과 구매 과정에 영향

과거 중국은 상대적으로 인터넷 유저의 낮은 인터넷 사용경험에 따른 저조한 디지털마케팅 활용도를 보였었다. 그러나, 2010년대 초반에 들어서면서 중국의 정보통신 기술이 발달하고 인터넷 보급률이 증가함에 따라 각 기업들은 온라인 플랫폼 구축 및 디지털마케팅 경쟁에 열기를 띠고 있다. 특히 oppo와 vivo 등의 로컬 브랜드에서 출시한 저가 스마트폰의 확대로 인해 모바일 인터넷 인구가 급성장하며 디지털마케팅의 중요성이 크게 부각되었다. O2O와 핀테크 분야는 중국이 한국보다 수 년 더 앞서 있는 실정이다. 글로벌 온라인 시장에서 도태되지 않으려면 오히려 한국이 중국의 디지털마케팅을 배워 경쟁력을 갖추어야 하는 상황이다.

이 장에서는 중국의 디지털소비자에 대해 간단히 살펴본 후, 인터넷 환경을 기반으로 한 중국의 디지털미디어 시장인 검색엔진, 온라인 동영상 등에 대해 살펴본다. 또한 온라인과 오프라인의 경계를 넘나드는 O2O의 현황과 전망을 살펴보고, 중국시장과 중국기업에게 한 수 배워본다.

제1절 중국 디지털소비자의 특징

디지털시대의 도래는 소비자행동에도 많은 변화를 주었다. 디지털소비자는 디지털기기와 인터넷에 익숙하고 정보 욕구가 강한 집단이다. 수동적인 소비만을 하던 과거의 소비자와는 달리 인터넷을 통해 정보를 탐색하는 것에서 나아가 메신저, 소셜 네트워크 서비스나 소셜미디어를 통한 정보 교환 및 정보 공유를 한다는 점이 큰 특징이다. 따라서 자연스럽게 인터넷에 익숙한 중국의 빠링허우와 쥬링허우, 링링허우 등 20~40대의 연령층, 새로운 문화와 기술에 관심이 많은 소비자집단이 디지털소비자의 주를 이루고 있다. 이들은 인터넷 사용환경에 있어 PC보다 모바일이 더 친숙하며, 타인의 구매 및 소비에 대한 영향력도 매우 높은 집단이라는 점에 주목할 필요가 있다. 그렇다면 중국의 디지털소비자는 어떤 모습을 가지고 있을까?

중국 디지털소비자의 특징 역시 다른 나라와 크게 다르지 않지만 몇 가지 주목할 만한 점

그림 12-2 | 중국 인터넷 이용자 규모 및 모바일 인터넷 보급률

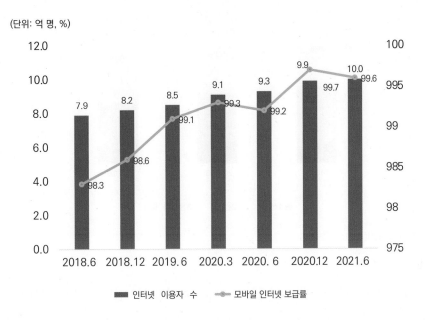

출처: 중국인터넷정보센터(CNNIC,2021)

이 있다. 첫째, 중국의 디지털소비자는 중국의 급격한 변화로 인한 잠재적인 시장성이 크다는 점에서 전 세계가 주목하고 있다. 2021년 상반기에 중국은 약 10억 명의 인터넷 사용자를 보유하고 있는 것으로 나타났다. 이는 2018년과 비교했을 때 2억 명 정도 증가한 수치이다. 하지만 중국의 전체 인구가 14억 명이라는 점을 감안하면 아직 4억 명의 잠재 디지털소비자가 존재한다.

둘째, 대도시가 아닌 3, 4선 도시의 인터넷 인구가 빠르게 증가하고 있다. 하침시장(Sinking Market)이라고 불리는 3선 이하 도시의 인터넷 이용자는 전체의 59%에 달한다. 1, 2선 도시의 인터넷 이용자 증가율이 줄어드는 반면 하침시장의 인터넷 이용자는 2018년 53%에서 지속적으로 증가하는 추세이다. 이러한 이유로 하침시장 디지털소비자를 겨냥한 플랫폼이 최근 크게 증가하고 있기도 하다. 대표적으로 메이퇀이 운영하는 신선식품 플랫폼인 메이퇀 요우쉬엔(美团优选), 징동이 투자한 싱성요우쉬엔(兴盛优选) 등이 있다.

그림 12-3 | 중국의 도시별 인터넷 사용자 비중

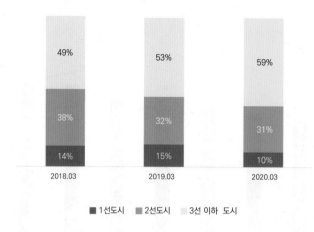

출처: SCMP Research(2021)

셋째, 60세 이상 노년층의 인터넷 이용도 크게 확대되었다는 점도 특징 중 하나이다. 중국도 고령화 사회에 접어들면서 실버인구가 점차 증가하고 있는데, 2020년 기준 중국의 60세 이상 인구는 2.6억 명이며, 2050년에는 4.4억 명까지 늘어날 것으로 예상된다. 중국의 60세 이상 인구의 인터넷 보급률은 약 42% 정도이며 중국의 전체 인터넷 인구 중 11%를 차지하고 있다. 이는 중국 내 실버경제 급성장의 배경이 되고 있다.

그림 12-4 | 중국의 60세 이상 인터넷 인구 비중

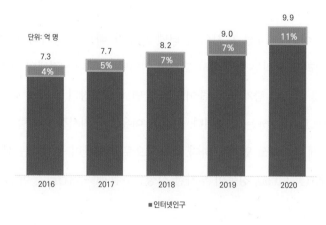

출처: SCMP Research(2021)

넷째, 전체 중국 디지털소비자의 86% 이상이 모바일결제를 사용하고 있다. 8.5억 명의 중국소비자가 알리페이와 위챗페이 등을 사용하고 있다는 이야기이다. 전체 인구 대비 모바일결제의 침투율은 약 61% 정도이다. 모바일결제는 플랫폼 이용의 편의성을 제고시키고 플랫폼 간 전환속도를 높여 디지털경제 전반의 활력을 제고시키는 역할을 하게 된다. 따라서 중국의 모바일결제 저변화는 디지털경제 발전에 큰 영향을 주고 있다. <그림 12-5>를 보면 중국의 모바일결제시장은 미국보다 높으며 전 세계 최대 규모이다. 특히 위챗페이 및 알리페이와 같은 인터넷 대형기업이 결제시장을 주도하고 있으며 전자상거래 등 온라인뿐 아니라 음식점, 상점 등 오프라인에서도 널리 사용되고 있다. 중국의 핀테크와 관련한 부분은 이후 다시 살펴보기로 한다.

그림 12-5 | **중국과 미국의 디지털소비자 비교**

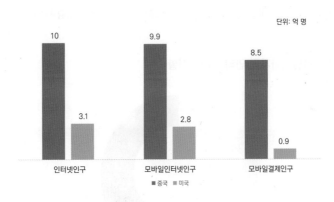

출처: 중국인터넷정보센터(CNNIC,2021), SCMP Research(2021)

이러한 중국의 디지털소비자 특징을 고려했을 때, 중국 디지털소비자의 행동분석 및 그들의 마음을 사로잡는 일은 기업입장에서는 매우 중요하다. 이하에서는 중국의 디지털소비자가 어떻게, 왜 그리고 언제 온라인을 통해 정보를 탐색하고 구매를 하는지 등에 관한 디지털미디어 시장, 중국의 디지털경제 발전의 인프라를 제공하고 있는 인터넷금융, O2O 등의 중국 디지털마케팅에 대해 살펴보도록 하자.

1 온라인에서의 정보수집 방법

중국 인구의 71%를 차지하는 디지털소비자 중 빠링허우, 쥬링허우, 링링허우의 비중은 약 55%에 달한다. 이들에게 인터넷은 제품, 브랜드, 그리고 가격에 대해 중요한 정보를 얻는 정보원이다. 다른 나라와 비교하여, 중국의 디지털소비자들은 회사나 브랜드의 공식적인 웹사이트에서 훨씬 적은 시간을 소비한다.

Mckinsey(2021)의 자료에 따르면 소셜미디어가 중국소비자의 구매행태에 영향을 주는 핵심 플랫폼이라고 한다. 중국 인터넷 사용자들이 온라인에 머무는 시간의 약 64%를 위챗, 웨이보, 샤오홍슈와 같은 소셜미디어와 iQiyi, 틱톡과 같은 디지털 콘텐츠 플랫폼이 차지하고 있는데, 이 중에서 소셜미디어가 제품 구매에 미치는 영향은 크게 증가하는 추세이다. 특히 모바일을 통한 인터넷 사용시간이 기존 일평균 6.1시간에서 코로나19로 인해 20% 증가한 7.3시간이라고 한다. 결국 기업입장에서는 중국 디지털소비자에게 다가가기 위해 중국의 대표 소셜미디어, 디지털 콘텐츠 플랫폼에 대해 파악하는 것이 중요하다.

그림 12-6 | 중국 디지털소비자의 인터넷 사용현황

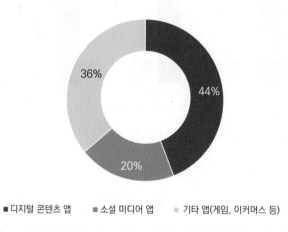

■ 디지털 콘텐츠 앱　　■ 소셜 미디어 앱　　■ 기타 앱(게임, 이커머스 등)

출처: McKinsey(2021)

과거 중국의 소비자들이 바이두와 같은 검색엔진 사이트를 활용해 제품에 대한 정보를 습득해왔다면 최근에는 소셜미디어 플랫폼을 활용한 정보수집이 확대되고 있다. 이

그림 12-7 | 중국 소셜미디어가 구매에 미치는 영향

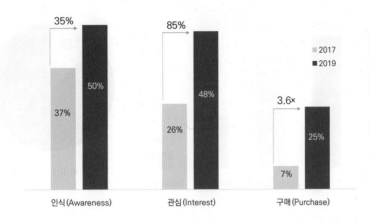

출처: McKinsey(2021)

러한 변화는 중국소비자의 쇼핑 패턴이 과거의 검색기반(Search-based)에서 추천기반(Recommendation-based)으로 변화하고 있음을 의미한다.

중국의 소셜커머스로는 중국판 인스타그램이라 불리는 샤오홍슈(小红书)가 대표적이다. 샤오홍슈는 2013년 출시되어 소비자들의 체험 및 경험을 기반으로 한 콘텐츠 제공으로 출시 4년만에 가입자가 1억 5천만 명을 돌파하였다. 2022년 가입자수는 3억 명을 넘어섰고, 월간 이용자수는 약 1.6억 명으로 현재 샤오홍슈를 이용하는 고객은 주로 2030 여성들이 주를 이루고 있다. 61%의 이용자가 30세 이하이며, 여성의 비율이 87%에 달하고 있다. 또한 40%의 이용자가 중국 1선도시에 거주하고 있는 것으로 나타났다. 자칭 라이프스타일 콘텐츠 플랫폼으로 홍보하고 있으며 미국의 인스타그램보다 이커머스와의 연결성이 더욱 강화된 플랫폼으로 주목 받고 있다.

샤오홍슈는 크게 3가지 서비스를 제공하고 있다. 첫째, 중국판 인스타그램으로 이용자 간 상호작용 기능이 있다. 공유하기, 좋아요, 메시징 등 일반적인 SNS와 유사한 서비스를 제공한다. 기업 계정의 경우 해시태그 캠페인 등을 통해 브랜드를 홍보하고 고객과 소통할 수 있다. 기업 계정은 관련 서류를 준비하여 제출하면 되고 신청서 확인에는 일반적으로 3일이 소요된다.

둘째, 샤오홍슈는 상점기능을 통해 이커머스 서비스를 제공하며 알리페이나 위챗페이로

그림 12-8 | 2021년 샤오홍슈 이용자 연령 및 성별 분포

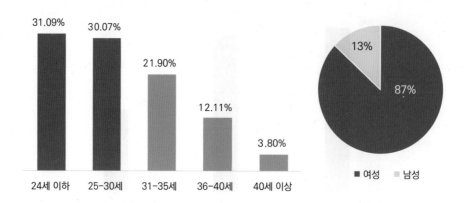

출처: HI-COM(https://www.hicom-asia.com/little-red-book-guide/)

결제가 가능하다. 또한 최근 중국에서 급성장하는 라이브 스트리밍 서비스를 제공하고 있다.

셋째, 샤오홍슈의 대표인 마오원차오(毛文超)는 샤오홍슈가 단순한 이커머스 플랫폼이 아닌 소셜 기반의 추천 플랫폼임을 강조한 바 있다. 여러 면에서 샤오홍슈는 제2의 페이스북이라 불리는 미국의 Pinterest와 비교할 수 있다. 사용자는 핵심 용어나 특정 항목을 검색하고 마음에 드는 게시물을 클릭하면 플랫폼의 알고리즘이 피드를 즉시 맞춤화하여 유사한 게시물을 표시해준다. 또한 모든 게시물의 하단에는 추가 추천 유사 게시물도 표시되어 내가 원하는 제품과 유사한 제품들을 한번에 파악할 수 있게 된다.

그림 12-9 | 샤오홍슈 화면사진

출처: 바이두 이미지

샤오홍슈 이용자들은 건강, 여행, 독서, 미식, 뷰티 등 다양한 카테고리 내에서 다른 이용자가 남긴 후기를 살펴보며 새로운 온라인 정보 습득을 하고 공유하고 있다. 또한, 위챗이나 웨이보와 같은 기존의 SNS와 연동이 가능해 별도의 가입 절차 없이 바로 이용이 가능하다. 샤오홍슈의 가장 큰 장점은 정확한 검색도와 최신 자료, 풍부한 소비자들의 경험으로 인해 시시각각 빠른 정보 습득이 가능해 변화하는 트렌드를 바로 반영한다는 점이다. 특히 검색이 바로 거래로 연동된다는 특징이 있어 기업들은 샤오홍슈의 다양한 구매 후기를 활용해 트렌드 및 자사의 타기층을 분석하는 데 매우 용이하다.

2 중국 소셜미디어의 특징

중국 언론에 대한 중국정부의 규제가 존재하고 있는 특수성 속에서, 중국 SNS는 소비자들의 인터넷 활용과 콘텐츠 생산 및 소비를 더욱 풍부하도록 도와줄 뿐만 아니라 중국의 사회·문화에 다원화된 새로운 영향을 미치고 있다. 이하에서는 중국 디지털마케팅에서 매우 중요한 중국 소셜미디어의 특징을 간단히 살펴보기로 하자.

첫째, 중국 SNS는 폐쇄성과 카피캣(Copycat)이 두드러진 양상이다. 중국은 만리 방화벽 (Great Firewall of China)이라고 불릴 정도로 정부가 주도하는 정보 통제의 정도가 강하다. 중국정부의 언론매체에 대한 엄격한 검열 때문에 CCTV와 인민일보 등의 주요 언론매체는 정부 중심의 여론을 주도하고 있으며, 사회의 급속한 변화와 다양한 요구를 실시간으로 수용하지 못하는 것이 현실이다. 즉 전적으로 정부 주도형 온라인 환경이 구축되어 있는 것이다. 그러나 중국 네티즌이 다양한 소셜미디어를 통해 1분 동안 업로드하는 몇 만 건의 게시물을 정부가 모두 검열하는 것은 힘들다. 특히 젊은 세대의 스마트폰 사용이 보편화됨에 따라 이들이 게시하는 소셜미디어 메시지가 빠르게 여론을 형성하고 있다. 실제로 웨이보(微博)를 통해 기업의 비리가 밝혀진 사례가 있고, 사회적인 문제를 널리 알리는 역할도 하고 있다. 기존 국영 언론이 도맡아왔던 여론 주도 역할을 인터넷과 소셜미디어가 하고 있는 셈이다. 이에 따라 중국 당국에서 인터넷상의 민감한 내용의 게시물은 더욱 강력한 검열과 삭제를 하고 있는 반면, 중국 네티즌 수의 지속적인 증가로 중국정부의 검열이 점점 무력화되고 있기도 하다. 앞으로 소셜미디어를 통해 중국사회가 어떻게 변화할 것인지 주의깊게 살펴볼 필요가 있다.

둘째, 상상을 초월하는 규모와 속도의 경제이다. 중국의 대표적인 소셜미디어인 위챗의 이용자는 중국의 인터넷이용자와 거의 같은 10억 명이다. 이는 미국 인구의 3배에 달하는 규모이다. 막대한 규모의 디지털인구가 소셜미디어 상에서 매우 발빠르게 움직이고 있다. 이는 같은 조사에서 한국이 77%(카카오톡 이용자 기준), 일본이 70% 수준인 것에 비해 높은 수치임을 알 수 있다.

셋째, 왕민(网民)과 관계(关系)의 중요성이다. 왕민은 중국의 네티즌을 일컫는 말이다. 이들은 젊고(40세 이하가 55.2%), 고졸 이상의 학력을 가졌으며, 중산층 이상의 부를 가지고 있다. 특히 중국 특유의 문화와 합쳐져 꽌시라고 하는 관계의 중요성을 간과해서는 안 된다. 정, 의리, 신뢰에 기반한 펑요우(朋友, 친구)의 개념은 중국 소셜미디어를 이루는 근간이라 할 수 있다.

넷째, 상대적으로 높은 신뢰도이다. 폐쇄성과 중국 당국의 정보 통제로 인해, 중국에서 소셜미디어는 다른 플랫폼에 비해 실제로 높은 신뢰도를 유지하고 있다. 10억 이상의 유저에게서 쏟아지는 실시간의 콘텐츠들을 정부가 모두 일일이 통제할 수 없기 때문에 플랫폼에 자율규제 의무규정을 많이 두고 있다. 각 플랫폼들은 법에서 엄격하게 제한하는 내용 이외에는 자율적으로 플랫폼을 관리하고 있으며 소셜미디어는 많은 인터넷 사용자가 직접 콘텐츠를 제작하고 생산함에 따라 상대적으로 높은 신뢰수준을 형성하고 있다.

위 네 가지 특징을 고려하여 중국 소셜미디어를 활용함에 있어 다음의 5가지를 제안한다. 첫째, 각 플랫폼 간에 상호작용이 가능한 채널 믹스 전략이 필요하다. 특히 채널별 특성, 연령별 특성을 고려한 채널 전략을 구사해야 한다. 둘째, 소셜미디어가 온라인 검색엔진의 기능도 함께 제공하고 있기 때문에 기존 검색 포털과의 연계가 필요하다. 셋째, 중국 디지털소비자의 특수성에 기반한 체계적이고 지속적인 접근이 필요하다. 넷째, 사용자 경험 공유에 기반한 접근이 필요하다. 다섯째, 모바일 환경이 전체 인터넷환경을 조성하고 있는 만큼 모바일을 중심으로 하는 전략이 필요하다.

제2절 중국 디지털미디어 시장

중국 온라인 매체의 특성

(1) 중국의 검색엔진

디지털소비자가 정보를 얻게 되는 가장 기본적인 플랫폼은 검색엔진이다. 우리나라는 네이버(Naver)가 구글과 함께 검색엔진 시장에서 높은 비중을 차지하고 있지만, 세계적으로는 구글(Google)이 92.2%의 비중으로 압도적 1위를 하고 있다.

중국의 검색엔진 시장점유율은 2022년 1월에서 10월까지를 기준으로 바이두(百度)가 전체 검색엔진의 64.4%를 차지하고 있는 것으로 나타났다. 하지만 데스크탑과 모바일로 구분하여 살펴보면 바이두의 점유율이 크게 차이가 나는 것을 알 수 있다. 모바일 검색엔진 시장에서 바이두는 83.2%의 매우 높은 비중을 차지하고 있지만 PC에서는 39.4%로 그 절반에도 미치지 못하고 있다. 그 이유는 2,3위에 해당하는 검색엔진의 특수성에 있다. PC 검색엔진에서 25.8%로 높은 비중을 차지하는 Bing의 경우, 마이크로 소프트 운영체제와 연동되어 있어 자연스럽게 시장점유율이 높아진 것으로 볼 수 있다. 소거우(搜狗)는 위챗의 콘텐

그림 12-10 | 중국 검색엔진 시장점유율(2022년 1월~10월 기준)

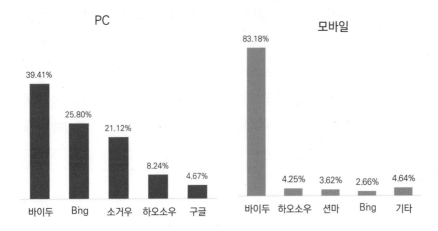

출처: Statcounter

츠와 연동되어 바이두에서는 보이지 않았던 정보들을 더 많이 볼 수 있다는 장점으로 인해 사용자가 확대되었다.

그렇다면 글로벌 검색엔진 1위의 구글은 왜 중국 내 시장점유율이 낮을까? 2009년까지 바이두와 구글차이나는 인터넷 검색시장에서 양분된 시장을 가지고 있었다. 그러나 2010년 구글차이나와 정부의 갈등 심화로 인해 구글차이나 사이트는 폐쇄되었고, 이후 중국 인터넷 검색시장은 바이두가 시장을 장악했다. 구글은 인터넷 검열결과를 요구하는 중국정부에 반발하며 중국어 도메인주소(google.cn)를 홍콩 주소(google.com.hk)로 바꾸면서 중국 내 사이트를 폐쇄한 것이다. 세계 최대의 인터넷 이용국가의 이미지와는 상반되는 중국정부의 인터넷 검열요청은 중국 인터넷 시장의 특색인 정보의 폐쇄성을 보여주는 것이라 할 수 있다. 2006년 중국정부의 검열에 동의했다는 비판을 감수하며 구글은 중국시장에 진출했으나, 당시 중국정부는 인권, 민주 주의 등 특정 단어에 대한 검색결과를 검열할 것을 구글에 요청했다. 그러나 중국시장 진출 이후에도 검열을 완화해 줄 것을 요구하는 구글 측과 중국정부 간의 갈등은 계속되었고, 결국 사이트 폐쇄라는 극단적인 조치가 취해졌다. 구글차이나는 중국에서 철수한 후 홍콩에서 google.com.hk/로 활동하고 있으며, 다시 중국 검색엔진 시장에 진입하기 위해 때를 기다리고 있다.

바이두가 중국의 검색엔진 시장에서 구글을 제치고 강자로 자리매김할 수 있었던 이유에는 구글의 철수도 있었지만 바이두의 현지화된 서비스도 중요한 요소로 작용하였다. 구글과 유사한 인터페이스(interface)를 갖추었지만 제공되는 서비스는 철저하게 중국소비자 특성에 기반하였다. 우선 중국에서 사용되는 간체자에 최적화되어 중국 국내자료 검색에 강점을 가졌으며, 중국어로 된 사이트에 우선순위를 부여하였다. 또한 검색 결과 화면의 왼쪽 상층부만을 클릭하는 서양 국가의 인터넷 사용자와 달리 중국의 인터넷 사용자들은 전체 화면을 꼼꼼히 살펴본다는 특징을 파악하고 링크 연결 시 '새창에서 열기' 서비스를 제공하였다. 현재 해당 기능은 개인적으로 설정할 수 있는 기능이지만 당시에는 중국소비자 맞춤형 서비스였다.

(2) 중국 온라인 동영상 시장

중국 디지털마케팅의 가장 큰 특징으로 온라인 동영상 시장의 급속한 성장을 들 수 있다. 중국의 온라인 동영상 시장은 크게 롱폼(Long-form) 플랫폼과 숏폼(Short-form) 플랫폼으로 구분할 수 있다. 온라인 동영상 콘텐츠는 중국의 디지털소비자가 하루 동안 가장 많은 시간을 보내는 서비스이다. 우선 롱폼 온라인 동영상 플랫폼을 살펴보자.

그림 12-11 | 중국 온라인 동영상 사용시간

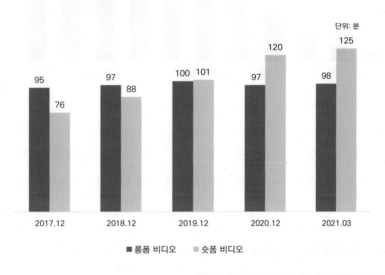

출처: SCMP Research(2021)

세계적인 롱폼 동영상 플랫폼인 유튜브가 중국에서는 사용이 제한되기 때문에 유튜브와 유사한 Youku, iQiyi, Tencent Video, MGtv, Bilibili 등과 같은 동영상 플랫폼들이 현지화 서비스를 기반으로 크게 성장하고 있다. 2020년 3월 기준 중국의 온라인 동영상 이용자 규모는 약 8.5억 명에 달한다. 중국의 시장조사기관인 Mob연구원 자료에 따르면 중국의 온라인 동영상 시장규모는 2022년 1626.3억 위안(약 30.5조 원)에 달할 것으로 전망하였다.

중국의 롱폼 동영상 플랫폼은 이용자 규모와 연령에 따라 크게 2가지 등급으로 구분할 수 있다. 우선 가장 많은 사용자를 확보하고 있는 바이두 산하의 iQiyi, 텐센트 산하의 Tencent video, 알리바바 산하의 Youku 등 3대 플랫폼이 있다. 이들 3대 플랫폼의 월평균

그림 12-12 | 중국 온라인 동영상 시장 규모

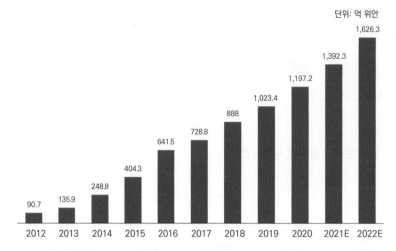

단위: 억 위안

2012: 90.7
2013: 135.9
2014: 248.8
2015: 404.3
2016: 641.5
2017: 728.8
2018: 888
2019: 1,023.4
2020: 1,197.2
2021E: 1,392.3
2022E: 1,626.3

출처: MobTech(2022)

활성 사용자수는 3억 명이 넘으며 연간 매출액도 평균 355.6억 위안에 달한다. 이들 플랫폼의 주요 사용자 연령층은 빠링허우와 쥬링허우로 전체 사용자의 70% 가까이를 차지하고 있다.

그림 12-13 | 중국 3대 온라인 동영상 사이트(Tencent video, iQiyi, Youku)

그림 12-14 | 중국 온라인 동영상 플랫폼 사용자 연령 현황

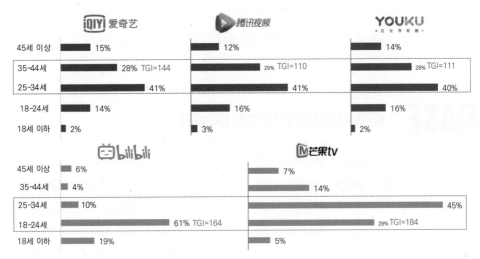

출처: MobTech(2022)

　두 번째 등급에는 우리나라 드라마 대장금을 방영하여 한류 드라마 열풍을 일으켰던 후 난방송국 산하의 망고TV와 게임, 애니메이션 등을 주요 내용으로 하는 콘텐츠를 통해 중국 의 젊은 세대의 온라인 문화를 선도하는 bilibili가 있다. 망고tv와 빌리빌리의 월평균 활성

표 12-1 | 중국 온라인 동영상 플랫폼 Top 5

매체명	로고	매체소개
iQiyi	iQIYI 爱奇艺	중국 최대의 동영상 공유 사이트 '중국판 넷플릭스'로 불림, 바이두 가 최대주주
Tencent video	腾讯视频	텐센트가 제공하는 온라인 동영상 사이트로 주문형 비디오 서비스 위주로 제공, 동영상 음량 증폭과 색감 조절 등 다양한 화질 옵션 제 공, 개인 스트리머들의 콘텐츠 제작에 다양한 지원 제공
Youku	YOUKU 这世界很酷	2012년 8월 Youku와 Tudou가 합병, 2015년 10월 알리바바가 인 수, 중국의 3대 동영상 플랫폼 시장 형성
Mgtv	芒果tv	후난성 방송국 산하의 동영상서비스 플랫폼으로 후난성 방송국 프 로그램 단독 제공 및 자체 프로그램 개발
Bilibili	bilibili	2009년 설립된 만화 및 게임 전문 채널. 현재 중국 젊은 층의 문화를 선도하는 문화오락 커뮤니티로 급상승하는 온라인 동영상 플랫폼

사용자수는 2억 명 이상이며 연간 평균 매출액도 앞선 3대 플랫폼 보다 적은 130억 위안 규모이다. 주요 사용자 연령층은 쥬링허우와 링링허우가 많은 비중을 차지하고 있는데, 망고 TV는 쥬링허우의 비중이 45%이며, 빌리빌리는 링링허우가 61%를 차지한다.

CASE 중국의 Z세대 맞춤형 플랫폼: 빌리빌리

Bilibili(빌리빌리)는 2009년 설립된 중국의 동영상 플랫폼으로 앞 글자를 따서 B잔(B站)으로 불린다. 설립 초기에는 애니메이션과 비디오를 공유하는 사용자들의 커뮤니티로 시작하였으나 현재는 이커머스, 라이브 스트리밍, 모바일 게임 등 서비스 영역을 확대하였다. 텐센트, 알리바바 등 중국의 대형 인터넷 기업들이 모두 빌리빌리에 투자하고 있으며 일본의 소니도 투자자로 참여하고 있다. 이렇듯 대형 회사의 투자 유치가 가능한 이유는 빌리빌리가 중국 내 수많은 동영상 플랫폼 내에서 자신만의 독특한 포지셔닝을 구축하고 있기 때문

이다. 2021년 월간 활성 사용자수가 2.5억 명에 달하며 사용자의 60% 이상이 링링허우로 중국의 Z세대를 위한 플랫폼이라고 해도 과언이 아니다. 이러한 이유로 빌리빌리의 주요 콘텐츠는 ACG(Animation, Comic, Game)에 특화되어 있다.

빌리빌리는 2018년 2만여편의 웹툰을 보유한 넷이즈의 왕이만화와 저작권 인수 합의를 체결했다. 2020년에는 영화·드라마 제작사 환시미디어에 5억 1,300만 홍콩달러 규모의 전략적 투자를 단행했다. 2021년에는 4만 5,000편의 오리지날 만화를 보유한 웹툰 플

빌리빌리 홈페이지

· 상하이 공중 교실(B잔에서 공부해요)

랫폼 유야오치를 6억 위안에 인수하기도 했다. 그 결과 빌리빌리 코믹스는 중국·일본을 제외한 영어권 시장에서 웹툰 플랫폼 이용자 규모 3위를 차지하고 있다.

2018년에 미국의 나스닥에 상장한 이후 2021년에는 홍콩에 두 번째 상장을 추진한 바 있다. 2021년 빌리빌리의 영업이익은 193.8억 위안으로 전년대비 62% 늘었으며 이 중 광고수익은 45.2억 위안으로 145% 증가한 그야말로 초고속 성장 중인 플랫폼이다. 빌리빌리의 성장에는 크게 3가지 요인이 있다. 우선 빌리빌리에는 자체 콘텐츠가 많으며 상호 간 모방이 어려워 지식재산권 강화에 효과적이다. 이로 인해 비디오 콘텐츠를 제작하는 사용자들은 상대적으로 자유롭게 본인의 콘텐츠를 업로드하고 소통할 수 있다. 둘째, 사용자 등급을 정할 때 게임요소를 가미하는 등 이용자 친화적인 서비스를 제공하고 있다. 빌리빌리에서 동영상을 업로드하는 자격을 갖추려면 총 100개 문항의 테스트를 완료해야 한

다. 동영상을 업로드하는 사용자를 uploader를 줄여서 up주(up主)라고 한다. 셋째, Z세대에 특화된 온라인 놀이터를 실현한 것이다. Z세대가 좋아하고 즐기는 게임, 애니메이션, 밈 등 여러 영상이 수많은 사용자의 자체 제작 콘텐츠로 업로드되어 신선하고 그들만의 분위기를 형성해 주기 때문이다.

빌리빌리는 일본의 GREE와 모바일 게임 콘텐츠 확장을 위해 협력을 진행하였으며, 2019년에는 2020년부터 3년간 중국에서 열리는 리그 오브 레전드 월드 챔피언십의 라이센스를 1.15억 달러에 구매하기도 하였다. 또한 코로나19기간에는 상하이시 교육위원회에서 빌리빌리를 상하이 공식 교육 플랫폼으로 지정하기도 하였다. 이처럼 빌리빌리는 문화오락에만 특화된 것이 아닌 교육 영역까지 확대되어 Z세대 맞춤형 플랫폼으로 진화해 가고 있다.

참고자료: "中 유튜브 '빌리빌리' 시가총액 40조 원 돌파… 급성장 배경은?", 뉴시스, 2022.05.06

<그림 12-11>에서 알 수 있듯이 중국의 인터넷 사용자들은 2019년 이후 롱폼 동영상 플랫폼보다 숏폼 동영상에 머무르는 시간이 약 30분 더 긴 것을 알 수 있다. 숏폼이란 1분 미만의 짧은 동영상을 의미하는데, 2016년 틱톡이 해당 서비스를 출시하며 중국뿐만 아니라 전 세계적으로 급성장한 시장이다. 모방창신으로 성장한 중국의 기술기업을 이제 다른 나라의 기업들이 모방하는 현상 중 하나가 바로 쇼트클립 서비스이다. 미국의 스냅챗과 페이스북, 유트브 등이 모두 숏폼 동영상 서비스를 제공하고 있기 때문이다.

중국에서 숏폼 서비스가 롱폼 서비스를 추월했던 2019년 이후 중국의 롱폼 동영상 플랫폼들도 2020년부터 본격적으로 숏폼 서비스를 출시하고 있다. 앞서 살펴봤던 롱폼 동영상 플랫폼인들도 대부분 숏폼 동영상 서비스를 제공하고 있다. iQiyi는 수이커(Suike, 随刻), Tencent video는 웨이스(Weishi, 微视), Youku와 bilibili는 모두 자체적으로 숏폼 서비스를 제공한다.

중국 쇼트클립 시장의 대표 플랫폼에는 틱톡과 콰이쇼우(kuaishou, 快手), 바이두의 하오칸(haokan, 好看) 등이 있다. 2020년 숏폼 동영상 사용자 규모는 약 7.7억 명이며, 틱톡과 콰이쇼우가 시장을 양분하는 형세이다. 그 중 틱톡의 이용자수는 약 5.2억 명에 달한다.

그림 12-15 | 중국의 숏폼 동영상 사용자 현황과 대표 플랫폼

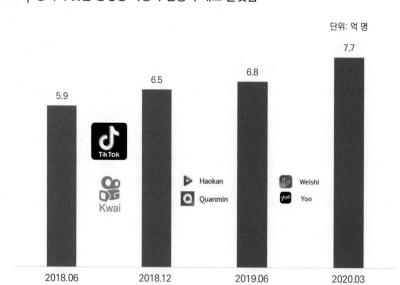

출처: SCMP Research(2020) 참조

중국 온라인 동영상 플랫폼의 성장은 주요 광고주의 동영상 광고 지출이 크게 증가했다는 점과 자체제작 콘텐츠 증가로 수익 구조가 다원화되었다는 점 등이 주요 요인이 되고 있다. 과거에는 판권 구매를 통해 사용자들에게 영상을 제공했다면 최근에는 이러한 매체들이 직접 콘텐츠를 제작, 배포하면서 TV 방송국과 직접적인 경쟁구도를 형성하고 있다. 중국 최대 포털 회사인 바이두가 중국 동영상 매체인 PPS를 인수하였고, 중국의 대형 유통기업인 쑤닝이 온라인 영역 사업확장을 위해 중국 대형 동영상 매체인 PPTV(聚力)에 대규모 투자를 하는 등 당분간 중국 온라인 동영상 업계에 큰 변화가 전망되고 있다.

CASE 온라인 동영상 플랫폼의 자체제작 프로그램

중국의 3대 동영상 플랫폼 중 하나인 Tencent video에서 서비스된 '심동적신호(心动的信号)'는 일반인들이 나와 연애를 하는 과정을 방영한 한국의 연애프로그램 '하트 시그널'을 리메이크 한 프로이다. 2018년부터 방영을 시작하였고 MZ세대들에게 폭발적인 반응을 얻으며 2022년에는 시즌5가 방영중되었다. 프로그램의 인기와 함께 공식캐릭터인 라비인형과 출연자들이 입었던 후드티셔츠, 패션 아이템들이 제작되고 판매되면서 흥행을 거두었다. 중국 내 하트 시그널의 인기가 상당해지자, 최근에는 한국의 하트 시그널이 마스크팩을 제작해 중국 온라인 플랫폼인 샤오홍슈 내에 'HEARTSIGNAL'이라는 공식 스토어를 오픈해 프로그램 관련 굿즈도 판매하였다.

출처: 티빙   출처: 심동적신호

출처: 샤오홍슈

iQiyi에서도 자체제작 프로그램이 인기이다. '중국판 쇼미더머니'인 '랩오브차이나(中国有嘻哈)'는 2017년 방영이래 꾸준하게 인기를 얻고 있다. '랩오브차이나'는 판권을 정식으로 구

매해서 방영하고 있는 '심동적신호'와 달리 정식 판권 구매가 이루어지지 않아 한국 내 여

론은 좋지 않다. 하지만 중국 내에서 랩오브차이나는 2017년 첫 방송을 한 뒤 방영기간 인터넷 조회수는 26.8억건에 달하였으며, 최종회의 1분 중간광고 수익만 70억 원을 기록하는 등 큰 인기를 거둔 프로그램이다. 이 프로그램 이후 '프리스타일(freestyle 즉흥공연)'이라는 단어는 중국 대륙에서 젊은 시대들 사이에서 유행어로 사용되었다.

또한 '랩오브차이나'의 제작 배경도 특이하다고 볼 수 있다. 중국인들에게 다소 생소한 힙합을 방영하기에 부담감이 있던 아이치이는 방송 전에 인공지능(AI) 기술의 도움을 받아 제작을 결정한 것으로 알려져 있다. AI는 대중의 반응을 예측하는 데 성공했고, 프로그램의 화제성에 큰 역할을 하기도 했다.

❷ 중국 온라인 마케팅

(1) 왕홍

중국시장 공략을 위한 강력한 온라인 마케팅 방법은 바이럴 마케팅(Viral Marketing)을 활용하는 것이다. 최근 꾸준하게 중국에서 흥행중인 바이럴 마케팅의 대표적인 수단은 바로 왕홍(网红)이다. 왕홍이란 온라인상의 유명 인사를 뜻하는 용어로, 연예인이 아닌 일반인이 웨이신(微信), 웨이보(微博), QQ 등의 SNS 플랫폼을 통해 자신이 체험한 제품을 공유하는 사람들을 뜻한다.

우리에게 익숙한 파워 블로거나 유튜버(Youtuber)와 유사한 개념이라 할 수 있다. 중국에서는 '왕홍 경제'라는 단어가 생겨날 정도로 전자상거래 부문에서 왕홍의 영향력은 매우 크다. 왕홍 경제는 셀럽 경제(Celeb-economy)와 비슷한 의미로 유명인들의 영향력과 그들에 대한 대중의 관심을 마케팅 수단으로 활용하는 것을 이야기한다. 주로 온라인과 SNS를 중심으로 활동하여 디지털소비자들에게 영향을 미치는 디지털마케팅의 새로운 패러다임이다.

현재 왕홍 경제의 시장 규모는 약 1,000억 위안(한화 약 182조 원)에 달하는 것으로 추정되며 중국 내에서는 왕홍경제연구원이 설립되는 등 패션, 및 뷰티 분야에서 강력한 영향력을 보유한 마케팅 채널로 부상했다. 유통업체는 물론 여러 기업들도 자신의 브랜드 가치를 알리기 위해 가장 효과적인 수단으로 왕홍 마케팅을 선호한다. 특히, 인기 왕홍들은 현재 자신만의 개성과 다양한 콘텐츠를 바탕으로 소비자들과 적극적인 소통을 통해 단순한 온라인 판매활동이 아니라 SNS를 통해서 활발하게 자기 자신을 있는 그대로 드러내며 소비자들과의 신뢰도를 높이고 있다. 2022년 국내 최초 첫 한중 라이브커머스센터가 오픈했는데, 이는 한중왕홍교류협회와 협회수익사업 총괄 위탁 회장사인 D2O이 주도적으로 설립한 센터이다.

왕홍이 사용하고 추천하는 상품은 그대로 구매로 이어진다는 점이 가장 큰 장점이다. 대표적인 왕홍인 파피장(papi醬)의 웨이보 팔로워 수는 3,155만으로 3,118만 팔로워를 가진 중국의 유명스타 성룡과 비슷한 팬을 거느리고 있다(2022년 12월 기준). 이들의 인기 비결은 팬과의 적극적인 소통에 있다. 자신이 직접 체험한 상품을 공유하는 것은 물론 궁금한 내용에 대해 질문하면 적극적으로 답해주기 때문에 체험공유를 중시하는 쥬링허우에게 인기가 높다. 추천하는 제품도 의류, 화장품뿐만 아니라 유아용품, 여행, 온라인 게임, 금융 및 의료 서비스 등으로 매우 다양하다. 파피장이 중국의 왕홍 1세대라면 최근 가장 핫한 왕홍으로는 리자치(李佳琦)가 있다.

립스틱 빨리 바르기 기네스 신기록을 보유하고 있어 '립스틱 오빠'라는 별명으로 유명한 리자치는 중국 뷰티 왕홍 업계의 1인자이다. 리자치의 웨이보 팔로워는 3,038만 명이며 샤오홍슈 팔로워는 1,000만 명, 틱톡은 4,500만 명에 달한다. 이러한 이유로 라이브 커머스 시장에서 그의 영향력은 매우 크다. 2021년 11월 알리바바의 광군제(11월11일, 双十一) 쇼

그림 12-16 | 왕홍 1세대인 파피장

그림 12-17 | 리자치의 라이브 커머스 방송

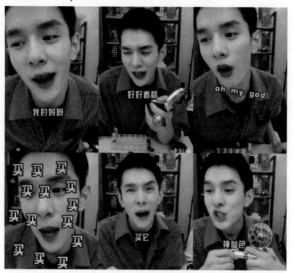

출처: 바이두 이미지

핑 축제를 앞두고 열린 예약 판매에서 하루 189억 위안(한화 약 3조 5,000억 원)의 판매 실적을 기록하기도 하였다. 리자치의 1년 수입은 약 247억 원 가량으로 사회적 영향력에 기반한 특별인재 등록 형태로 2020년 상하이 정부로부터 상하이 후커우를 획득하기도 했다.

리자치의 성공배경에는 뷰티 분야에 대한 전문성과 소비자 신뢰가 있다. 로레알 뷰티 어드바이저로 일하던 리자치는 제품을 무조건 좋다고 하는 게 아니라 장점과 단점, 소비자에게 적합한 화장품을 추천하면서 신뢰를 얻게 되었다. 현재는 뷰티뿐만 아니라 다양한 제품으로 본인의 사업범위를 확대하며 중국 왕홍 시장에서 1위 자리를 유지하고 있다. 리자치 외에도 패션 왕홍 장다이(张大奕), 2021년 탈세혐의가 인정되어 13.14억 위안을 추징당하였던 뷰티 왕홍 웨이야(薇娅) 등이 있다.

중국 내에서는 왕홍에 대한 입지가 높아지면서 그만큼 우려의 시선도 나오고 있다. 중국의 링링허우는 물론 빠링, 쥬링허우 등 많은 중국소비자들이 왕홍에 대한 신뢰도가 높아지면서 무작정 왕홍을 따라하거나 불륜, 탈세 등 왕홍으로 인한 리스크가 소비자들의 구매 심리에도 영향을 미치고 있다. 이에 기업들은 왕홍을 활용하는 데 있어 부정적 영향을 미칠 수 있는 부분을 사전에 파악하고 관련한 대응책을 마련하는 것이 필요하다.

(2) 웨이상

웨이상(微商)의 초기 모델은 웨이신 내 친구목록에서 C2C 방식인 지인 판매였으나, 최근에는 친구를 통해서 본인의 친구목록에 없더라도 친구의 친구, 그 친구의 친구에게까지 제품 홍보가 가능하게 되며 시장이 확대되었다.

이처럼 누구나 쉽게 참여 가능하고 특별한 비용이 필요 없다는 장점으로 많은 중국 유학

그림 12-18 | 온라인의 거상, 웨이상

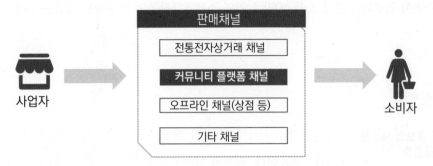

출처: iResearch(2021)

생들이 해외에서 제품을 구매해 본인의 위챗 계정을 통해 상품을 판매하는 형식이 대부분
이다. 중국의 시장조사기관인 iResearch 자료에 따르면 웨이상 시장규모는 2020년 5.2조
위안(약 900조 원)으로 2023년에는 2,300조 원 규모로 성장이 예상된다. 웨이상 종사자는
2020년도에 크게 증가하여 1.3억 명이며 향후 3억 명을 넘어설 것으로 예상되고 있다.

　당초 중국정부는 2018년 <전자상거래법> 제정을 통해 웨이상에 대해 세금을 부과한다
는 정책을 발표하여 시장에 큰 혼란이 있었다. 관련 정책은 웨이상에 크게 의존하고 있던 국
내 면세점 유통에도 영향력이 큰 만큼 한국에서도 그 시행여부에 대해 주목하였다. 하지만

그림 12-19 | 웨이상 시장규모 및 성장률

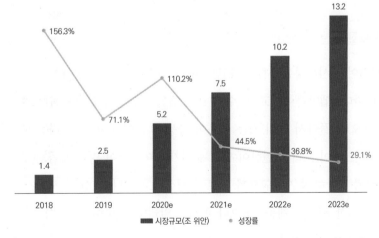

출처: iResearch(2021)

개인 웨이상의 경우 대부분 취업준비생, 대학생 등으로 이루어져 개인 및 가계소득에 기여한다는 측면이 인정되어 연간 소득 10만 위안의 소액거래활동의 경우에는 세금을 면제해주고 있다.

(3) 공중호

그림 12-20 | 브랜드 홍보의 새로운 방법, 공중호

공중호(公众号)는 웨이신 한글버전에서는 공식계정으로 표시되는 항목이다. 왕홍과 웨이상이 대부분 C2C를 기반으로 한다면, 공중호는 B2C의 온라인 플랫폼이라 할 수 있다. 공중호를 통하여 정보나 뉴스 등의 콘텐츠를 공유할 수 있으며, 기업 입장에서 효과적인 온라인 마케팅 수단으로 활용할 수 있다. 1:1채팅 기능을 통해서 계정 운영자와 소통이 가능하여 고객과의 직접 소통도 가능하다. 기업이나 개인 누구나 계정을 만들어 참여할 수 있으며 일평균 18회 이상 접속하는 약 10억 명에 달하는 중국의 웨이신 사용자에게 직접 제품을 소개할 수 있다. 2020년 기준 약 2,000만 개의 계정이 개설되어 있으며 기업 사용자에 적합한 서비스 계정과 콘텐츠를 업로드하는 구독 계정 두 종류가 있다. 해외 법인도 서비스 계정을 개설 및 운영할 수 있어 우리 기업에게는 매력적인 마케팅 플랫폼이라 할 수 있다.

(4) 미니프로그램

미니프로그램이란 샤오청쉬(小程序)라고도 하며 위챗 내에서 구동하는 어플리케이션 프로그램을 의미한다. '앱인앱'이라고 할 수 있으며 앱을 다운받지 않고도 위챗(혹은 바이두, 알리페이, 토우티아오) 어플에서 앱의 기능 사용이 가능하다. 여러 개 앱을 다운받지 않아도 되고 그로 인한 핸드폰이 느려짐 현상이 없어 중저가 스마트폰이 많이 보급되어 있는 중국의 스마트폰 환경에 적합하여 시장규모가 빠르게 성장하고 있다. 2016년 서비스 출시 초기에는 텐센트가 유일한 서비스 제공자였으나 현재는 알리바바, 바이두 등 다른 플랫폼에서도 미니프로그램을 운영하고 있다.

사용자는 앱을 다운받고, 여러 앱에 로그인해야 하는 등의 불편함을 해소해주며, 기업에게는 앱 개발 비용 절감과 앱 관리 및 운영이 용이하다는 장점이 있다. 또한 앞서 살펴본 공중호(공식계정)와 연동하면 구독자에게 더 많은 혜택 제공이 가능하다. 특히 위챗페이와 연동하여 소비자에게 손쉬운 지급결제 편의도 제공하고 있다. 중국의 미니프로그램 시장전문조사기관인 알라딘 연구원에 따르면 2021년 기준 위챗 미니프로그램의 1일 사용자는 약 4.5억 명에 달하며 위챗 내 구동되고 있는 미니프로그램도 300만 개가 넘는다고 한다. 2020년 관련 매출액은 약 2조 위안으로 전년 대비 66.7% 증가하였다.

그림 12-21 | 위챗 미니프로그램 내의 삼성전자 앱

삼성전자도 위챗 내 미니프로그램을 통해 중국소비자에게 스마트폰뿐만 아니라 가전제품, 시계 등 다양한 제품을 선보이며 라이브 커머스, 쿠폰 발행, 새 제품 교환 이벤트 등을 진행하고 있다. 특히 위챗 미니프로그램은 삼성전자와 협업하여 갤럭시 유저들은 별도로 위챗을 구동하지 않아도 스크린을 좌우로 밀어 자주 사용하는 미니프로그램에 바로 접속하는 기능을 제공하고 있다.

중국 내에서 어플리케이션 개발에 어려움이 있는 해외기업뿐 아니라 중국소비자와 적극적으로 소통하고자 하는 기업입장에서는 위챗 미니프로그램을 통해 중국 내 10억의 디지털 소비자에 접근할 수 있다는 장점이 있어 중국 디지털마케팅 수단으로 효과적인 플랫폼이다.

③ 중국 인터넷금융(핀테크)

중국의 전자상거래가 글로벌 1위 규모로 부상할 수 있었던 배경에는 중국소비자들이 모바일을 통해 많은 상거래를 가능하게 도왔던 알라바바의 온라인결제 인프라 구축이 큰 역할을 하였다. 인터넷기업이 금융서비스를 제공하는 것을 일반적으로 핀테크(Fin-Tech)라고 하는데 중국에서는 인터넷금융(互联网金融)이란 용어로 더 자주 쓰인다. 핀테크란, 금융

(Finance)과 기술(Technology)의 합성어로, 금융과 IT의 융합을 통한 금융서비스 및 산업의 변화를 통칭하는 용어이다.

우리나라의 카카오페이와 유사한 지급결제 시스템이 중국에서는 이미 2004년에 알리페이(支付宝)가 출시되며 시작되었다. 중국 인터넷금융의 종류와 대표 플랫폼은 <그림 12-22>와 같고, 우리는 인터넷금융 분야에서 가장 시장규모가 크고 대표성이 있는 모바일결제에 대해 살펴보자.

China Unionpay가 발표한 "2021 모바일결제 연구보고서"에 따르면 1선 도시의 거주자의 월평균 모바일결제 지출액은 5,000위안을 초과하였으며 월평균 소비의 80% 이상을 차지하고 있다. 또한, 모바일결제에 있어서 3선 이하의 중소 도시일수록 더욱 큰 의존도를 보이고 있으며 5선 이하 도시의 주민들은 월평균 소비액 중 모바일결제 비중이 90%를 넘어섰다. 중국은 길거리 군고구마 장사도 QR코드로 계산하고 거지도 QR코드로 동냥할 정도로 모바일결제가 보편화되어 있다. 2021년 중국의 모바일결제 거래규모는 한화 6.8경 원에 달한다.

중국 모바일결제의 강자는 역시 알리페이(支付宝)다. 2021년 기준으로 알리페이는 중국의 모바일결제시장에서 점유율 약 55.7%를 차지하고 있고, 그 뒤를 위챗페이(微信支付)가 약 39.1%로 알리페이와 함께 시장을 양분하고 있다. 알리페이의 연간 활성이용자수는 10억 명에 달해 중국 대부분의 디지털소비자가 알리페이를 사용하고 있는 것을 알 수 있다. 알리페이는 중국의 대표적인 민간 결제인프라로서 승차공유, 공과금 납부, 자산운용, 보험가입, 이

그림 12-22 | 중국 인터넷금융의 종류 및 대표 플랫폼

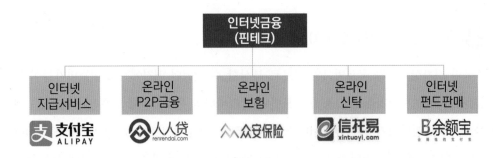

출처: 노은영(2015)

커머스 등 다양한 영역에 연동되어 서비스되고 있다.

2000년대 초만 해도 중국은 신용카드나 배달시스템이 잘 구축되어 있지 않았다. 소비자가 물건을 주문하여 타오바오를 통해 물건을 받으면 본인이 가지고 있는 현금으로 대가를 지불하고, 그 대금을 배달기사가 회사에 입금하는 시스템이었다. 그러나 이러한 시스템에는 두 가지 문제가 있었다. 첫 번째는 배달사고였다. 배달하는 사람이 배달을 해주고 받는 돈보다 물건 구매자가 구매대금으로 지불한 돈이 더 큰 금액인 경우가 있었고 배달기사가 고객에게 받은 돈을 가지고 잠적해버리는 일이 종종 일어났던 것이다. 두 번째는 소비자 입장에서는 인터넷으로 보고 물건을 구입했는데 물건이 마음에 들지 않거나, 직접 받아본 물건이 모조제품인 것 같아 회사에 신고를 할 경우 회사에서 배달원을 다시 보내 물건을 수거하여 진위여부를 확인한 후 모조제품으로 판명될 경우 다시 배달원이 현금을 환불해주는 절차를 거쳐야 해서 고객입장에서는 섣불리 물품을 구

그림 12-23 │ QR코드로 계산하는 중국의 군고구마

출처: 바이두 이미지

그림 12-24 │ 중국 모바일결제 거래규모 및 대표 플랫폼

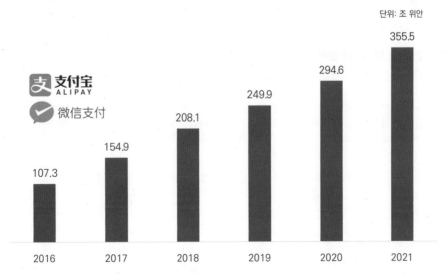

단위: 조 위안

107.3 (2016)
154.9 (2017)
208.1 (2018)
249.9 (2019)
294.6 (2020)
355.5 (2021)

출처: 중국인민은행

그림 12-25 | 알리페이와 연동되는 서비스

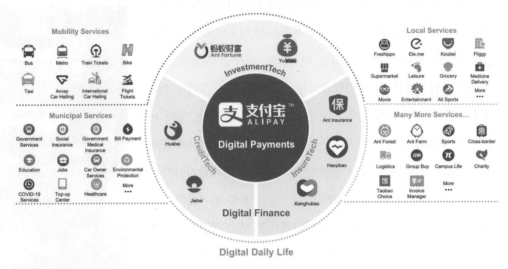

출처: 앤트그룹 상장보고서(2020.10)

매하기가 꺼려졌다.

이커머스 플랫폼인 타오바오의 거래 활성화를 위해 알리바바는 사업자와 소비자 사이에서 거래대금의 중개자역할을 하기로 결정하게 된다. 우리나라에서는 에스크로라고 불리는 제3자 결제시스템인 알리페이를 출시하게 된 것 이다. 소비자가 물건을 주문하면 알리바바

그림 12-26 | 알리페이 결제 방식

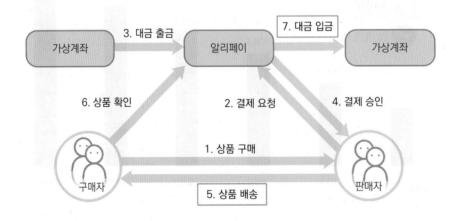

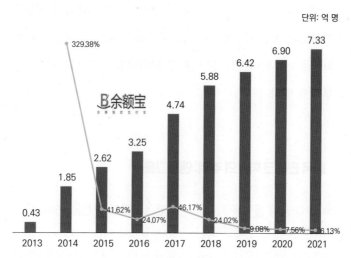

그림 12-27 | 위어바오 출시 이후 이용자 수 변화와 증가율

단위: 억 명

출처: 2021天弘余额宝年报

의 은행계좌에 구매대금이 입금된다. 물건이 배달되고 구매확정을 하게 되면, 알리바바는 사업자에게 구매대금을 결제해주는 방식이다.

알리바바가 소비자와 사업자 사이에서 거래보증을 서게 되자 온라인 거래에 대한 신뢰가 확보되고 중국의 이커머스 시장은 급속한 성장을 하게 된다. 알리바바는 이러한 제3자 결제 시스템에서 또 하나의 핀테크 혁신을 추진하게 되는데 바로 인터넷 펀드상품인 위어바오(余额宝)의 출시이다.

위어바오란 알리페이 계좌에 예치된 잔액을 운용하여 그 수익을 돌려주는 머니마켓펀드 (MMF) 상품이다. 소비자가 결제한 구매대금은 바로 사업자에게 지급되는 것이 아니라 짧게 는 2~3일, 길게는 1주일 이상 알리페이 계좌에 예치된다. 혹은 소비자가 100위안을 충전한 후 상품 구매에 70위안을 사용한 경우 30위안은 알리페이 계좌에 그대로 있게 된다. 이러 한 잔액들을 모아서 알리바바가 텐홍(天弘)펀드회사와 함께 운용한 MMF 상품이 바로 위어 바오이다.

단돈 1위안만 있어도 투자가 가능한 위어바오는 수많은 기록을 남기기도 했다. 출시 몇 분 만에 사용자 18만 명을 모집하였으며, 출시 1년 만에 이용자 규모 1억 명을 돌파하였다. 현 재 위어바오의 운용자금 규모는 미국의 대형 금융기관인 JP Morgan이 운용하는 MMF 규모보다도 많다. 텐홍의 2021년 사업보고서에 따르면 2021년 위어바오 자산규모는 7,491억 위안이며 이용자는 7억 명을 넘어섰다고 한다. 알리바바는 알리페이와 연동되어 있던 위어바오를 통해 은행 이자보다 높은 수준의 수익을 보장하며 재테크 상품으로 큰 인기를 끌며 또 하나의 핀테크 혁신을 이루었다. 이러한 이유로 위어바오가 출시되었던 2013년을 중국은 '핀테크 원년'으로 부르고 있다.

CASE 중국 핀테크 혁신의 주역: 앤트그룹

알리바바(Alibaba) 산하 금융 플랫폼 기업인 앤트그룹(Ant Group)은 중국 내 핀테크 혁신을 불러 일으킨 주역이다. 위어바오의 성공을 기반으로 알리바바는 2014년 10월 '앤트 금융서비스 그룹(Ant Financial Service Group, 앤트 파이낸셜)'이라는 이름의 금융플랫폼 기업을 설립한다. 이후 앤트 파이낸셜은 2020년 상장을 몇 달 앞두고 '앤트 과학기술그룹 주식회사(Ant Group CO., Ltd., 앤트그룹)'로 사명을 변경하였다. 이는 중국 금융당국의 앤트그룹 설립 인가 요건이었던 소액금융 지원이라는 경영목표를 강조한 '금융서비스'라는 용어 대신 '과학기술'이라는 명칭을 사용하며 금융 산업 전반을 지원하는 기술기업의 이미지로 역할 확대를 모색한 것이다.

앤트그룹의 미션은 "Small is beautiful, small is powerful together"으로 금융 소외계층을 지원하고 제도권 금융기관으로부터 자금조달이 어려운 중소기업을 위한 다양한 서비스를 제공하고 있다. 특히 모회사인 알리바바의 미션인 "to make it easy to do business anywhere"를 위해 다양한 영역에서 금융기술 인프라를 구축하며 중국의 핀테크 혁신을 주도해 왔다.

앤트그룹은 다양한 혁신적인 금융서비스를 제공하고 있다. 모바일결제 서비스를 제공하는 알리페이, 소액대출 플랫폼인 마이화빼이(蚂蚁花呗), 자산관리 서비스인 위어바오, 신용평가 플랫폼 쯔마신용(芝麻信用), 인터넷은행(网商银行) 등 거의 모든 금융서비스를 제공하

지급결제	자산관리	인터넷은행	보험	신용평가	소액대출

2020년 10월 24일 상하이 와이탄 금융서밋에서 연설하고 있는 마윈

출처: 아시아투데이, "마윈 中 당국 눈 밖에 나, 앤트그룹 상장 연기"

고 있다. 소비자들은 앤트그룹을 통해 신용대출을 받고, 투자상품 및 보험상품에 가입할 수 있다. 또한 알리페이를 통해 음식배달, 교통, 엔터테인먼트, 공공서비스 이용 등 거의 모든 생활 서비스에 엑세스할 수 있다. 기업은 앤트그룹의 서비스를 통해 자금을 조달할 수 있고 알리페이를 통해 대금을 결제받으며, 미니프로그램을 통해 기업홍보와 판매 채널을 구축할 수도 있다. 전통 금융기관들은 빅데이터와 인공지능 등의 기술 인프라를 제공받을 수 있다.

하지만 앤트그룹의 성장은 중국정부에 의

앤트그룹의 성해계획(星海计划): 중국의 농촌에서 금융사기 방지를 위한 금융지식 교육 프로그램

출처: 앤트그룹 2021지속가능보고서

해 한 차례 제동이 걸린 바 있다. 2020년 11월 3일, 중국의 상하이증권거래소가 앤트그룹에 대한 상장을 유예한다고 발표하였기 때문이다. 앤트그룹은 '상하이의 나스닥'이라 불리는 커창반(科创板, The Science and Technology Innovation Board; STAR Market)에 상장하여 340억 달러라는 역대 최대 규모의 IPO가 예상되었던 만큼 전 세계적으로 그 배경에 대해 관심이 집중되었다. 많은 언론에서는 직전에 있었던 와이탄 금융 서밋에서 알리바바 창업자 마윈이 중국의 금융 감독에 대해 강도 높은 비판을 한 것이 빌미를 제공한 것이라고 보도하기도 하였다.

중국정부가 앤트그룹의 상장을 중단시킨 이유는 세 차례의 예약면담을 통해 짐작해볼 수 있다. 중국정부는 앤트그룹의 서비스가 금융기관이 제공하는 서비스와 동일하지만 규제는 금융기관만큼 받지 않아 소비자 피해가 예상되기 때문에 앤트그룹을 포함하여 인터넷기업들이 영위하던 금융서비스를 금융감독의 영역에 포함시키겠다는 점이다. 즉 '동일기능, 동일규제'을 적용하겠다는 것이다. 현재 앤트그룹은 중국정부의 요청에 따라 금융지주회사로 전환하는 작업을 진행하고 있다. 향후 앤트그룹이 지속적인 혁신이 가능할 지 관심있게 지켜볼 필요가 있을 것이다.

최근 앤트그룹은 ESG경영에 있어서 적극적인 행보를 보이고 있다. 2021년 중국 시진핑 주석의 '공동부유' 정책에 따라 2022년에 들어서며 새로운 과학 기술 혁명과 변화하는 산업 변혁에 있어 기업의 성장뿐만이 아닌 녹색발전, 농촌 활성화 및 공동번영과 같은 새로운 도약을 위한 여러 전략을 추진하고 있다. 중국정부의 정책 방향성에 적극적으로 동참하고 있는 것이다. 앤트그룹은 ESG를 통해 기업의 초심과 사명을 체계적으로 살펴볼 수 있는 지속가능한 개발 구조 프레임 워크를 제공하여 미래지향적이고 지속가능한 발전을 통해 새로운 도약을 준비 중이다.

제3절 중국의 O2O

중국에서 모바일결제 시스템이 확장되면서 함께 성장한 시장이 O2O 시장이다. O2O란 "Online to Offline"의 약자로, 이용자가 스마트폰 등을 통해 온라인으로 상품이나 서비스를 주문하면 오프라인으로 이를 제공하는 서비스를 말한다. 정보통신 기술과 근거리 통신기술의 발달을 기반으로 음식배달, 승차공유, 숙박예약, 헬스케어 등 일상생활의 다양한 분야에서 활용되고 있다. 스마트폰 유저라면 Uber택시, 카카오택시, Air B&B, 배달의 민족, 요기요 등을 이미 한번쯤은 이용해본 경험이 있을 것이다.

그림 12-28 | 중국 O2O 시장 거래규모

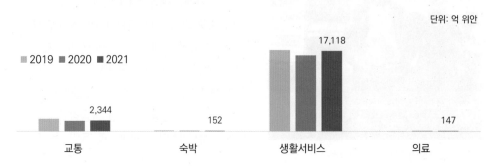

단위: 억 위안

■ 2019 ■ 2020 ■ 2021

교통: 2,344
숙박: 152
생활서비스: 17,118
의료: 147

출처 : 中国共享经济发展报告, 2022

2021년 중국의 O2O 시장의 거래규모는 19,761억 위안으로 한화 약 368.9조 원에 달한다. 음식배달과 같은 생활서비스 분야가 전체 시장에서 차지하는 비중이 86.63%로 가장 크며 교통, 숙박, 의료가 그 뒤를 잇고 있다. 이하에서는 O2O시장을 구성하는 생활서비스(음식배달), 교통, 숙박, 의료에 대해 구체적으로 살펴보자.

1 중국 온라인 배달: 메이퇀, 어러마

딜리버리 시장의 가장 많은 부분을 차지하는 중국의 음식배달 시장은 2010년도 이후 꾸준히 성장하고 있는 대표적인 시장이다. 전체 요식업 시장은 2020년 코로나19로 인해 처음으로 마이너스 성장을 기록하였지만, 음식배달 시장은 전년대비 15%의 성장을 기록하였다. 알리바바 연구센터의 자료에 따르면 2020년 기준 중국의 음식배달 시장규모는 6,646억 위안(약 125조 원)이며 이용자 수는 4.6억 명에 달한다고 한다. 음식배달을 이용하는 중국소비자의 지역별, 연령별 현황을 살펴보면 3선 이하의 도시와 Z세대 및 60세 이상 노인층의 음식배달 이용이 많았다.

그림 12-29 | 중국의 음식배달 시장 현황

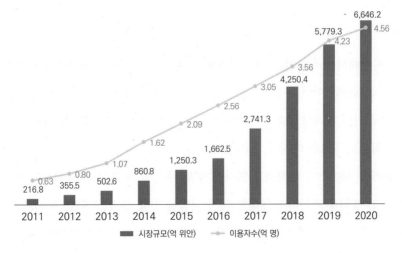

출처: 阿里新服务研究中心(2021)

2020년과 2021년 중국의 디지털소비자가 주로 배달해 먹는 음식 1위에는 KFC를 모방한 중국의 로컬 패스트푸드 업체 화라이스(华莱士)가 차지하였으며, 2위는 맥도날드, 3위는 KFC가 랭크 되어있다. Top10 브랜드를 보면 중국소비자가 음식배달로 선호하는 메뉴는 패스트푸드와 음료인 것을 알 수 있다.

표 12-2 | 2020-2021 중국 음식배달 Top10 브랜드

순위	기업명	로고	종류	순위	기업명	로고	종류
1	화라이스 (华莱士)	W	패스트 푸드	6	CoCo두커 (CoCo 都可)	CoCo 都可	음료
2	맥도날드	M	패스트 푸드	7	구밍 (古茗)	古茗	음료
3	KFC	KFC	패스트 푸드	8	스타벅스	STARBUCKS	음료
4	1디엔디엔 (1点点)	1點點	음료	9	디코스 (德克士)	dicos	패스트 푸드
5	버거킹	BURGER KING	패스트 푸드	10	쭌바오 피자 (尊宝比萨)	尊宝比萨	패스트 푸드

출처: 阿里新服务研究中心(2021)에서 재정리

딜리버리 시장에서 음식배달은 핵심 품목이지만, 최근 딜리버리 영역이 점차 확장되고 있는 추세이다. 음식뿐만 아니라 신선식품, 의류, 의료용품 등 품목도 다양하다. 이러한 트렌드는 코로나19로 인한 비대면 문화가 정착된 이유도 있지만 중국의 레이지 이코노미(란런경제, 懒人经济)의 확대도 중요한 배경이 되고 있다.

의료용품 배달 서비스가 증가하고 있다는 점도 주목할 만하다. 중국에서는 응급한 경우에 환자가 직접 병원을 방문하지 않아도 의사 처방을 받을 수 있고 약을 구매할 수 있다. 의료 딜리버리는 의료시스템이 대도시에 비해 낙후된 3선 이하 도시에서 의료환경을 크게 개선할 수 있다는 장점이 있다. 대표적으로 딩당콰이약(叮当快药)과 아리건강(阿里健康) 등이

그림 12-30 | 중국의 음식배달 업체 시장점유율

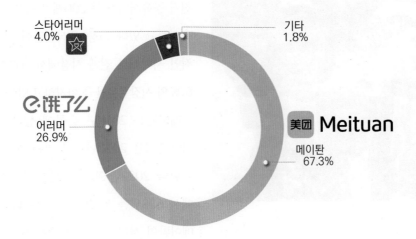

출처: statista(2020)

있다. 이하에서는 음식배달의 대표 플랫폼인 메이퇀과 어러마에 대해 좀 더 살펴보자.

메이퇀(美团)은 중국판 배달의 민족이라고 할 수 있는 중국 최대 음식배달 기업이다. 2010년에 창립자이자 현 CEO인 왕싱(王兴)에 의해 베이징에 설립되었으며, 2021년 기준 매출액 1,791억 위안(약 33조 원)을 기록하였다. 직원은 약 10만 명으로 음식배달, 인스토어/호텔/여행,

그림 12-31 | 메이퇀의 서비스

그림 12-32 | 메이퇀과 어러마

출처: 바이두 이미지

그리고 신선식품/B2B식품 유통서비스 및 자전거 공유서비스 등 200개가 넘는 플랫폼을 운영하고 있다. 그중 음식배달이 가장 대표적인 서비스로 전체 시장에서 2020년 기준 67%의 시장점유율을 차지하고 있다.

메이퇀은 2018년 홍콩에 상장하였으며 시가총액은 2022년 7월 기준 202조 원에 달한다. 2022년 포브스 선정 글로벌 2000에서 628위를 차지하기도 하였다. 2021년 메이퇀의 서비스 이용자 수는 6.9억 명, 어

플 내 입점 매장 수는 8.8천만 개에 달한다. 전체 매출의 약 50%는 음식배달, 18%는 숙박 예약 서비스가 차지하고 있다. 음식배달 이외 서비스의 성장률이 20~30% 이상을 보여주고 있는 만큼 앞으로 메이퇀이 중국의 생활전반에 어떠한 서비스를 제공할 것인지에 대해 주목해 볼 필요가 있다.

중국의 음식배달업체 2위 플랫폼인 '어러머(饿了么)'는 우리나라 말로 '배고프니'라는 뜻으로 상하이 교통대학 동기 4명이 공동으로 창업한 기업이다. 2009년 4월 설립되어 2018년 알리바바에 인수되었다. 2009년 창업이후 시장점유율 1위를 상당기간 지속하였으나 메이퇀과 다종디엔핑 합병 이후 업계 1위 자리를 메이퇀에게 내주었다. 2021년 이용자 수는 약 3.7억 명이며, 매출은 434.9억 위안을 달성하였다.

메이퇀과 어러머 모두 음식배달 서비스로 시작하였으나 메이퇀은 현재 음식배달뿐만 아니라 호텔예약, 구인구직 서비스 등 다양한 방면으로 서비스 범위를 확대하고 있다. 그러나 어러머는 배달에 집중한다는 점에서 차이가 있다. 어러머는 조리된 음식뿐만 아니라 편의점 물품, 마트에 파는 소매품도 배달하고 있다. 중국 내 대도시에 있는 패밀리마트(Family Mart)를 어러머 플랫폼에 입점시키는 데 성공하여 현재는 24시간 배달서비스를 제공하고 있다.

어러머를 통해 주문한 음식들은 총 3가지 방법으로 배달이 이루어진다. 어러머 소속 전문 배달원을 통한 배달, 위탁업체 배달원, 그리고 상점에서 직접 배달하는 방식으로 나눠진다. 또한 2018년에는 중국 배달 어플 사상 최초로 드론을 활용해 배달을 실시하기도 하였다. 최

근에는 판매에 어려움을 겪고 있던 농산품 시장을 위해서 작은 농가들을 위한 지원 서비스도 제공하고 있다.

중국에 진출하고자 하는 우리기업은 메이퇀과 어러마로 대표되는 중국의 온라인 음식배달 및 딜리버리 시장 현황을 파악하여 기존의 전자상거래 플랫폼 입점뿐만 아니라 딜리버리 앱을 적극 활용하여 중국소비자에 대한 접근성을 높일 필요가 있을 것이다.

❷ 중국 온라인 승차공유: 디디추싱

2022년 기준 시장규모 4,180억 위안에 달하는 중국의 승차공유 시장에 대해 대표적인 플랫폼인 디디추싱을 통해 살펴보자. 중국판 우버라고도 불리는 디디추싱은 2012년 6월 디디다처(滴滴打车)라는 이름으로 설립되었다. 중국 핑안그룹, 알리바바, 텐센트, 테마섹 등으로부터 투자를 유치하여 투자 유치 총액이 4조 9,000억 원에 달하며, 2015년 알리바바의 투자를 받던 콰이디다처(快的打车)와 합병하여 현재의 디디추싱의 모습을 갖추게 되었다.

디디추싱의 창업자이자 CEO인 쳥웨이(Cheng Wei)는 기존의 택시 호출 앱만으로는 택시를 탈 수 없는 경우가 많고 택시가 모든 수요 해결할 수 없다고 판단하여 디디추싱을 창업

그림 12-33 | 중국 승차공유 시장규모 및 성장률

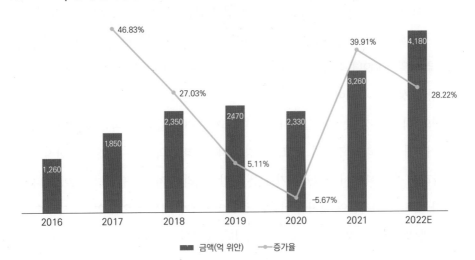

출처: 디디추싱

그림 12-34 | 디디추싱의 서비스 분야

DiDi Express(디디 콰이처)_개인등록 일반자동차 픽업서비스
DiDi Premier(디디 좐처)_개인등록 고급자동차 픽업서비스
DiDi Taxi(디디신추주)_택시 호출 서비스
DiDi Hitch(디디순펑)_승차공유서비스
DiDi Enterprise Solutions(디디 치예)_출장 지원 서비스
DiDi Bus(디디 공자오)_버스노선검색/버스 대절 서비스
DiDi Designated Driving(디디 다이자)_대리운전 서비스
DiDi Luxe(디디 하오화처)_리무진 서비스
DiDi Bike(디디 칭지)_공유자전거 서비스
DiDi Freight(디디 훠윈)_화물운송 및 이사 서비스

하였다. 창업 초기 디디추싱은 택시업계의 반발을 겪기도 하였으나 우리나라의 타다 사례와 달리 중국정부는 중국소비자의 이동수단 부족을 해결하기 위해 승차공유서비스를 2016년 합법화하였다. 중국의 국가정보센터(国家信息中心)의 자료에 따르면 2021년 중국의 전체 택시 여객 운송량에서 온라인 승차공유 앱을 통한 승객 운송 비중은 약 31.9%를 차지할 만큼 중국 국민의 이동수단으로써 중요한 역할을 하고 있다.

디디추싱은 현재 택시 호출뿐만 아니라 P2P 차량 공유, 대리기사 서비스, 의전차량 서비스, 전세 버스 서비스, 출장지원 서비스 등 승차공유와 관련한 다양한 서비스를 제공하고 있다. 현재 중국 내 승차공유 업체는 디디추싱 외에도 메이퇀, 션저우좐처(神州专车), 쇼우치위에처(首汽约车), 차오차오추싱(曹操出行) 등이 있지만 디디추싱만큼 다양한 서비스를 제공하고 있지는 않다.

2020년 말 디디추싱은 중국 내 승차호출 콜 수 6억 2,400만 개 중 5억 6,200만 개를 차지해 약 90%의 시장점유율을 차지하였다. 2021년 1분기 기준 디디추싱의 연간 활성 사용자는 4.93억 명에 달한다. 글로벌 차량공유업체인 우버와 비교했을 때, 우버는 글로벌 운전자 500만 명에, 매달 4천만 명의 이용자를 확보하고 있는 반면, 디디추싱은 2021년 3월 기준 중국을 포함해 16개국 운전자 1,500만 명에 월간 활성 이용자 수 1억 명 이상의 서비스이다. 디디추싱은 2009년 설립된 우버보다 뒤늦게 설립된 후발주자임에도 비교적 단기간 내 사업확장에 성공한 사례이다.

디디추싱의 혁신 배경에는 중국의 사회적 환경과 관련이 깊다. 중국은 방대한 면적으로 인해 이동거리가 장거리인 경우가 많고, 이 경우 택시서비스의 이용은 매우 제한적일 수밖에 없다. 따라서 중국 내에서는 목적지가 같은 사람들끼리 승차공유를 하는 것이 하나의 사회문화였다. 특히 춘절기간의 장거리 이동은 중국인들에게 매우 중요한 연례행사였으며, 이는 기존의 택시만으로는 감당할 수 없는 것이었다. 중국의 넓은 영토, 그리고 그에 비해 이동수단의 부족은 승차공유서비스에 대한 수요를 더욱 증가시키는 배경이 되었다.

디디추싱은 2021년 자율 주행 로보택시인 디디자율주행(DiDi Autonomous Driving)의 테스트 차량 사업파트너로 볼보와 전략적 파트너십을 발표했다. 디디추싱은 일본 소프트뱅크로부터 5억 달러를 유치하며 자율주행택시 사업에 박차를 가하고 있다. 2016년 자율주행 차량 사업을 시작한 디디추싱은 2030년까지 차량 호출 서비스에 자율주행차 100만 대 이상을 이용

그림 12-35 | 디디추싱의 자율주행 차량

출처: 바이두 이미지

할 것이라는 포부를 밝히기도 했다. 디디추싱은 2020년 상하이에서 자율주행 승차공유 서비스를 시범운행한 바 있다.

이러한 디디추싱은 2021년 큰 위기를 맞기도 하였다. 당시 중국정부는 디디추싱이 미국에 상장을 하면, 중국 국민의 개인정보가 미국으로 유출되어 국가 안보에 위협이 된다는 이유로 디디추싱에게 미국 증시 상장 계획을 연기하고 사전에 관련한 안전심사를 받도록 요청하였다. 그러나 기존 투자자들의 압박으로 디디추싱은 2021년 6월 미국 뉴욕증시 상장을 강행했고 그 후 중국 당국의 엄격한 규제 대상이 되었다. 급기야 중국 내 모든 앱스토어에서 삭제되면서 승차공유 서비스 시장점유율이 90%에서 70%까지 하락하기도 하였다. 이에 상장 1년도 되지 않아 디디추싱은 자진하여 뉴욕증시에서의 상장폐지를 결정하였다. 현재는 중국 당국의 사이버 안보 관련 조사가 끝난 상황이며, 80억 2,600만 위안(약 1조 6,040억원) 의 벌금을 부과받았다. 다시 신규 고객들의 가입도 가능해진 만큼, 외국 매체들은 향후 디디추싱이 어떤 행보를 이어 갈지에 주목하고 있는 상황이다.

이처럼 최근 중국정부는 개인정보보호와 데이터에 기반한 국가안전심사를 강화하고 있는 만큼 관련 분야에 종사하고 있는 우리나라 기업들은 중국의 데이터 정책을 반드시 사전에 숙지하고 기업 내부적으로 관련 정보 공유와 대비책을 마련해야 할 것이다.

❸ 중국 온라인 여행: 트립닷컴

중국소비자의 소득수준이 제고됨에 따라 여가생활에 대한 수요가 크게 증가하였다. 그중 여행 산업은 가장 규모가 큰 분야로 2021년 시장규모 약 1.6조 위안에 달한다. 2020년 코로나19로 인하여 중국의 여행산업은 -45.4% 하락하였지만 중국정부의 엄격한 코로나19 통제 정책으로 인하여 2021년부터는 국내여행을 중심으로 점차 회복세를 보이고 있다. 2020년 3분기 이후 서비스업(3차 산업)이 꾸준히 회복되고 경제 성장에 대한 기여도가 크게 증가하면서 여행에 대한 수요도 다시 늘어날 것으로 보인다.

그림 12-36 | 중국 3차산업의 GDP 기여도

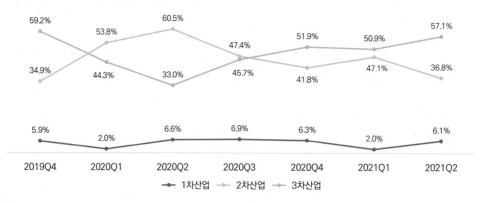

출처: iResearch(2021)

중국의 시장조사기관 iReseach의 보고서에 의하면, 코로나19 이후 중국의 여행 산업은 최근 크게 3가지 트렌드를 보이고 있다. 첫째, 여행객의 연령이 지속적으로 어려진다는 점이다. 코로나19 전인 2019년까지만 하더라도 전체 여행객 중에서 30세 이상의 비중이 53.3%로 절반을 넘었으나, 2021년 6월 기준, 30세 이하의 여행객이 61.3%로 크게 증가하였다. 둘째, 스토리가 있는 테마 여행 수요가 늘어나고 있다는 점이다. 젊은 여행객이 증가하면서 자신의 생활습관이나 취미 등에 따라 스토리가 있는 여행을 원하고 있다. 예를 들어 '영화 아바타의 배경이 되었던 장가계, 나도 영화 주인공?'과 같은 테마여행 수요가 높다. 셋째, 전 세계적으로 급속하게 진행되는 디지털 전환에 따라 중국의 여행업계에서도 디지털화가 진행

그림 12-37 | 중국의 온라인 여행시장 규모 및 성장률

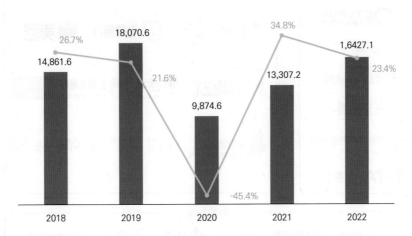

단위: 억 위안

출처: iResearch(2021)

되고 있다. 과거 고객의 여행지, 숙박형태, 여행기간, 방문장소 등 빅데이터를 기반으로 맞춤형 여행상품을 추천하는 디지털 전환이 빠르게 진행되고 있다.

씨트립은 온라인여행사(Online Travel Agency, OTA)로 1999년 량젠장(梁建章) 의해 설립되었다. 2003년 나스닥에 상장되었으며 2021년 4월에는 홍콩에 2차 상장하였다. 2016년 글로벌 서비스를 제공하겠다는 목표로 스카이스캐너를 인수하였고, 2017년 미국의 온라인 여행 사이트인 트립닷컴(Trip.com)을 인수하면서 2019년 말에 회사명을 트립닷컴그룹(Trip.com Group Limited)으로 변경하였다. 2021년 순이익은 약 200억 2,300만 위안(약 3조

그림 12-38 | 트립닷컴 로고

씨트립: 변경 전 로고   트립닷컴: 변경 후 로고

출처: 구글

그림 12-39 | 중국의 온라인 여행 플랫폼

출처: iResearch(2021)

8,700억)에 달했고 이는 전년대비 약 20억 위안 증가한 수치이다. 코로나19로 이동이 자유롭지 못한 상황에서 거둔 기록이라고 할 수 있다.

트립닷컴은 항공권, 호텔, 기차나 버스 등과 같은 교통수단 예약 서비스도 제공한다. 숙박과 운송에서 매출의 약 70% 이상이 발생하는데, 120만 개 이상의 호텔 및 숙박 시설과 약 5천 개 이상의 도시를 연결하고 있는 항공편을 사이트 내에서 예약할 수 있다. 현재 트립닷컴의 전체 임직원 3만 7천여 명 중 6천 5백명 이상이 개발자이며, 전체 비용 대비 35%는 꾸준히 R&D에 투자하고 있다.

특히 유저경험(User Experience)을 바탕으로 서비스의 범위를 계속해서 확대하고 있는데, 현재는 액티비티, 휴대폰 유심 등 어플 내에서 여행에 관련된 모든 서비스를 한번에 예약이 가능하다. 중국 내 온라인여행사 중 시장점유율 1위로 중국 내 입지를 어느 정도 다진 만큼 국외 시장점유율을 제고시키기 위해서 국가별로 차별화된 전략을 사용하고 있다. 그 중 트립닷컴이 한국시장에 진출하면서 내세운 전략은 세계화와 현지화를 합친 글로컬라이제이션(Glocalization)이다. 이와 함께 국내에 진출한 해외 OTA 최초로 네이버페이를 도입했다.

또한 결제를 원화로 할 수 있게 해주면서 한국소비자들은 해외결제 수수료와 환율 차이로 인해 더 많은 금액을 내는 일도 없게 되었다. 특히 한국 여행객은 문의사항 76%가 전화를 통해 이뤄지는데, 이는 다른 나라에 비해 확연히 높은 수치라고 한다. 이에 트립닷컴은 아시아 최초로 서울에 24시간 운영되는 고객센터를 오픈하여 한국시장 마케팅에 주력하고 있다.

4 중국 온라인 의료: 핑안 헬스케어

글로벌 온라인 의료산업은 2020년 1,525억 달러 규모에서 2027년 5,088억 달러 규모로 연평균 18.8%의 성장률을 보일 것으로 전망된다. 이에 세계 주요국들은 일찍부터 디지털 헬스케어의 잠재력을 주목하며 산업 육성정책을 펼쳐왔으며, 한국에서도 바이오헬스산업 혁신전략 등 관련 정책을 발 빠르게 마련하면서 헬스케어 생태계 조성에 힘써왔다.

다른 어떤 나라보다 온라인 의료산업에 빠르게 진출한 중국은 원격진료의 강자로 자리매

그림 12-40 | 글로벌 디지털 헬스케어 분야별 산업 규모 및 전망

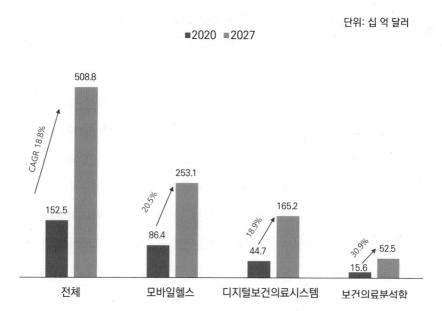

출처: GIA(2020), 한국보건산업진흥원(2020) 자료 재구성

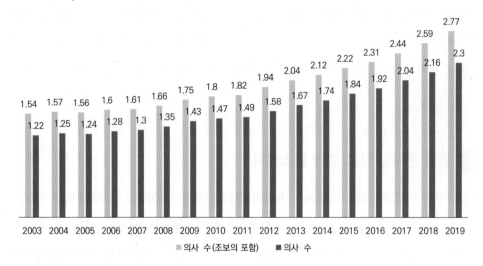

그림 12-41 | 중국 인구 1,000명당 의사 수

출처: 2020 중국위상건강통계연감

김하고 있다. 중국은 온라인 의료산업 대해 오래전부터 지속적인 관심을 이어왔다. 왜냐하면 중국은 상대적으로 부족한 의료진으로 인해 의료소외계층 발생 문제가 심각했기 때문이다. 중국의 인구는 약 14억 명으로 전세계에서 가장 많은 인구수를 보유한 국가지만 의료진의 수는 턱없이 부족한 상황이다. GDP 성장과 인구 고령화로 인해 의료 수요가 빠르게 늘고 있는 반면 중국의 의료 인력은 늘어 나는 수요를 따라가지 못하고 있다. 중국은 인구대비 의료인력 부족 현상을 겪고 있는데, 2020년 중국의 인구 1,000명당 의사 수는 2.9명으로 OECD 평균인 3.4명보다 다소 낮은 수치를 보이고 있다. 특히 대부분의 의료진은 모두 대도시인 1,2선 도시에 주로 집중되어 있기 때문에 상대적으로 의료시스템 개선이 필요한 3,4선 이하의 하침시장과 농촌의 의료 소외계층에 대한 서비스 제공이 부진하게 되는 것이다.

이러한 상황에 대한 심각성을 인지한 중국은 넓은 국가의 영토에 있어 의료 서비스를 상대적으로 제공받지 못하는 국민들을 위하여 '원격진료'를 지속적으로 확대해왔다. 중국정부의 원격진료 시장 육성은 2000년부터 시작되었지만 당시 인터넷 사용자의 규모가 적었으며 정부의 의료서비스에 대한 규제 등과 원격 진료에 대한 국민들의 안전성 의심 등으로 인해 적극적인 발전이 이루어지기 어려웠다.

그림 12-42 | 중국 온라인 의료산업 시장규모

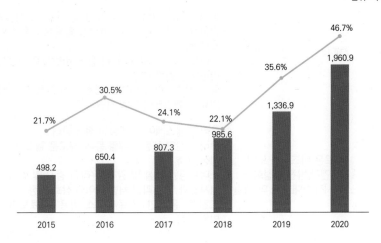

단위: 억 위안

- 2015: 498.2 (21.7%)
- 2016: 650.4 (30.5%)
- 2017: 807.3 (24.1%)
- 2018: 985.6 (22.1%)
- 2019: 1,336.9 (35.6%)
- 2020: 1,960.9 (46.7%)

출처: 易观数据(2020)

이에 2014년 <의료기관의 원격의료서비스 추진에 관한 의견(关于推进医疗机构远程服务的 意见)>을 통해서 환자와 의사 간의 원격진료를 전면적으로 허용하면서 현재까지 온라인 병 원, 온라인 처방전 관련 정책들이 연속적으로 제정되고 있다. 특히 2018년 중국 국무원에서 <인터넷+의료건강 발전에 관한 의견(关于促进 "互联网+医疗健康" 发展的意见)>을 발표한 이후 정책 추진에 가속도가 붙게 되었다. 중국의 온라인 의료산업 시장규모는 지난 4년간 연평균 28%씩 증가하였으며 2020년 시장규모는 전년대비 46.7% 증가한 1,960.9억 위안에 달하 였다.

특히 코로나19로 인해 비대면 진료가 가능한 원격진료 시장은 더욱 성장하고 있다. 실제 로 중국은 이번 코로나19 상황에서 의료시스템을 유지하는 데에 원격진료 시스템을 적극적 으로 활용했다. 코로나 바이러스가 가장 먼저 시작된 우한의 경우 지역 내의 성급 의료 기 관에서 자체적인 원격의료 서비스를 구축할 수 있도록 제공하면서 코로나 의심 환자가 플랫 폼을 활용하여 자신의 몸 상태를 체크할 수 있는 서비스를 제공했다. 현재 중국의 원격진료 생태계는 핑안헬스케어, 위닥터, 알리건강, 징동헬스케어 등의 플랫폼이 주를 이루고 있으며 이 중 핑안헬스케어에 대해서 좀 더 알아보자.

표 12-3 | 중국정부의 디지털 헬스케어 관련 정책 현황

시기	담당 부처	정책명	정책 내용
2022.03	국무원	《제 14차 5개년 중의약 발전 계획》	- 환자 중심의 서비스 기능 개선 및 프로세스 최적화 - 한의학 진단은 물론 헬스케어를 활용한 다중 치료 모델개발 - 스마트 의료, 스마트 관리 등을 바탕으로 한 온라인 한방병원 건설 추진 - 중국 전통의학의 인터넷 병원 추진을 통해 '인터넷+의료'의 헬스케어 산업 지원
2020.07	발개위 등 13 부처	《새로운 비즈니스 모델의 건강 발전 활성화 소비시장 확대 관리 의견》	- 온라인 헬스케어 산업 발전 적극 장려 - 온라인 진단 체험 확대를 통해, 새로운 헬스케어 소비 시장 구축 - 스마트병원 건설 및 강화, 온라인 검진 및 검사 확대, 검사결과 및 온라인 처방 데이터 상호 인정 - 조건부 '온라인+의료서비스 비용' 의료보험 적용 범위 포함
2020.05	국가 위생 관리 위원회	《온라인 진료 서비스 발전 및 관리범위 개선 의지 통지》	- 각 지역의 의료서비스 품질 및 환자 안전 가이드 설립 - 어떠한 검진과정도 현재 법률 및 의견 명시 규정을 준수해야 함
2020.03	국무원	《의료보장제도 개혁 심화 관련 의견》	- 조건이 적합할 경우 타지역에서 의사 진료를 하더라도 의료보험 즉시 결산 - '온라인+의료' 및 의료기관 서비스 모델 발전 필요, 타지역 기금 활용 시험적으로 개선
2020.02	국가 위생 관리 위원회	《정보화 강화로 신종 코로나 바이러스 감염의 폐렴 전염병 예방 및 통제 업무 관련 통지》	- 빅데이터 수집 및 분석 응용, 적극적인 원격의료 서비스 확대, 온라인 진단 서비스 규범화, '온라인+', 정부 서비스 심화 등 다섯 방면의 내용 추가 - 각 지역의 적극적인 '인터넷+'활용, 빅데이터 기술 등으로 전염병 통제, 오프라인 병원 부담 및 교차감염 위험 경감 추구
2019.08	국가 의료 보장국	《'인터넷+'의료서비스 가격 및 의료보험 지불 정책 개선 지도 의견》	- 공립의료기관의 '온라인+'의료서비스 제공 관련, 의료보장 부문의 가격 가이드라인 설정, 사립 의료기관 가격은 시장 가격으로 조정 - 의료보험 지급 정책, 온오프라인항목의 동등 지불정책 시행 - 각지 특징에 맞춰 비용, 지불장식, 협력 관리 및 결제 과정 통제
2018.04	국무원	《'인터넷+의료건강' 발전 촉진을 위한 의견》	- 온라인+의료건강 서비스 시스템 구축, 지원시스템 정비 및 산업 감독관리, 안전보장 강화 - 의료기관이 인터넷 등 정보통신 기술을 기반으로 의료서비스영역확대 지원 - 진료 전/진료 과정/진료 후 전과정의 온오프라인 원스탑서비스 솔루션 구축

시기	담당 부처	정책명	정책 내용
2017.05	중국 공신부	《제 13차 5개년 의료 기기 기술 혁신 특별 계획》	- 정밀 및 원격의료에 초점을 맞춤 새로운 진단, 치료 솔루션 연구 집중 개발
2016.06	국무원 판공청	《건강 의료 빅데이터 응용발전 촉진 및 규범화에 관한 지도 의견》	- 의료 빅데이터 기초 및 응용, 서비스, 시스템 등 4가지 측면에서 14개 중점 임무 제시
2014.08	국가 위생 계획 위원회	《의료기관의 원격의료 추진에 관한 의견》	- 의사와 환자 간의 원격의료를 전면적으로 허용
2005.09	국가 위생 계획 위원회	《인터넷 의약품 거래 서비스 승인》	- 인터넷 의약품 거래 허용, 단 비처방의약품만 판매 가능

출처: 중국 행정기관 자료 취합하여 재작성

2015년 설립된 핑안헬스케어(平安健康)는 중국평안보험그룹 산하의 온라인 의료 건강 플랫폼이다. 출시초기에는 핑안굿닥터(平安好医生)였지만 2021년 1월 핑안헬스케어로 명칭을 변경하였다.

그림 12-43 | 핑안헬스케어 로고

平安健康

"모든 가정마다 온라인 주치의를 보급한다"는 비전 아래 빅데이터와 AI에 기반한 혁신을 주도하고 있다. 2019년에는 온라인 원격진료 경쟁기업을 제치고 압도적인 선두기업으로 성장하면서 현재까지도 그 순위를 이어가고 있다.

핑안헬스케어는 2015년 서비스를 개시하며 의약품 판매와 배송 서비스에 진출하였다. 당시 의약품 쇼핑몰 기능을 강화하기 위하여 여러 의약품 판매 기업과 제휴를 맺었고, 베이징, 항저우, 난징, 선전 등 8개 도시에 2시간 이내로 약을 보내는 서비스를 제공할 수 있었다.

2017년 소프트뱅크로부터 투자를 받았고, 곧이어 2018년 홍콩 증시에 상장하였다. 2021년 매출은 73.3억 위안이며 시가총액은 2022년 12월 기준 약 2,506억 홍콩달러에 달한다. 핑안헬스케어는 중국의 3천 개 이상의 병원과 제휴하고 있으며 정밀한 의료 서비스를 받을 수 있는 3급 병원이 2천 곳에 이른다. 그리고 22개 진료과와 5만 명 이상의 의사들 중 원하는 의사를 지정하여 온라인 진료서비스를 받을 수 있다. 또한 15만 곳 이상의 약국과 제휴

그림 12-44 | 핑안헬스케어의 서비스

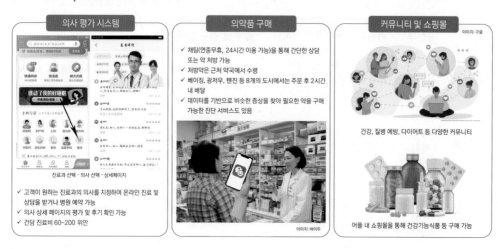

의사 평가 시스템	의약품 구매	커뮤니티 및 쇼핑몰

의사 평가 시스템
진료과 선택 - 의사 선택 - 상세페이지
✓ 고객이 원하는 진료과의 의사를 지정하여 온라인 진료 및 상담을 받거나 병원 예약 가능
✓ 의사 상세 페이지의 평가 및 확인 가능
✓ 건당 진료비 60~200 위안

의약품 구매
✓ 채팅(연중무휴, 24시간 이용 가능)을 통해 간단한 상담 또는 약 처방 가능
✓ 처방약은 근처 약국에서 수령
✓ 베이징, 광저우, 톈진 등 8개의 도시에서는 주문 후 2시간 내 배달
✓ 데이터를 기반으로 비슷한 증상을 찾아 필요한 약을 구매 가능한 진단 서비스도 있음
이미지: 바이두

커뮤니티 및 쇼핑몰
이미지: 구글
건강, 질병 예방, 다이어트 등 다양한 커뮤니티
어플 내 쇼핑몰을 통해 건강기능식품 등 구매 가능

하고 있어 어플을 통해 약을 구매할 수도 있다.

특히, AI 전문가 200여 명이 개발에 투입된 시스템 'AI 닥터'는 약 3억 건의 진료 데이터를 바탕으로 만들어졌으며, 2,000여 개의 질환에 대해서 원격진단을 낼 수 있고 24시간 상담이 가능한 온라인 서비스를 제공한다. 또한, 약국과 건강검진기관을 포함한 다양한 의료기관과의 협력을 통해 지속적인 빅데이터 수집, 전자의료기기 공유를 통해 표준화된 데이터를 효율적으로 접근하고 활용하고 있다.

AI와 빅데이터를 활용한 1분 진료소 사업도 진행하고 있다. 이 진료소는 무인 진료소로, 이용자는 자판기 옆에 있는 약 1평 정도의 공간에 들어가 스스로 혈압과 체온을 재고 AI의

그림 12-45 | 핑안헬스케어의 1분 진료소

사에게 증상을 이야기한다. 이후 AI 의사가 1차 진단하여 원격지에 있는 (사람)의사에게 전달하면, 그는 몇 개의 추가 질문 후 복용할 약을 추천해 주는 형식이다. 처방전이 나오면 자판기를 통해 결제를 한 후 약을 수령할 수 있다. 여기에 이용되는 AI 의사는 세계적인 인공지능 전문가 200명이 개발한 것으로 3억 건 이상의 진료 데이터

를 바탕으로 학습하여 2,000여 가지의 질환을 진단할 수 있다.

핑안헬스케어는 진료에서부터 처방, 의약품 구매 및 추후 진료예약까지 모든 과정이 수직 계열화 되어 있는 기업이다. 이에 소비자들이 신뢰할 수 있는 의약품 및 의료 프로세스를 지니고 있다. 핑안헬스케어는 세계에서 두 번째로 많은 의료 기술 관련 특허출원 수를 가지고 있으며 전 세계 가장 큰 규모의 지능진단보조 플랫폼, 만성질병통제 플랫폼, 5대 주요 의료 데이터 베이스들(질병, 의료장비, 치료처방, 의료자원, 개인건강)에 의해 세계적 규모의 의료 데이터 센터를 건설해 보유하고 있다. 핑안헬스케어의 플랫폼을 통해 거의 10,000명에 이르는 의료 전문가, 110,000명의 제휴 약국, 49,000명의 의료 업계 종사자, 2,000군데가 넘는 의료 진단 센터들이 서로 연계되어 운영이 되고 있다.

현재 핑안헬스케어에 등록된 고객의 수는 미국 전체 인구와 비슷한 수준은 4.2억 명으로 경쟁사 대비 매우 높은 회원수를 보유하고 있으며 이를 바탕으로 의료서비스는 물론 모기업의 보험에 대한 마케팅까지 제공하고 있다.

핑안보험은 주로 이동식 의료장비들을 통해 현장에서 의료 전문가들과 함께 지역주민들의 기초적인 의료 검진과 자문을 시행하고 정기적으로 다양한 기관 질병 및 종양 검사들을 무료로 제공하여 즉시 건강이상징후 파악에 도움을 주고 있다. 정밀 추가 검사 및 진단이 필요한 경우 핑안 건강테스트센터 또는 국가지정 3급 병원진료를 받을 수 있는 녹색 채널 (Green Channel)을 운영하고 있다. 2020년 말까지, 이동식 건강 검진은 726차례 시행이 되었고 총 110,000명의 지역 주민들이 혜택을 받았다.

이 책의 마지막 장인 12장에서는 중국 디지털마케팅의 현황과 주요사례를 알아보았다. 한국의 중소·중견기업이 중국시장을 공략할 때 O2O시장은 새로운 기회와 도전을 요구하고 있음을 확인하였다. 중국마케팅 커뮤니케이션을 통하여 중국의 광고시장과 판매촉진, 한류 마케팅과 디지털마케팅을 학습하였다. 그렇다면 중국 5P의 마지막 단계인 People에 대하여 알아보자. 일반적으로 마케팅믹스 4P란 Product, Price, Place, Promotion이다. 저자는 마케팅전략의 연구와 실습, 컨설팅과 현장경험을 통하여 마케팅믹스의 가장 중요한 5P를 역설하였다. 마케팅믹스의 5P, People은 마케터를 일컫는다. 특히 차이나 마케팅전략을 실행함에 있어서 차이나 마케터의 지식과 역량은 중국 사업을 성공과 실패를 가름하는 결정적 요인이다. 차이나 마케터라 함은 지식적으로는 MBA나 마케팅 석사학위를 갖고, 가슴에는 중국소비자와 중국시장에 대한 뜨거운 열정을 가지고 있으며, 최소한 5년 이상 중국시장에서 2개 이상의 제품군의 마케팅전략을 수립, 실행하여 성공과 실패를 경험을 하고서도 지속적으로 중국시장 마케팅 업무에 헌신한 전문가를 일컫는다

이 책을 처음 출판한 2000년도 초반만해도 중국에는 차이나 마케터가 없었다. 2000년 초반에야 중국시장에서 수요보다 공급이 초과하는 현상이 일어남에 따라, 중국 진출 다국적기업과 중국기업들은 마케팅의 필요성을 느꼈다. 특히 한국에서는 차이나 마케터를 육성하는 교육기관이나 프로그램이 전무하였다. 단지 중국 현지에서 20여 년 동안 경험과 지식을 통한 아주 극소수의 차이나 마케팅 전문가가 산업별로 배출되기 시작하였다. 이제는 중국 내에서도 1995년도 이후 설립된 MBA와 다국적기업에서 훈련받은 마케터들로 차이나 마케터 1세대들이 40대의 관리자 역할을 담당하고 있다. 한 · 중 기업들 중에도 대기업 주재원 출신과 중국 MBA 출신의 한국인 차이나 마케터들이 성장하고 있다. 이들은 양국의 언어와 문화에 익숙하기 때문에 마케팅 전문지식에 있어서도 새로운 정보와 지식을 지속적으로 학습하여 창조적 중국마케팅 아이디어를 창출할 수 있어야 한다. 저자는 이 책이 차이나 마케터들이 육성되고 역량이 강화되어 중국시장에서 새로운 고객가치를 창출하고 더불어 차이나 마케팅의 숲을 만드는 지식의 장을 제공하기를 바란다. 짜요(加油)!

연구과제

01 중국의 디지털마케팅은 빠른 속도로 발전하고 있다. 제품이나 서비스 한 가지를 정해서 우리 기업의 타깃 소비자가 중국의 40~50대 남성인 경우, 어떤 디지털마케팅을 활용할 수 있는지 제시해보자.

02 우리나라의 핀테크는 온라인 지급결제 서비스에 머물러 있는 수준이나, 중국의 핀테크 는 다양한 모습으로 발전해 있다. 중국의 인터넷기업이 발전시킨 핀테크와, 중국 금융기 관이 발전시킨 핀테크의 장단점을 생각해보고 비교해보자.

03 중국의 O2O시장은 우리나라보다 앞서 있다. 그 이유를 분석해보고, 한국에서 어떤 분야 의 사업이 중국 O2O 서비스에 진출이 가능한지 제시해보자.

강현우(2022), "결국 디디추싱, 美증시 자진 상장폐지 결정", 한경.

김용준 외(2016), 제2의 차이나드림 중국 내수시장에 도전하라, 매경출판사.

노은영(2022), "중국 「금융지주감독관리 시행방법」의 체계 및 주요 내용", 한국법제연구원.

노은영(2021), "중국 <온라인거래 감독관리방법>의 입법 배경 및 주요 내용", 한국법제연구원.

노은영(2015), "중국 인터넷금융의 감독법제에 관한 연구", 증권법연구 제16권 제2호.

배인선(2018), "중국판 '쇼미더머니' 성공비결 '인공지능' 엔터업계까지 '침투'한 AI", 아주경제.

손령선(2021), "중국 딜리버리 앱 시장 현황", KOTRA.

유필화·김용준·한상만(2011), 『현대마케팅론』, 박영사.

이지연(2018), "중국판 하트 시그널, 뭐길래 중국인이 푹 빠진 걸까?", The JoongAng.

채성진(2018), "中여행사 씨트립, 24시간 고객센터로 한국 공략", 조선일보.

최용석(2020), "채널A 하트 시그널 마스크팩, 중국 온라인 플랫폼 '샤오홍슈' 입점", 동아경제.

손령선(2021), "중국 딜리버리 앱 시장 현황", KOTRA.

한국국제문화교류진흥원(2022), "2022 한류실태보고서."

알리바바 2022 분기보고서.

평안보험그룹 2022분기보고서.

China UnionPay(2021), 『移动支付安全大调查研究报告』

CNNIC(2022), 『第49, 50次中国互联网络发展状况统计报告』

国家信息中心(2022), 『2022年中国共享经济发展报告』

iResearch(2022), 『中国微商市场研究白皮书』

iResearch(2021), 『中国在线旅游行业研究报告』

Mob研究院(2022), 『2022中国在线视频行业研究报告』

阿里新服务研究中心(2021), 『疫情重塑外卖格局: 新消费, 新品牌, 新担当』

蚂蚁集团(2022), 『2021年可持续发展报告』

易观数据(2020), 『2020年中国互联网医疗年度分析』

McKinsey(2021), 『China consumer report 2021_Understanding Chinese Consumers: Growth Engine of the World』

SCMP Research(2020, 2021), 『China Internet Report』

경제투데이 www.eto.co.kr

구글차이나 www.google.cn

국가통계국사이트(中國國家統計局) www.stats.gov.cn

갈란츠 홈페이지 www.galanz.com.cn

김준봉의 중국미래경영연구소 http://www.kjbchina.com/

대외경제정책연구원 www.kiep.go.kr

대한무역투자진흥공사 www.kotra.or.kr

대한상공회의소 www.korcham.net/

동양사학회 http://www.asiahistory.or.kr/

동풍열달기아차 http://www.dyk.com.cn

랭키차이나 www.rankey.com

매경이코노미 http://www.mkeconomy.com/

맥도날드 차이나 http://www.mcdonalds.com.cn

명청사연구회 http://mingqinghistory.or.kr/

바이두 www.baidu.com

베이직하우스(Basic House) http://www.basichouse.co.kr

북경올림픽 공식사이트 http://en.beijing2008.cn

북경현대자동차 http://www.beijing-hyundai.com.cn

산업연구원 중국산업정보 http://www.china.go.kr

삼성경제연구소 www.seri.org

삼성경제연구소 중국 www.serichina.com

삼성전자 중국 http://www.samsung.com/cn

서울대학교 중국연구소 http://project8.malgum.com/index.php

서진영 교수의 중국정치연구실 http://www.eastasianstudies.org/index.html

성균관대학교 현대중국연구소 http://web.skku.edu/~cri/

소후닷컴 http://www.sohu.com

시사뉴스 http://www.sscn.kr

아모레퍼시픽 www.amorepacific.com

아시아개발은행 데이터베이스 www.adb.org

아이리서치 www.iresearch.com.cn

아주뉴스 http://www.ajnews.co.kr

오리온차이나 http://www.orion.cn

오픈타이드차이나 www.opentide.com.cn

온바오닷컴 www.onbao.com

월마트 중국 http://www.samsclub.cn

이랜드차이나 http://cn.eland.com

임대희 교수의 중국사 사이트 http://www.eastasianstudies.org/index.html

전국경제인연합회 http://www.fki.or.kr/

조선일보 중국연구소 http://www.chosun.com

주중한국대사관 http://www.koreanembassy.cn/contents/main/main.aspx

중국광고협회사이트(中國廣告協會) www.cnadtop.com

중국국가통계국 http://www.stats.gov.cn

중국근현대사학회 http://www.k-modernchina.com/

중국물류포털 http://www.chinalogis.net

중국사학회 http://www.eastasianstudies.org/index.html

중국삼성경제연구원 www.SERIChina.org

중국삼성전자 www.samsung.com/cn

중국상무부 http://www.mofcom.gov.cn

중국인민은행 http://www.pbc.gov.cn

중국인민일보 http://www.people.com.cn

중국전문가포럼 http://csfkiep.go.kr/

중국전문포털 와이드차이나 http://www.widechina.net

중국정부 인터넷데이터베이스(中国互联网络信息中心) www.cnnic.cn

중국환경산업정보망 http://www.eischina.or.kr

중신증권 홈페이지 http://www.cs.ecitic.com/

중앙일보 중국연구소 http://www.china.joins.com

中华人民共和国国家统计局 stats.gov.cn

차이나와치 http://www.chinawatch.co.kr

코참차이나-중국경제포탈사이트 http://china.korcham.net/main/main.asp

코트라 http://kotra.or.kr/

코트라 차이나 www.kotrachina.org

타오바오 www.tmall.com

타오바오 한국관 http://korea.tmall.com

파리바게트 차이나 http://www.parisbaguette.com.cn

핑안보험 홈페이지 http://ir.pingan.com

한국디자인진흥원 www.designdb.com/

한국무역협회 www.kita.net

한국무역협회 중국사무소 http://china.kita.net

한국외국어대학교 중국연구소 http://segero.hufs.ac.kr/

한국중국학회 http://www.sinology.or.kr/cnhs/left.asp

한중과학기술협력센터 http://www.kostec.re.kr

한중 국제법률연구소 http://www.kcli.co.kr

현대광고(現代廣告)

胡润百富 http://www.hurun.net

CCTV 중국중앙텔레비전방송(中國中央電視臺: China Central Television)

CJ 오쇼핑 중국 http://company.cjmall.com/company2_chn

CTR 웹사이트 www.ctrchina.cn

GFK Group www.gfk.com

文章首 _互 百科 http://w.hudong.com

LG경제연구원 www.lgeri.co.kr

LG전자 차이나 http://www.lg.com/cn

QQ닷컴 www.qq.com

저자소개 _ 김용준

저자 **김용준**은 성균관대학교 경영대학 학장, 중국대학원 원장, 경영대학 교수이며, 성균관대학교 한중디지털경영연구소 소장이다. 서울대학교(경영학사)와 미국 텍사스대학교(경영학 석사), 노스웨스턴대학교(마케팅 박사)에서 공부하였다. 이후 캐나다 브리티시콜롬비아대학 조교수, 중국 상하이 교통대학교 초빙교수, 중국 청화대학교 객좌교수와 홍콩 중문대학교 초빙교수를 역임하였다. 삼성 오픈타이드차이나의 초대 사장을 하였다. 이건환경과, (주)농심, LG패션, 한독, 현대해상, 사외이사로 활동하였으며 삼성전자, 현대자동차, SKT, 아모레퍼시픽, 두산, 매일유업 자문교수로 산학협력을 하였다.

한국경영학회 회장, 한국국제경영학회 회장, 한국마케팅학회 회장, 한국경영학회 KBR 편집위원장을 역임하였다. 최근에는 미국 워싱턴 DC에 있는 아틀란틱 카운슬(Atlantic Council)에서 Non-Resident Senior Fellow로서 미중 경제전쟁하의 반도체, 배터리, 전기차(EV), AI 분야에서 한국기업의 생존전략을 연구하고 있다.

주요 논문
1. What is coming next in Asia?: Implications for Future Research, Businesses, & Careers(2017.12), Academy of Asian Business
2. 한상기업의 문헌연구와 향후 연구방향(2017.12), Korea Business Review
3. How Marketing Factors Influence Online Browsing and Sales: Evidence from China's E-Commerce Market(2017.11), Journal of Applied Business Research
4. 중국 금융기관의 리더십과 기업문화가 제휴 파트너 간 지식공유 성과에 미치는 영향(2016.06), 현대중국연구
5. 중국기업인이 인식하는 한국 국가이미지 효과에 관한 연구(2015.09), 국제지역연구
6. 한중 비즈니스 관계의 갈등과 그 해결방안에 대한 모색(2015.05), 무역상무연구

주요 저서
1. 혁신의 시간(2016), RHK코리아
2. 한국의 마케팅(2016), 박영사
3. 新차이나드림(2016), 매일경제신문사
4. 중국 시장문화와 현대기업문화(2016), 한국학술정보
5. 한국의 국제화(2014), 박영사
6. 중국 일등기업의 4가지 비밀(2013), 삼성경제연구소

저자소개 _ 노은영

저자 **노은영**은 성균관대학교 중국대학원 교수이다. 현재 주중과정 주임을 맡고 있으며 2017년부터 대외경제정책연구원과 성균관대 중국대학원 공동의 '지역연구 활성화 방안(GPAS)'사업을 담당하고 있다. 중국인민대학교에서 경제법 전공으로 석사와 박사학위를 취득하였다. 한국경영학회 상임이사, 한국국제경영학회 상임이사를 역임하였으며, 현재 한중법학회, 한국은행법학회, 한국경제법학회 상임이사로 활동하고 있다. 우리나라 중소기업의 중국진출 전략을 위한 다수의 프로젝트에 참여하였으며 중국시장의 주요 주체인 중국소비자, 중국기업, 중국정부를 중심으로 그 제도적 환경 변화에 대해 연구하고 있다.

주요 논문
1. 중국의 디지털금융 규제샌드박스에 관한 연구, 은행법연구, 제15권 제2호, 2022.11
2. 중국의 온라인플랫폼에 대한 규제 연구: 개인정보보호를 중심으로, 중국법연구, 제45호집, 2021.3
3. 중국 비은행 지급결제기관의 모바일결제에 관한 규제 연구, 금융법연구, 제16권 제3호, 2019.12
4. 중국의 전통금융사상과 현대 금융제도의 연계성에 관한 연구, 중국법연구, 제37집, 2019.2
5. 중국의 P2P금융 규제에 관한 연구, 상사판례연구, 제31집 제3권, 2018.9

주요 저서
1. P2P금융과 법(2019), 박영사
2. 중국금융법(2016), 한국학술정보
3. 新 차이나 드림(2016), 매일경제신문사
4. 중국 일등기업의 4가지 비밀(2013), 삼성경제연구소

제 6 판 (전면개정판)

차이나 마케팅

초판발행	2004년 8월 15일
제2판발행	2006년 3월 20일
제3판발행	2011년 4월 15일
제4판발행	2016년 9월 5일
제5판발행	2019년 3월 11일
제6판발행	2023년 3월 10일

지은이	김용준·노은영
펴낸이	안종만·안상준

편 집	전채린
기획/마케팅	정연환
표지디자인	이수빈
제 작	고철민·조영환

펴낸곳	(주) **박영사**
	서울특별시 금천구 가산디지털2로 53, 210호(가산동, 한라시그마밸리)
	등록 1959. 3. 11. 제300-1959-1호(倫)
전 화	02)733-6771
f a x	02)736-4818
e-mail	pys@pybook.co.kr
homepage	www.pybook.co.kr
ISBN	979-11-303-1692-5 93320

* 파본은 구입하신 곳에서 교환해 드립니다. 본서의 무단복제행위를 금합니다.
* 저자와 협의하여 인지첩부를 생략합니다.

정 가   35,000원